转世的桃花

陈超评传

霍俊明 著

河北出版传媒集团
河北教育出版社

图书在版编目（CIP）数据

转世的桃花：陈超评传 / 霍俊明著. -- 石家庄：河北教育出版社，2018.8
ISBN 978-7-5545-4501-0

Ⅰ. ①转… Ⅱ. ①霍… Ⅲ. ①陈超－评传 Ⅳ. ①K825.6

中国版本图书馆CIP数据核字(2018)第156649号

转世的桃花
——陈超评传

作　　者　霍俊明
责任编辑　郝建国　杨　乐
封面题字　唐晓渡
封面插图　贺　奇
装帧设计　于　越
出版发行　河北出版传媒集团
　　　　　河北教育出版社　http://www.hbep.com
　　　　　（石家庄市联盟路705号，050061）
印　　制　石家庄联创博美印刷有限公司
开　　本　787mm×1092mm　1/16
印　　张　41
字　　数　480千字
版　　次　2018年8月第1版
印　　次　2018年8月第1次印刷
书　　号　ISBN 978-7-5545-4501-0
定　　价　128.00元

目录

第三章 | PART THREE

第四章 | PART FOUR

第五章 | PART FIVE

第六章 | PART SIX

第七章 | PART SEVEN

第八章 | PART EIGHT

第九章 | PART NINE

第十章 | PART TEN

第十一章 | PART ELEVEN

第十二章 | PART TWELVE

尾声 | EPILOGUE

后记

附录

楔 子 | PROLOGUE

诗人一个人

——悼念中国诗人陈超

（日本）谷川俊太郎

诗人一个人从高处抛身大地
在这个世界中途退席
听到这个讣告的另一位诗人
只能仰仗语言
在鸟叫个不停的阴天午后
语言停滞
虽然所有的语言都并非与他的死无关
但所有的语言又与他毫无干系

于是，诗
被语言的胎盘包裹
默默地漂浮在
隔开生与死的河流子宫之上

（田原　译）

“你会用一个动词把我抬回地面”

选择自己的生命，自己的决断。

——荷尔德林

平原上的塔，只是它的替身。
至于人的秘密，你尝试用
一秒钟的飞翔改变所有的飞翔。
这的确不是胜利或失败
所能决定的事情。上帝并不适合你，
但此刻我必须说，你缺少的，
上帝也同样并不具有

——臧棣《秋天的告别：悼陈超》

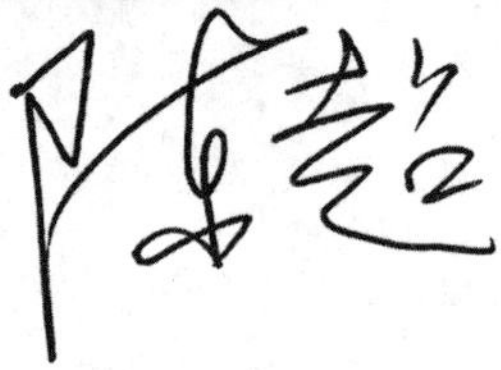

在一次南行高原的列车上，隔着玻璃车窗我看到绵延的雪峰间银白色的巨大风车。风车转动，叶片闪亮，与此同时山峰褶皱间是浓密得化不开的阴影和寒彻。我把罗兰·巴尔特的一句话征用过来，“同时代就是不合时宜”，而茨维塔耶娃对里尔克的评价正是：“里尔克既不是我们时代的定购物，也不是我们时代的展示物，而是我们时代的对立物。”

2015 年 5 月 16 日，下午 5 点 10 分。陈超先生的夫人杜栖梧（我的师母，陈超笔下的“栖栖”“西西”“xī xī”）给我发来一条手机信息：

俊明：

找出一些照片和几首旧诗发你，看看哪些合适用。

写这本书辛苦你了。不过这件事也只能由你做，让你辛苦了。

我希望你能多写一些陈超的健康、阳光、快乐。他生活得一点儿都不沉重，即使有陈扬这样的孩子。他热爱生命，生活幸福，充满情趣，意志坚定，内心强大。大家平时看到的那个快乐幽默的陈超，绝对不是能装出来的。他没有长期被抑郁症折磨。他因为一时严重失眠，无法正常工作和生活，产生了重度焦虑，所以对自己的病情做出了错误判断，认为自己的情况会越来越糟糕。而他一直都是追求完美的人，不能接受有瑕疵的自己。他绝对不是对家庭和孩子不负责任的人，他无比爱孩子和家人，他一直都是宁可自己承担全世界的痛苦，也不愿让我们痛苦分毫。他决不会为了解脱自己的痛苦，而把更大的痛苦留给我们。

最后发生不幸的真正原因，谁都不知道。连我都不能真正彻底清楚，谁又能说真的明白呢？人们无非是根据自己的理解，做出一个自己认为合理的解释。其实我们不必去猜测和追究，陈超的内心一定不是别人能真正了解的。如果他的一切都能被了解，他就不是陈超了。我们应该做的是尊重并理解他的选择。

我期待看到一个我熟悉的，真实、健康、快乐、可爱的陈超。

谢谢俊明。

在我20世纪90年代的读书笔记中，我当时着重地记下了王小波的一句话："人仅有此生是不够的，还应拥有一个充满诗意的世界。"

每一个作家都会有自己的精神肖像，尽管我们最终所遇到或者揭示出来的也许只是一个侧影。法国的传记批评家圣伯夫在《文学肖像》《女性肖像》和《当代肖像》等"分析性创作"系列文本中极其精准地揭示出丰富的人物表情、秘密细节、时代褶皱和精神纹理。英国的约翰逊在《诗人列传》中完成了与圣伯夫相同品质的工作。

当陈超的日记、手稿和信件放在我案头的时候，很长一段时间我没有勇气去打开它们。我曾一度在翻看陈超以往的资料时心悸、心慌甚至心痛，那是确确实实的身体反应，甚至听到有人提及陈超的名字都会突然有不适感袭来。那段时间，我一直在有意回避这些影像和文字，所幸的是我最终得以平复，因为我终于意识到诗歌和精神既然已经比生命更为长久和凝恒，那么肉身的消散就不是那么至关重要了。读了陈超的这些重要的私人资料后，我几乎将搜集到的其他重要作家和诗人的日记、书信以及传记都通读了。在日记、书信和诗歌（包括一部分回忆性的随笔）这三者构成的更为真实的“私人文本”和“传记材料”中我更易于与那些真正意义上的生命体相遇，“我向来喜欢读伟大作家的信件、对话录，读他们的思想，读关于他们性格、习惯、生平的一切细节；特别是当这些文字没有被其他人编撰过，没被别人根据自己的喜好构建过时。把自己关在一间屋子里连续十五天，与一个已经离去的著名诗人或哲学家的作品共处；自在研究他的作品，反复思考，拷问；他仿佛站在我们面前。这就像花十五天的时间在乡间描画一幅拜伦、司各特或歌德的肖像一样；不同的是，我们与书本的‘模特’的会面更自由，同时也需要我们更专注，对他们更熟悉。在画布上，我们一笔一笔勾画，渐渐地，这些笔触幻化成一个形象，取代了我们本来想要精确再现的印记；就好像天空中的星星在我们的注视下一个个出现，最终照亮了整个天空。”（圣伯夫《文学肖像·狄德罗》，马俊杰译）

陈超辞世后大约有多半年的时间，我失眠严重，甚至一躺在床上就有了睡眠恐惧症，焦躁不已、浑身虚汗。失眠曾经与陈超无缘，写作和睡眠充足对于他来说是如此平常而又如此幸福的事情，“此刻是夏日午后四点 / 空调发出蜂儿的嗡鸣 / 我刚从充足的睡眠中醒来 / 明晰和无所事事，教我愉快”（《此刻之诗》）。但是，曾经空调发出的嗡鸣在后来的日子却是由陈超的耳朵发出来的。那该是怎样的一番难挨的感受？陈超确实是一个幽默、快乐、开朗的人，当然这也只是陈超的一个侧面（主导部分）而非全部，“秋天更深了。/ 你我见面不多。一次在大连 / 你板着脸学起《红灯记》里王连举的唱腔，/ 引得满屋的笑声。我却感到寂寞 / 独自怀念戈麦，心想时代真是变了。/ 另一个晚上，在你和唐晓渡的房间，/ 我们一起谈到另一位诗人的诗作，/ 你说‘爱才是诗的真正起源，恨是 / 消极的感情，诗人不能被它左右。’/ 此言深得我心，从此把你视为可敬的 / 兄长”（西渡《你走到所有的意料之外……》）。

那么，我们能够通过传记来重现一个更为真实的陈超吗？

戴维·洛奇认识到文学传记以及传记式批评的种种难题：“我们不禁得到一个教训，如果写作文学性传记时，过分着迷、耗费了你的全部身心，那将是一件多么危险的事，这是一个注定要倒霉的尝试，在想象中重新经历传主的一生，并以某种方式在传主的人生和他的艺术作品之间，找出一个完美的‘匹配’。”（《写作人生》，金晓宇译）甚至对于一些更为复杂多变的人来说，为其立传更是困难重重甚至完全不可能，“他是个复杂多变的人物。‘他戴着面具而且经常更换’，最最了解他的杜梅泽尔这样形容他。我不试图揭示福柯的‘那个’真面目，因为在一个面具下面往往还有另一个面具。我不认为在连续改头换面的情况下可以找到其个性的真实性。有许多个福柯吗？或者像杜梅泽尔所说有上千个福柯吗？答案无疑是肯定的。那么，他们怎么出现在我面前”（迪迪埃·埃里蓬《米歇尔·福柯传》，谢强、马月译）。那么，在真正完备和真实的意义上我们能够理解一个完备的陈超吗？我们自身的回忆是片段甚或一个个碎片，至于用评传的方式来代替另一个人的记忆是可能的吗？甚至阿赫玛托娃认为即使是本人的日记和书信也不能承担起一个人的连贯记忆的完整度：“每一个追求连贯记忆的尝试，到头来都是作假。人们的记忆无法按照顺序逐一重温旧事。书信和日记经常于事无补。”至于当事人和见证人自身的回忆录也未必完全可靠：“我从未写过日记，本回忆录是根据我现在能回想起来的，或者我过去记得的，以及我在过去三十年或更长的时间里，对朋友们提到的一些事情写出来的。

我非常明白，回忆，包括我的回忆，无论如何也不能可靠地作为事实和事件的见证；我引用的谈话尤其如此。”（以赛亚·伯林《1945年和1956年与俄罗斯作家的会面》）补充一句，英国诗人、传记作家伊莱因·范斯坦撰写的《俄罗斯的安娜：安娜·阿赫玛托娃传》（马海甸译）将阿赫玛托娃和伯林的相遇描述为“她遭逢了一生中最后的激情”“最悲惨和最美丽的组诗《野蔷薇》之一的《梦中》注明的日期是一六四六年二月十五日，显示距离加深了她对以赛亚·伯林的迷恋，有甚于她之渴慕案列普”。甚至还有一个疑问，“诗人传记”和一般意义上的“作家传记”会有什么区别吗——“这部回忆录是不连贯的，有时甚至有所遗忘，因为生活本身就是如此。断断续续的梦使我们经受得了劳累的白天。我的许多往事在追忆中显得模糊不清，仿佛已然破碎无法复原的玻璃那样化作齑粉。传记作家的回忆录，与诗人的回忆录，绝不相同。前者也许阅历有限，但着力如实记述，为我们精确再现许多细节。后者则为我们提供一座画廊，里边陈列着受他那个时代的烈火和黑暗撼动的众多幻影。也许我没有全身心地去体验自己的经历，也许我体验的是别人的生活。”（巴勃罗·聂鲁达《我坦言我曾历尽沧桑》，林光译）对传记真实性的质疑之声从未间断！米沃什干脆就认为传记作品包括作家自传大多是“作伪”：“明摆着，所有传记都是作伪，我自己写的也不例外，读者从这本《词典》或许就会得出这样的结论。传记之所以作伪，是因为其中各章看似根据某个预设的构架串联成篇，但事实上，它们是以别的方式关联起来的，只是无人知道其中玄机而已。同样的作伪也影响到自传的写作，因为无论谁写出自己的生活，他都不得不僭用上帝视角来理解那些交叉的因果。传记就像贝壳；贝壳并不怎么能说明曾经生活在其中的软体动物。即使是根据我的文学作品写成的传记，我依然觉得好像我把一个空壳扔在了身后。因此，传记的价值只在于它能使人多多少少地重构传主曾经生活过的时代。”（《米沃什词典》）尽管传记式的写作和批评遭遇了一些作家的消极性认知甚至否定，但是作为一种特殊的写作，它仍然具有不可替代的重要性和效力，“人们对这种个人化的研究永远都会兴趣不减，而一个活跃纯净的心灵从作品中提取出来的创造物也会有它永恒的一席之地。我们相信，即使再短再个人化的作品，当它在表达自然和人生的有限一部分时都会有钻石般的光芒，艺术和激情总会给予它合适的位置”（圣伯夫《文学肖像》）。

但是，陈超的评传还是要写的，这更多是对我本人的一个交代。因为要搜集一些资料，2015 年 1 月 13 日星期二上午，我在中国作协办公室给铁凝主席写了一封信。她是陈超一生的挚友，正如她祭拜陈超时对杜栖梧所说的那句话：“陈超是我一生不可替代的朋友。”写完信上楼，交给丁锦雅。她说，铁主席在前几天还提起此事说要找机会和我聊聊（事后铁凝还专门给我电话）。下楼时，内心忧戚。

铁凝主席：

您好！我是霍俊明。匆忙之中没有找到信纸。多谅解！

陈超老师走之后，我应一些刊物之约编辑了几个纪念专辑。我也就老师的诗歌写作和诗歌批评分别写了两篇长文，已陆续发表。

但我觉得老师的价值和意义还远远未被认知。从去年十一月份开始我已准备相关材料开始写作陈老师的评传《转世的桃花》。我想这是他最想让我来完成的。他生前最后一本书《诗野游牧》的序是我写的，我当时还并未明白一个老师让学生作序的深意。

先生生前的信件，包括他与舒婷等朋友的信件、照片等资料已收集不少，但总会有遗漏之处。

您作为陈老师多年的挚友，如果有相关资料或线索，方便时可提供给我。

于您百忙之中来信打扰，心歉之极。在多年前的一个雪夜，陈老师曾说起您和河北诗界的好友。去年与先生最后一面，在客厅看到2003年毕业时我送他的一个青铜雕像。一个抽象化的男人（身体是中空的）正在拉大提琴。不胜唏嘘。

您多保重，新年快乐！

俊明

多年来，陈超的诗歌、诗论以及日记、书信和独特的性格、气质已经构筑了他的精神肖像——

旅行之神和远方的信息之神，
旅行帽下他那双熠熠闪光的眼睛，
一根修长的节杖呈现在他躯体前。
翅膀围着他的脚踝轻轻敲打

——里尔克

2014年10月31日凌晨1点50分，刚刚过完生日才三天的陈超，决绝地走了！正如臧棣所说“一秒钟的飞翔改变所有的飞翔”。

早在20世纪80年代的朦胧诗热潮中，陈超就与陈仲义和舒婷有长期的书信往来。而31日凌晨陈超纵身一跃时，全国各地的批评家们正赶往北京卧佛寺的路上去参加北京大学和首都师范大学诗歌中心联合举办的研讨会。我也在受邀之列，而当会前的几天福建师大的赖彧煌教授（我当年的同窗、室友）问我今年是否参加这个会议时，我支吾着没有确认，似乎冥冥中早有了安排。几天后，从北京回到鼓浪屿的陈仲义给我发来一封邮件。

31 日飞香山参加“如何现代怎样新诗”研讨会，3 日晚返厦。

31 傍晚入驻时得知噩耗，潸然泪下。晚餐立即向王光明郑重提出明天大会集体默哀一分钟。蒋登科在旁也附议。我的理由是基于陈超人品诗品在批评界的重镇地位，以及这是“诗评界的第一个惨烈事件”。（“兔死狐悲”啊）他们说要研究研究。第二天由王在开幕式前——向与会人士报告一个沉痛的消息和评价几句——就此结束。我没有再过问诗评家云集的时刻，为何不好举行这么一个简单“仪式”？至少表示一点儿心意。或许他们有他们的理由（单位不一样？规格过高？不是自然死亡？）最后就来了个“折中”？

望多加保重

陈仲义　4 日早

与陈仲义提到的香山会议情形不同的是，在 11 月 1 日的中国当代文学研究会第十八届年会开幕式上，全体与会代表起立为陈超默哀。

如果这只是一场梦的虚惊就好了，梦醒来还能一切照旧——“天光彻亮，我在一身冷汗中醒来 / 西西做好了早餐 / 正熨烫她上班

穿的牛仔裙 / 电熨斗平缓推进，发出几乎是‘晨安’的嗞响”（陈超《不是梦的解析，而是梦本身》）。陈超曾经在诗中说过“我倒是喜欢生活中出点意外”，可是真的当意外发生的时候也许比噩梦还要令人惊惧。陈超飞升之后，他还会像梦中灾难发生的时候再次神奇地出现在家人和朋友们面前吗——

> 望着城市北方一片沉静
> 孩子和妈妈可能没什么事
> 要么没事，要么一起飞
> 总之他们在一块儿就好
> 而顺着十来里长的陡坡骑树出溜下去
> 是否能找到西西上班的地方
> 告诉她，我是空降而至
> “你写诗写疯了！”她说
> “你才真疯了呢。”我傲慢地给她指看南部高地
>
> 2014 年 10 月 30 日

这一天的黄昏，我终于编完了《2014 年度诗歌评论选》（长江文艺出版社出版）。在将年选目录抄写下来之后，我实在没有精力将它们输入电脑。晚上，在北三环附近的一个酒馆我和几个友人吃饭。商震因为有事到得迟些，他甫一进来，倒得满满一大玻璃杯的白酒猝然摔落在地。我们都觉得这没什么可奇怪的，但是满地浓烈的酒味让我多少有些不安。夜深了，人们各自散去。我却不知何故久久徘徊在青年沟路的大街上。多年来，我醉酒后都是在深夜的大街上独自游荡。几乎每次夜深静寂的时候，晕乎乎的我都会拨通陈超的

电话。无知的我不会想到自己是如此莽撞和无礼，而且一次又一次。而每次陈超都劝慰我：“俊明，喝酒了吧？少喝点酒啊！”秋风吹来，头有些晕疼，我靠在道旁的一棵白蜡树下，耳边偶尔掠过朦胧的车声。回到家，躺在床上仍然翻来覆去难以入睡。看手机，当时是2014年10月31日凌晨2点16分（我还没有想到此时已是万圣节前夜。万圣节前夜源自凯尔特族的新年节庆，同时也祭祀亡魂、祖灵及善灵。万圣节前夜孩子们会穿上化妆服，戴上面具，提着南瓜灯去四处收集糖果）。早上6点钟晕乎乎起来上班，公交车迟迟不来，我背着包步行去单位——需要三十分钟左右。背包里的手机响了，我没有接。快到单位门口的时候商震的电话打过来了。短短的一句话：“陈超从十六楼跳下去了。”拿出手机（几乎掉在地上），电话是李建周打来的——他从没有这么早打过电话。那一刻，一座雪山在瞬间崩塌，万吨寒冷顷刻席卷过来，“昨晚或是今晨，石家庄 / 雾霾最重的一刻，十六楼—— / 是怎样的一种决绝和冲动 / 把你推向了那纵身一跃？ / 我们曾一同在山谷中攀行 / 时而为朝霞流泪，时而侧身于悬崖 / 惊异于那来自深渊的吸力”（王家新《昨晚或是今晨，石家庄》）。我想起陈超的诗句：“谁疼痛地把你仰望，谁的泪水 / 像云阵中依稀的星光？”到了办公室后我发了一个微信——“一生的眼泪都要在今天流完吗”，又很快删掉。沈浩波居然一大早上打电话过来，他还不知道陈超出事了，问我在干什么。我回了他短短一句话就已泣不成声。出单位上了出租车，这次去石家庄与以往完全不同了。这是去见一个人在尘世的最后一面！我至今仍保存着那张车票：G429次，北京西到石家庄，2014年10月31日11:51开，11车018号，二等座。在北京西站候车的时候泪水还止不住地流下来。那么多的陌生人，他们不知道一个人为什么无故地垂泪。他们不知道，这个人今天为什么急急赶路如丧家之犬。

在石家庄站外等候的是我的好兄弟易卫华（任职于河北师范大学文学院，硕士研究生导师）。一见面，他拍着我的肩膀叫了声“哥”，二人便掩不住泪水。出了车站，似乎整个石家庄都在微微抖动，灰蒙蒙的天空竟然一时飘起了雨。在三宏公寓我见到了胡茗茗，她的眼睛都哭红了。陈超住在十四层。陈超离世两年后胡茗茗对我说她也住在另一个居民楼的十四层，竟然连房间号都一样，也是一四〇一。那天，其中南侧的那个电梯也鬼使神差——只要是有人到十四层，那个电梯在咣当声中抖动得厉害并且电梯门只是打开一条缝儿。所以，乘这个电梯只能到十三层或者十五层，再爬楼梯上去或下来。这让人不解又有些不安。出了电梯，楼道里一片漆黑，一点儿亮光都没有，竟然撞到了墙和满是尘土的自行车上。

我独自走到十五楼和十六楼之间陈超的飞升之处。那是东南侧楼梯拐角处的窗户，窗户显得极其狭小。此时，窗户开着。那是凌晨时刻陈超庞大的身躯撞开的，向下望去我止不住地眩晕，远处是灰暗中的楼宇和城市。风从狭小的窗户猛灌进来，强大、蛮横，不容分说地钻入骨缝。陈超离世时西川正在贝尔格莱德，听闻噩耗的西川和很多人一样都不敢相信这是真的，他当时只能在诗歌中进行追悼：“后社会主义的田野。/ 国家分裂余留下的丘陵。/ 玉米地包围的没有车辆的加油站。/ 走没了的人。// 飞鸟不照影的池塘。/ 通向无处的林间小径。/ 东正教教堂的新彩画。小镇。/ 走没了的你。// 半新不旧的晨光。/ 晚风里隐去面孔的哭泣。/ 我离家万里。铁轨。火车不来。/ 在无人知晓你的地方，/ 我念着念着走没了的你。”（《2014 年 11 月 1 日在贝尔格莱德惊悉陈超辞世》）回到北京后，西川独自一人乘车到石家庄，在出事的地点亲自给陈超点上一支烟，呆立默然良久。

在赶来陈超家里祭拜的人群中，我看到了那个忙前顾后而又沉默的身影——申晓义。他是《远山姐弟》《亲兄弟》的编剧，获得过“夏衍优秀电影剧本奖”，是电影《谁主沉浮》《辛亥革命》《王牌》的制作人，河北电影制片厂厂长。他是陈超多年的患难工友、兄弟，当年一起画画、写诗、弹吉他。后来，我看到1981年陈超在日记里写给申晓义的诗：“我等了你好些日子 / 陪伴我的是孤独的甜蜜 / 你明天就要回来了 / 我感到从今天到明天 / 是一段多么绵长的距离 // 我期待一次飞扬的谈话 / 你的有些生硬的手势 / 能把我拉回到美好的童年 / 你的眼睛不是X光 / 我不必竦然 / 我想长久地望着它 / 寻觅属于我们共同的清澈 // 我想打开黑色的录音机 / 听里边是不是一个凝重的声音 / 我想从凝重的声音里 / 抚摸我常常思念的晓义 // 人生匆匆多么无聊！/ 幸福的意义竟成了单调 / 单调的平安 / 单调的睡眠 / 单调的情感…… / 而我们的情谊是广博的 / 人生是浓雾 / 它是烤散浓雾的太阳 / 人生是舞台 / 它是颇有才气的导演 // 导演出不规则的梦境 / 导演出精神上的永恒 // 如我欧福良一样飞上天 / 你会用一个动词把我抬回地面 / 我们已经不是孩子 / 让我们一起来批评生活 / 按我们认为合理的原则去做 // 即使有分歧，也有不满 / 但纽结我们的是共同的信念”（《想念晓义兄》）陈超在这首未公开的诗中竟然写到了欧福良（歌德的《浮士德》中浮士德与海伦娜育有一子欧福良，他在高空飞翔时坠落身亡），像欧福良一样地坠落和飞升，那么最终是谁将他粉碎的身体重新抬回地面呢？

这是预言，只有他自己知晓的命运的预言。

看着此刻窗外北京罕有的蓝天，我有些恍惚莫名。我相信，他在天国、诗国安好！在他离开尘世的前十年，也就是2004年11月

30 日晚上，河北师范大学文学院为陈超举行了诗歌朗诵会。刘森回到家中仍为这次朗诵会激动不已，当晚写下了一首诗《十一月三十日夜，陈超老师诗作朗诵会有感》：“温暖的夜的眼睛，/ 和聪慧的耳朵，/ 连同高远的星空，/ 都一齐打开了心窗，聆听 / 一位诗人中的诗人，/ 和他那诗歌中的诗歌。// 诗人微笑着坐在那里，/ 饶有兴致地看那么多人，/ 诉说过去和现在的自己。/ 不知道，会有多少人 / 以这种方式重新走入诗中。// 看得出来，诗人今夜是幸福的。/ 因为在诗的神谕前，/ 他正亲手抚摸着氤氲的灵光。/ 可诗人自己却说，/ 这不过是诗神的眷顾，怕的是 / 自己的拙劣连累了诗的美名。”（节选）2004 年，陈超还有一次愉快的海南之行。十年后，在 2014 年 10 月的首届三亚国际诗歌节上我遇到诗人卢炜。期间谈起陈超老师，她说应该有陈超当年来海南时的合影。2015 年 1 月 10 日，卢炜通过微信给我发来几张照片。卢炜一直在几台旧电脑上找都没有找到，最后是在一个硬盘里找到的，这也是天意吧。拍摄时间是 2004 年 12 月 20 日。其中一张是陈超和卢炜的合影，他笑容灿烂。背后的墙上是拿破仑骑马装的油画复制品。陈老师当时穿着浅色裤子，细密条纹的白色上衣，右上口袋中似乎是一包香烟或者手机。当时合影的还有陈仲义、毕光明、臧棣、李润霞、唐晓渡、徐敬亚、树才。

第一章 | PART ONE

梦的解析与西郊墓地的一只黄蜂

你从去了的那个黄昏
从你流淌出半个天空的晚霞起
兄弟，我爱上了这片紫色的土地
还有吸饱了血液的低垂的红花草
注满了呐喊的林涛
母亲寒冷的胸脯上
卧着满头白发的年轻的儿子
断了呼吸　　凉了尸体

——陈超《墓志铭》（1983）

人啊，要警惕自己的父母
和家族，投给自己的阴影
这影子随着太阳的方向
时长时短，跟定你的一生
直到被你看见，然后
命运翻转，打马过来

——靳晓静《命运：一个精神分析师的手记（四）》

梦，按照《西藏生死书》的说法也是一种意识境界（六种中阴：生处中阴、梦里中阴、禅定中阴、临终中阴、法性中阴、投胎中阴），即“梦里中阴”，“指晚上睡着到早上醒来的这段时间所有的意识活动，它包含梦中的潜意识的活动”。

陈超是否还记得1993年10月11日邵燕祥在信中说给他的一句话，“前晚闻顾城夫妇自杀噩耗，凄然良久。我辈生者，唯有更好好活着干点事吧！”如今陈超离开这个尘世也已三年半的光景了，“你走后，我梦见你，在医院的走廊上 / 醒过来，对哭泣的妻子说：‘我也 / 不想如此。’在梦中，我禁不住流下 / 眼泪。多年来，我们已谙熟于与死亡 / 周旋”（西渡《你走到所有的意料之外……》）。

奇怪和不解的是，陈超从2014年10月31日凌晨远行到次年的4月25日春末安葬，我竟然一直未能在梦中与他相遇。念之，黯然无语，几度泪垂。这成了我最大的一个心结，何日才能释然呢？

2015年1月27日晚上，和河北师大研究生毕业的两个学姐杨洁和王双洪小聚。她们两个一进饭店包间，我就弄碎了两个红酒杯。夜里，我有些发烧，吃了一片药，发了一晚上的汗。这天晚上我做了一个启示性的梦。梦里的情形好像是发生在异国或一个极其奇特的空间，当时天气晴好、蔚然。我和诗人洛夫先生并肩散步，见到前面有一片极其奇怪但又极其美好、安静的树林。本以为树林茂密，谁知走了不几步前方便豁然开朗——眼前是妙不可言的群山以及祥云气象。早上醒来，此梦念念难忘。想想，我与洛夫也只有两三面之缘，2014年在南京召开的洛夫研讨会我也因事未能成行。想想这个梦如此真实不虚，确实有些特异。尤其擅长心理分析的靳晓静给我做了如下一番解释：“这是个祥瑞的梦。洛夫先生只是个置换。你真正怀念的人，在那边非常好，一派天堂的景象。这个梦叫你安心。”在本书即将写完之际，突闻洛夫先生3月19日辞世的消息。

2015年4月25日陈超骨灰安葬。安葬后的第三天，28日的凌晨，陈超终于来了。

梦中陈超与我隔着一个淡黄色的木制长案，欣然对座。他声如洪钟，笑容灿烂，面容饱满红润——而不是他最后那几年面目形容的陡峭、消瘦。等清晨醒来，梦中情形胜于亲历，欢喜和忧伤同在。当天，李岱松听闻我这个梦后旋即回复：“阿弥陀佛，善哉随喜祝愿俊明一片孝心诗心佛心，陈超兄当可放心开心超然安然。这亦是超兄之累劫乃至现前此生之赤子之心佛子之行之感召最美之缘最美归宿啊！”说也奇怪，这也了了杜栖梧最近的心结：“俊明，你的梦让我安心了很多。送走陈超的这两天，他没有如前到我的梦中来，我一直忐忑他在新的居所是否舒心惬意，会不会孤单寂寞。这段时间我一直心中纠结，临到送他走时，我几乎已经反悔了。但愿如你所梦，他去了光明所在，没有病痛折磨，健康快乐！”

2016年8月18日凌晨（中元节刚过未久），我第二次梦到了陈超。

在一个古柏高耸的寺庙里，他开心而有力地用粗大的木头连续三次撞击着铜钟。醒来时，钟声还在耳畔嗡嗡不已，我想到了1923年徐志摩的《常州天宁寺闻礼忏声》（该年10月26日定稿于西湖）——“我听着了天宁寺的礼忏声！这是哪里来的神明？人间再没有这样的境界！这鼓一声，钟一声，磬一声，木鱼一声，佛号一声……乐音在大殿里，迂缓的，漫长的回荡着，无数冲突的波流谐合了，无数相反的色彩净化了，无数现世的高低消灭了……这一声佛号，一声钟，一声鼓，一声木鱼，一声磬，谐音盘礴在宇宙间——解开一小颗时间的埃尘，收束了无量数世纪的因果；这是哪里来的大和谐——星海里的光彩，大千世界的音籁，真生命的洪流：止息了一切的动，一切的扰攘”（《晨报副刊·文学旬刊》）。我相信他仍然在另一个不为我们所知的空间欢欣地写作和生活，接受词语和时间的双重馈赠，也迎接那些黑暗和寒冷的挑战，“温暖的雨下过了。// 我踩着梨花筛状的影子。// 我渐渐变得比花瓣儿更轻 / 我的烦恼是多么渺小 // 红墙之上是辽阔蔚蓝的般若 / 我已想不起祷告的第二条”（陈超《柏林禅寺》）。

第三次梦到陈超是 2017 年 7 月 20 日（星期四），夜里下着很大的雨，酷热的北京俨然似舒爽的秋天。夜里，陈超来到梦中。那是一个聚会，人群中陈超高大、健壮，非常开心，和我来了个大大的拥抱。这个拥抱太真实了，醒来后我还一直回味这个拥抱。我当时带了三瓶红酒，记得那个聚会的酒店叫——完美酒店。

陈超走后，我三次梦到了他，正好是一年一次，其中的况味和因由确实难以解释：“梦的语言是一种象征性的语言……关于无意识没有什么可神秘的。它仅仅简单地意味着在睡梦中，我们能有机会接近我们清醒时不知道的东西。”（埃里希·弗罗姆《生命之爱》）

我想到了里尔克的《诗人之死》——

他躺着，头靠高枕，
面容执拗而又苍白，
自从宇宙和对宇宙的意识
遽然离开他的知觉，
重新坠入麻木不仁的岁月。

那些见过他活着的人们
不知他原与天地一体，

这深渊、这草原、这江海
全都装点过他的丰仪。
啊，无边的宇宙曾是他的面容，
如今仍奔向他，将他的眷顾博取

太行山麓的黑色大理石墓碑上，是一个诗人青铜雕像的侧影。一个“诗人批评家”得以在此安眠、永生，“为了理想它乐于再次去死，/ 这同样是预料之中的事”（陈超《我看见转世的桃花五种》）!

2015 年 10 月 17 日，我们一行再次到达封龙山脚下的时候已经是深秋。黑色的大理石墓碑刚刚被我们带来的几瓶二锅头洗净，那五十六个酒杯里有落叶，也有昨夜并未散去的星光，“墓园后山有一个很大的湖 / 我们去的时候正是秋天 / 有午后的太阳斜入水面 / 一面被打碎了的镜子 / 光芒来自被切割的钻石 // 十月，大地松弛。/ 洼地里的草木植物开始 / 被一些枯黄的叶子温暖地覆盖 / 我们从不曾见过面 / 往世之书有秋天般的面容 静寂 / 纯粹 / 最接近信仰 / 诗人是生活的节制者 // 力的回响 / 以闪电的方式超越死亡 / 在最黑暗的地层 / 你敞开热爱的胸膛 / 普照万物的根 // 时间是什么 / 它与消失了的一起消失 / 与留下的一起生长 / 而天空，两肋之间的疼痛 / 辽阔而笨拙 / 一个不肯与生存和解的灵魂 / 经常轻巧地往返于人世”（桑子《乌云掀开一角》）。这一次我对自己说“这真是一个好去处”。黑色大理石梯形墓碑，墓碑上的诗句，黄铜的雕像，白瓷酒杯，摆放的几束鲜花以及周边的冬青、灌木、草地和黄白相间的野花。由此，我想到捷克作家赫拉巴尔写给杜下卡、写给悲情的俄罗斯诗人、写给他自己的一段精神独白：“我们会向那些残留的红色荚蒾鞠躬致意，它们像守望者一样伫立在他的头颅旁……他们说，当他在苦闷中死去时，莫斯科的荚蒾正在怒放，于是他的棺椁上便堆起了厚厚一层红色的荚蒾……因为俄罗斯诗人都是先知、狂想者……随后，我们要将最后一束鲜花拿到另一座墓碑那边，一座巨大的黑色大理石墓碑。它的凸面形状，就像是那些直径足有十米的镜子表面……杜下卡，你能认出这是什么吗？这是伊卡洛斯的坠落。”（《公开的自杀》）伊卡洛斯坠落的地方，也是永生的开始之所。而极其不可索解的是早在1983年，时年二十五岁的陈超就在日记本上写下了一首诗《墓志铭》，里面勾画的是一个墓地的黄昏——晚霞、紫色的土地、红花草、墓碑、松林、母亲、死者……诗人就是精神隐喻层面撰写墓志铭的人：“在这里，死亡仅仅作为生命的关键节点，向我们展示各种深入语言的可能性。据此，我们可以探究生命的意义和为后来者重新设定生命的目的和价值。墓志铭不仅以证明死亡的力量为目的。因此，个体人类的死亡在精神万古流长的旅程中是不会彻底地一次性完成的。诗人一腔忧惧而满怀信心，皆源于对‘墓志铭’所刻写的言辞的敬畏。”（陈超《从生命源始到天空的旅程》）

2016年10月25日（星期二）的上午，我和杜栖梧、陈扬（曾用名陈默，小名扬扬、洋洋）、大解、李南、胡茗茗、见君、孟醒石、晴朗李寒、崔立秋以及师妹陈国元再次前往封龙山脚下的龙凤陵园。

天气阴沉，雾霾重重。穿过石家庄的西南街区，高速路两边才渐渐开阔起来，西山就在不远处静静躺卧。

昨夜里刚下过了雨，黑色大理石墓碑上那五十六个酒杯已经被雨水填满了——“落了一夜的雨在早晨停住。/ 我身下的草席发出蒲苇的气味儿”（陈超《大淀的清晨》）。大家将黄白菊花和玫瑰以及百合摆放在墓碑前，每个人敬酒三杯——高度数的三种不同的烈酒。大解说："按照陈超的酒量估计他此刻肯定已经醉了，一定会像往常一样开着玩笑。"由陈超的酒量和酒后酡红的脸庞我想到他当年比较喜欢的陆忆敏的一首诗："在干得发白的草地上我唱起 / ……一首情歌。/ 噢风起 日暖 水流平缓 / 还有野云和声 / 很久和很远。// 太阳融会了所有的热望 / 这是初冬。/ 世界上最善良的市长和 / 他们的法兰绒上衣 / 在萧索的街上 / 散布温暖和谐与平静。/ 我独自站着，像昨日 / 静物画里那只标本松鼠。/ 我在街上轻声叫嚷出一个诗句 / 瞬息滚过街顶的广告音乐 / 给人遗恨。// 即使小草折断了 / 欢乐的人生 / 我也已经唱出了像金色的 / 圣餐杯那样耀眼的情歌。满脸通红。"（《我在街上轻声叫嚷出一个诗句》）正如陈超自己所说的那样："为生命，为词语，尽了一个诗人的本分。"（《读一首诗，说一些话》）陈超和大解的关系是没得说的："我是看着大解长大的（不是开玩笑哦）。当然，他也是看着我长大的。我们认识将近三十年了，共一城风雨也快二十五年了。从我们怎么愣着青春的头皮搞'先锋诗'，到后来怎么拂着脸上干燥的褶子交流日常经验，彼此都熟悉。"（陈超《试着赞美这残缺的世界——论大解的短诗和长诗》）2004 年 6 月，陈超参加诗刊社的汝州诗会一个重要原因就是有大解同行，另一个原因则是想出去走走"透透气"。那一年的 6 月 11 日（星期五），陈超和大解从石家庄乘上火车出发，第二天参加开幕式。陈超和耿占春给学生和诗歌爱好者做专题讲座，之后参观了汝州学宫、汝瓷博物馆、张公巷窑址、石人山、千年古刹风穴寺、郏县的三苏祠和墓。一行人当时在风穴寺合影，后排是陈超、林莽、大解、耿占春、臧棣、森子，前排是张曙光、蓝蓝、树才、沈娟蕾、扶桑。再次回到 2016 年。陈国元把刚写完的关于王小妮的一篇文章放在草地上——草叶上的雨水还未散尽。我和崔立秋都读了陈超的那首《日记：天亮前结束写作》。这本诗集《热爱，是的》是李寒带过来的，上面有陈超的签名。崔立秋因为2016年春天刚完成博士论文《东西文化汇流的精灵——莫言论》不久，他的感触更深。为了写毕业论文，2015年冬天崔立秋甚至搬出了家。写作过程异常艰难，甚至几次他都想放弃论文的写作，是因为必须给陈超老师一个交代才支撑了下来——他论文完成得十分出色。我想到2016年3月10日清晨崔立秋写完论文时的那种轻松："论文终于还是写完了。这些天过得艰难，我都不知道自己是怎么挺过来的，但是我一点儿也感觉不出孤独，每天晚上好像陈超老师都在身边看着我写作。今天，我终于可以向陈老师交上一份作业了。"学生写毕业论文辛苦，而陈超作为指导教师同样付出了巨大的心血。尤其是在生命临近结束前那两年，尽管身心状态堪忧，但是在指导学生论文时却极其耐心、热诚、敬业，往往一语中的、拨云见日："姗姗好！你提的问题很准确，说明你用了心。芒克的确既有'消极自由'又有'积极自由'。但与其他'今天诗人'比，消极自由色彩更强一些。这是他的个人特色。我觉得，你应该明确这一点。正是这一点，使他的诗，比之北岛、江河等人，更有个人化色彩，更少反向意义的意识形态'大词''代言人'癖好。芒克个别诗，如《阳光中的向日葵》也有积极地反抗，但我觉得不是作为他的主要特色。你可以将它们认为是在为'个人自由'呐喊。其实，在那个极度压抑个人自由的时代，消极自由也是一种真正的反抗。至于小标题，与其用'站在两种自由之间'，似乎用'消极自由的内在力度'之类标题，更能达意？祝顺利！陈超"（2013年07月22日23点19分）。

此刻，突然一只巨大的黄蜂飞进了杜栖梧带来的那束红玫瑰和白玫瑰的花束里。这正像陈超的诗句“一只大熊蜂背上，是整个春天的晴空”。那一刻，突然出现的阳光拨开乌云泼洒在墓碑上，一切变得金黄、耀眼起来。这只辛勤的工蜂久久萦绕不去，它应该是陈超的化身吧。大解在评价陈超时说过这样的话：“我知道你正以另外的方式活在我们之中，并影响着当下和来者，影响着中国新诗和诗人。诗人们会永远记住你，中国文学史会永远记住你。”

墓地不时传来不知名的鸟的鸣叫声：“我最怀念的，不是那些终将消逝的东西，而是鸟鸣时的那种宁静。”（罗伯特·潘·沃伦《世事沧桑话鸣鸟》）我想，此刻陈超正处于这一宁静的核心，一切风暴止息了。我也相信“我们穿越死亡后，死亡是一个人生还的起点”（陈超《青铜墓地》）。

就这么着啦。我为一部书稿画上最后的句号。
一年零四个月，焦灼与喜悦相随。
该邮寄它走了，词语的镜子、钥匙、鞋、尘埃。
此后，我得以享受一段日子的空寂。

天光渐蓝，我辛劳的眼睑有舒服的细涩。
从后窗望出去，是对楼爬墙虎有力的绿漩涡。
我封好书稿，像黎明中农夫勒紧卖粮的大车。
哦，你有多好听——清晨送奶人嘹亮的哨子。

一只大熊蜂背上，是整个春天的晴空！

2000.5.5（《日记：天亮前结束写作》）

陈超在阵雪飘飞、枝丫无声的冬夜静顿、沉潜下来，在记忆和现场的萦回中面对内心和想象力的折回与飞翔。他提前领受了另一种更为本真和高远的声音："在落雪的时候，我独自走向田野。你的诗温馨明亮如冰雪下的河流。"如今石家庄下雪的机会已经很少了，但是多年前，陈超的很多重要著作和论文以及诗歌作品都是在下雪的时候得以完成的。正像陈超自己所说："夜深人静。窗外飘起冬雪。这是天空中落下的唯一使人不必设防的东西。我在写诗。一切喧嚣止息了，我得以坐下来面对自己。我发现自己心灵中残酷、阴沉的一面。有时，写作就是坐下来审判自己。"（《塑料骑士如是说》）诗人要在文字中安身立命，甚至在对话和磋商中重塑精神自我："制造一个纸质的谈伴。令你迷醉，令你震悚。与之磋商，与之对话。彼此纠正，要言不烦。"（陈超《新诗透视访谈录》）是的，当无边的苍穹上洁白的雪花漫天飞舞的时候，大地是如此沉静。雪，打开了一个诗歌的世界和一个圣洁无比的天堂。在这里，雪涤荡着世间的黑暗与污浊。多少年过去了，北京轰响的泥泞中已经很少能见天地中茫茫的雪景了，但是每当冬天的朔风不可阻挡地敲打、拍击门窗的时候我就会想起陈超在大雪中写作的情形。诗歌，也犹如大雪，凌空而降，给人以猝然一击，或狂暴或温柔地攫住了高洁的灵魂。应该说是雪给了在尘世搅扰中的灵魂以理想主义的些许安慰，而遵循内心的写作肯定是困难重重的，因为它所承担的精神重量已经远远超出了个体的负荷。陈超这样一个自觉、自省而有良知的诗人，一次次在冷彻中敞开心扉，省察自身。博尔赫斯曾一次次自问"是什么命运的乖张，使我这么害怕一面照人的镜子"，而自审的勇气也使得陈超避免了这种可怕的自恋的危险。陈超的诗歌和诗论文章中不时呈现和充溢的强烈的自审意识使他在反观事物和洞明生存的同时"终得以远眺神明的宁静"（瓦雷里语）。这的确如诗人希尼所说："如今再去窥探根的深处 / 用手指抓出泥泞 / 如大眼睛的那喀索斯 / 瞪视着泉水 / 有损成人的尊严 / 所以我写诗 / 为了凝视自己 / 为了让黑夜发出回声。"作为一种精神成人式的诗歌写作，陈超深深懂得诗人不是自恋的水仙而是自审的西绪弗斯，是与自我灵魂的辩难、诘问的对话者和与他者的争辩者。这个过程就是激烈的"我说"和"他说"的同时亮相和彼此张看，是求真意志在语言历险中的激活和命名。在简朴而干净的房间里，当两个高贵的灵魂格劳肯和苏格拉底在争论大地上是否存在一个令人心驰神往的美妙的"上帝之城"的时候，怀疑主义和理想主义的相互扭结和冲撞就不时地与文学滚动的车辙发出紧张的摩擦声响。

这种多年来写作的快乐与幸福也许只有陈超自己能够真正地领受。对于一个写作者来说，最大的快慰无疑是写作本身，陈超享有了这一不可替代的精神过程。但是对于当代中国作家而言，很多人往往为功利所累，或者极力自我戏剧化和公开表演，最终丧失了写作的本心和本真的快乐："是啊，我看到这样的朋友太多了：他们迷恋写作，脑子够用又肯吃苦，天上的老爷子也不亏待他们，他们终于'成功'了。但常常令我怅惘的是，成功后的他们，却被他们曾热爱的东西闹乱了。他们失去了写作的本真和快乐，变得特别重视别人的看法。为把自己变成可供欣赏的对象，他们刻意发展怪癖，自我戏剧化，把好好的生活弄得一团糟。在人前，他们签名签得都快忘自己姓什么了，而独处时，却焦虑、痛苦、疲惫不堪。由于丢失本真，他们甚至不能把这焦虑和痛苦转化成新的写作材料和动力。"（陈超《写作者的魅力》）时光的沙漏细响，陈超用手中雕刀雕琢着已逝和将逝的内心阵痛与宽怀："年岁已晚，让我谛听那柔韧的刻刀 / 在一阵窸窣中剥啄，吹息，呈现。/ 这世界在黑夜中也荫荫生辉，/ 玻璃上的纹章吮足了涧溪。”（《毕肖普，刻刀》）陈超更像是一个工业时代大汗淋漓的骑单车人，在阵雪和逆风中前进，诗思和存在的隐痛在冬夜中静顿、沉潜。在时间的指针悄然掠过惊惧的目光时，诗人则擦拭和点亮了那个略显老派而又温润萦怀的旧式灯盏：“我站在最冷最暗的旷野 / 望着你给我展示的家园，/ 今夜啊，让我放下火杖，拿起诗歌。”

很多个夜晚，陈超则将诗歌之水一次次捧起去“灌溉屋外暗蓝色的花园……”（里尔克）。写作给陈超带来了真实和虚无，带来了高蹈和阵痛，也带来了澄明和黑暗。这是持续而缓慢加深地“水成岩”的过程，既是词语和生命之间的相互磨砺，也是他那天然命运的持续和性格纠结的加重：“在我的书架上放着几块石头。它们不是什么‘雅石’，晶莹剔透且幻化出山水物形；也不是‘丑石’，形容乖戾，以引发人审丑的奇想。它就是最普通的石块：砂岩，页岩，石灰岩。那是我向一位搞地质学的友人要来的。友人是位藏石家，家中博古架上雅石、奇石琳琅满目。一日，当我说想要几块石头时，他神色紧张，一阵肝儿颤。可他没想到我要的却是这种石块。心一下子踏实了：‘随便拿。不就是沉积岩吗？这普通石块满世界都是。如不是研究采样，我才不会摆这个。’‘是水成岩。’我较真儿地说。‘当然，它又叫水成岩。这有什么关系吗？’朋友宽怀地笑道。是有关系。对事物命名中词素的修辞敏感，既是诗人的怪癖，也是他们的认真。而汉字是世上多么神奇的文字啊！‘水成岩’三个字，从象形到字义。都具有迷人的直观、整体、领悟特征。从构词上说，它显现了缓缓贯通的过程关系；而从词素上看，它们又是灵活的，彼此‘孤立’的，激发起人丰盈的联想。我热爱这‘水成岩’。”陈超一次次地躬身收割着自己的文字作物，疲惫而欣悦、隐痛而持守，

“我老去的激情还在继续献身 / 比经验消逝得快，比美德慢些 / 木讷和天真扩大我的智慧，置身写作的人 / 在生命和语言摩擦中 / 分裂成更小的微粒；它们互动，互否，生成 / 照耀了一代人模范的阅读”（《写作》）。而在他的背后，还必须提起他的妻子杜栖梧。陈超写文章不用电脑，都是手写，所有他的文字都是由杜栖梧一个字一个字敲入电脑的。值得提及的是陈超曾在 2000 年 3 月学过一段时间的电脑，但是有些焦虑：“花钱买了电脑，是为写文章。但写‘出来’却主要依据大脑，而不是电脑。”但陈超并没有打消这一焦虑，学电脑的事还是最终作罢。2006 年 12 月 1 日《中国先锋诗歌论》完稿的当夜，陈超在自序的最后一段写上了这句话：“在本书出版之际，我要特别感谢我的妻子杜栖梧女士，由于我的驽钝，是她完成了全部的文字输入（我近年出版的其他著作同样如此），并同步修正了书中某些文句的错讹。二十五年来，她一直无怨无悔地帮助我，我的感激和敬意是无法言说的。”

回到北京。直至听到窗外的秋雨声我才看了下手机的时间——2016 年 10 月 27 日。今天居然是陈超的生日！透过迷蒙的窗户我想到前两天师母杜栖梧的疲惫，头顶的一部分头发都有些花白了。此刻石家庄也在下雨，天气很冷了。我给师母发去了短信：“师母，多保重，北京现在下起了雨。今天是特殊的日子，您应该高兴，一个人能得以在诗歌和历史和亲人朋友中永生多么好！多注意身体和休息！”过了一会儿师母回了信息：“今天我包了陈超最喜欢的饺子去看他，扬扬也代替爸爸吃了蛋糕。秋雨带下了许多落叶在墓上，没有清理，他喜欢。天凉了，应该会有点儿寂寥了吧，我告诉他多多回家。”看到此刻，你会像我一样忍不住流泪吗？

石家庄西郊的这个鲜冽的青铜墓地，让我想到了另一个诗人在墓地徘徊歌吟的场景："你在奥尔良注意到的第一件事是墓地——那些坟墓——谈论这个让人扫兴，可它们是那里最好的东西之一。从那里经过，你尽可能地保持安静，好让他们安眠。希腊、罗马、坟墓——富丽堂皇的陵墓建得很有秩序，幽灵一般，是隐蔽的衰败的象征——那些有罪的已死的男人和女人的灵魂现在生活在坟墓之中。在这里，过去不会消逝得那么快。你可能死去很久了。鬼魂向光明飞奔，你几乎能听到沉重的呼吸——那些魂灵，注定了要到什么地方去。"（鲍勃·迪伦《编年史》）

我记得骆一禾在一首诗中有这样的句子——黄花低矮却高过了墓碑。那一截石碑在时间和尘世面前往往是微渺而不值一提的，但是就陈超而言，他在石家庄西郊龙凤陵园的那块梯形的黑色大理石墓碑，那座侧面的青铜雕像将是长久而高大的："世界，让我和敌手讲和并宽宥我迟到的醒悟 / 只要还有健壮的双腿和明亮的眼睛 / 我们其实不曾在世上真的丢失过什么……"（陈超《登山记》）。语言和写作境遇下死亡和重生就不仅是肉体的也是精神的，更是语言和存在意义上的，"呵，所有的仪表都同意 / 他死的那天是寒冷而又阴暗…… / 时间对勇敢和天真的人 / 可以表示不能容忍，/ 也可以在一个星期里，/ 漠然对待一个美的躯体 // 却崇拜语言，把每个 / 使语言常活的人都宽赦"（奥登《悼念叶芝》，查良铮译）。由此，文字使一个诗人的精神复活而得以永生："我所说的并不是我自己或我自己的诗，而是情感本体论的生命哲学。因为我清明地意识到：当我写诗的创造活动淹没了我的时候，我是个艺术家，一旦这个动作停止，我便完全地不是。也就是说，生命是一个大于'我'的存在，或者说，生命就是这样的生成。"（骆一禾《美神》）

天蝎座：透明又隔绝的钟形罩

你的占星图早已准备好。

——安娜·阿赫玛托娃

对于困在钟形罩里的人，那个大脑空白生长停止的人，这世界本身无疑是一场噩梦。

——西尔维娅·普拉斯

几次来陈超的墓地，我都不由自主地想到狄兰·托马斯，想到他的那首诗《葬礼之后》（这是诗人在他姨妈去世当天所写）："她的死原是一次宁静的水滴；/ 她并不希望我沉溺于她的善心及其名声 / 所引发的圣潮，她愿默默地安息，/ 不必为她破碎的身子祈祷。"而狄兰·托马斯生前的最后一首诗并没有写完，那正是献给父亲和他自己的"挽歌"："傲然不屑死去，失明而心碎地死去，/ 他走上最黑暗之路，不再回头，/ 一位勇敢而善良的人，冷峻而孤傲，// 那一天最黑暗。哦，愿他从此躺下 / 终于能轻松地躺下，最终穿越山岗，/ 在青草之下，永沐爱意。"

在陆陆续续的阅读中，我发现诗人之间的命运总有那么多难以说清的关联和秘密。

后来有一天，我突然意识到陈超的生日与狄兰·托马斯（1914～1953）和西尔维娅·普拉斯（1932～1963）居然是在同一天——天蝎座的诗人。我想到了狄兰·托马斯在三十岁生日时所写下的诗句，他“感叹生日的神奇”。这是一个成年人在与一个熟悉又陌生的远去的“男孩”对话：“再次聊起孩提时的田野 / 他的泪水灼热我的脸庞，他的心随我的心房跳动。/ 这些就是森林、河流和大海 / 一个男孩 / 在逝者聆听的夏日里 / 向树林、向石块，向潮水里的鱼儿 / 低声倾诉他内心欢乐的真情。/ 而那份神秘依然 / 生动地 / 在水中，在鸣叫的鸟群里歌唱。// 而我在此感叹生日的神奇 / 气候却早已开始转换。男孩长眠已久 / 他欢乐的真情在歌唱，在阳光下 / 燃烧。/ 这是我迈向天国的 / 第三十个春秋，伫立于此，夏日的正午 / 山下小镇上的片片叶子，沾染十月的血色。/ 哦，愿我心中的真情 / 依然被吟唱 / 在这高高的山巅，在这交替的岁月。”这就是自我心象，是时间的挽歌，是童年的翻转，是自我的确认。这里面有欢欣、喜悦、平静的回忆，也有无法掩盖的疼痛与死亡的幻象。是的，我们每一天都在与一个过去时的“我”挥手告别，我们曾经是那个“男孩”但又不是，“男孩长眠已久”，岁月带来了欣慰也冲涌来荒凉和阵痛。三十岁那年的陈超则在一首诗中说出“祝好人得沐天恩”。后来，陈超的那些回望过往的诗歌中反复出现了一个男孩和少年的形象——近乎湖畔的水仙。陈超早在 20 世纪 90 年代初就和这位被酒精焚烧一生的疯狂天才诗人狄兰·托马斯（1953 年 11 月 9 日在酒吧连干十八杯威士忌后深度昏迷而导致猝死）进行了极其深入的隔空对话。这是精神对谈，是灵魂之间的近乎宿命性的理解与亲近：“现在是春天，广阔的原野上，大河展开它远接天空的舞蹈，草丛摇曳它坚韧冲动的绿色火焰。我们的生命，从冬天冷凝的黑斗篷中奔出来，加入这喧嚣和骚动的自然合唱。我们的心被猛烈地搅动了，它猎猎招展像大树，它应和着第一阵爆裂的冰排……但是，我们感到了一种郁闷。因为，我们的语言和智慧，在天地之炉造化之冶中，显得那么无力，那么滞涩。我们能够想到和写出的诗句，背叛了我们的内心！它显得如此苍白，向度如此单一甚至单调。这时候，我们想到了那些优秀的诗人，我们渴望他们出来‘代替’我们说话。”（《意象与生命心象》）而这被第一个选中的替我们说出生命内在激动与隐忧，道出新生与毁灭的不是别人，正是狄兰·托马斯——

通过绿色导火索催动花朵的力
催动我绿色的岁月；炸裂树根的力
是我的毁灭者。
而我喑哑，无法告知佝偻的玫瑰，
同一种冬天的热病压弯了我的青春。

正如陈超所说这是狄兰·托马斯对春天的感受：“他将强烈的感情和智性，结结实实地压进了一个意象：春天植物的根茎成为嗞嗞啸鸣着的绿色导火索。它迅疾地闪灼，不可阻碍地奔驰，催开最初的花朵，也炸开了诗人块垒峥嵘的内心。对春天生殖力和生命力的感受，对新生与死亡的对称和对抗，都在这简洁而具体的意象营造中体现出来。而且，这组意象的内涵，并非是单一的。它涉及了自身内部的斗争和摩擦：‘炸裂树根的力/是我的毁灭者’。新生和毁灭被结合为一体。当春天的复杂内涵被诗人用一支‘绿色导火索’拎出来时，它就在瞬间照亮了我们的心智，催动我们感官和知性开放，我们在领受到迷狂的审美快感时，同时也击穿了事物的本质。”（《生命诗学论稿·意象的性质》）这句话与狄兰·托马斯对诗歌的认识是相互打开的：“诗人的一大技艺在于让人理解潜意识中浮现的东西并加以清晰地表达；才智非凡的诗人的一大重要作用就在于从潜意识纷繁的无形意象中选择那些将最符合想象目标的东西，继而写出最好的诗篇。”当年我在《生命诗学论稿》中读到狄兰·托马斯写于1933年10月12日的这首《通过绿色导火索催开花朵的力》以及陈超的这段解读时，在书的内页写下了最初的阅读感受，那时是1999年的秋天：“‘绿色导火索’在外形上看与植物的生长状态很契合，意象是瞬间到来的但又是准确而恰当的。而燃烧的‘导火索’本身就是矛盾体，是复杂的互否，涉及事物内部的摩擦和自毁。”纵观狄兰·托马斯的诗歌，几乎更多的时候给我们带来的是死亡、坟墓、蛆虫、血液和殓衣这样的死亡场景和黑暗想象，比如《我梦见我的创生》《时间像一座奔跑的坟墓》《挽歌》《而死亡也不得统治万物》《我与睡眠结伴》《不要温和地走进那个良夜》（Do not go gentle into that good nigh）。这是一个短暂的一生一直怀有自毁冲动的人，但他的诗歌却是永生的。这是对死亡的痴迷想象，对词语和技艺的竭力效忠，对潜意识机能的激活。他的诗有着粗犷、野蛮而又细腻、诡谲的情感爆发力，天才般的语言感受力，对人与自然、时间的神秘性体验和超验的表述，对现代心理学意识的拓展性理解。

每个诗人都有自己的“心灵朋友”和“命运伙伴”：“每年总会有一天，我要读芒克的诗。此外，每年必读的诗人还有曹操、古诗十九首、李煜、李清照、杜甫、柳永、曹雪芹、普希金、阿赫玛托娃、帕斯捷尔纳克、茨维塔耶娃、叶芝、梅绍静、舒婷、柏桦、牛汉、伊蕾、韩东、食指等。不是说我认为他们的诗‘最好’，旁人无可比拟，而是因为这些诗满足了我特殊的阅读渴望。那不是简单的技艺精湛（比他们‘精湛’的诗人很多!），而是这些诗更鲜冽更诚恳地‘带上了自己的心!’应该说我对诗的阅读量属于中国人中最大的那一伙，我是写诗歌评论的，总要拼命地读诗啊。但‘每年总会有一天’，我不带任何‘工作’性质，去读以上诗人的诗。它们像亲爱的朋友，带着诚朴的心迹，向我展示。在这一天我感到踏实、安慰、软弱、秘密而美好。这是我长年以来的‘心灵体操’，它让我僵硬、技术化、头脑化、虚荣的心变得干净空旷些。这时我会想，诗当然有种种型式，种种变化与发展，这都是合理的、‘合法的’。但古老的诗歌之道却总是万变中应尊重的东西，那就是‘心灵的回声’。”（陈超《带上自己的心》）诗人和哲学家一样更为本能性地关注和思考“死亡”“自杀”的主题，这既是个体精神境遇的反应，也是人类终极问题的叩访，“自杀的行动是在内心中默默酝酿着的，犹如酝酿一部伟大的作品。隐痛是深藏于人的内心深处的，应该在人的内心深处去探寻自杀”（加缪《西西弗的神话》）。尤其是对于那些非正常死亡的诗人而言，我们的读者和批评家往往喜欢用倒推的法则将他的诗歌和“命运伙伴”不自觉地向死亡意识靠拢。这样做的后果是窄化了一个诗人文本和精神的双重复杂性甚至不同程度的不可解释性。陈超在评价西川诗歌的时候专门提到过诗人的“命运伙伴”，这对于重新认识陈超的精神世界和文本世界也是富有启示的：“每个有效的诗人，都会有写作中的‘命运伙伴’，它大于我们的书写对象和知识对象，它位于经验背后，是经验得以‘结构’的基础。”（《从“纯于一”到“杂于一”——西川论》）

一个人出生的那一刻，似乎在冥冥之中与今后的命运走向有了极其隐秘的关联。

赫尔曼·黑塞对自己的出生时间（1877 年 7 月 2 日星期一，黄昏。巨蟹座，水象星座）是这样的自我认识（母亲对他的评价则是聪明可爱，但也非常顽固、执拗）：“在一个炎热的七月，夜色降临时分，我来到这个世上，那一刻的炎热无意中成为我一生都极为珍爱，并想寻回的事物，当它离开我的时候，我是那样疼痛地想念它。”（《略传》）林语堂也格外强调了苏东坡的出生时间（景佑三年十二月十九日卯时，公元1037年1月8日）与多舛命运的内在关联：“关于这个生日，第二件要提的就是苏东坡降生在天蝎宫下。照他本人的说法，他一生遭受许多磨难，被人扯上好好坏坏、莫须有的许多谣言，都有这个原因。他的命运和韩愈相同，他们属于同一星座，韩愈也坚持自己的政见而遭到放逐。”（《苏东坡传》）

性格决定命运，性格也大多决定了写作的命运。这既来自先天的家族基因又与后天的生存空间以及情感生活有关。本雅明（巨蟹座、水象星系）童年多病，视自己为忧郁症，“我在土星的标志下来到这个世界——土星运行最慢，是一颗充满迂回曲折、耽搁停滞的行星”，“孤独对我来说是人唯一合适的状态”。从童年时代起，行动迟缓的本雅明就分外自由而任性地去做白日梦、观望、思考、精神漫游。本雅明在《德国悲剧的起源》里写道“迟钝”是忧郁症性格的一个特征，还有一个特征便是“顽固”，“忧郁的人允许自己拥有的唯一的快乐是寓言：这是一种强烈的快乐”。正如苏珊·桑塔格所准确分析的那样：“对于出生在土星标志下的人来说，时间是约束、不足、重复、结束等等的媒介。在时间里，一个人不过是他本人：是他一直以来的自己；在空间里，人可以变成另一个人。本雅明方向感差，看不懂街上的路牌，却变成为对旅游的喜爱，对漫游这门艺术的得心应手。时间并不给人以多少周转余地：它在后面推着我们，把我们赶进现在通过未来的狭窄的隧道。但是，空间是宽广的，充满了各种可能性、不同的位置、十字路口、通道、弯道、一百八十度大转弯、死胡同和单行道。真的，有太多的可能性了。由于土星气质得病特征是迟缓，有犹豫不决的倾向，因此，具有这一气质的人有时不得不举刀砍出一条道来。有时，他也会以举刀砍向自己而告终。土星气质的标志是与自身之间存在的有自我意识的、不宽容的关系，自我是需要重视的。自我是文本——它需要译解。（所以，对知识分子来讲，土星气质是一种合适的气质）自我又是一个工程，需要建设。（所以，土星气质又是适合艺术家和殉难者的气质，因为正如本雅明谈论卡夫卡时所说的那样，艺术家和殉难者追求"失败的纯洁和美丽"）建构自我的过程及其成果总是来得过于缓慢。人始终落后于其自身。"（苏珊·桑塔格《在土星的标志下》，姚君伟译）约翰·沃森则在《T. S. 艾略特传》中如此分析艾略特冷静的性格成因："第一次婚姻中'个人和私密的痛苦'，磨炼出了艾略特超常的冷静性格。他习惯根据'纯粹的智力和理性'做出决定，'给出意见时小心谨慎'，在日常生活中也表现出'冷静的精神'。他的一位熟人对此'印象深刻'，甚至'深感压抑'。凡此种种，都表明他是一位小心谨慎、冷静客观、低调沉默的人，有时甚至会刻意掩藏个性、深埋自我。"艾略特是天秤座，举止优雅、做事稳重、理智、具有超强的判断力，"终其一生，得体优雅的举止都是他掌控友谊的办法"。

诗人的微观心理表情分析有时也较为难解地与星座学（命理）发生微妙的关系。陈超说过"占星术是不坏的一分钟小说"。出于对星座的好奇——当然我只是把星座知识看成是好玩有趣的知识，我上网搜到了一段关于天蝎座性格的文字。

天蝎座的人对互不相同的和互不相融的事物有特殊的兴趣。他是一个喜欢探究事物的本质并加以区别的人。在萧瑟的秋风中降生到这一星座的人粗犷而倔强，他显得沉闷的个性和紧张的神经会使接近他的人感到压抑和迷惘。他的爱情心理常常充满着矛盾。他有一双极其敏锐的眼睛，能洞察和利用人性的弱点和利弊。

另外，他的神秘性、极端性、好斗性和狂热性，也常常给人们留下深刻的印象。无法摆脱的烦恼常常纠缠着他，使他感到精神疲惫。

天蝎座的人个性冷漠，神秘而性感。他喜欢亲自动手去做；喜欢改善自己的工作和生活环境；而不喜欢无所事事和庸庸碌碌的生活，那会使他丧失生机和活力。也有的喜欢自暴自弃，生活在阴影中。他从不愿承认失败，如果遭到了挫折，他将会产生强烈的心理变态反应。

天蝎座，表面透明、清朗而实则隔绝、隐晦，正像西尔维娅·普拉斯笔下的玻璃钟形罩一样。这是一种混杂的性格（也许任何一个人都是如此，只是程度不同），叛逆而又柔情，忧悒而又幽默，神秘而又亲切，介入而又游离，孤独而又喜欢倾诉。他的智力、理性、意志力、自信心、幽默感都如此突出，与此同时，他的反叛、非理性、疯狂、疏离、内向、自傲、自毁的冲动也同样不可阻遏。天蝎座，应该是十二星座中比较富有非凡的文学和哲学才能的人（起码从伟大作家尤其是诗人的概率来说是如此），我们可以列一个典型的名单：济慈、陀思妥耶夫斯基、屠格涅夫、塞尔玛·拉格洛夫（1909 年获得诺贝尔文学奖）、盖哈特·霍普特曼（1912 年获得诺贝尔文学奖）、安德烈·纪德（1947 年获得诺贝尔文学奖）、阿尔贝·加缪（1957 年获得诺贝尔文学奖）、艾萨克·巴甚维斯·辛格

(1978年获得诺贝尔文学奖)、内丁·戈迪默(1991年获得诺贝尔文学奖)、若泽·萨拉马戈(1998年获得诺贝尔文学奖)、缪塞、穆齐尔、安德烈·别雷、罗伯特·路易斯·史蒂文森、库尔特·冯内古特、狄兰·托马斯、西尔维娅·普拉斯、玛格丽特·马特伍德、塔哈·侯赛因,以及钱钟书、废名等。

说到性格中的紧张感——当然也一定程度上体现在诗歌和诗论中,我想到陈超对自己早年的这段评价:“那时我年轻,从生理到心理都喜欢‘神奇’和‘紧张’的修辞效果。喜欢将序列不同的名词、形容词,通过书写的暴力硬性压合在一起。我还喜欢诗中情景的快速闪掠,视之为语境开阔。”(《读一首诗,说一些话——读陆忆敏〈我在街上轻声叫嚷出一个诗句〉》)这种紧张感在诗歌、评论以及日记和书信中经常出现,“紧张”出现的同时也是试图与他人对话或自我劝慰。陈超最爱重复的话是“我终于得以坐下来面对自己”,“我该和我自己谈谈啦”。如果说紧张是一种站立的姿势的话,那么陈超则一直试图进行坐下来式的自我盘诘。以早期《生命诗学论稿》为例,其中反复出现的正是一个试图坐下来寻找安宁的一个形象,比如“上帝呵,请陪我坐一会儿”、“坚持写作就是坐下来审判自己”、“一切喧嚣止息了,我得以坐下来面对自己。我发现了自己灵魂中残酷、冷漠的一面。这使我深信易卜生的体验,生存就是与灵魂中的魔鬼作战,写作就是坐下来审判自己”(易卜生)、“坐卧不宁的不是诗人面对灵魂,而仅仅是他对写作手艺的坐卧不宁”、“灯下对坐倾吐衷肠的创作姿态,并不是以艺术上的让步为前提,相反,它取得了诗歌的基本的也是最后的成功”、“就像一个活得不舒服的病人,频频变换坐姿那样”。

这种特殊的精神紧张感和修辞方式在陈超20世纪80年代的诗

论中尤其是八九十年代之际体现得尤为突出，比如最具代表性的《回击死亡的阅读》：“秋天到了，风展乌云，枯叶像往世之书絮满城市。这是我一年中读诗的日子。灵魂变得笔直、紧张、荦荦大端。掀开河流的一角，我知道最后的温暖将倾向于冰雪。冬天，我做好了准备，你尖锐寒冷的爪子将打在我疲竭的脸上，就这样，我将热爱斗争的生活！阅读，在你用死亡贯彻我的秋天，我已度过了习惯了贫穷和失败。乌托邦的流放者，在过分的离心中写作的大师，请让我接近你们。言辞的历险，将死亡敲进意象的铁球。寒冷隐喻的终极，你们捐躯的青春已将我的灵魂压弯。整个秋天，冰雪在我胸中跺着脚，它比我更寒冷，它，它的同谋死亡在哆嗦。一行行读下去，再高声一些，死亡被诗的弧光切割开。最深的隐痛，你们流过的鲜血，我必须重新流出。疯狂的托马斯，忧郁的曼捷施塔姆，置身死亡的英雄比死亡更深。我的一生都不够强大，是由于惧怕换掉祖先的血。但是，在世纪之末的秋天，请让我从黑夜中掠回你们的光芒，看见回击死亡的写作，并且改变我的生活。诗歌从我的骨头中喷出火焰，它在我生命中走动，像一百只豹子的腰在风雪中焚烧！”

与此同时，陈超还一定程度上有一点儿由“紧张”延伸出来的“自闭安慰症”。这当然不是病理层面的，而是精神气质和隐喻层面的：“黄昏时分湿漉的林子 / 有一种你依赖的自闭安慰感 / 那边飘来孩子们烧树叶的呛味儿 / 年光易逝，这次是嗅觉首先提醒你 / 望着鸟群坚定地穿过西风的气漩 / 你已不再因碌碌无为而感到惭愧 / 日子细碎徒劳的沙粒多么安静 / 向平庸弯腰，你因学会体谅而变得温顺 / 载满琐碎心思的火车穿透暮霭 / 隐入西部钢蓝的群山；钢铁轰鸣后 / 林子更加幽寂，你的心也像 / 松树的球果，布满瘢鳞但硬实

平稳 / 怕惊扰林子那边的不知名的鸣虫儿 / 你也不再把怊怅的丽句清词沉吟 / 当晚云静止于天体透明的琥珀 / 你愿意和另一个你多待些时间。”（《晚秋林中》）紧张与平静，安慰与封闭，温顺与尖锐，恰好形成了一个人的精神对跖点。

陈超在20世纪80年代第一次读到尼采的《查拉斯图拉如是说》（后来还读了尼采的《善恶的彼岸》）的时候，正处于青春期中第一次面对“生命”“幸福”“善恶”这些“大词”，当时虚无和困惑一直“占据了自己的心”。尽管尼采（1844～1900）是天秤座，陈超是天蝎座，但是都是出生于同一个月份——10月，而10月在陈超的一生中占有着极其重要的坐标位置。陈超生于10月、卒于10月，结婚纪念日是10月，他和栖栖的相识也是在10月，而陈扬的生日同样也是在10月——和尼采只隔了一天。这种时间和精神上的“近亲”渊源使得陈超一生如此钟爱着尼采，甚至近乎不可解释的是尼采和陈超都只在世五十六年。几乎在每年10月的时候陈超总会不由自主地想到这个阴郁、悲剧性的诗人哲学家，“10月，又想起一个人，一个中等身材，脸上缺乏知识分子温和的表情，闪烁着怀疑与激情的双眼和长垂的胡子，给人一种粗卑错觉的智者，一个要成为真正自由的‘我’的人。而他早已到了天上，在10月的阳光下，想起他，禁不住要来一次深呼吸，凝视天空……”“也是在一个10月，他来到这个世界……似乎命中注定的，他应该有一个幸福的人生，但是，俗世的恩主又怎么能给一个竭力要超越俗世的人以恩惠呢——他选择了一条截然不同的路……是战斗得太久？还是一个思想者不愿再受思想的煎熬？在一个春天的早晨，他出门去买报纸，却从此找不着回家的路，从此，他沉入了意识的暗夜里。而在某个恢复了意识的时刻，看到坐在身边的妹妹默默流泪，他不禁发问：‘伊丽莎白，你为什么哭呢？难道我们不幸福吗？’这个备受煎熬的孤独的灵魂，生前不被人理解，不被社会接受，死后被人误解，又被人利用。但是他却在反问：‘难道我们不幸福吗？’——幸福是不需要别人去肯定的。在失去意识十年之后的秋天，这个现代哲学的先驱终于像他向往的阳光一样融入了天空中，进入了那个永恒的静谧之地。今天，我从一个卑狭的地方来赴智者之约，而斯人已去，我们竟不能做一次倾心之谈。”（陈超《我想献给人类一件礼物——重读〈查拉斯图拉如是说〉》）这是陈超的另一个精神侧面，我们还会在里尔克、陀思妥耶夫斯基、曼德尔施塔姆等人那里看到另一些精神对应和心理呼应。具体到陈超而言，这必然是一个并不轻松的精神肖像（包括后来发生的不幸）。

20 世纪 80 年代的日记还印证了陈超是一个忧郁的人，当然他也是一个快乐的、有责任感的意志力强大的人，“忧郁的人是如何变成意志的英雄的？答案是通过一个事实，即工作可以变成一剂药，一种强迫症”“伴随着自身孤独而感到的痛苦，这是忧郁的人所具有的一个特征。人要做成一件事情，就必须独处，或至少不能让永久性关系束缚住手脚”“忧郁的人所表现出来的工作作风就是投入、全身心的投入”（苏珊·桑塔格《在土星的标志下》，姚君伟译）。

狄兰·托马斯是天蝎座，当然更是独一无二的自己——天才诗人，酒鬼，“死亡率最低的地方是酒馆，所以我尽量待在白马酒吧……我到第三天才不再盯着姑娘们的膝盖看，那些女大学生，她们进门后把大衣丢在一边，然后坐下来学习，她们可爱的双腿美妙交叠在一起……第三天，就是这一天，我发现自己在窗边坐着的位置，正好是迪伦·托马斯以前坐过的地方。我看到他挂在墙边的肖像画。那是一幅油画，抹了个红鼻头，和他本人倒挺般配。不过对于一名酒鬼来说，怎样画他都般配……”（赫拉巴尔《白马》，李晖译）。每个人的性格中最深处的部分以及不能公开的私人生活则是这一精神肖像中最隐秘的不为人知的部分：“入学两年后，福柯便来到圣—安娜医院的法国精神病权威让·德莱教授的诊室……在这期间，他曾几次有过自杀企图或自杀未遂的事情……每当福柯夜晚从常常光顾的吸毒场所或同性恋酒吧回来时，总是一连几个小时处于消沉、不适和羞于见人的状态。”（迪迪埃·埃里蓬《米歇尔·福柯传》，谢强、马月译）

同样是天蝎座的西尔维娅·普拉斯（Sylvia Plath 1932～1963）短短三十一岁的一生却有三次自杀经历。在《拉撒路夫人》一诗中她对自己的三次自杀经历以及惊悚的内心世界予以撕裂般地自白，时时为破裂的情感以及童年的阴影和忧郁症所困扰：“表面上，我也许小有成就，但是我心里却有着一大片一大片的顾虑和自我怀疑。”在《父亲》一诗中，我们看到的是一个在童年即被黑暗、死亡和惊悸所激发的死亡想象的影子：“你下葬那年我十岁。/ 二十岁时我就试图自杀，/ 想回到，回到，回到你的身边。/ 我想即便是一堆尸骨也行。”（陈黎、张芬龄译）西尔维娅·普拉斯最后一段时间是她最痛苦、孤独的时刻，也是诗歌写作的爆发期。（不到两个月的时间写作了四十多首诗）她的写作主要是在凌晨三四点钟，那时的两个孩子都已入睡，诗人重新找回到了精神的自我，“公鸡啼叫之前，婴孩啼哭之前，送牛奶人尚未置放瓶罐发出玻璃音乐之前的静止、清蓝、几近永恒的时刻”。普拉斯在死后获得普利策奖，生前她的诗歌投稿却大多被编辑退回，而普拉斯却是有着相当的写作自信的诗人：“我是作家，我是有天赋的作家，我正在写一生中最好的诗歌，它们会让我成名。”此言不虚，有诗为证。1963 年 2 月 11 日早上 6 点钟，普拉斯在桌上放好留给两个孩子早餐用的牛奶和面包，放好黑色的弹簧活页夹（里面是四十首诗）后，走入厨房，打开烤箱，打开瓦斯，将头伸入进去。在此之前，她用毛巾将门窗的缝隙堵好。一个人的自杀会有诸多的理由且往往非外人所知，甚至连亲人都无从知晓，但是对于作家尤其是诗人的自杀，公众的热情和窥私欲却是旺盛而持久的。这种传记学的阅读和批评会给“诗人之死”加上诸多心理学、文化和社会学的解释，而这些解释可能反而对诗人的生活、情感甚至写作形成一种遮蔽，而非准确、有益的揭示。对于西尔维娅·普拉斯弃世后很多研究者和公众的误解，她的女儿弗莉达·休斯的一段话非常适合拿出来给今天的读者们看看：“然而，我母亲自杀当下的极度痛楚却被陌生人接管了，被他们占有，并加以重塑。《精灵》诗作结集成册象征我拥有了母亲，却让父亲蒙受更多的诽谤。这好比她诗歌能量的黏土被占据之后，再以之捏制出对我母亲的不同说法，捏造者捏造的目的只为了投射自己的想法，他们仿佛以为可以占有我真真正正的母亲，一个在他们心中已然失去自我原貌的女人。”

天蝎座有时笑起来像一个孩子，冷起来又像一个忧郁的谜，拥有一种令人无法抗拒的吸引力和特殊气息。我在陈超那里领受到的是微笑和深沉以及巨大的吸引力。我所接触的诗人中对星座有着极为深入的理解并且准确度惊人的是路也和巫昂。巫昂的学生紫气曾经在北京北三环的一个小酒馆里兴致勃勃地看我的星盘——那时她来北京不久且正准备进入磨铁图书公司。2010 年春天去陕西安康的大巴上，路也看到商震就直截了当地说他是典型的白羊座，而具体到身边的每一个人她都准确说出了星座甚至血型。2015 年元旦，我在福州的元旦诗会上又见到了路也，其间再次谈起了陈超。路也和我说了一个细节，让我吓了一跳。她说有一次她母亲看到了杂志上我的照片，她母亲端详了一阵后对路也说这个人怎么看着像陈超呢？路也说，当然像了，这个人是陈超的学生啊。我当时又本能地问路也陈超是什么星座，她毫不犹豫地说“天蝎呀！”

终曲："他的脸比余烬还要纯净"

疾病是生命的阴面，是一重更麻烦的公民身份。每个降临世间的人都拥有双重公民身份，其一属于健康王国，另一则属于疾病王国。尽管我们都只乐于使用健康王国的护照，但或迟或早，至少会有那么一段时间，我们每个人都被迫承认我们也是另一王国的公民。

——苏珊·桑塔格《疾病的隐喻》

他人的死使我们负罪。

——西川《致敬·幽灵》

2014 年 10 月 31 日下午，李南、韩文戈、胡茗茗、杨松霖和我一起到了三宏公寓楼下自行车棚边上的空地。

每人在事发地点上一支烟，摆放在冰冷的水泥地面上，"远在石家庄的殡仪馆告别仪式刚刚结束，/ 阴霾密布的天空下他望着远方，像一只 / 猎豹跃过他的反抗：'在那儿。不。在这儿。' / 他已换上了新的布鞋——老人们在打牌，时间一动不动。/ 安菲萨老咖啡馆的镜子，正映出他消瘦的侧脸"（蓝蓝《在安菲萨的老咖啡馆——我看到你在窗口坐着，正写着你的诗句》）。关于这首诗，蓝蓝专门对我提到了相关的背景和细节："就在他的'头七'那一天，我到了一个叫安菲萨的小镇，那里的小广场旁有一个老旧的咖啡馆。希腊著名电影导演安哲洛普罗斯曾在那里拍摄他著名的《流浪艺人》。那是一个时光似乎凝固了的咖啡馆。很多历史也凝固在这个老咖啡馆里。也就在那里，我恍然看到陈超老师坐在窗前，而几个老人在咖啡馆里静静地打牌。——中国人有句老话，说去世的人都去了远方。因为是'头七'，也就是人们说的是去世的人回来的日子，我相信陈超老师在那一刻就在这座咖啡馆里——我的背包里还带着他的照片。和我同去的诗人说：'每一张照片都在争夺遗像的位置。'这句话令我感慨万分。第二天我到达斯基罗斯岛，那里有英国诗人鲁伯特·布鲁克 Rupert Brooke（1887～1915）的墓地，在岛的北面，还有一座青铜雕像，上面刻着：'献给鲁伯特·布鲁克和永恒的诗歌'。我和同行的诗人就在这座雕像前，给陈超老师举行了一个小小的祭奠礼，一束鲜花，一张照片。祭奠礼结束的时候，一阵海风吹来，照片翩然飞起，跃向大海。"（见蓝蓝给霍俊明的信）

由三宏公寓楼下北侧的这个红色铁皮屋顶的车棚，我想到的是 2009 年 11 月石家庄接连几次罕见的大雪竟然把这个车棚给压塌了。陈超费了好大劲儿才把自行车和电动车从倒塌的车棚里抢救出来，而更令人气恼的则是三宏公寓物业居然从 10 月 20 号开始不供暖，不提供物业服务，甚至楼道的灯也不亮了。没办法，业主和学生上街游行，找区政府理论，最终 11 月 13 日问题才得以解决。由这个红色铁皮车棚向上望，就是三宏公寓黑乎乎的窗口。

1982 年春天，陈超在给栖栖的自制诗集中有一首《热爱，生命——给 xī xī》。多年后再读这首诗会让人登时惊出一身冷汗，难道真的一语成谶？难道陈超早就预料了自己生命的最后一刻了吗——

即使有一天我坠落死去了
在你升腾的力量里
将包含两个灵魂

横贯纯净的蓝天
留两道幸福的弧线

我们该如何面对一个遽然离去的人在最后一刻的想法？如何面对他的勇气和决绝？如何面对一个人面对颈椎痛、失眠和抑郁难挨的时刻？当一个健康的身体突然感受到持续而明显的不适的时候他会想到什么呢？他该如何面对和解决呢？

显然，不同的人面对病症时的反应完全不同："我左手大拇指发硬，也不是特别的肿胀，虽然指根附近的静脉已经突出，手指不能向后弯，指头捏东西也疼。以前出现过这种情况吗？我有点儿模糊的印象，疼痛也许会消失，但这隆起的血管等等让人感觉好像不会好似的，也许是痛风，也许是关节炎，当然，除非是患了那可怕的卢·格里克症，那对作家是致命的，愿神佑护我们。而且，我感觉脖颈神经有压迫感。这和大拇指有关系吗？这是怎么了？我是真正的摩羯座，我的命运就是碾碎一切直到死亡。当然，还有这难以言说的听力障碍。每隔一会儿，我会听到声音，但辨不出话语。是颈部神经压迫挤压了声音吗，把我挤压得沉默？我能怎么办呢？为什么不去看医生？哦，这缓慢推进的枯朽！"（E. L. 多克托罗《诗人的生活》，尚晓进译）陈超在一段时间里感受到的同样是颈椎、听力（耳鸣、耳堵）、失眠、心理焦虑和沉暗的时刻。

在多年前的黄昏，晚风拂尽阴云，陈超在晚霞尽染的大海边躬身投下了一个诗歌的漂流瓶。如今，在岁月的逆光中我看到的是一个越来越庞大的身影，正如我在诗歌中所想象的情景：“他高大的身影微微有些晃动，/ 犹如细小的闪电旁敲侧击 // 失眠 / 是你跳离尘世时最后的赐予 // 重负与神恩你都已领受 / 把自己打包又凛然撕碎。”（霍俊明《夏日，兼怀陈超》）

失眠已经越来越困扰着现代社会的人们，尤其是一些作家、诗人和艺术家：“我如果不吃药就无法入睡。至少，吃一剂罗眠乐能让我踏实睡上四个小时，或不如说是失去知觉。”（赫拉巴尔《绝对恐惧》）在陈超最后的时日，他的精神和身体被失眠和抑郁的黑色巨兽所折磨、咬啮：“我们心爱的诗有权利活下去 / 如同秘密传递的火焰，我们只是它的肉身。/ 五点钟陪孩子一起打球才是重要的，/ 在秋日的雾霾中陪妻子一起散步，才是重要的；/ 在有风的日子，看银杏叶在眼前一阵阵坠落，/ 尤其重要而且必须；这毒雾弥漫的人间，/ 毕竟也还有几分美好。但我终于无法想象 / 连续七天的失眠对一个人意味着什么；/ 那在高处诱惑你的，又是什么。”（西渡《你走到所有的意料之外……》）

那种难以对抗的虚无和苦痛的程度是除了陈超之外的任何人都难以想见的：“他有老母在堂，身体不是很好，孩子患有先天智力障碍，夫人又无稳定职业。最近一段时间，陈超老师严重失眠，头痛耳鸣，多方求医问药，疗效甚微，也许他不愿再拖累家人，纵身一跃，唯求解脱。我一直以为陈超老师既是沉静乐观之人，天然就该有一个幸福、祥和、可以心无挂碍专注于诗歌和学问的家庭生活，上天当厚待这样的人。我不曾看出孩子之于他的战争般旷日持久的焦虑和打击。他的沉静与平和中一个父亲的锥心之痛与隐忍和无助，我一无所知。他得付出多大努力才能让自己如此沉静平和。而抑郁症带走了他。”（徐则臣《他唯一可以迈过去的坎儿》）

2014年6月开始，陈超的耳鸣、耳堵状况有所加重。福无双至，祸不单行。也是在这个月，陈扬因为糖尿病再次住院。

在最后的时日，长期颈椎病的困扰，失眠变得更加频繁且每次持续的时间比较长，耳鸣犹如轰炸机，记忆力迅速衰退，陈超已经不能正常上课了："'要跳，我们三口就一起跳吧！'她劝说。/ 磨难的齿轮已将这个柔弱的女人的心，/ 一次次绞碎，滴血的声音没能劝阻他，// 抑郁的病痛，长久的失眠，绝望的耳鸣，/ 让一个曾经壮硕的汉子，/ 怎么突然对这具热爱的肉体没有了耐心。"（李寒《未完成的哀歌》）

早在1992年5月5日，为颈椎病和高血压所困扰的陈仲义（自言"这两年，我的血压一直不好，160/110，将来死于脑出血无疑。最近，我已严格控制作息，每天工作不得超过四小时，每天散步两小时，晚上看闲书、陪孩子练琴，什么活都不干。现在，才感到生命真正的可贵，健康比什么都好"）还从遥远、潮湿的鼓浪屿写信给陈超，予以勉励："你还年轻，起码比我少十岁，精力旺盛，来日方长，希望多保重身体。在现代诗的批评与理论领域'干活'的人所剩无几了，但愿我们能坚持到最后，你说呢？"

陈超弃世的当天，我在他的书房里难掩悲戚。李寒一进门就止不住失声痛哭。在东南角这个书房里，靠着窗户的冬青植物繁茂健康，窗外却是灰蒙无尽的北方天空。书房里挂着陈超和艾青在20世纪80年代的合影，还有贾平凹送给陈超的一幅书法："圣贤庸行，大人小心。静世思游，不知不觉。"这小小的书房，几乎成为陈超一生快乐的生发地："小小的书房近乎空无的盘子 / 承载着我一生研磨的语辞 / 在蜡烛剥开的隐痛中写作 / 完成的书卷是琥珀的中心 // 潇潇的烛光！纯粹又忧伤 / 我毕生的工作在一寸一寸缩短 / 当你摇晃，

20 世纪 80 年代陈超与艾青

坚持，终于倒下 / 火蝶熄灭的翅膀返回上界 / 已经预示了天光。”（陈超《夜晚的写作》）

即使身心状况糟糕到超出了陈超的承受能力，即使他已向河北师大文学院请了假在家休息，但是在极其苦痛中他还在牵挂着学生的学业，仍勉力支撑批改学生的毕业论文（其中一本毕业论文是陈国元写王小妮的）。这也是他决绝走后让那么多学生无比悲痛的原因。当我在他出事当天，在他的书房里看到那几本研究生毕业论文时，我又看到了熟悉的一幕。我当年的硕士毕业论文《洞透暗夜的隐匿光辉——白洋淀诗群论》的纸页上写满了密密麻麻的评语，时至今日我仍将它小心珍藏。事后，我查看一些资料，抑郁症者是无法集中精力阅读的，可以想象陈超是以超乎常人的毅力在病痛中坚持一个字一个字读改学生的毕业论文。“抑郁症发病以来，绝大多数时候不能看书，一看就头晕、恶心，气郁腹中，形成硬包块，胃隐

隐作痛，心脏闷得烦躁难耐，脉搏跳得缓慢无力，几乎摸不到。”（李兰妮《旷野无人》）

陈超可能在最后一刻感受到了生存的绝望或者重生的激动，弗兰茨·卡夫卡说“真正的道路是在一根绳索上，它不是绷紧在高处，而是纠葛地贴着地面”，但是他一生从未放下的就是精神的历险和诗歌的跋涉，“在月光下浇灌花园的人 / 你竟夜的劳动使黑夜有了核心 / 花园是落到地面的云色 / 果树是初恋天使的臂膊 / 但我赤裸的泪滴在水渠中反光 / 月亮正将终曲弹响 / 最后的劳动在虚构中沉湎 / 明天的花园将是风暴一片 / 赞美劳动的人隐没在火灾中 / 他的脸比余烬还要纯净”（《终曲》）。

“诗人”的性格是否天然如此——热情、冷寂、敏感、落寞、多变、忧郁、冲动的混合体，“在白天他像螺钉 / 而到了夜晚就很敏感 / 夜晚的思想 / 静静地在那儿生长 / 他向往冬天 / 门外沙沙落着雪 / 会突然响起叩门声 / 而现在是夏天 / 在夏天的夜晚 / 门是开着的 / 也没有朋友来 / 他只能独个儿想想 / 灵魂就这样渐渐成熟”。这是否就是“诗人”的原罪或者注定被诅咒的那一“不可饶恕”的部分，比如自毁的冲动、自杀的心理暗示和不良情绪的循环。

荷兰著名汉学家柯雷（Maghiel van Crevel）则注意到人们更多强化的是自杀行为所携带的文化和诗学的附加意义，“伊丽莎白·布朗芬指出，关于死亡的艺术再现激动人心的一点在于，它让幸存者替代性地体验了死亡。显而易见，替代性死亡体验很适用于不仅制造死亡再现而且实际上通过自绝来‘体验死亡’的艺术家，如果明显是预谋性自杀的话，尤其如此。在这种情形下，我们把艺术家的生活和作品视为一体，甚至使用‘生活’能够意味着‘死亡’，或者更确切地说，其死亡之前的整个生活注定将引向这种死亡，别无他路。那样一来，‘生平传记’变成‘死亡传记’，常常会触发一种可称为‘事后必然性’的欺骗机制。也就是说，艺术家的生活被改写为一个为死亡做准备的过程”，但是更应该受到关注的是身体和精神状态本身，“自杀行为之所以在生者这里能成为一个颇受关注的反思性话题，其原因之一是，作为一种自我毁灭手段的自杀行为，也是一种绝对的自我决断。把自杀看作一种张扬主体性的行为虽然不无道理，但也不应遮蔽其他的、同样言之成理的视野，尽管或许不那么惊心动魄。我指的是人生简直不堪忍受的情况，无论是因为宏大的原因，比如战争负罪感，还是因为简陋的原因，比如持续性气短等。换句话说，自杀未必是策略性的行为，也可能是绝望附体，或是脱身绝望。”（《“死亡传记”和诗歌声音：海子》，见柯雷《精神与金钱时代的中国诗歌》）

针对诗人的“替代性死亡”以及阅读者不自觉地把一个诗人的死和其生前作品联系起来的“倒推法”习惯，柯雷在分析西川的长诗《致敬》时强调“诗歌教导了死者和下一代”在20世纪八九十年代的汉语诗歌的现实境遇也可以反过来理解为“死者教导了诗歌和下一代”。由此，柯雷着重分析了海子现象对中国当代批评家的阅读和评价标准的重要影响：“这一点，我们可以在陈超的《中国探索诗鉴赏辞典》（1989）里找到明证。陈超的书稿完成于1988年，那时海子尚在人世。这本书里讨论了海子的两首诗。在评论《抱着白虎走过海洋》时，陈超对诗句‘倾向于死亡的母亲’有所困惑，接着却说海子这是表达了生与死的平衡。……十年后，在这本书1999年的修订增补版中，陈超增加了对海子另外一首诗的讨论……他早先把海子诗歌中流露出来的‘生命的本质’定性为‘征服死亡’，但又不顾先后说法矛盾，改口道，海子在1987年的诗作《祖国（或：

以梦为马)》中预言了自己的命运。中国文学向来有把言说者和作者相等同的传统，无论是否参照这一传统，下面我们都将看到，陈超的关于海子预言自己的死亡这一说法合乎情理。但是，只有当海子实现了‘预言’，只有当诗的作者照着诗中的言说者的话去做了，《祖国（或：以梦为马)》才成为经典，这是一个事实。陈超的这个选本倾向于选取诗人们的‘代表作’，因此可以这样理解：只有当《祖国（或：以梦为马)》这个作品得到了作者生活的验证，亦即死亡的验证，它才能作为海子的代表作，被选入该选本的修订版。”（柯雷《“死亡传记”和诗歌声音：海子》）

但是值得强调的是早在1989年4月2日，陈超从北京朋友那里知道海子自杀的消息后他的反应——“海子是永生的”“完成了浪漫主义史诗的普遍生还”——是准确的、是理性的也是超前的。这是放置在美学和历史学的双重语境中来予以评估的，并非完全是后设的集体意识和“死亡性倒推”：“朋友说，他的身躯和头颅最后撞响了世纪末的竖琴。他把太阳的灵魂溶进了语言的最后光芒……朋友的话让我感动。但又让我不满。因为这话含有一切结束了的意味。可当时，我却说不清这种不满的根据。现在，我知道海子之死，实际上完成了浪漫主义史诗的普遍生还。在海子的长梦中，他被继起的诗人包围，仿佛一个种族的诗章大梦在他的氛围中升起。这种血缘幻象会沿伸在未来世界的运转中……海子是得永生的。”（陈超《海子生还》）

失眠的人起来，开始跳伞

失眠的人起来，开始跳伞
落到这个城市的西南去
那里曾有一个红色的防雨棚
岁月使它突然变形
变形的还有黑夜里瞪大的瞳仁

瞪得再大也没有用
失眠的人必须学会在夜里赶路
走累了就跳到楼顶上去
接着，就降落下来
速度取决于你
是在做梦，还是继续失眠

——霍俊明《热爱那些失眠的人吧》

很多人或许都有过失眠的痛苦经历。对于我来说，写博士论文期间经常白天黑夜时间颠倒、失眠严重，那时候头发一把把地掉。另一次失眠严重是陈超猝然辞世之后的几个月的时间，我几乎夜夜辗转反侧，几乎一躺在床上就本能性地恐惧。失眠况且如此恐惧，谁会真正理解抑郁症者的真实感受呢？我完全认同这句话："我不相信没患抑郁症的人能理解紧紧缠绕抑郁症病人的那种恐怖。"

近些年来陈超几乎很少外出参加诗歌活动了。我曾邀请过他几次，他都说要陪陈扬，老人经常生病住院很多事也走不开（记得陈超几次提到陈扬的姥爷住院病危）。2014 年 7 月中旬，中国文化部和中国作协要在四川绵阳举办第四届中国诗歌节，诗歌节安排了一个诗歌论坛，陈超在被邀请者之列。我给陈超打电话，他说："俊明，这个活动很重要吗？如果你觉得很有必要参加，我就听你的可以参会。"当时我感觉到陈超的疲惫和不轻松，甚至多少有些许的不耐烦。这还是第一次感觉他有些不耐烦，也是最后一次。实际上我是想借机和老师聚一聚，尽管北京离石家庄很近，高铁才一个多小时，但是这几年见陈超的机会并不多了。陈超参加北京大学的诗歌活动多些，有时也去首都师大参加博士研究生的论文答辩，每次总是行色匆匆。2014 年 3 月 26 日（我后来才意识到这天是海子的忌日），陈超从石家庄赶来参加中国作协举办的刘海星诗集《走过记忆》研讨会。我问他什么时候下火车，好去车站接，他说："俊明你不用管了，我直接去诗刊社。"在诗刊社，陈超和商震聊了两个多小时，而这竟是两人在尘世的最后一次面对面深谈。事后商震对我提起了这次对话，他当时感觉陈超状态不是太好，很疲累、困顿。当时商震觉得可能是陈超近期没有休息好的原因，就对陈超说不要太累要好好休息一段时间。他们谈到当下的诗歌生态，尤其谈到诗歌批评的现状。这次谈话成为 2015 年 1 月 23—25 日在深圳福田区文化馆·梦工厂举办诗刊社首届诗歌理论批评年会（诗刊社、中国作协创研部联合主办）的重要动因。诗歌批评滞后于诗歌发展已是不争的事实，这早就是一个历史性的话题了："说到评论，我一直有一想法。当代诗歌评论之落后局面亟待改变，这里之落后，一是意识薄，二是队伍弱，三是陈旧零落。我总想能由你我牵头，自办一个评论刊物，虽不能扭转乾坤，但只要持之以恒，总能期望有所改善。尤其是在目前情况下，我们不能守着自然主义，以至无所作为。现在困难的是经费，或者我们可再邀约几个同道，一起运筹谋划？一年能出三期，就很可以了。对这十多年的诗歌发展，批评欠债最多、最重，将来对历史、对自己，总要有个交代。当然此事难度很大，也是我一再踟蹰的原因，这里提出来，你看看有无兴趣和可能。”（1991 年 11 月 23 日唐晓渡给陈超的信）

同在石家庄的郁葱曾写过一篇文章《幸福的失眠》，性格不同的人以及症状不同的人面对失眠和苦痛的方式也自然不同：“有些年了，我经常失眠。看到过或者听到过许多人描述失眠的痛苦，而我却觉得，失眠是一件特别幸福的事情。深夜，一个人醒着，去想那些或者有或者没有的故事，被别人想，或者，想别人，很专注也很浪漫。深夜平静、安静，深夜感性、神秘、空旷、暧昧，深夜里什么都特别清晰，深夜里特别有想象力。”

陈超经年为了诗歌写作和评论付出了很多彻夜不眠的时刻，他也对自己的写作有满意幸福的时候，但是当失眠真正成为抑郁症的一个表现方式时就不可同日而语了。关于陈超的压力和抑郁，商震是这样理解的：“陈超是心理压力过大而导致抑郁，导致失去自信，导致一死了之。陈超是个明白人，是个有理性的人，他的死，不是一时冲动，是蓄谋已久。陈超病了，为家庭压力而病，为自己身体失衡、失去旺盛的写作能力而病。陈超太要尊严，他无力承受种种不堪。一个父亲不能完成使命，一个诗人、评论家丧失了写作能力，他认为自己已经失去了尊严，他选择了离开。他把死当作一种尊严；当作存活期的一个句号。如果他能听到我说的那句：死都不怕，还怕活着吗！也许，他面对死的时候会犹豫一秒钟，也许这一秒钟的犹豫，就可能改变念头而不怕活着。”（《三余堂散记 · 134》）

2014年11月2日凌晨，我和商震在石家庄的一个宾馆里谁都睡不着。商震靠在床上不停地吸烟，烟灰缸堆满了烟头。我翻来覆去难以入睡。明天就是最后一次与陈超尘世的相见，那种平生从未有过的绞痛难以形容。我躺在酒店柔软的床上，而此刻的陈超正躺在冰冷的铁柜子里。

商震在11月2日凌晨的日记中写道："2日要到殡仪馆送陈超走，那是我们和陈超在阳间的最后一次见面。霍俊明在床上翻来覆去地叹息、流泪（陈超是霍俊明的硕士导师，霍俊明的成长与陈超有着很大的关系）。我没叹息，我没流泪，但心底比夜还黑。我在想：一些优秀诗人的非正常死亡，一定有一股黑色的力量在作祟。真让'奥斯威辛之后，写诗是可耻的'一语成谶？诗人做出决定后，会义无反顾，但是，陈超不该义无反顾地离开他钟爱的诗歌，不该离开他的亲人、学生、朋友。感情上我尊重他的选择，理性上我谴责他。我拿起宾馆的小便签，用铅笔写下了一篇不文不白的祭文。"

人能飞乎，能飞。士惧死乎，不惧。

吾兄陈超，腾飞于诗作，翱翔于文论，末一次起飞扑向大地。了凡尘之血肉，驾青云之轻飏。飘飘然，君行邈远；戚戚然，苦楚无疆。

呜呼！长太息以掩泪兮，痛失儒雅之君子；叹秋风之彻骨兮，惜折诗坛之栋梁。

苍天何狠，遣我辈凄切！

秋风何唳，赠友朋情殇！

哀哉！哀哉！兄之去，若太阳失辉；兄之后，尚余几人文章。

兄去也，君去也，长空一鹤西天上。

兄去也，君去也，撕心裂肺断空肠。

再次翻看陈超的诗集，有一首诗《沉哀》仿佛是突然出现在这部诗集中似的，仿佛我以前从来没有读到过这首诗，或者说我对这首诗没有任何印象。此刻再读，我一下子怔在那里良久。这首诗是陈超写给别人的，今天看来更像是写给自己的墓志铭。难道诗人真的是在诗歌中练习死亡吗？

太阳照耀着好人也照耀着坏人
太阳照耀着热情的人
也照耀着信心尽失的人
那奋争的人和超然的人
睿智者、木讷的人和成功人士
太阳如斯祷祝
也照在失败者和穷人身上

今天，我从吊唁厅
推出英年早逝的友人
从吊唁厅到火化室大约十步
太阳最后照耀着他，一分钟

人就是如此的矛盾体，性格使然，也是社会使然。热情、信心，奋争、超然，睿智、木讷，成功、失败，这些都胶着在陈超身上。这首诗的写作时间是1990年，而时年的陈超才三十二岁。然而在20世纪八九十年代之交，陈超的诗歌里几乎到处都是燃烧的烈火和冰冷的灰烬，是一颗倔强向上迎受漫天寒彻的头颅。这是一个被骤然到来的陌生时代裁为两半的诗人。那一刻失败而搏杀的心脏，那一壮硕而孤独的身躯，都在空前紧张、分裂、拉抻和撕扯以及咬啮中，在不断的阵痛中化血为墨迹。

一夜未睡。2日早上起来我也没去吃饭，慕白从餐厅带给我的鸡蛋静静地躺在小木桌上。昨夜我反复叮嘱胡茗茗不要来晚了。她开着那辆红色的汽车（冀AMM……）准时到了酒店，慕白坐副驾驶，我和商震在后排。被雾霾缠困的石家庄今天竟然是阳光灿烂、蓝天白云，也许是一向幽默、乐观的陈超不想让那么多的人悲痛吧！车子从宾馆出来，驶上红旗大街。这条街道在十多年前就是我和同学散步、谈诗、喝酒的地方，在多年前的诗作中我也反复写到过它。此刻的街道却是如此的陌生，我仿佛被突然空降到一个陌生的城市。一路上胡茗茗说她对路线很熟悉，但是开着开着就上了相反方向的高速——还是走错了路。在高速路上掉头很麻烦，还好早上的车不多，又问了路边的清洁工才最终又回到了正途。到了石家庄殡仪馆门口，我才突然发现陈超的公寓居然离这里太近了，只有4公里远。

9时40分，人们在永安厅门口签到，两侧是挽联："繁花歌市先生如诗度俗度缘，浊世凡尘君子如水润物润人。"殡仪馆意味着火焰和灰烬，"盲者趋临的一场火灾 / 突如其来又几乎不存在 / 热；无形的野兽发出低吼 / 将血液炙干却退回骨头 / 我的身体是灰烬前摇晃的纸张 / 但火焰是唯一装订它们的绳索"（陈超《博物馆或火焰》）。这就是陈超生前在课堂和文章中反复提及的"向死而生"吗？我突然想到多年前陈超在一首诗中所说的——"从未有过自杀念头的人是颓废的也是可怕的人"。从殡仪馆祭拜出来，我避开人群到西侧的一个角落暗暗垂泪。不远处着黑衣的唐晓渡夫妇相拥啜泣，唐晓渡的身体都有些轻微抖动。妻子安慰他说，你心脏不好要控制。我走上前拍晓渡的肩膀让他节哀。陈超的遽然离去仿佛抖开了巨大的雪崩，带给亲人、朋友和诗友的除了寒冷就是寒冷。唐晓渡作为陈超生前最知心的朋友之一，那份悲痛是无法想象的。还在石家庄时，悲痛难抑的唐晓渡在寒冷的夜里用颤抖的手和战栗的内心写下泣血的文字以追怀：

陈超的遽然辞世犹如晴天霹雳，令人不可接受也无法接受。它无情地碾过我们早已冰雪重重的内心，再次留下巨大的震惊、滂沱的泪水和刻骨的伤痛。有谁能向我解释清楚，为什么我们必须经受这似乎永无涯际的精神灾难！我和陈超相交三十余年，不敢说见证了他灿烂而又黯淡的一生，只能说任何时候都当得起与他灵魂上相濡以沫的朋友以至亲人。他对中国当代诗歌和诗学的杰出贡献如日昭昭，无待我言；想着他坚毅、沉静，略显羞涩和笨拙的音容笑貌，我唯有痛惜！痛惜！痛惜！

没有陈超的世界将更显空寂。但那又如何？毕竟我们还有思念。思念将让他永远和我们在一起，继续我们共同而未竟的一切。我诅咒一切晴空霹雳！但也深知，霹雳并不是一切。霹雳远去之时，便是陈超永生之日。

2014. 11. 1，石家庄。

11 月1 日凌晨1 点，唐晓渡让刘向东抻着纸，用颤抖的手写下：

斯哲弃世恨人间顿失知音呜呼痛哉

赤子升天哀诗林永折栋梁噫吁悲夫

陈超走后，在我的手机里还留着朋友和诗人发来的短信。那几天所有的电话我都没有接，短信也没回，邮件更是没有心情回复。有些短信我不小心删掉了。留下来的几条也算是留念吧。

范云晶：师兄好，听到个消息说陈超老师不好了，是真的吗？怎么可能呢？陈老师身体一直很好啊，就是有点儿瘦了。(2014 年 10 月 31 日　上午 9:36)

梁雪波：今天上午从微信得知陈超老师离世的消息。十分悲痛！也请霍兄节哀，多保重！(2014 年 10 月 31 日　14:10)

刘川：俊明兄，日后整理陈超老师遗作及纪念文章可在《诗潮》发些，《诗潮》及我个人都与陈老师有友谊在。痛悼！节哀！(2014 年 10 月 31 日　19:34)

晏榕：刚几个电话，建旗已证实，心碎了!!!! 静静呆呆地坐了一下午，祈祷、思考，痛彻心扉。很多事情又重新想了一遍，很多时候在惶惑。不知是要咬牙坚持，在寒透骨髓的风里继续行走、行走，还是对这团荒诞保持毅然决然的拒绝，弃之而去。什么更对什么更有意义？一下子好像退回到了很多年前……所谓大悲，最难抵这样不存在感。愿逝者得解脱，得安息，得不虚之永在。(2014 年 10 月 31 日　19:49)

徐则臣：兄台节哀，多保重啊！(2014 年 11 月 1 日　12:57)

沈奇：杜鹃枝上　蝴蝶梦中 / 要执着多久方能悟空？// 植物的格言按季节生成 / 木质的纹理酝酿青铜之韵 // 最终，只有你自己的肉身 / 温暖了你自己的灵魂 // 也只有你自己的灵魂 / 最终，温暖了你自己的人生 // ……一冬未下的雪 / 昨夜落下，寂寂无声（2014 年 11 月 1 日黄昏急就）

陈卫：俊明好！刚从网上惊悉陈超老师的离开，悲痛！得空时望告知原因。谢谢！

惊闻尊师陈超先生离世，痛。惜。还望节哀！（2014 年 10 月 31 日　21:28）

（台湾）杨宗翰：俊明兄！惊闻陈超老师逝世！请节哀！（2014 年 11 月 3 日　9:27）

让我们在悲痛中拨回无情的时光指针！那个在寒夜满身热气的人会再次转过身来，微笑地看着我们吗？

石家庄原来有这么多楼
这么多高楼
这么多需要抬起头
仰望的高楼
从 2014 年的万圣节起
每一个高楼
都会有一个人
跳
下
来
然后微笑着
走过来
拍着我的肩膀说
　“俊明，我没事！”

2014. 11. 3

2015 年 1 月 30 日，星期五，下午 4 点 50 的高铁 G667。我和商震到河北作协参加陈超追思会。我和商震住隔壁，各自失眠。此时博物馆附近正在修建地铁，整个晚上都是电钻和挖掘机刺耳的轰鸣。我想，陈超在最后的时刻承受的也许就是如此酷烈的轰鸣之声吧。后来看陈超 2013 和 2014 年的几张照片我才注意到他几乎是形销骨立，整个脸上都是消瘦之后如岩层一般的褶皱，头发也灰白了。范云晶尤其注意到了陈超那时的变化："2013 年 12 月，冬天的北京依然是阳光明媚，我看到 qq 群中有同学上传了照片，是几天前在杭州召开的首届'诗建设'诗歌奖的颁奖典礼。出于好奇，我想知道到底是哪些诗人获奖，在不经意翻看时，发现了我的恩师陈超先生的身影。和读硕士时相比，先生明显瘦了，也老了，他两鬓的白发在我眼中是那么触目惊心。瞬间感觉到一阵伤感和心疼，原来谁也敌不过岁月的无情，彼时在教室里学习的我，泪水突然簌簌而下，便顺手给先生发了一条短信，想嘱咐他保重身体，多吃点儿饭。很快，先生给我回了条短信，原文如下，'我没事，放心，咱们都要注意身体。'看到这条短信突然特别想念先生，霎时泪如泉涌，内心如潮水般的思绪，怎么样也无法控制。"1 月 31 日凌晨两点多，我写了一首诗《热爱那些失眠的人吧》。商震在失眠中也写了《在石家庄，黑白互见》——"你的名字是巨大的陨石 / 把这个黑夜砸得血星四溅 // 你向黑夜交出了白发白骨 / 还有洁白的人生 / 大地被月光铺满白色的疼痛 / 我孤零零的影子也覆盖寒霜 // 我的眼睛里装满火药 / 闲置已久的舌头 / 变成锋利的匕首 // 我有杀伐之心 / 我不能忍受 / 邪恶使用黑夜 / 不断地对洁白蚕食围剿 // 那么多好人匆匆离开我们 / 还有多少可敬的人能撞身取暖 / 我的心底正承受孤单 / 轻柔的孤单坚硬的孤单 / 顶天立地的孤单 / 与美好追求形影相伴的孤单 / 火药和泪水不能湮灭的孤单 // 在石家庄的黑夜里 / 我想到你的决绝 / 想到我这个只动口不动手的书生 / 悲凉是黑色的迷雾 / 浸淫白色的思念。”我们在尘世中还能偶尔撞身取暖来抵抗孤单和寒冷，而陈超却最后冲刺一样撞向了北方城市冷硬的地面。早在 1993 年 5 月，陈超似乎就宿命性地在诗歌中完成了自己的归宿，“坠落和上升含混难辨 / 但我的旅行存在于另外的向度”。

凌晨 3 点多，我才艰难入睡。早上起来头痛欲裂，拉开窗帘，对面就是灰蒙蒙的河北博物院。广场上是零星的散步的人群和啄食残渣的成群的灰鸽子。此刻，我想到陈超的那首悲愤、紧张、高迈、冷彻的长诗《博物馆或火焰》，不免又悲从中来。“紧跟着到来的就是老式的事物。/ 我，书呆子，一个生活节制者 / 被时代裁成两半。多余的部分。/ 我把脑袋伸进昔日的火焰 / 不会被书卷烧成灰 // 我渴慕的就是独自生活 / 在博物馆完成一生的散步 / 归程从这城市唯一的旧建筑中裂开 / 进入朱门，一个古老的锥体 / 研磨着我变暗的眼神。”时代列车的挂钩突然断开，一个“旧时代”瞬间迎来了送葬的队伍，“一个时代的眼睫缓缓合上”！在一个拆毁速建的时代，一个在被生存压弯的羊皮书卷上孤单的“迎着醒来写作”的警醒者和怀有乌托邦冲动的理想主义者撞开那些瞽者，灰烬里是一个时代变暗的眼神和一个诗人荆棘遍布的内心，而体验到烈焰焚身的人还将承受灰烬的寒冷与虚无。是的，这个时代的“旧建筑”“书呆子”“生活节制者”“火灾中跃起的豹子”已经所见不多甚至绝迹了，而心怀高迴的个体乌托邦和求真意志的知识分子也最终成了时代绝响。是的，在陈超这里写作就是重新激活亡灵一般的词语和灵魂（夕光中的博物馆就是“亡灵”的隐喻），就是让高迴的精神在死亡之刃、芒刺背囊和老鹰尸体的叠合中一次次艰难重临。

陈超对新时代的境遇包括日常生活充满了不适感和抗拒心理，这是否注定了他是一个新时代的失败者、见证者以及旧时代的承担者、幸存者的合体化身？这也是陈超在《博物馆或火焰》中反复诘问、辩难这一城市化商业化语境的深层动因——股票市场、遮阳棚下啤酒的闪光、闪光的玻璃幕墙、伴舞女人、融资小经理。在肯定与否定，坚持与放弃之间是否有第三条道路呢？诗人的责任在于提出问题，而不是给出不容置疑的答案，诗人最终“把脑袋伸进局部的光芒 / 将光芒和灰烬一道写进书卷”。王小妮有一首诗叫《半个我正在疼痛》：“身体原来 / 只是一栋烂房子。/ 半个我里蹦跳出黑火。/ 半个我装满了药水声。”显然王小妮给自己留出了另一半身体和内心的亮光和灿烂，而对于陈超而言他的全身心都投入到了一场时代大火的淬炼之中。

陈超是一个随和而懂得感恩的人，无论是在生活中还是在诗歌交往中，“在我走过的道路上，并没有许多动荡和秘密。也许我不善于发现，也许我由于天性随和而不能制造事件。我的一生就这样给打发了。无论如何，命运是公正的，它给了我过分的支持。我一直有一种受之有愧的感情。同时，也使我能心平气和地对待别人的命运。成功或失败”（日记，1991. 4. 17）。陈超走后，很多当年的朋友悲痛莫名。而陈超也在日记里默默地感谢着你们。1992 年 10 月 26 日夜生日前夕，陈超写道：“我的事业得到过许多朋友的帮助。王亚敏、唐晓渡、蒋维扬、谢冕、王玉骏、苏宝荣、张志英，还有刘小放、陆地（笔者注，陆地即为大解）、郁葱、周伦佑。我会记住你们，永远记住的。今后，我应努力帮助别人。我要随时提醒自己。”说起陈超的好友，我想起 2014 年《诗选刊》11 月号下半月的专辑《子在川上书好诗》中一张子川与唐晓渡、王家新、陈超、潞潞和李琦在北京的照片。显然，一群诗人喝了酒。唐晓渡和陈超在右侧，唐晓渡的右手搭在陈超的右肩上。陈超穿着一件薄毛衣，脸庞发红，显然是喝酒了，但是头发有些白了，消瘦得有些厉害。其他人都面带微笑，唯独陈老师面孔冷峻，似有心事。这张照片拍摄于 2011 年 11 月 24 日北京作代会期间。陈超到子川房间聊天，聊到很多北京的朋友未能参加此次会议。子川当即联系了唐晓渡，相约于 11 月 24 日星期四下午聚会，地点定在北京饭店附近的一家酒店，参加聚会的有陈超、唐晓渡、西川、王家新、于坚、翟永明、张炜、宗仁发、朱燕玲、李琦、潞潞、周瓒，宋琳因为堵车未能及时赶到。子川做东，李晓桦带了几瓶茅台，众人尽欢。照片由周瓒和朱燕玲拍摄。子川敬酒时说“这是一个不可复制的聚会”。2015 年 1 月 19 日下午 1 点多，子川在给我的微信中慨叹：“一言成谶，陈超兄竟先我等而去，不胜伤悲！”

看见红色感觉蓝色，最后的抑郁

只要目光一看到阳台，思绪就飞舞起来。我费劲地像拔河那样将视线拔回来，双手抓住一边门框或椅背。我无数次闭上眼睛，让自己退回到客厅里，退回到书房的角落里。我知道这是心魔在作怪。我蜷缩在角落里，脊背紧紧贴嵌在墙旮旯里，心里却有奇形怪兽的黑影吼叫着，破腔而出，一次又一次地，旋风般扑出来。它长啸着，横扫一切障碍扑向天外。一次，又一次，又一次，直到我精疲力竭。

——李兰妮《旷野无人——一个抑郁症患者的精神档案》

在那个白色塑料收纳盒里，摆放着一些陈超生前用过的药。

对这些药我几乎一无所知，经过后来查证，它们大体是关于便秘、失眠、焦虑和抑郁症的。其中有一盒艾司唑仑片（Estazolam Tablets，曾用名舒乐安定片。本品为白色。口服吸收较快，口服后三小时血药浓度达峰值，二至三天血药浓度达稳态，主要用于抗焦虑、失眠，也用于紧张、恐惧及抗癫痫和抗惊厥。成人常用量，镇静，一次 1 ~ 2mg，一日 3 次。催眠，1 ~ 2mg，睡前服。抗癫痫、抗惊厥，一次 2 ~ 4mg，一日 3 次。老年高血压患者慎用。抗焦虑药）、盐酸曲唑酮（盐酸曲唑酮为特异性 5 - 经色胺的再摄取抑制剂，治疗抑郁症和伴随抑郁症状的焦虑症以及药物依赖者戒断后的情绪障碍。由于具有 α1 肾上腺素能拮抗作用与抗组织胺作用，可诱发体位低血压。该药不是一种单胺氧化酶抑制剂，而且与苯丙胺类药物不同，对中枢神经系统没有兴奋作用。建议初始剂量为 50 －100mg/日，分次服用，然后每三至四天剂量可增加 50mg/日。门诊病人一般以 100mg/日，分次服用为宜，住院病人较严重者剂量可较大。最高用量不超过 400mg/日，分次服用）。此外，还有一些乐邦和杨森制药厂的药。

我们谁都无法想象陈超在 2014 年夏天以来愈益加重的耳鸣（耳堵）、便秘、失眠和抑郁的苦痛程度了。杜栖梧曾经偷偷翻看过陈超的日记，看到陈超要与病魔斗争到底的决心。可是 2014 年 10 月 31 日凌晨最后的时刻还是到来了。我相信，那是一种最好的解脱和重生的机会，尽管那些苦痛如雪白的利刃切割着人们，“死亡造就的不仅仅是挽歌。菠菠的死，使布罗茨基俯身之际发现在他身上有了一个新生的但丁”（王家新《谁在我们中间》）。

陈超在日记中写下了自己在最后时日的身体和心理状况，他希望自己能扛过去。可是，不公的命运并没有给他以最后的机会：“和许多人一样，陈超怀抱过希望，进行过热烈的创造与想象，更多的人早已从激情沦为沮丧，并接受了这一意义稀薄的身心—语言—社会处境，陈超是否拒绝品味沮丧？或拒绝无意义？他弃绝一切，这是否意味着最终采用了他论述过的海子式‘激进的步骤’，再次肯定了绝望的激情？陈超，在如此纠结的处境中，难道我们不该坐下来，说一说这一切，让自己浮出水面透口气？不是诗学，而是生命；不是激情，而是精神分裂和抑郁感；不是绝望，而是存在于我们自身—语言—社会中的微弱的希望的变量、微观的意义感知？”（耿占春《生命诗学与“绝望的激情”》）这让我想到三十五岁时被抑郁症症严重困扰的哈罗德·布鲁姆：“1967 年的一个夏夜，仍旧受抑郁症折磨的布鲁姆做了一个可怖的噩梦。他梦到一个长着翅膀的巨人朝着自己的胸膛压过来。这可能是《圣经·以西结书》中可怕的天使，或者布莱克对遮掩约柜的基路伯的幻象。布鲁姆气踹吁吁地醒来。第二天，他开始写一篇名为《遮掩约柜的基路伯》的散文赋，一写就是六年。”（拉丽莎·麦克法夸尔《衰落的先知》）可是深受抑郁（症）困扰的陈超，再也没有写作的机会了——不能写作是他不能忍受的最大的痛苦。显然，陈超并不是一个虚无主义者，而是一个不折不扣的完美主义者，他所写出的也并不是佩索阿意义上的“不安之书”和“自决之书”，“我是虚无，/ 我永远都不会成为任何事物，/ 也不情愿成为任何事物。/ 如此，我将全世界的梦想都集中在我的内心。”（佩索阿《烟草店》）

我们没有谈论抑郁症

王寅

我们不谈论抑郁症
不再谈论与我们无关的天气
天空中那些水泥般的灰色
那些纷纷坠落的死亡

你合上手提箱里的文件夹
无心点亮逐渐暗淡的日光
也没有折叠起角落里的床
无意回暖心里那条冰僵的狼

掉落的牙齿是无法修正的疾病
更是已经湿透了的幽灵
我们听之任之，让寒冷

弥漫，让透明的海水蔓延

我睡去，你醒来。你的睫毛
听见海边树叶飘落的声音
那是另一个无法辨认的自己
还未出生就已离去

关于抑郁症，陈超在生前已经有了一些病理了解和自我认知，药物治疗和谈话治疗以及积极的心理暗示会缓解抑郁的症状。事实上陈超也是这么做的。他是一个纠结、低郁的情绪化的人，也是意志力和理性强大的执行者，这二者一直处于摩擦和龃龉之中——只是谁最终占了上风的问题。

也是在陈超去世之后，我才有意识地通过查找大量的资料对抑郁症（其中躁郁症的可怕和严重后果会更为超乎常人的想象和理解能力）有了一些理解，比如《躁郁之心——我与躁郁症共处的30年》（凯·雷德菲尔德·杰米森）、《看见红色感觉蓝色——愤怒与抑郁之联系》（苏珊·阿尔德里奇 Susan Aldridge）、《忧郁》（安德鲁·所罗门）、《抑郁症》（Bernard Granger）、《抑郁症》（阿伦·贝克、布拉德·奥尔福德）、《我有一只叫抑郁症的狗》（马修·约翰斯通）、《克服焦虑》（维雷娜·卡斯特）、《抑郁症的正念认知疗法》（津德尔·西格尔）、《抑郁症：走出心灵的黑暗》（吕迪格·达尔克）、《抑郁症的非药物疗法》（詹姆斯·S·戈登）、《不要恐惧抑郁症》（乌尔苏拉·努贝尔）、《抑郁症完全指南》（格温多琳·史密斯）、《穿越抑郁的正念之道》（马克·威廉姆斯）、《我的抑郁症》（伊丽莎白·斯瓦多）、《我战胜了抑郁症：九个抑郁症患者的真实感人的自愈故事》（格雷姆·考恩）、《自我训练：改变焦虑和抑郁的习惯》（约瑟夫·J·卢斯西亚）、《抑郁和焦虑障碍的治疗计划和干预方法》（Robert·L·Leahy）、《自愈的本能：抑郁、焦虑和情绪压力的七大自然疗法》（大卫·塞尔旺-施莱伯）、《旷野无人——一个抑郁症患者的精神档案》（李兰妮）、《战胜抑郁：走出抑郁症的30天自我康复训练》（李宏夫）、《走出抑郁症：一个抑郁症患者的成功自救》（王宇）、《渡过：抑郁症治愈笔记》（张进）、《别让抑郁打败你》（张瑞洁）、《和抑郁的自己聊聊吧：33条负面性情绪转化法》（仓成央），等等。其中最值得阅读的是英国苏珊·阿尔德里奇（Susan Aldridge）的《看见红色感觉蓝色——愤怒与抑郁之联系》（生活·读书·新知三联书店，2002年版，沈志红译）。

以下对于初步认识抑郁症是有帮助的——

抑郁症的检测主要有两个方面。

一个是时间因素，也就是说病人至少两周里，而且在白天大部分时间内情绪抑郁，或者丧失对生活的兴趣。

第二个方面是一份身心症状的检查表。只有当你符合下列五项或五项以上时，你才会被诊断为抑郁症。这些症状如下：

· 情绪抑郁

· 丧失兴趣和快乐

· 胃口紊乱

· 睡眠和活动发生变化

· 疲倦

· 不应有的负疚感

· 集中精力有困难

· 有自杀的念头或计划

通过亲友回忆的陈超的言行以及他的日记，我们可以判断在以上八个方面陈超已经具备了其中六个：情绪抑郁、睡眠和活动发生变化、疲倦、集中精力有困难（那时陈超上课时会突然大脑短路、焦躁，无法集中精力，以至于最后停课、在家休息）、不应有的负疚感（在陈超这里表现为强烈的家庭责任感与个人负面情绪和心理暗示之间的拨正与平衡）、有自杀和轻生的念头。抑郁也是一种愤怒——只不过这种愤怒不是向外辐射而是指向了自我和内心。陈超后来也意识到自己心情抑郁甚至自我愤怒以及无缘无故的情绪低落并不是季节和身体的原因（此前他一直是这么认为的），而是心理，是抑郁症。

当年在课堂上和评论中陈超说得最多的一句话是“认识你自身”，而佩索阿给出的则是：“我不了解自己，我甚至是一个缺乏自我观念的人。在我的自我意识中，我就是一个流浪者。”（《自决之书》）而对自己身体和内心状态的认识以及积极调整，这成为每个人必须具备的能力。但是，真正当疾病、绝症甚至生老病死到来的最后一刻，我们往往并不一定能够真正理性地头头是道地认识自我、把握自我、调整自我并进而进行积极地改造、扭转和完善：“陈老师最近有严重的抑郁症。我信了，在陈超老师，只有这个解释才有可能合乎逻辑。无论你如何世事洞明，抑郁症都是通往自杀尤其是跳楼自杀的捷径。而抑郁症，似乎很吊诡，往往是思虑精严者的专利。陈超老师是我极敬重的师长，也是我在内心里默默视为纯粹文人的典范。”（徐则臣《他唯一可以迈过去的坎儿》）

那么，为什么很多抑郁症患者会选择跳楼自杀呢？唯有如此才能最终消解“绝对恐惧”吗？这是否像马塞尔所说的“死亡是绝对希望的跳板”？实际上城市化加速的过程也使得自杀的手段也城市化了——到处高楼林立，当然抑郁症与跳楼之间也可能存在着一种更为复杂和解释不清的关系："不能站在阳台。十二楼。可惜防盗网太丑陋，太碍事。好想飞下去，纵身飞出去，像一只蝴蝶那样飞，像一片纸屑那样飞。接触到地面的那一刹那会有多痛呢？我喜欢白天飞，天空晴朗的日子飞……只要目光一看到阳台，思绪就飞舞起来。我费劲地像拔河那样将视线拔回来，双手抓住一边门框或椅背。我无数次闭上眼睛，让自己退回到客厅里，退回到书房的角落里。我知道这是心魔在作怪。我蜷缩在角落里，脊背紧紧贴嵌在墙旮旯里，心里却有奇形怪兽的黑影吼叫着，破腔而出，一次又一次地，旋风般扑出来。它长啸着，横扫一切障碍扑向天外。一次，又一次，又一次，直到我精疲力竭。"（李兰妮《旷野无人——一个抑郁症患者的精神档案》）

世界最权威的躁郁症研究者凯·雷德菲尔德·杰米森自身就是一名躁郁症患者，她对自我病症的认识、调整和改变成了最经典的案例："年轻时，我以为无所畏惧以及对爱人的从容态度，可以让我实现任何目标，躁郁症却让我改变了这一看法。当躁郁症第一次发作时，我变得不再确定，疑虑渐渐滋生——我的心智是不可信的；在现实面前，这一点显得无可辩驳。我的大脑需要悉心的照料，而我必须学着适应这个需要，我要尽量避免生活中的波动，甚至逃避爱情。我抑制自己的心智去奔逸，并将情感封锁起来；即使非常留意，我也并不确定能认清自己的心智或感情。在躁郁症侵袭我的大脑之前，好奇心驱使我去探索未知的领域；而在那之后，我从生活中退缩回来，并将梦想渐渐淡忘。我学着改变思维方式，与残酷的现实和平相处。用世俗的标准来看，我做得相当不错。"（《躁郁之心——我与躁郁症共处的 30 年》）类似的案例还有身患癌症和抑郁症的深圳作家李兰妮。“她一直服用帕罗西汀、奇比特等抗抑郁药——而这些药物一般在服药一至四周才逐渐发挥作用。疾病的折磨让她感到：活着比死去更难！然而，李兰妮活了下来！走了出来！她不再忌讳说自己的病，而且从病人变成了半个专家。”（《旷野无人——一个抑郁症患者的精神档案》）当读到李兰妮的病史，我也进入到了她极端黑暗如深渊的那一时刻：2003 年 4 月 2 日—12 日连续梦到死亡，抑郁症爆发，2003 年 4 月 20 日—21 日自杀意欲极为强烈。

也许一份专家门诊的病历能够让我们感受到抑郁症患者的身心状态——

自 1996 年开始，由于工作紧张，开始出现睡眠不好，难以入睡，梦多，睡眠浅，总感觉到整晚未睡。同时心烦、担心、提心吊胆，经常疲乏无力，胸闷，心跳减慢，口干，手脚发凉，头晕头痛，恶心。

有很多的案例证实抑郁症患者很多是自认为以及在旁人印象里是很乐观开朗的人：“我有抑郁症？我怎么可能有抑郁症！我没有什么可抑郁的。所有认识我的人都说我非常乐观。我这种人要是有抑郁症，那——全省人民大概都有这个病。”（李兰妮）而一个抑郁症患者的特殊的身心感受和自白更是惊心动魄：“我一只手扒着摩天大楼的天台边沿，全身悬空，眼看就要掉下去了。我不知道还能坚持多久，也不知道何时能爬上天台。我只有三个指头支撑全身重量。很想很想放手啊。”

从精神学来说，我想到了美国自白派诗人罗伯特·洛威尔

（Robert Lowell 1917～1977）的那部著名的诗集《生活研究》（Life Studies）。罗伯特·洛威尔在波士顿大学讲学期间身心出现问题——精神分裂和抑郁症，不得不经常到康复中心进行疗治。《生活研究》这部诗集成为诗人精神对话、自我疗救和寻求解脱的绝好见证。这本集子的最后一首诗《黄鼠狼的时刻（为伊丽莎白·比肖普而作）》（又译为《臭鼬的时刻》《臭鼬的时光》）是最具代表性的——异化、分裂、混乱、神经质。

我的脑袋不对头。

一辆车中的无线电在尖叫，
“爱情，啊，轻率的爱情……”
我听到每个血细胞中都有恶神在啜泣，
仿佛我的手卡住了喉咙……
我自己也像是座地狱；
这里没有人——

只有黄鼠狼，在月光下
寻找一口食物，
他们在大街上阔步行进；
毛上的白条纹，狂乱的眼神吐出红的火光，
在三一教堂
那些白垩色，带横梁的尖顶下面。

（袁可嘉　译）

陈超曾深入辨析了洛厄尔这首诗所显现出来的复杂的精神世界：

“黄鼠狼的喻象，在此含有复义性。一方面它是猥琐的、阴郁的、惊恐而‘神经错乱’的；另一方面它又具有顽健的生命力、机敏、胆量，乃至‘母子’情深。诗人对这一喻象的态度是含混的，我们不能仅从前一方面理解它。”（《当代外国诗歌佳作导读》上卷）当陈超的肉身离开这个尘世，我想到多年前他在评价罗伯特·洛厄尔时所说过的一句令人非常不安的话：“每个人都难逃一死。然而，活着的人们认为，死去的人遭逢了一场噩运，他们向黑暗和恐怖沉陷，一切知觉化为乌有。”

抑郁症的发病率据统计已达10%以上，每年大约有近八十万人因抑郁症自杀（苏珊·阿尔德里奇《看见红色感觉蓝色——愤怒与抑郁之联系》）。列夫·托尔斯泰也患有抑郁症并几乎天天都想着自杀：“每天晚上脱衣睡觉前，都要把一根绳子拿到房间外面，这样我就不至于在房梁上悬梁自尽了。我也不再带枪去打猎，省得经受不住诱惑而结束我的性命。”加拿大诗人、小说家、歌手莱昂纳德·科恩在哥伦比亚大学上学时患上了重度抑郁症，“那是一种精神上的暴力，它让你的身体无法正常运转”“我常常整日整夜地一个人待着，一副行将就木的样子。我简直就是在慢性自杀。”（西尔维·西蒙斯《我是你的男人：莱昂纳德·科恩传记》）而诗人似乎更容易陷入“想象性的死亡”和持续性抑郁的难以抑制的自毁冲动之中：“1973年，新建的游泳馆。第一次跃下十米跳台，/ 体会到跳楼自杀者在空中四肢乱舞的最后的自由。”（西川《第二次写到童年》）写作和死亡之间形成了戏剧性的对称或者对抗关系。

“诗人之死”与永生时刻

艾略特说人类存在的不幸的必要条件之一就是他们必须靠自己找到一切。陈超读完《艾略特传》（彼得·阿克罗伊德，刘长缨、张筱强译，国际文化出版社 1989 年版）之后更深地理解了这一点：“《艾略特传》读得我深深震惊。我理解了伟大的确是寓于平凡之中的。创造，带有游戏性，冒险的澄明心理，但如果内部没有更艰苦的对真实价值探求的信念，则一事无成。”（日记，1991. 11. 7）

陈超在经受苦难的同时也赢得了精神的高标，因而与同时代的很多诗人和批评家区别开来。一个诗人和批评家最终因为诗歌而获救：“无论什么人，只要你在活着的时候应付不了生活，就应该用一只手挡开点儿笼罩着你的命运的绝望……但同时，你可以用另一只手草草记下你在废墟中看到的一切，因为你和别人看到的不同，而且更多；总之，你在自己的有生之年就已经死了，但你却是真正的获救者。”（卡夫卡《日记》，1921 年 10 月 19 日）。

“诗人之死”显然具有格外特殊的象征，尤其是在普通公众和好事者那里就更具有了被谈论和猜测的种种由头。无论是专业的诗歌读者还是坊间带有商业目的的出版物都会对“诗人之死”抱有格外的关注和青睐，比如王锐的《波光洞穿——名诗人自杀揭谜》。从 20 世纪 80 年代末期开始中国诗坛出现了高密度的诗人自杀期，无论是从社会学、文化学还是诗学以及人性的角度这些自杀现象都获得了附着其上的各种象征意味：“从 1989 年 3 月 26 日海子的卧轨自杀开始，经过骆一禾的‘革命性病故’，戈麦的焚诗自沉，直至顾城的杀妻自缢，诗歌死亡的多米诺骨牌已经砰然发动”“在中国文学史上，还没有任何一个时代发生着如此密集而又理由各异的自我屠杀。人们神色忧郁地从一个追悼会奔赴另一个追悼会，仿佛奔赴诗歌的末日。但诗歌依然古怪地活着：死亡解救了默默无闻的诗歌，使它突然被公众惊骇的目光所照亮，从而以悲痛的容貌引出了一种希望”(朱大可《死亡的寓言》)。尤其是由海子开启的“诗人之死”模式和连锁反应更是成为中国文化界集体“过度阐释”的核心和精神原型：“海子在两个地区都不作长时间的停留。因为这两个地区都赋予了他一种居住权，一种责任和看法——它们彼此是出发地，又互为终点。因此，当海子作为这两个地区的代言人，在判断的法庭上相互审查、挑剔、对质，寻找机会，抓住对方的每一个弱点和纰漏时是可以想象的。在两地他都是陌生人，一个乡村邮差”(钟鸣《中间地带》)，“这无疑是历史上一切先知的结局。但我不想从这个角度谈论死亡。我要指涉的仅仅是死亡的意义，也就是从死亡话语中释读出蕴含其中的全部神学信息。令人惊讶的是，这消息首先蕴含在海子设定的死亡坐标上，也即蕴含于海子所选择的死亡地点和时间之中。他进入一座叫作秦皇岛的城市，或者说，进入一个最著名的极权主义者的领土，以面对他下令修造的羁押人民的城垣——长城。山海关不仅是该墙垣的地理起点，而且是它的逻辑起点：巨大的种族之门，正是从这里和由这个统治者加以闭合的。与空间坐标对应的是它的时间坐标。3 月 26 日，乃是两个著名的浪漫主义先知辞世的时刻。1827 年的贝多芬和 1893 年的惠特曼，在从欧洲和美洲的角度呼吁了人类的信念之后，永不回首地动身离开他们的阴郁在所。只有他们的英雄言说仍残留于身后的世纪”“海子和屈原还是显示了惊人的相似性：诗人、天才、道路凄凉和四面楚歌。”（朱大可《先

知之门——海子与骆一禾论纲》)

胡亮编选的《永生的诗人——从海子到马雁》则从文本的角度呈现了从海子、骆一禾、方向、戈麦、顾城到麦可、马骅、余地、马雁等这些自杀诗人的精神世界和诗歌征候，从而回应了“诗人之死”的追问：“诗人之死正在向众人之生频频发问，如果众人都无视这凌厉的发问，而且都不能给出光辉的回答，那么，这既是死者的悲哀，亦是生者的悲哀，甚而至于，还是时代和民族的悲哀。无论如何，不容否定：生者必须活下去。”（胡亮《诗人之死》）然而，活着谈何容易，无论是对于那些痛苦而杰出的诗人还是作为其精神追随者都不能例外，甚至不惜以肉身的殉难完成精神的追附。“让·阿梅利和普里莫·列维也都自杀身亡，这可绝不是一种巧合。策兰忠实的朋友及才华横溢的评论家彼德·斯从狄也是一位幸存者，他在策兰自杀后的次年投水自杀。”（约翰·费尔斯坦纳《保罗·策兰传》）当然也不乏由“诗人之死”引发的反思，“人们不再读诗而仅热衷于完成诗人之死的看客”（王岳川《戈麦——圆明园的冷然毁诗与静穆地投水》），“自杀者的事迹在四处传扬，就像一种严厉的诅咒，尽管文学自身早已走投无路”（朱大可《破坏仪式的诗歌》）。

这个世界从来不缺看客，不缺少对死者隐私的种种兴趣盎然的好奇和猜想，“反对立传的真正原因显然不在于此。真正的原因在于谈及同性恋至今仍会被视为丑闻。在我的整个采访过程中，人们总向我提同一个问题：‘这本书是否提到同性恋?’一些人担心这会引起误解，另一些人则怀疑在 1989 年人们能毫无顾忌地谈论同性恋”(迪迪埃·埃里蓬《米歇尔·福柯传》，谢强、马月译)。吕约当年有一首诗《参观一个自杀的朋友的房子》则从还原一个日常的人的角度切入到死亡的现场，不仅通过现象还原了一个真实的人而且去除了种种象征和意义，将一个“自杀的朋友”的日常生活和普通人的多面性凸显得淋漓尽致。这是对“诗人之死”的诗歌方式的回应，回复到一种存在主义层面的日常生活和作为普通人的没有任何光环的死，而非以往的“精英”“英雄”“先知”“传奇”，当然还带有吕约作为女性的特殊介入方式和精神姿态——

> 他住得不远，用十倍望远镜就可以看见 / 望远镜里他住得不错，房子阳光充足，视野开阔 / 每平米价值至少一万五人民币 / 餐厅里有四把椅子，不比我们的多，也不比我们的少 / 从餐厅到卧室的路上，也没有种着仙人掌 / 水晶吊灯足以驱散黑暗 / 找到心脏上的针眼 / 鱼缸里，孔雀鱼的心还在肚皮上跳动 / 马桶边有几本旅游杂志，还有一本划了线的论语 / 划的是红线而不是黑线 / 跑步机上的计时器显示，黄昏时分他在阳台上绕着地球跑了三圈 / 电脑里有三个文件夹，第一个是上半年账目 / 第二个是名人格言，在几个世纪的死人与活人中 / 他完全信赖的七个名字 / 一百二十多张见解独特的色情照片 / 严格按国籍分类，他给每一个甜心 / 都恰如其分地起了名字 / 凡是两条腿的女人 / 都被他单个夹在钳子上 / 研究了个够 / 你们是不是以为，在书桌左边的第二个抽屉里没有我们的名片？/ 值得庆幸的是，他没有像对待那些娘们一样 / 拿我们单个地做实验 / 在做出决定之前和之后 / 他没有给我们中的任何一个 / 打过电话 / 我们放心地离开时 / 一只苍蝇从窗帘的褶皱里飞出来，嗡嗡叫着 / 向书架上的耶稣，观音和印度的象鼻神 / 提出了未曾解决的 / 这只苍蝇站在救世主面前 / 一点儿也不让步 / 当着我们的面，也没有一个救世主向它让步。

本雅明认为“现代有一种奇怪的自杀诱惑”“避开自杀的唯一途径就是超越英雄主义、超越意志的种种努力”。苏珊·桑塔格在分析本雅明时则认为“自杀被视为英雄意志对意志挫败的一种反应”。关于自杀，人们总会将暧昧而复杂的目光投向那些诗人。陈超也说过这样一句话“从未有过自杀念头的人是颓废的也是可怕的人”（《流水38行：愚人初级读物》）。陈超的这个判断我更愿意在黑格尔的精神现象学的意义上来理解，精神生活要比肉体的屈辱重要得多，“精神的生活不是害怕死亡而幸免于蹂躏的生活，而是敢于承担死亡并在死亡中得以自存的生活”。玛格丽特·阿特伍德是这样来认识和回答关于“诗人自杀”话题的：“当我出版了两本薄薄的诗集之后，许多人一脸真诚地问我何时自杀，而不是问我是否会自杀。如果你不愿意以身试险或彻底放弃生命，你就不会被人认真地当作女诗人看待，至少神话是这么规定的。幸运的是，我不只写诗，还写小说。尽管小说家也有自杀的，但我确实觉得非韵文体能起到一种平衡的功能。换句话说就是，餐盘上以肉和土豆为主，还是少砍一些人头为妙。”（《与死者协商：一位作家论写作》）

美国得克萨斯大学教授詹姆斯·彭尼贝克主持的一项研究项目引人关注。通过计算机分析了九位自杀诗人和九位没有自杀诗人的二百九十二首诗作，得出的结论是自杀的诗人在诗歌中更为频繁地使用第一人称单数，而较少使用第一人称复数，这反映了自杀诗人们的孤独感（参见王锐《波光洞穿——名诗人自杀揭谜》）。更多的时候我们对自杀都是出于一种道德判断，显然这是一种根深蒂固的偏见，而没有像康德那样将之视为个体心理学的差异：“自杀是以勇敢为前提还是全都以沮丧为前提，这不是一个道德问题，而只是一个心理学问题。如果他干这事仅仅是为了避免不名誉地活着，即出于愤怒而自杀，那么他就显得是勇敢的；但如果是由于在忍受那慢慢耗尽一切忍耐力的悲伤时失去了耐心，那么这就是一种沮丧了。”（《实用人类学》）

2014年万圣节前夜，陈超通过一次真正的飞翔完成了自己。“我不知道他飞赴天国的那一瞬间在想什么，他一定有自己的理由。他一定深思熟虑过。他一定绝望地发现，这是他唯一可以迈过去的坎。他一定认为这是最后的责任和人道主义。吊唁之后，他的博士生带我们看了他飞升处，十五楼和十六楼楼梯走道拐弯处的一个很小的窗户，很难相信陈超老师高大的身体能够穿越那个狭小的空间。但他就是穿过去了。那天凌晨1点多，他离开一直守护他的妻儿，打开十四楼的家门，来到十五和十六楼之间，那扇最后的窗户，攀上去，纵身一跃。石家庄的夜风吹乱了他那标志性的长头发没有？”（徐则臣《他唯一可以迈过去的坎儿》）这就是诗人的命运！是在任何艰难情势下都体现了个体存在的意志和主体性。“死亡所意指的结束意味着的不是此在的存在到头，而是这一存在者的一种向终结存在。死亡是一种在刚一存在就承担起来的去存在的方式。”（海德格尔《存在与时间》）从主体意志的存在哲学的角度看，诗人之死与那种悲观的宿命论意义上的面对自然死亡的人群完全不同：“生命本身就是满布暗礁和漩涡的海洋。人是最小心翼翼地，千方百计避开这些暗礁和漩涡，尽管他知道自己即令历尽艰苦，使出‘全身解数’而成功绕了过去，他也正是由此一步一步接近那最后的、整个的、不可避免不可挽救的船沉海底，并且是直对着这结果驶去，面对着死亡驶去。”（叔本华《作为意志和表象的世界》）

而我则想到的是作为一种启示录般的死亡最终见证了陈超生前说过的一段话：“读诗成为死亡与新生两个词族的混合舞蹈。讴歌死亡的诗人，不一定受动于自毁激情，恰好相反，他祈求的是烈火中钢的轮回。这一点，脆弱的读者是看不到的。”（《轮回》）我相信，陈超最终找到了属于自己的升阶书。陈超曾经在三十二岁的春天写出这样的诗句：“她掀起粉红的衣衫，一直暴露到骨骼。/ 我目光焚烧，震动，像榴霰弹般矜持—— / 在最后时刻爆炸！裸体的桃花第二次升起 / 挂在树梢。和我年轻的血液融为一体。/ 但这一切真正的快乐，是我去天国途中的事。”（《我看见转世的桃花五种》）这首诗无论是在20世纪90年代初还是今天看来同样具有捶击人心的高蹈、痛感与撕裂。“生命在轮回中繁衍并且死去，犹如诗歌的变形记，词语的尸骨与感性的妖魅同时绽放于文本与创造的过程之中。仿佛前世的命定，我们无法躲避它闪电一样光芒的耀目。多年以后，诗人用自己的生命重写或刷新了这些诗句，赋予了它们以血的悲怆与重生的光辉。我在悲伤中翻找出了这些诗句，《我看见转世的桃花五种》。发现在经过了二十余年之后，它们还是盛放在时光与历史的黑暗与恍惚之中，那么充满先知般的睿智和预言性，谶语一样充满不可思议的验证性，还有宿命般不可躲避的悲剧意味……作为一位批评家，陈超不只留下了他思想深远的批评文字，也留下了传世的诗篇，这是一个足以让人慰藉而又悲伤的结局。”（张清华《转世桃花》）在写于1993到1994年间的诗歌中，陈超同样呈现了近乎惨不忍睹的决绝场面：“我的心是从横卧的肢体中跑出来的一个。/ 匆匆脱去外衣，露出碎裂的肌腱。/ 我的脚踵疼痛，我渺小的血库 / 两根柱子在摇晃，在拖起冰凉的水泥。/ ‘我蔑视自己的伤心，哭喊 / 勇气乘滑车而去。我抛下旗杆 / 是因为肠胃被饥饿勒死两次’ / 一个书呆子依稀看到，他逃亡时 / 被踩碎的眼镜片在火灾反光中发抖、屈服。”（《艺徒或与火焰赛跑者之歌》）诗人在诗中又死了一次，又得以重生。这些酷烈激荡、周身寒彻、惊悚不已的诗句是时代转捩的情势使然，还是又重演了诗人的一语成谶？这必然是一代人的精神肖像和命运境遇，是见证——绝望的撕裂般的见证，是化血为墨迹的阵痛。陈超的诗歌写作经历了20世纪八九十年代的“转世桃花”般的阵痛与精神高蹈以及90年代中期以来深入当代和日常生活。

对陈超而言，作为诗人的一面，诗歌肯定比生命更长久，“诗人之死有着双重含义，一指肉体的死亡，二是指诗的死亡。对于诗人来说，后者才是真正可怕的，因为它意味着写作或艺术生命的终结”（张曙光《诗人之死》），“陈超走时没有留下遗言，但他的写作已构成一份遗言”（耿占春《生命诗学与“绝望的激情”》），“我想，对一位诗人所能表达的最高敬意和最好悼念就是阅读他的作品。他的生命仍然活在他的诗中，并将在读者的阅读中得到延续。”（张曙光《悼念米沃什》）当年王家新第一次读到保罗·策兰（Paul Celan）时的那种感受，我想对于陈超的读者和朋友们来说也是如此：“策兰并没有死——他就在他的诗中等着我们。20世纪90年代初的那个冬天，当我初次试译策兰的诗时，我这样写道：‘我深感自己笔力不达，但是当我全身心进入并蒙受诗人所创造的黑暗时，我渐渐感到了死者所递过来的灯。’是的，在那个荒凉的冬天里，策兰的诗刺痛了我，也在黑暗中温暖着我。”（《从黑暗中递过来的灯》）

从此以后，尘世再无陈超？多年前，陈超在赠给学生闫浩然的《中国探索诗鉴赏辞典》一书的扉页上曾写下这八个字：“生命有限，真诗不死！”后来，陈超在诗集《热爱，是的》后记中写道：“我似乎看到另一个我在纸上行走。”写作就是重铸一个精神自我：“我是一个人，但另有一个人和/我一起喝咖啡，一起眺望雪野。”（罗伯特·勃莱）我想到英格兰萨默塞特郡的东科克尔圣麦可教堂里艾略特的墓碑："我的开始就是我的结束，我的结束就是我的开始。"（《东科克尔村》）也许，陈超生命的结束正是我们重新认识他的人、诗歌和批评的一个开始。"肉体的病痛催促你起身，要赶在 / 漫长的冬天来临前，将它交还给尘世，/ 高楼狭小的窗子，是你选定起飞的跳板。// 那朝向北方的盲瞳般的窗口，像是蚕蛹 / 咬破的小洞，你从此挣脱了束缚，/ 肉身飞起的瞬间，灵魂即抽出了翅膀。"（李寒《未完成的哀歌》）从诗歌、精神和回忆的角度来看，陈超还一直在人们身边："敬亚：你第二次来到本庄 / 不巧我恰正一人孤身远行 / 十三年前的 5 月 10 号 / 你和小妮和我们全家 / 吃的那餐饭，吃得 / 天长地久，似乎一直吃到昨天 / 有人说我走了。敬亚，那是假的 / 我怎么可能真的走 / 还有那么多书没有读 / 还有那么多字没有写 / 还有那么多学生没有教 / 开会的时候你往最后一排看 / 会看到我 / 长长的头发 / 头发后面我黝黑的脸 / 脸上的小眼睛 / 小眼睛里的光 / 敬亚，我最近迷上了 / 一种有趣儿的巫术 / 只要一踮脚立刻就会飞起来 / 像一个自由的三维码，随时进入 / 每个朋友手机的最深处 / 记着，这巫术只传给好人 / 好朋友们啊 / 早晚有一天见面时 / 我一秒钟就教会你们 / 大家一起飞 / ——陈超 2015 年 4 月 24 日于远方。"（徐敬亚《在正定机场收到陈超发来的短信》）

陈超骨灰安葬前的一天（24 日），我从北京去石家庄。当天晚上，喝了点儿酒，内心更加悲伤。我和易卫华在深夜又来到陈超生前的住处三宏公寓，师母明显苍老、憔悴，以至于几根白发特别刺目。来到书房，陈超的骨灰装在师母专门买来的一个极其精美的黄底蓝花瓷瓶——将在明天入土为安。跪下磕头、流泪，看见了陕西人民教育出版社临时赶制的两本《诗野游牧》。这算是沈奇和出版社对陈超的一种特殊尊敬吧！25 日，石家庄少有的晴朗天气。早上我和王永一人撑一把巨大的黑伞（按照说法骨灰安葬时不能见阳光），师母抱着骨灰坛下楼，李建周等陪同。开车的时候她还一直轻轻地说——“陈超，你记着点儿路，别回家时找不到了……”墓穴早已经打开，骨灰安置的最后一刻，我看见师母右手托着坛底，左手搂着坛子，一直低着头紧紧地将骨灰坛依偎怀里。这是诀别的最后拥抱，“在我身后的空中 / 有这个洞穴 / 谁也不会触动它；/ 一个隐居地，一种寂静，/ 紧围着一朵火焰的花。/ 当我挺立在风中 / 我的骨头变成深色的绿宝石”（詹姆斯・赖特）。西川和唐晓渡将黑色大理石梯形墓碑（西川设计）上的明黄绒布揭开。墓碑正面是陈超侧影的青铜浮雕（蓝蓝拍摄，河北师范大学美术学院黄兴国教授雕刻），雕像下面是“陈超之墓”四个金字。顶部左上侧錾刻出生时间（1958. 10. 27）、右下方錾刻去世时间（2014. 10. 31），二者之间则是凿刻出来的五十六个半圆形酒杯——那生命的一次次真实与虚无。墓碑左侧面是于坚书写的陈超的诗句：“炉膛里泛潮的木柴轧响 / 拈骰子的游戏已到收场 / 无意中我拉开店门 / 噢 天空迸涌着雨后的月光（右录故友陈超诗《苍岩山雨中羁留二日》之七 乙未春于坚）。”墓碑的右侧和后部分别是唐晓渡和欧阳江河抄录的陈超的诗句。居士李青松更是以另一种视界来参看生死轮回：“2015 年 4 月有缘参加陈超兄下葬仪式，那天天空碧蓝，一派宁静祥和，第一个落户燕赵龙凤文化名人陵园的超兄居地，坐落在青山翠柏之中，特别是一座宝刹的后山，尤见道兄之甚深佛缘与殊胜功德。来参加仪式的多是超兄的生前好友，特别是诗坛好友，从外地去的唐晓渡、西川、欧阳江河、王家新、张清华、程光炜、徐敬亚、耿占春、霍俊明与河北好友及师生。简单而清净庄严，在超兄灵灰刚下入晓渡与西川兄等精心设计的石墓时，我把有缘得到的拉萨大昭寺主供的佛祖十二岁等身像上的佛衣锦片与上师加持的印度金刚明沙及甘露丸圣水、吉祥米等法礼供入墓穴后密封，同时虔诚念佛、诵经、持咒，并普皆回向随喜祈祝佛光接引有缘行者往生极乐速证菩提。”（《半百人生，品味感恩》）

一年之后，翻看当时的照片，才发现人们都如此痛苦而憔悴，唐晓渡、西川、欧阳江河、王家新、徐敬亚、程晓蓓、蓝蓝、程光炜、耿占春、骆英、张清华、黄纪云、刘小放、郁葱、大解、李春青、王志耕、赵海鸥、刘向东、韩文戈、李南、胡茗茗、李浩、李寒……而教过我的张俊才老师和崔志远老师居然满头银发了！

唐晓渡曾写过一篇回忆文章，题目刚好是《一种记忆的结束之处往往是另一种的开始》。

2015 年 4 月 25 日陈超骨灰安葬，作者与西川、刘小放、郁葱、大解等

第二章 | PART TWO

瞧，校园里那头温顺的狮子

据说陈超老师的课在河北是个传奇，教室里总是人满为患，中文系的专业课上出了全校公选课的规模，还不算校外旁听的。我跟河北的作家约过多次，到石家庄就直奔陈超老师的课堂……

——徐则臣

我再也不会看到把一辆二六自行车停在教学楼门前，和蔼地冲我微笑的陈老师的身影。

——史新玉

我早早地出了教室，看着他骑着单车远去的背影，突然哭了起来，“我是多么舍不得你啊，老师”。我最敬爱的老师，没有之一！

——王维

我只记得，他戴着方框的眼镜，穿着粗线的大毛衣，微笑着畅快着，在欢呼声中演唱了苏联歌曲《三套车》和《伏尔加河》。那时的他，才只是三十三岁的年纪。他雄浑的歌声穿越了喧哗，直指内心，原来这所看上去落后闭塞的大学里竟有如此别样的老师。

——孔令燕

当有人走进图书馆的时候会想起陈超的这首诗吗——

河北师大图书馆
线条简洁又流畅
新油漆的桌椅比读者漂亮
散发着清漆的香味儿
和开朗的光芒
我喜欢的姑娘
正站在铝合金升降梯上
将新购进的诗集整齐摆放
刚才她还在林子里跳绳儿
起伏的发辫使我怅惘
一些书已经上架
另一些从她手中滑落
我看到地下一本《生命诗学》
擦亮了她野薄荷一样的目光……

——陈超《借书轶事》

他是校园里那头雄健而又温顺的狮子！师生如是说。不妨说陈超早已从20世纪80年代开始成为河北师大的一个校园传奇，这甚至让众多的河北诗人朋友们嫉妒之极："有一次我去河北师大西校区找你，见到一群女生走在校园里，我向她们打听文学院在哪座楼，她们问我找谁。我说找陈超教授，她们表现出惊异的表情，说你认识陈超教授？我说是的，他是我的好朋友。没想到这群女生一齐发出尖叫，眼里闪闪发光，其羡慕之情溢于言表。"（大解《陈超，我

说，你听着》）

陈超的这架28型号的自行车，后来几年则好不容易地“与时俱进”换成了电动车。

很多年前陈超居住在石家庄的城北，师大却在城市的西南角。每当有课的时候，陈超就提前下楼，擦拭他那辆骑了多少年的自行车。因为石家庄多的是风沙和烟尘，所以每次都得擦拭，这成了陈超每次上街或上课的必备工作。在寒来暑往中，陈超一大早骑着他的单车在逆风中穿过菜市场、大街、小巷，一排排的梧桐树成为他最好的伙伴，而最令人心动的还是那些等在课堂的嗷嗷待哺的学子。“蓝牛仔，白T恤的陈老师，飞快地骑着自行车穿过校园，车轮碾过落叶，扬起一些灰尘在身后。他停下来，放好车子，挎着大书包，小跑着进教室来给我们上课了。大镜片后，他的目光睿智、温润、慈爱、善良、敏锐、谦和——仿佛整个世界都在他的眼睛里闪耀着诗意的光彩。”（李艳敏）

当清晨的阳光镀亮河北师大校园女生的背影和阔大的梧桐树叶，陈超骑着单车斜挎着书包来到面前。那磁性的声音，那温暖的微笑！那头女生眼中“温顺的狮子”和“男神”，“熟悉我的人都知道我的男神是陈超！”“这就是我的男神啊！他的嗓音是男声部中低音的那种，浑厚而有魅力，无论是听他读别人的诗还是听他读自己的诗，都像是飘荡的灵魂终于找到了归宿。”“记得大四马上毕业的时候，我问自己还有没有未完成的心愿。‘有，那就是再听一次陈超老师的课’。于是，我急忙找到学弟学妹们的课程表，锁定教室，然后痴痴地提前去教室等他，后来他的身影出现在了老师休息室里，那时我特别想和他说说话，可是我还是没有勇气。只是叫了一句老师，然后陈超老师笑着说‘你好’。课后，我早早地出了教室，看着他骑着

课堂上讲诗歌的陈超

单车远去的背影，突然哭了起来‘我是多么舍不得你啊，老师’。我最敬爱的老师，没有之一!”（王维）“有次早晨去教室上课，在门口正好遇见先生也要上楼去，就笑着和先生招呼说：‘老师，我昨天做梦梦见你了。’先生愣了一下，有点不好意思——‘哦？是吗？谢谢啊。’我赶紧解释：‘我梦见你批评我呢。’先生笑了：‘呵呵。不过我这人从来不批评人的。’”（李艳敏）“陈超是格外耀眼的，其魅力可想而知，我就亲眼看到有女生在教室的墙壁上写‘陈超真帅’。”（孟迁）

真诚、谦和、坦荡、乐观、幽默、坚定、沉静、睿智，“更让我认同的，是他那种潜运在谦逊以至有点羞怯的表象之下的沉雄气质，虽然换个场合，从这种气质中就会爆出冷不丁的幽默和笑话，让听闻者捧腹”（唐晓渡）。陈超曾在日记和给友人的信中反复强调自己是一个很“笨拙”的人，这更多是出自一种谦逊而非客观的体认。“你的谦虚给我很深的印象。这一点，我要向你学习。我读了你在《中国诗选》上的文章，我认为我写不出来，一种如钻石般坚硬而锐利的语言，但思想却充满弹性。你应该为自己感到自豪。至于‘笨’，我想我也极笨，记性差，上学时学习也差，也欠执着，因此你千万别对我抱大的希望。当然，自感‘笨’，有时也有好处，一般当我读完大师作品后就深感自己无从下手，很狼狈，但过一程一看，却似乎有小小的长进。你的情况一定也如此，‘笨’一段时间为上进、长水平提供了一个坚实的基础。”（1994年10月17日刘翔给陈超的信）甚至有时候陈超还会来点玩笑和小小的“恶作剧”，这是陈超留给人们尤其是亲密朋友的突出印象：“读硕士期间，就我所提交的《现代诗学》课程的学期作业，和先生打电话交流时的情景。当时我选择了先生的诗歌《堆满废稿的房间》做文本细读式的批评和解读。当谈到我所没有解读出的这首诗歌的另一层隐藏含义时，先生在电话那端狡黠的一笑，就如同恶作剧得逞的孩子一般可爱，当时我都不由自主地被他的天真所感染。”（范云晶）而背后的家庭生活的繁重和负累（父亲早亡、母亲年迈、儿子需要照顾，岳父身体常年不好）以及内心的压抑则只留给了他自己。“记得去夏的最后一次相见，是在杭州的一个诗歌论坛上。午餐间他很亲切地喊我过去与他的太太和儿子见面，我感到了这个有困顿但却充满爱意与温暖的家庭的氛围，由衷地为他感到高兴，丝毫也没有觉察到他身体或精神的某种危境。之前的无数次见面，他给人的感觉都是坚定而温和、智慧而理性的，甚至作为诗人他也从未在世人面前流露过一丝一毫的冲动和‘任性’。”（张清华《转世桃花》）“私下里我不止一次和同学讨论，像先生这么有才华、有风度、有魅力的老师，爱慕的女生一定不少。所以对师母和先生的家庭充满好奇。我们想象的先生一定是家庭和顺、幸福完满、妻贤子孝的。了解以后才知道，原来先生也有着常人无法理解的不幸和苦楚。然而，生活的苦和累，先生从来没有在学生面前流露过半点儿。我所看到的，从来都是乐观、自信、宽容的师长和睿智、敏锐、思想深邃的诗歌批评家。”（范云晶《当回忆变成哀悼》）

陈超辞世后，我看着他生前和老母亲互相偎依的一张照片百感交集，真正的白发人送黑发人。在多年前，她老人家送走了自己的丈夫，人生从此被带走了一半——

她老了

十年前，他已撒手归去

刚才，这个生养我的老妇人

双手各端一杯红酒

与对面空虚的座椅碰杯

现在，她独自躲进厨房
摩挲着那把只剩下二分之一的菜铲
（孩子们多次想扔掉它）
被他俩的岁月磨小的，特别小的徽帜

沙漏中
盐粒簌落
来路茫茫

确实，不只是人格魅力，陈超独异的诗歌和评论更是赢得了很多学生、朋友、兄弟，即使是性格迥异、诗学趣味完全不同的人也被其轻易折服。“在《非非》和《北回归线》上读到你的文章和诗，觉得都很好。我是一个喜欢读你的文章的人。从一开始就喜欢。”（1993 年 11 月 8 日陈东东给陈超的信）“您的批评与大部分的前卫批评家不同，十多年来您做的工作是非常扎实的、非常可贵的，您是真正将自己的批评建立在实实在在的文本解读和真切的诗歌感受力之上的，您的批评语言之精彩和文风之求实对我产生过不小的影响。在北京会议上，您的实在与真朴确实感动了我，而且激发了与您长期交流并向您学习做人治学的愿望。”（1992 年 12 月 16 日李震给陈超的信）“回顾我们相识以来，我的写作虽也获得一些其他朋友的认同，但来自你笔下的鼓励，始终是最真诚、最热切的。我敬重你的学养与人格，更珍惜与你的友谊。让我们在冰与炭激盈的彻骨痛感中，相互照耀，互相取暖和送凉，种植几只不朽的蚂蚁。”（2001 年 1 月 16 日周伦佑给陈超的信）1993 年 1 月 8 日，远在比利时的王家新接到沈睿从国内转来的陈超的信后激动莫名：“你的信，让我感动无言，有这么好的朋友，这是我承受孤独的保证！”

很多人第一次见到陈超都会被他的风采和魅力所倾倒：“第一次见识陈超老师的风采，是在1991年刚入学时的中文系迎新晚会上。我不记得当时陈超老师是否先朗诵了他的诗，我只记得，他戴着方框的眼镜，穿着粗线的大毛衣，微笑着，畅快着，在欢呼声中演唱了苏联歌曲《三套车》和《伏尔加河》。那时的他，才只是三十三岁的年纪。他雄浑的歌声穿越了喧哗，直指内心，原来这所看上去落后闭塞的大学里竟有如此别样的老师。接着，哄闹声中又推上台了他的太太，一个面目清秀的深情羞涩的女孩，曾经也是中文系的学生。那种郎才女貌式的完美爱情传说了整个中文系，尤其是我们这些刚刚入学的青涩的少年的心，被震撼、被吸引，朦胧地羡慕着。”（孔令燕，系河北师范大学中文系1991级学生，现任《当代》主编）

1999年夏天，我已经从丰润的那个乡镇中学办理了停薪留职手续，来到石家庄读中文系在职的专升本。（和1997级本科生一起上课）当时住在河北师大的东校区。记得那是在一个很大的阶梯教室上中国当代文学史的课。上课前我和同学打赌，我认为上当代文学史课的应该是一个女老师，那同学则坚持认为是一个男老师。最终我们目睹的是身材高大健壮、面孔略黑，端着一大玻璃杯咖啡的一个男教师健步走上讲台。当这位老师介绍我叫陈超的时候，教室里瞬间响起了骤雨般掌声和欢叫声。也是从这一堂课开始，我真正地认识了陈超。没过多久，由于校区合并，文学院又从东校区搬到了西校区（红旗大街）。那年北方的雪比往年多得多，一场接一场地下，我对自己未来的命运一无所知。我一边准备考研，一边听陈超老师的课。最后一课是陈超让一位男生在黑板上抄下海子的诗《亚洲铜》，然后让学生来分析、解读，当然大家的解读是五花八门，甚至不着边际。但是偌大的教室，那么多的学生却一起被诗歌的气息所深深吸引着。那个教室是温暖的，因为有了诗歌，有了陈超。

尤其是在冬天冰天雪地的时候，当学生瑟缩地袖着手蹩进教室的时候，陈超却身着单衣、满头大汗端着一个飘着咖啡香气的褐色大玻璃杯阔步进来。

十多年前我穷得只剩一身傲气。2003 年的那个夏日，经历诸多挫折，我竟然以第一名的成绩考入河北师范大学文学院读硕士学位，忝列陈超门下。每次去看他的时候我都是跑到超市去带上一盒咖啡，甚至这一习惯保持了很多年。陈超是我的授业恩师，甚至在很多公开和私下场合，他称我为哥们儿。在陈超所带的 2000 级三个研究生中我是年龄最小、阅世最浅的，傻傻地称“师母”为“嫂子”。我的大师姐王露霞都很不解，当然也很羡慕我。

只要是在师大听过陈超老师讲课的人，都会回忆起诸多永生难忘的细节——“记得曾经有一位女老师给我们讲陈老师给他们上课的情景，那时他还很年轻，一头飘扬的长发，红色长毛衣，让人不能忘记。”（刘琼《远方的太阳》）甚至听陈超的现代诗歌课成了很多作家的向往：“2008 年 4 月，我们在广州丰肥蓬勃的春天里第一次握手，心领神会地笑。我说，陈老师，您竟然这么高。我喜欢陈超老师的谈吐和观点，喜欢他沉静深厚的声音和表情，连他的长相都喜欢，他长得很像我喜欢的香港演员梁家辉。广州的颁奖短暂且活动密集，我们没说上几句话。但我记得我说过，下次一定去石家庄听他的课。据说陈超老师的课在河北是个传奇，教室里总是人满为患，中文系的专业课上出了全校公选课的规模，还不算校外旁听的。

2003 年毕业前，霍俊明送给陈超的雕塑

我跟河北的作家约过多次，到石家庄就直奔陈超老师的课堂。但一直没能成行，每次去石家庄都来去匆匆，河北师大的校门朝哪儿都没弄清楚。”（徐则臣《唯一可以迈过去的坎儿》）

陈超绝对是一个超一流的好老师，真正的传道、受业、解惑，“那时我们的教室就在师大西院文学院一楼，没有多媒体。每次上课他都匆匆地进来，在讲桌上放下自己的讲义和参考书。密密麻麻的讲义本上是他亲手写的教案，他会适时加入一些新内容给新的学生听。我曾趁着课间休息他不在的时候看过他的讲义本。整整齐齐的手稿，用不同颜色的笔在旁边坐了标记。这让做过几年老师的我深感惭愧——他让我知道了：做老师，无论多么认真都不过分。”（李艳敏）

只要随便从陈超的本科生和研究生以及进修生、“旁听生”中选出几个人，就完全可以说明问题了。

镜头一：负责重版陈超诗集《热爱，是的》和诗论集《打开诗的漂流瓶》的河北教育出版社副总编郝建国也是河北师大中文系毕业的。多年后他还记得大约是1985年左右的一个冬天，陈超给学生讲朦胧诗。讲得热血沸腾，最初是脱掉了羽绒服，讲着讲着又脱掉了毛衣，最后又干脆脱掉了衬衫，只留一个跨梁背心讲课。那场面让青春期的学子们热血偾张嗷嗷直叫。

镜头二：“上课开始，上来一个人径直走上讲台，长长的头发，斜着刘海甚至挡住了一只眼睛，穿一身高大的酱红色毛衣，毛衣正面有一个大大的兜兜，是两只手插进去可以相互摸到的那种。尽管有着近视眼镜的遮挡，但年轻的我们依然能够感觉到他眸子里的闪过的那一道深邃。真的没有哪一点指征标示着这个人会是一个大学的讲师！摇滚歌手吗？嗯，有那么一点儿。他耍帅般地把眼上的刘

2013 年，陈超在河北师大朗诵会上

海拨开，同时一个磁性的声音已经飘出：‘从今天起，我教大家中国当代文学，我叫陈超。’话音刚落，竟是涨满教室的掌声。很响，也很长。教室不大，整间教室好像在发烫。”（周兴涛：《泪洒晴天》）

镜头三：“陈老师个子很高，身量魁梧，在男人里算中长头发，常贴近耳朵绞齐，或长些，或短些。讲课的时候，眼睛很亮，没开口便带着三分揶揄的神气，仿佛要讲的东西很好笑；说到高兴处，头微微向前一探，笑容遮不住了，头发也跟着前仰一下，又摆回去，兴致勃勃的。感叹时，习惯性地摊开左手，随便向什么地方果决地大力一挥，好像赤手的指挥家，掌心运斤，单一个漂亮的手势，就收住历史的千军万马。如果你是那种慢热的学生，赖在这个乐章不肯走，总会捉到一两颗跳跃的音符，它们跌出老师的讲义，抓起诗人的头发，盯住哲学家的笔尖，跟黑板上的粉笔一起叽叽喳喳，嘲笑窗外的坏天气。老师说下课时，黑压压的教室先静悄悄的，就连挤着坐的学生也没有马上站起来，仿佛魔法刚刚解除，要缓一缓才能重新进入现实。这时候，老师若不大步走开，很快就会被团团围住，不得脱身。陈老师喜欢喝咖啡，讲桌上总摆着大大一杯，就装在大罐的雀巢咖啡桶杯里，深茶色暖暖的厚玻璃，看不出口味，也许是颜色的缘故，感觉酽酽的；有时是茶，讲课时难得见他喝上一口，却老敞着盖，随意得很。老师板书极多，字大，很有气力，从不束手束脚；回身写时，肩膀和头发一起微微震动，落笔潇洒忠厚。写到满板，便拿起板擦，略一思忖，清掉一块，另写。每每如此，不知为什么，他常常忘记扣杯盖，下课时又三步并两步离开。”（赵晖《我的老师，陈超》）

陈超每年要给中文系大四的学生开设名为《现代诗歌研究》的专业选修课，当时听课的火爆场面甚至更像是歌星的演唱会：“那些女声听得紧张，入迷。个把男生 / 直擂课桌，像牲口快活地嗷嗷直叫。”（陈超《本学期述职书》）两个大班（各二三百人）轮流上课，陈超往往是上午 8 点钟开始给一个班二百多位同学上两节课，之后在 10 点钟课间休息的时候，另一批二百多人的“队伍”又浩浩荡荡地开进教室。当时出出进进的拥挤场面颇为壮观，这令很多师大学生在多年之后仍然记忆犹新：“为了听陈老师在大三开设的现代诗研究选修课，大二的我制订了周密的逃课计划，在班长和同学们的配合下，我逃过好几周我们班的教育学课。后来，我的挚友乔一明也与我一同去陈老师的课堂学习。陈老师的个子高高的，背有点儿弯，我想，可能是年轻时在工厂干苦力活累弯的，他喜欢穿运动装，大抵是因为这样很休闲很自由吧。陈老师讲课的时候劲头儿十足，他站在讲台上声情并茂地朗读诗歌，那种神情仿佛忘记了我们的存在，

2001 年夏天，陈超与研究生合影

深深地沉浸在诗的世界里。”（史新玉）

2015 年 1 月 28 日中午看书的时候，我突然想起陈超老师的一句话：“我本人热爱生活中的好人，但厌倦诗歌中自诩的好人。”是的，诗坛浸淫多年，我看到越来越多的自诩为好人的诗人。陈超在给中文系大四学生讲诗歌课的时候说过：“不要害怕不洁，真实是作家唯一的道德。不洁是生活的伦理，但真实是写作的伦理。”这种魅力实际上来自陈超作为一位“良师”的责任：“三个研究生明确要选我的课。我当认真对待他们，尽我所能使之有归依、有收获。学校藏书不多，我得拿出我自己的书，让学生读也是物尽其用”（日记，1996. 11. 13），“上周开学，第一次使用多媒体，感觉很好耶！特别是可以有作品，让学生直接看，解读起来就很舒服啦。我还应不断充实‘U盘，让课越来越好’”（日记，2009.9.12）。陈超对学生和教学的热爱，还在于浸淫高校多年对整个中国大学文学教育的体制和现状（课程、教材、教学方法等）深深地焦虑和反思：“我在大学从事文学教学已有十八年，算是老教师了。我喜欢教师这个行当，但对自己具体的工作却越来越产生着消极的看法。这种‘消极’是一种奇怪的消极，它骨子里很可能是更为积极的。我至少可以对自己的良知负责地说：现行大学教学体制中的文学教育基本是失败的。这一点在现当代文学和文学理论课程上，体现得尤为充分。照说这几门课应是最具敏识和活力的。20世纪以降，文学和理论的发展为我们提供了丰富的材料和角度，介绍和衡估它们的价值，本应是教师的天职。但是，我们统一的教材和规定的教学大纲对此似乎漠然置之。我上大学时使用的文学理论课本与我父亲曾用过的是同一种课本，现在我的学生还在使用同一体系的课本。这可笑吗？我想它是可悲的。现当代文学教学，情况也与此相似。它比文学研究的现状和创作提供的现实，至少落后十几年。从这样的课堂走出来的学生，基本不具备与业内人士对话的能力。教材如此，那么我们的教学方式又怎样呢？我认为，文学教学无非是三点：一、传授文学及理论知识；二、教会学生处理文本的方法；三、激发和召唤学生的文学体验能力。第一点已由单薄的教材和陈旧的大纲决定其落空了一大部分，教师不应承担主要责任。而后两点，却值得我们反思。我们凭着几十年一贯制的惯性，采取了新八股式的教学。任何类型的文本，其差异性都在此消失了：无非是查生平，找主题，然后泛而不切地概括‘艺术特色’。文学是细密的语言织体，对文本的‘细读’是一门专业技艺。不同文本吁求相应的解读方法，对差异性的结构应有准确恰当的进入角度。这些复杂的技术环节，绝不是类聚化的‘生平—主题—艺术特色’所能代替的。难怪有很多学生抱怨说，‘我们没有学会怎么读不同的文本’。文学教学课堂，还应是富于审美体验的‘精神场’，是作品、诠释者（教师）、学生共同构成的灵魂互识、互照空间。在这里，人的生命力被激活了，会感到文学乃是对人生的赐福。而实际情况是，文学在此成为人不得不做的一件‘事’，它变得如此机械、木讷和空虚。说得干脆一点儿，它堵塞了学生可能存在的新奇体验，以新八股这一庞然大物使学生对文学的兴味全无。”（《我看大学的文学教育》）而陈超不仅直指文学教育沉疴的要害，而且还建设性地勾画了“文学教育蓝图”，这对当下的文学教育仍具有可资借鉴和推广之处。“一、大面积更新文学史及文学理论教材。在内容上吸收更多有文本价值（文学性、现代性）的东西；公正求实地引人本学科最新研究成果。将文学的‘外部研究’与‘内部研究’相对厘清，把‘内部研究’作为重点来设置，使功能论和本体论各归其位。二、在文学史课程之外，专设‘细读—诠释’课，使中文系学生成为‘内行的读者’，受过正规训练的文学从业者。三、借鉴欧美一些国家的做法，在综合性大学文学系设置‘驻校作家’、‘驻校诗人’席位。让文学艺术家给现当代文学教学注入活力，让学生与这些特殊的‘教师’本真接触，亲聆其经验之谈，（我最近读了王安忆在复旦大学中文系开设‘小说理论’课程的讲稿，在经验和理论上都极为精彩）或至少形成一个常规，学期邀请优秀的作家、诗人做几次讲座。写到这里，我恍然觉得自己进入了梦幻之旅。是我陷入了意识的混沌？还是我多年来置身于更漫长的混沌而不觉？无论如何，大学文学教育面临的缺失是明摆着的。现在，中学语文教育已开始了令人欣喜的反省与改进，我希望，我们在未来能称职地面对这些有着‘新语文’观念的孩子们。”

正是因为陈超在课堂上的魅力以及在学生那里深入人心的影响力，当2014年6月开始身体不好、记忆力明显衰退以至于在课堂上出现“短路”的时候，陈超沮丧极了——天蝎座容不得半点儿瑕疵，尤其对陈超而言，无论是在生活、讲课还是在诗歌上他都是一个完美主义者。当一个人不能再写诗，不能再写评论，不能再登上讲台，这意味着什么呢？尤其是对一贯视诗歌和学生重于生命的陈超而言，这一打击已经超出了他承受能力的极限。实际上早在1998年，就有极个别学生在陈超的中国当代文学史课上睡觉，最初陈超极不能接受，但事后他倒是想明白、想透彻了：“我现在竟变得如此脆弱，上课有人睡觉觉得自尊心受不了。以后对此类事要习惯，凭什么让人家与你一道听‘17年’？如果是我也可能要睡了。人呐，说到底要做到将心比心，这太难了。我要时时提醒自己做到。” （日记，1998.9.17）

正是在陈超的带动下，河北师范大学中文系学生最喜欢的课就是“现代诗学”。甚至有美术系、音乐系和体育系的学生来听陈超的课，人多的时候连过道都挤满了人。而课堂上一阵阵会心的笑声温暖着石家庄一个又一个寒冷而灰色的冬日，是诗歌成为最好的对话者。

孟醒石（对这个笔名孟醒石自己有过一个解释：“醒石”二字，意思是“让石家庄醒来”，梦想影响一座城市，实则连我自己都沉醉不“醒”，活得很灰暗）是石家庄教育学院美术系毕业的，那时他和很多热爱诗歌的河北青年人一样经常去河北师大校园去蹭陈超的诗歌课，有二十月（吴淼）、旋覆（曾在河北中医学院读书）、李洁夫等。当时的这些年轻诗人职业不同，生活状态也不同，但都是因为受到陈超的影响而与诗歌发生了密切关系，甚至连后来的工作也大体与此有关，比如出版公司和媒体等。

那两年，李洁夫在建筑工地当电工，又改行到某杂志社当编辑；李寒刚从俄罗斯回来，工作漂泊不定，租住在城中村；独孤九还没有发财，正处于人生的焦虑期；南北在一家小广告公司做文案（后来南北去了北京，成了沈浩波磨铁公司第一编辑室主编）；吴又守着在石家庄读研究生的女友，埋头写小说诗歌（后来吴又创立了著名的读客出版公司，出版了《藏地密码》等畅销书）；评论家刘波还没有考博士，正在燕赵都市报当编辑；谢启义编内部文学小报，饥一顿饱一顿……当时，我们这些诗人都还没什么“出息”，正处于社会的最底层，是真正的“草根”，但因为诗歌，都很快乐。

——孟醒石《旁听》

2004年2月12日，在社会“混迹”了八年的二十七岁的孟醒石带着录音机忐忑不安地悄悄走进了河北师大文学院的阶梯教室，面对录音设备陈超还有些不太习惯。此前也有类似情况，有文学爱好者和诗歌发烧友试图在课堂上给陈超录音，“陈老师的课，依然满到不得不劝退旁听的学生。他正色说，尤其是准备考研、考博的学生，千万不要听他的哲学课，误人甚深。大家笑，坐得很牢。一次，一个手指细长、头发也细长的男生，带着一整套专业录音设备早早来到教室，黑衬衫，高高低低、长长短短的录音键和设备线也都是黑色。我们到的时候，他已经在靠窗的第一排座位上布阵完毕，大家没见过，觉得新鲜，议论纷纷。陈老师来了，照例先宣讲了‘误人说’，眼睛就带到窗边的黑色，略显不安。开讲前，还专门跑下来，对那个男生讲，‘这个，可以关掉吗?’虽然设备前卫，但那个男生却很腼腆，他微笑着拒绝了陈老师。老师又讲一遍，男孩很坚持，或者他的声音太细微，我们没有听到解释，老师无奈地摇摇头，走上讲台。那一天，他讲得一如既往的好，但是心里有一点点不快乐。他不喜欢冰冷冷的机器，看起来太硬、不可更改、缺乏弹性的东西，他都不习惯。”（赵晖《我的老师，陈超》）我比较好奇的倒是赵晖说的这个腼腆的男生是不是孟醒石。

孟醒石记录了第一次听陈超诗歌课的感受：“陈超先生走进教室，环视四周，立刻发现了我，先是一愣，又冲我笑笑，然后开始讲第一课。他这一笑，导致满堂同学的目光，齐刷刷在我身上密集扫射，我的汗就下来了。”

> 时间：2004 年 2 月 12 日星期四（下午 2 点至 4 点）
>
> 特征：陈超讲得非常精彩，朗诵了很多古典和现代诗。但由于记录者水平有限，不能全部记下。只能找关键的东西记录，并争取维持主讲者的原貌，但感觉仍有纰漏。只能从心中默默感受。

陈超确实是河北青年诗人名副其实的启蒙导师。2008 年河北作协评年度十佳优秀作品奖，孟醒石的获奖还是因为陈超力排众议，理由是一定要多鼓励和扶持青年诗人的创作。孟醒石说这是他人生获得的第一个奖，那种鼓励和认可是溢于言表的。陈超在评语中如此评价孟醒石：“孟醒石的这组诗，源于生活，但并未胶滞于日常经验，同时还显现了诗人灵魂的纹理。在河北新一代的诗人中，具有一定的代表性。”

自1982年大学毕业留校工作转眼已经六个年头过去了。陈超尽管可以利用图书馆的资源竭力阅读，但是他也意识到高校教学生活给他带来的一些限制：“我执教于大学，行动和环境都围闭得很。阅读省内外诗人朋友寄来的作品，几乎成了我与外界接触的唯一渠道。我很担心学院的空气最终将逼迫到发霉的书架角落里。”尤其是在后来的长诗《本学期述职书》（1996.12）中，他对一些繁缛的毫无意义的“填表”“总结”“报表”深不以为然，更是对掉书袋式的“学院”研究和僵化的“文学教育”报以足够的警惕与反思。

看官，我困在本学期述职书里
从早饭到晚饭，整整一天
十六开表格，得填正反四面
我写过不少评论文章，有长有短
有的磨皮擦痒，有的直取要端——
（有几篇好东西，编辑部来函
“伙计请原谅，鄙刊暂无力付钱”
而那些信手涂鸦的消闲之作，稿费
来得快当，千字百元）——
可对这三千字的“本学期述职书”
怎么写？让一个写字快手为了难
教书匠有什么好写的？还不就是
备课，上课，开会，科研
我至多三行字就能清清楚楚交代完
系里电话催了四遍
“快点儿交，就剩你啦。写充分点儿！”

我真想不出，那些可爱的同事
是如何意气风发地将四页纸填满
“你怎样教书育人”，此栏乃首要
我得填好。——我怎样教书育人？
来回盘算我总不能如实相告：
你们指定的教材都是胡说八道
它唯一的功效就是催学生大脑睡觉
我从未给徒儿们灌过这劳什子一条
它说，要写作“首先得检查自己的世界观”
“第二步，要与火热的时代拥抱”
“第三步，团结教育打击消灭谁谁要记牢”
“第四步，不要表现自己，不要迷恋技巧”
老天爷，我大着嗓门告诉学生
文学不是文件，不是匕首和枪炮
它是表达人性心灵的难能的语言技艺，要深入词
词也是源泉与骨肉，母语的脾性你得知道
写作，像是我与另一个“我”在争辩、摔跤
“我是谁？我是否一定倾心这样活？
你要从内心把答案挖出……”

多年后，在转身离开河北师大的时候，我再次看了看暮色中那个图书馆。多年前，无论是学生时代，还是留校当教师，图书馆都成了陈超最好的伙伴，连图书馆的清洁工都认识了这个身材高大的、嗓音洪亮的陈老师。

2004 年夏天，陈超与霍俊明在首都师大

平心而论，我之所以喜欢石家庄这个污染有些严重的城市，恰恰是因为这里有我最好的朋友和最好的老师。就像此刻天宇中红黄的月亮，那份宁静和自足真的是可遇而不可求的。当陈超推着他那辆自行车和我一起穿过石家庄的南郊，步行于黑暗的人群，有谁知道我身边的这位是一个多么高大的人！我有些失落，诗歌是伟大的，也是脆弱的。但是，有了陈超这样一个老师、学者、诗人，有些人应该为此感到庆幸。多年以前，曾有一个女青年仰慕陈超的大名，千里迢迢从外地赶到石家庄，她的愿望就是只想见陈超一面。陈超骑着那辆自行车去了石家庄火车站，又在匆匆中将她送走。如此淳朴、诚挚、纯洁的陈超是不能用任何语言来描述的。

如果说一个诗人的写作离不开他所处的时代，也许这话没错，但多少有些大而无当。石家庄，这个一年四季灰暗乏味、污染过于严重的北方城市（我更愿意将之视为一个时代诗人写作的普遍境遇）

似乎在某种程度上提醒陈超与这个时代的距离和深入命名的迫切感。

由北京向南，乘火车一小时或走京石高速三个多小时的车程就能抵达石家庄。石家庄，可能是一个没有什么明显特征的城市，如果有的话就是长时期的环境污染、烟尘弥漫。石家庄，一年四季都让人心生烦闷，天空总是灰蒙蒙的。尤其是夏天，下雨的时候地上铺满一层黑乎乎的东西，而更多的时候则是令人憋闷的桑拿天气。石家庄，很难与诗歌和诗意发生什么关系，但是正因为陈超的存在，很多诗人在提到石家庄的时候都会最先想到陈超，想到陈超的时候也会自然想到石家庄。

20 世纪八九十年代，当年很多诗歌界的朋友也总是期望有一天来石家庄看看陈超，但很多人也因为各种事情或者来去匆匆，或者擦肩而过。“四月初我和廖胡子上了一趟北京，一路上累得像个古人，就没在石家庄下车。火车也不是那么好下的，我俩讨论了一会儿，就补了票继续往南走了，现廖胡子径直回了四川，而我又要返身北上，去领《作家》的奖。大概 9 号到长春，若回来时火车依然经过石家庄，我就跳下去！”（1989 年 6 月 2 日李亚伟给陈超的信）“总是说去石家庄，看来一时又很难提上议事日程了。这学期卫平带闹闹住到小西天，我两边奔走，她们同样是不轻松。前些日子和刘东通电话，说到你，我们都希望能聚一聚，谈些诗的事。不知你近期有无可能分身来京？当然，实在不行，还可以往后推一推，或我们择日去你那边。”（1991 年 11 月 23 日唐晓渡给陈超的信）“石家庄我没到过。但我妻子曾短期在你所工作的学校进修过油画，并在那里看到了平生最大的一场雪。她时常向我提及一个人在校园里，在漫天大雪里奔跑的那种自由与兴奋。对一个亚热带的女孩来讲，那种体验无异于我们在白纸上写出了一首好诗，或被另一个诗人的

诗句深深打动!”（1996 年 4 月 3 日郑单衣给陈超的信）

陈超曾有很多机会调离石家庄去更好的城市发展，包括首都师范大学，但是陈超还是留下来了。因为，他在石家庄不仅可以更为方便地照顾母亲和孩子，而且他已经深深爱上了这座城市。

简单的前程和“未来的旧录像带”

诗歌是对人类记忆的表达。

——约瑟夫·布罗茨基

——他是否就是多年后的我

叠印中的简单前程？

——陈超《简单的前程》

一个常识是，无论是在日常生活还是在诗歌的精神世界，人们在简单的前程中总会回溯过往，同时又向着前方幽深的未来和命运好奇地打探。立足于当下的回望和预叙成为诗人交互往返的精神维度。时间在记忆和冥想中共时呈现，交错、盘诘。这既避免了耽溺内心的凌空虚蹈，又规避了沉滞表象细节的臃肿。

多年来，我一直想象着这样一个令人心动不已的情景。

我坐在一辆红色六缸的老式越野车上，陈超熟练地把握着方向盘，偶尔转过头冲我嘿嘿地笑几声。这也是多年前陈超的一个梦想，他说过“红色六缸越野车是我的理想”。谁都想在年老的时候过着悠闲而率性的日子。可是，陈超的人生最终紧急制动，停在了中年的一个凌晨，我们只能在他多年前的诗歌中领受一个诗人对晚景的想象。

拨转时光的指针吧——“如果——那老家伙开着老牌越野车 / 雨刷的胶皮已快磨断，用胶带绕着； / 车上收音机和时钟早就坏了 /

他懒得换新的，索性拆掉它们 // 如果——他腕上的大英格表，字盘已经发黄 / 工装棉布衬衫袖口磨损，但干净；/ 他仍旧喜欢用一盒‘赵州桥’大火柴点烟 / 把人送他的奥肯牌打火机丢在家里 // 如果——他没有多少多余的肉，领口锁骨峭立 / 挡风玻璃下总扔本《草叶集》，但很少打开；/ 他用方向盘掌握着自己的简单前程 / 正如我现在掌握着自己的惺忪和轻率 // 如果——他行程漫无目的，只为黑曜岩上飘起大雪 / 老家伙把大自然的老生常谈看作宝贵的东西；/ 他喜欢与一条黑贝搭伴儿，倦于谈世事休咎 / 浮生无所谓什么吃一堑，又何劳智者的开导 // 如果——他让我搭上车，只因看我顺眼并不问去哪儿 / 默默无言的旅程，可两人谁也不会觉得别扭；/ 他的雪茄烟灰老长，直到弯曲时才啪地弹掉 / 山崖下他踩了刹车，递给我一瓶用老牙嗑开盖的黑啤 // ——他是否就是多年后的我 / 叠印中的简单前程？”（《简单的前程》）这首预叙视角的诗，将未来和当下提前对接、融合，正如在“他”和“我”的对视中完成的人生路程，体现出极其深沉的存在意识和生命体验，“这首诗在对‘叙述时间’的安排上颇具匠心。诗人采取了‘预叙’的方式，先写出‘未来’的情境，然后从‘未来’向‘昔日’回顾。这两种时间的交叉，使诗歌语境开阔，更富于容纳感。”（陈超解读许霍·克劳斯《当这小小的铜罐》）

一个又一个寒冷、粗粝的夜晚，这差不多是一个时代诗人写作的整体象征。那些不甘沉默的灵魂挖掘者写下这样的诗句：“在我食指与拇指之间 / 夹着胖墩墩的钢笔 / 我用它来挖掘。”（希尼）这“胖墩墩”的钢笔或凌厉舒畅、或迟疑紧张地向下挖掘。多少次我震惊于“挖掘”这一朴素而高贵的词，我也坚持用它来厘测和评价陈超这样一个诗人、一个先锋诗歌批评家。倾听诗歌的人注定行走在时代的暗夜和内心的孤旅。

陈超选择了诗歌，诗歌也选中了陈超。然而不无遗憾的是那么多年作为诗人的陈超一直被忽略：“长久以来，陈超作为一名年轻有为的诗论家而颇受关注。但在我的心中，陈超作为一个优秀诗人所占的地位更为重要，我把他看作是当前最重要的诗人之一——尽管他的诗数量有限，此前的各种先锋诗选都没有他的立足之地。”（刘翔《我眼睛里的陈超》）

生命是短暂而脆弱的，难以释怀他的激情、他的平和、他的纯粹、他的诗人气质……陈超不断回环于时间的匆急涡流中，在向上仰望又躬身向下的双重视阈中容留了时间和存在的光斑和印记。记忆的火焰、时代的阵痛、身心的裂变、日常的焦灼、未来的辉映都同时抵达。秋天注定要吹散树叶。陈超在多年前的一些诗中已经提前描画出了自己的晚年。他倒回往日的旧录像带，他不是简单地回顾自己曾经拥有的日子，他比一般人更懂得生命的价值，在幽暗不解的生命面前他更为坚强、沉毅。当寒风在将来的某一天注定还要翻越抱犊寨，翻越石家庄郊区的植物园和墓园，是谁还站在落叶纷飞的深秋遥想着往年。他刚刚刮过脸，胡子茬泛着青光，连皱纹都是干干净净的——

一九八八年十月，他三十岁生日
录像就在此地。那一头长发像黑烟炱
穿合身的红T恤，跳起够柿子
那时，他对三个女人都有二意

在铁线莲和鹳草花之间
他没心没肺地唱过《别让爱情悄悄溜去》

还有两本书写得，还有冒险的许诺做得
还有数不清的小乱子等他参与

……录像带已走音、褪色的邪乎
多年后，他仍站在这里。在电磁
来得及说出生活的讥诮之前，他
已无法将剩日的荒瘠从心中抹去

后生们，我最终认输。“老狗不学
新把戏。”日子就是变花草为烂泥
在植物园稍后的双凤山公墓
我爹我娘会招呼我，以他们不变的年纪

——《未来的旧录像带》

“这老头刚好七十岁”，“一九八八年十月，他三十岁生日”，“多年后，他仍站在这里”，这三个人生时间段的短暂的陌生感在共时中具有微妙而必然对抗的关系。在倒叙、预叙和现在时的叙说中，“石家庄西郊的植物园”这带有雕塑感的场景隐喻了惯性而常态的生活，节制而冷静的叙述中是命定感和深深的缅怀。这正是反讽性的克制陈述，“诗中描述的事象在冷静的日常情境状态下却又充满内在的紧张感”“平静感与不祥感奇异地反向拉开”（陈超解读伊丽莎白·毕肖普《小习作》）。季节性的“满地落叶”揭示了个体存在最终飘零沉坠的荒芜体验，“日子就是变花草为烂泥”。这首诗使我想起美国桂冠诗人罗伯特·潘·沃伦（1905～1994）的《未来的旧照片》，二者存在相互打开的互文质素。“那注意力的中心——一张幼稚的脸，/ 多年以前（想必是）白里透红——/ 现已褪色；在相片

里只剩一点 / 灰白，没有多少表情显现”“那对夫妇，当然，已经不在人世。/ 他们带着剩下的爱情，并排躺在绿草 / 或白雪之下；/ 那婴儿，多年后，站在那里；/ 旧景模糊，而他满怀罪咎地神伤 / 于无名的许诺未践，颓然莫可名状”（彭镜禧、夏燕生译）。陈超的《早餐》一诗则在现场和过去的交织和对称中通过细小的情境揭示了更为宽远的亲情体验：“无数个冬天的早晨 / 厨房传来窸窣 / 年轻的妈妈 / 轻轻击碎水缸中的冰片 / 捅火 烧饭 // 爸爸结束了晨练 / ‘你轻点儿让孩子再睡会儿’ / ——妈妈对他嘘着指尖”。回忆是基点之一。“多年后 / 无数个冬天的早晨 / 妈妈的头发白过了冰凌花/在枕头上揉得凌乱 / 人到中年的我 / 打开煤气灶煮早餐 / 不要开油烟机让妈妈再睡会儿 / 嘘——，轻点儿”。诗中的情境基本上是一致的，而“我”的视阈却携带了时间给内心烙印的疼痛斑点。诗人对母亲的情感是在极细小、日常的视点上扇形展开的，从而充分展示了处理日常题材的能力。记忆连贯现在、过去和将来，但是通过什么来承载和衔接就显得格外重要。也就是说应该有一个客观对应物成为沉淀和承载记忆的载体，它暗含了诗人内心的场景，延续着诗人情感的冲涌与抚摩。而就陈超的这些“日常之诗”“记忆之诗”“时间之诗”而言，这一记忆的承载物就是再日常不过的场景和细节。他这一类型的诗歌体现了幽微而具体的日常性的“精神生活”。这些朴素、干净、深挚的诗歌语境是通过真切的细节和生活场景的纹理来实现的，陈超对那些日常的、具体的、瞬间的细微之物保有了持续而精细地观照，保有了对“轻微之物的感情”。这是诗人的生活观乃至世界观，被人们忽视的部分正是他所要着力强化的：“在我们的真实生活里，无用之物和琐碎之事谦卑地开创了美的插曲。在我的灵魂之中，梦境和爱好带来的乐趣被丝带里的小东西这微不足道的存在而激起！那些意识不到微小事物重要性的人是多么可怜！赞美瞬间、毫米和微小事物的阴影，这些事物比万事万物本身还有卑微！瞬间……毫米——对于它们大胆地在卷尺之上如此近距离地并列存在，我感觉震惊极了。有时候这些事物令我痛苦，抑或高兴，随后我感受到一种发自内心深处的骄傲。”（佩索阿《自决之书》）陈超的诗歌具有对当下日常生活和精神生活的还原能力。这种还原不是简单的再现，而是诗意的呈现、宁静的感悟、时间的重临。陈超诗歌往往能于日常中体现先锋情结，于朴素中践行精神的深度和能见度，于抒情和叙事的有效平衡中实现幽默的机趣和温暖的宽怀。这是一种时间的挽歌，也是不同时间阶段不同“自我”的叠加：“湖水轻轻拍击堤岸 / 一只苍鹭 / 埋首于夏日的回忆 / 当季节变暖 / 这些船只会翻身下水 / 而我心中有多少倒扣的船只 / 却只能在身体的黑暗里开裂 / 然后腐烂。”（《那些倒扣的船只》）冬季犹如诗人生活的现场，美好夏日的回忆在苍鹭与诗人间构成对称关系，而内心的无力感与“倒扣”船只的黑暗形成了深层次的呼应。烛光，贴近记忆的本真存在却在工业时代成了老旧的事物，不合时宜的存在是对人异化的最有力的反讽：“陌生的烛光招引你退回时间深处 / 写下被年代放逐了的昔日怀想。/ 插队的伙伴，夜浇冻水时慌乱的初恋 / 终夜啮草的牲口，雪霰凄迷的山冈 / 哦，尽管你知道今天没人读这类陈旧的诗行。”（《停电之夜》）而诗人在烛光面前，承续了那伟大的记忆声响，往日的感怀在当下的观照中熠熠生辉，它无疑照亮了黑暗隅落的灵魂。在陈超这些关于个人记忆和生活细节的诗歌中我感受到的是与罗伯特·勃莱的“深度日常生活诗”相通的精神视域，日常本真而又幽暗深邃：“穿过风雪，我驶车送二老 / 在山崖边他们衰弱的身躯感到犹豫 / 我向山谷高喊 / 只有积雪给我回答 / 他们悄悄

地谈话 / 说到提水，吃橘子 / 孙子的照片，昨晚忘记拿了。/ 他们打开自己的家门，身影消失了 / 橡树在林中倒下，谁能听见？/ 隔着千里的沉寂。/ 他们这样紧紧挨近地坐着，/ 好像被雪挤压在一起。”（罗伯特·勃莱《圣诞驶车送双亲回家》，郑敏译）日常经验和超验的闪光彼此辉映之后的细节和场景以及生命感才更具有穿透时空的长久膂力，弗罗斯特不是说过“我和世界有过一次情人的争吵”吗？正如陈超在分析大解的那些日常之诗时所说的那样：“大解某部分诗歌更多处理日常生活题材。但是与诗坛上那些‘日常生活’口语流行诗不同的是，大解的诗在真切的日常生活细节表现下，又潜藏着一种‘沧桑与感恩’彼此渗透的生命感觉。他的诗依然在当下和形而上之间游走，并使预叙、现在时、追忆，三重时间彼此穿逐着，拓宽了我们的经验畛域，即使我们置身其中又使我们超越具体情境之外，感受到生命的欣悦和疼痛，感恩与宽怀……这类诗，呈于境，感于目，亲乎情，切乎事，会于心，最终还能达于灵（幽暗的神秘或未知）。”（《试着赞美这残缺的世界——论大解的短诗和长诗》）西川在长诗《致敬》（1992）中道出了诗人“真实感受”的重要性：“一个走进深山的人奇迹般地活着。他在冬天储存白菜，他在夏天制造冰。他说：‘无从感受的人是不真实的，连同他的祖籍和起居。’因此我们凑近桃花以磨炼嗅觉。面对桃花以及其他美丽的事物，不懂得脱帽致敬的人不是我们的同志。”陈超晚近时期的心境和诗作更多体现为对日常细节和精神褶皱的同时打通，冷静、响彻而又直入人生和存在的腠理。随着中年经验的到来、加深以及提前对暮年的预叙，他对日常诗意的发现表现除了巨大的耐心和好奇：“落在左颊的雨丝告诉我风向。/ 我心寂静，不亚于沙沙萱草。// 演杂技的鹧鸪鸣啭，抖出透明空竹。/ 一只穿海魂衫的小蜻蛉 / 在草尖上抖掉水珠儿。// 我对金盏花和果子狸说着不曾对人说的事。/ 我和庄周，微笑着对称沿行于峭壁。// 下山时，我的脚踝微微扭痛了 / 一身泥巴，给快乐加上了美妙的小分量。// 惊起一只蝴蝶，向宋国‘漆园’飞去。”（《霏雨中登石人山》）

在贫乏、平庸的泛情时代倾听诗歌是危险的，然而不倾听诗歌却肯定更为危险。诗人和倾听者的对话无疑是在接受诗歌和灵魂的洗礼和时代的检视。对于在诗路跋涉、探询，挖掘了三十多年的陈超而言，在黑夜的明灭闪烁的火光中揭开诗歌漂流瓶，在物欲、金钱、权力和疯狂幻象围拢、挤迫的黑暗中沉潜下来，倾听遥远而本真的灵魂独语或神秘，成为他一生的精神功课。巴什拉尔说“哪里有烛火，哪里就有回忆”。那些光亮一次次将诗人的内心和悒郁一起镀亮，阴影与光芒共存。辽阔喑哑、暗流汹涌的时间河流上，他用一生封好了一只诗歌的漂流瓶。漂流瓶既是密封的又是可以开启的，

陈超在大解长诗《悲歌》研讨会上

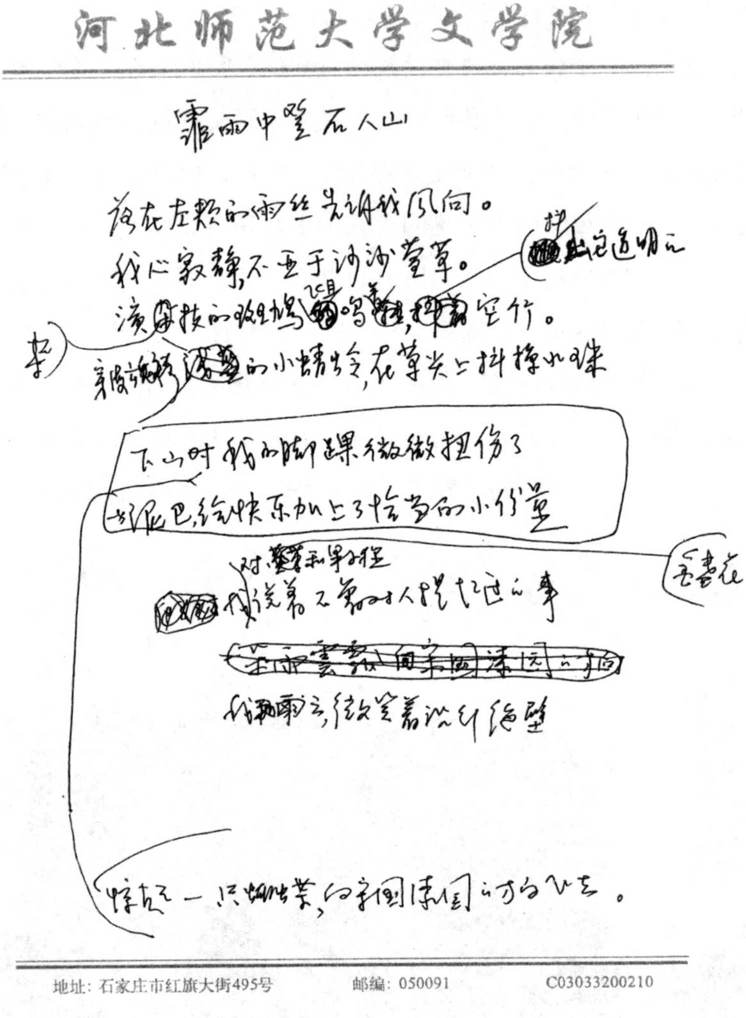

霏雨中登石人山

斜在左颊的雨丝告诉我风向。

我心寂静，不亚于涧沟萤草。

演技的斑鸠飞鸣着，抖着空竹。

[illegible]的小蜻蜓，在草尖上抖掉水珠

下山时我的脚踝微微扭伤了

一块泥巴，给快乐加上了恰当的小份量

对[illegible]和[illegible]

[illegible]说着不曾对人说起过的事

~~[illegible]~~

我和雨丝，彼此守着[illegible]绝壁

惊起了一只蝴蝶，向字里行间的方向飞去。

陈超手稿：霏雨中登石人山

这回复到了诗歌的功能："诗歌是使我们继续做文明和敏感的人，做有亲昵行为的人的决定因素。诗歌是堡垒，是人类隐私的监护者之一；但它又是敞开的，是一种公众的艺术形式……诗实际上是为作为读者的你而写的，它召唤你向它靠拢。它放在那儿让你打开。它是一种造物，然而是内心的造物。"（《希尼诗文集》）作为时代印记和灵魂探险的孤独而无畏的水手——诗人们——扔下的漂流瓶，只能凭借时间洪流的冲荡和细沙的淘洗等待一个倾听者去揭开它的秘密。痛苦而难挨的等待与努力，彷徨无助中渴求对话的希冀之旅，必须有人作为揭秘者和探询者或早或晚地跋涉到苍茫的海上。如今在时间的大海上，我们等待着它重新被打开的那一刻！打开的一瞬，是什么在战栗？是什么使人睁大了眼睛？倾听诗歌的人注定行走在时代的暗夜，黑暗中孤寂而不懈追寻的"汲水者"，多少次黑木桶空旷寂寥的声响使人暗自惊心。一次次的坚持，终有一天，清冽的泉水溢满了这只略显疲倦的木桶。陈超就是这少数的"汲水者"，他用手中的一根"榛木杈"在旁观者的发愣和无知中"猛然一沉，精确地震颤，突然发布地下水的消息"。

第三章 | PART THREE

赤红的年代，懵懂的爬卡车

接生者抽打你的脚掌，而你光秃秃的哭声
在元素中落定

——西尔维娅·普拉斯《晨歌》

我的一生走到这步天地，是我预料中的，低垂的晚云和野草，我和回忆与幻想共同生活。这是从童年就开始了的事情。其实，一个人的一生，他主要的精神类型和理想形象，都是从童年就开始了的事情。以后的岁月，也许是现实的欣悦和远离的悲哀。这从本质上是一回事。那么，人的一生就这样定下结局了吗？是这样的？或者不是，我肯定前者。

——陈超，日记 1991. 4. 17

童年，无论是对一个人的性格，还是对他日后的经验、命运以及写作都无疑产生着极其重要的影响："我们知道，一个诗人的经验之圈/隐喻视界只有一部分来自阅读，更多的还是来自他从童年时代起积累的感性生活。"（陈超解读狄兰·托马斯《羊齿草的山》）无论是我们不断强化和沉溺于童年经验还是有意化解了它，这都证明童年经验的重要性："尽管我拥有'不幸的童年'这份奖品，它哀伤得几乎可以收进教科书，但不要以为我沉溺其中。"（伊丽莎白·毕肖普）甚至在剧烈动荡的时代这一童年经验除了个人属性之外还沾染甚至烙刻上了整体的印记："童年时代发生的事情无疑影响了一个人其余大部分人生。然而，两者之间的联系一般来说不是那么直接的。我知道有些当时比我年长的人后来持久地被一种偏执的感情所占据，相信曾经发生在他们身上的事情随时会卷土重来。对我来说，那种经验恰恰产生了与之相反的影响。我认为我所经历的东西再也不可能重复，我幸存下来的这个事实使我充满了一种期望，即使在我的生活中再度遭遇此类事，我也将幸免遭其一切伤害，尽管这很难用理性来解释。处于一定的距离之外，我的战时经验还帮助我免受我成年时期所遇到的困扰。”（伊凡·克里玛《布拉格精神》）

当童年不只是普世性的人类经验，而是与具体的社会历史语境，尤其是新旧冲撞的时代联系在一起的时候，就更具有了被追挽的意味。甚至当一切被连根拔起的时候，记忆几乎也是不可能的了，一切都被抽空了。“这个孩子不是我，而是宇宙，是世界的爆炸：这童年不是我的童年，它不是一种记忆，而是一个团块，一块无比匿名的碎片，一种永远当下的生成。”（吉尔·德勒兹《批评与临床》）这也是阿甘本所指出的“经验的毁灭”的一刻。

似乎，作家们更对童年期感兴趣，昆德拉也说过“人的一生注定扎根于前十年中”。当然，十年也只是一个虚指，但确实道出了一个人的童年和成长期对他今后性格的重要影响。由此，我想到了埃德加·爱伦·坡（1809～1949）童年期的五年无几的孤独对其“黑暗”写作的毕生影响：“童年时起，我便异于 / 别的孩子——他们的视域 / 与我不同——我难以随同 / 众人为些许小事激动——我的忧伤也和他们 / 并非一类——同一种高论 / 无法使我热血沸腾—— / 我爱的——别人想爱也是不能。/ 当时——我还幼稚——在重重 / 磨难的一生的开端——我便从 / 善与恶的每一层摄取 / 一种秘密，至今风雨 / 半生，我仍然为它控制—— / 我从激流、山泉与岩石——/ 从绕我旋转的太阳/以及秋日灿烂的金光——/ 我摄取，从那天上的闪电/ 当它飞快掠过我身边——/ 从雷霆、黑压压的暴风雨——还从乌云（远处天宇/ 仍然是一片蔚蓝），当它/ 在我眼里成为恶煞。”（《孤独》，李文俊译）

关于一个人的传记，我们往往从一个人的童年期开始，尤其对于诗人而言他们的童年期（不只是生理意义上）则更为意义重大：“关于诗人的不同于其他人，因为他的童年没有结束，他终生在自己身上保存了几种儿童的东西，这方面已有很多人写过了。这在很大程度上是对的，至少在这样一个意义上如此，也即他童年的感知力有着伟大的持久性，他最初那些半孩子气的诗作已经包含他后来全部作品的某些特征。毕竟，一个孩子所体验的快乐或恐惧的时刻，决定着他成年的性格。”（米沃什《生物学课》）

故乡、出生地，这一特殊结构和空间也对应了一个人的童年经验和最初阶段的精神哺乳期。“这一切都渗入了我印象原生的第一个地区，那是靠近大别山脉的淮河平野上一个金色的三角地带，由罗山、息县和西华组成的丰饶的土地：那里终年可以吃到大米，然而仍是落后的，因为那里不出别的粮食。发过大水，人们成片地溺毙，采石为生，排外情绪强烈，但一口饭也要分半口给流浪汉和乞丐，那里的人们把北京去的学生都看作是毛主席身边来的人，一种叫作冰瓜的香瓜只需轻轻一击就甜得粉碎，粉碎地甜。”（骆一禾《美神》）从空间关系上而言，这一经历和记忆更大程度上正是来自童年期。“其实，我们所有人都会存留六至九岁期间粗略形成的地理版图。（依稀可辨的是一些乡村景色和街坊陈设）你几乎可以完全回忆起曾逗留玩耍的地方，还有骑脚踏车、游泳的地方。重新想象一下那个地方所有的气息和特征，在记忆中重回彼地、漫步徜徉，此时此刻，你可能会产生一种落地定居的错误。时下我们或许也会猜测：当童年的山山水水正被推土机摧毁无遗，当举家迁徙使得儿时的记忆变成模糊一片时，那些人该做何感想？我有个朋友，每当回忆起年轻时曾去过的加州南部景区，一想起那一片片鳄梨果园是如何改造成郊区一垄垄山丘时，仍情绪激动。”（加里·斯奈德《禅定荒野》）

童年对于陈超的成长来说更为重要，他同样有着一个孤独和痛苦的童年，这是阴冷的湿漉漉的苔藓般的感觉：“回忆童年是阴雨霏霏的街市 / 我拱着肩揣着手 / 彳亍独行 / 长疯的花坪开放着血泪 / 没有落英 / 没有被落英感动的眼睛 // 那时的歌是苦涩的 / 那一丸巧克力是和着泪水的 / 只有妈妈的抚摸是温暖的 / 烘干淫雨霏霏的街市 / 烘干我的心。”（未刊稿）童年还不只是孤独，似乎它带有更多的指向了未来的命中注定的部分。陈超在日记中写道：“我的一生走到这步天地，是我预料中的，低垂的晚云和野草，我和回忆与幻想共同生活。这是从童年就开始了的事情。其实，一个人的一生，他主要的精神类型和理想形象，都是从童年就开始了的。以后的岁月，也许是现实的欣悦和远离的悲哀。这从本质上是一回事。那么，人的一生就这样定下结局了吗？是这样的？或者不是，我肯定前者。”（日记，1991.4.17）童年，也许早就种下了将来不可避免的命运。起码，陈超是这么认为的。

1958 年，在“跑步进入共产主义”的“共产风”和“浮夸风”的狂热潮流中，中国正在进行轰轰烈烈的大跃进运动。这一年的 10 月 27 日，陈超出生于山西太原的一个普通的知识分子家庭。他名字中的“超”字，无疑有着当时那个特殊时代的印记。

一切都可能充满了机缘。1958 年大跃进中的新民歌运动成了当代中国文学发展过程中的最重要的政治文化事件，而陈超则与现代诗歌结下了不解之缘。

干坼的黄土地，以及随之而来的几年的大饥荒，陈超度过的是一个孤单而饥饿的童年。当然，红色年代里陈超的童年也有小小的快乐。儿时的陈超和其他同龄的小伙伴一样对身边发生的事更多的是好奇，他们当时最高兴的事就是“爬卡车”。同时，天生嗓音就好的陈超小时候最爱哼唱的就是山西以及陕北的民歌。“记得你是山西人，但不记得你是山西南路的，‘眉胡调，多么朴拙的剧种名字。我在山西长大，幼时常听奶奶哼唱。’看来应该是南边同乡了。眉户戏，山西北路家不唱，也就是临汾运城乡间流行。正经一点儿说起源，它应该是源自关中一带，戏剧史说起源于眉县户县（今鄠邑区）。这两个字，是后来简化的。你看简化字，把好多丰富的文化承载简化掉了。这两个显，早先眉县写作‘郿’，户县写作‘鄠’，你看多么古雅的地名。一直到20世纪60年代初，我老家临猗县的剧团，还称作‘郿鄠剧团’。‘文革’前不久，才随着陕西那边叫了‘眉户’。”（毕星星《你的银纽丝，我的银纽丝——致陈超》）多年后，在石家庄的酒桌上第一次听到因为喝酒脸微微泛红的陈超用浑厚而又具有磁性的嗓子高唱的一曲《兰花花》。真有百转千回、肝肠寸断之感，又有铁砂擦玻璃的粗粝——“青线线（那个）蓝线线，蓝格英英（的）彩，生下一个兰花花，实实的爱死人。五谷里（那个）田苗子，数上高粱高，一十三省的女儿（呦），就数（那个）兰花花好”。2003年4月2日，愚人节过后的第二天，我在参加完首都师范大学博士研究生入学考试完回秦皇岛的列车上，看到了很多戴着口罩时而咳嗽的乘客。当时我还不明就里，只是记住了车厢连接处一个女孩手里拿的一张报纸。报纸上是令人不敢相信的新闻——四十六岁的香港艺人张国荣在愚人节的晚上10点跳楼自杀。不久之后，非典肆虐中国。由于我当时正在河北科技师范学院中文系教书而滞留在秦皇岛，按当时规定已不能如期返回石家庄进行硕士学位论文的答辩。在其他同学已经完成答辩的那个夜晚，我才克服种种困难和重重检查赶到了石家庄。在阔大的华北平原上我感受到了空前的寒冷与荒凉，尽管此时已经是5月。当时河北师大校园仍处于严密封锁之中，未经严格的身体检查、医院证明以及学院领导的批示我是不能进入学校的。但是令我感动的是陈超、张俊才、崔志远、郭宝亮、马云等现当代文学专业的老师却不管什么“非典”“不非典”的，不仅让我参加了其他同学毕业答辩之后的聚餐，而且之后还破天荒地单独为我举行了毕业论文答辩会。在聚餐时，陈超鼓动我唱一段唐山老家的皮影戏，而陈超则以一曲高亢、婉转而又缠绵深情的陕北民歌“兰花花”技压全场，引得众多女生在多年后还念念不忘那个热血偾张的场景。陈超对山西的情感是溶进血液里去的，到了石家庄读大学他仍念念不忘少年时代的黄土高原。他甚至模仿民歌写了一首怀念之作，“我想起告别了的黄土高原 / 寒冷的风 秃秃的山 / 蒺藜生长的悬崖上边 / 挂酸枣儿 红、黄点点 // 我爱听那粗俗的语言 / 像陈醋 又美又酸 / 高粱性格的人们 / 尖刻、质朴中会有野蛮 // 哦，山西 / 我的故乡 / 我想你黄沙阵阵 / 白云团团”（《忆山西》）。这种浑厚而磁性的歌声谁不喜欢呢——“毕业酒会，到处摆满高杯的冰啤，溢出的泡沫快乐又颓废。我被一根鱼刺卡到，疾步穿过已经开始狂欢的人群，在门厅外的夜色中大声咳嗽。背后，在同学的欢呼声中，陈老师的歌声起了，第一句就漫过大西北的山脊，高亢，悲凉，元气淋漓又满眼生意，像极了唐的边塞诗，也不知是不是站在椅子上唱的，还是那根鱼刺加剧了我的想象”（赵晖

《我的老师，陈超》）。

在那个物质极其匮乏而思想和情感世界被红色热浪空前鼓动的年代，包括陈超在内的少年是如此痴迷那些邮递员的深绿自行车以及解放牌的绿色大卡车、绿皮火车。他们只是幻想有朝一日能像大哥哥、大姐姐们一样穿上草绿色的军装、挥舞着红旗，带着砰砰乱跳的"革命的小心脏"乘上飞速奔驰的卡车、列车去远方，去革命，去串联……

尽管贫穷而社会动荡，但是童年仍然有温暖的一面。

1964 年的除夕，雪可没膝。陈超和所有的小孩子一样渴盼着过年，拿几毛钱的过年红包、舔糖块、吃肉渣、放鞭炮、穿新衣。这就是那个年代最幸福的事儿了："豪放的一群群大雪在黄昏变得零碎 / 但半尺深的雪毯已足够让我插稳炮仗 // 厨房里蒸汽旋舞 / 飘出平时很少闻到的 / 红烧肉的香味儿 / 妈妈用药皂为我洗着小脏头 / 爸爸在往刚削好的陀螺锥尖上镶进钢珠 // ——三只炮仗，一枚手制陀螺 / 就是我新年丰厚的礼物 // 我记得，那是在太原 / 荒凉的 1964 年除夕，我六岁的心感到 / 过度的幸福，恍惚，和膨胀。"（《除夕》）

童年阶段最不可替代的记忆和快乐就是两件事，一个是吃，一个是玩。在玩里面还包括天真的恶作剧："舅舅到锯木场上工去了 / 妗妗去河滩捶洗衣裳 / 留下暑假走亲戚的我 // 带来的玩具已经厌倦 / 吊篮里的零嘴儿刚刚偷吃完 // 雨后的院子大得令我想干点儿什么 // 还有什么可玩的？ / 呵，将竹筐倾仄放出那只小鹅！ / 这家伙比《小兵张嘎》的翻译官还胖 / 软软的小肚皮邋遢地蹭着湿湿的草地 / 黄色的大脚丫 / 细细的小腿儿 / 刚勉强撑住身子 // 我抓起了它 / 黄茸茸的小肚皮手感很舒服 / 捏一捏 / 粉红的薄蹼手感很怪

异 / 抻一抻 / 少年的邪恶让我快活得身子微颤 / 我甚至硬塞进它嘴里一只蜗牛！// 放开玩够了的小鹅 / 它卧在我脚边 / 已没有勇气逃走 / 两颗小黑豆的眼睛 / 天真无告地睁着 / 但似乎已不再看什么 // 雨后的院子大得令我害怕。”

小时候的陈超原来也是一个“嘎小子”。

曾经有一段时间，陈超经常和其他四五个要好的小伙伴每天灰头土脸（名副其实的小黑猴）地去爬卡车（这些卡车主要是以拉土、拉煤为主）。看着卡车开过来后，他们这些灰头土脸的小家伙就拿出吃奶的劲飞速地追赶着，借助惯性抓住卡车的后车沿，然后将腿尽力搭在车帮沿上，享受一回汽车卷起的灰土中“飞翔”的快乐。而当陈超为此而兴高采烈、乐此不疲的时候，母亲正愤怒地骑着自行车在后面追赶：“卡车狂奔 / 妈妈惊愕的脸一闪而过 / 道旁刷生石灰水的 / 白杨树干 / 连成了缭乱的白墙 // 轨枕厂后门的铁道口 / 缓缓放下黑白漆栏杆 / 卡车减速 / 终于 / 停下了我松开 // 失血的爪子 / 转身—— / 远远地 / 妈妈俯身追来 / 她愤怒冲刺的自行车 / 正掠过 /‘不怕大风大浪 / 争做革命红闯将’的 / 枯红色巨幅 / 标语。”（《爬卡车》）年幼的陈超哪里在乎和懂得母亲的担心，但是在他年幼的记忆里，破败的灰砖墙上粉刷的红色标语“不怕大风大浪，勇做革命红闯将”还是永远留在了童年的记忆深处。

1966 年，史无前例的“文化大革命”爆发了。横扫一切“牛鬼蛇神”，串联、造反、砸烂一个旧世界，都没有陈超的份儿，当时他只有八岁。他只能“遗憾”地极不情愿地望着那一列列满载着革命青年的绿色列车在轰响中远去：“‘啊，“革命’！它可不是‘请客吃饭’ / 它是快乐和自由，是一群牛犊 / 冲开了学校和家长的栏杆，/ 是迎着暴风雪呼啸、向前！// 望着红卫兵哥哥姐姐们武装带煞紧的薄军装，/ 我为自己淡黄的灯芯绒棉猴羞惭。/ 我想，自已错过了伟大的时代，/ 只是一盆‘温室中过冬的水仙’。”(《一九六六年冬天记事》）在一个还不谙世事的孩童眼中，那个疯狂的年代和失去理性的狂热他是体会不到的：“在我八岁贫乏的词汇表里，/ 深深镌上了迷人的‘大串联’。/ 铁轨像蜿蜒的声带使劲对一个男孩召唤：/ 草原……枣园……遵义……井冈山！”但是，随着年龄的增长，陈超逐渐对发生的一切有了自己的判断，尽管还有懵懂的一面。政治风暴过后，留下的只能是无尽的被愚弄的创伤与血瘢。

暴风雨下没有一个安静的鸟巢。

“文革”时期，在山西省计委工作的父亲同样没有避过那场政治灾难，整日整夜地受到批判，反复写检讨，而母亲此时也自顾无暇。在这种情况下，陈超只能被送到河北乡下的爷爷奶奶家。1966 年深冬，在一场漫天大雪中“太钢惨案”刚发生不久，在温度骤降的太原火车站，陈超和父母挤在候车室的人群里。被冰雪封冰的玻璃窗外是即将奔赴战场的红卫兵闯将们，大雪斜飞中是激情澎湃的绿军装、绿火车、红旗、红袖标、各种颜色的标语和传单以及高音喇叭。这个隔着玻璃窗激切眺望的男孩实则与那个疯狂的年代拉开了距离，甚至是背道而驰的，这是否也预示着将来的这个人是一个如此独立的人呢？一辆火车由太原缓缓开往河北，连同一颗尚显幼稚的童心：“令我羡慕的红色列车开走了 / 为爸妈想，我也装出凄然。/ 可我的心早已欢跑在奶奶的田野，/‘再也不用读书啦，我要一个人串联’。”老式蒸汽机喷出白色的烟雾，尖厉的汽笛长鸣，没有人能够看清前方的路……对于当时幼小、懵懂的陈超来说，他还不可能理解那个时代的残酷程度，更不能理解父母的灾难与痛苦。他一心向往的只是燕赵大平原的一草一木和乡下慈爱的爷爷奶奶，他高兴的是没有人再约束、管制自己了，他可以自由自在地玩耍了。

沉默而坚强的父亲对陈超影响很大。在多年后的日记中陈超用诗歌怀想自己的父亲，同时也是自我成长的对话："我和爸爸并肩走啊 / 走到中秋之夜带着馨香的郊外 / 爸爸是真的老啦 / 步履缓缓仿佛怕惊醒他的过去 / 我们谈着共同的事 / 却同时想着各自的事 / 我爱爸爸，可我们说什么呢？// 月光如水。/ 我拥着爸爸宽厚的背 / 像摸着衰老摸着疲倦 / 莫非做儿子的唯一职责 / 是使他（还有他们）欣慰而平静吗？/ 不是。（我想，但我不说）// 我，崇拜爸爸！/ 崇拜他的锲而不舍 / 他的力度，他的吼声 / 有了他，还有妈妈 / 才会有我们这个—— / 轻弱但温暖的家 // 很久了，很久没同爸爸谈话 / 儿子的心，已变得不愿表达；/ 爸爸会理解我 / 他不希望我像个小姑娘 / 他愿意充满疑虑地看着我 / 在泥泞的路上奔跑，跌倒。// 我也要做爸爸的，/ 我的孩子也会留下我 / 赶他自己的路程。"（《中秋夜》，1981）"父与子"，永远是现实和文学中最为难解的话题。此时我想到的是 1931 年鲁迅的那首诗《答客诮》，仿佛是低低的轻雷耳边回响——"无情未必真豪杰，怜子如何不丈夫？"

陈超的爷爷和奶奶还有一段传奇故事。

民国时期，他们之间的结合并不是那个年代司空见惯的父母之命、媒妁之言，而是自由恋爱。这在那个年代是不多见的："穿靛蓝学生装的爷爷 / 以一袋洋面 / 换来天桥剧场的皮黄 / 与一个北平女二中的学生 / 恍惚的搭讪 / 使一个家庭有了偶然的起源 / 拨转了父令如山　媒妁如宿的方向。"陈超在几十年后的诗作《牡丹亭》中零星地闪现出祖辈的斑驳光阴——"在奶奶二十年祭日 / 梦回意彷徨 / 乱煞年光 / 牡丹亭，牡丹亭 / 栌叶纷落 / 胡琴幽响。"

在上小学五年级的时候，陈超当上了红小兵连长。在一次工宣队组织的批斗会上，陈超和其他同学开始批斗王荇老师。王老师在当时被扣上了很多罪名，比如什么修正主义的教育路线，什么资产阶级思想等等，而连她一贯微笑、慈祥的表情都被看成是别有用心的“克己复礼”。批斗王老师的时候场面相当混乱，年幼的陈超因为高度紧张而一时忘记了事先备好的批判词，顿时小脸憋得通红。而此时正弯腰赎罪做“喷气式飞机”状的大汗淋漓的王老师，却艰难而痛苦地转过深埋的脸悄声对陈超说：“孩子，慢慢想，别着急。”这难忘的一幕深深刻在了陈超的记忆里。在那个动乱年代，王老师那句安慰的话让陈超有些不知所措，因为他只觉得王老师是个好人，很像自己的妈妈，但是为什么要挨批斗呢？

陈超的少年时期正是在翻天覆地的运动大潮中度过的。这一代人，有的被幸运地推卷到海岸，而更多的人则被卷入到无边无际的海水旋涡之中，瞬间被吞噬，连同青春和人性也一去不返。陈超一直是在寻找精神故乡的人——“我是属于那种没有‘故乡’的人。故乡是什么？它一定不是那种表面上的血缘，不是那种履历表上的几个字。它是你灵魂的老屋，是你骨骼咔咔拔节的地方，是你一生到死揣在热烘烘的胸窝里的一坛血酒！在城市长到三十岁的我，第一次为这种悬置感感到怅惘。”（《血酒》）

蓝皮笔记本上的赤红之夜

红色芭蕾的霹雳加深了红色娘子军的激动

她的脸闪烁着卸妆后凡士林的酩酊

两颗心因红透而膨胀

哦，那禁欲中就要溜出的纯真的颓废

——陈超《回忆：赤红之夜》

20世纪70年代时，陈超和父母住在太原黑龙潭动物园附近的山西省计委宿舍大院，那是三座四层的楼房，院外就是田野。

父亲是干部，母亲是酷爱文学和写作的中学教师。这样的家庭在那个年代已经算是条件比较不错了："我父母本是新中国第一代老实巴交的知识分子，但由于天性喜欢文学，他们既听毛主席的教导，却又在心里保留了一个小秘密角落——那是由中国古典文学、五四新文学、社会主义文学，和某些外国浪漫主义及批判现实主义文学混编而成。"（《击空明兮溯流光》）

陈超酷爱读书，自然与家庭的影响有关，而书籍也成了陪伴他青年时代的最好伙伴——到了后来这些书则成了命运意义上的朋友。甚至早在幼小的时候，陈超会独自一人走出阴暗窄仄的胡同，踩着冬日里僵硬的车辙印到一个小书铺去租一本租金两分钱的黑乎乎、油腻腻的小人书（连环画），而每次都乐此不疲。甚至夜里有时候家里没书读了，陈超会独自打着手电筒去这个小租书铺："你又看到了/往昔那个孩子/深夜，踩着双塔寺胡同/冻得起棱的冰辙/踮脚向小租书铺高高的后窗 / 递上两枚分币 / 租一本脏成油毡样儿的 / 小人书 // 手电筒的光柱 / 在雪地上晃荡 / 铁皮的凉意和白茹体贴这孩子 / 多年后他越走越远 / 一滴童年的 黑墨汁—— // 还结石在你四十七岁的身体。”（《有所思》）

实际上对于那代人来说，物质贫乏不可怕，恐怖的是灾难岁月里精神上的饥饿症。

很大程度上，从童年到少年再到青年阶段，陈超的文学教育与母亲有着更直接的关系。陈超的母亲一生最大的愿望就是想成为作家。早在20世纪40年代她在石门女中读书时就以“依玮”的笔名开始在《石门日报》《太平洋》（月刊）等报刊发表诗歌、散文和小说了。她温和而抑郁——不知道“抑郁”是否也遗传了一部分给陈超。“她的作品像她一样，清澈感伤。她常常将作品的背景浸在一场蒙蒙细雨中。主人公总是女性，仿佛被细雨这架弥天之网困住，无奈地想往，自己反复盘问自己，流泪了，内心平复了，终于走出家门。我想，细雨可能是母亲内心深处的某种‘完型’，只有在这种背景下，她才会汩汩不断地写出她的情感。母亲的青年时代几乎没有任何大波折，她为什么如此伤感呢?”（《母亲与文学》）这与当时她读到的20世纪三四十年代的女性作家有关——她更钟情于巴金、郁达夫和曹禺，以及冰心、丁玲、庐隐、凌淑华、林徽因、萧红。1949年解放时，她在北平一所中学已经任教了好几年，还兴高采烈地参加了开国大典的游行。回到学校的下午，她即刻铺开稿纸要迫切而激动地写下一天的感受，但是她并不是了一个乐观高昂的人，而更擅长的是知识分子个人灵魂的低语。文章寄到了编辑部，那个女编辑看到这些软绵绵的文字后，在简短的回信中批判道：“在这样一个人民大众解放的日子里，你怎么能只写自己?”她的作家梦几乎就此破灭了，但是文学阅读以及文学思维的生活方式却几乎持续了一生。“既然不能写小说，就要像小说那样生活”，这是她独特的生活逻辑，“我常常感到母亲的‘幼稚’和‘糊涂’。她生活中遇到问题，仿佛不是和爸爸商量，也不是在心里自己与自己商量，而是——和文学商量。她常常做出过分的举动，在日常交流中不自觉地说出‘文学语言’”。20 世纪 50 年代中期，陈超的母亲离开北京到太原市中心“西海子”公园旁的一所中学任教，后来在主动请求下，她又调到了东郊双塔寺（即著名的古刹永祚寺）附近的铁路二中。至于请调的原因却出乎家人和同事的意料，只是她刚好看了一部由苏联小说改编的电影《山村女教师》，被女青年瓦尔瓦拉到西伯利亚贫民区当教师的故事所感动。“文化大革命”中，陈超的母亲被作为“资产阶级母爱教育”的典型受到学校和社区的批判。她居然在“文革”期间还写了整整两大日记本的诗，这是多么大胆而任性的举动。这时陈超已经十几岁了，可能也是受到母亲的影响也热爱起了文学，母亲的文学梦终于在儿子这里得以接续，为了逃避红卫兵的搜查她居然把家里有限的文学书籍藏在了厨房的角落。陈超开始写旧体诗，母亲则成了第一读者和家庭指导教师。“‘对，就这样写’，‘不，这个词用得不好，破坏了和谐’，‘你不能光‘说话’呀，诗得有境界’。现在看来，我那时的诗很颓废，调子缠绵，老气横秋，我不知道母亲为什么当时没有对此提出批评。或许她相信自己的儿子会自己成熟起来？或许她真想将我当作平等的文学朋友并尊重我个人的灵魂？总之，我感谢母亲，她使我懂得文学最重要的是不能自己扭曲自己的心灵。”（《母亲与文学》）

1970 年，陈超十二岁，进入太原市铁路第一中学（2005 年更名为太原市实验中学）读书。学校始建于 1951 年，当时太原铁路局决定建一所学校供来自石家庄、太原和呼和浩特等地的铁路职工和职工子弟扫盲和学习。最初在太原海子边建立了太原铁路第一职工子弟初等学校，后办学规模不断扩大，学校也三迁校址，几年后声名鹊起，成为太原有名的重点中学。此时，陈超兴趣广泛，热爱文艺，成为学校“毛泽东思想文艺宣传队”队员。《红楼梦》中的诗词成了陈超最早的启蒙老师，陈超最初的诗歌练笔也是从格律诗开始的。陈超嗓音洪亮充满迷人的磁性。后来他考入河北师范大学中文系，因课上的一次诗歌朗诵技惊四座，一时名满校园。而他的歌声更是给很多诗人、朋友以及他的学生留下了深刻的印象。在陈超辞世后河北师范大学举行的纪念朗诵会期间，从杭州赶来的黄纪人还谈到陈超在杭州一次活动上高歌一曲倾倒众人的激越情形。

1971 年，一天下午放学后，班主任老师将陈超等几个“毛泽东思想文艺宣传队”的队员留了下来，传达区教育革命委员会的最新指示。这份指示就是让陈超他们这些文艺宣传队的骨干集中转到太原市二校，其主要目的是为了便于集中节目排演并与其他区的宣传队抗衡。那个年代学习倒在其次，文艺宣传和思想教育是第一位的。

这个消息使陈超整个晚上都处于极度兴奋之中，快到凌晨的时候才辗转入睡。对于那个特殊年代的青少年来说，在“知识越多越反动”的时代能够和一群有艺术特长的同学们一起唱唱歌跳跳舞确实是开心的事情，而能够在舞台上赢得阵阵掌声也满足了他们的好胜心和虚荣心。第二天一大早，陈超就和其他的宣传队队员一起到新校报到。这里的一切都是新奇陌生的，但是在那个红色年代，一个个少年和青年不能不以特殊的方式来度过这段时光。

当时的厕所是在室外，简单地用红砖搭成围墙，里面是一排溜的蹲坑。要是到了夏天，一进厕所就是嗡嗡作响扑面而来成群成群的苍蝇，而到了冬天刺骨的寒风会冻得人屁股发麻、牙齿哆嗦得咯咯响。粪便和尿液在冬天冻成一坨坨的小山，这时不得不在蹲坑的左右两侧垫上几块砖头，要不然生硬的粪便会碰到屁股。课间十分钟，陈超他们这些十几岁的男生进厕所更多的时候一是方便，二来是为了躲避老师来吸烟。那时抽的主要是两毛八一盒的“战斗”和三毛五一盒的“大光”“瑞金”。“战斗”为软盒包装，天津卷烟厂生产。烟盒以绿颜色为主，中间是醒目的“战斗”两个红字。在他们看来，吸烟就是长大成人的一个标志，甚至一个漂亮的吸烟动作和喷出的好看的烟圈儿都能够成为人前炫耀的资本。其中有一个同学更牛，先是吐出一个圆形的烟圈，然后又喷出一条细细的柱状烟雾，从那个圆圈中直穿过去。当这些大孩子在厕所一字排开，陈超掏出八角五分钱一盒的“红玉”（当时算非常贵的烟了，陕西城固雪茄厂生产，烟盒以红和白两种颜色为主调，商标图案是一个金灿灿的聚宝盆上有一颗红色的玉珠），自己叼上一支并分给旁边的要好同学。这盒当时看来已是相当昂贵的“红玉”也成了满足小陈超的虚荣心的“不二法宝”，要知道这盒烟是陈超从父亲那里偷来的。但是也是这盒“红玉”和其他同学对陈超的嫉妒引发了意想不到的事情发生。

陈超从厕所出来的时候被一个来自铁路小学的膀大腰圆的外号叫“棒子”“壮汉”（当时小有名气的唢呐手）的人给叫住了。不容分说，“棒子”上前朝陈超猛一挥手，险些碰到陈超的鼻子，然后怪笑着佯装整理自己的军帽。这正是当时流行的表示鄙夷和挑衅的动作。如果陈超此时默不作声，那么今后就只能俯首称臣，唯“棒子”马首是瞻。还没容得陈超反应，陈超的哥们甘宏已飞快地转到“棒子”身后，用双膝撞击双膝，“棒子”一下子跪在了地上。陈超趁机

1971 年，陈超与宣传队同学甘宏

上前对准“棒子”的头部一顿乱拳、接连猛击，“棒子”服软了。从此，陈超无形中成了“头头”。

对于陈超他们这些正处于萌动期的人来说，宣传队的女同学无疑有着一种神奇的吸引力：“宣传队队员个个漂亮机灵。特别是几个跳舞的女生，袅娜的身条，一脸的狐媚，哆拉吧唧，小小年纪学得格外矫情，比同龄的女孩‘懂事儿’多了。在宣传队里，男女生界限不明显，加上彼此帮着化妆，打打闹闹，一起跳舞，手足接触是常有的事。男生们常常私下给女生‘打分’，起准确恰当的绰号，并认真地讨论谁谁可以做谁谁的‘老婆’。后来，这种分配渐渐半公开。”（《懵懂岁月》）就这样，每个人都井水不犯河水地找出了自己钟情的“对象”，大家一起互相化妆、帮忙，一齐打饭甚至偷偷地约会。和陈超要好的“对象”是一个很文静的弹中阮的女生，她在那些矫情和过于早熟的跳舞的女同学中显得非常特别。他俩显然比其他的人更安静，更纯真，也够情投意合。那段在一起的日子，留下了“初恋”的美好记忆。在关于“文革”的电影叙事中——尤其是姜文的《阳光灿烂的日子》《太阳照常升起》以及冯小刚的《芳华》——反复出现红色经典芭蕾舞剧《红色娘子军》的音乐。那个年代的青年对电影《列宁在1918》和舞剧《红色娘子军》是再熟悉不过了。这甚至无形中成了他们的集体意识：狂热的政治运动和暧昧的个体欲望。禁忌年代里舞台上那些“南方”女战士的身体，尤其是那些罕见的大腿和裸露的半截雪白的胳膊是如此强烈地刺激着这些青年对身体、女性和欲望的观察与想象方式。而四川诗人钟鸣和欧阳江河都曾有着在文工团和“文革”时期的文艺巡演中扮演革命样板戏和现代芭蕾舞剧《白毛女》《红色娘子军》的经历。欧阳江河在现代革命芭蕾舞剧《白毛女》中扮演“大春”，钟鸣在《红色娘子军》中扮演“小庞”。基于极其相似的政治环境和文化场域，苏联的文学传统与中国当代文学的紧密程度是人所共知的。而那个时代所成长起来的一代人是如此天然地认识了政治和斗争，也是如此富有意味地以特殊的方式从政治运动中发现乐趣，甚至是从政治中发现欲望和异性的想象：“色情图画皆能成为导致勃起的无生命的客体，这并没有什么奇怪之处，我这里所要指出的是，在斯大林俄国那种清教徒式的氛围中，人们会因为一幅百分之百社会主义现实主风格的、题为《入团》的画而情欲勃发，这幅画的印数很大，几乎每间教室里都有张贴。画上的诸多人物中间，有一位年轻的金发女子坐在椅子上，她两腿交叉，露出了两三英寸宽的大腿。使我疯狂、让我魂牵梦绕的，倒不是她的这一小段大腿，而是她的大腿与她身上那件深褐色的裙子所构成的对比。就在那个时候，我学会了不再相信所有那些关于潜意识的噪音。我认为，我从不用象征来幻想——我看到的永远是真实的东西：乳房，屁股，女人的内裤。”（布罗茨基《小于一》）像少年时代的布罗茨基偷看舅舅的四大卷《男人和女人》一样，“文革”时期成长起来的诗人和作家大多具有这种身体的“窥视”欲望。这在王朔的小说《动物凶猛》中有生动的展示。而就诗歌而言，情感、欲望、身体、青春和力比多冲动更是代表了20世纪70年代后期和80年代诗人整体的精神氛围。

而陈超在文艺宣传队的日子，在批资反修的革命的火热声浪中，那颗鼓胀的青春火焰也在那个难以想象的禁欲年代燃烧。

那天陈超他们照例外出文艺汇演。演出结束后，其他文艺宣传队的队员还要进行徒步拉练，而幸运的是陈超和他的“对象”负责乘卡车看管、押运道具和乐器。那个年代，这小儿女的懵懂初发情感是受到难以想象的道德约束的。当两个人在朦胧的月光下，在行驶的卡车上，在徐徐的晚风中单独相处、四目相对的时候，他们是如此紧张、不自在。两人面孔潮红，她的脸在月光中闪烁着卸妆后残留的凡士林的亮光，连军大衣下面的心跳都失去了节拍，但是他俩仍极力克制着情感潮水的冲荡。痛苦而甜蜜的眩晕啊！当卡车费力地驶上一个陡坡时，因为惯性她和陈超撞在了一起。管不了那么多了，他们顺势抱紧在一起。习习的晚风中他们的身边就是红旗、小号、战鼓、军装，革命时代的情感就是这样充满了难以想象的戏剧性：“唇和唇慌乱地碰在一起 / 红色情欲中的陷落是更刺激的越轨的陷落 // 已望到电厂的散热塔 / 颓废的时间还剩三分钟的路程 / 吴琼花逃亡的身体在努力加速 / 他的手畏葸地撞到她红军军服下无辜的乳房 // 修就修吧，热泪迸涌 / 纯洁，请原谅他们再起义三分钟 / 当虚弱的心在黎明的湿漉中警醒 / 悔愧的他们已彼此回避着犯罪的眼神。”（《回忆：赤红之夜》）这种当时看来“修正主义”的举动尽管是短暂的，但是真挚的情感冲动是最真实的，也是最令人难忘的。

人生充满了不可预见的戏剧性。这段青涩、清纯的情感也有不可避免的浓浓的感伤，初恋可能总是以感伤结束的，陈超也不能例外。当这个女孩得到当时南京军区歌舞团招文艺兵入伍的消息时，她和陈超既喜悦又忧伤。分别的日子也正是分手的时刻。临行前的那个晚上，风很大，夜很冷。她和陈超有一步没一步地走着，最后他们在铁轨枕木厂的仓库后门告别。分别之际的忧郁和伤感笼罩着他们，他们只能用短暂的拥抱来安慰彼此长久颤动痛苦的心。临别前，她送给陈超一块蓝色的手帕，里面是她弹琴用的“指甲”。而这次分别竟成了陌路。陈超后来听说她到部队后和一个拉手风琴的人谈恋爱犯了错误，被勒令退伍，后来又回到了临汾老家。

陈超他们帮着不打不相识的“棒子”捉奸，这一幕竟然与后来很多的“文革”小说像极了。你说不清是生活模仿戏剧，还是戏剧模仿生活。当时宣传队的辅导教师姓葛，有点儿小背景，还是北京人，人也长得白。同学们给他起了个外号叫“京棍儿”。京棍儿有点儿心术不正，借每次辅导女生舞蹈的时候都有意无意地进行肢体接触。这使得这些女生的“男朋友们”颇为不满。尤其是棒子的“老婆”特别招这个葛老师喜欢。一个晚上葛老师竟然借机把棒子的“老婆”赵晓舸叫到宿舍单独“辅导”。多亏棒子一直留心、跟踪，叫上陈超他们几个男生去捉奸。姜是老的辣，此事不了了之。没过多久事情败露，“京棍儿”被赵晓舸的亲戚痛揍了一顿后丢了工作。陈超他们这几个小伙伴不能忘的是他们冲进葛老师宿舍的时候看到的赵晓舸被撕开的上衣以及露出来的小乳房。

不久之后，陈超他们的这支文艺宣传队又被集体调到太原的另外一所中学，陈超他们已经能够整场整场地演出《红灯记》《红色娘子军》等革命样板戏了，而且《洗衣歌》《毛主席的光辉照祁连》《丰收舞》《风雪小红花》《雪里送炭》《亚非拉人民要解放》（“亚非拉人民要解放，反美怒火高万丈，/ 再不能忍受压迫当奴隶，誓把新老殖民主义统统埋葬；/ 从亚洲非洲到拉丁美洲，在全世界的各个地方，/ 反美的怒火越烧越旺，要把帝国主义强盗全部烧光，/ 我们用铁拳砸碎镣铐，我们用欢乐迎接解放，/ 听吧，反美的战鼓，越敲越响；/ 我们团结一心，奔向胜利前方”）等节目已经是远近闻名、震动晋阳大地了：“我们不管什么‘文艺为政治服务’，不管什么‘纲’不‘纲’，‘线不线’。说实在话，那时我们排演《洗衣舞》，根本就不曾想‘拥军爱民’。我们嘴上不说，心理感觉是一样的：‘哎，这舞真来劲，一帮漂亮的小姑娘，在捉弄挑逗一位英俊的解放军排长！’就是这样，在那样一个压抑的年代，像《洗衣舞》《雪里送炭》等舞蹈，实际上曲折地传达了中国人对性爱的渴望。”（《懵懂岁月》）

而令陈超没有想到的是，他的中学生活，唱歌、舞蹈、演出、抽烟、打架、早恋、阅读、“捉奸”竟然要提早结束了。

知青岁月：翻烤那些受潮的陈年

听我说，插队的旧日子我也曾看管机井
也是一个为苋菜上水的午后
社中女教员通知给我她的婚期
机井轰鸣，水渠闪亮
可我的心为什么蓦地孤寂而黑暗？

——陈超《是熟稔带来伤感》

大头，最近我常常把你思念
我勺多菜少、瘾大烟缺年代的伙伴
如今，我跑遍全城到处找不到散烟草
每逢冬夜里饥情往上涌
只能在心里不断翻烤那些受潮的陈年

——陈超《夜烤烟草》

在1962到1966年间，一些后来被称为“老知青”的人因种种原因未能升学就业的中小学毕业生自愿下到农村劳动，从而揭开了知识青年上山下乡运动的序幕。1967年4月，“首都红卫兵联合行动委员会”瓦解，红卫兵运动受到挫折。以干部子女、“红五类”子女为主干的“老红卫兵”退出运动。一部分人对“文化大革命”由原来的狂热转向反思。1968年底，在毛泽东“接受贫下中农再教育很有必要”的最高指示下，大规模的轰轰烈烈的上山下乡运动开始。

一千七百万青年离开城市来到边疆和僻远的乡村，以一颗颗需要不断“锻造”和“清洗”的红心接受贫下中农再教育。这些知青在“流放”岁月中产生了一个个思想群落和文学群落。在当时如此众多的知青点中，只有杏花村和白洋淀独领风骚，尽管当时插队白洋淀的多多、芒克等人，也没有预料到白洋淀竟然会成为先锋诗歌的一个“摇篮”。“文革”时期在白洋淀、野鸭塘和北京胡同里偷偷写诗的那些“地下青年”，他们的阅读资源都是来自那时的“灰皮书”“黄皮书”，来自朋友之间的交换阅读，还有那些视如珍宝的“手抄本”。读书和精神生活从来没有像那个时代那样变得如此重要而不可或缺。

1968 年冬天，二十岁的郭路生（即后来名满天下的诗人食指）赴山西汾阳杏花村插队。临行前，在北京火车站，郭路生的朋友高小刚、张小红等一起合影。照片上的人都穿着厚厚的棉衣，有人光着头，更多的则戴着棉帽，也有的还戴着夹帽。在这些表情僵硬的一群年轻人当中只有高大的郭路生面带微笑。此时还没有登上火车感受撕心裂肺送别场面的郭路生还不可能预料到此次晋中之行的艰辛与痛苦。当然他也没有料到他即将在 1968 年 12 月 20 日开往山西的火车上写下震动一代青年的《这是四点零八分的北京》。这首诗歌以及之前写成的《相信未来》在此后的一个个寒夜里给一代人所带来的是不可想象的震撼与共鸣。当上山下乡运动被宣传和塑造成为伟大的理想主义的社会主义青年行动时，食指却以力透纸背的诗行呈现出了欺和瞒背后的事实真相以及一代人疼痛的面影、撕裂的内心和被遗弃的漂泊状态。1968 年 12 月 20 日，下午 4 点零 8 分。北京车站。在缓缓开动的时代的绿色列车上，食指以当时主流诗坛罕见的敏锐、真诚和良知发现了现实的残酷和悲凉：“这是四点零八分的

北京 / 一片手的海浪翻动 / 这是四点零八分的北京 / 一声尖厉的汽笛长鸣 / 北京车站高大的建筑 / 突然一阵剧烈地抖动 / 我吃惊地望着窗外 / 不知发生了什么事情。”(《这是四点零八分的北京》)迷茫、困惑在食指这里第一次得以真实和个性的呈现，而且呈现得如此残酷。而这种真实却是以一代人的青春和生命为代价的。食指以良知的带血的针线穿透了时代的虚假面纱：“我的心骤然一阵疼痛，一定是 / 妈妈缀扣子的针线穿透了心胸 / 这时，我的心变成了一只风筝 / 风筝的线绳就在妈妈的手中。”十多年之后，当陈超读到食指在 1968 年冬天写的《相信未来》和《四点零八分的北京》时再次感受到了时代的寒噤和阵痛，也无比真切地体味到布罗茨基的那句话：“诗歌是对人类记忆的表达。”

那时与陈超有着相同阅读经历的人很多，仅举翟永明为例。“文革”时翟永明已经从贵州的小镇回到了成都，而最大的快乐就是读书的时光，而即使是两年插队期间（插队地点是成都附近的一个小乡村），翟永明最希求的仍然是书：“劳作和生活的艰苦并没有让我感到痛苦，我只是失望在农村难以找到新的书籍，有时我会跑几里路到县城的新华书店去租书，但那里往往只有几本革命题材的小说自始至终躺在书架上。一次从农村回到成都，正碰上西城图书馆清除旧书，我赶去看，结果发现小时候给我带来最大快乐的那些书全躺在地上，被当废纸贱卖了。我掏出所有的钱，买了一大堆书回去，其中竟然有 1957 年的《星星》诗刊。”(《阅读、写作与我的回忆》)

1972 年冬天，陈超和其他同学一起离开了恋恋不舍的校园，离开了文艺宣传队，作为下乡知识青年大潮中的一员接受“贫下中农再教育”。

1867 年，在迷茫的风雪之路上，陀思妥耶夫斯基和他第二任妻子安娜·格里戈里奔赴欧洲的身影仿佛就在眼前。“文革”中陈超等知青一代人的异地“流放”让我联想到的则是20世纪20年代美国“迷惘的一代”。在当时经济大萧条的背景下，海明威和他同时代的作家一起“流落”甚至“逃亡”到欧洲。其中一部分人在30年代返回美国成为短暂的流放者，而有的则留在了欧洲成为永远的流放者。这种异域的流放显然并非来自单纯的经济原因，而是有着“迷惘的一代”在精神、政治、文学和生存上的多重复杂想象和精神冲动。“欧洲”则成了这种想象的代名词和诗意性空间。“欧洲”和后来中国文学史上名声大震的“杏花村”“白洋淀”一样成为一代人拓展文学与生活、想象和现实边界的空间，从而生动地展现了社会动荡和文学精神轨迹。海明威、马尔科姆·考利、克莱恩、菲茨杰拉德、怀尔德、帕索斯、哈米特、肯明斯、布罗姆菲尔德都曾在“迷惘”和“出走”的路上成了卡车司机和战地救护车司机。他们和汽车的身影一起奔跑在大地、山地和丛林之中。而食指、多多、芒克、北岛等人则乘坐着火车、汽车、牛车、马车在政治年代的乡村和城市中“流放”，甚至以船代步在纵横交错的水道和芦苇荡中穿行、交游和继续流浪。正如“迷惘的一代”战后暂时寄居在纽约市的格林尼治村和郊区偏僻的蒙帕那斯一样，白洋淀、杏花村成为一代城市青年流放生活的时代缩影。

在下乡劳动一年多之后，陈超又于1974年的春天赶赴河北省获鹿县的李村“知青农场”务农。此时，上山下乡运动已经失去了当初被赋予的种种光环。人生充满了不可解性，河北获鹿（1994年改为鹿泉市，2014年撤市改为石家庄鹿泉区）正是陈超父亲的出生地，而2015年4月25日，陈超的骨灰和灵魂在这片土地上最终安眠。燕赵龙凤园位于鹿泉山尹村镇郭庄村北。陵园所依为凤凰山，而最终魂归故土，也是人生的幸事。起点和终点如此巧合，也许正是天意。我越来越觉得有些诗可能就是为后来的命运和归宿提前写下的暗语，比如《初春与西西扬扬骑车去鹿泉》——

冰面上
石块儿和瓶子
何时秘密沉入湖底
高高的渡槽上
抹水泥的汉子
甩掉了毛衣
连接铁皮船的青肿铰链
开始互通
康复的消息
一只越冬的大蚂蚁
在寸草尖上
借春晖晾着翅翼
山梨树的铜烛台
摇荡着
细小而矜持的绿火炬
病愈后的小儿子
激切斜刺的黄色自行车
扑向二十里我的林地
一切自有安排

真的是，在时间巨大的大轮盘的转动中一切自有安排。

这时，1974年，除了紧张的劳动，陈超最大的爱好就是读书，《红楼梦》《静静的顿河》《吉檀迦利》以及《人民文学》《蜜蜂》刊物已经被反复读了又读，有的书几乎都已经翻烂了。在中学文艺宣传队期间，陈超就喜欢上了读书，因为当时宣传队的同学大多出自知识分子家庭，他们除了吸烟、打架和找“对象”之外，书籍成了他们不可或缺的重要需求。在乡下劳动，劳累一天之后晚上倒是有了充足的时间。当时陈超读到了《红楼梦》《古文观止》《青春之歌》《巴金文集》《迎春花》《沉船》《牛虻》《海涅诗选》《普希金抒情诗集》《红与黑》《契诃夫小说选》《静静的顿河》《约翰·克利斯朵夫》《安娜·卡列尼娜》《海上劳工》等，至今他还留有一摞发黄的摘录本和读书笔记。除了公共性阅读的部分，对陈超产生影响的主要是两类，一类是海涅、普希金、泰戈尔等诗人的诗作，另一类则是一部分“灰皮书”和“黄皮书”。20世纪60年代初（主要集中于1962到1965年间）和70年代初（主要是1971年以后）两个阶段，作家出版社以及人民出版社出版了一批供内部参考、批判之用的“反面教材”（内部发行），主要涉及西方的现代文学、苏联的“解冻”文学以及政治学和哲学、文艺学作品。因为这些书封面大多为灰色和黄色，所以被称为“灰皮书”“黄皮书”。人民出版社组织编译、出版了“老修正主义、机会主义分子”的著作，如考茨基《社会民主主义对抗共产主义》、鲍威尔《布尔什维主义还是社会民主主义》、托洛茨基《被背叛的革命》、德热拉斯《新阶级》、斯特朗的《斯大林主义》《斯大林评传》《苏联的发展问题》等。哲学及文艺理论方面主要有加罗蒂的《人的远景》、萨特的《辩证理性批判》《苏联文学与人道主义》、中国社会科学院文学所编的《现代美英资产阶级文艺理论文选》（内附袁可嘉后记长文）等，文学方面小说有加缪的《局外人》、萨特的《厌恶及其他》、凯鲁亚克的《在路上》、塞林格《麦田里的守望者》、爱伦堡《解冻》《暴风雨》、阿克肖诺夫《带星星的火车票》、沙米亚金《多雪的冬天》、艾特玛托夫的《白轮船》《伊万·杰尼索维奇的一天》《索尔仁尼津短篇小说集》，回忆录有爱伦堡的《人·岁月·生活》。诗歌作品则更多，影响较大的有泰戈尔、普希金、聂鲁达、叶甫图申科、梅热拉伊梯斯、莱蒙托夫、茨维塔耶娃、阿赫玛托娃、特瓦尔朵夫斯基、叶赛宁、勃洛克、古米廖夫、马雅可夫斯基、海涅、惠特曼、洛尔迦等的诗作。其中陈超读的最多的是文学作品，如《麦田的守望者》《带星星的火车票》《暴风雨过后的痕迹》《基督山伯爵》《苏联青年作家小说集》等。这些“黄皮书”和“灰皮书”影响甚至改变了一代人的精神命运和生存轨迹，陈超曾经评价过这些“地下读物”对郭世英、张郎郎、张鹤慈、多多、北岛那一代人的巨大影响，而这一评价放在陈超的阅读经历上也同样适用。他们都在那些夜晚的阅读中获得了精神的照彻，这无疑是启蒙的时刻，是独立思考和自由精神的开端。“他们生在‘此地’，却呼吸着‘彼地’的精神空气。这些资产阶级和‘修正主义’作家、思想家笔下对人的生存困境和生命体验的揭示，跟他们对反右、‘大跃进’后‘中国问题’的痛苦思考至切相关。”（陈超《“X小组”和“太阳纵队”：三位前驱诗人——郭世英、张鹤慈、张郎郎诗歌论》）比较具有戏剧性的是这些带有“非法”性质的秘密阅读活动还给那时的青年男女之间的情感生活带来了特殊的浪漫和神秘色彩：“那一天他的颇有见地的谈吐使我记住了他的名字。在四合院的古旧幽暗的客厅里，他似乎在对我说他喜爱惠特曼，赞叹《草叶集》的磅礴大气。藤萝的枯枝投影在深褐色的木格窗上，遮蔽了下午的阳光。我的心情黯淡。我们在空中楼阁里走来走去，无家可归。N侃侃而谈。我望着他，听不见他的声音。我在想，他是谁，他过着一种什么样的生活。他瘦弱，苍白。”（潘婧《抒情年代》）值得补充的是那一时期的“地下”色彩的阅读带有区域政治的差异，最早是以北京为中心，逐渐向外扩散。以北京为例，在胡同和大院里产生的“地下”沙龙和读书圈子以特殊的方式成为那一文化高压年代的绝好见证。而值得注意的是这些青年人的家庭背景大多为高干和高知，而不是一般意义上的普通家庭。早在20世纪60年代初，北京即已出现了“地下”性质的诗歌圈子和文艺沙龙，以致后来张郎郎和郭世英成了被广为传颂的诗歌“英雄”和最早的思想“启蒙者”。相比照而言，南方类似的诗歌组织和圈子的影响就处于程度不同的忽略之中。60年代初，上海的陈建华、钱玉林、朱育琳、王定国和汪圣宝等人就已经形成了读书会。1967年夏天，“文革”的阶级斗争越来越荒诞、越来越残酷。随着上山下乡运动的开始，一些知青在知青点开始进行圈子性质的读书活动和文艺交流。正如巴赫金的狂欢化理论一样，来自城市的青年不自觉地强化了官方和体制话语空间之外的第二空间和第二种生活。而这种民间化和大众化的话语方式显然在极权年代有着不可替代的重要性。尤其是到了“文革”的中后期，一些返城知青和留守在城市的无业青年开始秘密组织读书小组和文艺沙龙。这成了他们排遣青春期孤独的最好方式。需要注意的是聚会时的跳舞、听音乐、聊天、吃饭、喝酒和游玩，还成为这些青年男女们交朋友甚至谈恋爱的绝好平台。这些所谓的沙龙已经在进入文学史之后获得了空前的历史意义和社会学及美学价值，但一些相关的当事人、回忆者和研究们一定程度上过于美化和升华了这些圈子和沙龙。尽管“当年随意的聚会，夹杂着平庸的龃龉与琐碎，如今已经成为一本正经的历史”（潘婧《抒情年代》)。那个年代的阅读，一则出自精神的需要，再有则是青春期的需求，甚至对于陈超而言那时的阅读还带有强烈的青春期的刺激性和戏剧性。当年在大院，几个哥们一起读到车尔尼雪夫斯基的长篇小说《怎么办》，大家被贵族出身的“新人”拉赫美托夫睡铁钉床磨炼意志的情节给点燃了：“一个哥们儿说，咱们没有人家牛逼，也不能差太远，我这儿有壶开水，谁敢往脖子里点上一滴，就一滴?！一时面面相觑，集体囊膪啦。为了逞能，我说我试试，心想不就一滴嘛。没想到，谁能从铝壶里只他妈倒一滴水呢？至少有五六滴开水倒在我脖子里，嗷嗷惨叫的我，一下蹿了起来，脖子立马出现了几个燎泡，到现在还有伤痕，呵呵。还有一回，我们侃到华尔强和沙威尔在下水道里的遭遇，有个孩子提出咱们院的防空洞能一直通到东山，下去遛遛？一干人下了防空洞，绕来绕去迷里倒糊，几个小时完全找不着北了。当终于瞎撞着一个出口，爬上来望见不远处的双塔时，我们几个岁数小的孩子像一群傻逼似的放声大哭。”(陈超《击空明兮溯流光》)

丰富、广泛的阅读经历尤其是“地下阅读”对日后陈超的文学修养和诗歌写作以及诗学研究有着相当大的帮助，打下了很好的基础。这也是他日后写作关于郭世英、张郎郎和食指、北岛等诗人专论的内在动因。（见《“X小组”和“太阳纵队”：三位前驱诗人——郭世英、张鹤慈、张郎郎诗歌论》《冰雪之路上巨大的独轮车——食指诗歌论》《让诗与真互赠沉重的尊严——北岛诗歌论》）在能够阅读到的文学作品中，陈超最为中意的还是诗歌，《沉船》(泰戈尔)、《海涅诗选》、《普希金抒情诗集》被反复翻看、摘录。其中，普希金对陈超影响最大。当陈超在一个夜晚打开残破的《普希金抒情诗集》时，他当即被这位大诗人的诗歌深深震撼住了：“一切是幻影，虚妄，/ 一切是污秽和垃圾；/ 只有酒杯和美色—— / 这才是生活的乐趣。// 爱情和美酒，/ 我们同样需求；/ 若没有它们，人 / 一生都打欠伸。// 我得再添上疏懒，/ 疏懒和它们一道；/ 我向它颂扬爱情，/ 它给我把酒倾倒。”是的，神奇的诗歌世界在一瞬间打开了一个青年隐秘而懵懂的窗口，是诗歌使陈超开始冷静下来看待那个迷乱的世界以及自己的青春岁月。于是，陈超在1974年开始模仿普希金和海涅写诗。在鹿泉这个小小的安静的山村，陈超是一个短暂的过客，但他也在深沉地思忖着时间的秘密和自己的未来：“获鹿县莲花山脚下 / 我看到曝日的老爷爷 / 蹲靠着正午时分 / 空无一人的邮电所 / 面前的小坑塘 / 盖着饱欲折的水葫芦 / 两只芦花鸡在闲散地寻食 / 不远处一个汉子 / 在槐树干上 / 用力摔打新布鞋上的泥巴 / 放学的孩子们 / 奔跑中弄得铁铅笔盒 / 哗嘟有声 / 警报缕圆地传来 / 随后是一连串采石场崩山的钝响 / 老爷爷，芦花鸡，汉子和孩子 / 没有受到丝毫惊扰。/ 只有水葫芦的叶子 / 在声波冲击下 / 微微 / 摇晃。”（陈超《70年代寂静山村的回忆》）

值得注意的是陈超这一代人受到的诗歌影响一定程度上还来自于毛泽东诗词。旧体诗词的功能在这一代人身上表现得同样突出，但是当真正表达一代人复杂、痛苦的内心和波诡云谲的政治年代时，旧体诗词确有些失效了：“写古体诗对我来说已经得心应手，可以不假思索，一挥而就。但翻检几年间的四十余首作品，却没有什么满意之作，总觉得是隔靴搔痒，意犹未尽，写不出内心深处真正的感觉。这是一种形式与内容的矛盾：古人用他们的语言表达自己的情怀，其形式也经历了从《诗经》到唐宋到明清到民国的发展变化，成为精美绝伦的园艺盆景；我们可以将其用于玩赏，真要用于意思表达，就难免有矫揉造作之嫌。”（史保嘉《诗的往事》）这也是为什么曾经一度受到传统诗词影响的知青（包括陈超在内），在插队时第一次接触到手抄本形式的现代诗歌时的震惊和陌生，以及随后产生喜爱的深层原因了。很多知青在接触到现代诗之后纷纷停止古体诗词的写作，这种分行的现代诗歌更适合于表达一代人的内心体验。

1994 年，当陈超和吴思敬、芒克、林莽、张洪波、刘福春等人到白洋淀探访“白洋淀诗群”的时候，作为知青中的一员，陈超在荡漾的湖水中再次看到了当年青春而苦痛的岁月。

知青岁月里，阅读和最初的写作给红色时代苍凉的青春以些许慰藉……

在闲暇时，陈超还抄录了三大本知青歌曲和苏联歌曲。这些或豪迈或悲壮的知青歌曲成为那个时代的回声与见证。落潮的红卫兵运动，加之知青到农村的思乡之情和情感孤寂，这些知青开始传唱并

1994 年 5 月，白洋淀诗群回访

自己创作出了不少歌曲。这些知青歌曲已经与当时主流意识形态的诗歌有了一些差别，不仅只是加入了一些思乡之情和感伤情调，而且有些知青歌曲委婉地表达了对上山下乡运动和“文革”的初步反思与不满（比如《火车慢些走》《地角天边》《流浪者》《疯狂的世界》《精神病患者》《钞票镣铐》），甚至有的还写到了爱情(《我要追》《江上恋歌》《我的心儿没有变》)，“其明显标志之一是‘人性’的苏醒”“指向小写的‘我’，经由个体生命的‘我’，再传递给无数具体的个人”（陈超《红色苍凉时代的歌声》）。当时轰动一时的知青歌曲是《知青之歌》(原名为《我的家乡》)：“蓝蓝的天上，白云在飞翔，/ 美丽的扬子江畔可爱的南京古城我的家乡，/ 啊……雄伟的大桥横跨长江威武雄壮，/ 巍峨的钟山就虎踞在我的家乡。// 告别了妈妈，再见了我的家乡，/ 金色的学生时代（就伴随着青春的史册一去不复返 / 啊……未来的生活多么艰难多么漫长，/ 生活的道路就夺去了我的理想）/ 已载入了青春的史册一去不复返，/ 啊……未来的生活多么艰难多么漫长，/ 生活的脚步深浅在偏僻的异乡// 跟着太阳出，伴随着月儿归，/ 沉重地修理地球是我那终生的职责我的命运，/ 啊……（心上的人啊告别了你奔向远方，/ 爱情的花朵就永远不能开放）/ 用我们的双手绣红地球赤遍宇宙，/ 憧憬的明天相信吧一定会到来……”这首歌的作者是毕业于南京第五中学的任毅（1966 届高中生)，当时是在他下乡插队江浦县（今南京市浦口区）时写成的。任毅却因为当时苏联莫斯科广播电台播放这首歌而身陷囹圄。

当时的很多知青都写有类似的歌曲和诗歌，较之其他体裁，诗歌似乎更能反映这些年轻人的特殊心态。当然，很多知青诗歌大都藏匿在自己的笔记本中，只有极少数诗歌才能在极小的范围内手抄流传。陈超曾和姐姐一起抄录这些知青歌曲，至今在陈超书桌的下面还有厚厚一摞笔记本——大小不一、颜色各异、封面斑渍。姐姐曾用蝴蝶牌口琴吹奏其中的歌曲，陈超跟着哼唱。按照陈超的说法这是一种秘密的陶醉，也是时代眩晕中微弱的离心力量。姐弟两个的身影现在看已经在时间的光影中斑驳恍惚，但是作为一个年代的底片永远留存在了历史的影像馆中。当2004年陈超坐火车去河南汝州开诗歌研讨会时，还居然买到一盒磁带《动荡》。当时由不入流的歌手翻唱的这些当年的知青歌曲已经完全走了味儿，陈超气恼之下在宾馆打开窗户将之甩得远远的。

繁重而无趣的劳动也无形中锻炼了陈超强壮的体魄。多年后，陈超每次走进河北师大中文系教室的时候，他高大而健硕的身躯都使学生误以为是一名体育老师走错了教室。陈超在上大学时就开始喜欢上了游泳，而且几十年来从未间断，一般是夏季每天游三个小时，其他季节每周游两次。下乡劳动，尽管锻炼了陈超的体魄，但是劳动的过程却不是轻松的。下乡时繁重的劳动，知青们戏谑地称之为“四大累”，比如脱坯（农村当时盖房子、搭土炕不用红砖或青砖，而是用土、水、麦秸或稻草和成泥浇注在一个木制的长方形的坯子里，即脱土坯）、拔麦子、运粪、挖河沟。这对于身体强壮的陈超而言都算不得什么。但是，一个渐渐被理想催生的内心却不能不在一个寒冬期待着一个不一样的春天的来临……

在农场劳动期间，一个偶然的机会，陈超在运粪时哼唱的歌声被人听到，他因此又成了人民公社的文艺宣传队队员。唱革命歌曲、跳忠字舞、画革命宣传画、写宣传标语，成为陈超知青岁月中的一段插曲。

在简陋的农舍的火炕上，那盏十五瓦灯泡发出的昏暗的灯光摇曳着一个又一个夜晚。北方的冬天是如此的寒冷，窗棂纸都被吹烂了，由木门缝隙穿透进的寒风直往薄薄的军绿棉袄中钻。整个房间似乎都在摇晃，冷得像个冰窖。男人，尤其是青春期的男人，聊以度日的只有晚上的酒和烟以及禁欲时代没有结果的、虚幻的爱情白日梦。然而那个“勺多菜少、瘾大烟缺”的年代，陈超和绰号叫“大头”的知青们一样，三毛五分钱一盒的“瑞金”烟是不敢奢望的。乡间地头老农们自己栽种的劣质烟叶就成了陈超他们这些知青最好的伙伴了，而且即使是这些烟叶也要省着抽，所以还要在这些烟草中混入干枯、碾碎的丝瓜蔓来“滥竽充数”。寒冷的夜晚，只有反复翻烤那些廉价而温暖的烟草才能够在漫漫长夜里度过。陈超在多年之后的一首诗中呈现了当时的场景：“大头，最近我常想起你 / 崚嶒的咬肌，一双困倦的红眼 / 运了一天粪，黄棉袄斑斑点点 / 和衣躺在知青户火炕上 / 向我诉说对广播站彭金凤的爱恋 // 门缝钻进的风摇晃着十五瓦灯泡 / 堆柴的地上，牙狗懵懂着双眼 / 烟瘾在催促，呼神唤鬼舞蹁跹 / 我躬身在炕火口翻烤受潮的烟草 / 那年月，咱们抽不起三毛五的‘瑞金’烟 // 烟草在瓦刀下忽悠忽悠发出香味儿 / 像金色的草褥，集拢起清贫中的温暖 / 你单相思的故事教我腻烦……‘烤得嘞’ /旧报纸变戏法似的卷成两门大炮 / 腮帮子嗖嗖鼓翼，脑袋紧跟着眩晕 // 烟草质地粗劣还混着丝瓜蔓 / ‘妈的，孬烟让老子喷不成烟圈’ / 像你对彭金凤的单恋还没有成形就已溃散 / 剩下的事是睡前借助右手在兴奋中臆想 / 后半夜才发出‘革命青年’的雷鼾。”（《一九七五年冬：夜烤烟草》）红色的年代，青年人的欲望被压制和冷藏，但是那随着身体的增长而躁动的青春热血和对爱情的美好憧憬也一次次冲向那个红色的冰冷铁门。在下乡期间，陈超熟悉了农村一切，如果不是后来中国社会发生翻天覆地的变化，没准儿农村又会多一位能干活的壮劳力和农民。

尽管下乡的时间不长，但是这段生活却给陈超留下了难忘的印记。对于十六七岁的陈超而言，懵懂的爱的萌芽、单相思的多情使那段黑暗的日子有了些许的温暖和亮光。而这种爱不是简单的男女之爱，而是出自一个青年的美好的、纯真的、朴素的情感，而这一切注定是没有结果的。当几十年倏忽远去，当春日再次解冻了严寒，郊外的抽水机又轰然作响的时候，一切的场景是如此的相似，只不过物是人非、一切如梦。陈超在下乡期间曾负责看管机井，其间他暗恋上了一个瘦削的乡村社中的女教员："瞧，蚯蚓翻松的苋菜田 / 绿白碎花迸涌，已高过了绀紫的叶片 / 哦，它多像那件我暗恋的 / 七十年代的紫地碎花罩衫，干净，柔软 / 裹住社中女教员瘦削的身子 / 可这花布衫的旧日子为什么教我伤感？// 苋菜静静地饮足了春水 / 椭圆的叶簇因感激而微微摇晃 / 听我说，插队的旧日子我也曾看管机井 / 也是一个为苋菜上水的午后 / 社中女教员通知给我她的婚期 / 机井轰鸣，水渠闪亮 / 可我的心为什么蓦地孤寂而黑暗？"（《是熟稔带来伤感》）陈超所暗恋的社中女教员的婚期带给一个青年人的是怎样的茫然不知所措？他的暗恋只能就此结束。那幽暗的沟渠、闪亮的流水带走了一个短暂的青春梦幻和爱的萌动……

尽管两年的下乡生活在陈超的生命历程中是短短的一瞬，但是就是这短短的一瞬却幻化成了永恒的记忆或者忧伤。尽管这段下乡的生活有着苦涩和沉痛，但是也有着那个时代青年特殊的理想和浪漫情怀，尽管这种理想和浪漫遭受到了红色时代前所未有的愚弄与禁闭。乡下的农民、土炕、菜田、社中女教员、夜烤烟草的大头、美丽的乡村姑娘、文工队的宣传员，甚至还有村口成排的槐树都成了永远难以抹去的记忆。而这种记忆，随着年龄的增长和城市化进程的飞速发展，就愈益显豁地呈现为忧郁的怀乡病，而且愈益强烈：“如今城里多的是梧桐，/每天我和它们互相走过，/像是许多陌生的面孔，/望过去望过来都是冷漠。/有时我默默地抚摸它们，/干净的枝丫愣得寂静。/我会想起我插队的故乡/那儿多的是槐树//我知道它们/每一道擦痕的来历，/如今它们还站在村口/睁着蛀空的眼睛，像苍老的/奶奶等我回来。”（《槐树》）

学徒纪事，柳叶刀上的诗

空阔的滩涂上有一只冷硬的“鹭鸟”，
像这世界的孤本，或静默于大水中的竹茎。
啊，不；它的灰白是初春屋背傲慢的积雪，
在离心中更明确了春天……

——陈超《毕肖普，刻刀》

当陈超这代经历过红色狂潮的年轻人逐渐清醒，逐渐知道被时代愚弄之后，这些抱着改造自己、建设祖国的上山下乡的一代，此后朝思暮想的就是迫切离开乡村这痛苦之地回到城里。

这让我想到了插队河北白洋淀的那些知青。当时很多北京知青都是通过朋友的介绍插队白洋淀的，比如何京勂、尚维虹、尚金华等近二十人都是通过杨桦来白洋淀的。当时甚至还有像周舵这样带着妹妹周陲和年仅八岁的弟弟周琪来白洋淀举家插队的奇特情形。遮天蔽日的芦苇荡显然成了一种最好的屏障并与北京等地的政治运动疏离开来。这些从城市里分离、从父辈的受难和个人的痛苦中来到这个北方水乡知青们最初是痛苦的，“那时我们还都年轻，那年我们只有离家远行。那是一个多雪的冬天，那年的寒冷让我们从肌肤到内心都已冻透”“在白洋淀，在华北的水乡，我的内心也听到了冰层冻裂的轰鸣”（《林莽诗选》）。而当冬日被春天消融，迷茫的水面、水鸟的鸣叫、时而闪现的波光粼粼之上的渔船以及夏天里的荷花、菱角、跳出水面的鱼儿却在此后的日子使得这些来自北京的城市青年感受到前所未有的舒畅和“云梦泽国”般的乡野气息和诗意氛围。而白洋淀之所以能够吸引这些知青，还在于他们非常清楚，白洋淀只不过是他们暂时的居住地，他们都不会成为这里的“村民”而终将或早或晚地离开：“如果说，我热爱这片湖，似乎不真实；我并没有留在这里，也从未想到要在这里生活一辈子，像当时的许多激情的插队的知青那样。我是城市的孩子，这一点是不能改变的。在我走进村里为我们准备的房子，开始用柴锅烧水的时候，我就明白，我们将离开这里。”（潘婧《抒情年代》）恰恰是这种短暂的“路过”和“流窜”状态，才让他们不断发现与北京等城市截然不同的白洋淀的魅力和特殊之处，并在未来的回忆中不断提炼其美好之处（比如田园诗、水乡、风光、爱情、青春），而过滤掉这里偏远、落后、贫穷、边缘的一面。而反过来，我们却很少看到白洋淀当地与这些知青年龄相仿的青年人对白洋淀的歌唱和赞美，正所谓“熟悉之地无风景”。

为了能够脱离农村尽早回城，很多知青托关系找人，当时甚至有些女知青为了回城不惜和所在村的书记、村主任或生产队长发生性关系，以期换回进城的指标。而一些女性却在被玩弄之后回城仍遥遥无望，有的甚至都怀了孩子。这些怀了孩子有苦说不出的女知青就只能偷偷到村外的土沟、高坡上不停地蹦跳，直到流产……

1974 年冬天，转眼陈超下乡劳动已经两年。

按照当时的规定，陈超已经具备了返城的资格，但是陈超的父母都是老实、本分的人，又没有什么特殊的社会关系，所以他们为不能尽快让陈超回城而焦虑不已。

当时青年人的梦想就是当兵，这在那个革命理想主义空前高涨的时代是可以理解的。但是，由于长年在幽暗的灯光下读书，陈超视力明显下降，已经有些近视，所以当兵的梦想也只能破灭。陈超不想回城做一个又脏又累的壮工，而当时还有一个翻砂厂挑三拣四不愿接收陈超。陈超对农村倒是怀着相当的好感，甚至憧憬靠自己的劳动在村里盖上四间砖房，用篱笆圈成院子，养条大黄狗，然后再娶一个漂亮丰满的乡下媳妇。如陈超后来回忆的，此时他已经有了一个“心上人”。再说，在下乡期间，陈超在参加各种繁重的劳动之余，还夜里苦熬通读自学了《赤脚医生手册》《实用医疗全书》，并偷偷地练就了一门手艺——针灸。在阅读了中国传统的针灸理论书籍以及对经络、腧穴理论烂熟之后，陈超就在自己的身上和一块猪皮上练习。他甚至希望自己能够做一名乡村的赤脚医生，养家糊口、救死扶伤。就凭这技术，在农村也能混得不错。

但是，一切并没有陈超所想象的那样……

为了儿子回城，老两口可没少费心思，不惜财力物力。这年春节，父母为了陈超的工作将家里一年的肉票（副食供应券）都用光了。

在春节回家探亲的一个午后，父亲从外面带来一个陌生的中年人。

父亲对陈超说，知道你小子喜欢音乐就找来这位老师给你点拨一下扬琴。陈超立即弹奏了当时刚刚问世不久并且难度相当大的改编自锡伯族民歌（佘土肯作词，祝恒谦作曲）的扬琴独奏曲《世世代代铭记毛主席的恩情》。这首民歌在当时是颇为流行的：“谁给咱砸断锁链 / 谁把咱救出火坑 / 通往幸福的阳关道 / 谁给咱指明 / 天上的太阳 / 心中的明灯 / 毛主席呀共产党 / 锡伯人民的救星 / 草原上的花朵 / 为什么红艳艳 / 翻身的锡伯人民 / 为什么笑开颜 / 雨露滋润大地 / 太阳光芒万丈 / 伟大的毛泽东思想 / 把咱们的心窝照亮

1977 年，陈超在石家庄拖拉机厂

20 世纪 90 年代，陈超在家里拉小提琴

/ 深情的墨克讷琴啊 / 为什么这般悠扬 / 勤劳的锡伯人民 / 为什么这样欢畅 / 因为牛羊满山 / 稻谷千里飘香 / 毛主席的革命路线 / 指引胜利航向 / 伊犁河水奔腾 / 乌孙山峰高耸 / 山高水再长啊 / 比不上毛主席的恩情 / 革命的锡伯人民 / 什么记得最清 / 世世代代铭记 / 毛主席的恩情。”那个中年人一边听陈超演奏一边频频点头，之后他又煞有介事地考了陈超一通乐理知识，并且拿出随身携带的校音器试陈超的耳音。一番忙活之后，中年人对着父亲夸奖了陈超的音乐素质。陈超还等着这个人给他点拨，可这个人收拾东西没说什么转身便走。父亲在送这个陌生中年人出门时，送给他一顶当时颇为流行、昂贵的高档棕色狐狸毛大皮帽，那人倒不客气直接戴在头上走了。陈超这时似乎才若有所悟，问父母是不是自己有可能进入文工团啊！这可是陈超想都没敢想的大事情，要是真的进入文工团那该比进城当工人强上多少倍啊！事后陈超才知道原来石家庄市拖拉机厂要一个弹扬琴的，陈超为此有些失落，但是想想父母为自己操了这么多心也该让他们省省心了，如果能进厂当一名“工人”也就将就了吧。多年后，我看到了陈超在20世纪80年代弹吉他、拉小提琴的照片。可惜，今生再也没有机会看他再次展现音乐才华了。

春节过后，陈超工作的事终于有了眉目。陈超返回村里办理返城入厂手续，并在“爱好与特长”一栏小心翼翼地填上：“扬琴。有独奏水平。”而为了祝贺陈超能够回城进厂，叔叔忍痛割爱把他排了三年号才轮到的“凤凰”自行车车票送给了陈超。但就是这辆在当时看来相当贵重的自行车，却引发了一段让陈超意想不到而又终生难忘的故事……

“文革”后期的1975年，冬天已经结束，春天再一次来临。

河水解冻，冰块消融。春天的原野上，灌浆的植物如燃烧的绿色导火索在迅速地生长、燃烧。高中未毕业下乡两年之久的陈超进入石家庄拖拉机厂（现为石家庄金刚内燃机零部件集团有限公司）当了一名车工。

在布罗茨基最初关于城郊、工厂景象的印象中，这些日常空间和公共空间的高密度的堆积以及各种声响的喧闹，已经让这位“郊区之子”感到不安与紧张：“我是郊区之子，郊区之子，郊区之子，/ 潮湿走廊的钢丝摇篮里，有房门、地址、/ 电车声、轰鸣声、敲门声、喊声、石头人行道、鞋掌，/ 有油漆栅栏边的新娘、运河边的草、油污、工厂的灯光……”关于工厂空间对自然空间的影响，伊夫·博纳富瓦所目睹的情形是：“这年，我乘着火车抵达西部的宾夕法尼亚州，在风雪中，穿过黯淡的工厂，在一片支离破碎的树丛中，我突然看见很不协调的几个字：伯利恒钢铁厂。我内心又一次燃起了希望，然而这次是以牺牲土地的真实性为代价。”（《隐匿的国度》）

工作必然是辛苦的。闲暇之余，陈超就在厂里的文工队弹奏扬琴、参加排练和演出。

陈超最初进的是齿轮车间，一起进来的是 12 个人，3 女 9 男。按照当时的规定，进厂的每个学徒都要有一个师傅带着，在那个年代工厂师傅的地位是很高的。陈超的师傅是一个身高体壮、二十六七岁、来自天津拖拉机厂的“援建”工人——高坦。高坦很帅，帅得让陈超感到自卑：“肩宽体长，一团螺塞胡子刮得煞净，让脸白里涌青。那双长眼睛却稍稍掣住些他的英气，看上去又强悍又文雅。”（《学徒纪事》）但是这位师傅高坦，从来是一脸冷漠没有一丝笑容，更多的时候不发一言。陈超对此深为不解，后来才知道，高坦的母亲曾是“三青团”的队长，在“文革”中与其父办理了离婚手续。高坦跟着父亲一起生活，在众人面前自然有些抬不起头来。在那个非常年代，尤其是“血统论”盛行的年代，人们往往把高坦和他的父亲看作反革命家属。这也是为什么高坦从来不与任何人交往、从来一脸冷漠严肃表情的原因了。

学徒的日子是难挨的，师傅高坦不苟言笑，对陈超也是一脸漠然，而陈超也只能毕恭毕敬、万事谨慎。

拘谨的两个多月学徒生活使陈超在夜深人静的时候万分失落，躺在工厂的单身宿舍里不免留恋起下乡的那段日子，想起一同在寒冷的夜晚烤烟草的“大头”，想起那个瘦弱文静的社中女教员。更为重要的让陈超牵挂、放心不下的是他看中的那个漂亮、活泼、能干的“村姑”。陈超为了打发苦闷的日子，写了三十多首五言、七言格律诗、半格律诗和自由诗，献给乡下的这位“心上人”。

尽管在后来的日子，高坦和陈超的交流机会渐渐有些增多，但是看到一起进厂的其他学徒和他们的师傅好成一个人似的，一起唠嗑、一起洗澡、一起打饭，休闲时一起出去逛街、吃饭、打鸟、捞鱼，陈超失落的滋味是可想而知的。

当时石家庄市拖拉机厂的车间主要有锻压、铸造、底盘、装配、齿轮。其中底盘、装配、齿轮是热门车间，这些工人也大抵有些家庭背景，甚至有很多还是干部子弟。这些人仰仗家里的优势互相排挤、较劲、明争暗斗。高坦是一个喜欢独来独往的人，他和任何人都不来往，没有一个朋友，即使是在大澡堂子里工人互相开着黄色的玩笑，高坦仍是毫无反应。这就使得其他的工人和师傅对之敬而远之，而陈超也因此受到了“牵累”，形单影只。

但是，陈超和师傅高坦之间尴尬、紧张的关系却因为一件事发生了转机。

这天是星期三，厂休日。

别的工友都出去溜达、逛街了，厂子里空荡荡的。陈超闲来无事就独自躺在宿舍床上翻看《人民文学》。陈超当时手里有十几本已经发黄、变脆的20世纪五六十年代的《人民文学》和《蜜蜂》。这些杂志是陈超下乡时一个偶然的机会在一老农家发现的。见陈超看书，师傅高坦有些惊讶，而就是这次关于文学的对话促使他们成了好朋友——起码是文学上的好朋友。当时陈超正在读的是《人民文学》1957年第7期的特大专号。值得注意的是这一期发表的多数作品都带有一定的“自由”和“个性”气息。这一期的《人民文学》上所发表的诗歌和小说大体是积极响应了“双百方针”的作品，但是在随后的反右运动中这些作品大都被视为“毒草”而遭到了否定与严厉批判，其中老舍、穆旦（破天荒地在这一期《人民文学》发表了七首诗作：《问》《我的叔父死了》《去学习会》《三门峡水利工程》《“也许”和“一定”》《美国怎样教育下一代》《感恩节——可能的债》，这显然是刊物别有用心用于批斗的靶子）、宗璞、李国文等作为“右派”受到巨大的冲击。高坦试探性地问陈超喜欢其中的哪部作品，陈超说最喜欢的是《美丽》（作者是丰村），而高坦则认可宗璞的那篇知识分子的爱情小说《红豆》。尽管高坦揶揄陈超的文学眼光较之自己还稍逊一筹，但是两个人各自偏爱的作品却有一个共同点——都是爱情小说。《红豆》和《美丽》在1957年被批判为宣扬“资产阶级的爱情观”。并且更加不可思议的是，当着陈超的面高坦居然能够成段成段地背诵主人公齐虹对江玫的爱的誓言：“我第一次看见你，就是那个下雪天，你记得吗？我看见了你，当时就下了决心，一定要永远和你在一起，就像头上的那两粒红豆，永远在一起，就像你那长长的双眉和你那双会笑的眼睛，永远在一起。”这让陈超甚感惊讶，而更为重要的是在严酷的岁月里两个人对有“严重问题”的小说居然达成了共识。这无论是对陈超还是对高坦都是一个不小的意外。

这天下午，相见恨晚。谈兴正高的陈超和师傅高坦破天荒地下了饭馆。

当时陈超的工资是十八块五毛，而大喜过望的陈超这次出了血本，点了葱爆羊肉、酱烧茄子、卤煮花生米和五瓶啤酒。在饭桌上两人谈论最多的仍然是文学，并且两个人都有了微微的醉意。这是可以想见的，在那个文学几乎成了一片荒漠的年代，还可以有人在一起谈论文学是让人瞠目、也是让人心仪的事情。甚至当夜幕降临，二人回到宿舍仍然继续谈论着，陈超把自己在生日过后不久写的一首诗当即朗诵给高坦听：“偷生燕赵地，寒鹤倚衰林。残英犹在目，秋风已吹心。淅淅添泪眼，阵阵暮云深。怅望东天月，长啸欲损神。”高坦表示认可陈超的文学素质并提出了自己的一些看法。当晚，陈超失眠了，这是多年来与人第一次认真地交流读书体验和文学感受。他为自己在茫茫人海中能够遇到这样一个在文学上谈得来的朋友和师傅而庆幸，他甚至一厢情愿地希望能够把厂子里和自己一同学徒的最有气质的漂亮女工介绍给仍然单身一人的高坦。高坦和陈超的关系从此由冬天转入了春天甚至盛夏，正如当时最流行的一句话所说的——“坚冰已经打破，航道已经开通”。

此后，工作之余，陈超和高坦谈论最多的就是文学和哲学，但两人从来不谈论各自的家庭生活。

高坦兴趣广泛，喜欢文学、哲学，也喜欢画画。他藏有一本1964年商务印书馆出版的洪谦主编的《西方现代资产阶级哲学论著选辑》，但他只是让陈超粗略地翻看。高坦喜欢摘抄名人名言，当时他已经做了三大本摘记，上面是大量的马克思、恩格斯、斯宾诺莎、卢梭、费尔巴哈、黑格尔、康德、斯宾格勒、叔本华、马赫等人的哲学语录。陈超的哲学兴趣由此被激发，以致他后来在大学一直给研究生开现代西方哲学必修课："最近我已无暇读诗，因为给研究生开设'二十世纪哲学'一课，全力投入。读了兄主编的年鉴，了解了近两年诗坛的变化，感到诗歌前景令人放心；绝非像舆论说的什么'低谷'。"（1999 年 2 月 3 日陈超给杨克的信）

更为重要的是高坦也写诗，甚至写满了两大厚本，其中不乏爱情诗作，这让陈超感到兴奋又意外。多年之后，陈超还记得高坦一首诗中有这样离奇的句子"让我扯住你头发的电线"。陈超在拖拉机厂当车工期间开始尝试诗歌创作。其时，陈超除了与师傅高坦的文学交往之外，主要是与其他三位要好的工友秘密组成读书写诗的小圈子。

他们互相交换各自偷偷珍藏的书籍，主要是古典诗词和少量的外国浪漫主义诗歌（包括海涅、雪莱、普希金）的中译本。就是这带有秘密性质的阅读，使得陈超用古典诗词和新诗来"打发"自己的青春岁月，并完成了自制诗集《柳叶刀集》。这本略显粗糙的绿色封皮的手抄诗集，成为陈超诗歌学徒期的见证，其中很多是对古典诗词的仿写，而其中的新诗也明显带有青春期的感伤。在这些还显稚嫩但是充满热度的诗行背后，一代人的青春岁月逐渐远去，命途多舛的下乡和进厂的经历都压缩进了发黄的日记。尽管已经过去了几十年的时光，但是陈超仍清晰地记得一次生日时自己"草就"的诗作："吾心迷离滹沱边，仲春离情起霜寒。琵琶踉跄弹契阔，再举殇羽恸低天。"在陈超的青春岁月中写就的这些带有萧瑟"暮气"的诗作，不能不折射出一代人的真实心境和心灵履历，而伴随这一切的是沉重的戴着枷锁的灵魂叹息。写诗和交流，当然都是在极其秘

拖拉机厂三好友

密的情况下进行的。即使是到了后来的20世纪80年代，写诗同样会招惹到意想不到的麻烦，而且还会对工作和生活带来危险。1985年，工厂工劳科科长亲自把除名决定送到梁小斌家里："我说：本来应该是我去拿的，麻烦你们送来了。自此，我的生活靠全国诗友们的赞助。"（《梁小斌自述》）上海的诗人吴非也因为写诗有类似遭遇："酒菜刚刚端上，车间主任敲门而入，当面警告吴非，如果继续迷恋诗歌而旷工，集体企业将把吴非开除。在那个年代工作就是饭碗，就是命，而吴非毫不含糊，当即作答：老子不干了！"（苏历铭《细节与碎片——记忆中的诗歌往事》）2017年冬天，我在和安徽诗人老井的微信交谈中，得知他工作了二十多年的淮南国企煤矿即将关停的消息："下了几十年井，人都下傻了，下废了。"关于诗人和工厂，我想到了当年的于坚。最初于坚学的是铆工，因为听力不好他向师傅申请换个工种，得到的却是啼笑皆非的答案——"听不见正好干这工作"。刚进工厂的时候，于坚还仿照着毛泽东诗词的格式填了一首《采桑子》，歌颂五一劳动节："这是我第一次写诗词，车间的宣传员把它发表在'红铆工'上了。但我并没有就此对写诗发生兴趣，也就这一次而已。毛泽东诗词把我领进诗歌之门，而这扇门后面还藏着无边无际的中国古典诗词。"（《于坚自述》）

1976年是特殊的一年，对中国人来说，这一年是要加上着重号的一年。

1月8日，周恩来总理逝世，全国举哀。那时候电视机对中国人来说绝对是稀罕物件，而当时的拖拉机厂的职工宿舍大院只有一台18英寸黑白电视。天天晚上，陈超与几百名工友围坐在一起观看周总理逝世的追悼情况。激动而悲伤的陈超，连夜为厂文工队写了一首悼念周总理的五百余行的长篇朗诵诗。由于诗太长，不适合朗诵，陈超就用四十张白报纸誊抄，牵拉铁丝挂在了厂里一条人流最多的地方。那天晚上寒冷异常，零下十几度的夜晚，陈超却一次又一次跑出门去看自己的“伟大”作品，生怕被风给吹掉了。陈超的这件作品引起了厂宣传科的注意，他被抽调去参加“批法批儒‘学习与批判’研讨班”。

也有让陈超遗憾的事情。

比如，入厂一年期满，车间要对学徒工进行技术考核，陈超的考核结果是“较差”。这时候陈超才发现自己只会下料、粗车和倒角等活儿，而其他的徒工已经学会了技术含量较高的“精刀槽”。陈超这时候也才明白师傅高坦在技术上一直没有深教自己。这让陈超甚为恼火。一次，高坦因工外出数月，去太行山挖备荒备战的防空洞。其间，陈超每天钻研必备书《C－620车床工作原理及操作技术》，而且在另一位老师傅的指点下勤学苦练，不但掌握了精车，甚至学会了镗孔和挑扣这些高难度的技术。每天下来，看着车好码齐的滚齿轴闪着迷人的赤橙黄绿青蓝紫光晕，陈超竟有着无限的快乐和满足感。在车工和文艺宣传队员之间，此时的陈超，更喜欢车工这门手艺。

接下来的一件事则更让人唏嘘感叹。

“文革大革命”已经结束，转眼到了1977年。这是“文革”后恢复高考的第一年，陈超和师傅高坦都在准备复习参加高考。

深秋的一个夜晚，天上飘着不大不小的雨。陈超和高坦赶上加班只好滞留在工厂。为了抓紧时间复习数学，二人商量好到厂道对过儿的文工队乐队排练室去复习。从小学开始陈超最惧怕的就是数学（算术），以至于多年之后这一“阴魂不散”的“梦魇”还在上演：“还好，不，更糟／我怎么会讲一节数学课／我起打上小学就怕倒霉的算术（还不配谈数学）/ 考上大学就算受苦人解放啦 / 怎么还是让它在最后一刻追上了我 / 但太迟了，我懊悔没有用功学好数学 / 这太对不住信任我的孩子们 / 我惭愧得浑身大汗擦了又涌出来 / 这会不会是梦，我无望地最后再用力掐掐虎口……”（《不是梦的解析，而是梦本身》）

在雨中，高坦提议陈超一起推上自行车，将车子放在主楼走廊。（白班、夜班时，工人都是将车子放在车间进口空地）一切事情的发生都会让人感到天意弄人。

上楼进了排练室，陈超和高坦复习了一会儿，高坦突然说肚子疼就去了厕所，一去就是十几分钟。而等到复习完数学，雨也不知道什么时候停了。可是来到楼下，让陈超意想不到的事情发生了。他的那辆九成新的“凤凰二十八型”自行车不翼而飞了，找遍厂区也没有结果。第二天，陈超向厂保卫科报了案，在接连几天的调查取证中高坦成了保卫科重点怀疑和取证的对象。尽管此事最终不了了之，但陈超也将信将疑，此后与高坦渐渐疏远了。高坦因为此事也受到了很大的影响，那些一贯看不惯高坦的工人则借此机会添油加醋。高坦因为“自行车”事件，也已无心应战高考。

1978 年初，陈超接到了河北师范大学中文系的录取通知书，尽管陈超的数学只考了八分，但是语文和史地成绩却是绝对的高分。陈超如愿，高坦因为“自行车事件”受到很大影响最终落榜。在陈超即将离开工厂上学前夕的一个黄昏，高坦找到陈超：“我没偷你的自行车，可想想是我让你把车子推到主楼的，我现在赔你两百块钱。我知道你这个人不会收，也相信你现在不再怀疑我。但作为曾经的朋友，我的这两百块钱就当是送你上学用的。你脑子够用，好好学。”

高坦不容分说将钱和他摘抄的三本笔记塞到陈超手里。

陈超一时百感交集，失声痛哭。

如血的残阳正泼洒在宿舍老旧的窗户上……

第四章 | PART FOUR

“解冻”与“七七级”逸事

现在是春天，广阔的原野上，大河展开它远接天空的舞蹈，草丛摇曳它坚韧冲动的绿色火焰。我们的生命，从冬天冷凝的黑斗篷中奔出来，加入这喧嚣和骚动的自然合唱。我们的心被猛烈地搅动了，它猎猎招展像大树，它应和着第一阵爆裂的冰排……

——陈超

教室无火。晚上每人点一个小油灯，趴在水泥板上复习功课。寒风透过墙缝吹来，众灯头乱晃。一排排同学袖着手缩在灯下，影影绰绰，活像庙里的小鬼。隔窗往外看，那座黑黝黝的秃塔在寒风中抖动，似要马上塌下。班里兴起流感，咳嗽声此起彼伏。前排的两个小弟兄终于病倒，发高烧说胡话，只好退学，由家长领回去。

——刘震云《塔铺》

“文革”终于结束了，冰冷的冬雨也结束了……

一切都像此后的社会史和文学史所谈论的那样，一切都开始逐步走向正轨。新时期开始了……

在中国，说到“七七级”会引发相当多的话题，而“七七级”的含义也不只限于在1977年参加高考、“文革”后第一届进入高校的大学生。“七七级”甚至成为一个代际概念，在这代人身上承载了一个时代如此复杂的内涵。

在这代人身上，相当尴尬而戏剧性地呈现了命运多舛的社会转换，新旧气象在这代人身上有着含混而暧昧的共同呈现。当年的很多人因为“文革”后恢复高考而改变了一生的命运，很多人扔掉了放羊的鞭子、耪地的锄头以及工厂的铁锤进入了高等学府：“高考完了以后，我就回家干活儿了。那一天，我正在黄河滩上放羊，我姐姐拿着通知书去找我，当时我的第一感觉是，这下子终于不用放羊了。我把羊鞭扔进了黄河。”（李书磊）1978 年河南省的文科状元、考入北京大学中文系的刘震云后来在 1987 年发表的小说《塔铺》（发表于 1987 年第 7 期《人民文学》，获得 1987—1988 全国优秀短篇小说奖）中极其生动、真实而又戏剧性地写到当时恢复高考后一个农村复习班的故事：“夜里睡觉，爹房里传来叹气声，三个五尺五高的儿子，一下子都到了向他要媳妇的年龄，是够他喝一壶的。那是一九七八年，社会上刚兴高考的第二年，我便想去碰碰运气。爹不同意，说：‘兵没当好，学就能考上了？再说……’再说到镇上的中学复习功课，得先交一百元复习费。娘却支持我的想法：‘要是万一……’爹问：‘你来时带了多少复员费？’我答：‘一百五。’爹朝门框上啐了一口浓痰：‘随你折腾去吧。就你那钱，家里也不要你的，也不给你添。考上了，是你的福气；考不上，也省得落你的埋怨。’就这样，我来到镇上中学，进了复习班，准备考大学。”

而说到“七七级”大学生，包括陈超这些当事人自己都在反复地追问“这是怎样的一批人？是被红色‘文革’愚弄者？还是天之骄子？是幸运儿？是有社会经历的老童生？是时代的禁欲者？还是伪道学？是‘囊萤’、‘映雪’的读书郎？是性蒙昧者？还是会玩‘权力斗争’的后红卫兵？是休妻（休夫）大战的参与者？是笨拙地开始学习将理想主义置换为实用主义的于连？是后几届大学生眼中的‘土鳖’？”（陈超《“七七级”轶事》）这一切难以解答的疑问都呈现了这代人特殊的命运遭际和精神履历。

1977年，是真正解冻的一年。这让人们想到爱伦堡小说《解冻》结尾时的那句“你看，解冻的时机到了”。中断已久的高考，在这一年重新启动，一些人的命运由此发生转机。

1977年5月24日，邓小平发表《尊重知识，尊重人才》的重要讲话，曙光开始出现。

1977年6月29日至7月15日，第一次高校招生座谈会举行。

1977年8月8日，分管科技和教育工作的邓小平主持召开科教座谈会，决定恢复高考。

1977年8月13日至9月25日，第二次高校招生座谈会举行。具有重大意义的决定是修改高考招生办法。劳动知识青年和应届高中毕业生都可以报名，政治审查主要看本人表现，破除唯“成分论”和“出身论”，德智体综合考量，择优录取。

1977年10月12日，国务院批转教育部《关于1977年高等学校招生工作的意见》，正式恢复停办了十一年之久的高等学校招生统一考试。

1977年11月至12月，五百七十多万（小的十五六岁，大的接近四十岁）考生参加高考，最终二十七万两千九百七十人成为幸运儿（1978年夏天还有一次高考，五百九十万考生参加考试）。陈超，正是其中幸运的一个。

这一年成为一个永远抹不去的精神胎记：“在中国，‘七七级’是一个含义特殊的称谓。除去表示‘1977年参加高考’外，还意味着这是‘文革’结束后恢复高考制度第一届入大学的学生。我经常遇到这种事，比如在火车上，与陌生人聊天，当对方说自己是‘七七级的’，我的心立马觉得‘亲’。似乎全国‘七七级’的都是一伙的。前些年出门开会，‘七七级’的教授、批评家能从对方身上‘闻’出同类的气味。当对方问你‘是七七级的吧?’你狡黠一笑，‘我也刚想问你呢’。”（陈超《“七七级”轶事》）

1978 年 3 月，陈超走出了令他一生难忘的石家庄拖拉机厂，在走出工厂大门的时候他伫立良久。他知道，自己永远都不可能再回到这里了，但是这里所发生的一切会深深烙在脑海。这工厂里的岁月，陈超有过幸福也有过痛苦，这段青春是脆弱的，让人心酸……

入学后，陈超把两百块钱和抄完的笔记本寄还了高坦，之后他和高坦有过几次通信，但是每次高坦的回信都是寥寥数语。至此，这段工厂的故事宣告结束，一切都在渐渐地散去。但是那一段可贵的文学交往对于陈超而言却是一笔财富。

陈超进入河北师范大学的时候，刚好二十岁，算年龄最小的那拨儿。众所周知，“七七级”的学生组成是相当复杂的，其中既有民办教师也有国家干部，既有农民、工人、军人、知青、中小学教师（代课），也有刚刚高中毕业的应届毕业生。他们是怎样的一群人啊，“我的同学，除四五位应届高中生‘小孩’外，有刚从蔓菁地里蹿出来的知青，还有刚从海河工地卸了土车的农民；有的是从铸锻车间逃出，指纹里刺着几年也洗不掉的铸砂，有的却是从煤窑里爬上，除了眼白和屁眼哪儿都是黑的；还有寒酸潦倒却留着小分头的民办教师，还有犹豫着‘我上大学是否亏了’的国家干部；有买肉不要票的售货员，也有部队的营级‘首长’……”（陈超《“七七级”轶事》）。可以想见，在红色的政治浪潮逐渐隐去，一群人带着各自的梦想、各自曾经承受的重压甚至苦难的故事走进大学课堂的时候，会是怎样的一番场景！正是由于“文革”特殊的政治原因，高考的被搁置，积压了如此多渴望上大学的人，这也造成“七七级”的学生年龄十几岁、二十几岁和三十几岁不等的参差状况。在陈超的那个班上就有一个相当具有代表性的事例。有个同学叫老鄢，而他的儿子是与他一起来报到的，上的是物理系。这样全体“七七级”同学就都成了这可怜孩子的“叔叔”或“姑姑”，而为此也闹出了很多令人哭笑不得的事情。一次，十七岁的小高向老鄢同学告状，因为他让小鄢喊自己叔叔，结果这孩子却张口就说“操你妈”。

河北师大数学系七七级的张梦贤后来在回忆文章《我心中的河北师大数学系七七级一班》记述了那个新旧交接时代大学的奇特景观：“河北师范大学数学系七七级共四个班，为首的七七级一班是个特殊的班。说特殊，先说两点。这两点，紧相关联。一是年龄大。全班五十二人，年龄均在三十岁上下，比二、三、四班的同学大十来岁，因而称为大哥姐班。由于年龄大，跟着就有了第二点。当时五十二个大哥姐四十四人已婚（这是 1977 年高考招生政策特许的：对六六、六七届高中毕业生，年龄放宽到三十岁，婚否不限），全班只有四男四女八个未婚大龄青年。思想境界高，苦中识甘甜，又是两大特点。年龄大，拖儿带女，上有老下有小。”

可以毫不夸张地说像“七七级”这样对知识的如饥似渴是空前绝后的，因为他们曾长期被剥夺了求知的欲望。但是可以肯定，从“文革”后恢复高考之日起还没有哪一届学生能比“七七级”更珍惜上大学的机会，他们是如此如饥似渴地在图书馆和宿舍里挑灯夜读。在知识贫乏的年代他们曾患上深深的精神饥饿症，只有书本能够让他们大口大口地“吸氧”。而大量知识的断档和贫乏也闹出了具有时代特色的笑话。尽管“七七级”进入大学的时候，“文革”结束也有了一年多的时间，但那时候的情势没有现在想象得那么乐观。陈超等这些进入大学的生机勃勃的青年人，正赶上身体猛长的时候，由于中国的教育对性问题的闭口不谈，导致青年对性知识的了解极其贫乏，最多也就是有人在“文革”时期偷偷看手抄本。20 世纪 70 年代末期，有出版社率先打破了性教育的僵局，大胆推出了薄薄的小册子《青年性知识手册》，印数达几百万册。80 年代，人民卫生出版社推出粉红封皮的《性知识手册》，七十多个页码，印数七十五万册，成了青年人最喜爱的畅销书。但是，去买的人都跟做贼似的，趁前后没人且售货员是同性时才敢张嘴。这本薄薄的小册子打开了禁欲年代这些青年的情感闸门。临近毕业时陈超班上的十几个同学遇到了发愁事儿，因为他们从《青年性知识手册》上知道了自己“包皮过长”，而这样会影响日后的“夫妻生活”，于是这十几个精壮的大小伙子就陆续请了假去医院偷偷做了手术。而刚好赶上中文系毕业卫生大检查，瘦弱的女生们突然发现十几个身板结实的男生都集体消失，于是她们愤愤不平尖声尖气地喊：“他们干吗去了啦？他们到底都干吗去啦？”辅导员说：“真不凑巧，他们都得了重感冒！”

尽管禁欲的年代已经过去，但是当时的大学校园是不允许学生谈恋爱的，而有的同学却因为控制不住自己的欲望而“玩火自焚”。某系一高材生，品学兼优，在师生当中口碑极佳。但是有一阵子，女生宿舍在熄灯前常常发出尖叫，说是有人在窥视。学校埋伏了好几次，都没能找到这位肇事者。后来这位窥视者在暑假改用高倍望远镜窥视女生宿舍时不幸被抓，原来就是那位品学兼优的高才生，后果就可想而知了。而更有意思的是陈超居然也竟鬼使神差地给同学做了一次“红娘”。为了反对学生“搞对象”，一到夜幕降临尤其是晚上学生宿舍熄灯之后，学校保卫处的工作人员就拿着手电筒到校园最黑暗的角落、树丛围捕那些“罪犯”。有一天，班上同学老江破天荒地邀请陈超去看电影，快到校门口的时候遇到一个叫杨子的女生，她也恰好要去看这部电影，于是三人一同前往。后来每次看电影甚至外出旅游都会上演同样的一幕，在杨子和老江之间夹着陈超，陈超竟然傻呵呵地毫无察觉。直到临近毕业，老江和杨子公开恋情，陈超才如梦方醒。在毕业纪念册上，杨子写道：“谢谢你，我的好友和红娘。”而老江给陈超的题词是：“积德您呐，红爷！”

穿着海魂衫弹吉他的校园诗人

静静地，把超重的担子挑起
让黑色的斜影留在身后
携着手，跨出0.85米的大步
朝着新的灿烂的晨曦

——陈超《坚定地向着未来》(1980)

大学期间，图书馆成了陈超唯一的绝好去处。在蒙尘多年的光线暗淡的图书馆里，陈超将堆砌在潮湿墙角的诗集，尤其是外国诗人的诗集，如获至宝而又小心翼翼地打开，将那些打动他的诗行记录在他的黑色或绿色的笔记本上。随着朦胧诗的热潮和文学传播限制的宽松，图书馆中的书籍数量与日俱增，而陈超也得以开始接触大量现代主义诗人作品，其诗歌写作风格也开始发生了根本性的变化。在20世纪70年代末到80年代初的诗歌的黄金时期，陈超也在私心里想成为一个诗人，因此，在大学期间陈超的诗歌阅读量是惊人的。

1979年夏天，陈超拍过一张照片，穿着海魂衫弹吉他。富有音乐天赋的陈超曾在不多的场合给亲友和师生展现过他充满磁性的歌喉（按照大解的说法陈超的嗓音像是沙尘暴但是又有磁性）。陈超会弹扬琴，拉小提琴。再次翻开照片，阳光正打在这个二十岁出头的年轻人憧憬着未来的脸庞上。热爱，是的！他带给我们太多温暖的记忆，还有萦绕于怀的歌声。

1978年冬天，以河北师范大学中文系为中心，在石家庄成立了一个跨校的大学生诗歌社团——“新松诗社”。“新松诗社”的基本队伍以河北师大七七、七八级文科大学生为主，1979年以后又有各年级新生陆续加入。此外，还有河北化工学院、河北机电学院、河北教育学院、河北医学院的一些诗歌爱好者。当时河北师大校团委、学生处已经指定了诗社社长，但筹备会上被学生们否定，决定投票选出诗社社长。1980年11月《新松》第一期出刊（油印，16开，约印三百册）。陈超作为河北师范大学“新松”诗社的社长主持了成立大会。这次成立大会陈超得以结识了诗人曼晴、刘章、旭宇，中文系的冯健男教授以及刘绍本、唐文斌等老师参加，甚至校长也到场讲话。会上不仅朗诵了曼晴的《黄河行》、刘章的《北山恋》、王洪涛的《三门峡之歌》、旭宇的《古墓上的鲜花》，还集体朗诵了陈超的诗作《让我们行动吧》。会上陈超还唱起了歌曲，掌声一片。随着《新松》的影响，已经不局限于诗歌，而是涉及小说、散文等各种文体，并且《新松》与当时省外高校的民刊也取得联系，比如东北师范大学的《北方》、武汉大学的《我们》、中山大学的《红豆》、河北大学的《琴泉》等等。他们一起参与和见证了那个火热的诗歌民刊时代。于是，《新松》从发展的需要由诗歌刊物转为综合性文学刊物，也随即更名为《崛起》。《崛起》前后出过两期（16开，铅印）。

通过阅读，陈超开始在书信和日记中写诗，记读书笔记，并开始写一些短文。

1980年4月，陈超在《大学生文选》中首次公开发表诗论《做个人真实情感的歌手》。1980年9月，在石家庄市文联主办的刊物《新地》发表短诗《伞花》。1981年1月8日的《河北日报》发表了陈超那一时期的理想主义朗诵诗《坚定地向着未来》。

不再为昨日的伤口啜泣
把它深深刻进心底
昨天之后是无数个明天
未来的路
等着我们开辟

历史在艰难地寻找伴侣
祖国急待插上羽翼
现实不允许我们
要求过多体恤，无休无止地叹息
你脚下的大地还是多么贫瘠

擦干腮边的泪滴
该逝去的……就让他逝去
革命不能在剧院里排演
复仇的目的在于勘探生产力

秋天没留下红硕的果实
快抓住春天蓬勃的新绿
昨天失去的
向明天索取

泪，沉重、灿烂的泪
要流就流进血管里
静静地，把超重的担子挑起

让黑色的斜影留在身后

携着手，跨出 0.85 米的大步

朝着新的灿烂的晨曦

1980 年 2 月

1980 年初春，一个家在北京的同学杨兵带回来地下民刊《今天》和《沃土》。尤其是《今天》对当时的陈超产生的影响不啻地震，那种完全不同以往的诗歌方式为陈超打开了另一个窗口。多年后，陈超也注意到当年的很多民刊都被《今天》的强大潮水给淹没："《今天》已经进入史册，其实被遗忘的民刊《沃土》，实际上也非常棒。其中有一个诗人谭健是很优秀的。他放弃写诗后考取北大博士，从事古典诗歌研究。后来才知道，这个人是萧乾的儿子萧驰。"

大学期间，陈超完成自制诗集《解冻》。"解冻"这一词自然让人想到在"文革"时期秘密流传的苏联作家爱伦堡的小说《解冻》。"解冻"无疑也成为一个时代结束而另一个时代开始的最好象征。而与社会转型一同发生的，还有青春生命的解冻和诗歌创作的解冻，春天，终于在被长期寒冬搁置之后降临了……除了能够接触的民刊，陈超还通过尽可能多的渠道（比如省图书馆和师大图书馆的《世界文学》《外国文艺》《国外文学》《译林》《美国文学》《当代苏联文学》等刊物）阅读了一些世界文学作品，那是一个文学阅读饥渴的年代。1980 年底陈超读到了袁可嘉、董衡巽、郑克鲁等编选的《外国现代派作品选》，"我们整日处于'跟上翻译'的快意阅读中"。当然，对陈超产生重要影响的是诗歌。尤其是《世界文学》1979 年第 4 期上卞之琳译的瓦雷里的《海滨墓园》和《外国文艺》1980 年第 3 期赵萝蕤译的艾略特的《荒原》，被深深震撼了的陈超，把它们

1983 年夏天的陈超

都抄录在了日记本上。穆旦（查良铮）译的普希金，钱春绮译的海涅、拜伦，戴望舒译的洛尔迦，以及聂鲁达的诗都宛若诗歌的森林和花园让陈超流连忘返。当然，限于翻译的尺度尤其是残存的意识形态的影响，那时的诗歌翻译仍然是有局限性的："按照主流意识形态的价值尺度，聂鲁达有所谓的进步性，所以在中国并没有遭到全面封禁，特别是类似于《伐木者，醒来吧》《马楚·比楚高峰》这类作品。但是他的那些关于爱和绝望的爱情诗就翻译得很少，和'性'有关的东西也被选本自动选掉了。当时读的主要还是那些能够和中国革命或者苏联革命相呼应的作品。除了聂鲁达、波德莱尔、早年马雅可夫斯基以外，还有点超现实主义诗人的作品。这些人曾经是共产党员，所以作品并没有被全部的屏蔽，譬如说艾吕雅、阿拉贡。还有一些接近现代主义，但是又不是。比如说俄罗斯的所谓的响派诗人沃兹涅辛斯基，作品有很多现代主义的元素，常常以变形乃至怪异的方式写生命内部的震荡。"（2013 年 3 月 17 日陈超给姜红伟的信）

1982 年到来了。新的一年开始的时候陈超除了主要看一些哲学和历史书籍（比如《忏悔录》《中国历史纲要》）之外，还把精力投入到了练琴当中。此时也是陈超学术研究的起步阶段。《河北师范大学学报》（社科版）第 4 期发表诗论《试谈鲁迅早期的新诗》。1983 年 2 月，《河北师范大学学报》（社科版）第 2 期又发表了陈超的论文《论闻一多诗歌艺术探索的得失》。1983 年 10 月，《飞天》发表诗论《新的阻塞》，该文被《新华文摘》第 11 期全文转载。《试谈鲁迅早期的新诗》一文，方法独特、角度新颖，对鲁迅的诗论、早期六首现代诗的解读以及对时代思想语境和现代诗的生态辨析的历史定位已经非常准确、深入、透彻。这早已超出了同代人和在校大学生的评论水准（陈超投寄此稿给学报编辑部的时候还未大学毕业，文章署名是“中文系学生陈超”）。“从上边我们谈到的六首新诗可以看出，他不是像有些诗人那样苦苦地向贫乏的内心搜求感受、甚至神经质地折磨自己，力求折磨出奇特的感受来，而是用鹰隼般的目光攫取一切，抨击那些‘黑如墨的梦’、糟蹋鲜花的苍蝇以及愚顽不化的复古主义者。值得提出的是，鲁迅早期新诗创作，能把深刻的现实和战斗的理想互相渗透，热烈地讴歌真理，号召人们把握现在，坚定地向着明天。这些诗虽不乏时代的苦闷，但总起来看，并没有表现过多的伤感和冷漠，既有战斗、冷峻，又有点儿温柔、热情。鲁迅不是为写诗而寻找感受，他的诗是久埋在胸臆的、不得不裂骨爆发出来的声音。正因为这样，他早期廖寥六首新诗每一首都有一个新的落脚点——主题，有新的发现；题材换一个新的角度；每首诗都能给人以新的感受，令人进行一番思索。鲁迅新诗的特点还表现在语言上，是纯粹口语式的创作，清新明快，自然深刻且富有一定启示性。按照通常的说法就是读着顺口、听着顺耳，是真正打破传统诗束缚而又绝无欧化倾向的大众语言”“鲁迅新诗产生于中国新诗的幼年阶段，当然难免有稚嫩甚至粗疏之处，这一点稍有文学发展常识的人都会理解。鲁迅站在大众立场，在新诗刚刚出土就注意到它的战斗性，大众化问题，实在教人钦敬不已”。尤其是《论闻一多诗歌艺术探索的得失》一文，陈超深入阐释了闻一多新格律诗的“三美”（音乐美、绘画美、建筑美）的主张及其实践，可贵的是注意到了闻一多新诗理论与实践之间的复杂性和一些龃龉之处，体现了诗歌创造与诗歌理论的辩证关系，也回复到了诗歌本体的依据和创作规律：“这些形式严整典雅，其佼佼者做到了整齐中求变化，凝重中求放逸，显得错落有致，颇见风采。虽然它们的作者宣称‘要戴着脚镣跳舞’，主张新格律诗每行字数应整齐，但在实际创作中，他却常常‘立法自犯’，不断构筑出新颖灵活的排列形式。”尤为难得的是这篇早期的论文不只是闻一多的个案研究，而是从现代诗歌史的谱系和场域出发，论据坚实、视野开阔、运思独到、文气贯通，具有强烈的问题意识和反思精神，比如指出闻一多和何其芳新格律体诗歌（现代格律诗）理论与实践的各自得与失：“回溯我国诗歌发展源流，就会清晰地看出，诗歌前进的趋向是由整齐到变化，这种趋势不会到新格律体就停止。这里需要多说几句，20 世纪 50 年代初，热心的何其芳同志曾努力倡导过建立‘现代格律诗’，想通过格律化的道路增强新诗的音乐性，达到民族化目的。他的主张与闻一多的新诗格律大同小异。他比闻一多高明之处在于：只求新诗每行的‘顿数’一致，有规则地押韵，而不以每行整齐字数的‘建筑美’为建行的主要原则，节与节也仅求大致匀称。这些基本意见集中在他《关于现代格律诗》一文。但是，艺术生产有其自己的规律，历来都是诗产生格律而不是格律产生诗，这一点又是他逊于闻一多之处。”

随着文化语境的转换，这一饥渴式的单向度吸附式求问于西方文学和文化阅读自身也发生了值得深入反省的问题：“对于时下的诗歌写作和诗歌主张，我越来越不满意，甚至反感。其不正之处主要有两端：一个是追求现世现报，以临时性的策略术语武装自己，抢占时代舞台，越是对西方文明不了解的人越是起劲地响应西方学术新动向，致使那么多学中文的人都走到了中文的反面，连专门谈论中文的文章也一概使用西方术语，似乎离开了‘话语’、‘语境’、‘小叙事’、‘权力’、‘及物不及物’、德里达、福柯、利奥塔、罗兰·巴特就谈不了中国的事，似乎谈论这些东西的人的知识背景是希腊文、拉丁文、英文、法文、德文、柏拉图、亚里士多德、罗格斯、《圣经》、阿奎那、笛卡尔、斯宾诺莎、康德、黑格尔、叔本华、尼采……但我敢肯定他们对此知之甚少。因此可以说种种时髦的理论修辞的泛滥已经到了恬不知耻的地步。这有违知识分子自我反省、自我怀疑、自我批判的道德传统。另一个不正之处是只知有文，不知有道，在写作与思想之间、写作与哲学之间、写作与历史之间、写作与文化之间、写作与伦理之间，甚至写作与语言之间（这说起来荒谬），既无发现，更无创获。”（1997 年 5 月 24 日西川给陈超的信）

悄然而至的挑战，或第一阵爆裂的冰排

人们越来越明显地感到悄然而至的挑战的压迫。你无所规避。我们很难指望一种新的美学准则获得普遍的确认，但我们无论如何无法拒绝这次可能的选择。新的审美因素正在诗歌稳流的底层积累，也许等它冒出水面已经变成大家习以为常的东西……堤岸不断崩溃，它强迫你或者远远逃离或者走向不断粉碎自己又重新结构成形的大海。

——陈超《悄然而至的挑战》

伴随着20世纪80年代后期朦胧诗热潮的消退，“第三代”先锋诗歌如火如荼地展开，陈超作为一个敏锐的先锋诗歌批评家开始将视野投注到更年轻更具实验性的诗人身上。

这是悄然而至的挑战。

1982年4月1日，愚人节。陈超接到当时著名评论家孙绍振的来信。这对陈超触动很大，他希望从根本上搞清楚文学与人的关系，文学与世界的关系。陈超对诗歌和诗人的认识也在逐渐加深：“诗人这个美丽的名词，久已被报纸与学会滥用，称呼那帮追求名利的多嘴的家伙。但真正的诗人瞧不起鄙俗的辞藻与拘泥的写实主义，认为那只能浮光掠影的触及事物的表面而碰不到核心；他们守在灵魂的中心，耽溺着一种神秘的意境，即是形象与思想向往的，他们像一道倾泻在湖内的急流，染上那内心生活的色彩。但这种为了另造一个世界而特别深湛的理想主义，大众是无法接受的。”（日记，

1982.4.20）此时，陈超关于先锋诗歌的评论文章已经引起了诗界同行们的注意和赞许。

陈超接触了外国的现代主义诗歌作品，并大量阅读了当时朦胧诗人以及新生代诗人实验性的诗作，这些诗作也更新了他的诗歌观念。1982年的11月17日陈超给鼓浪屿的舒婷去了一封信，主要谈到当时以舒婷为代表的朦胧诗对青年大学生的影响和他自己对舒婷诗歌的理解："我相当推重你的诗，并且认为是它的少有的知音之一。是的，我读它的每一首都读到了气节；无论它们的体制大小，都具有极其厚重的力度。说它们婉约是没眼光的庸人们的说法。我是河北师大七七级留校生，搞当代文学；过去曾写过诗也常常变成铅字，但当读过北岛及你的为数不多的诗作后，再也不能以它们为诗了，这种情绪你应十分理解。想搞新诗论，目前没有真正意义上的诗论，且研究诗的办法极糟，我想从寻找办法开始。新人的诗毁誉不一，即便是为之奋力喝彩的人对新人的价值也未必十分清楚，这更有点儿可悲了。你是受到缪斯宠爱与机遇宠爱的，在你的身上，寄托着为数可观的诗歌青年的希望，在你的身后，倘有为数可观的同行者。我很欣赏北岛的《一切》，我感到酒精烧灼般的颤抖和一个泪眼模糊的巨人的悲愤形象，他的诗正直、阴森与风骨，正像他的全人格。心里很绝望，感到一切努力都不合时宜，所以给你写几个字，冲淡一下孤寂的心境。我的学生常常聚在我这里谈到你，你的《双桅船》（上海文艺出版社1982年2月初版，10月第二版）出版我一下子买了四十本，结果还有的同学为没能买到而怏怏离去。青年的心是容易相通的，你所期望的通往心灵的道路终会找到。河北省极闭塞，石家庄又名左家庄。前几天去参加河北中年诗人作品讨论会，会上众口一声要坚持古典诗歌和民歌的道路，大有空手入白刃誓与现代派血战到底的气势。令人哂笑不已。很想做你的诗友，很想。《双桅船》还有吗？请来信。我想给那些小城中买不到它的朋友寄去。如有马上将钱寄给你。”

2015 年 1 月 4 日，星期日，上午 10 点 42 分，陈仲义给我回了一封信：

> 俊明，翻箱倒柜大半天，终于找出 82、83 陈超给舒婷的信。信息量较大，从中可检索印证早期出道时的情志轨迹。
>
> 印象最深是他的公开信，写得义愤填膺，由此结下同一战壕的情谊。鉴于当时“反污”一边倒的情势，无法发表，如数退回好几千言的手写体。估计后来也没有发表。提供这一线索，不知现在谁保管遗稿，请他再仔细找找这一轶文，比较重要的。
>
> 我与陈超有过几回通信，都是关于诗歌批评的。挖地三尺了还是没有找到些微踪迹，只是 85 年方法论热时，我曾大力鼓吹过的——尚留下给他长信中的草稿残片（?），涂得乱七八糟的，不怕家丑，一并供你参考。
>
> 祝进展顺利
>
> 陈仲义

善于文艺研究方法论的林兴宅曾来厦门职大上课，当时陈仲义与他过从甚密，受其影响较早关注诗歌批评方法。1981 年第一学年论文，陈仲义写了《新诗潮变革了哪些传统审美因素》，指导老师就是林兴宅，该文 1982 年 10 月发在《花城》。陈超在学校图书馆读到陈仲义这篇文章后很激动，回信中认为这是新诗潮的第一篇美学分析。与此同时，朦胧诗所引发的论争以及一些保守的老式人物的反对也使得这一时期的诗坛乱象纷生，那时的新诗潮并不如后来人们想象的那么乐观，而是充满了歧见和博弈。“周良沛在《当代文艺思潮》上发的《殊途同归》，引起了我和同教研室教师的极大反感。对这样充满恶意、充满旧文人气质的东西，谁不感到愤慨，不屑摧毁这个赘疣，那是良心的失职。于是，我写了这封公开信，寄往‘思潮’编辑部。信被各种卡子卡得略微变了点儿形，但基本上是由衷之言。他们曾打算见刊，要我又去掉了些‘刺激人的话’。我做了略微改动寄去后，他们送审没通过，原因相当明晰。这里，把稿子寄给您，请您改动一下，如果能酌处发表最好，如不好办，还望极早还我，我再找找人。我想即便最后没能发出去，让您知道有颇为可观的人们对您表示支持，愿意和您并肩战斗也很好了，通往心灵的道路当然能够找到。我性格愚鲁，前几年办民刊，是北岛、舒婷诗的读者之一，当时也写几句，至多让朋友看看。留校后在外国文学组，眼下准备苏联文学，没劲透了（不是当代苏联文学，而是《母亲》等）。我个人认为，中国当代青年诗超过苏联当代青年诗的最高水准，它完全有能力打入世界——如果去掉束缚的话。希望您能珍爱自己，有许多青年朋友‘悲伤，因为你的照耀，升起一圈淡淡的光轮’。河北空气非常沉闷。《河北文学》倒闭了，《长城》也是奄奄一息的孩子，这儿的文人气节不够，人力不济。”（1983 年 9 月 1 日陈超给舒婷的信）

在 20 世纪 80 年代初声势浩大的朦胧诗论争中，陈超起身为朦胧诗辩护。在喧嚣的诗坛论争和主流意识形态对北岛等朦胧诗人的批判中陈超再次感受到空前强烈的“挫败感”。陈超放弃自认为意义不大的诗歌“时评”，为了寻找“内在的自我”和“命运伙伴”于 1984 年远赴山东大学访学，跟从牟世金教授研读古文论研究课程，后来转学吴开晋的“现代诗学”课，并在山东大学路凡主持的美国文学研究所听课。这种“揪心”的痛楚使得陈超最终在一段时期里放弃了诗歌写作。

在1985年之前，陈超在诗学文章中更多是将现代诗作为一种特殊修辞技艺，而此后随着对先锋诗歌的认识与不断的自我校正，尤其是对现代人生存与词语之间的严酷关系的认识，陈超逐渐在诗论中确立起自己独特的话语方式——关注现代人生命、生存与语言之间真正临界点和真正困境的话语方式。具体展开则是围绕着“细读”和“生命诗学”（本体功能论与现象学结合的方式）逐层展开。“细读”的成果则是具体体现在《中国探索诗鉴赏辞典》《当代外国诗歌佳作导读》中。而“生命诗学”则是将诗歌看作世界观、立场和方法，是对生命和生存的特殊命名：“其实，这两项任务是沿着一条线索展开的。这条线索就是研究个体生命—生存—语言之间的复杂关系，在现代诗本体中的展现；由诗歌形式本体论趋向与之相应的生命、生存本体论。”（《生命诗学论稿·写在前面》）而能够将诗歌批评视为一种特殊文体和“写作”层面的，即使是在整个20世纪的诗歌史谱系中也是寥寥，而陈超就是其中一个。《生命诗学论稿》不仅确立了陈超的诗学位置和批评风格，而且影响了很多优秀批评家和诗人：“在创作此书的过程中，参考了许多相关资料，我受惠最多的是廖亦武等编的《沉沦的圣殿》、陈超的《生命诗学》、唐晓渡的一系列诗评，以及柏桦和钟鸣的两本优秀的回忆录《左边——毛泽东时代的抒情诗人》和《旁观者》。我要向他们热忱致谢。”（刘翔《那些日子的颜色：中国当代抒情诗歌·后记》）

尽管身处学院和高校之中，但是陈超对掉书袋和填表教授则是嗤之以鼻，而是在始终围绕着“当下”“噬心的时代主题”中以个人风格极其突出的话语方式将诗歌批评在文体学意义上提升到自觉的高度："熟悉我诗学论文的朋友会注意到，我的诗学研究不是从理论中确证理论，我始终有着描述'当下'的热情。我写作的个人方式，更多是介于诗人和批评家之间，类似于快乐的自由撰稿人，而非中规中矩的理论家。这种话语立场，使我写出了一种性质含混的文体。我的确更偏爱这种诗性随笔式的表述，如果它不致影响到论证力量的话。"（《生命诗学论稿·写在前面》）陈超所倾心的"诗性随笔"的评论不仅在当代诗歌评论谱系中独树一帜——"《火焰或升阶书》已读了，文章更近于诗性的阐释，颇有力度。读时犹如在刀刃上行走，而刀刃两边，一边是生存，一边是语言。这也是我一直暗中希冀而始终又力所不逮的评论道途。"（唐晓渡1993年9月1日给陈超的信）且其中经典的段落被不断阅读，甚至具有精神和语言双重引领与示范的作用，比如"现在是春天，广阔的原野上，大河展开它远接天空的舞蹈，草丛摇曳它坚韧冲动的绿色火焰。我们的生命，从冬天冷凝的黑斗篷中奔出来，加入这喧嚣和骚动的自然合唱。我们的心被猛烈地搅动了，它猎猎招展像大树，它应和着第一阵爆裂的冰排……"（陈超《意象与生命心象》）

而就"当下"和"先锋诗"而言，更多的诗人和批评家很容易陷入"执于一端"的偏执和狭隘的泥淖之中，而陈超则是清醒和自我反思与校正的，尤其是对于曾一度千变万化乱花迷眼的先锋诗，"随时肯定又盘诘，亲和又拆解的立场"以及对应、对称和对抗的关系就显得格外重要。20世纪80年代文学"方法论热"的潮流也强烈地席卷着陈超，在这一时期陈超阅读了当时大量的西方现代文论，尤其是20世纪的欧美文论。那一时期的知识分子处于阅读饥渴症当中："你需要什么书吗？寄去《叙事话语与非叙事话语》不知你是否有这书，这书属‘20 世纪欧美文论丛书’！我想很有意思，你若需要我去为你买。这套书的另外几本有：《结构主义诗学》（美　乔纳森·卡勒）、《美学或艺术和语言哲学》（意　贝内代托·克罗齐）、《诗学的基本概念》（瑞士　埃米尔·施塔格尔），你若要，来信给我。”（沈睿给陈超的信）“听钟鸣说，出了《海德格尔诗论文集》，你有没有？我邮购了。《二十世纪重要诗人如是说》，不错的。还买了《托马斯·曼》、《论自然》（爱默生）、《海德格尔分析新时代的科技》、《塞万提斯训诫小说集》，等等。一套随笔丛书（《卡夫卡致密伦娜》《卡夫卡随笔》《伍尔夫随笔》《普鲁斯特随笔》），是否在河北能买到，若买不到，我可给你邮寄来。”（刘翔给陈超的信）而 20 世纪八九十年代，陈超则几乎读遍了“现代西方学术文库”（三联书店，其中对陈超影响最大的是尼采《悲剧的诞生：尼采美学文选》，再有就是海德格尔的《存在与时间》、萨特的《存在与虚无》、罗兰·巴尔特《符号学原理：结构主义文学理论文选》、雅克·马利坦布《艺术与诗中的创造性直觉》、鲁姆的《影响的焦虑》、本雅明的《发达资本主义时代的抒情诗人：论波德莱尔》）、“20 世纪西方哲学译丛”（上海译文出版社）、“汉译世界学术名著丛书”（商务印书馆，主要是哲学和社会学类的）、“国外马克思主义和社会主义研究丛书”（重庆出版社）。尤其是赵毅衡编选的那本“新批评”文集则使得陈超如获至宝，文本的“细读”方式深深吸引了陈超，这也是成就陈超式的文本细读的契机。曾有好友唐晓渡和西川戏称陈超为“诗歌细读学”教授，新批评文本细读理论对陈超的巨大影响可见一斑。“第三代”诗歌浪潮中的口语化、非智性、拒绝深度、拒绝隐喻、追求日常语感的“全新”而“陌生”的诗歌写作方式让陈超重新检视“新批评”的有效性和缺陷，即诗歌的语言自足与文化、社会、经验之间的关系到底是怎样的这一诗学问题。尤其是在沸沸扬扬甚嚣尘上的诗歌“口语化”问题上，陈超建立于学理、阅读和个人诗歌写作实践基础上的观感和判断更为敏锐和准确：“口语是诗歌写作的基本语型之一，它直接、诙谐、平等而亲切，有毛茬茬的质感。但要知道，非口语——比如书面语或‘隐喻’——也是诗歌的基本语型，它奇异、内在、指意向度丰富。它们之间是‘差异性’关系，不是价值高下关系。最终起作用的还是一个诗人的创造力。而且，口语和隐喻并非不可混合使用，金斯堡、贝里曼、帕拉就是例子。当代的口语诗有很好的，也有大量糟糕的。隐语诗也是如此。我认为，现在诗坛是公平的，你写得出色至少可以在民刊或网上争锋。我讨厌自我幽怨。我有时用隐喻，有时用口语，全视处理材料的不同。我想，我们只能就一首诗来谈优劣，因此不存在‘何为最理想的诗歌语言’的问题。‘口语诗歌群体’的愚蠢是，他们认为只有‘口语’才能写出好诗。他们似乎想成立‘诗歌语型清查办’，对此‘民间机构’，老陈从不买账。‘他们’中的于坚、韩东、吕德安、朱文写过不少洞开人性的好诗，技术亦令我满意。但肯定不是用‘口语’能总结的。‘橡皮’杨黎一直质量稳定，他的‘口语’有透明的神秘，别人很难做到；何小竹的诗时而很好时而极糟，近年他的某些诗刻意玩‘信手拈来’，反而显得费力，大家写诗多年，都知道猫腻在哪儿嘛。”（《新诗透视访谈录》）

在 1986 年的现代诗群体大展轰响震动整个诗坛之际，真正的对运动之中的现象和文本讨论的实为乏见，而陈超却在喧嚣中率先冷静下来。在 1986 年岁末完成的文章《生存·文化·个体生命》中陈超重点扫描了朦胧诗人群、巴蜀诗人群落、边塞诗人群落、第三代诗人群落等青年诗人群落的重要性。诗歌这一特殊的文体使得诗人往往易于躁动不安，而整个20世纪80年代更是诗歌追新逐异的时代，是先锋、实验、创造、革命、运动成为一浪高过一浪的关键词的时代。在诗人急于表达自我的诗歌价值诉求的时候，也不可避免地形成了口号大于内容、运动高于诗歌的不容回避的事实。然而无论是诗歌创作实践还是诗学反思，80年代也同样给我们创造了不可多得的代表性的样本。譬如对当时火热的诗歌潮流，陈超就给出了及时、准确和理性的反思，而这也是在1986年。"当我荡开一些距离，冷静地考察目前某几种流行诗潮时，我陷入了惆怅。我感到，这些诗歌题材和手法的更新，并没能在更高意义上为诗带来蓬勃的生命。当一些诗人不愿对过往诗歌追摹亟切而寻找新的审美创造方式时，却进入了一种盲目的状态，造成诗歌中'人'的放逐。"(《"人"的放逐——对几种流行诗潮的异议》) 1986年所谓的新时期文学十年之际，陈超在1985年12月31日冬夜写下一篇文章《中国诗歌新生代——新时期十年青年诗断论》(《诗神》1986年第5期)。在此前的11月16日完成了对朦胧诗人再认识的论文《被遗忘的拾起》(《诗神》1986年第1期)。《中国诗歌新生代》对新时期十年的诗歌"造山运动"做了整体性的扫描，如朦胧诗、民族文化寻根诗、西部边塞诗、女性诗歌、生活流诗歌等，与此同时更为重要的则是强调青年诗人在这一时期在诗歌审美观照角度对社会、人和诗歌三位一体的深入和探索性的思考与实践上。正是出于对生命诗学的强化，陈超对这一时期北岛、舒婷、杨炼、江河、徐敬亚、顾城、梁小斌、王小妮、伊蕾、张烨、张学梦、刘小放诗歌中对"人""人性"的命题的书写予以高度肯定。

1988 年的陈超

陈超这一时期的一系列相关论文已经成为如今研究者和大学课堂谈论的经典范本，如 1987 年 2 月在《诗神》（1985 年 1 月创刊，双月号，主编戴砚田。曾拟用名《神州诗卷》）发表论文《悄然而至的挑战——论第三代诗人（之二）》，在《河北文学》发表《论青年诗人群落》，5 月于《诗神》发表的《中国诗歌新生代》，6 月在《山花》发表《第三代诗人的语言态度》，11 月于《黄河诗报》发表《骚动不宁的调色板——论第三代诗人（之一）》等。此后又发表了系列的关于实验诗和第三代诗的文章，如《实验诗对结构的贡献》《实验诗的结构特征》《观点：第三代诗的发生和发展》《新的意味和声音》等。这些高密度、高质量的论文，视角新颖、精准，立即引起了全国诗歌同行们的广泛注意。说到 1987 年，还不能不提到该年秋天，陈超担任中国作协第三届全国优秀新诗（诗集）奖

（1985—1986）评选的初评委。最终的获奖诗集是《二重奏》（叶延滨，花城出版社）、《另一只歌》（绿原，四川文艺出版社）、《初恋的歌》（吉狄马加，四川民族出版社）、《红纱巾》（李小雨，四川文艺出版社）、《无题抒憎诗》（刘湛秋，重庆出版社）、《寻觅集》（郑敏，四川文艺出版社）、《北岛诗选》（北岛，新世纪出版社）、《她就是那个梅》（梅绍静，作家出版社）、《雄性的太阳》（叶文福，作家出版社）、《白鸽子，蓝星星》（晓桦，解放军文艺出版社）。多年后，陈超谈到了当时的诗歌生态和评奖机制："这次评奖有一个内幕，我可以在这儿揭露一下。当时评委中带有先锋派倾向的有三个人：我、程光炜、何锐，其余的基本上是中间派甚至有点儿中间偏主流的。其中有两件事值得一说。初评时我们评上了昌耀和江河，但是终评的时候昌耀被拿下来了，他们认为昌耀的诗读不懂。想起来非常可笑，昌耀的诗从政治上没有任何和主流对抗的因素，无非就是写西部那种生命力、意志力。江河也被拿掉了，这个很奇怪。开始我们提的是北岛，而那些人认为北岛的诗有'问题'，因为票数不够，所以北岛没有进入终评提名。江河进入了，就是因为他写了《纪念碑》这类的作品，但是终评的时候出现了非常有戏剧性的变化，昌耀、江河被拿掉了，北岛却上去了，得了全国优秀诗集奖。按说初评被拿下的是不可能进入终评的，而且他们可以把责任推给我们，说初评你们不评，我们想搞'创作自由'，你们自己都不搞。但是终评时江河是主流的反而被拿下来了，北岛是带有异端色彩的反而被拿进去了。所以中国意识形态有时候是'神秘'的气流紊乱的，不是像人们想象的，有时会出现很多意外和偶然。这个富有戏剧性的变化可能透漏了一个信息，就是 20 世纪 80 年代主流思想界、主流意识形态也想搞多元化，或者说他想告诉思想界：'我们也是要包容的'。当时下来我和唐晓渡开玩笑说，看来以后我们要想到‘先锋派想象力的局限性’。”（《回望80年代：诗歌精神的来路和去向》）而早在1983年9月1日陈超给舒婷的信中提及中国作家协会第一届全国优秀新诗诗集奖1979－1982的评选情况，舒婷当时得了二等奖：“我系刘绍本同志参加了，他对我详细讲了整个过程。《双桅船》的呼声是很高很高的，但有些人野蛮地压抑了它，不惜排在《绿色的音符》（傅天琳）之后。”

1992年冬天，陈超参加的某南方诗歌活动受到了一些刺激，对活动期间的所见所闻感到非常失望。陈超对诗人的人格不再报以更严苛的要求，“只要诗好，我就认你”。但是，越是到了后来，陈超最为看重的正是那些人格与诗格合一的真实诗人。1997年，时年三十二岁的道辉要出版其第一本个人长诗集《死亡，再见》。道辉给陈超去了信，并打了电话。陈超最终答应了下来。早在1994年陈超就已经知道道辉当时正和几个朋友一起搞“新死亡诗派”：“这一代后生，仿佛要在祖国东南沿海建一座魔王殿。我为这种冒险高兴。”陈超在阅读了数日之后，1997年6月30日下午开始写作序文。当天，石家庄突然停电了。当时天气已经非常炎热，陈超一边扇着蒲扇一边写作，但仍然是汗流浃背。经过一整夜到凌晨到清晨，远在石家庄的陈超终于完成了这篇长长的序文《显豁的反应》。陈超在该文中针对“新死亡诗派”这样的诗歌社团肯定其存在的意义也指出其存在的缺陷，“毛病和意义在此纠结一体”，比如文体学上的道辉的“怪诞”“晦涩”，“我也曾给他指出过这一点，他后期的诗作、文论已好读多了，但总的看仍然有失艰涩”。陈超对一些极力强调个人化的诗人的偏狭观念认为不要对现代主义诗歌的运动和实验性社团一棍子打死，而是有其存在的历史性和现实性以及合法性：“我说，重要的永远不是‘社团’本身而是社团的质量。当我看到某些狂妄的家伙，在受惠于现代诗运动提供的总背景的激励，写出了几首好作品后，便自诩为‘我一贯的个人写作立场’时，我真看不下去。他缺乏起码的厚道和对历史的尊重。”就道辉的长诗写作而言，陈超认为在时下小型叙事和市民文化对超验性予以抑制的语境下道辉长诗的超验性是具有不可替代性的，更重要的还在于道辉能够表达个体生命状态的真实性，能够经由个人的内心完成对时代的记录。与此同时，陈超极其精准地发现了道辉的“新死亡诗派”与存在主义在诗的意识背景上的密切关联，比如心理体验和神秘主义特征。这篇序文让道辉颇为感动，陈超辞世后道辉写下一篇悼诗《死亡醒来，睡在群星之上》。这是我多年阅读道辉的诗中看到的唯一一首清澈而深沉的优异诗作——

在听不出某一天有征略的断裂痕时
在死亡之主要来见你你却不见它的权势时
那偏僻的松卷和隐秘的物语
却合抱作近似死亡的棉花团眼来勘探你
死亡，和古老的塑像滚做一团，你把它推倒、打碎

完整任其大理石气味铺展在朗诵声中
完整也是散落的一个支点——在瞳孔、鼻尖
在你的手指插进冰凉的虚光之上
看见是其中的一个体积，你的身体被另一个身体铺开，爱在工作
一如论爱，在为以后的死亡准备大餐，未来推着运尸车来了
未来是比一双解放靴子和一首云雀颂诗远一点儿
你举起手，伸向它炽热的前胸，就能抓撕下花盅和鳄鱼湖

现在必须看见你，一如你必须看见未来的身影，轻轻地，敲打它……

第五章 | PART FIVE

“土”河北出了个“急先锋”

河北只要有陈超在，任何从此经过的诗人都不敢昂着头。

——姚振函

难怪外省的诗友们感到奇怪呢。他们觉得，什么样的土质，才长什么样的庄稼呢，石家庄这个地方，怎么会出了个“急先锋”呢？

——大解《我眼中的陈超》

1983 年初，陈超写完一篇文章后寄给刘章过目并希望能在其主持的《新地》上发表。刘章看过文章之后非常惊喜和激动，已经多年没看到河北有这么好的诗论文章了，觉得在《新地》上发表有些太委屈了，于是给当时负责编辑“大学生诗页”的张书绅写了一封信予以推荐。在 20 世纪 80 年代的大学生诗歌运动中，《飞天》最为炙手可热，其对大学生诗歌的推动无疑具有了历史性的意义。这就是 1983 年 10 月《飞天》发表的陈超诗论《新的阻塞》，这篇文章在当时影响非常大。(被《新华文摘》第 11 期全文转载)

在 20 世纪 80 年代风起云涌的先锋诗歌大潮中，河北诗坛因为文化惯性和诗人眼界不够而大体处于半休眠期。“倡导一个流派或同人团体，首要的除作品外，还要有全新的理论纲领。从这个意义上说，四川东方文化研究会的一群少壮派内力雄厚些。其他以杨牧、周涛、章德益为盟主的边塞诗派，南方的李钢、柯平、张小波、伊甸、宋琳、刘波、车前子、曹剑等人凭聪明写诗，似缺大家风采、圣人气韵，恐难以称雄中国诗坛。所以，我觉得，目下写诗，可以向他们借鉴，但完全可以鄙薄他们，因为靠聪明写诗的人太多，而凭生命凭鲜血凭学问写诗的人太少。我推重的诗人多为这路。”（1986 年 3 月 23 日陈超给张小放的信）河北诗坛因为缺少异质性、实验精神和探索意识以及理论牵引似乎显得有些落寞和保守。“我现在倾向于注意诗歌的节制、古老尊严；而不是一股劲儿地‘创新’。说实在话，这么多年，这么多人闹腾。我认为真正成器的，还是有严肃态度、一丝不苟、深思熟虑的写作者。如西川、欧阳江河、王家新、周伦佑等。但具体到河北而言，则另一回事了，河北创新不够，‘无法无天’不够，因此，我们面临的问题，与京、蜀、江浙诗人不一样。”（1994 年 7 月 20 日陈超给刘兴华、张小放的信）当然也不完全是平静和保守，比如李南和大解等还在 1990 年成立了“中国实验诗歌小组”，而早在 1984 年 11 月，带有探索性的青年诗人群“冲浪诗社”在河北省文联的一个小平房里宣告成立。其主要成员有姚振函、边国政、刘小放、伊蕾、郁葱、萧振荣、张洪波、白德成、何香久、逄阳。正如冲浪诗社宣言所倡导的那样，这是一个“既稳定又变幻莫测的结构。十颗星，都按照自己的方式发光”。该诗社的唯一目的是创新。1987 年 6 月中国文联出版公司整体性地推出“冲浪诗丛”，包括姚振函《我唱我的主题歌》、刘小放《草民》、何香久《海神之树》、边国政《三角帆》、伊蕾《爱的方式》、郁葱《蓝海岸》、萧振荣《远行》、张洪波《黑珊瑚》、白德成《这个世界》、逄阳《溶化的太阳》。“冲浪诗社”的出现使得河北诗坛有了冲劲。

2000 年，陈超与铁凝、张学梦、郁葱、伊蕾

2001 年之际，陈超在肯定了河北诗坛的一些长处之后（比如坚持言之有物的写作，坚持对生存和生活根柢的亲近），从三个方面总结和检视了河北诗歌生态多年来存在的“软肋”，极富有建设性，值得引起河北诗人的注意：“其一，缺乏由个体主体性所获得的原创力。河北诗人作为‘团队’而言，其平均水准在全国诗界处于中上游，但我们很难有充分的把握指认出谁是对汉语现代诗歌有原创性贡献的翘楚。比如青海，总体诗歌的实力还不及河北，但有了唯一的昌耀，使我们不得不感到自己气短。个体主体性的确立，有赖于诗人的生命体验强度，但也事关诗人的精神视域、知识品位、综合技艺，恰好是后者为河北诗人所缺乏。其二，河北诗坛有着‘老成’的集体面容，缺少充满活力的、令人兴奋幸福、令人自由而迷醉的面孔和声音。诗歌亲近生活，这本不错，但它并不应排除人性情之

光的欢愉，灵魂的跃动和透彻。诗歌是一种抚慰人心的声音，我愿见到更多年轻而大方的欢愉吟述者。我将欢愉和抚慰视为诗歌的主要职能之一，非常遗憾，在河北诗坛，它们几乎很少出现。其三，河北诗歌界缺少必要的诗学争鸣。比照许多省份，我们始终处于温吞吞的‘祥和’之中。就人际关系而言，这种祥和气氛是可喜的，但就艺术自身的发展着眼，我认为，它几乎等于创造力的障碍。一种健康、宽松的学术气氛，应建立在鼓励争鸣、欢迎歧见、嘉许创新的基础上，对抗而共生是艺术跃迁的通则。”（《新世纪，河北文学的姿态》）诚哉斯言！这并不是陈超的个人观感，同居河北的郁葱亦有同感：“在河北文学界，似乎一直有一种现象：这个省份的作家诗人扎实、内涵，但欠缺先锋精神和更多的敏锐，一些影响国内诗歌进程的诗歌现象，基本与河北没有什么关系，河北也很少出现影响全国的诗歌事件，这既说明河北诗人的沉稳和定力，也不能不说是河北诗歌的一个缺憾。”（《那岁月，我们冲浪……》）

在那个躁动甚至激进的诗歌实验和先锋的年代，一些诗人因此被写进了文学史——当然是少数，更多的则在短暂的喧嚣之后沉默于时间幽暗的湖底。越是热浪滚滚的年代，越是需要诗歌安静和自足的一面：“我和陆健相识于河北沧州的一次诗会。那是 1986 年，是中国诗坛争强斗狠的年代。在中国先锋诗歌的草创期，大家整日处在一种故作惊人的‘发明’心态里，那时普遍的状态是企图用宣言接管艰砺、复杂的写作本身。但陆健使我意外。短短的谈话，我感到他的心思集中在一个狭小的点上，或者说是一个根本的点上：诗歌的结构，语言的分寸感。他的这种意识的自觉，使我对他拥有了基本的信任。我的直觉告诉我，这是一个内行应该考虑的问题。”（陈超《对着暗灯……——陆健诗歌印象》）

深居石家庄这样的文化和诗歌“外省”以及日渐僵化、封闭的“学院”体制，陈超对20世纪八九十年代的先锋诗坛的理解同样有着深深的焦虑：“我执教于大学，行动和环境都围闭得很。阅读省内外诗人朋友寄来的作品，几乎成了我与外界接触的唯一渠道。我很担心学院的空气最终将我逼迫到发霉的书架角落里。”（《语言的自觉》）而他通过勤勉的写作以及广泛的阅读对此予以弥补，这最终使得河北因他的存在而成为先锋诗歌的一个不可忽视的重心，而他与当时全国重要的诗人朋友之间的通信则使得他处于对诗坛的的第一手资料的把握之中——尤其是在民刊的时代，诗人之间的交往尤其重要。当时陈超的诗歌阅读主要来自民刊和通信，陈超对《非非》和《北回归线》参与得较多。这都源于当时梁晓明和周伦佑对陈超为人为文的高度认可：“我内心一直倾向于‘缄默’的性格，但却往往表现为狂放，第一次见你，我就觉非常好！我曾几次与刘翔他们谈，能否约陈超一起干呢？但怕你不同意，又见你在其他地方都担着任务，故而，一直未出口。现在，接下去，便是第四期了，不知您认为该怎样办下去呢？以前我是这样的观点，要‘纯粹’，‘北回归线’就是纯粹！诗和人的纯粹！这种纯粹下去，也许一时不见叱咤风云，但历史和有见识的人，一定是公正的。很想倾听你的意见。你若将‘北回归线’视为自己在办的东西，那便更会使我们喜出望外！”（1993年11月20日梁晓明给陈超的信）“另外，我想请你为荣誉编委（还请了另外几位朋友）。在此艺术的非常时期，我们明知其不可为而为之，可以接受肉体失败的事实，但艺术必须存在并且澄明。望你能慨然应允。专此。凭空相握于千山万水之上。”（1992年4月8日周伦佑给陈超的信）而陈超也在20世纪八九十年代为河北的《诗神》《文论报》《长城》《诗人报》（天津）组了一些重要诗人和批评家的稿子，比如北岛、牛汉、邵燕祥、周涛、西川、于坚、欧阳江河、王小妮、周伦佑、孟浪、陈东东、翟永明、杨黎、廖亦武、唐晓渡、王家新、沈睿、车前子、庞培、黑大春、臧棣、郑单衣等诗人以及谢冕、钱理群、徐敬亚、陈仲义、陈晓明、南帆、王晓明、唐晓渡、程光炜、张颐武、崔卫平、李劼、李震、巴铁等批评家。“开愚现在上海。我把《文论报》要用我、他和朱朱关于四个问题回答的意思跟他说了，他表示同意。我对刊发回答也无异议。朱朱大概也会答应的（我会打电话与他说这事情的）。诗选中用什么诗，你定下来即可。你的鉴赏力是朋友们都信服的。我暂时还没有文章可拿给《文论报》。正准备写一组散文诗。”（1993 年 5 月 21 日陈东东给陈超的信）“我因近期病了一场，一直住院，至今尚未痊愈，尊信迟复，请见谅。现在病躯略恢复，在医院给你复几字，以免挂念。那篇文章是你‘逼’出来的，如果还有内容，功劳有你一份。我病是因牙肿疼化脓，引起急性肠炎，关系不大，现已好多了。”（1993 年 4 月 2 日周涛给陈超的信）

而对于略显保守和冲击力不够的河北诗歌（京畿文化的惯性影响）而言，陈超却成了一个例外，成了罕见的真正的先锋诗人和先锋诗论家，还是个不折不扣的“急先锋”。这几乎是凭借他个人的趣味、能力、阅读、勤奋和见识最终打通了连接传统和现代、河北与中国的“暗道”。大解曾对这个问题做过非常富有说服力的说明：“许多年来，一些外省的诗友和我谈起陈超，往往会觉得此人出现得有点儿奇怪。特别是在 20 世纪 80 年代，在诗艺上大家都争强斗狠，想创新争当先锋，遂特别关注最新的诗歌理论。那时为数殊少的青年先锋诗歌批评家，受到诗人们的关注和推崇。陈超无疑是这少数中的少数，他的文章新异、敏锐而充实，往往能击中问题的命门，语言信息量丰盈，文气酣畅淋漓。那时，河北诗坛放在全国看，偏于保守，有这个真正的先锋（呵呵，还是个‘急先锋’），难怪外省的诗友们感到奇怪呢。他们觉得，什么样的土质，才长什么样的庄稼呢，石家庄这个地方，怎么会出了个‘急先锋’呢？但对我来说，陈超以这般姿态出现在20世纪80年代诗坛没什么奇怪的。他有属于自己的诗艺成长路线，这条路线与地域无关，唯与‘知识型构’密切相关”、“陈超之‘奇怪’，不仅是怪在‘急先锋’上，还怪在他对传统精义的现代性创造转化的超前自觉”。(《我眼中的陈超》)

对河北诗歌尤其是青年诗人，陈超以个人的能力和开阔而独特的视野打开了一道显豁的闸门。对河北诗歌陈超一直抱着深深的期许（当然也免不了焦虑和不满），而他对之的批评实则是出于难言的挚爱与坦诚：“我们河北搞诗的人不少，但有内力有气节的人不多。哲学和民俗学的涉猎，是目下搞诗的人的热门，河北人尚未反应过来。”（给周力军的信）而对于陈超来说，他在整个20世纪80年代对河北新生代、青年诗人和先锋诗歌的推荐、诗艺上的相互讨论和激励成为这一时期的重要工作：“陈超目前是文学硕士生指导教师，他的学生真够幸运。实际他也充当了包括我在内的一些人的免费咨询中心。我在衡水和几个人争论‘后现代’，双方谁也不服谁，就随手拿起电话，拨通0311—7043××××，就听见他那略带沙哑的声音，好像不用思索，立马就一二三四五地逐条告诉你，还夹杂一些权威思想家的原话，还提醒你注意不要进入某某误区，等等。”（大解）就诗歌的后现代问题，陈超和欧阳江河、唐晓渡有一篇长篇对话《对话：中国式的“后现代”理论及其它》（发表于《山花》1995年第5期、第6期），几乎涵括了后现代在中国诗歌写作的所有问题，比如“语境：双重的压迫和对抗”（还涉及一部分现代性问题）“消费时代的权力话语”“个人写作和有效的批评”“庸俗进化和时间神话”“诗歌写作中的意义”，都极富理论建设意义。尤其陈超对“中国特色”后现代的理解极为深入：“西方后现代主义理论旨在激活人的创造力，不断提出问题、扩大问题，加深人的怀疑精神，使生存和语言保持活力；而我们这里的后现代主义理论却总想定位，解决问题，或使尖锐的问题钝化。他们只罗列现象而没有精神判断，这只是话语的无限增殖，最后的结果是问题消失。我想，无论对现代性还是后现代性，我们都应该自觉地持一种深刻的学术批判态度，或者说一种客观的省察态度，而不是简单的认同或否弃。真正有意义的话语新格局的产生，不会是以简单‘埋葬’已有格局为基础的。”陈超指出了中国式后现代的缺陷，比如缺乏更高意义上的怀疑精神和相对意识，缺乏西方现代主义骨子里的怀疑、挑战、拒绝，没有理性深度和历史意识，而更大程度上是轻巧的廉价的二手的仿写和贩卖。更有意思的是，陈超还曾以反讽和戏剧化的诗歌方式深入辨析了中国后现代诗歌写作的症状：“……旧历年节老人轮流派饭三兄弟处 / 老人四类分子扫街任务 如大队准允 / 由三子协商一递一轮流承担 / 老人看病 以及百年后停灵发丧费用 / 由三子均摊 寿服铺盖由三女均摊 //‘此分单一式三份各执为据 / 空口无凭 立字为证 / 中人赵立臣 代笔人陈克勤（隶字方戳）/ 立分人赵玉堂赵勤堂赵瑞堂（指印）/ 中华人民共和国壹仟玖佰柒拾贰年 / 立于屯头村’// 今天写诗的后生们 / 嚷嚷着要‘回到物体本身’/ 我也想从艾希的《物品清点》中 / 学一学砍尽伐光隐喻的‘后现代’/ 可伙计们 我小叔三十年前的文字 / 是不是与咱们撞了个满怀 //‘如果分行这是否算诗’/ 小叔对我快意地调侃 / 婶婶催着开饭说‘要算，咱都算；要不算，都不算！’”（《小叔的前“后现代”》）。

但是，对河北诗坛做出重要贡献（不可替代）的陈超仍然还是遭到了一些小人和作家的诋毁，这让陈超着实不可理解，也不能不气愤："这些事我很生气，特别是××，完全是粗陋的诋毁，我有意正面写文章回击，但与××商议，认为我要冷静，不必太在意，免得形成'事件'，我实在压不下这口气，等过一段看情绪再结果此事……排除意气，应承认，我与其在文学观念上是根本不同的，不存在对话的前提。可能他们有自己的道理。想到这一点，我应平和……搞批评的人，应视这等事为正常的，日常的事。不能容忍这些，就不必搞批评了。"（日记，1998.9.17）

1984 年 6 月到 10 月的四个月的时间里，青年诗人杨松霖(《诗神》1988 年第 1 期曾刊有杨松霖的如下简介：二十五岁。当过学生，搬运工，挖过地沟，学过画，当过图案设计员，当过编辑，当过兵，当过售货员，当过无业游民。喜欢结交坦诚的朋友，喜欢喝酒，喜欢玩，喜欢苦思冥想，喜欢唐老鸭）在中国西部的一个极其简陋的土坯房里完成了《关于门的四首诗》(《Z 的门》《A 的门》《K 的门》《T 的门》)，这四首诗 1986 年发表在《绿风》（第 2 期）。陈超认为这组诗的出现给河北诗界的朋友带来的愉快远远超过这组诗的发表本身："因为，它几乎是昭示了河北诗坛一个新断代渐渐清晰的眉目。正像人们预感的那样，很快一批年轻的名字擦亮了读者的眼睛，'后继有人'就这样徐徐松弛成过时的小道消息。这是河北诗坛重新开始自信自励的基础。"（《杨松霖：揭示生存》，《诗神》1988 年第 1 期）在点评了杨松霖 1986 至 1987 年间发表在《诗神》《长城》《绿风》《诗歌报》《太阳诗报》的诗作后，陈超对杨松霖的变化和新质进行了高度评价："《误会四种》出现在 1987 年的诗坛，的确是个饶有意味的现象：它既不是怀疑的、绝望的，也不是醒悟的、解脱的，它只是不动声色地概括出我们无法回避的生存实在。它没有意象的洪流，没有暗示和象征，构架的逻辑几乎严谨到科学文献的地步，一切纤毫毕露，成为一种‘质的知识’它超越了想象、隐喻而直抵生存状态的极点。”这实际上正是对河北诗坛尤其是年轻诗人们的有力提请。对于河北诗坛的新生代诗人，陈超一直语重心长，鼓励有之，鞭策有之，警醒有之——“杨松霖及与他年龄相当的一批青年诗人的出现，给河北诗坛添进了不同冲动的异质性。在未来的日子里，他们‘必须挖井’，而真正的永恒的泉源，显然很难找到。”

正是出于对河北青年诗人不够“先锋”的热望和不满，陈超在评论中敢于说真话。这是非常难得的，对于同处一个省的密切接触的诗人能够说出真诚的话是对一个批评家的考验。1987 年陈超对青年诗人杨如雪（当年二十二岁，原名杨平）前期诗歌的不满正是代表了陈超对河北乃至当时中国诗坛年轻写作一代的清醒认识：“我读了她的一些诗，有时感到一种审美上的疲惫——一切已经被别人揭示过了。语言效果表面的变构，在她成了一种负担，而对目下流行的所谓‘感觉诗’，也是一种量的增加。我曾经想，如果生存、人、文化这套链环不能同时在她的诗歌结构中得到整体性把握，那么她将自生自灭在自身所依恃的那点‘灵气’中。在相当多的时候，幻象的获得并非来自真正意义上的精神的丰富，甚至相反，到可能孕发于内心活动的畸形和贫弱。”（《在空洞中接近神圣》，《诗神》1988 年第 2 期）这段话说得不无尖锐也不无中肯，很多诗人面对这段话都应该脸红耳热、羞愧不已。而这正是刚刚三十岁的陈超毫不遮拦说出的，只有把诗歌和诗人视为生命甚至比生命还重要的人才会说出如此的“箴言”。鞭策就是鼓励。当 1987 年一个渐渐寒冷的秋日的黄昏，青年诗人杨如雪带着她刚刚写完的诗作《爱的尼西亚信经》再次敲开陈超家门的时候，陈超带着惊喜读到了一个正在成长中的女诗人的潜质和崭新的质素——超越幻觉和忧郁而抵达了生命的深层水域：“《信经》的贡献在于，它既不否定，也不肯定，而是一种涉过二元对立结构后的整体性包容。我以为对真正的诗歌而言，我们很难剥离解析出它是乐观的还是悲观的。它应该像山一样存在着，是那么自信自足，那么轻松沉重。《信经》当然不能达到这种火候，但我们还是从中感觉到年轻的诗人面对缪斯那虔诚的、微微战栗的面容了吗？也许山还很远，但路径对头就有希望找到。”

陈超作为一个优异的诗评家真的是独具慧眼的“斫轮老手”，读诗非常精准，当年他给予肯定的这首诗《爱的尼西亚信经》成为杨如雪的代表作。不只是杨松霖和杨如雪，当时河北的很多中青年诗人都曾受惠于陈超的评论和为人。尼西亚信经又译做尼吉亚信经或奈西亚信经，是传统基督教三大信经之一。值得提及的是，此时的陈超已经对宗教哲学发生了极其浓厚的兴趣。

“焐了的麦子不发芽”：陈超与河北现代乡土诗

河北一直是盛产“乡土诗歌”的大省，刘章、姚振函、刘小放、刘松林、刘向东、刘福君等是不同时期的代表人物。陈超一向被指认为先锋诗论家，对河北的先锋诗坛起到了不可替代的作用，而陈超包括对乡土诗歌的评论与研究却为人忽视。其中陈超与姚振函、刘小放、刘松林、刘向东等“乡土诗人”的诗歌交往更是呈现了那一时代乡土诗歌的真正底色。

在河北老一代诗人中，姚振函（1940～2015，生于河北枣强南吉利村，1967 年毕业于北大中文系汉语言专业，居河北衡水）与陈超关系最好，而陈超猝然离世时姚振函正躺在医院的病床上，浑身插满了管子。姚振函说过：“河北只要有陈超在，任何从此经过的诗人都不敢昂着头。”这句话不仅让诗人们深深认同，而且今天再回味这句意味深长的话不免让人唏嘘。

我与姚振函仅有一面之缘。那是 2007 年 4 月 21 日在廊坊师范学院为邵燕祥举办的研讨会上。姚振函被搀扶着走进会场，他的背驼得厉害，人也极其瘦弱，可是眼睛却矍铄有力。他的诗歌有燕赵的骨气和热度。晚年的姚振函调侃地把自己的书斋命名为“坡坨斋”：“这里的坡，跛也；坨，驼也。坡驼二字连在一起，即暗合了我生命形状的畸弱和不堪一击，又明示了我的这些杂乱文字的不正规和不成体统。它们到底和文学沾多大边，我心中无底；文采和深刻更不敢奢望。唯一聊以自慰的庶几还算真实。如今返身读着它们，时而如同重历，时而唤起新悟，时而不禁莞尔。庆幸身后留下这些或清

晰或模糊的影子，使自己没有挥霍掉这一段本来很容易虚掷的岁月。”（《坡坨斋笔记》）

1987 年，姚振函被借调到当时位于虎坊路甲 15 号的诗刊社。在 2 月的一个夜晚，寂静无人的院子里姚振函在五层楼的办公室兼宿舍一口气写下了那首后来流传甚广的《在平原，吆喝一声很幸福》：“六月，青纱帐是一种诱惑 / 这时你走在田间小道上 / 前边没人，后边也没人 / 你不由得就要吆喝一声 / 吆喝完了的时候 / 你才惊异能喊出这么大声音 / 有生以来头一次 / 有这样了不起的感觉 / 那声音很长时间在 / 玉米棵和高粱棵之间碰来碰去 / 后来又围拢过来 / 消逝 / 这是青纱帐帮助了你 // 若是赶上九月 / 青纱帐割倒了 / 土地翻过来了 / 鳞状的土浪花反射着阳光 / 你的喉咙又在跃跃欲试 / 吆喝一声吧 / 声音直达远处的村庄 // 这是另一种幸福 / 更加辽阔。”在陈超看来，从这时起姚振函的诗歌写作真正进入了一个新阶段，在思辨和省察后重新发现了“个体主体性”，恢复了本真的生命意识和生存状态，在跋涉中找到了乡土诗的又一个隐秘的出口。接下来的几天，姚振函又写了五首关于平原的诗，后以《感觉在平原》为题刊发于 1987 年 5 月号《诗神》。1982 年 2 月《诗刊》发表姚振函的长诗《三个诗人和一个大寨》，尽管这首诗有着那个时代特有的痕迹，但是在艺术上而言已经显现了诗人的一些独特的思考。敏锐的陈超就是其中最早的发现者并对此诗予以了较高评价。二十多年后姚振函认为有三个诗人对该组诗的评价最具代表性，其中就包括陈超。1989 年 10 月 25 日《文论报》发表陈超的文章，认为《感觉在平原》这组诗是“一无依傍”的“纯诗”，“纯诗”的提出显然在 20 世纪 80 年代的诗歌语境中显得不合时宜，但是具有绝对的重要性和提前性。这是真正诗人批评家的远见卓识和精敏所致。换言之，当代诗歌曾经依傍的“非诗”的东西太多了，实际上后来的先锋诗歌也是走上了这条老路——过分追新逐异导致的是“空无一物”，而与翻新的乡土面貌的政治抒情诗如出一辙：“从题材上粗粗一看，《感觉在平原上》和原来的农村诗没有什么不同，但是细究起来，二者还是差别很大的。实际上我以前写的农村诗，不过是一种乔装打扮的政治抒情诗，是意识形态的肥料催生出的花朵。我写播种，写浇地，写农民和土地的关系，实际上就是歌颂农村的大好形势，歌颂党在农村实行的改革政策，在作品背后支撑着的不过是一个大概念。”（姚振函《遥想二十年前那一声“吆喝”》）正是姚振函和陈超同时意识到意识形态化的乡土诗的弊端，姚振函开始在反思中完成现代乡土诗的转型，去除概念和伪饰，对真实和存在予以还原：“我常常在真实和存在面前久久发呆。那些自然存在物，那些普通得毫无特色，朴实得毫无光彩的事物，常常是我凝视的对象。”（诗集《感觉的平原》的封底折口）待后来姚振函出版诗集《感觉的平原》（花山文艺出版社，1991 年版）时，陈超又撰文《平常心——为姚振函〈感觉的而平原〉“定性”》。陈超对姚振函的转型意义的具有“冒险家”“造反者”“革命者”精神的现代乡土诗歌的评价无论是在当时还是今天看来都具有切实而重要的理论价值和实践意义：“姚振函是冒险家，打从 1985 年以降，他将自己置放在要么绝对纯粹，要么枯燥到令人不能卒读的境地。”“姚振函的诗从骨子里说是拒绝释义的。它们淡到几乎没有‘意义’。所谓言之无物。甚至几乎没有修辞。也不是为澄淡空净的风度而写作。因此，我们无法在同一操作规则上，将他与别路诗人比较。至玄至妙，非言所及？不，它的是不玄不妙，反倒是过分直接、透明。你的阅读方式遇到了老实人的挑战。所谓大智若愚。那么姚振函的诗还剩下什么呢？诗本身。

在剔尽了其他目的以后，诗歌自身就成为一个目的。所谓为诗而诗。”（《平常心——为姚振函〈感觉的而平原〉“定性”》）陈超在评价姚振函现代乡土诗的特点所指出的五个方面，对于今天的诗歌写作而言仍然具有操作意义——反思辨、反修辞、反诗眼、反易感、反阐释。

陈超在研究刘章、姚振函、刘小放、刘松林、刘向东等现代乡土诗人的时候，不仅倚重他一贯精准独到的文本细读能力，而且在“生命诗学”的强化中考察诗人与环境、地缘文化和文学传统之间的内在性关系，而且时时有新的发现。自然环境对人的影响不言而喻，聂鲁达就曾说过：“我在多雨地区形成的迟钝，以及我长时间保持的沉思默想的习惯，持续了比所需要更长久的时间。”家庭环境也是如此，伊丽莎白·毕肖普漫游和漂泊的一生与其抑郁症父亲的早逝以及母亲的精神病都有密切关系——无依无靠、难以安定。

环境与人以及文学是共生的，尽管具体到个人来说这一共生结构会更为复杂。比如陈超对姚振函等河北诗人与“平原”之间的生活与文化关系的考察就具有代表性：“位于冀西、冀北山地和渤海之间的河北平原，地势平缓而开阔。这是经历了千百代地质沧桑变化后，自然造化而成的灵秀之地。生活在这片土地上的孩子们，深深钟情于自然的馈赠。相对于酷烈边地和贫瘠山区的人们来说，平原人与自然的关系不是冲突的，而是和谐的。姚振函诗中人与平原间醇厚、亲昵的诗意是受惠于平原人民对土地的感情的。他诗歌中安详、坦荡的气韵正是平原的气韵，他的阔大和深邃正是平原的阔大和深邃。从他的诗中我们看不到阴森悍厉的边地气度，听不到软语呢喃的江南情韵……他的平原没有神秘的幽动，而是宽宏开朗高远明净的。平原处处飘拂着诗人的意绪。”（《我看姚振函的诗》）这既是对姚振函的个人评价，也是对以其为代表的“平原之子”一样河北乡土诗人一些共性质素的揭示。当然，在对河北乡土诗歌的观察、追踪和精细剖析中，更让陈超欣喜的则是乡土诗的“新变”和“现代性”：“我从八八年开始，已感到了乡土诗悄悄换血的迹象。到今天，它带给理论的负荷已经足够大了。简单地说，过往的表面乡土气息已经为更为深展的家园感，或者说是根意识所取代。在形式上，也更为纯粹、坚卓。它们构成了一种比较强烈的现象”（《焐了的麦子不发芽——关于乡土诗的对话》）。陈超尤其侧重于诗人个性的差异性研究，每个诗人不同写作阶段的转变他都会投注更多的关注和省思，比如陈超注意到姚振函后期在“元诗”和“反诗”方面新的探索。

时隔没几年，陈超在与刘小放的对话中指出从 1988 年开始现代乡土诗有了悄悄“换血”的迹象，即过往的表面的乡土气息正在转换为“出而不弃，入而不合”的家园感和根性意识，而在形式上也要更为纯粹、坚卓，而尤其是在到处充满工业奇迹的情势下如何能够既是乡土的又是现代的则是对新乡土诗人精神深度的一个不小的考验。刘小放作为乡土诗人更是在创作中切实感受到“写了这么多年，发现有大量的乡土诗包括我本人的，恰恰由于太贴近表面的东西和气候，而发生了倒伏，像颓倒的麦子贴在泥土上，反而失去了它的生命力和清香”。陈超与刘小放共处一城，按照陈超的说法两个人隔个十天八天的就要“聚首吹牛”。“每每在我的牛皮吹得不结实时，他才慢悠悠地谈到他的故乡，却显得狠歹歹的，眉毛扭得乱糟糟一团。慢悠悠的语流和狠歹歹的表情极不和谐，开始让我觉得好笑，渐渐我被他感染了，我理解了他对故土那近乎疯狂、近乎残酷的爱情！他讲渤海滩、讲大草洼、讲土匪、讲烈马和犊牛、讲苦难的红荆和红荆般坚韧苦难的父老乡亲。”（《血酒》）当时刘小放的组诗《我乡间的妻子》（《诗刊》1982 年第 9 期，包括《庄稼院里的女王》《屋梁上，有一窝燕子》《试鞋》《明天，我要回城里上班》四首）以及诗集《我乡间的妻子》《草民》《大地之子》作为新乡土诗的代表在全国产生了极其广泛的影响：“她从田野里归来 / 身上染着草叶的清香 / 纯净的露水打湿了衣角 / 脸上闪着宝石似的汗光 // 给小猫，逮回一串蚂蚱 / 高高地插在草帽上 / 给小妮，掐来两朵野花 / 美美地别在两鬓旁 // 啊！我质朴的妻子 / 庄稼院里的女王 // 回到家，放下耙子抓扫帚 / 鸡围她转，鹅绕她唱 / 大灰兔向她行着注目礼 / 猪圈里，一群小崽前呼后嚷 // 她行使着神圣的权力 / 乐滋滋地来回奔忙 / 提着沉甸甸的食桶 / 挥着铁勺当指挥棒 // 啊！我能干的妻子 / 庄稼院里的女王 // 她围着古老的锅台 / 天天谱出深情的乐章 / 灶膛里点着红荆野蒿 / 蒸得棒子面饼子喷着清香 // 每天，为父亲烤好旱烟叶 / 每顿，给母亲送上热饭汤 / 夜晚，她把月光搓成思念的带子 / 遥遥地、遥遥地投到我的前窗 // 啊！我贤惠的妻子 / 庄稼院里的女王”（《庄稼院里的女王》）复沓回环的“我庄稼院里的女王”有一种天然的戏剧性，庄正而幽默。

“跳出乡土而又返观乡土”，不再单单局限于“乡土情结”“田园风光”“炊烟袅袅”而是注入新的生命体验和文化因子，这是当时河北的乡土诗传统注入的新鲜的质素。这是对“乡土”的重新发现，诗人也由此找到了“自身独异的矿脉而自我确立”（陈超语）。陈超一直追踪着刘小放的乡土诗写作的进程，其间有鼓励也有不满，当刘小放几年后写出组诗《村之魂》《大地之子》时陈超认为一个真正意义上的新时期的“乡土诗人”最终已经有力而完整地确立起来了：“我开始品尝到一种血酒的味道，它不是猛烈地灌醉你，它让你一口一口慢慢咽下去，带着土地的恒温，带着渤海滩野高粱的气息，带着东方型的笨重凝恒，带着草民们的血泪和这血泪结晶成的盐碱滩……也只有在这时，‘故乡’对刘小放的意义才陡然放大，那是一种自觉的民族文化归属感，是他生命的脐带，是他精神的根！”（《血酒》）是的，诗人不是为题材去写作被之限囿，诗人就是创造与发现的同义语。那么，从题材和诗人身份来说，根据诗歌的“发现性”这一要义来考量的话，根本不存在什么“乡土诗人”“军旅诗人”“打工诗人”。陈超正是在生命诗学和存在的意义上而非在封闭的“乡土诗”的限囿中谈论诗歌，是在文化观念、语言意识、生命经验和生存境遇这四个方面的相互激活的层面来谈论刘小放这样的代表性诗人：“刘小放几乎所有的诗都带有货真价实的身世感，他顽健地执着于童年和青年视角，通过自成系统的文本，向人们展示渤海滩土地深层的温度，展示草民们那卑微者的财富，展示北中国特有的浑重、粗粝、野蛮的文化性格。这样一来，他的诗就不再是一般意义上的‘恋土情结’，不是诗人向土地的寻找或选择，而是具备了生命血素、文化探求的，诗人与土地相互的选择和发现正是在这一点上，使刘小放的诗与那些把玩田园风光的老练的诗人们最终区别开来了。小放的诗是他生命的履历，精神的履历，生存—文化—人—语言在这里是那么忻合无间。当他占有了诗的高度，他就一次次划开膨胀的大动脉，放出滚烫的血浆，让它们漩流，直到鲜血流尽，他的诗才能作完！”陈超曾经专门谈到过诗歌与传统的关系，我甚为认同。我想到当年德里达关于策兰诗歌的一个访谈中说过的一段话：“但是继承并不是被动地接受已经在那里的东西，像某种财产一样。继承是通过转化、改变、移植而达成的重新肯定。……那是一种悖论，在他接受的同时，他也给出。他收到一份礼物，但是为了能以

2003 年，陈超夫妇与刘小放在铁凝家中

一个负责任的继承人的身份收到它，他必须通过给出另外的东西以回应那份礼物，也就是说，通过在他收到的礼物的身体上留下印记。”

我看到 20 世纪 80 年代中期陈超与刘小放和伊蕾的合影，三个人笑容灿烂，陈超的胳膊搭在刘小放的肩上。这是诗歌的信任，兄弟的信任。2017 年初秋，河北图书馆举行我的诗歌朗诵会，人群中我看到了刘小放。我上前，他紧紧地握着我的手：“你是陈超的学生，所以你的活动我要来！”

陈超离去时，刘小放在诗歌里痛哭——

这是此生
我最伤痛的时刻

岁在甲午10月31日凌晨3时
挚友陈超如一尊夜神
悄然登上三宏公寓楼顶
他从十六层的最高处
只是望了望夜空
便超然一纵

啊——呀——咳！
一声沉雷
太行抖
天地惊
燕赵悲
诗国痛
石门哀恸
滹沱泪涌……

陈超哇陈超
是什么扭曲了你的理智
是什么带给你难医的伤病
是什么遮蔽了你的目光
是什么冰冻了你的心灵
我把栏杆拍遍月钩望落
捶胸顿足仰天长啸——
陈——超——
我的好弟兄

再也看不到你身背挎包的背影了

再也听不到你语惊四座的谈吐了
再也领略不到你主持诗歌朗诵的风采了
你再也不能领着儿子与我们一同聚餐了

你那超常的记忆呢
你那天才的思辨呢
你那精彩的授课呢
你那金属般的朗朗笑声呢

陈超确实为生活和诗坛所累，尽管他终生最为钟爱的就是诗。2011 年 8 月，陈超在诗生活网站上发表声明："今年几乎每月都有相识和不相识的人要求作序做评，感到'不胜其累'，今后不再接受任何这方面的约请。"而早在好几年前，陈超已经因为写序感到非常厌烦了："近些年来，我总是'本能'地婉拒写序的请求，一则是我不认为自己有评说他人的兴致和义务，再则是我已陷入超强忙乱的写作生涯中，诸多计划中的文字竟无暇完成。"（李非非诗集《断流的黄河》的序言《心灵的活力和自由》）"今后要坚定辞谢一切人为的稿约，只写想写的。"（日记，2000. 11. 3）

1985 年，青年诗人刘向东（乡土诗人刘章之子）参加成人高考，考入河北师大中文系干部专修班。该专修班与河北省作协合办，又称"作家班"。于是，陈超又成了刘向东的老师，真正的是亦师亦友。自此，课堂上，校园里，小酒馆里，到处是陈超和这些青年诗人交谈诗歌的身影："诗人刘向东给我的印象是一把大铁锹，近一米九的身材，甩开手脚，走起道来撞出一阵风。面皮微黧透亮，脸阔口方，锹头是也。此人若生于乱世，可做草莽强人，但他却迷上了写诗。那一身蛮劲用到三寸笔杆上，应是有些局促，但刘向东却是抡开了。”（《让铁锹抡得更欢势》）陈超是国内较早在20世纪80年代初的大学校园里开设现代诗歌课并系统进行文本细读的。刘向东从师大作家班毕业后两年多，调到河北作协工作。这样陈超和刘向东的交往就更多了，两个人经常一起骑着自行车去书店买书，互相传阅、交流心得。每当遇到好书，另一个人又不在场，他们就会不约而同地多买一本给对方留着。有一次，两人见面的时候，分别从背包里掏出一本书送给对方。这时两人才傻眼了，两本书一模一样，当时就哈哈大笑。那时诗歌正热，刘向东以及河北作协也经常到师大举行诗歌活动，有时候铁凝也热情参加。那时，只要有陈超在场，所有的诗歌活动都充满了温暖和笑声。

1994年3月25日凌晨，陈超完成了关于刘向东新诗集的序言，后来工工整整抄写下来寄给刘向东。在这篇序言中陈超肯定了刘向东“乡土”诗的特质和发现：“如果说写诗就是给自己的灵魂盖一所房子，刘向东的这所房子，使用的材料可不是现代化的集装板块。他更乐于从他的故乡，那浑莽凝恒的古燕山，开采出一块块粗粝的青石，把它们安放结实。对故乡持久的迷恋，决定了刘向东的诗基本姿势不是前倾的，而是回溯，是追忆。他要歌唱的，不是即将‘到来’的东西，而是那些笨重壮硕、憨朴温热的快要‘失去’的东西。但刘向东歌唱的调性，又不是挽歌式的。一般地说，诗歌整体语境构筑于回溯或追忆之上，诗人往往会以失落、惆怅的情致贯穿经络，这几乎是相沿不替的种族审美性格。”“刘向东是固持于货真价实的本土写作者之一。一部中国诗歌史，概言之，可分为‘诗经语型’和‘楚辞语型’。前者拙朴，后者峭拔；前者重于内敛，后者重于抒放。当然这仅是审美感受而言。对民族诗歌精神共时体的体悟，使刘向东后来的诗，逐渐形成一种溶凝重与浩荡于一体的风神。像《燕山幽幽》《白洋淀》等长诗，就是这种风神的体现。倒不是由于他在一些诗中美妙地写了国风式的土风民谣，而是他的大部分诗，从骨子里表现出的那种对具体事象的朴素叙述能力。我一直认为，这是刘向东最见本领的地方，也是他的价值所在。”更为重要的是陈超也指出了刘向东的乡土诗实践存在的问题：“刘向东的诗，长处与短处相伴而生。我以为最值得诗人自我省察的地方是，他对自己所歌唱的东西，还缺乏更锐利的批判精神。对土地和劳动者的歌唱当然是诗人的使命和光荣，但诗人刘向东往往在此体现出一种全力沉浸般的不能自已。我反对那种简单化的‘批判精神’，那种以惊人之论和偏激之辞使诗歌‘深刻’起来的弑父者。但我认为，一个优秀的新乡土诗人，能够也应该在其写作中整体包容歌颂与批判这个复杂的应力模式，使诗变得更为深展、坚卓，成为复杂经验的聚合。我希望刘向东今后的写作能体现这种‘聚合’。这也是更高意义上的‘回溯’或‘追忆’题中应有之义。”当然这不只是针对刘向东个人创作的，而是就当时此类诗歌的整体现象：“新时期以来，众多乡土诗人铸形宿模，延续了这路‘感伤乡土诗’的语境。众口一声的挽歌合唱，天长日久渐渐损坏我们的听力。”

多年后，大约是 2001 年左右，我给刘向东的诗集《母亲的灯》写了一篇书评，写完后给陈超过目。他说写得不错，应该给刘向东看看。我当时哪有那个胆量，这篇书评在河北的一家报纸发表了。后来我对刘向东提及此事，他说当初为什么不给他看看。如果那样，我和刘向东的结识起码要早上十年了。

韩文戈，丰润人，河北诗人中最安静扎实的写作者。1985 年韩文戈与陈超相识。韩文戈说几十年来自己的诗歌成长的很多重要节点与变化都离不开陈超老师的点拨。早年陈超对韩文戈诗歌的印象是

1990 年，陈超与大解、韩文戈、胡茗茗等诗友在石家庄

2006 年，陈超与大解在内蒙

“玉坠儿”——很好看，也很精巧，但也仅仅是如此。韩文戈的妻子是李南，与陈老师交往也已经有三十多年。李南曾见过陈老师喝得烂醉如泥的时候。年轻时陈超酒量确实惊人。程光炜有一次对我提起当年他们的诗歌往事，说陈超喝白酒都是用大海碗。“整个 20 世纪 80 年代给我的记忆与诗歌有关的还有全国地下诗人到处跨省‘串联’，瞎喝劣酒，疯子一样聊诗。你的诗写得大家服气，你可以到处混吃混喝，这点是有中国特色的先锋主义。哈哈，一批人的肝儿和肾就是那会儿喝‘坛’的。”（陈超《回望 80 年代：诗歌精神的来路和去向》）李南对 80 年代河北诗人的饮酒史也做过约略的记述：“大解比我大几岁，但我既没有叫过他老师，也没有叫过他诗兄，总是没大没小的直呼其名。那是一个诗歌繁盛的年代。我们同住在霞光街十号，对门。早晨一起吃饭，我煮好了的方便面，盛上，再叫他。时常有外地诗友跑到石家庄找我们喝酒，大解、杨松霖、陈德胜、李津生，间或也有边国政、陈超、周力军，往往是一场酒喝到东倒西歪才散场，那时大部分人还青春年少，酒后难免哭哭笑笑、发发疯，记得王建旗、赵云江二兄在喝高后，就可爱地耍过酒疯。虽然酒桌上大解豪气冲天，时不时叫板对方‘服不服?’，却从没见他耍过酒疯，可见他的海量和涵养。”（《吾师吾友吾兄》）看看 1990 年陈超写的诗《醉酒》就能略知一二了，但是陈超喝酒是比较有节制的，喝醉的时候不多。

像老朋友韩东说的那样
在所有的愿望中我有个喝醉的愿望
万事如麻我一再延误
今番它袭来得出人意想

眩晕中我听到神经列队轮唱
朋友们的安慰却仿佛听不到声响
在我与“他们”之间被什么分开
七张嘴在动——有如隔着厚玻璃窗

快乐啊，我脸贴着春天的泥浆
博物馆、民警、女工在倒影里奔忙
连命运对我也莫可奈何
它知趣地待在中山东路一旁

我看到另一个“我”跨入密室
把台灯打开写下简单憨实的诗行：
唯一的愿望是喝醉一次的愿望
是卡通片中戴宽边帽的侠客的愿望

2000年秋天，在陈超给我们上完课后，我谈到读到他《红黄绿黑花条围巾》的感受。我说非常喜欢这首诗，温暖忧伤的回忆和青春岁月的响亮回响交织在一起。陈超嘿嘿地笑着说：“俊明，好多人都说喜欢这首诗，我自己也很喜欢。”

这首诗写于1994年的1月2日：

今晚大雪飘摇 / 眩晕使我暂时退出朋友们的酒局 / 大街上出租车放慢了速度 / 汽车前灯照出束束 / 不胜酒力的雪花 / 和在酒光四射中摇晃的裕华路 / 一个穿军大衣的少妇 / 怀抱一摞书籍走上便道 / 她的头微微仰向天空 / 承接着脸上融雪的快乐 / 红黄绿黑花条围巾裹着她的脸 / 在路灯和雪阵的映射下 /

闪出清洁白皙的柔光 // 大地像一张旋转的 / 密纹的胶木老唱片 / 以微微抖颤而失真的音质 / 唤回我自律与单纯的青春岁月 / 八十年代老式的花条围巾 / 一种老派的围法 / 一张成熟美丽的脸 / 让醉酒中的我踏实，又猛地一震 / 感到我的生活和心 / 好好的没变

又是冬天，又是大雪纷飞，诗人喝了一些酒，周遭变得模糊起来，而一些细节和记忆却被再次擦亮。在眩晕中，汽车外的现实和灯光摇晃中的往昔一起奔涌过来。这是对20世纪80年代的追忆，也是对真实内心隐忧的自我激励。一条老式的围巾在冬夜是温暖的，但是那一次次令内心惊悸的时刻也并未远去。

第六章 | PART SIX

精神肖像：生命源始或宿命般的抚慰

无数个深夜，当我心力交瘁时，我会反复深入到我崇拜的大师里尔克的精神氛围中，这种空的满，灭的生，有如尖锐的冰凉的刀片，划开我的心，让它流出鲜热的本质。这样，我会得到一种近乎宿命般的抚慰。

——陈超《宿命或抚慰》

特意途经了
诗人陈超的家
那栋十六层的房子
涂着凡·高的黄
刚刚认识没几天
他便从楼顶上跳了下来

——刘年《石家庄》

每个诗人和写作者都在文字累积中逐渐形成“精神肖像”，而在陈超经由日记、书信、照片、诗歌和诗论所建立起来的精神肖像中总是不由自主地浮现出一些俄罗斯诗人清癯沉暗的影子。这是精神和性格上的共同性使然——嘤鸣求友：“从他的许多照片和他父亲的画像中，我们已经很熟悉他的脸庞：黝黑、忧郁、富于表情，带有鲜明的民族特征。他说起话来慢条斯理，声音低沉而单调，始终保持同一声调，发出一种介于蜂鸣和风笛低音之间的声音，那些见过他的人几乎都提到了他的这个特点：每一个元音都拉得老长，就像柴可夫斯基歌剧中凄婉哀怨的咏叹调一样，只不过底气和力道更足罢了。”（以赛亚·伯林《个人印象》）以赛亚·伯林说的这个人正是帕斯捷尔纳克，陈超在《生命诗学论稿》中数次与他精神对谈。

我想到当年苏珊·桑塔格描述的本雅明的不同时期的肖像，这些发生了细微甚至明显变化的影像正揭示一个人不断加深的忧郁，那也是对精神生活一直捍卫的结果。“在一九三八年夏天拍的一张照片中（这是本雅明在布莱希特一九三三年后流亡丹麦期间几次拜访他的最后一次），他站在布莱希特的屋前，这时的他已经四十六岁，略显老态了，穿着白衬衫，打着领带，裤子上挂着表链：一副松弛、肥胖的样子，恶狠狠地瞪着镜头。另外一张一九三七年拍的照片，本雅明坐在位于巴黎的国家图书馆里。可以看到他身后不远处一张桌子前坐着两个人，两人的脸都看不清。本雅明坐在右前方，可能是在为他写了十年的关于波德莱尔和19世纪巴黎的著作做笔记。他在查阅左手托着的一本摊开的书——看不到他的眼睛，可能是在看照片的右下角。”（《在土星的标志下》，姚君伟译）

陈超所在的三宏公寓客厅的墙上挂着一把老式猎枪，或者是舞台上的仿真道具枪。我很多次都想把它从墙上拿下来摆几个姿势照相，可是这个愿望没能实现——据说当年铁凝也对这把猎枪很感兴趣。墙角倚靠着一个老式的巨大木车轮，上面钉满了金属铆钉，有些早已经生锈。客厅东墙的木架子上放着两幅外国作家肖像，陀思妥耶夫斯基（1821～1881）和里尔克（1875～1926）。陀思妥耶夫斯基和陈超是一个星座——天蝎座。这两个作家能够显现出陈超的思想资源和精神生活的内里。对于一个人的精神来说这是宿命也是抚慰——宿命般的抚慰。这使我想到的是里尔克的诗句：“我怎能制止

陈超肖像（杨松霖画）

我的灵魂，让它 / 不向你的灵魂接触？我怎能让它 / 越过你向着其他的事物？ / 啊，我多么愿意把它安放 / 在幽隐的任何一个遗忘处，/ 在一个生疏的寂静的地方，/ 那里不再波动，如果你的身心波动。/ 可是一切啊，凡是触动你的和我的，/ 好像拉琴弓把我们拉在一起 / 从两根弦里发出‘一个’声响。”而“从两根弦里发出‘一个’声响”，这就是伟大的知音共时体在轰鸣。

记得 2000 年第一次走进陈超当时在红军路 15 号的住所（3—1—201）时，在他略显沉暗的书房我看到了一幅朋友给他画的肖像。多年后我才知道这幅画是杨松霖画的。按照杨松霖的说法这幅画作于 1986 年左右。那幅画的背景是黑夜，远景是一个人正在赶路的背影，近景则是陈超的肖像。这是一个守夜人，“深深沉入夜幕之中。像一个人有时沉入冥想一样，就这样完全沉入了夜色。人们都睡着了。……而你正在看守着，你是一个更夫，你挥舞一根从你身旁堆起的燃烧的柴枝，发现了你最亲近的人。你为什么要看守呢？据说必须有个人看守，必须有个人在那儿”。（卡夫卡《夜晚》）在光明与黑夜、迎击与转身、正面和侧面的交织中所呈现的恰好是陈超一生的精神底色，“夕阳闪烁的金点将我的悒郁镀亮”“有一道暗影就伴随一道光芒”（《秋日郊外散步》）。红军路的那个宿舍房间不大，且色调有些灰暗。2005 年 6 月 29 日，陈超一家终于兴高采烈地搬到了离河北师大西校区更近的三宏公寓。搬来新家，陈超的感觉是“极佳”，还感叹如果一辈子都住在红军路简直是太冤了。

关于当年红军路的这所老房子，离我师姐王露霞工作过的河北省人民医院很近。第一次我去的时候已经到了 2000 年的秋天，一进到院子里就看到西北角一大堆沙土上有一个老碾盘，很多孩子在那里打闹。院里有几棵高大的泡桐树，因为是深秋早落光了曾经阔大的

陈超书房

陈超书房一角

叶片，光秃秃的，“这个上午安静得有些异样 / 我听到了久违的麻雀啁啾 / 妈妈用小布袋拎回了夏天最后落架的扁豆 / 而泡桐树下似乎缺了点儿什么——”（陈超《安静的上午》）。第一次和陈超吃饭也是在院子外面不远处的一个小酒馆，但是里面很干净，第一次喝的是啤酒。当搬离这个院子时，不舍和留恋是不用多言的。陈超曾经把这一刻写进了诗里——

西西在收拾厨房
刮干净油渍的灶台
阳光邀约了高大白杨的树影
静静地搭在她淡青色的围裙上

对就要告别的老窝
她如此恭谨，殷勤备至
一半出于留恋
一半出于好心
搬空的房子，明天
还要由施工的河南民工暂住

后来，搬到三宏公寓就方便多了，这里距当时河北师大在红旗大街的校区很近，陈超上课来回的路上省去了好多时间。

再次回到 1986 年。陈超的一次西部行走更像是精神层面的自我寓言和灵魂显影，而这一寓言和显影的时代背景似乎更为令人心惊：“1986 年深秋，我来到了中国西部。在铁路沮丧地收回了它的双腿的地带，我第一次面对这粗粝、孤绝、阴沉和无垠的本真自然。我一直生活在内地，那种人群嚣嚷、物欲和技术正走向它的暴政的情势，使我时时感到要呕吐什么，拆毁什么的行动欲望。当时，我摆脱了同行的朋友，只身一人，在夜幕哆嗦着垂直降临后，走到远离灯光的缓坡上。这时，天地混沌一片，沙漠风像几万只失败的狮子一齐啸吼！霎时间，我被自然的压迫感和恐惧感激励得发抖，仿佛到了宇宙的初创期，无限扩展的时间和空间一下子停滞了！我的心，我的天灵盖，仿佛被伟大而神奇的自然削去了！它加深了我的生命，扩大了我心中的黑暗，它成为我生命的一部分。西部的地貌对应了我久久淤积于心，而又说不出来的最隐秘的部分。”（《生命体验与象征》）诗人再次在深秋，在西部，在象征的景象中重新回到生命的原始状态。这既是大地上的行走，也是精神仰望向上的天空的旅程。攀登与向下，本质上都是同一条路。但有时候诗人又不得不处于自我确认和放逐、悬置的尴尬困境之中，寻找与放逐有时候就是如此地浑然一体，这在20世纪80年代的诗歌写作中更是如此显豁：“我深深感到一种放逐。实在世界退隐了，天空太高，我攀不上去；大地太污浊，我难以触及更深的层面。”（《生命体验与象征》）

怀疑主义和理想主义是身体的左右臂膀。

在陈超的书桌上曾长时间压着一个字条。这是苏格拉底和格劳肯之间的对话：

> 当格劳肯听到苏格拉底描述理想的生存形式后，反诘道：“苏格拉底，我不信在地球上的什么地方有这样一座上帝之城。”
>
> 苏格拉底回答说：“无论天堂中有没有这样一座城市，或者地球上有没有这样一座城市，有智慧的人都将循着这城市的方式而生活，并以此装点自己的家。”

而格劳肯和苏格拉底的对话和互相的盘诘，也正呈现了陈超多年来在学术研究和诗歌批评甚至是诗歌写作中所长期坚持的一个准则，对历史怀疑主义和理想主义的双重坚持。写作在陈超这里已经不再是单纯的精神生活，而是成为了生命中最为核心所在。每个诗人都必然处于日常生活之中，尤其是在20世纪八九十年代，这甚至成为诗人写作的命题，因为“日常生活”在宏大的集体化时代、政治文化流行和意识形态语境中一度是被“事件”所遮蔽的，“事件意味着生活的中断，日常钟摆的突然停止。事件的发生是瞬间的，短期的，但它却能产生长时间的影响，改变原有的日常生活，带来另外一种不同的生活”（崔卫平《诗歌与日常生活——对先锋诗的沉思》）。将诗人的视线从高渺的乌托邦拉回到凡人生活和家中，这种意义不亚于重大的精神风暴。质言之，以往的诗歌写作是整体意义上反日常、反生活的“事件化”写作，而这也必然是反人性的。当面对日常生活的时候，作为精神生活的诗歌也必然要对之进行处理，而不是回避，这也就是后来陈超不断强调的“以具体超越具体”。诗歌来自日常生活但是又不被日常生活所吞噬或者遮蔽。随着宏大时代的结束和日常生活时代的降临诗人又容易走向另一个反面，即将自己降到比日常生活还低，甚至忽视当下的身边日常而将视野投向了所谓的“远方”（“别处”）“流放”，“生活中并不是所有行为都需要有创造性的思维。外面的世界又能怎样？在今天，‘流浪’所到之处已经没有想象中的旖旎风光。古堡、田园、森林，而仅仅是从一个人家到另一个人家，从一个公共汽车的站牌到另一个公共汽车的站牌。最大的‘冒险’莫过于乘坐地铁，到小酒馆喝啤酒，吃火锅。除此而外，就是另外一些人的日常生活，全世界的人都在过的那样一种日常生活。各人有各人的事，各人有各人的烦恼、孤独与快乐”“‘流浪’是一种撒娇。对全社会、所有人、制度本身的撒娇”（崔卫平《诗歌与日常生活——对先锋诗的沉思》）。诗人与日常生活的关系尤其是在一些高度政治化甚至极权国家会表现得更为复杂，“伊凡·克里玛，就曾向美国小说家菲利普·罗斯表示：捷克作家需要和普通日常的生活打交道，尽管他们会各自采取不同的介入方式。例如哈谢克和赫拉巴尔这两位，总是‘把大量时间都消耗在烟雾缭绕的小酒馆里’”（李晖《与生俱来的恐惧和希冀》）。这实际上回到了写作者（包括各种艺术家们）的精神生活和日常生活的关系：“捷克作家总是和普通人民日常生活打交道，这既适合于过去的伟大作家，也适合于当代作家：卡夫卡从没有不去做一个办事员，恰佩克是一个记者，哈谢克和赫拉巴尔把大量的时间花在烟雾弥漫的小酒馆里。赫鲁伯从来没有离开他作为一个科学家的工作，而瓦楚利克执着地避免将他从最普通的市民生活中拽出来的每一件事情。当然，因为社会生活的改变，作品的主体也将改变。但我不敢肯定这是否意味着我们的文学将必然地对局外人变得兴趣寡然。”（伊凡·克里玛《布拉格精神》）也就是说写作的人具有玛格丽特·阿特伍德所说的“双重生活”和“双重身份”：“一个指的是没有进行写作时所存在的那个人，做一些譬如遛狗、按时吃面包、去洗车店洗车等再寻常不过的事情的那个人；另一个人的存在则较为模糊、不明确，虽然与前一个人共享同一个躯壳，当无人注视的时候，会占据这个躯壳并用它来进行实际的写作。”（《与死者协商：一位作家论写作》）而博尔赫斯关于“日常的我”与“写作的我”有时候也会发出看起来匪夷所思的疑问：“我搞不清楚我们两人之中是谁写下了这篇文章。”

在教学工作之余，在照顾年幼的孩子和年长的母亲以及岳父的长年累月的辛劳中，陈超只有在夜深人静的时候才会捶捶自己的后背。陈超和我说过，有几年是他一边写作陈扬一边趴在他身上玩。在一方书桌前静下心来面对灵魂的隐忧，面对语言的盘诘，面对精神的高峻与寒冷，“周天寒彻的十二月，雪在峰巅闪烁。我面对它，恍如发现了人与诗这一伟大关系的隐喻”。我对陈超的这句话颇为认同，有时候诗人的创造力与周边事物有着极其密切甚至天然的关系，面对高迥之物，诗人的精神视线必然被抬高了。2015 年夏天在飞机经过连绵的西藏群山之巅时，阳光将山峰都转换成了金顶，那深深的沟壑里几乎连荒草都没有生长。在如此苦寒之地，诗歌和宗教必然携带了生命如此珍重的负担和仰望转山一样的希冀。

陈超的很多诗作和文章都是在夜晚完成的，尤其是深秋和冬天，时间以萧瑟和清冷撞击着书卷。这是时间的挑战，也是随时间而来的智慧。隔着窗户，北方愈加灰暗和萧索，而内心和书本则成为一个安放灵魂的场所。与雪和寒冷对应的必然是光芒与火焰。这同时出现在陈超的日记、诗歌和文论之中，这是一种燃烧、救赎，也是焚毁与消失前的最后的亮光：“我的心又一次回到火光深处。在我持久的写作中，火光这个词语，总是引起我的惊愕。作为的伟大元素，我知道它的出现，往往携带着与燃烧和毁灭有关的一切。它是光、革命、炽热、能量、破碎、耗尽、失败、冰冷、死亡。”（《火光》）

荒漠甘泉

我也必叫时雨落下，必有福如甘霖而降。

——《圣经》

在烈火中，瞻望你锻炼成精金的光荣日子。

——考门夫人《荒漠甘泉》

在考门夫人的灵修宣教的日记体著作《荒漠甘泉》中，她列举了十二个月的十二个重要关系组合。这不仅成为灵修之人的精神历练之门，也是包括陈超在内的自我精神修为的完整结构——患难与锻炼、试炼与勇敢、复活与牺牲、安静与坚定、信心与胜利、时间与信心、忍耐与服从、信心与乐观、慈爱与同情、信心与希望、信心与灵力、信心与祷告。从个体性格和精神象征的方面看，我们在陈超一生的生存和写作中感受到的是安静、坚定、患难、锻炼、试炼、忍耐、乐观、信心、同情、慈爱、勇敢、牺牲、复活。从陈超的诗学和诗歌的最终成就来说，他必然是一个被瞩望的精神复活者："你们的成就一定会被衡量，不是依照以往你们享受了什么、做了什么或者拥有过什么，而是依照你们最后的成就。所有伟大的成就都是基于高远的目标、伟大的理想、广阔的视野、渺不可及的想象。地平线那端的巍峨群山，或许现在它们对你来说太陡峭、太巍峨，但是它们就是你的人生的梦。不时高瞻远瞩的人最终发现他们已登临山顶，与蓝天接邻。"（《荒漠甘泉》）这段瞩望的话，这蕴藏的仰望未来与高迥的精神姿态，那在火焰和灰烬中淬炼的精神肖像，都可以在陈超这里得到有力的对称与呈现：“在超过我生命能够企及的高度之外，我依然坚信，它不会塌陷。因为，它的根深展地插入疼痛的大地。生命和生存与语言交锋的瞬间，有一种危险而可能的诗歌庆典。”（《从生命源始到天空的旅程》）

据刘向东回忆，大约在20世纪80年代，有十年左右的时间，陈超有一本极其重要的案头书，即美国存在主义和人本主义心理学家罗洛·梅（Pollo May）的《爱与意志》（冯川译，罗洛·梅还著有《焦虑的意义》《权力与无知：寻求暴力的根源》《创造的勇气》《自由与命运》《存在之发现》等）。陈超是在1987年读到的这本书的，然后几乎每年都要重读一遍乃至数遍。而之所以尤为偏爱这部书与他在细读和诗论中所强调的存在主义和人文精神以及生命诗学是相通的：“与那些热衷于由对临床心理治疗的个案阐述来命名时代总体性格状态的心理学家不同，罗洛·梅喜欢将心理学、哲学人类学、现象语言学、美学、伦理学、社会行为学作扭结一体的研讨。因此，这本心理学专业著作对大多数人文学科知识分子读者都具有高感性。我于心理学算不上专业水准的读者，但读罗洛·梅，却伴有强烈快感，几乎不存在阅读障碍（也可能有大量成分）。说到底，真正的杰作所探询的应是与人的存在密切的问题，它作用于我们的生命，击中了我们心智中最敏感的部分。我想说，《爱与意志》就是这样的书。”（《绕不过去的“老问题”——读罗洛·梅〈爱与意志〉》）陈超的耿直、率真和知识分子的品格是有目共睹的，这也是他独立人格的重要表征，也是对诗人和知识分子身份的有力维护。“他为‘病人’指出，精神生活的本质在于超越，‘超越’不是自矜的‘升华’，而是加人此时代正义而自由的优秀分子行列，使个人的自由与人类文明同步。而‘爱与意志’的重新获具，是人类（每个具体的个人）自保的首要前提。我们信任作者，正是由于这种开阔的历史意识，负责的理性精神，同时也建立于丰富的感性经验。《爱与意志》不仅仅是从理论中确证理论，而是从现象学的角度，由个别衍变扩展到一般——人与生存、自然、历史、社会、文化、他人之间的复杂结构关系。正是在这里，爱与意志被赋予了准确的细节含义。他不指望真理由强人长出，正义从神下视，而是相信具有良知和意志的卑微的个体生命，是重建爱与意志信心的基础。”（陈超《绕不过去的“老问题”——读罗洛·梅〈爱与意志〉》）

一个诗人和批评家，必须具有独立的人格。兹举一例。

李春雷（1968 年生于河北成安，报告文学作家，曾获得第三届鲁迅文学奖报告文学奖）比陈超小整整十岁。2005 年 7 月，他和陈超以及郁葱一起从石家庄坐火车南下到深圳领取鲁迅文学奖。尽管同在河北，但是李春雷与陈超的接触并不多，通过他后来写的回忆文章《远逝的“漂流瓶”》能够得到印证。其中大体的原因可能在于李春雷对“诗人”的惯性理解和刻板印象：“我上大学时，即听说过诗人陈超。那是文学盛行的年代，更是诗歌盛开的季节。他在河北师大中文系执教，左手创作，右手评论，无疑是河北诗坛的一颗巨星。他一头飘飘长发，一副厚厚眼镜，面色黧黑，显得高迈且冷峻，让我望而生畏。我想，诗人或许都是如此吧。”获鲁奖后，当时河北省布置李春雷写几个报告文学，年底时有关部门决定奖励李春雷带有创作补助性质的一万元。陈超却愤然抗议，认为得奖的又不是李春雷一个人，为什么只奖励一个人。但“风波”过后，李春雷和陈超的关系却更亲近了，因为李春雷发现陈超是“一个直率的人，一个纯粹的人，一个执着的人”。

2005 年，陈超与郁葱、李春雷、铁凝

陈超是圈内公认的难得的好老师、好朋友、好兄弟——“他骨子里高傲、高贵，极富个性，但他的为人却宽厚随和，善解人意。他幽默风趣、机智敏锐，具有很强的人格魅力”“我觉得他就像《红旗谱》里的朱老钟，那样强大，那样义气”（郭宝亮），“作为一个人，他的为人非常谦和厚道，并不像他的诗文那样高迈卓然，难以接近。在日常的言谈举止中，陈超的睿智和诙谐带有很强的亲和力，有陈超在的地方，人们总能爆发出笑声，因为他并不总是一本正经，或者说是很‘没正经’。他出言即幽默。这与他的修养深厚，为人平和，健康乐观的性格直接相关。他长得高大威猛，虎背熊腰，像是一头雄狮，但内心却非常善良、正直，不曾伤害过任何人。在诗学讲坛上，他满腹经纶，风范儒雅，却语出惊人，滔滔不绝，带有极强的灵魂杀伤力。这样一个教授，一个大帅哥，走在大学校园里，我能感觉到他的崇拜者眼神里流动的波涛，会把自己淹没”（大解），“我一直想，在今天一个纯粹的文人该是什么样子？应该就是陈超老师那样的吧。弃机心，绝俗虑，低调、桀骜且有人事与文学之初心”（徐则臣）。

确实如诸多朋友所说的，陈超是一个在交往中极其宽厚而纯粹的人，“和《他们》《非非》《倾向》里面的主要的诗人也都是朋友，从某种意义上也都超出了诗歌之外。至于他们之间的分歧对于我没有影响。比如我和周伦佑、杨黎都是朋友，他们之间有矛盾对于我来说无所谓。他们更多的也不仅是诗歌的矛盾，诗人的个性比较强，相处久了难免会这样。‘四川五君’和我都是朋友。钟鸣热情、才华横溢，欧阳江河无疑也是奇才，他俩之间可能有一点儿小小的过节，对于我来说无所谓。他们都不俗有趣就齐啦”（陈超《回望80年代：诗歌精神的来路和去向》）。正因如此，他的朴实、真挚的为人品行使得他结识了当代中国众多重要的诗人、作家甚至艺术圈的朋友。当年杨黎做他那本《灿烂》的时候专门从天津过来石家庄。孟醒石去车站接杨黎，问他最想见什么人。杨黎说：“我只见陈超。”后来孟醒石保留了陈超、杨黎和他三个人在醒石书店门前的合影——“‘废话教主’杨黎站在中间，嘟着嘴，表情很萌，右手搭在陈超先生肩上，左手搭在我肩上。那时的陈超身姿挺拔健壮，面容白净祥和，不像他去世之前，在长期失眠的折磨下，变得又黑又瘦，令人心疼。那时的我，比较瘦，留着长发，手拿一本黑色封面的书——陈超著《外国诗歌佳作导读》。照片的背景，就是醒石书店台阶。如果不说，没人看出，照片上的我，其实正处在醉酒失忆断片儿的状态。”（孟醒石《旁听》）可见陈超在很多诗人那里的重要位置。陈超是难得的良师益友，尤其在诗坛陈超是一股清流，“陈超这个人，没有半点儿让你觉得不舒服，没有半点儿”（燎原），“陈超兄依旧坐在我的对面，坐在2011年元旦前夕西溪湿地的某一个台阶上，那届‘天问·中国新诗新年峰会’是我和陈超兄在尘世里的最后一次见面。当时《读诗》才刚刚创刊，而诗坛却一如毫无改观的今天一样，浊流滚滚，又恰逢刚刚公布的‘鲁奖’结果，杰出的女诗人郑玲‘意料之外情理之中’的落选，当时的我因在意的东西太多反而蒙生怯意甚至退意，而正是陈超兄当时的一句‘不要在意他们，因为你比他们强大’的鼓励，让我得以心态从容地一路坚持到今天。而今，不仅《读诗》已出满了整整四年，还诞生了她的姊妹刊物《译诗》和《评诗》。《诗歌 EMS》也出到了 300 期”（潘洗尘）。对于青年诗人和评论家而言，陈超无疑是一个高大的榜样：“我和陈超老师见过两次面，都是在北京。第一次是 2007 年底的“青创会”期间，我和霍俊明到陈老师的房间聊天（霍俊明是陈超老师的硕士研究生），陈老师很随和，完全没有把我们当后辈。他谈到了当时做鲁迅文学奖评委的一些事情，以及对我刚刚出版的《朦胧诗以后》这本书的印象。可能是因为大家面对面不好批评，陈老师对我那本书表现出了一些赞许的意思，但也委婉地指出这本书里论述的诗人太多了，应该精简掉一些。他的这个意见，直接影响了我后来对《一个人的诗歌史》的思考。在《一个人的诗歌史》里，我写到的诗人就少了很多。”（刘春）早在 20 世纪 80 年代，陈超就已经成为一个给人特殊印象的青年诗人和批评家了：“经常见一个干净、清爽的小伙子找边国政一起谈天论地。这个小伙子嗓音低沉、清晰，话语不紧不慢。一次我在他们身边朗诵一首诗，他给我订正了两个字的读音。他竟然知道我的名字，他说：‘贵辰，那两个字念婀娜（enuo），不念婀娜（ana）。’从此，我牢牢记住了这个人。对于我念错字后，给我提出更正的朋友，我都牢牢记住了他们。他走后，边国政告诉我他是陈超，搞诗歌评论的。”（赵贵辰）

杭州西溪天问诗歌峰会

通过以上种种关于陈超性格的印象，约略可以看出陈超的一些个性和特质，为人宽厚、谦逊、低调，而在知识分子的层面考量他又一直是高傲、独立、自由、高蹈、尖锐的。关于陈超的性格和为人处世的准则，我们可以在他《流水38行：愚人初级读物》这首诗中得到另一种印证：“为了不让朋友们扫兴，不胜酒力的你索性主动将自己放翻。/ 如果有人踩疼了你的脚，最好的方法是静等疼痛消失。/ 还敢做失常的事，说明你还不老。/ 嘲笑自己是有益的，而且免费。/ 澡堂里放声歌唱的胖子令人讨厌。/ 睡眠过长引起我的偏头疼。/没人会原谅一个中年人喋喋不休地诉苦。/ 在生人面前亲昵的夫妻是可疑的。/赵军说，不要与薄嘴唇的女人恋爱，哪怕她别处都很好。/ 那个反复炫耀自己孩子的人，是无知的人。/ 父亲去世几年后，妈妈才知道谁是他的真朋友。/ 不要与权贵交朋友，也不要与之叫板；他们长着别样的心肝。/ 有些话只适宜在电话中交谈。/ 那个点菜过多的人是有事要说的人。/ 不要从母亲手里抢过电视遥控器。/ 拖延做决定是‘决定’最常见的一种。/ 一想到多莉是克隆的，我有一段对所有的羊都充满厌恶。/ 浪费的女人是健康的女人。/ 红色六缸越野车是我的理想。/ 昨晚丢掉钥匙的人只能在路灯下寻找。/ 溺爱出逆子可能是句蠢话。/ 凌乱的书房才令我舒服。/ 不要超过两次问客人‘吃好了吗?’/ 自愿独身的人，是比我们都透彻的生而知之的人。/ 不要斥责将菜汤洒在你裤子上的乡下打工妹。/ 愚公是老实人，但不见得比智叟更老实。/ 考拉的脸是我最爱的脸。/ 黑猩猩的脸是我讨厌的脸。/ 不要碰犀牛的触角，不要拍击正交配的蜻蜓。/ 长毛垂耳猎犬像受伤的凡·高，牧羊犬像忧郁的契诃夫。/ 多花一刻钟，从另一条路回家。/ 开饭时间到了，你不饿就别吃。/ 对坏蛋，说不过就揍他！/ 占星术是不坏的一分钟小说。/

从未有过自杀念头的人是颓废的也是可怕的人。/ 我佩服的人是不戴表的人。/ 我喜欢的人是朝里方向划火柴的人。”

20 世纪 80 年代被诗歌界视为美谈的是骆一禾。骆一禾在《十月》做诗歌编辑时，只要是诗人来信和投稿，不管最终是否留用他都会用长信回复，短则几页，长则十余页。这不仅关乎一个职业编辑的操守，而且也与那个年代整体性的交流和通信方式有关。当我阅读陈超和诗人们的一部分往来信件，我看到了一个极其诚恳、认真、负责的陈超。这既是对朋友的负责，更是对诗歌的信任。2000 年 1 月 6 日陈超给时在漳州芗城区文化馆工作的安琪回复了一封信，其中谈到他此前在四川以及此次阅读安琪诗歌的感受。作为一个优异的批评家和读者，陈超有一个底线，这就是说真话。面对年轻诗人安琪（当时三十一岁）的诗歌，陈超不能不说真话：“总的路向我是赞成的，处理经验、日常事务、语型杂糅等，有助于诗的真实性，心思的幅度感、复杂性。”这实际上是对青年写作者的肯定，进而陈超又客观地指出了问题，“‘总路向’的正确只是前提，因为诗毕竟还是精粹的艺术品”，“在具体的结构和措辞环节上，的确有些凌乱”。

20 世纪 80 年代，是一个文学和艺术的黄金时期，陈超的文艺圈子里的朋友隔三岔五就来“骚扰”陈超，连小区看大门的大爷都认识了陈超的这些“怪异”的朋友。另外，大量的诗人、诗歌爱好者，当然也不乏从外地赶来冒名顶替借机蹭饭的人，都往陈超家里跑。尤其到了周末，陈超的家里总是人来人往。当时宽容的西西对陈超说得最多的一句话就是“你的朋友总是如此怪僻”，但是从内心里西西是接受了陈超的这些形形色色的朋友的。然后，到 20 世纪 90 年代初在国内和陈超一起搞诗歌批评的人纷纷改弦更张，只有陈超等少数人仍然在不懈坚持他们的诗歌梦想，也只有陈超等极少数人在日后成了中国诗歌界响当当的先锋诗歌批评家和诗人。

郭宝亮比陈超小三岁，出生于河北邢台，1982 年考入河北师大中文系学习，1986 年毕业留校。郭宝亮与陈超亦师亦友，同在当代文学教研室工作。搬到新校区办公之后，郭宝亮的办公室和陈超的挨着，因为陈超那里没有热水器于是上课间隙就常来郭宝亮办公室打热水、闲聊。郭宝亮主要从事小说研究，偶尔也涉猎新诗评论。郭宝亮是谦虚的，他对陈超很认真地说："有陈爷谈诗，郭宝亮不敢谈诗。"有时候郭宝亮去石家庄红旗大街上的汇华学院上课，还找时间去陈超家里聊天，喝酒。陈超的岳父身体不好。记得有两次重要的诗歌会议我请陈超参加，他电话里和我说岳父已经几次病危了，完全没有精力和心情出来开会。但陈超是乐观的，尽管有一些生活上的压力。有一次陈超对郭宝亮很轻松地说老丈人近期有些糊涂了，经常拉着陈超和家人说自己的房子要被拆迁了，甚至说他梦到了郭沫若。郭宝亮与陈超近三十年同事，不仅学校里一起上课碰面，而且还在寒、暑假到周边县市讲函授课，有时候两个人还经常住一个宿舍。他们之间经常开玩笑，陈超称郭宝亮为宝二爷，郭宝亮称陈超为陈爷。陈超每次给郭宝亮写信或发邮件的时候，就说"宝二爷，货到了！请接货！"郭宝亮说只要有陈超在就有笑声，就会无比地开心、舒服。一次，陈超和郭宝亮在保定定兴上课。饭后出来散步，正是夕阳西下的时候。校园外是一片杨树林。当时陈超指着被夕阳染黄的树林对郭宝亮说，你看，这是多么生动的俄罗斯油画啊！一年夏天午后，陈超和郭宝亮在南戴河游泳，天色突变，惊雷滚滚，大雨随之噼啪砸下。两个人仍然在大雨中游泳，郭宝亮事后都觉得有些心惊，因为时不时有闪电劈在苍茫的大海上，还时有惊雷在耳边炸响。陈超却不紧不慢地游着，而郭宝亮水性一般，几乎是在原地打转。是在陈超的课上，我亲耳听他讲郭宝亮的笑话，“郭老师游泳非常卖力，不断双脚扑腾，顺手紧刨，就是原地打转。宝亮近几年头发少了，在水里像浮着一个葫芦水瓢。”当时我们笑得都不行了。可是隔了几年的光阴，郭宝亮再次在河北作协会议室说起这段往事的时候，却是阴阳两隔了。是否，陈超还在身边看着郭宝亮发亮的头顶发笑呢？陈超辞世后的九十天内，郭宝亮连续八次梦见陈超。有一次，郭宝亮问杜栖梧：“小杜，你最近有没有梦见陈超？”杜栖梧说：“我一次都没有梦见过他，如果梦见他我一定拉着他问，我好多话都没有说完。”2014 年陈超因身体状况停课休假，这件事还是李建周告诉郭宝亮的。郭宝亮得知陈超最近一段时间耳鸣失眠后，以为是他耳朵出了问题，还给陈超推荐了医生，让他尽快去看病。后来郭宝亮回忆，那次他和陈超谈话就觉得陈超少有的严肃、木讷，问一句答一句，完全没有聊天的欲望。最后分手的时候陈超还对郭宝亮非常客气地说了声“谢谢”。这让郭宝亮有些惊讶。10 月 23 日下午郭宝亮给陈超打电话说来家里看看，结果在来的路上郭宝亮突然家里有事没来成，这成了郭宝亮最大的遗憾。在他看来，如果能好好聊聊天，可能陈超就没事了。陈超的博士生崔立秋可能是陈超生前最后的一个通电话的人。崔立秋在 10 月 30 日晚上 9 点左右给陈超打电话，希望到家里去看看。陈超当时说话的声音非常虚弱，这也是以前不曾有过的情况。陈老师拒绝了，说自己想休息。崔立秋觉得陈超这次有些异样，就打电话把这个情况告诉了郭宝亮。由打电话的细节，我们自然会在事后联想陈超当时的身心状态，尽管每个人具体状况不同，但我们可以看看另一个旁证——“我处于一种自闭的状态中。我怕出门，怕见人，不能听音乐，不能接电话……

我非常害怕听见电话铃响的声音，怕听见敲门声、脚步声。我怕听见声音，怕得没办法。我只好把自己关在书房里，紧紧蜷缩在一个角落里待着。我不知道自己到底怕什么。我的魂魄不在躯壳里。其实，也感觉不到躯壳，就像一个拆散开来的玩偶，没办法再组装起来，一地无法收拾的零碎。”（李兰妮《旷野无人——一个抑郁症患者的精神档案》）

每次商震心中有解不开的诗歌问题的时候，与陈超谈过之后就觉得清晰透彻了。商震认为陈超一直是对诗歌真正怀有忧患意识的批评家。他记得一次来石家庄办一件私事，与很多人都没有打招呼，只和陈超吃了一次饭。席间谈论诗歌大约有三个小时。当时陈超还劝商震不要身体太累了，现在诗坛像你这样认真的人太少了。北大出版社的资深编辑高秀芹眼里的陈超形象大体代表了很多人的观感："印象中的你头发有些蓬乱，总是一副风尘仆仆的样子。在诗歌会议上偶尔遇到时，我们会相视一笑，你的笑质朴温厚，甚至有些羞涩，让我感到你内心的细腻和丰富。你的发言温和而尖锐，友善而深刻。你并不健谈，在人群里却很容易辨识，不知是因为你镜片后那若有所思的眼睛，还是因为你略显形单影只的存在。北大的诗歌会，你每次都匆忙而来，会议结束后又急着赶回去，你不太寒暄，也不世故。我感觉你的课太多，要做的事情太多。”（《悼陈超》）陈超是中国批评家中哲学功底最深厚的之一，这得益于多年来他对中西方哲学的深入阅读。而由于高秀芹在北大出版社工作的缘故，陈超曾向高秀芹要过赵敦华主编的《西方哲学简史》。此后有同类的书出版，高秀芹都会主动寄给陈超。记得当年陈超在写煌煌两卷的《当代外国诗歌佳作导读》的时候曾和我说过正在抓紧寻找出版社，因为再过一段时间版权问题就非常麻烦了。为此他也找到过北京大学出版社，但是最终因为版权问题而搁浅。《谢冕编年文集》出版后，高秀芹给陈超快递了一套。那是2014 年7 月22 日，这也是高秀芹收到的陈超最后一条手机短信：“谢老师文集收到，放心，谢谢您。”10 月31 日中午，刚刚吃完饭后的高秀芹接到了朋友发来的陈超辞世的短信。

敲响的火与精神重力

在当时的第三代诗人中，西川、于坚、韩东、王家新、欧阳江河、翟永明、周伦佑、车前子、张曙光、梁晓明、廖亦武、伊蕾、张烨、李亚伟、朱文、杨黎、何小竹、巴铁、郑单衣、沈苇、黑大春、老木、臧棣、刘翔等都是陈超非常认可的代表性诗人，他们之间也一直保持着多年的通信交往。

陈超后来发表的一系列关于郭世英、张鹤慈、张郎郎、食指、北岛、铁凝、海子、骆一禾、西川、翟永明、王小妮、柏桦、王家新、多多、韩东、欧阳江河、于坚、臧棣、周伦佑、郑单衣、伊蕾、雷平阳等的论文，之所以有着其他同类评论所未有的独到之处，能言人之所未言的秘密，是他真正做到了文本细读和知人论世，尤其突出了历史语境中诗人的精神境遇和命运感："我去北京唯一的目的是见见晓渡，聊聊天。每年均有一至二次见他，使我感到欣慰。到他处还可以了解一下《今天》的情况。在《今天》复刊号上，读到张郎郎的《"太阳纵队"的传说》，令我激动。我不知为什么非常喜欢那一代人的生命、经历。在他们身上，我感到一种高贵又亲切的中国人自己的力量。他们的文风那么自由、直接、粗糙而准确。我感到，这是一代伟人。后来的，只是画虎更像虎，但已不是真正的虎了。我多么想用这种文风写几篇好散文呵。那种酸溜溜的、自负的、靠阅读写作的文章，令我头疼，也讨厌。"（日记，1996. 11. 13）

陈超当时为《诗神》以及其他的刊物向海子约稿，他每次给海子去信，海子都如期回复。两人的交往更多是源于稿件，并没有更为深入具体的其他交流。按照陈超的说法这可能是当时各自小小的自尊心所致，而这也成为陈超深深的遗憾。陈超后来在一篇关于海子的文章中对海子一生和诗歌的历史性评价和定位是非常精准的，因为他已经真正融入了海子的内心灵魂和诗歌梦想当中：“海子是纯粹的农家子弟。在物质生活上，始终是贫困无告的人。但他的诗是高贵、壮阔、澡雪精神的，他为自己虚构了一个血缘幻象，以致使他更像是异邦失去庄园的孩子骑士。悲怆，高大，撒手人寰。海子不可思议。他启示录般短暂的一生，使任何有良知的诗人都感到痛心。他的自杀，几欲造成先锋艺术中高迈激情暂时的缺席，如果不是永久的话。海子是圣徒般的诗人，他捐躯的意志具有‘不顾’的性质，以致当我们反观他的诗作时，竟产生了一种准神示意义。”（《海子》）

2007 年，陈超与北岛在美国

陈超后来在编选新生代诗歌选的时候就将之命名为《以梦为马》，而《以梦为马》正是海子的一首代表作。在当下，海子已经成为中国诗坛的一个巨大神话。他的诗歌、他的自杀、他的经历、他的爱情都成为人们反复谈论的话题。但是，作为一个诗人，海子生前是孤独甚至落寞的。有多少人在当时能够真正地读懂海子的诗歌世界，何况海子生前公开发表的诗作是相当有限的，这也成为一个时代的悲剧。因为一个诗歌边缘化的时代已经降临，大城市不需要诗歌，落后的昌平的小酒馆也不需要诗歌，需要的是啤酒和金钱。陈超和海子以及骆一禾的诗歌交往是有限的，但是他们留给陈超的诗歌记忆和生命形象却是深刻的："有一些诗人被忽视——或许那时我们的意识还来不及真正理解他们的意义——他们也主动游离这一切。海子、骆一禾的写作，充任了这垮掉的时代硕果仅存的老式吹号天使角色。他们对人类诗歌伟大共时体有着更自觉的理解。对神圣价值缺席的不安，使之发而为一种重铸圣训、胸怀广被的歌唱。海子显得激烈、紧张、劲哀，有如冰排的冲击、有如烈焰的呼啸；骆一禾则沉稳、宽徐，有如前往麦加的颂恩方阵。"（《以梦为马——新生代诗卷·编选者序》）

陈超和骆一禾的交往也颇有意味。

那是 1988 年，陈超受江西一个出版社的委托在编一部名为《对话与独白》的诗学论文集，陈超给包括骆一禾在内的若干诗人发出了邀请。陈超在 1989 年收到骆一禾寄来的长篇诗学论文《火焰》的手稿（这篇名为《火焰》的诗论在骆一禾去世后出版的《骆一禾诗全编》中更名为《火光》）。

每个诗人都会有自己的命运伙伴和灵魂密友。尤其是骆一禾的诗歌、诗论以及彗星一般短暂燃烧的一生对陈超影响甚大。在后来关于骆一禾的专论《敲响的火在倒下来》中我们看到了陈超所理解的骆一禾，而实际上这对于我们了解陈超的精神世界也有所帮助。论骆一禾，也是在阐释自己。或者更确切地说陈超在骆一禾那里找到了精神对应。在我看来骆一禾诗歌真正的成熟期是在1987年之后，而此前文学阅读（比如圣经、印度文化、凡·高、斯宾格勒）的影响以及青春期性的写作特征十分明显。从1987年开始，在《汉诗一束》《市井邪狭》《残忍论定：告别》等诗中骆一禾的视野、智性、经验，转向生命的内视化以及一定程度的对"当下"时代的精神介入都逐渐显现。尤其是1988年，这是骆一禾短暂的诗歌写作过程中不可被低估的一年。骆一禾具有"修远"视野中的智性预见能力，并且对汉语写作抱有极大的责任感。海子曾经说过骆一禾是他的"精神导师"，那么在陈超这里骆一禾也是他的"前行者"："'世界的血'的作者，是你的诗和你的抱负，你壮丽的短暂的一生，支持了我这比你年长的后来者。一禾兄，现在我打开窗户，望着新鲜的外面。我看到你的屋宇高耸入云。这个世界是值得人们活下去的！我又想起曼德施塔姆的诗：我冻得直哆嗦，/ 我多想噤口无言！/ 可是黄金在天空舞蹈，/ 他命令我歌唱！"（日记，1991.5.28）1989年，骆一禾与海子一样以个人之死完成了一个时代的精神升阶书。"5月11日—13日他连续熬夜为海子著书著文，又上班，饭几乎每天吃一顿，身体很虚。……14日凌晨1时45分左右他突然发病……他惊人地挺过了开颅手术，又坚持了18天……在5月31日13时31分一下子停止了呼吸，自始至终没能发出一句话来。"（张玞1989年6月27日给昌耀的信）而在骆一禾发病的前一天晚上，也就是13日深夜写完了生平的最后一篇文章《海子生涯》。北方的麦田上，诗人骆一禾，海子的挚友、知己，最终如血色花朵溅洒其上，又如飞蛾一头撞向了“滚滚的火海”。是谁轻易拿走了诗人的生命，是谁的手点燃了消殒生命的雷管？我们应该记住骆一禾的诗句——“在春天到来的时候 / 他就是长空下 / 最后一场雪”。骆一禾的死对陈超触动很大。当陈超从朋友口中得知骆一禾突然死亡的消息，接连几个晚上失眠。此时的陈超刚刚编定江西一家出版社委托编选的《对话与独白》诗学文集，其中收录了骆一禾的长文《火焰》。后来这本文集因为出版社的原因并未出版，陈超多年后仍不能释怀，觉得自己亏欠了朋友们尤其是英年早逝的骆一禾——

> 骆一禾的死，正像奥地利诗人霍夫曼斯塔尔一样源于脑血管突发性大面积出血，在此，我愿意以霍夫曼斯塔尔的诗句祭献骆一禾的在天之灵：那时，与我们共同度过漫长岁月的人 / 和那些早已入土的同胞 / 他们与我仍然近在咫尺 / 他们与我仍然情同手足。
>
> ——陈超《骆一禾》

骆一禾在《火焰》中的一段话被陈超抄录下来，每当黑夜降临的时候，这些闪亮的文字就成了真正的火焰：“作为一个写了一些诗的人，我感到我不应该再于这样体验诗歌之后写说诗的文字了，因为这意味着明显的矛盾，我要指出的是，有这样的可能：矛和盾是可以互相打开的，就像一页书不同于另一页书，但这本书却可以一页一页地翻开。用这种叙述不是指示终极的答案，而是达成揭示，这种揭示包含着知识的个人认识，在知识的不同理解之中，这种揭示也依然存在。认识的价值在于它使矛盾同等地正面出现从而目光可以进去。这就是我所服膺的火光。火光的盘旋总在清除着地上的灰烬。”

在陈超看来海子和骆一禾尽管有一些相似之处，但是二人是不能相互替代的：“海子的诗是个人化的、狂热的，在扑向光芒的旅程中，伴随着一种阴郁的心境。海子不但对以知识论为基础的世界文明绝望，而且最后发展到对人类肉身的绝望；而骆一禾则沉毅、谦抑地对待人类智慧、传统，并在诗中广阔地设下了朝霞、血光和创世的静寂。”2000 年之后，陈超分别在海子和骆一禾的专论文章中进一步指出了各自的诗学特性和人格差异。

在 20 世纪八九十年代的时代转捩点上，陈超一直在寻找精神呼应的诗人，比如骆一禾和西川的那种具备良好风度的写作，比如王家新的担当意识和悲剧精神：“我看到多少在生命的重压下写出伟大诗章的人！家新，我要在风中坚持！甚至在冰封的内部坚持了！决不放弃。”这使我们想到的是王家新的那首诗《转变》——

季节在一夜间
彻底转变
你还没有来得及准备
风已扑面而来
风已冷得使人迈不出院子
你回转身来
天空在风的鼓荡下
出奇地发蓝
你一下子就老了
衰竭，面目全非
在落叶的打旋中步履艰难

仅仅一个狂风之夜
身体里的木桶已是那样的空
一走动
就晃荡出声音
而风仍不息地从这个季节穿过
风鼓荡着白云
风使天空更高、更远
风一刻不停地运送着什么
风在瓦缝里，在听不见的任何地方
吹着，是那样急迫
剩下的日子已经不多了
落叶纷飞
风中树的声音
从远方溅起的人声、车辆声
都朝着一个方向
如此逼人
风已彻底吹进你的骨头缝里
仅仅一个晚上
一切全变了
这不禁使你暗自惊心
把自己稳住，是到了在风中坚持
或彻底放弃的时候了

王家新的《转变》《日记》《卡夫卡》成为这一时期的精神见证："《日记》比较偏爱，那里有一种接近本质的东西，一种美，一种不是从别处而是从写作中开始的。一平对这首诗特别赞赏，说许多人可以写出类似《卡夫卡》这类深刻的诗，但却写不出《日记》这类。他的话有道理，也让人沉思。《卡夫卡》虽然也很肯定，我想我们刚进入一个卡夫卡的世纪，虽然他已离去多年，也可以说，我们的日子刚开始变黑，而这似乎已和外在时代无关，而是和我们自己的呼吸、写作，个人的隐私、内心障碍及神学相关。起码对我个人来说，分离与荒诞感愈来愈强，而写作似乎只成为一个对黑暗与死亡的进入过程。当然，所谓‘存在的勇气’也就体现在这里。记得另一个朋友谈到卡夫卡时当时他讲到卡夫卡是他的‘英雄’，我当时一愣，但又的确如此。”（1994 年 3 月 31 日王家新给陈超的信）这不只是王家新写给他本人的，也是写给整整一个时代的。这一切都得到了印证！

1989 年春天，王家新最后一次见到骆一禾。沉默中的骆一禾和王家新只能把杯中的白酒一饮而尽。不久之后，海子自杀。这一年的春天极其寒冷。在此后诗人们东西离散的日子里王家新并没有让曾经磨得滚烫的钢笔生锈。他在那所低矮的老房子里与索尔仁尼琴的《古拉各群岛》、帕斯捷尔纳克的《日瓦戈医生》《安全通行证》、米沃什的《诗的见证》相遇。在呼号的朔风中，在奔涌的泪光里，王家新终于找到了精神的对位：“从雪到雪，我在北京的轰响泥泞 / 公共汽车上读你的诗，我在心中 // 呼喊那些高贵的名字。”在《瓦雷金诺叙事曲》《帕斯捷尔纳克》等诗歌中他以精神和词语的力量迎接一个时代的到来，也为一个时代的结束写下了墓志铭。轰响的泥泞、冬天的寒冷和以公共汽车为代表的时代和日常“暴力”景观构成了生活和写作的双重难度。这也正是 20 世纪 90 年代先锋诗人们所共同面对的难题：“也只有回来后，通过对现实及国内诗界的接触，我才意识到出去两年我经历了一种什么历程，一些什么变化，及这种变化的性质。对国内诗界我现在几乎无话可说，主要是不想说什么（我现在更倾心于一种个人化的在这个时代愈显得“秘密”的事物）。当然，也不在乎说了什么，我只愿我所经历的历程、变化（更内在的）能在日后的写作中呈现出来。诗人只有通过写作才能建立他自己的（又不是他自己的）‘神话’”（1994 年 3 月 31 日王家新给陈超的信）。值得注意的是这一时期中国诗人“卡夫卡”式的精神境遇和语言方式的转变除了与整体性的时代生活相关外，自然也与诗歌内部的生产关联：“我甚至感到这是一个需要卡夫卡那样的写作者的时代。你很难说他是一个‘小说家’，或是‘随笔作家’，或是格言、断片、书信的写作者，但他却是一个能够‘对文学说话’的人。这也就是拉康所说的‘话语创始人’。相形之下，许多人把他们的‘诗歌’或‘小说’自身弄得很是精美、完善，但却不能对整个文学说话，更不要说开创出新的边界或话语的可能性了。”（1994 年 7 月 15 日王家新给陈超的信）

1978 年的冬天，陈超读到了食指的诗《相信未来》。1990 年，林莽和一平来石家庄的时候还找到陈超，一起谈到了食指这首称颂一时的杰作。由这首诗，陈超开始思考现代诗在与虚无对抗这一精神向度的征候。尤其是在具体的“文革”这样的历史语境中“与虚无对抗”显然具有了某种“先锋”性：“就其与虚无对抗来说，中国现代诗并不是简单认同西方现代诗的结果，它有自己生长的缘由：它因‘文化大革命’的灾难后果而丰富繁荣。它的基调，从一开始就不是简单的极端悲观主义，而是重新审查生命意义后，衍生的骨子里的‘相信’、‘是’。只是到 20 世纪 80 年代中后，它才开始被某种自负浮夸和典雅谨慎所阻塞。”（《精神大势》）

陈超与唐晓渡的第一次见面，是 1986 年 8 月底在兰州举办的全国诗歌理论研讨会上。这也是陈超和徐敬亚的第一次见面，尽管“由于忙于会务，也由于人多汗气蒸腾，那次我和陈超似乎未曾有过单独交谈，但这并没有妨碍我们就此成为志同道合的朋友”，而在此前的两三个月陈超给唐晓渡留下的印象是《“人”的放逐——对几种流行诗潮的异议》（写于 1986 年 4 月）这篇文章。这也是唐晓渡在《诗刊》的作品组工作四年后调到评论组以后刊发的第一篇理论文章，尤其是关于人的主体性原则的提出具有启示性：“人是主体的原则，是所有文学样式的基本原则。这是带有质的规定性的原则，严肃的诗人是别无选择的。从这个意义上说，我认为人在诗中地位的差异，其间就不是创新与守旧的区别，而是真理和谬误的区别了。”这次兰州会议上的一个重要议题就是“第三代诗歌”，这甚至成为陈

陈超与唐晓渡在济南历下亭

超一个时期的重要研究课题。尽管会议期间陈超与唐晓渡二人并没有直接的交流，但是陈超在大会上的发言给唐晓渡等评论家留下了深刻印象。

更具有戏剧性的是兰州会议上不请自到的四川诗人尚仲敏的表现："众多循规蹈矩的诗论家们通过不请自到的四川青年诗人尚仲敏，第一次领教了所谓'第三代诗人'的'出格'风采。他为人们带来了好奇、神秘，最终据说还有愤慨。他有关'第三代诗人'的自定义令他们目瞪口呆。他说：'诗人像老道一样感悟人生，这就是所谓第三代诗人。'作为一种必要的补充，这位二十啷当岁的'老道'在联欢会上自告奋勇要表演一个节目，谁也没有想到，他的节目竟是声情并茂地朗诵毛泽东的《沁园春·雪》。"（唐晓渡《一种记忆的结束之处往往是另一种的开始》）

值得一提的是那时的先锋诗歌所处的文化环境并非是人们想象的那样轻松。1986 年夏天，徐敬亚参加兰州会议时还发生了下面的一幕："兰州也是《崛起的诗群》受难地。由于我那篇文章，《当代文艺思潮》承受很大压力。见了主编谢昌余、责任编辑管卫中，他们都说，现在形势好了，再给我们写一篇吧！"（徐敬亚《燃烧的中国诗歌版图》）徐敬亚倒是爽快，从兰州回到深圳不久就给《当代文艺思潮》编辑部寄来了一篇稿子《圭臬之死》。然而没过多久，风向突变，1987 年 7 月《当代文艺思潮》被迫停刊，直接原因正是徐敬亚这篇《圭臬之死》。多年后，原刊物主编谢昌余就此事写了一篇文章《〈当代文艺思潮〉杂志的创刊与停刊》。编辑管卫中后来如此记述由徐敬亚的文章引发的事态严重性："徐敬亚寄来的文章叫《圭臬之死》，是论述朦胧诗之后的诗歌格局的，很长，平心说，有些散，不如前文，但仍是他的风格。我们排好了版，又按纪律上报。结果，这回真的‘高层震怒’。其时贺部长在西安召开文艺会议，通过有关部门急令我们把校样送往西安审阅。文章连夜送到，反馈来的信息很严重。不光这篇文章不准发，还质问甘肃，一家地方刊物，究竟有没有能力管全国文艺界的事？严令地方领导部门把好关，管好这家刊物。”（《〈当代文艺思潮〉二三事》）

夜雨修书，或命运的伙伴

窗外响着好听的声音
我要给你复信
我要把心思抻得很长很长
有一些隐情
是要到下雨的时候才萌芽的
想象你后天读我信的样子
我就温柔起来了朋友
我要写上我的歉疚
我的过失
被我伤害过的心灵
在落雨的时候听我忏悔听得深沉

——陈超《夜雨修书》

这个读者既是上帝，同时又具体化为我的朋友，我所信任的那些人。虽然他不具体是谁，但肯定包括了你。虽然已隔三年我仍记得你的样子，包括我从未见过的你读到喜欢的作品时的样子，就是这个道理。

——1989 年平安夜，韩东给陈超的信

当年的诗歌交往更多的是通过信件来完成的。

信件，显然是属于极其私密的非虚构文本，当然在一些诗人和作家那里，这些信件也必然会带有一些想象和虚构的成分（虚构式信件、伪信件），尤其是在特殊的精神境遇和时代语境之下："霍利将《致杜下卡》称为'虚构式信件'，而奇瑞可则称之为'伪信件'。毫无疑问，他们都注意到赫拉巴尔如何将貌似日常实用的文体变成了文学虚构的载体。换个角度来看，出现在书信里的杜下卡，始终有别于现实当中从未收到任何信件的艾普蕊·吉福德；后期书信里出现的'杜下卡'，也不是'我'在金虎酒馆里遇见的那位昵称'杜下卡'的'艾普蕊小姐'。"（李晖《与生俱来的恐惧与希冀》）

唐晓渡是陈超最亲密的朋友。在诗歌评论界，他们两个的名字总是排在一起。二人性情相投，艺术观念也有诸多相通之处。从20世纪80年代中期起，二人合作为中国先锋诗歌的发展做了很多无法替代的建设性工作。他们的专论、长篇对话，以及编选的各类诗歌选本、理论选本，对中国先锋诗歌和先锋诗学的塑形和发展起到了巨大的作用。在我看来，唐晓渡长于宏观的理性思考，而陈超则长于提出尖锐而焦迫的批评命题，二人恰好形成了相互激发，相互启示。在生活上他们互相关心，在文人相轻的氛围里被传为佳话。唐晓渡曾在文章中赞叹又嫉妒地说："陈超善于干一个人的工程，顶十几个诗歌教授。"

在陈超20世纪八九十年代的通信中，交往最笃的是唐晓渡、西川、欧阳江河、于坚、韩东、周伦佑、王家新、刘翔、梁晓明以及臧棣等人。臧棣在1998年写给陈超的信中附了一首献诗送给陈超。这就是那首《宇宙风景学——为陈超而作》——

我探出身子朝下看：
黑暗的知识似乎

已将整个空间填满。
流星像法院的传票那样
沿着看似没有规律的路线
飞掷着。我看不见
我们的城市，它现在
比任何时候都更像
一个空洞的组织。
为什么还没有人去创建
那样一种解剖学？它说的是
宇宙共有两层皮。
而截至目前，他们
触摸或揭开它的方式——
就好像它只有一层。
我注意到你也在小心翼翼地
探出身子。我们似乎
来到了一个新的地方。
而这样的事情看起来
正在得到验证：
我们已经把月亮留在了下面。
这会儿，它就像
一个醒目的降落舱
靠在它撞坏的畜栏上。

再往下，一个球形的蓝色的自我
也被留在了下面

陈超和西川从20世纪80年代开始通信，陈超几乎是西川那一时期诗歌自我革命的直接见证人，也是最为精准的评论者之一。“读到你的溢美之词。我心想，什么时候才能为这家伙‘两肋插刀’干一回呢？我绝不希望你倒霉，我祝你好运连连。可我什么时候才能向你显示我的‘侠肝义胆’呢？你看，生活中真的到处是‘两难’。”（1999年1月9日西川给陈超的信）

在陈超的个人通信史上，给陈超去信长度之最的诗人就包括西川，此外的长信回复者还有王家新、于坚、欧阳江河、周伦佑、臧棣、郑单衣、梁晓明、刘翔。

西川有一封长信居然达二十余页五千多字，可见两个人之间互信的程度和交往的深度。我一直听到此类说法，什么诗人不买批评家的账，作家和批评家应该是“工作关系”（这自然有其道理）：“我认为评论家和诗人之间最好不应有频繁的交往，以避免就事论事的局限。而我恰恰是一位没有任何机会与评论家交往的人。这主要是我的个性所致。我过去的写作主要是为几个朋友，想讨他们或她们的欢心与赞扬。越赞扬我越来劲，我从不投稿，极少阅读期刊，往往写完，高兴完就忘了。现在，我唯一的听众就是与我朝夕相处的妻子。这也许反而是件好事。”（1996年4月3日郑单衣给陈超的信）显而易见，真正有益的交往和彼此兄弟般的信任确实是属于少数者的：“前些日子河北电视台来了几个人，找我和姜杰。那个摄像说是你的学生。我便慷慨地送了他一本《大意如此》。以后我再见到你的学生，一定要他出示你手写的证明（证明你认他做你的学生），否则我只送他《中国的玫瑰》。”（1999年1月9日西川给陈超的信）陈超也是西川谈论诗艺及精神问题时最称职的谈伴。读这些信，我们会看到20世纪90年代知识分子和诗人之间的交往方式和信任程度，彼此精神砥砺，脱俗而“迂阔”的可爱。西川也是陈超最亲密的朋友。在西川看来陈超不但为人诚实而有趣，而且是真正懂得先锋诗歌秘密的少数人。

陈超 20 世纪 80 年代很看重“他们”时期的韩东。

尽管韩东是哲学系毕业，但从来不在诗歌中炫弄知识和智力，而恰恰是在口语中完成现象学的还原。敏识的陈超极其精准地指出韩东作为“他们”的领军人物自然有“领袖欲”，但是韩东可贵之处在于仅仅是提供一种姿态或可能性就赶快摆脱追随者而继续向前。陈超与韩东的首次见面是在江苏淮阴的运河笔会，当时已经是渐渐潮热起来的 5 月。那时韩东还穿着高帮鹿皮靴。韩东留给陈超的印象是韩东不时地用手去扶滑下来的深红色的玳瑁眼镜。陈超感觉韩东更像是一个中规中矩、历尽沧桑的老三届学生。与体质略显单薄、白皙，态度持重的日常交往不同，韩东在此次会议上的发言给人的印象却是不留余地、咄咄逼人。会上，韩东的发言是《三个世俗角色之后》。自 1980 年以来诗歌界谈论最多的就是诗人与日常生活的关系，比如以于坚、韩东等为代表的“日常写作”“市民精神”重新发现了诗歌的另一个秘密，并在诗歌中以“精神事件”的方式再次激活了“生活”。这也是对诗人责任的重新认识，比如韩东对以往诗人作为政治动物、文化动物和历史动物的尖锐批判(《三个世俗角色之后》)。陈超很欣赏韩东的犀利、诚实、直接，遇到难题时会问韩东的看法以做参照……从此，二人在阅读和书信中建立起的信任感日深，甚至不可替代。在 1988 年 6 月 25 日韩东给陈超的信中做出如此评价：“一直想给你写信，‘运河笔会’上你几乎是唯一可以信任的人，我早已把你视为朋友。”显然，这建立于彼此的真诚个性和诗歌的信任：“你肯定我的诗我相当得意，因为是你而不是别人。我零零星星地看过你的一些文章，觉得特别好。唐晓渡、李劼和你三人中选择，我举双手赞同的只能是你。晓渡缺乏直觉，文章虽结实但面目较刻板。李劼是个直爽的人，但他说的比他写得好。他的文章较之晓渡或许有流动的气势，但仍然缺乏语言上的尖锐性。读你的文章是一种享受，只是我很少有这样的机会。你能否给我寄一些来?”（1988 年 9 月 14 日韩东给陈超的信）尽管见面只有一次，且通信也不太多，但韩东已把陈超视为不可多得的好友：“节后遇到唐晓渡，说你曾到了上海、杭州一趟，为何不来南京找我玩? 也许是离不开大队人马——我为你开脱了。很想念你！虽然你我只见过一次，且通信不多，你亦没有写过我的专论（欠着!），但我总以为若有机会我们会成为真正的好朋友的。也就是说，所有见过的又没再见的人中我最想见的就是你。别人我总是躲着，而他们认为我做作——看来是永远不能理解和原谅了。”（1993 年 2 月 27 日韩东给陈超的信）

每一个诗人似乎都在期待着一个终极意义上的“读者”出现，这个读者在完备的意义上理解这个诗人的个性、生活、情感和诗歌秘密。

1989 年平安夜，住在南京瑞金北路的韩东给陈超写下了这样一封特殊的信——

> 寄出《他们》后我一直有一种感觉：你会给我来信的。这和我写诗时潜在的读者形象有关。我总觉得有这样一个至上的读者，我努力取悦于他。我想他读到某处时会由衷地叫好，这样我就没有白写。这个读者既是上帝，同时又具体化为我的朋友，我所信任的那些人。虽然他不具体是谁，但肯定包括了你。虽然已隔三年我仍记得你的样子，包括我从未见过的你读到喜欢的作品时的样子，就是这个道理。

陈超正是韩东眼中的那位难得的“终极读者”：“我最好的东西发不出，自我感觉又越写越好，这的确是个压力。给你寄的这几首是我最满意里的一部分，不是有意挑出来的，只是手边有它们。这么说是想让你看我作品的全部，但我又不可能尽数抄去。这样吧，什么时候你来南京，我一首一首地拿给你看。我现在越写得自信就越只能要求个别的读者了。大众承认我是另一个意思，与我本人现在的诗歌几乎无干。我直觉上感到你可能是我最好的‘读者’。”（1988 年 7 月 24 日韩东给陈超的信）经过韩东，陈超还认识了吕德安、朱文、刘立杆等人。陈超给朋友们的印象都是温暖、会心而充满激情的：“收到你的信，总很感动。你的激情和热情会给我一股力量的。”（1988 年 6 月 16 日车前子给陈超的信）

而当 1991 年陈超陆续在刊物上读到韩东的小说时，陈超的第一感觉是连自己都有点儿懵和震惊——诗歌使韩东厌倦了吗？为此现象，老诗人姚振函曾针对性地予以回应：“1991 年前后，当陈超读到韩东的十几篇技巧成熟的小说时，曾有过‘诗歌使韩东厌倦了吗’的猜测，他说：‘这种念头甚至使我有点震惊。’这当然也是因为韩东曾是一位重要的新生代诗人。现在，陈超当年那篇文章中论及的除海子和骆一禾外的八位在世的新生代诗人，究竟还有几人在写诗呢？你还‘震惊’吗？你‘震惊’得过来吗？实际上，在那以前和以后一直到今天的这段时间里，告别诗歌转入或基本转入其他写作（小说、散文、杂文、电视剧、歌词等）的诗人是太多了，大家都知道的就有邵燕祥、流沙河、公刘、周涛、林希、聂鑫森、何立伟等人，至于由写诗转入什么也不写从此与文学‘拜拜’的就更多了，多得使我不能够写出他们的名字。最近又听说苏联最知名的诗人且在西方也不乏热情读者的叶甫图申科也丢开诗歌，写起了长篇小说。

他刚出版了一部纪实小说《别在死前倒下》，写的就是那次酿成了苏联解体的未遂政变，用的手法近乎魔幻现实主义。”（《诗的下落》）需要补充的是，姚振函在文中提到的陈超在《生命诗学论稿》一书中《印象或潜对话》（选章）所评说的八位在世诗人指的是欧阳江河、西川、韩东、柏桦、周伦佑、于坚、伊蕾、吕德安。事实是除了伊蕾和吕德安之外其他六位诗人一直在坚持诗歌写作，即使是韩东，诗歌写作也一直未停止，尽管他一时让人觉得写小说荒废了诗歌。具体到不同的写作个体，诗歌与诗人的关系自然是复杂的，之所以一些诗人转向诗歌之外的写作，其原因更是复杂而具有差异性。韩东就小说和诗歌的关系以及为什么自己要转向小说写作还专门向陈超谈及——而且是数次写信交流这个问题：“感谢你的来信。如此热情地论及我的诗集，十分让我感动。一年多来，我的时间主要花在小说上。从今年夏天起我已辞职在家，专事写作。此举可谓‘逆历史潮流而动’，因此很可能成为一个‘时代的牺牲品’。你知道，我的写作亦不可能以赚钱为目的。好在写出来的东西十之六七能发。最重要的问题仍在小说内部。”（1992 年 12 月 9 日韩东给陈超的信）“关于小说，我尚没有发言权，而且这件事正在进行中，我不便脱出来做一番审时度势的研究。你知道我仍然爱着诗，所以相信小说不过是这个时代里的一种史诗。史诗以小说的形式出现，这便是我的发现。我还想说一句：如今小说形式以外的‘史诗’，都具有某种程度上的不可理解的虚假性。”（1993 年 8 月 6 日韩东给陈超的信）“为了写小说我已经牺牲了一千首好诗（三至五年的工作量），本以为诗以外的文章还是可以写写的，不料这样依然不成。我必须让小说来淹没我，否则就死路一条了。真正重要的的确不是‘生活’，而是用小说的方式去看待所有的一切，这正是我以及当今的小说家们所缺乏的。我们没有一个完备的小说世界的童年。我得从头干起，一切是多么的遥远而无望啊。”（1993 年 6 月 3 日韩东给陈超的信）

实际上，很多写作者都在尝试着不同的文体，这对个体综合写作能力的提升是有裨益的，当然更多是个体写作内部驱动使然：“我开始写起小说了。虽然写得不好，但我兴趣浓厚。同时，我的诗也因前两年在的浪荡与奔波中发生了改变，抒情性的东西消失了，代之以冷酷的碎片式的东西，是好还是不好，先别问，写了再说。”（1996 年 4 月 3 日郑单衣给陈超的信）“我这几年一直想写批小说。倒不是写诗的人写小说被认为是种时髦，而是一种需要。我在用散文语言来缓解那个过分紧张的自我，没料到一写就没完没了。刚写完一个叫《低烧的鱼群》的中篇，接着就是层出不穷的构思与臆想，天知道会怎样?”（1999 年 7 月 3 日郑单衣给陈超的信）后来，陈超也意识到诗人和小说之间的互动可能会获得完全不同的视角，甚至会有意想不到的收获，这对于诗歌批评家们来说也是如此：“我现在‘移情别恋’于小说评论，也是基于同样的原因。不要以诗观诗，要以广义的文学‘书写’或‘写作’这一视域观诗，我们会发现诗歌在日益变成狭隘的‘孤芳自赏’。缺乏结构中的互否、盘诘，缺乏具体生活的真容，缺乏幽默的历史想象力。”（《南方诗 · 北方三人谈》）在 1993 年出版的《以梦为马——新生代诗卷》中，陈超在自己的简历上还格外强调了一句“另有随笔及小说评论发表”。其实，一些诗人和诗评家也注意到了容留的阅读视野的重要性，而不能局限或耽溺于以诗论诗的单一视镜：“这个暑假我的视野变得开阔了，我突然发现宗教学、形而上学甚至科学哲学（像波普尔、库恩）也对我有吸引力了，我不再厌弃经验派的著作了。我高兴地发现我很爱读本来似乎会感到很枯燥的政治学（海耶克、亨廷顿）、社会学

（马克思、韦伯、曼海姆、杜尔凯姆）、人类学、法学（文化视野中的法学）、历史学（主要是年鉴派的著作），真不知为什么，也许是年龄的缘故，也许是因为我不再狭隘地把自己视为‘诗人’的缘故。所有的知识都应该融汇取来，而了解哲学史是关键，其实每一社会科学流派都有不同的哲学背景，我觉得从深一层看，文学流派也如此。”（1995 年 8 月 28 日刘翔给陈超的信）

陈超的小说评论并不多，但是都运斤自如、观点独特、把握精准，比如《噬心经验的“幽会”——谈铁凝小说〈大浴女〉及其启示》《写作者的魅力——我眼中的作家铁凝》《打开铁凝的“后花园”》《“中国形象”和汉语的欢乐——从铁凝的长篇小说〈笨花〉说开去》（与郭宝亮的对话）《人与自然：共同的“家谱学”——贾平凹〈怀念狼〉》《一部非主流叙事的力作——王小妮〈方圆四十里〉的启示》《想象力与可信感的“双赢”》（谈张楚的小说）《方法论的自觉与创造性细读——郭宝亮新著〈王蒙小说文体研究〉》《〈文化诗学视野中的新时期小说〉序》等等。陈超的小说评论和他的诗论一样最重要的是具有深邃的启示性：“读当下小说，我总有一种拂之不去的遗憾：先锋文学技艺精湛，但太囿于个人化，材料的载力不够，有许多几乎‘不值一写’；而那些争取到大量读者的常规文学，触及了生存的某种痛处，值得一写，但技艺粗糙，趣味稀薄。我期待着一种‘汇合’的小说，能将揭示生存和生命的深度与丰盈的趣味扭结一体，在意义和技艺不让步的前提下，以极大的亲和力达成与广大读者的沟通与对话。我想说的是，铁凝的长篇新作《大浴女》就是这样的小说，它给了我们诸多的启示。”（《噬心经验的“幽会”——谈铁凝小说〈大浴女〉及其启示》）

西南方向的诗人：印象或潜对话

说到四川，我不能不惊异于那片仿佛特别适宜诗歌生长的土壤。那里青年的诗颇有满山灯火、万头攒动的气象。

——陈超《巴蜀诗人群落》

您的信使我感受到了沉甸甸的情感分量，从娓娓道说中我不仅认识了您的个性特点，亦感受到了人性中本有的真挚和坦诚。同样可珍贵的还有您颇见老到的思想，这里，既指您对世态的剖析，亦指于您对鄙人诗作的解析。

——1988 年 11 月 22 日昌耀给陈超的信

陈超是我迄今的朋友中最本真的一个。是文友中少有的“真人”。

——周伦佑

显然，在 20 世纪 80 年代先锋诗歌的地理版图上，重心已经转移到了西南方向，比如成都、重庆、昆明、西昌、酉阳、贵阳等地。尤其是巴蜀地区，诗歌就如火锅和辣椒爆炒一般燥起来了。四川以其极其鲜明、生猛、火辣和张扬的“地方性知识”使得诗歌场域的中心和重心同时发生倾斜：“说到四川，我不能不惊异于那片仿佛特别适宜诗歌生长的土壤。那里青年的诗颇有满山灯火、万头攒动的气象。李钢、傅天琳、骆耕野等人为代表的第一梯队仍在不断创造，但近年擦亮读者眼睛的还是更为年轻的名字。'巴蜀诗群'已经超越了地域性的含义，包括了几路诗歌类型所共同汇聚的现代诗歌气息。欧阳江河、廖亦武、石光华、宋氏兄弟、周伦佑、杨黎、张枣、柏桦、万夏、翟永明等人，近年来在艺术上独标真愫，颇有实绩。"（陈超《巴蜀诗人群落》）也正如另一位四川本土诗人所言，和任何别的地方的诗歌相比"四川第二诗界的诗歌的生命力量和语言力量都会被相当地突出。几乎所有重要的现代主义诗人和后现代主义的诗人都生活在四川，他们以精神王者、精神圣徒或精神流放者的方式混淆于人群并高踞于人群，他们以飓风和闪电的速度不断将自己夷为废墟"（开愚《中国第二诗界》）。盆地幻想症发生了！对传统的儒家等正统文化的疏离使得这些原住民形成了自足、目空一切、憋闷和生怕被遗忘的火爆、激进、急躁的性格以及散漫、悠闲的沉溺和偏激的幻想。这种幻想转换为诗歌就形成了磅礴、粗粝的面貌和炸药桶似的高分贝大嗓门和没有低音的"方言"："啊，大盆地！你红颜色的泥土滋养了我们 / 你群山环抱的空间是我们共鸣音很强的胸膛 // 岁月诞生自你的腹部，奥秘和希望诞生自你的腹部 / 你是世界上血管最密集的地方，平原上遍布橘树、血橙、红甘蔗等血液丰富的植物 / 你翻耕过的泥块像火苗蔓延开去，洋溢着一千种炽热而复杂的感情……苍凉的高原风从西北荡进来，喧嚷着，起落着，像自然之神不可名状的琴声 / 向我们展开一种壮美、高远，疯狂的气势 / 我们的头发如飘卷的马鬃呜呜发响，大盆地！/ 我们要溯你所有的河流而上，我们狂想着没有边缘的天地。"（廖亦武《大盆地》）

20 世纪 80 年代四川先锋诗人饮酒史上最为壮观的一次是万夏等人从成都喝到重庆沙坪坝，然后带着重庆诗人又折回成都继续喝。

出现在酒桌上的几乎囊括了当时四川所有的先锋诗人，包括万夏、柏桦、张枣、周伦佑、吉木狼格、李亚伟、傅维、郑单衣、廖亦武、杨远宏、赵野、潘家柱、胡小波、钟鸣、欧阳江河、孙文波、翟永明、宋炜、宋渠、杨黎、石光华、刘太亨、席永军、巴铁、苟明军、何小竹、尚仲敏、二毛、燕晓东、小安、王琪博、梁乐、杨萍、瑞生、张孝等。1986 年韩东和小海等南京诗人第一次到成都的时候，那种诗人喝酒甚至打架的场面“令人骇然”（韩东）。以这次诗人聚会为例，四川的三十多个诗人都参加了。结果是杨黎醉酒后要酒疯踹破了万夏的家门，马松和一个三轮车夫发生冲突并大打出手，甚至不得不让警察动用警棍带到派出所讯问。也是在 1986 年春天，陈超在《中国当代实验诗歌》上读到了欧阳江河的诗学文章《关于现代诗的随想》。

2005 年，陈超与孙文波

应该提及的是，20 世纪 80 年代以来有几次重要的诗歌会议对当时的诗坛和诗歌批评都起到了不同程度的导向性作用。北京大学中文系、中国当代文学研究会、中国社会科学院文学研究所、中国作协广西分会、广西大学中文系、广西民族学院中文系，于 1980 年 4 月 7 日至 22 日在南宁举行“全国当代诗歌讨论会”（南宁会议），《诗刊》《当代文艺思潮》《飞天》于 1986 年 8 月 25 日至 9 月 7 日在甘肃兰州举行“全国诗歌理论研讨会”（兰州会议），中国作协诗刊社、作协江苏分会、江苏淮阴市文联、扬州市文联于 1988 年 5 月 3 日至 10 日在江阴和扬州两地举行“全国当代新诗研讨会”（运河笔会），《山花》编辑部于 1995 年 6 月 23 日至 28 日在贵州红枫湖举行“现代诗学术研讨会”（红枫湖诗会），《诗探索》、《北京文学》、中国社会科学院文学研究所、北京作家协会，于 1999 年 4 月 16 日至 18 日在北京平谷的盘峰宾馆举办“世纪之交：中国诗歌创作态势与理论建设研讨会”（盘峰论剑）。除了南宁会议外，其余四个重要诗歌会议陈超都参加了。

尽管此前陈超曾听很多人提起过欧阳江河——充满才气、炫耀、危言耸听和目空一切，也对其当时影响很大的诗《悬棺》因为大伤脑筋（“浓密晦涩半白半文，而且是对读者的一种要挟”）只读了一半便作罢，但是给陈超留下深刻印象的还是《关于现代诗的随想》这篇文章：“当时给我的震撼是比较大的。清晰有力的表述，超前和超量的负荷，使我认为这是当时最有分量的文章。”在这篇文章中，欧阳江河把西方的经典诗人视为自己的参照目标，还援引史蒂文斯的话——“大师在百万个钻石中总结我们”。正是出自对欧阳江河这篇文章的信任，接下来的日子陈超又重读了欧阳江河的《悬棺》（该诗写于 1984 年，分为三章，“无字天书”“五行遁术”“袖珍花园”），

1995 年，陈超与王家新在贵州红枫湖诗会

终于“从彼此缠绕、冲撞、强暴的复杂关系中，理出头绪”。陈超强调了欧阳江河在该诗中“对种族精神历史的多向度刺穿，对人类整体生存的亵渎、不信任乃至弃绝”的诗学意义，与此同时更为关键地指出欧阳江河与北岛等其他诗人的人道主义背景上的巨大差异、精神取向和深刻晦涩的话语方式。《悬棺》的语言在一定程度上是拒绝阅读和阐释的，这既与欧阳江河的话语型构有关，又与当时文化史诗追求的那种高蹈、超验、宏大和晦暗有关。“人头骤如谣传。款款的千古狂发披散于断颈之悬头，拖曳成冗长绝笔，于横亘之前四溅，如手相，如鱼卵，如战乱杀伐之消息。一段缠满死蛇之结的岁月被拾起，腰斩之后，凌空甩成响鞭。滚滚黄沙吹酸了空旷，吹酸了薄暮时分的视界。反目抽出太阴之气，使四顾茫然的目力消逝于所见之物，既无灰烬又无烟水之痕：那是谁？以炎黄血缘引灌年复一年的新婚之夜、破水之夜、弥留之夜：那究竟是谁？无边无际的

斋戒使所有供品变为石头。更深更远更为冷漠的绝食聚成某种气氛。"陈超结识欧阳江河是在1988年。这一年的5月初，陈超参加了全国当代新诗研讨会（"运河笔会"）。这次会上陈超遇见了心仪已久欧阳江河、韩东以及车前子、何小竹、邹静之。"在扬州见面，我便对你独立的批评观很有好感。我认为，不论其地上、地下，独立的批评家都不应该受其左右。当然，对地下诗人们，考虑其处境，对其缺点做些适当的回避，在某种时候也是需要的。但适当的时候，自然应正言。不为别的，这对诗歌有好处。"（1990年4月9日何小竹给陈超的信）这一届诗会几乎囊括了当时重要的青年批评家，陈超、唐晓渡、朱大可、巴铁、李劼、李震、老木以及汉学家戴迈河，第三代诗人像西川、于坚、欧阳江河、王家新、韩东、周伦佑、柏桦、廖亦武、伊蕾、翟永明、张曙光、孙文波、宋琳、杨黎、何小竹、车前子等总计七十余人到场。"'运河笔会'很可能是迄今为止最富于建设性的一次当代诗歌研讨会。无论是就会上的发言还是会后收到的论文看，其质量较之'兰州会议'都有了明显的提高。一个主要迹象是，冷静的'问题意识'不但越来越取代社会学意义上的'宏大叙事'成为批评的出发点，而且越来越向具体的诗学目标集中。老诗人郑敏题为'足迹和镜子'的发言因而可以被视为真正意义上的发难之举。"（唐晓渡《一种记忆的结束之处往往是另一种的开始》）当时欧阳江河留给陈超的印象是个头不高，皮肤有一种黯淡的黄色，在彬彬有礼中透出一种潜在的傲慢，是戏剧性、坚定和友善的奇特混合，而这也大体构成了欧阳江河诗歌的一些基本质素。在笔会上，陈超和欧阳江河以及韩东、周伦佑、何锐、巴铁、老木等在接下来的几天私下就第三代诗歌谈论了很多（欧阳江河使用"实验诗歌"的概念替代"第三代诗歌"），从此之后他们开始更频繁的书信交往。与1986年春天欧阳江河是因为文章《关于现代诗的随想》震动了陈超一样，这次笔会上他在大会上宣读的论文《对抗与对称》让陈超觉得这是此次会议上最有分量的文章。会后，两个人开始通信。陈超也意识到欧阳江河的长诗写作体现了运河笔会他提出的诗歌与生存的对抗或对称的立场："欧阳江河的诗具有深邃的智力、知识、理性色彩。对玄学话语的刻意深入，对揭示生存/生命立场的倾力达成，使他的几首长诗成为这个时代最令人重视的'备忘录'，他是某种程度上的集大成者。广阔与细腻，犀利和润泽，含混和澄明，抽象和具象，在他的诗中得到浑融。诗歌据此成为与生存对抗/对称的'质的知识'。"（《以梦为马——新生代诗卷·编选者序》）值得注意的是，很多人在与欧阳江河的交往和阅读印象中，都会把他当作一位诗人看待，但是在陈超这里却因为对欧阳江河诗歌理论专业性的认可才转而对其诗歌和诗人身份的认同："此后，我就将欧阳江河当作优秀的诗人看待了。不仅仅由于他的诗，更由于他绝对专业化的理论态度。这是我判断一个诗人价值的重要角度。精湛的理论头脑，往往使诗人的写作由自发上升到自觉，由即时性触发上升到有方向性。"此后，陈超一直关注着欧阳江河的创作和评论动向，尤其是欧阳江河参加诗刊社青春诗会后发表的《玻璃工厂》《汉英之间》，被陈超认为是欧阳江河创作的转型——在书生式的口语中加入对个体经验和现象世界的描述。而1989年之后，陈超指认欧阳江河在《快餐馆》《傍晚穿过广场》等诗中处理当代题材的能力已非其他诗人所能及，甚至《傍晚穿过广场》被陈超认为是"诗歌处理当代噬心题材的典范之作"。值得注意的是欧阳江河在与陈超的交谈中曾强调"当代"在自己这里并不是物理化和现实化的当代，而是想象的当代、语言的当代和叙述的当代，也就是文本化的当代。

这种认识和相关诗歌实践至关重要。1991 年乍暖还寒的时候，陈超接到欧阳江河的来信，要其参加四川举办的先锋诗歌研讨会。在会期将近，陈超已开始准备行装之际，陈超接到了“喋喋不休”的欧阳江河最为简短的文本——“上级决定，会议取消”。1993 年的《生命诗学论稿》一书，陈超在谈论“原型象征”的时候专门谈到了欧阳江河的诗和论。陈超指出原型象征是指诗人在他的写作中直接从神话原型（archetype）或仪式，种族记忆或人文科学（特别是指精神分析学关于人的几种“情结”）母题中，找到象征体。它可以是物体也可以是精神，可以是人物也可以是事态。这些象征体，往往是在历史进程中反复出现的，凝聚着人类从远古时代以来长期积淀的巨大心理能量。所以，它的智慧和情感内容，比个人心理经验强烈、连贯、深刻得多。原型象征物在现代诗中常常以人格模式和情结模式的“个别”人物来达成实现。青年诗人欧阳江河在他的一篇论文中很深刻地分析了“父亲”这一原型在现代诗中的文本含义（欧阳江河《对抗与对称：中国当代实验诗歌》，《艺术广角》1989. 1）。陈超是谦逊的又是会心的，“下面的观点是欧阳先生的，我这里引述，是因为我认为他说得更好、更精练”。而在欧阳江河自己的诗中，“父亲”作为一个重要原型，则是“自我以外的他，是与众多孩子、与复数的我们划开来的单人称的他。这个他只与人类有关，而与个人无关。对他来说，只存在人民，不存在个别的人。历史就是他和人类的历史，他和人类像两个人，重量相当，彼此孤单和对峙”。1995 年 5 月 8 日，身在华盛顿的欧阳江河给陈超写了一封毛笔小楷信（此信按传统信札由上向下、由右往左书写）并附上所书的三幅字：“我在这里没有文房四宝，毛笔仅一支（写信及写那三幅字用的是同一支笔，我喜用大笔写小字）。还好，买到了纸，问题是我的印鉴不在美国。我给你出个主意，若兄对这些字尚感兴趣，不妨自己找朋友、或朋友的朋友刻一印章（欧阳江河），我想这在石家庄并不困难，在美国则难如上青天（找不到刻字的金石家）。印刻出后，可找一写字或作画的朋友盖在字上，这会使字变得好看一些。由于笔的限制（这是一位学中文的美国人赴中国前送我的，典型的初学者之笔），我只强调书卷气的一面，但愿能合兄之口味。”

1995 年 6 月 23 日到 28 日，陈超参加了贵州的红枫湖诗会。会上，陈超见到徐敬亚、于坚、梁小斌、王家新、李震、耿占春、翟永明、唐亚平、童蔚、杨克、刘东等朋友。陈超的发言极具建设性，给所有与会者留下极其深刻的印象：“应该单独记下陈超的发言，他就诗的美学问题有一个很专业性的讲稿。他认为，互否性是诗歌的张力，一首诗是自己与自己吵架。我们要用活力替代美，用准确代替戏剧化，用提升和摩擦代替行云流水。他的讲稿最后一部分似乎向个人化写作提出要求。陈超说：一个成熟诗人应该给自己一种意义结构，应该具有组织力的思想，需要对历史、语言进行分析，而语言，是人与生存临界点的争执，我强调修辞的‘不洁性’。”（祖康《诗坛的焦灼——红枫湖现代诗学术研讨会综述》）

陈超把这次诗会的见闻以及对诗坛的观感写进了诗中——

在贵州红枫湖诗会上 / 我看到语言豁然坠落 / 水波中撒满了象形文字 / 它们木木地讥笑着我 // 我敢肯定围着篝火纵情欢叫的诗人 / 是另一种“欢叫”的复制品假货 / 像一群潜泳的幽灵 / 那么可乐，那么夸张，那么落寞 // 穿过布依族寨子的大门 / 我看到布依姑娘像幽蓝的花朵 / 我想抚摸她们土布衣衫上稚拙的纹章 / 又担心被认为意味着什么 // 狂舞已经散尽，坠落还

在坠落 / 夜的呼吸平静，山像山那样坐着 / 一只矮壮的小狗把鼻息喷向我 / 它的善良恰如其分，不比“善良”更多 // 在散发着木霉味儿的平台上我独酌后短寐 / 枕的是旅行包和枯燥的一页页“诗学”演说 / 惺忪中隐约可闻布依族姑娘的低语 / 关于诗，我此刻就是这么想的

可见，陈超这个喜欢安静的人对红枫湖诗会上个别诗人狂躁、娱乐化的举动不以为然，甚至对一些先锋诗人“感到失望。突然觉得不值得研究具体诗人。我且从文本出发说我想说的话”（日记1995.12.31）。

廖亦武在和陈超的通信中自称廖胡子，而陈超对他诗歌的评价和人的理解使廖亦武颇为信服：“廖亦武是悲愤、狂躁、反抗——或许还有挽歌——的诗人。他放肆地演示着惊人的想象力、咒语，在渎神（包括意识形态批判）和启示录般的反讽中，体现一种拉倒‘天庭’的撒旦力量。他的《黄城》《死城》成为我们这个时代精神内核中‘无出路’这一状态的极端展示。”（《以梦为马——新生代诗卷·编选者序》）廖亦武则如此坦陈：“我生活极端，很难与‘大众’相处。我的作品充满对人类的蔑视，是因为人类已堕落到使自己无地自容的地步，但我从未猥亵过灵魂，并且是含着泪水呼唤它。”（廖亦武1983年7月5日给陈超的信）这种毫不遮掩的交流，来自廖亦武和陈超之间的相互信任，甚至在廖亦武的眼中陈超“是个好朋友，眼睛非常善良，具有这种眼睛的人在‘物质化’的社会里是容易被伤害”。

尽管于坚是四川人，但是因为他母亲是昆明人的缘故，于坚在陈超看来是典型的高原土人——矮小、较胖，神情憨厚，眼神固执

而明亮，自负而坚韧，适度而又有些世故——“在我的朋友中，于坚是极少数的那种深悟自身素质的人。这使他的写作，一直保持着恰如其分的适度：个人主义和自然主义的结合。酒精、聚会、钓鱼和网球，并没有使他的诗歌表现得兴致勃勃、潦草和迷惘。他有时也赞赏别的诗人，但更像是在尽朋友的‘义务’，言不由衷，含有迁就所有同仁的‘集团主义’动机。这也许说明于坚老于世故，也许说明于坚对自己声望的估计。或兼二者有之”（《印象或潜对话》）。第三代“龙头”诗人于坚是陈超相交二十多年的好友。诗人们普遍认为于坚是后现代“怎么都行”的人，但陈超却认为老于坚其实是特别认真、忠厚的人。在《于坚之“明白”》中，他写道：“某年我‘挈妇将雏’要到云南几个地方一游。提前给老于坚通了气，无非是到昆明聚一下的意思。没曾想很快接到于坚回信，要我制定严格的‘旅行日程表’马上发他，要具体到某日到某地，怎么玩、住、行，如此等等。他马上将安排云南数地朋友按时接应我们。我的行程全无计划，一贯喜欢浪哪儿算哪儿。望着于坚铆工车间‘工长日志’般的周详，我和妻子深为感动。为了朋友能玩得开心、方便，他要不厌其烦将细节搞‘明白’，萝卜未至坑先挖好，免得露天晒蔫。吓得怕给人添麻烦又做事率性的我，决定先不予回答，自己各处瞎玩了十天，最后才流窜到昆明……更奇的是，老于坚的‘明白’还带跨时空的。某年某月，于坚来信请我到北京观看由他创作、由牟森导演，先锋‘戏剧车间’演出的诗剧《关于“彼岸”的一次汉语词性讨论》。我答应会去的。可由于来信距演出日还有近一个月，再加上我常年混迹诗坛，深知诗人们说话靠谱儿的时候不多，就想，到时他会再具体通知我的，遂把这事给撂忘了。某天，接到于坚来信，劈头就问：‘陈超：你怎么没来？说好那天的……’这种不管多久前说一遍就必须算数的作风，真让我惭愧呀。于坚就是这样的人，长相糊涂得大而化之，内心却明白纤敏，铆件儿般严丝合缝。有时我会打趣他说，这位老哥哥因自小注射过量链霉素使双耳重听，是否他永远学不会‘听话听声儿，锣鼓听音儿’？在他这儿，话就要‘说清楚，讲明白’，言必信行必果，一句算一句，不能含混敷衍浪费耳力。”哈，真是传神得紧！但是，1999 年几乎改变了很多诗人朋友之间多年的关系，包括于坚和陈超。现在重新翻检当年的“盘峰论战”(1999 年 4 月 16 日至 18 日由《诗探索》、《北京文学》、中国社会科学院文学研究所、北京作家协会联合举办的“世纪之交：中国诗歌创作态势与理论建设研讨会”，因会议地点在北京平谷的盘峰宾馆，后称之为“盘峰论战”“盘峰论剑”。“盘峰论剑”的说法恰好是陈超提出来的）双发各自都火气很大，未免意气用事的成分多——地盘意识、阵营站队、二元对立，争论（北京与外省、知识分子与民间、普通话和口语……）变成了争吵甚至攻讦。无论是双方的谁，包括于坚和陈超，都避免不了意气用事：“没有与北京的批评家商量，就编了一本《1998・中国新诗年鉴》，并且居然卖了两万册，使北京的某几个新潮诗歌批评家 20 世纪 90 年代以来一直梦想的‘权威’地位一夕之间忽然落空。批评家们就恼羞成怒，完全不顾自己的职业道德，激烈之时，几个批评家围攻一位诗人，私人信件和私人电话都被作为攻击诗人的手段。”（于坚《真相——关于“知识分子写作”和新潮诗歌批评》）比较有意思的是于坚在反驳另一个阵营的诗人和批评家的观点的时候着意强调了他们的地域身份，显然在深居外省的于坚看来这成了一种话语政治的表征，比如“居住在石家庄的大学教授陈超说”“居住在北京市的北大博士研究生臧棣说”“住在北京市的大学教授程光炜”“居住在北京市的北大博士陈旭光”“没有与北京的批评家商量”“北京的某几个新潮诗歌批评家们”“占着北京的舆论优势”等等。

> 在《关于当代诗歌的讲谈》一文中，居住在石家庄的大学教授陈超说：“诗在近年呈现了小说化的趋势……诗人们开始关心生活的细节、对话、叙述的准确、俗语和流行语中蕴藏的大量生存信息。这样一来，诗变得滞缓、庞杂、互否，充满了生活情境和事件。孙文波、肖开愚、张曙光在这方面走得早……”历史在为几个人悄悄地改写。他又说：“唐晓渡的《时间神话的终结》、西川的《关于诗学的九个问题》、欧阳江河的《89后国内写作：本土气质、中年特征与知识分子身份》、刘翔的《在历史语境中的中国当代诗歌》、臧棣的《后朦胧诗：——一种作为写作的诗歌》、王家新的《回答四十个问题》……是极为重要的文章，也可以说，20世纪90年代的诗学研究最终会以此为代表。它们提出的问题令人深思，启人心智。”（见《北回归线》1996，总第5期。）这是1996年，90年代还有四年才结束呢，陈超此话也可以看出“知识分子写作”一个特点，要提到他们的特点和“趋势”，人们首先想到的是“身份”而不是文本。所以90年代新潮诗歌批评的风气是，不读文本，大谈主义、价值、意义、立场、责任、秩序之类。在一个没有具体作品的理论迷宫中，建立一本为几个人点名使用的花名册，缺席的总是诗歌。
>
> ——于坚《真相——关于“知识分子写作”和新潮诗歌批评》

陈超与于坚

于坚则在强化自己“民间”立场的同时不惜将多年的朋友也视为了诗歌上的“敌人”。与此同时，于坚和韩东、伊沙等“民间”派之间的内部差异也愈益明显，甚至最后分道扬镳。是是非非，也许并非如过往云烟。盘峰论战时于坚确实伤了陈超的心，因为从 20 世纪 80 年代开始二人就保持了常年通信：“今天上午 11:00 与韩东通话，他有急事，几句话后，说下午回我话。16:30 分左右来电，谈得很愉快。我重述了‘盘峰’上的冲突。韩东也说了许多问题，触动于我。”（日记，2000. 3. 3）但是就对于坚诗歌和诗论的理解深度以及整体性考察而言，似乎很少有人能出陈超之右：“矛盾的诗歌‘酋长’。左手麻利地摆弄云南某部落的风水盘，右手挥舞‘后现代’的解构柳叶刀。他是诗歌界仅见的能奇诡地将语言哲学和自然主义，波普尔的‘批判理性主义’与海德格尔的‘诗意栖居’，文研会的

‘为人生’和巴尔特的‘零度写作’，金斯堡的癫狂的‘嚎叫’与奥修的‘静心’唠嗑……无任何心理负担地杂烩于一体的人物。他成功地反对了思想意识乌托邦，但又要建立‘原在乌托邦’。他的诗歌常常充满活力，富于实验精神，但对大多数读者都有可感性。于坚近年的理论文本矛盾纠结、‘蛮横无理’，像粗糙羊毛团的激流，但时有个人的睿见，羊毛长在羊身上。这位棕色酋长想告诉我们的是：虽然‘诗有别材’，但到‘拒绝隐喻’为止。”（《速写28家》）

关于盘峰论战，关于当年诗人的谩骂、攻讦、无理取闹和唇枪舌剑的恩恩怨怨，陈超通过一首诗进行了轻松而宽怀的化解——

礼拜六上午我看到一篇文章
无端谩骂我和另几位诗人
下午我写了更噎人的回击
心情快活，夜里睡得沉沉
礼拜日早晨，阳光灿烂
我步行到教堂路的邮局寄稿子
半道上一粒石子钻入鞋子
我倒掉它，顺便坐会儿
花砖便道上
有位带孩子玩儿的年轻妈妈
她问儿子：“你为什么打小刚？”
“他先推的我！”
“他推你，你也不该打他，记住了吗？”
孩子点点头，这道理十分简单
这甚至也是耶稣要表达的全部

我微笑着撕掉了自己的稿子
决定再晒会儿太阳，然后回家

——《礼拜日》

连当时作为“民间”派重要旗手、表现也更为疯狂激进的伊沙也在后来（2010 年）理性地认识到当年这一场硝烟弥漫的世纪末论战的内质及其所产生的真正影响：“到了世纪末，正像你我亲历的那般：大家的关注点放到了如何在世纪总结中‘占座’，你我也不同程度地被卷入其中（我比兄疯狂多了），就是你命名的‘盘峰论剑’——从严肃的诗学角度谈：对立往往意味着诗的不同形态的博弈——这个状态后延到了世纪初——甚至也可以做此理解：中国现代诗就是在这种局面下完成了它的世纪跨越的。然后大家各自写去，一口气还没喘过来，‘盘峰’后方才结盟的‘民间’内部又四分五裂、几分几合、你分他合、他分你合，恍如洗牌（我听说“知识分子”那边也不消停只不过更喜暗战），如果每一次的分裂造成的结果是‘各自写去’倒也不错，至少我的写作在这一次次争执、分裂、对峙中得大于失。”（陈超、伊沙《〈蓝灯〉之光——2010 冬天的对话》）

陈超与柏桦的交往最初也是通信。因为那时柏桦工作调动频繁，柏桦一会儿成都，一会儿重庆，一会儿南京，所以陈超的信总是被退回。陈超认为尽管柏桦是重庆人，但是却天生地有着江南阴凄幻美的性格。陈超最早关注柏桦是因为那首《表达》（1981 年 10 月），此时是 1986 年，而这首诗的诞生已经五年了。“我要表达一种情绪 / 一种白色的情绪 / 这情绪不会说话 / 你也不能感到它的存在 / 但它存在 / 来自另一个星球 / 只为了今天这个夜晚 / 才来到这个陌生的世界。”（节选）这也正是民刊时代的特征，火热的诗坛，缓慢的阅读。这都是纸媒时代的特性所致，即传播范围和速度的有限性。陈超认为柏桦的独特性是不言自明的，“一直是独立的优秀的抒情诗人代表”“这个冬日的男孩，有自己独异的心头词源。他怀旧、调侃，叹息，怒斥，祈告，精神‘乱伦’、政治‘调情’。明亮的语境却令人发生微微的眩晕、倾斜，像心脏的亢奋/疲竭所引起的”“有如老式衰落王公贵族意识的殉情者。他也抗议、煽动，但更显得与时代‘我独若遗’。他仿佛在用长长的摘果竿择取精纯而高高在上的往事之果，不知疲倦，心荡神摇。他寻找的是旧时代那个‘内在的自我’”。

在很多不同风格、不同代际的诗人那里，陈超都赢得了信任与嘉许：“您的信使我感受到了沉甸甸的情感分量，从娓娓道说中我不仅认识了您的个性特点，亦感受到了人性中本有的真挚和坦诚。同样可珍贵的还有您颇见老到的思想，这里，既指您对世态的剖析，亦指于您对鄙人诗作的解析——如此说或不免有‘同声相应，同气相求’。我早已默受您的嘉许。”（1988 年 11 月 22 日昌耀给陈超的信）昌耀和陈超的第一次见面是在兰州会议上，而二人会上并未有过多交流。“兰州那次会议我们似乎还在一个小组讨论过？我只参加过一次讨论会，后来一直逃会。在文学评论家之间我自觉‘隔行’且学识浅陋，不是谈话对手，您也是评论家，故也未敢贸然打扰。但我直觉我们存有共同语言，因为我觉得您在沉默中秀出的锋芒似已意味着这种‘不安分’（独立的人格意识）。但我们终是没有交谈过，未免遗憾。”（1988 年 11 月 22 日昌耀给陈超的信）

尽管周伦佑偏居西南的西昌小城，但是从 20 世纪 80 年代开始就与陈超开始了常年的通信，私交甚笃。1993 年的春天，周伦佑在唐晓渡北京的家中说过这样一句话：“陈超是我迄今的朋友中最本真的一个，是文友中少有的‘真人’。”确实，在偏居于西昌山中的周伦佑眼中陈超是不可多得的朋友：“每次收读你的信都给我带来愉快。虽然我们很久没有通信了，但这几年来，在谋生的艰难中，我也常常想到你。真正的友谊是超越时间和空间的，这不是套话，是我内心的坚执信念。想想看，在利益主宰一切人际关系的商业时代中，学人之间相互取暖的除了友谊还有什么呢！？”（2000 年 12 月 18 日周伦佑给陈超的信）多年后，再次重读陈超对周伦佑的印象时我哑然失笑，简直太准确了。我和周伦佑的见面有三次，一次在漳州旧镇道辉的家里，一次在深圳，一次在南京。第一次见周伦佑是在道辉的书院举行的“先锋诗歌十大流派”的研讨会上，当时是我和周伦佑联合主持。更富戏剧性的是，周伦佑在主持的时候往往喧宾夺主、自己口若悬河，甚至还不断打断发言嘉宾的话。结果是在场的诗人集体表决，罢免了周伦佑的主持人，而由我单独主持。2015 年夏天在南京燕子矶与周伦佑、雷平阳、胡弦、梁雪波等人出行时已近黄昏。水边的堤坝上空有一个高大的电塔，还刚好有人放一个哆啦 A 梦图形的卡通风筝。雷平阳用手机拍下了戏剧性的一幕——周伦佑表情夸张而严肃，头顶就是那个卡通风筝。二者的构成实在是奇妙。再来看看 20 世纪 80 年代陈超对周伦佑的评价简直是神来之笔：“我有时会开玩笑地说，周伦佑是潜在的‘极端主义者’。他的遗世狂傲和吁求拥戴心理令人惊异地扭结在一起。在交谈和倾听别人意见的时候，周伦佑常常咧嘴大笑，他用亲切的表情告诉你必须加以修正你自己。他从来不是安静的观望者，从来不忍心让自己脱离噬心话题的中心。这使周伦佑难以保持儒雅的风度。”无论是对于周伦佑诗歌的理解、诗歌史的代际和定位，还是对其性格为人的把握上，陈超都是一个极其精准的参透者。连周伦佑的妻子周亚琴读到《生命诗学论稿》之后都破天荒地单独给陈超去了一封信：“当然我读得最认真的是‘印象或潜对话’一章，而对写伦佑那章反复读了两三遍。我有一种极强烈的好奇心，想知道别人描述的周伦佑与我熟知的有多大程度的相符。所以见到写伦佑的文章我都会读，但大多数都令人失望。它们要么是一鳞半爪地触及他的某个方面，要么也许是缺乏勇气，不敢揭示出他人格和理论及诗歌的本质，只是含糊其词的暗示。您对他的刻写却令我非常惊讶，您写得多么好，多么独到。短短的篇幅中您却从诗歌文本到理论，从批评原则到人格都做了整体的把握，精湛而深邃的描述。我以为在您写这几位诗人的所有篇章中，伦佑是写得最丰满最传神最有趣的。我的感觉不仅是诗评家在解读诗人，还是一位朋友在谈及神交已久令其心仪的好朋友。当然您并不是庸俗地吹捧，而是呈现出他的全部，他的炫耀和雄辩，他的自悖，他的勇气，他的反复无常……您有一个见解我以为是最独特的，您认为从他早期的诗《带猫头鹰的男人》《狼谷》《自由方块》《头像》等至晚近的《刀锋二十首》都可见揭示生存的递进性质。在您以前从没任何人这样看过，所有人都认为他的诗在89以后有一个深刻的变化，从关注艺术的变构回归到人文的关怀，对人类基本价值的重新肯定。我也是这样看的。仔细想想也许您的才是真知灼见，揭示的才是最深刻的。”“您不经意中说周伦佑和朦胧诗人属一代人，这句话在我心中引起强烈的共鸣。我至今仍认为在本质上他应属于‘朦胧诗人’那一代。不仅指年龄，更重要的是经历：思想历程与艺术探索历程。待您日后见到他的‘文革诗抄’当信此言不谬。因为历史的原因他与那一代诗人没有契合在一起而成了‘第三代’诗人，这是很复杂的事了，不是三言两语能说

得清的，等将来伦佑写自传时会明白的。”（1995 年 5 月 21 日周亚琴给陈超的信）

2006 年 12 月，花城出版社出版了《周伦佑诗选》（忍冬花诗丛），封底上有陈超这样一段话：“他和朦胧诗人属同一代人，但理论准备却比许多人坚卓扎实。如果说早期北岛们的集团愿望更多是建立在普通、朴素的人道主义立场，周伦佑却更敏感于全球一体化的后现代的文化迁徙大势。这位偏隅于西昌小城的知识分子，竟日苦读、思考、写作和摘录。对从西欧到美洲大陆的许多文化 / 艺术关键点性人物，周伦佑均能有所理会并强行整合到自己的意识中。他是炫耀的、雄辩的、构筑体系毫不手软有时却又表现出对科学主义的敬畏。”

“你是我最好的灵魂的朋友”

陈超是我一生不可替代的朋友!

——铁凝

我亲爱的朋友，灵魂的朋友，常来
常来梦中坐坐

——张烨

陈超走后，在一些媒体和网站上铁凝被引用的最多的一句话是“陈超的离去是中国文坛的巨大损失”。而在我的脑海里，铁凝的另一句话却让我感受到真正的朋友之间的意义。铁凝说：“陈超是我一生不可替代的朋友。”10 月 31 日傍晚，我在陈超的家里听到铁凝对杜栖梧说这句话，她们相拥痛哭。那一刻，在场的人无不落泪。也是在客厅，铁凝向在场的人介绍我时才得知我是陈超老师的学生。因为明天公务外出，铁凝必须当天赶回北京。大家到电梯口送别，铁凝临近电梯的时候和大家相拥告别。她说了一句话，至今仍让我动容——“俊明，你是陈超的学生，多陪他一会儿。陈超是我一生不可替代的朋友”。楼道是黑暗的，可那句话我知道它会照亮陈超去天国的路。陈超应该宽慰。人生得一知己足矣，斯世当以同怀视之。何况，陈超的意义已经不再局限于朋友和诗坛。

陈超选择朋友是苛刻的、谨慎的，而他为人的坦诚、直率、平和、纯粹是有目共睹的。铁凝 1957 年秋生于北京，可是对于她的成长和文学之路来说河北却成了精神的故乡。她比陈超大一岁，因为共同在河北省作协的缘故（尽管陈超只是挂名的作协副主席），陈超与铁凝成为非常要好的朋友。这更在于朋友之间的相互吸引，比如陈超一贯的性情、幽默、睿智，一贯为他人考虑、从不给他人找麻烦。还有一个深层的原因还在于铁凝对诗歌的喜爱。河北师范大学曾有一个传统，每年举行一次诗歌朗诵会，而铁凝都会如期而至。从这一点上，陈超的诗人身份又从另一个更重要的维度使得他和铁凝成为知音。铁凝在接受贺绍俊专访时曾强调自己与诗人的关系很好，“因为我的内心是很尊敬诗的”，“德国的作家格拉斯，写《铁皮鼓》的这位作家，他说，好的小说其实是从诗里诞生的。我特别同意这个观点。我确实曾经妄想当一名诗人。现在如果要找还能从笔记本上找到当时在乡下写的诗，后来我发现我不行，不愿意让人看，失败，不好。所以我开玩笑，说我当不成诗人，注定当不成诗人，才去想要不当一名小说家吧”。早在 1977 年，铁凝就在《天津文艺》第 10 期发表了一组诗(《河北文艺》也发过一些诗)。尽管这些诗带有那个特殊时代的印记，但是通过语言、想象力、叙事能力以及场景的撷取来看，这几首诗是有一定水平的。这组诗命名为《丰收纪实》，包括《浇麦小唱》《割麦曲》和《分量》。在那个年代，农业劳动成了很多诗歌的主题，在这样大体固定和模式化的语境下能够写出像样的诗歌已经非常不易了。而铁凝的这三首诗尤其是《分量》已经可以称得上那个年代的优秀诗作了——尽管其中的一些缺陷是那个时代共有的。

铁姑娘车队拉着棉花进村，
马儿像拱着蓝天驾着白云。
唱着卸车，笑着入库，

库外是银山，屋内灌满银。

管库员刚要锁门，
队长说："等等！"低头拽起衣襟，
她摘下沾在身上的一瓣棉花，
花瓣轻轻地飞进库门。

姑娘们学着队长，
也细细查看全身。
无数朵小小的银花，
都飞进大队的银囤。

它们没啥分量，
重的是姑娘们那颗颗红心。
银潮虽然满地流淌，
一朵银花也得归入公社的聚宝盆。

值得一提的是铁凝在20世纪90年代初还写过几首诗，曾收入《诗神》建国五十年诗歌大系。

铁凝和陈超还有一个共同之处在于他们都有一种知识分子的独立精神和品格。

1986年在清除精神污染的运动中，铁凝被河北省作协的两位领导找去谈话，让她检讨自己的写作思路和问题，铁凝却说自己的小说就是反污染的。领导说今天下午就有一个关于马列主义的讲座，你去不去听？铁凝问，这是组织的安排还是你们的提议？领导说当然组织不能强迫，这是我们的提议。铁凝说："既是你们的提议，那我不打算听，我还要坐火车回家呢。"可以想见那两位领导当时的反应，也可以想见铁凝冒着背黑锅危险的满肚子委屈。多年后铁凝在接受贺绍俊的采访时还回忆到："这个时候我哭了。我在街道上一边走一边哭，当时我突然想到人生竟然是这样的，竟是这样无情的。坐到公共汽车上，我就非常想家，觉得我的家庭才是我的后盾，我的作品没有什么精神污染，而我的父母相信这一点。到了火车站，我看时间还充裕，就走进站边的商店，我一下看见了酸奶，我非常爱喝酸奶，我就买了两瓶，坐在那儿喝。喝完奶，我的心情也好转了。"（《铁凝评传》，郑州大学出版社 2005 年 1 月版，第 79 页）1993 年铁凝完成中篇小说《对面》，这是铁凝以男性视角来叙述的实验性文本。陈超曾经写过几篇关于铁凝小说以及相关的回忆文章，《生命的眩晕和疼痛——读铁凝〈对面〉随想》（《文论报》1993 年 7 月 17 日）《写作者的魅力——我认识的铁凝》（《时代文学》1997 年第 4 期）《噬心经验的"幽会"——谈铁凝小说〈大浴女〉及其启

2006 年，陈超在铁凝长篇小说《笨花》研讨会上

示》《打开铁凝的“后花园”》等。铁凝也非常喜欢陈超对他的评论文章。在2014年10月31日的三宏公寓，她还和杜栖梧以及在场的人说过她去北京后尽管和陈超见面少了，但是还有电话联系。她要在国外出一个译本，需要附一个评论，最终她还是选择了陈超和郭宝亮合写的那篇。

铁凝这样评价陈超的诗歌：“我喜欢他的诗，是因为他的诗中我反复感受到了陈超恰如其分的善良，诚实，他特殊的温暖的忧伤，和朴素的明澈。他的善良恰如其分，不比善良少，也不比善良多。陈超近年的诗像马蒂斯的剪刀下的剪纸那样，单纯而明净，能够唤起我们的内心感动。”而当陈超在一篇关于铁凝的文章中公开称赞铁凝的美丽时，我们不能不为怀有一颗“一片冰心在玉壶”的陈超而感怀了：“而铁凝也的确称得上美丽。在我的朋友中，还没有谁像她这样其形象给我巨大反差。安静时，她从外形到气质像是油画家靳尚谊或杨飞云喜欢画的那类人物肖像，深邃而典雅；可当她快乐起来，马上像个无挂无碍的女大学生。这两种彻底搭不上边的气韵却能和谐统一在她身上，令朋友们感到微微的‘惊异’。”（《写作者的魅力——我认识的铁凝》）

20世纪80年代中期曾掀起女性诗歌的高潮，其中以伊蕾、翟永明、唐亚平、张烨、陆忆敏、林白、海男、沈睿、林雪、张真等为代表。他们将女性经验和自我意识呈现在这一时期的诗歌写作中。尤其是翟永明的《女人》（组诗，《诗刊》1986年第9期）、伊蕾的《独身女人的卧室》（《人民文学》1987年1－2月合刊号）、唐亚平的《黑色沙漠》（《人民文学》1986年4月号）以集束炸弹的效果引起了整个诗坛的空前轰动。这犹如巨大的磁场吸附了当时如此众多的新奇、热烈、不解和批判的目光。

2015 年 3 月 6 日中午，我与上海的张烨联系陈超的资料，她在电话中止不住地哭泣。此前我只和张烨在一次诗歌活动中见过。在一辆大巴上我和张烨坐在一排，她靠窗。当年张烨知道陈扬（当时还叫陈默）的病情后，还专门从上海买药寄给陈超。对此陈超一直感念。1992 年 11 月陈超在赠送给张烨的《中国探索诗鉴赏辞典》的扉页上抄录了写给张烨的一首诗："敬爱的牧神，以及本地的 / 一切神灵，请保佑我具有 / 内在灵魂的美，保佑我 / 内外和谐，表里如一。让 / 我相信智慧即是富足 / 让我拥有对于生活节制者 / 是恰如其分的财富。"张烨说在自己的精神低迷时期陈超给予了她在人生和诗歌上很多的鼓励。陈超离世后，张烨追忆曾经无比真切而恍惚莫名的往日时光："我知道你为人宽厚 / 这更教我悔泪长流 / 融进冰雪呼喊你 / 站在火焰摇醒你 / 唯一的慰藉，生长在无垠的疼痛—— / 上帝终究要收回遗落人间的星 / 是的，一切都已过去。但 / 当我仰望夜空的时候 / 一切又都回来了 / 对着夜空默祷，而我 / 要做的是：以诗为粮、为灯、为火焰 / 我亲爱的朋友，灵魂的朋友，常来 / 常来梦中坐坐。"

陈超以敏感而精准地阅读和分析了这些带有实验性的女性诗歌，尤其是在其中一些诗人受到当时诗坛严厉批评的时候他敢于站出来说真话予以维护。而对于河北的伊蕾、李南、杨如雪以后胡茗茗等女诗人的写作，陈超也起到了不可忽视的作用。尤其是对诗歌写作中存在的问题，陈超仍是直言不讳。《诗刊》2002 年开始推出下半月刊，陈超强调《诗刊》应该有意识地提倡朴实而技艺深厚的作品，少发那些修辞漂亮而内容平庸的诗。(《诗刊》2002 年 8 月号下半月刊）这份批评的自觉和良知对于今天众多的诗歌研究者来说显然是一种鞭策。2006 年夏天，在石家庄罕有的凉爽的日子里，陈超在评价胡茗茗早期诗歌时毫不含糊地予以了批评，尽管二人是非常要好的朋友。（按照陈超的说法就是：“朋友做得单纯，彼此认同的是日常生活中的那个人，简单、直接、有点儿天真，对生活的细枝末节有着敏感和好奇心。”）“那时她的诗虽已高于一般的诗歌写作爱好者，但以诗本身的标准看，还有明显缺失。一是，她的情感显得类型化，虽然真实，但个人经验尚未得到准确显现。情感，特别是文学青年的情感，有许多是从自己倾心的读物中获取的，不能说它不真实，它的真实就在于作者本人不知道它不真实。而个人经验，则是生活中骨肉沉痛一点点汇聚沉积而成，将之准确呈现出来，才能达到生命和艺术双重意义上的真实性。”（日记，2006. 8. 14）而对于后来越写越好的胡茗茗陈超则是不吝表扬，由衷地予以肯定和鼓励。

陈超辞世之后，伊蕾曾数次哽咽着打电话给郁葱，并约好一起找一个安静的地方地去想念在他们的诗歌历程中最为重要的人。“你是我灵魂的最好的朋友”，陈超在信中称呼伊蕾为“老孙”。这个称呼是信任，是欢乐，还带着几分幽默和顽皮。这就是陈超的性格。2015 年 4 月 9 日，伊蕾从北京远郊给我快递了 1987 年到 1991 年间她和陈超通信的复印件。伊蕾在一张纸上详细地注明了每封信的写作时间——为了强调，每封信的背面也注明了时间。1989 年 5 月，伊蕾依托七月诗社在天津创办《诗人报》并担任主编（扈其震任常务副主编，执行副主编是深耕、萧沉、吴翔，编委有石冰、张晏、清云等人），1991 年 11 月即停刊，前后共出刊 16 期。谢冕称之为“暗夜里的一颗星”。陈超不仅在《诗人报》上发表了自己的一些诗论文章，而且当时还受伊蕾的委托负责组了韩东、于坚、张枣、严力、欧阳江河、王寅、孟浪、唐亚平、杨小滨、伊沙、岛子等人的一些重要稿子。2017 年 6 月《诗人报》复刊（总第 17 期），伊蕾任名誉主编。副主编段光安说编辑部希望在复刊号上做一个陈超的专辑，由我来提交些资料。最终呈现出来的是发了陈超的诗《风车》《我看见转世的桃花五种》《博物馆或火焰》《牡丹亭》《沉哀》，唐晓渡的追忆文章《忆念和追思》以及我整理的《陈超年表1958—2014》。

伊蕾，本名孙桂贞，生于天津，长于河北，著有诗集《爱的火焰》《爱的方式》《独身女人的卧室》《女性年龄》《叛逆的手》《伊蕾爱情诗》《伊蕾诗选》等。之所以用伊蕾的笔名是求永葆女性天真。在河北这个有些封闭保守、中规中矩的地方，伊蕾的出现确实是“异数”。伊蕾的《独身女人的卧室》由十四首诗(《镜子的魔术》《土耳其浴室》《窗帘的秘密》《自画像》《小小聚会》《一封请柬》《星期日独唱》《哲学讨论》《暴雨之夜》《象征之梦》《生日蜡烛》《女士香烟》《想》《绝望的希望》）组成，而每一首诗结尾反复出现石破天惊的“你不来与我同居”。这成为这一时期最经典化的“女性自画像”的“自白”和呼唤。在现实生活中伊蕾也是大胆、独立、自由女性的代表，比如1987年的全国青创会期间发生的一幕，当时陈超也在现场。“我的恋人、相好、所谓第三者，女诗人伊蕾孙桂贞，是河北作协的与会代表。她是代表团副团长、铁凝是团长。对我而言，是这样一个有趣味的领导班子。当时正在提出‘反对资产阶级自由化’，孙桂贞大会发言，大声呼喊：我的爱人张石山也来到了会上，我们没有自由。我的切身感受告诉我，不是什么资产阶级自由化，而是封建专制文化在压迫我们！为此，作协党组书记唐达成专门找我谈话。老唐谈话的主旨是：你们两人好，隐秘一点儿不好吗？我说：不好。我们两人好，不丢人！同样为此，陕西作家贾平凹在下面公然大加赞赏道：张石山，孙桂贞，那是两条汉子！孙桂贞，亦即诗人伊蕾，我曾经给她写过专章评论。评论的标题是《她

京丰宾馆，陈超在第三次青创会上

是一个好女人》。我认为，这对于一个女人和女诗人来说，几乎是至高无上的评价。她的知心女伴们，曾经义形于色逼问过我：张石山，你能为我们的伊蕾小姐赴汤蹈火吗？我当即回答：你们以为我现在正在干什么？我正在哪儿？我不是正在烈火烤炙中吗？我不是正在滚汤沸水中吗？”（张石山《求学京城》之三）

伊蕾的《独身女人的卧室》对于当时的普通读者和专业读者的冲击无异于强烈地震。这首在极其私密的女性个人生活空间（比如门、窗帘、镜子、卧室、浴室、身体）展开的诗确实“惊世骇俗”：“这小屋裸体的素描太多 / 一个男同胞偶然推门 / 高叫‘土耳其浴室’ / 他不知道在夏天我紧锁房门 / 我是这浴室名副其实的顾客 / 顾影自怜—— / 四肢很长，身材窈窕 / 臀部紧凑，肩膀斜削 / 碗状的乳房轻轻颤动 / 每一块肌肉都充满激情 / 我是我自己的模特 / 我创造了艺术，艺术创造了我 / 床上堆满了画册 / 袜子和短裤在桌子上 / 玻璃瓶里迎春花枯萎了 / 地上乱开着暗淡的金黄 / 软垫和靠背四面都是 / 每个角落都可以安然入睡 / 你不来与我同居。”确切地说，伊蕾在《独身女人的卧室》中卸下了以往固守的枷锁和面具，大胆抒写的孤独和分裂不只是个人的经验和想象，更是代表了这一时期女性整体的精神世界自画像和激烈、紧张的内心自白。

就诗的内部而论，当时陈超对伊蕾 20 世纪 80 年代中后期以《独身女人的卧室》为代表的诗歌解读以及历史定位（尤其是在主体意识和体验角度方面与朦胧诗的差别）是非常精准的，也即陈超是在文本细读和历史语境的双重维度来进入的：“这首诗真正的价值还不在这里，而是它尝试了一种新的体验角度。在朦胧诗人那里，自我和意识是一回事，是一种主观性。诗人将自我作为主体去感受一切。在这首诗中，自我和意识是两回事，‘我’是我观照的准客体。如果说朦胧诗中的物带有人的特点，那么这首诗中的人则带有物的特点。诗人从‘我’中分离出来一个我，静静地审视着那个在‘独身女人的卧室’中的‘我’。‘卧室’不是什么物理场所，而是诗人的‘内在生命史’。”（《自看自：一种新的体验角度的尝试——伊蕾〈独身女人的卧室〉鉴赏》）“在伊蕾的诗中，生命、爱情的虚无，和生命、爱情的神圣，是对抗共生地整一性到来的。在这里，后一项不是核心的、正极的、本源的，前一项也不是。作为她诗歌经验之圈本质东西，是这两者互为表里、互为因果的整一存在，犹如火焰和灰烬不能分离。”（《伊蕾——精神肖像和潜对话之四》）陈超对伊蕾诗歌技艺和情感经验的抒写方式的评论在准确指向其核心内质的同时，也在更大的空间对女性写作的精神谱系进行了梳理与辨析：“她的诗从形式上给人以某种古老的感觉，她不故意制造语言的迷幔，不太信任稍纵即逝的梦境漂流，而是清醒地审视、严格地安排每一个文辞和结构。在这些诗里，诗人毫不掩饰她对完美严饬的古典艺术的虔敬，正因如此，她的诗在浪漫主义的滥情和一些现代主义的艰涩之外，表现出一种扎实稳健的古典精神。在她那里，诗人不仅要有超拔的想象力和硬实的情感因素，更重要的是，如何控制想象力和情感，在有意识的艰苦磨砺中达到诗歌的完整、干净和纯粹。”（《伊蕾的经验之圈》）1988 年 12 月漓江出版社出版伊蕾的诗集《独身女人的卧室》。在 1987 年 8 月 1 日陈超给伊蕾的信（写在河北师范大学的稿纸上）中涉及为这本诗集写序的事情：“诗稿再三读过，使我对你的诗有了第一次真正的理解。我为它写了三稿序言，最终还是弃置了。‘知识型’的序根本无法进入它们；‘体验型’的序才可能抵近它的最高限值。那是一个酷热难当的夜，我在冥冥中感到了你。我在痛苦的灯光下，让一行行血滴在白纸上渐渐显形。”正是源自陈超的理解和鼓励，伊蕾在诗集《独身女人的卧室》的后记《确认自己，实现自己》中予以精神上的呼应：“我是理想主义者，我属于未来，我的诗是基于未来观，对传统文明进行叛逆式的冲击。”作为具有“第一次”“异端”性质的掀开女性私密窗帘的诗歌，在引起社会轰动的同时必然招致激烈的批评与指责，尤其是在当时的社会文化情势下。《独身女人的卧室》发表以及诗集出版后招致了诸多争议和批判（当然也得到了肯定，如梁小斌的《致伊蕾》：“您通过诗，告诉所有傻小子，一个真实的女人的形体和伴随这个形体的心理活动是什么样”），比如《诗刊》《文艺报》《诗神》上的尖锐的批判文章：“主题荒唐、格调低下、赤裸裸地宣扬‘独身女人’性渴望、性疯狂的色情的‘诗’。”（《文学的歧路》，1990 年 3 月 31 日《文艺报》）这一批判过程甚至延续到了 1991 年，“我一直注视着

《文艺报》有关《卧室》的进展情况。但我相信，你不会太忧郁，可能有些愤怒。我认为，这是我们青年一代先驱者必然的命运。是我们从写作那一刻起，就早就准备好了的。如果我们不去蒙弹，那么还能够在今天活得充实、尖锐吗？我们的孩子还会尊敬我们和这个时代吗?”（日记，1990.9.2）陈超的这句话今天看来具有穿越时代的精神膂力，即使在今天和未来来看，这段话对于真正的写作者来说仍然振聋发聩而直抵内心。关于《独身女人的卧室》的争议还是对伊蕾产生了影响，获得河北的文学奖对伊蕾来说应该是十拿九稳的事，但也因这事的争议而被取消获奖资格。巨大的争议、批评甚至攻讦对当时写作正处于高峰期的伊蕾来说是不小的打击，受此影响很长一段时间伊蕾对写作和生活充满了旁人难以想象的焦虑。一个雨夜，伊蕾写下如下不无沉重的自白，这是一代女性的不幸命运：“我想，我也许一生都在这种绝望的境遇中。你永远得不到你认为应该得到的。这是我们一代人的不幸。而诗就是反抗绝境。诗人为此付出的任何代价都是有价值的。”这一时期，陈超和伊蕾之间的通信不仅探讨了诗歌的秘密，而且作为好友之间的谈心对伊蕾的内心和写作都起到了双重的缓冲和安慰：“你不必为浮世的误解而痛苦，在任何时代，真正的生命是注定要受磨难的。而离开折磨它的轨道，它就只能在冥冥中飘散，这种没有折磨的折磨不是更可怕吗？你无家可归，在人类的悲剧中陷得越深，你便赢得越多。相信世界是无望的，偶然的、瞬间的快乐是唯一可以相信的东西。你相信它，就要同时相信它注定要流逝。”（1987 年 8 月 1 日陈超给伊蕾的信）“我最好的朋友，要挺住。要骄傲。”（1990 年 9 月 2 日陈超给伊蕾的信）

1991 年，伊蕾离开诗坛，远赴寒冷的俄罗斯。二十年后，2010

年1月伊蕾的《伊蕾诗选》由百花文艺出版社出版，其中的序出自伊蕾最信赖的朋友陈超。这篇序的写作时间是2009年4月5日夜："在2009年今夜，这个春风沉醉的晚上，'嘘——'轻轻叩门，依然充满热情，充满活力，依然充满魅力，充满神奇。这里似乎有一代诗歌青春所吟述的关于爱的梦想，一代青春关于独自生活的愿望，一代人对生命体验之诗的趣味，甚至一代人对主流文化/文学的奋勇抗辩……"

整个20世纪80年代，那些具有探索和异质性的女性诗人的命运和伊蕾大同小异，比如翟永明。无论是当时她写作《女人》《静安庄》《人生在世》引发的争议以及吊诡的社会文化环境都代表了那一时期女性精神史的尴尬程度与谋求新变的艰难过程："有整整三年时间我长期待在一间肮脏的病房里。常常在深夜10点之后，我忍受着寒风坐在病房外的长椅上写作，因为病房10点后关灯。黑暗的路灯滋养了我的晦暗心理，病房内外弥漫着死的气息和药物的气味，也滋养了我体内的死亡意识。"（《面向心灵的写作》）所以翟永明这一阶段的诗歌出现的是"死亡""黑暗""鲜血""骨头""亡魂""创口"的反复叠加，她也才会在1986年参加青春诗会发出"我希望自己首先是诗人，其次才是女诗人"的吁求。这在精神隐喻的层面再次呼应了当年"阁楼上的疯女人"的女性写作形象。

第七章 | PART SEVEN

一个时代的结束，又一个时代的开始

> 自然的晚祷开始了——我仿佛听到彼岸铜钟缭绕……大化流行，生生不息，在我们一闪的生命中，诗歌乃是这苍凉与高歌的部分，是死亡之岸伟大的救赎和祈祷。面对这一切，我的手哆嗦着，我放弃了写作。我知道词语的背叛开始了。
>
> ——陈超《语言的缺席》

我们今天看到的，更多的是陈超对同代诗人在精神和技艺上的双重激励，看到他作为朋友的最为可靠的品格，而在20世纪80年代末期和20世纪90年代初陈超所承受的痛苦和精神压力是其他人不能想象的。我们只能在他的日记和值得信赖的朋友的信件中感受那颗火热、坚执、痛苦、绝望与希望交错、撕扯的内心世界："在这种时候，读你的信，感到有一种人间最宝贵的，值得使人活下去的东西确实存在。"（日记，1989.9.29）"你的信使我感到温暖，我知道，你是实实在在地嘱咐我的，用你的心灵。我会珍重。"（日记，1989.10.19）"心情抑郁，万念俱灰，就这样迟钝了。知道你的心亦同我一样。在这里，让我提醒你，不能放弃希望。我们这种人，在任何情势下，都不甘自暴自弃，这恐怕是注定了我们的一生充满苦难与欣悦的双重挣扎。"（日记，1990.9.2）

当中国历史转入20世纪90年代之后，随着社会的剧烈震荡和知识分子的精神转捩，不仅轰轰烈烈的先锋诗歌运动已经结束，而且先锋诗歌所体现的激进、独立和反叛精神也在大大削弱。"真正的先锋一如既往。当青年理论家吴亮在四年前说出这句高迈的话时，我青春的心颇为感动。不过，我现在才感到，那时真正的考验还没有来得及全面发生。市场图腾这阴冷诱人又‘体面’的食肉兽也还没有发出扑鼻的气息。”（陈超《变血为墨迹的阵痛——先锋诗歌意识背景描述或展望》）诗歌在20世纪90年代开始遭受到了市场经济图腾和喧嚣色异的大众文化的剧烈而持续的冲击，这对于诗人来说也许只有两个结果——倔强站立或瞬间垮掉。当然，“大众文化”自身是需要综合辨识的：“谈论‘大众文化’的得失，我总会陡增心间的茫然。我想我们既不能放弃文化批判立场，又应避免利用职业优势对‘大众文化’简单指斥。这需要一种理性的、辩证的、对话的态度。‘大众文化’的膨胀，是现代社会、现代科技发展必然带来的。在市场经济全面展开的情势下，它听命于市场需要，属于有利可图的‘文化工业’。这就决定了它本质上的商业属性、消费特征，其次‘大众文化’一边投合大众趣味，一边引导和控制大众趣味，将之长久盘滞在言情、打斗、复仇、公案、黑幕、传奇英雄、豪门恩怨、中产阶级生活理想等语境中。它强调的是过程体验的快感，它不考虑追问和沉思因素。此外，我感到‘大众文化’在90年代中期以后渐渐背离了它朴实的名称，呈现出骨子里的‘媚贵族性’。”（陈超《说“大众文化”》）

无论是个体精神乌托邦还是理想主义、启蒙遗风几乎在此时消失殆尽，诗歌与时代的摩擦系数空前降低。尽管当年的先锋诗人仍在零落地写作，更为年轻的诗人们也自诩为先锋派，但是从整体层面考量，20世纪90年代以来的先锋诗歌无疑迎来了波澜不惊的委顿阶段。80年代先锋文学革命几乎是一夜之间改写了中国当代文学史，以其实验、叙事、技巧和语言的新质以及崭新的历史和现实态度创造了先锋的实验的时代，甚至对 90 年代的写作仍然产生着重要影响。李洱在谈论吴亮的长篇小说《朝霞》的时候面对着会场的批评家和作家们语重心长而又颇为怀念地讲到了 80 年代的先锋文学："我首先要向吴亮表示敬意。今天在座的读者朋友都需要知道吴亮。在中国，'先锋文学'、'先锋艺术'的概念是谁最先提出来的？就是眼前的吴亮先生。我第一次见到吴亮是在 1986 年秋天，当时他的模样就像狮子王。在 1984、1985、1986 年，在文学艺术重要的转折关头，作为批评家的吴亮和他的同道们，深度参与了文学艺术的重新建构，这对后来的文学史产生了深远的影响。"（《看〈朝霞〉》）但是，21 世纪以来先锋文学逐渐淡出了作家和批评家的视野，似乎先锋文学的时代已经过去。"先锋"和"先锋诗歌"已经成为这个时代睽违的词。较之一种叫作"一年蓬"的外来物种以前所未有的"先锋"精神和"开拓"意识在短短一年内占领中国土地不同，先锋诗歌在近些年几乎已经不再被人提及。而作为常识，任何时代都应该存在"先锋"和"先锋诗歌"，只是程度和表现方式不同而已。"先锋"是一个时间性的历史概念，在不同的历史区隔中既具有维特根斯坦所说的家族相似性又具有变动性和发展。没有永远的"先锋派"，也不存在一个没有先锋派的时代。《新韦伯斯特英语国际词典》对"先锋派"一词的界定是："任何领域里富于革新和进步的人，特别是艺术家或作家，他们首先使用非正统或革命性的观念或技巧。""用某种用起来顺手的形式发现了我们在庸常事境中发现不了的东西，揭示了我们灵魂深处的未知领域，就是先锋。"（敬文东《诗歌在解构的日子里》）这样的说法则又过于宽泛，因为就中国当代先锋诗歌而言不仅带有特殊的运动和潮流性，而且这种先锋精神还不只是一种"发现"，而是呈现为对既有社会秩序和文学格局的反抗——美学的意识形态正是中国特色。而90年代以来整体性上先锋诗歌和先锋精神的弱化又与审美文化的多元化、世俗化、实用化、庸俗化有关。多元共生的文化景观显然一定程度上会削弱先锋性，而历史上的先锋恰恰大多时候是在文化一体化和专制化的时代（包括由专制向自由时代的过渡阶段）出现的。陈超曾从想象力的方式、意识背景和语言方式上区分了先锋诗歌在不同历史阶段的差异：朦胧诗的“隐喻—象征，社会批判”想象力模式，新生代（一般意义上的“第三代”）诗歌中以“生命经验—口语”和“灵魂超越—隐喻”为代表的两种差异性想象力模式，90年代出现的知识分子写作的“历史想象力—异质混成”想象力模式，90年代末到21世纪以来先锋诗歌则进入了“用具体超越具体”的“日常经验—口语小型叙述”的想象力模式。

谁都不能否认，一个理想的、激越的甚至也是躁动的、运动化的先锋诗歌时代已经结束了！1990年的春天，当王家新骑车经过北京西郊一片废弃的园林时，一群燕子正从头顶上飞过。面对着鸟声啁啾的万物复苏的时刻，诗人却有恍如隔世的荒凉之感，寒冷的冬天和同样惊悸的体验却似乎并未远去：“在那一刻，我想起了我们曾经历的苦难青春，想起那曾笼罩住我们不放的死亡，想到我们生命中的暴力和荒凉……”（《文学中的晚年》）

一个时代最终只能落实在个体的生活和写作命运当中，而现实生活中诗人的角色往往是窘迫、尴尬的，就如那只大鸟掉落在甲板上挪动摇晃着身体而被人嘲笑，它的翅膀拖着地面反而妨害了飞行。在2012年冬天上海的冷雨中梁晓明送给我一本《北回归线》。在扉页上他给我写下这样一句话：“我和革命越走越远。”2017年初冬寒夜，在后圆恩寺胡同小众书坊不远处的一个火锅店里，梁晓明还回忆起当年陈超和唐晓渡对他那句“我和革命越走越远”的相反方向的理解。

“诗人批评家”的诞生

在中年一代评论家中，兄是扛大旗者，引人注目，贡献和影响均大于他人，此为公论。

——欧阳江河给陈超的信，1991.4.19

陈超不仅属于这“数人”之列，恐怕还是排在最靠前的更少数的几个人之一。十几年前，当我还是个大学生的时候，我就读到过他的文章，并大为赞美，到处为之鼓噪。

——敬文东《陈超诗歌简论》

他的评论之所以有价值，不是因为有助于理解他本人的诗歌，而是有其自身的价值。

——T.S. 艾略特《批评批评家》

不管20世纪80年代的先锋诗坛如何火热，最终能够留下来只能是过硬的文本。一个诗人终其一生都是为了写出一首终极意义上的诗，而此前的诸多文本都是在为这一终极文本努力和铺垫。对于批评家而言，也同样如此，必须有同样过硬的批评文本才能维持一个批评家的有效性和活力。

然而，批评家的角色和形象并不总是乐观的，甚至文学批评在西方经典文论中还被认为是次级工种和毫无创造性可言的“寄生”

文字。乔治·斯坦纳曾不无悲观地指认“文学批评”是短命的：“文学批评和文学阐释的著述生命有限，难以长久流传……大多数研究著述属于过眼云烟、学术著作和学术期刊文章尤其如此。在鉴赏情趣、评价标准和使用术语进行辩论的历史上，这样的文学研究著述或多或少代表某个具体的时段。不用多久，它们有的在烦冗的脚注中找到了葬身之所，有的待在图书馆书架上悄无声息地搜集尘埃。”（《托尔斯泰或陀思妥耶夫斯基》）批评者和批评家（按李敬泽说法还有“中国”式的批评家）二者之间有必要进行区分，正如写诗的人和诗人之间的区别。甚至如李敬泽所批评的“中国的作家大抵也是批评者”，因为他们是最擅长写“创作谈”的，“有很多作品写得不怎么样，创作谈写出了大师水平”（《一本书，我的童年》）。

与此同时，就纷乱不堪的当代批评现状，“批评家”（尤其是诗歌批评家还应具有特殊的诗歌艺术的直觉能力）自身也需要进行分层和甄别以便去伪存真：“什么样的批评家（在此特指诗歌批评家，也可推广到整个文学领域的批评家）才算杰出的批评家（或者把标准降低到‘真正的’批评家这个层次），确有必要探究一番。欧阳江河把他瞧不上的批评家称作‘县团级’批评家，此外，我们耳熟能详的还有‘小哥们儿’批评家、‘小霸王’批评家、‘闹事’批评家、‘附庸风雅’批评家、‘知其不可说而说之’批评家、‘知其可说而不知说什么好因而乱说’的批评家，当然还有‘迫于职称压力’的批评家，等等。这些人，在进行诗歌（或文学）批评时，既没有‘艺’的直觉，，没有‘思’的精神，也没有‘史’的眼光。”（西川《内行的工作》）确实，批评家内部良莠不齐，而能够反思和自省者并不多见：“今天更多的人都学会了写文章，在我当年写诗评时只要增加几个灵活的词语都会引出一片‘才华横溢’的评论之评论。但是现在仿佛后生们都学会了才华横溢，他们还为自己装饰了更多的文本与语境等新的装饰材料，但是他们中有太多的脑子糊涂者。他们只是一些刻意仿造别人机器的笨拙齿轮！我这几年在心里一直主张恢复两种感觉，一是恢复诗人的感觉，一是评论的感觉，恢复我的而原本具有的先天具有的味觉、嗅觉和听觉。”（1996 年 5 月 22 日徐敬亚给陈超的信）诚然“批评家”的角色是需要重新定位、厘清和反省的，但是具体到当代中国诗歌批评似乎还一直存在着这样一种惯见，即当代缺少诗歌批评家，诗人们一直期待的诗歌批评的永动机并没有现身。也许，只有极其优异的诗歌批评家的出现才能最终扭转这种刻板印象。“近 20 年来，人们一直在抱怨当代诗歌缺少优秀的诗歌批评。三流的诗人如此抱怨，引出大批不明就里的读者也跟着起哄。当代诗歌格局的两极分化状态也或多或少为此类抱怨提供了滋养不良情绪的温床。有时，当代最优秀的诗人也会发出如此感叹，甚至故意喜欢把话说得更狠、更死。当代诗歌的一个面目可憎的幻觉就是，每个写出了诗的自觉的诗人都会觉得自己在某种程度上被诗歌批评冷落了。如果当代的诗歌批评能有效地运转的话，比如，像一架只服务于自己的永动机的话，那么他或她就会引起更多的关注和重视。每个时代的诗人，都会幻想有这么一架诗歌批评的永动机存在，并只围绕其自身的写作。自波德莱尔以来，这种幻觉从来没有减弱过。而在我看来，诗人被他的时代埋没，是现代诗的最基本的命运征候之一。越是优秀的富有创意的诗人，被埋没的可能性就越大。这里，既有一个时代的诗歌批评本身是否成熟和敏感的问题，也有人的理解力自身的局限的问题。知音难得，这是人生的常识，对诗歌而言，尤其是如此。”（臧棣《谁说当代诗歌缺少批评?》）似乎，诗歌批评家（文学批评家）每个人都专注于自己的一小块兴趣点而各自为战、自我鼓呼、摇旗呐喊。针对长期以来诗歌批评的“分治”状态而亟待建立起兼顾诗歌本体（内部）、功能以及场域的综合性批评话语：“在相当长的时期里，诗歌批评家或是单一地贴近社会学和文化阐释，或是专注于文体形式研究，或是印象式地表达自己的审美感受。这些批评文本各有佳境，但也有明显的缺陷——它们人为地将现代诗的意义阐释和形式研究割裂，硬性地使之‘各自为政’了。前面谈到，现代诗是‘表达现代人对生存的特殊感受力的特殊语言’，这决定了其‘功能’与‘本体’是同步呈现的。缘此，诗学话语应该树立‘舞蹈与舞者不能分开’（叶芝语）的意识，积极寻求真正有效地‘兼治’或‘打通’二者的方式，避免‘分而治之’带来的缺失。如果说，前些年采取‘分治’是为了使诗歌批评更走向‘内部’，有一定专业推进力的话，那么今天依然如此，则就有明显的保守性了。”（陈超《作为一种思想方法和写作的诗学》）

1961 年，T. S. 艾略特将批评家分为四类，而他最为倾心的就是“诗人批评家”：“我们不妨说，他是写过一些文学评论的诗人。要归入这一类的批评家，有一个条件。那就是，他的名气主要来自他的诗歌，但他的评论之所以有价值，不是因为有助于理解他本人的诗歌，而是有其自身的价值。”（《批评批评家：艾略特文集·论文》）

作为真正意义上的先锋诗评家的陈超，其诗学研究主要是在穿越大地向天空的长久仰望的生命诗学和文本细读的两个扇形区域同时展开。前一个区域是《生命诗学论稿》《打开诗的漂流瓶——现代诗研究论集》《个人化历史想象力的生成》《精神重力与个人词源：中国先锋诗歌论》（台湾秀威版）《诗与真新论》《游荡者说》《诗野游牧》《辩难与沉默：当代诗论三重奏》，后一个区域是《中国探索诗鉴赏辞典》《20 世纪中国探索诗鉴赏》《当代外国诗歌佳作导读》。这两个区域又是不可分割的，而是相互打开和彼此激活的，正如左手和右手、左脑和右脑，亦如火焰的内部与外围。西川曾戏称陈超为“两卷本教授”：“除了这个两卷本，他还出版过两卷本《20 世纪中国探索诗鉴赏》和两卷本《中国当代诗选》。”（《内行的工作》）

必须强调，陈超就是典型意义上的“诗人批评家”，与一般意义上的所谓“职业批评家”和“学院批评家”不同。陈超的诗歌批评和写作方式更多是介于诗人和批评家之间，他是一个高深而快乐的写作者，而不是中规中矩的枯燥的理论家。这种特殊的诗学话语立场使得陈超的批评文本具有跨文体的特征，更近于诗性随笔。陈超的诗歌和散文写作以及以“现代诗话”（“新诗话”）为代表的批评创新也都存在着这种文体的松动和融合特质。“从 20 世纪 90 年代开始，诗人、批评家陈超教授多次撰文力倡‘松动文类界限’。在他看来，写作就是让生存经验在语言中真正扎下根。寻求文本的现实活力和有效性。这才是重要的；而至于我们写的属于何种文体和文类，在当下的写作语境下已变得相对次要一些。在他的作品中，诗歌话语，俗语俚语，应用文体，小说语型，实现了一种令人欢愉而惊愕的融合。这里刊出的陈超新作，乃其力行。我们欣喜地看到，如果解除文类的繁律，诗歌（又何止是诗歌）的天地是非常广阔的。”（《散文百家・编者按》）收录在《生命诗学论稿》中的文章，如《从生命源始到天空的旅程》、《现代诗：个体生命的瞬间展开》、《诗歌信仰与个人乌托邦》、《论诗与思》（系列）都从“诗人批评家”特有的角度出发对诸多诗学难题（包括人的命题）进行了敏锐而独到的论述，时至今日这些文章仍然被研究者和诗人们反复征引。无论是早期的《生命诗学论稿》《打开诗的漂流瓶——现代诗研究论集》还是后来的《个人化历史想象力的生成》《精神重力与个人词源：中国先锋诗歌论》《诗与真新论》，它们都呈现了陈超作为一个诗人批评家的特殊性。对于陈超来说这种特殊性的“自身价值”来自诗性直觉、会心而精准地对诗歌这一特殊文体语言特质的感受力以及诗性和历史感的持续发现能力。“诗人批评家”这一特殊身份使得陈超能够在直觉和学养间获得平衡，在感性和理性中达成一致，在诗歌写作和诗歌批评之间不断交互、往返和互相求证。这是一个“双手”写作的人，这种带有互补性质的写作无疑带有“问题”的重要性和“说话方式”的有效性。“陈超作为当代少数几个优秀的诗歌批评家之一是得到公认的，可是，作为一位诗人，他也是不容忽视的。在我的心目中，他首先是一位很优秀的诗人，其次才是评论家，而他的许多理论文章(《从生命源始到天空的旅程》《深入当代》《精神大势》《思即诗》）充满诗意，只有一位真正的诗人才能写出如此才气通人的文章。”（刘翔《让灾难化为平稳墨迹的持久阵痛》）严谨、精密、深入、尖锐的理论思辨能力与会心、精妙的感受力和细读能力完美结合，这使得陈超的诗论既有理论深度又有阅读的欢愉。而陈超作为“诗人批评家”对诗人的评论和文本细读也同样让诗人们折服，而这些观点不仅是关乎个人的，而且指向了更为广阔的诗歌场域并直指中心。“21 世纪以来，你的诗对我有吸引力，最先是芒刺式角度刁辣的反讽，近年又有对波澜不惊的日常生活褶皱中秘密的揭示，包括《梦》系列对晦暝的潜意识或荒诞中可能的真义的探询……确实有快感，有意味，值得享用，凡遇到就会读的。诗集《我的英雄》《伊沙诗选》《无题》，还有几部长诗大部分我都看了。你写作量奇大，但基本保持了越走越高的水准，作品当然也成色不均，对不同读者的触动点各有不同，但它们大都做到了能吸引人去看，这很不容易。上了点儿年纪的我，已没什么使命感，近年已经不为‘诗论’事业、为对诗歌场域的把握而阅读、写作了，我依然读诗的原因基本只剩下享受诗歌的快感。近几年来诗歌界让我产生稳定的阅读欲望的诗人已剩不多，当然包括你。我想，你的特殊性在于，即使那些‘敌人’也是真看你的作品的，不仅为了攻击。对中国诗歌而言，有内在质地的幽默和贴心贴意的快感，至今还是一种稀缺的品格。”（陈超、伊沙《〈蓝灯〉之光——2010 冬天的对话》）

陈超曾从批评家的精神资源将新时期以来的批评家分为四类：传统文化，五四新文化及其母体西方近代文化，苏联红色选本文化制导的本土意识形态变格形式，西方现代文化精神。诗歌批评家和其他文类批评家显然具有明显的差异：“在我国青年文学批评家中，诗评家和小说评论家的理论性格颇不相同。后者一般是一开始就抱有理论兴趣的人，对概念、判断、推论、综合显得训练有素。而前者更多——如果不是所有的话——是从诗歌创作转入诗歌批评的，他们的文章敏于审美感受，白热、尖新、华采，但与小说评论家相比，显得缺少学术规范，主观性过强。”（陈超《对语言和生存的双重关注》）较之同时代和此后的那些动辄贩卖西方文论和唯某某主义是瞻的批评家，在 20 世纪 80 年代以来的中国先锋诗歌批评版图中“诗人批评家”陈超以其精准、独到、深迥、性情、洞见、敏识确立了属于自己的话语谱系和精神坐标。“在生殖力极端旺盛而人口众多的中国，搞诗歌批评的人多‘于’而不仅仅是多‘如’过江之鲫。但恕我直言，真正合格的，恐怕不过数人而已，绝大多数都是些趾高气扬甚至气宇轩昂的冒牌货。让人备感滑稽的是，这些冒牌货往往更具有正品的嘴脸，更能唬住一些诗歌外行和诗歌的初次介入者。

在这个假货横行又让人真伪莫辨的年代，这些都不难理解。依我看，陈超不仅属于这‘数人’之列，恐怕还是排在最靠前的更少数的几个人之一。十几年前，当我还是个大学生的时候，我就读到过他的文章，并大为赞美，到处为之鼓噪。”（敬文东《陈超诗歌简论》）

而作为一个“诗人批评家”，20 世纪 80 年代以降陈超同样面临着诗学的难题和悄然到来的挑战，即如何建构属于自己的与众不同的诗学体系。最终，陈超找到了这一诗学体系的突破口，即诗歌批评并非是固守的理论工作——“我是在严格的事业意义上谈及诗歌批评这种特定的理论行为”，是一种揭示生存和挖掘语言奥秘的创造性“写作”（《宿命或抚慰》）。在陈超这里诗歌批评是作为一种特异的写作和文体存在的，而这正是诗人批评家的本职工作：“诗歌批评家，不但应有对诗歌之美和精神自由的深邃揭示，最好自身也具备能动而自由的话语播撒能力和魅力。”（《诗野游牧 · 后记一》）也正如陈超所言这种诗学努力，一定程度上对应于福柯的诗学观念以及批评实践：“我忍不住梦想一种批评，这种批评不会努力去评判，而是给一部作品、一本书、一个句子、一种思想带来生命。它把火点燃，观察青草的生长，聆听风的声音，在微风中接住海面的泡沫，再把它揉碎。它增加存在的符号，而不是去评判。它召唤这些存在的符号，把它们从沉睡中唤醒。有时候它也把它们创造出来——那样会更好。我喜欢批评能迸发出想象的火花。它不应该是穿着红袍的君主。它应该挟着风暴和闪电。”（福柯《权力的眼睛》）陈超最早正是在《生命诗学论稿》一书中开始确立这种个人风格独特又具有极强的当代精神的诗学禀赋。后来，陈超则不断强调的是能够激活批评动力的“历史—修辞学的综合批评”，要求批评家保持对具体历史语境和诗歌语言问题的双重关注，从而对历史、生存、文化、生命、文体、语言（包括宏观和微观的修辞技艺）进行扭结一体的综合性处理：“既不是单一地对其文本解读来传释诗歌母题与理念，避免只做社会主题学分析；也不单纯从本体修辞学的角度探寻其诗歌话语的审美特性，避免把诗歌文本从历史语境中抽离，使之美文化、风格技艺化。而是将它们相互融渗，共时游走。”（陈超《近年诗歌批评的处境与可能前景》）

几十年的诗学实践最终证明陈超是一位出色的“诗人批评家”。“我读你的著作的一个强烈感受在于，多年来诗坛人士热衷于作秀，而你却能踏踏实实地坐下来，通过文本表达自己对世界、生命、诗和诗人的看法，这将为历史证明是最可贵的，唯一真实的。”（1995年7月14日欧阳江河给陈超的信）“很高兴收到你的大著，虽然2/3以上篇什早已读过，但仍感到新鲜，你依然保持一种犀利的钻透！很明显，行文中突显着诗人的气质，这是一种极为难得可贵的东西。我发现我愈来愈少这种质素，而不自觉往‘学院风’靠拢。在先锋诗歌批评的行列中，你是尖端上闪亮的锋刃。要保持这种锋锐，就是我上面提到的那种本质诗人的底气，几乎是天生的，难以改变的。”（1995年5月10日陈仲义给陈超的信）确实，陈超是真正将诗歌批评作为一种特殊的“文体”进行写作实践的。“陈超的理论文字显示了一种特殊的批评上的严格，它既有着批评的洞察力，保持它的应有的犀利和敏锐，又呼应了我们对阅读的快乐的内在的吁求，真正做到了从容自如，舒放有致。”（臧棣《纸上的博览会》）就陈超而言，“诗人批评家”显然是一种诗学成就意义上的认定，而非批评家的诗人身份：“其实，优秀的当代诗歌批评早已被人写出。陈超新近出版的诗歌批评集《打开诗的漂流瓶》，就是最好的明证。这是一本相当有分量的批评论集。在它面前，诸如什么当代诗歌无批评之类的话，从此便属于胡扯的范围了。当代优秀的诗歌批评虽然少，但绝非一穷二白。很可能像人们抱怨诗歌缺少批评一样，当代优秀的诗歌批评其实也缺少优秀的阅读。自20世纪80年代中期以后，陈超的诗歌批评一直为当代诗歌的发展——尤其是先锋诗歌的写作——提供了富于洞察力的可靠的支持。这种支持是多方面，从现代诗写作的当代征候，从先锋诗歌与历史的复杂关联，从对当代诗歌所面临的基本问题的判断，到对具体的优秀诗人的解读上，在我看来，陈超用他的批评敏感和批评力量在很大程度上帮助当代诗歌恢复了它的基本面貌和诗的尊严。”（臧棣《谁说当代诗歌缺少批评?》）

诗人和批评家之间的关系是富有戏剧性的，甚至在一些诗人那里批评家是不被信任的角色。然而恰恰是在陈超这里通过精敏的艺术感受力、诗性直觉、理性思辨能力、个人化的历史想象力、求真意志以及批评作为的创造性的“写作”和“生命诗学”赢得了诸多杰出和优秀的诗人同行的认同和赞誉。这是人格和文本的双重魅力所致。“我刚刚拆看了寄来的《作家》第3期，读到了你的评论。我想说，它写得非常之好。我把它视为对我的写作的不可多得的鼓励，也把它视为一种珍贵的友情。你的一些见地，对我也富有启发。我很感念。”（1999年3月12日臧棣给陈超的信）甚至在1989年9月29日于坚在给陈超的信中有如此说法——“知你无恙，甚慰。要保重。中国只有一个陈超。”优异的志趣相投的诗人和批评家是可以互相精进、砥砺的，当然这只能属于那些幸运的少数人中的少数：“我不知什么时候还能再写出好诗？且把这本诗集当作《天鹅之死》吧。想到有你的精彩的序言，我深深地感到安慰。若能有你具体的修改意见或建议，点石成金，那就更好了。”（2009年3月24日伊蕾给陈超的信）“据我观察，一个诗人在他的时代只要能得到几位同行、里手的真正欣赏也就足够了。除此之外的其他称羡，不过是陌生读者根据他们自己的需要进行解读罢了。”（1997 年 4 月 24 日臧棣给陈超的信）1997 年 5 月 24 日，西川给陈超写了一封四五千字的长信，其中尤其谈到他非常珍视陈超的阅读感受和建议：“收到你 4 月 20 日的来信后我非常高兴，这不仅是因为你对我的褒奖（我不否认我的虚荣心），也因为你使我感到我们之间友谊的珍贵。你信中提到我把《广场上的落日》一诗改糟了，看来如将来再有机会出版此诗，我得恢复此诗从前的旧貌。我也听到其他人对我改动此诗的意见，我大概做了一件蠢事。将来我是否应在《广场上的落日》诗后注上一条：我是听了你的意见才将此诗恢复原状的？事实上，你是我最敬重的批评家和诗人。在你身上蕴藉着对于思想、历史、文化、艺术的广泛关怀，而这却是其他一些搞批评的人所不具备的。阅读其他人的批评文章时我总有一种气短的感觉，那其中只有临时性的策略术语，却没有对于文明的穿透，因而看不出作者的知识品位、灵魂修养和个人创造力。”2009 年 5 月 20 日，洛夫在信中认为陈超是他一生最敬佩的诗歌学者。陈超是真正为诗人和朋友们信赖的，并且信赖程度几乎旁人不及。“我随便翻书，翻到刚寄来的辽宁出的‘中国诗人诗丛’，其中有你的《现代诗还是个小伙子》，徐敬亚没在家，在北京，我看了没处去讲，干脆给你写信。首先，你说的都是好的道理，超越了细节和眼前，人人都能这么乐观积极，宽仁地说话，办事为人，那诗人会高现在的一层，自然也有好诗了。另外，我也喜欢它的文风，踏实，真正的粮食，真正的高粱大米苞米，很好。评论家都有这种实在的透明的文风，评论也会高一层，也有好文章看了。”（2000 年 4 月 13 日王小妮给陈超的信）

2006 年，陈超等人为台湾诗人洛夫书画展剪彩

陈超的先锋诗歌批评一直凸显的是求真意志和个人化的历史想象力，关注生命、语言、修辞之间的摩擦关系，更重要的是诗歌批评（包括他的一部分小说批评和文化批评）在陈超这里具有了文学性和创造性。哈罗德·布鲁姆说：“在我的实践中，文学批评首先是具有文学性，也就是说是个人化而富有激情的。它不是哲学、政治或制度化的宗教。最好的批评文字是一种智慧文学，也就是对生活的参悟。”（《影响的剖析：文学作为生活方式》）“真诚”（真实）写作是产生优秀作家和批评家的一个基本前提，而“真诚”既是对修辞和语言能力的考验，也是对精神难度和问题意识的要求。具体到文学批评的“真”，既应该是诗学的又应该是历史性的，是美学与见证的互补。这不仅与陈超反复强调个人化的历史想象力和求真意志有关，而且也与修辞能力和思想深度带来的可信感有关。

陈超是语言的炼金术士，也是知识分子精神的操持者，是一个诗歌内部秘密和幽深场域的化学分析专家。“我们把不断生长的作品视为一个火葬柴堆，那它的评论者就可以比作一个化学家，而它的评论家则可比作炼金术士。前者仅有木柴和灰烬作为分析的对象，后者则关注火焰本身的奥妙活着的奥秘。因此，批评家探究这种真理：它生动的火焰在过去的干柴和逝去生活的灰烬上持续的燃烧。”（汉娜·阿伦特《瓦尔特·本雅明 1892—1940》）

“一个人的工程”：现代解诗学

咳，人生在世，能写出一本这样的书，也就值了！

——柏桦

作为同行，我太知道要干成、干好这样一件活儿，需要怎样的热忱，怎样的功夫，怎样的定力，付出怎样的劳动，不只是心血，也包括体能。那确实已经不能叫“活儿”，而只能叫“工程”了。

——唐晓渡

“诗无达诂”是古训，至于现代汉诗（新诗）的“不可解”更是如雷在侧。1934 年 1 月 1 日《文学季刊》（创刊号）发表废名的短诗五首（例如《海》：我立在池岸 / 望那一朵好花 / 亭亭玉立 / 出水妙善，——/“我将永不爱海了！”/ 荷花微笑道：/“善男子，/ 花将长在你的海里”），遇到了诗人同行的不解与不满：“文学季刊第一期本日出版，内容多而不精，某君诗与语音一文多妄语，有暇当作短文正之。废名即冯文炳，有短诗数首，无一首可解，而此人乃见赏于岂明，不知何故。”（《刘半农日记（一九三四年一月至六月)》)

20 世纪三四十年代，朱自清融合传统诗歌解读（诗话、考据、训诂、感悟、兴会）和现代诗学（主要是西方，比如瑞恰慈《文学批评原理》《实用批评》《意义的意义》，以及燕卜荪的《朦胧的七种类型》）两种批评话语建立了现代解诗学。因为朱自清长期从事诗歌研究工作以及其他诗论家少有的历史眼光，所以他的诗论（解诗学）对总结新诗发生以来的意义和问题具有相当的理论建设性。朱自清的诗论几乎涵盖了新诗产生以来所有的写作现象和重要的诗学问题，比如新诗的内容和形式、新诗与旧诗的关系、新诗的成就与衰落、诗的翻译、诗的散文化、现代解诗学、诗的多义性、诗与现实和公众世界、新诗现代化、诗从哲理到抒情和叙事的变化，涉及白话诗、小诗（短诗）、长诗、叙事诗、朗诵诗、歌谣、歌剧等各种诗体。朱自清强调新诗不仅要向国外诗歌学习，也同样应该从传统诗词中汲取营养，这与当时的新诗人排斥古典诗学的态度显然不同。由当时的李健吾和卞之琳关于《鱼目集》的解读的争论，朱自清指出诗歌的阅读和解释存在“误读”是正常的并且非常深入地指出了“误读”的原因，如诗歌的传达、诗歌的譬喻、组织以及阅读习惯和经验等问题。(《解诗》）朱自清的现代解诗学也实践了他在《真诗》《诗与建国》《抗战与诗》《诗的形式》中提出的新诗现代化的主张。鲁迅、胡适、郭沫若、朱光潜、宗白华、闻一多、戴望舒、卞之琳、叶公超、施蛰存、杜衡、废名、沈从文、苏雪林、李广田、李健吾、何其芳、臧克家、穆旦、黄药眠、林庚、金克木（柯可）、朱英诞等人均对现代解诗学有所贡献，晚近时期的代表人物是孙玉石（代表作《中国现代解诗学的理论与实践》）等。现代解诗学的传统经过当代近三十年的搁置终于在 20 世纪 80 年代以来得以发展，尤其是陈超成为这一发展链条中至为关键的一环。陈超将文本细读与审美感悟的评析相结合，力求实现对诗歌的内在意味、深层肌质、语言秘密、体式构造的准确阐释。这使得他在对文本细部纹理的窥测中建构起现代解诗学，其中不时闪现出睿智的生存体验与生命本体性的哲思，而这都在具有独到、坚卓格调的诗性随笔式的新异文体中舒展开来。陈超通过细读的现代解诗学方式在具体文本中完成了对话、磋商、盘诘与阐释性创造。陈超不是在一般意义上立足于文本语境的语义学精细分析和“细致诠释”，也不是泛泛地关注构架与肌质的可转述和不可转述的部分以及对含混、反讽、悖论、张力和隐喻等修辞术语的借用，而是一直强调文本细读并不是小孩拆表的游戏。这实际上也回到了古典诗论的“诗有别才，非关书也。诗有别趣，非关理也”。陈超一贯坚持对“现代诗”的独特认知。在他看来现代诗歌是个体生命朝向生存的瞬间展开，诗歌是诗人生命熔炉的瞬间显形并达到人类整体生存的高度，真正的诗歌永远是居住在诗人全部生命之中的，它是无法用散文转述的部分，是无法上升为普遍哲学的部分。诗歌的肌质不是外在的分离的部分而是生命之本的话语定型。质言之，陈超的现代解诗学就是生命诗学和文本细读的有机融合体——犹如火焰的外层与内层。由此，陈超被誉为先锋诗歌的“细读批评家”和中国细读的“重镇”和“桥头堡”（陈仲义）。这体现为陈超从20世纪80年代开始的文本细读和导读的现代解诗学的巨大工程。“陈超是诗人、解诗家、诗歌评论家。当下诗坛上解诗最精辟的，当属陈超。而且他在彰显诗歌的精微之处的同时，又把古今中外的诗歌理论融会贯通进入。”（赵思运）

在时间的河流里人类不断迎接新的时代的潮水，然而当我们在和一个时代告别的时候，是诗歌在拒绝遗忘中开口说话，是伟大的诗歌在纠缠着永不瞑目的内心。正是这种精神共时体的力量引发了陈超长期的专注于中国和当代外国诗歌的导读工作。这一庞大的现代解诗学工程的起因还必须追溯到20世纪80年代的诗歌文化场域。陈超认识到中国新诗已经走过了几十年的路程，而如何评价新诗所走过的道路，文学艺术界历来褒贬不一。然而陈超注意到那些不绝于耳的对新诗的责难往往是建立在“非诗”的基础之上，往往是用政治的、意识形态的社会功利尺度进行庸俗化的评判，往往以“朦胧”“不懂”“脱离人民”“远离时代”来批判诗歌。正是在此急迫的情势下，陈超决定撰写一部具有现代主义的探索性质的诗歌鉴赏专著。回复到诗歌这一独特文体的内部，“不可解释”一直是其特有的属性。这给解诗学的工作提出了挑战。陈超曾引用率先将科学方法引入文学批评的 I. A. 理查兹（1893～1979）《实用批评》（1929）的一段话来印证解诗工作的必要性以及随之而来的艰难程度：“不仅浅涉诗歌的人解释不了，一些饱读之士似乎也很少热衷于解释诗歌，至少未曾开创成功之先例，这点十分奇怪。事实上，我们研究这一问题越深入，就越能发现‘爱好诗歌’与不能理解或不能诠释诗歌是形影不离的。”

陈超融合了本体功能论与现象学的文本细读和导读系统地体现在《中国探索诗鉴赏辞典》（后增补为上下卷的《20 世纪中国探索诗鉴赏》）和《当代外国诗歌佳作导读》，这也使得陈超成为中国“新批评”的重镇：“陈超的另一主要业绩是作为中国现代诗歌‘新批评’的桥头堡，他坚持从最基本的词素、音节、语感、意象等细部做起。1985—1987 年，整整三年，他每天的必修课是解读所有难度的现代诗。1989 年他出版了最能代表细读式文本批评的专著《中国探索诗鉴赏辞典》。从五四起索解一百多位诗人，洋洋洒洒近百万字。2000 年增补出版，改名为《20 世纪中国探索诗鉴赏》，成为更完整的版本。堪称姐妹篇的《当代外国诗歌佳作导读》，则收入 20 世纪 40 年代以来，世界 6 大洲 104 家诗人 283 首作品计 387 篇导读。这两部导读，完成了一次规模盛大的诗歌博览会。在‘诂诗与悟诗’

之间取得引领式浑融。既照顾到批评洞察，又呼应阅读吁求，细密不失潇洒，深浅自如。再次显现作为批评家的陈超——那种十分难得的穿透力。单凭这200万字，陈超够得上大陆‘新批评’的重镇。”（2003年7月11日陈仲义给陈超的信，该信另附陈仲义的文章征求意见稿《个案抽样：当代诗学的前沿钻探——兼与吕进先生商榷（续篇）》）

1988年初，诗刊社拟与安徽文艺出版社合作编纂《诗学大词典》，预计三卷，唐晓渡具体负责“现代诗论”这一卷，当时陈超和耿占春、程光炜是主要的撰稿人。而陈超的交稿速度以及完成质量让唐晓渡感佩不已。然而令人感到遗憾的是因为出版社的原因“现代诗论”卷未能出版。1988年初春，陈超完成了国内第一部由个人撰写的现代诗歌细读专著《中国探索诗鉴赏辞典》。该辞典的写作开始于1985年，其直接动因来自陈超在山东大学进修期间旁听陆凡的当代美国文学史的启发。尤其是读了赵毅衡的《新批评——一种形式主义文论》《新批评文集》之后陈超就更意识到细读的重要性了：“中国缺乏这种东西。而且陆凡说欧美正规大学的文学教学就是细读，是一种必要的训练。我想既然欧美都训练过，我也训练一下吧。于是从李金发开始，共写了129位诗人，一首一首的找来解读共400余篇。实际上自己写着玩，也可以说训练。等写到一定量了，于是想那就写成一本书算了。”（《回望80年代：诗歌精神的来路和去向》）

1989年2月10日，陈超于《光明日报》发表论文《谈诗论方法的颠倒》，开始倡导文本细读。这在国内开了先河，从理论探讨到文本解读实践，陈超都是真正的先行者。“你在《光明日报》上的文章我读过了。很好。中国诗评缺的就是这种分析一粒米的文章。许多评论者往往喜欢写大而洋洋的文章。把诗人分成许多派，而忽略他们之间那些最本质的区别。这或许是评论者本身或许无法把握无法从结构来分析诗人。或许许多诗人根本就经不住显微镜的透视。北京一些评论家就是最热衷这类群体扫描的文章。在一大堆名字里，把自己的哥们儿全都填上去。我以为这样的评论以及这类的诗选，可以休矣!”（1988 年 2 月 25 日于坚给陈超的信）当时，是刘东（李泽厚的博士研究生）向唐晓渡推荐了陈超的这篇文章。该文在倡导细读方法的同时也批评了“诗歌批评”自身的问题，后者让包括唐晓渡在内的评论家“不太舒服”：“不料一读之下，竟感到有点儿耳热心堵，浑身不自在——当然不会因为该文指出了其时诗论在方法上头脚颠倒的流弊，倡导文本细读，而是自认被‘我国诗论’如何，‘所有的评论’如何这样的全称判断激怒了。在我看来，如此不加区别，一棍子统统扫倒的说法或有哗众取宠之嫌，其‘众人皆醉我独醒’的态度即便是不自觉的，也不特别有趣，得找机会和这位兄弟说道说道。只是在忍不住再读一遍以后，我才意识到自己的狭隘和可笑，并老老实实地向自己承认，尽管早就意识到并和朋友们反复讨论过同样的问题，尽管早就写了若干自以为在尝试‘细读’的文字，但像这样如手术刀一般直取要害的好文，却非陈超莫属：其不留余地的锐利，正可使被长期积习导致的颟顸所一再遮蔽和悬置的问题变得更加显豁。进一步的反省是：在我避重就轻的怒气中是否隐藏着某种不良以至阴暗的情绪?”（唐晓渡《忆念和追思》）凭一己之力完成的鉴赏辞典无异于艰巨的扛鼎般的工程，这是一般的批评家想都不敢想的近于有些“疯狂”的事情。1989 年 2 月陈超在《光明日报》发表论文《谈诗论方法的颠倒》不久，来到了北京并住在唐晓渡家里，“灯下长谈时说到这一节，不免相对哈哈大笑。

他一边笑一边抱怨，或许是受篇幅所限，文章发表时编辑对结尾做了删削，以致改变了他的话语姿态。笑完他忽然敛神束色，犹豫了一下后才似乎不经意地说，其实一年多来他一直在‘探索诗’的名下做文本细读的工作，目下已大致做完，很快就要出版了。我微微感到吃惊，问他多大规模，他漫声应道：‘也就一百多人，四百余篇吧’，想想又加了一句：‘上下卷，八十来万字。’这下就令我不仅大吃一惊，而且肃然起敬了：我的天！一百多人，四百余篇，细读，独力完成，这是什么概念！还‘也就’！作为同行，我太知道要干成、干好这样一件活儿，需要怎样的热忱，怎样的功夫，怎样的定力，付出怎样的劳动，不只是心血，也包括体能。那确实已经不能叫‘活儿’，而只能叫‘工程’了。”（唐晓渡《忆念与追思》）这对一个批评家的智力、体力、耐力、定力的考验是超乎寻常的，连唐晓渡都自叹弗如——崔颢题诗在上头：“1991—1992 年，我也曾趁当时的诗刊社全国刊授学院主办的《未名诗人》邀我开专栏之便做过类似的工作，两年间每月一篇，总共只写了 24 篇（后辑集为《中外现代诗名篇细读》，1998 年由重庆出版社出版），便有心迫气促、厌倦难耐之感。再写下去，比如说让我写到 100 篇，只怕我早已疯掉了。”越是尝试了类似的工作和切身体会才能对同行有真正的理解：“这不仅因为他以‘工程’的方式响应了这种吁请，从而为建立有中国特色的现代解诗学（集中体现为其‘文本细读’与‘审美感悟的评析’相结合的方法）做出了自己不可替代的贡献，还因为他是以诗的方式完成他的工程的。他的工程完全符合‘少就是多’的诗性原则——或者不如说，他使本来或许投入五十个教授都不够的工程变成了一个人的工程。”（唐晓渡《一个人的工程》）

1999年陈超在盘峰诗会上

1989年8月《中国探索诗鉴赏辞典》由河北人民出版社出版，六十三万字。实际上出版过程颇费周折，陈超曾联系了几家出版社，但是很多出版社从经济效益方面考虑不看好这本书而作罢。

这部对诗歌文本的魅力和奥秘进行了独到解读的兼具工具书和赏析读物功能的"变体"专著（与当时众多工具类的文学鉴赏辞典的重要区别）得到诗歌界和文学界的交口称赞："你的书并不像你来信所说的写得单一，我大致浏览一番，不但翻下去而且处处闪见你敏锐犀利的眼力，大凡数十万字的鉴赏辞典由一个人单独撰写，我想对他的最大考验莫过于如何变化，功力不足者由于负荷太沉往往失之重复或失之单调。而你，我觉得对它的驾驭非但没有捉襟见肘之嫌，似游刃有余。总之，给我的感觉是写得潇洒！迄今为止，对辞典的评价大概没有人用潇洒两字（辞典一般都是正襟危坐、老气横秋），你的这种写法和我对你的潇洒评价，恐怕经典辞家们都要感叹亦唏嘘啰。所以能够潇洒，我想除了可以看出你的准备工作是细致的，基础是扎实的，重要的是你的艺术直觉成就了你对文本阐释的灵活把握，你的艺术直觉我指的是你目光的穿透性与领悟的精确度已达到相当水准。我断言你作为一个批评家出色的诠释一半取决于你的艺术直觉。这是最为可贵的素质。在这点上，我显然自叹弗如。此外你的激情你一触即应的感悟你机警的穿行即便在许多难觅缝隙的'死胡同'里，也能见出你的潇洒"（1990 年 2 月 28 日陈仲义给陈超的信）。尽管这是一本带有普及性质的文学鉴赏类的辞典，正如陈超所说的这本辞典"想告诉普通的对现代诗一往情深的读者，这些诗人在'探索'什么，是怎样'探索'的，'探索'的意义体现在哪里，每句诗、每个核心意象的深层含义是什么"，但是因为此乃陈超独立撰写并且带有极其鲜明的语言风格和超拔的解读能力（尤其是受英美新批评的文本细读方法）而在同类辞书中显得别开生面、独树一帜。那一时期开始出现了众多的通识教育性质的文学鉴赏辞典，比如《外国文学鉴赏辞典大系》（十五卷）、《中国文学鉴赏辞典》、《外国诗歌鉴赏辞典》、《新诗鉴赏辞典》、《唐诗鉴赏辞典》、《宋词鉴赏辞典》、《宋诗鉴赏辞典》、《元曲鉴赏辞典》、《元明清诗鉴赏辞典》、《历代辞赋鉴赏辞典》，等等，"众多出版社为利益所驱动，竞相出版了一批以辞典为名的各类诗歌鉴赏类图书，如《宋词鉴赏辞典》《外国名诗鉴赏辞典》《散文诗鉴赏辞典》《中国新诗鉴赏辞典》等等。这类图书通常由一位或多位名家做主编，集合一批撰稿人，对既定文本展开评点与分析，其好处是比较全面、系统，在知识性方面多有参考价值，而弊端则是阐述语言老套，评点视角隔膜，大多数鉴赏文字人云亦云，充斥着八股式的牙慧”（汪剑钊）。这种“个人性”也正是陈超撰写探索诗鉴赏辞典的初衷：“作为一种带有某种个人偏爱色彩的诗歌鉴赏专著中所选的诗歌，我相信，比那些单纯的按照史的线索进行的历时性辑入的新诗选本，更能满足某一部分读者的要求。”（《中国探索诗鉴赏辞典·自序》）

当时首印一万五千册，短时间内售罄，这能够看到这部书所受到的欢迎程度。“在《诗人报》上连续读到兄的大作，很是欣慰。兄所撰写的一部辞典我也曾在书店里看到过，只是此书卖得很快，转眼就告罄。在中年一代评论家中，兄是扛大旗者，引人注目，贡献和影响均大于他人，此为公论。”（1991 年 4 月 19 日欧阳江河给陈超的信）出版社都没料到这一文本细读专著受到如此热烈的追捧，产生如此广泛的影响。十年之后，《中国探索诗鉴赏辞典》再版并更名为《20 世纪中国探索诗鉴赏》，修订之后字数已近百万字。当多年之后陈超《当代外国诗佳作导读》（上下卷）出版时，唐晓渡感慨中外现代诗的“细读”基本上被陈超写绝了。

既然名为“中国探索诗鉴赏辞典”，就必然涉及对“探索诗”的理解和定位。在当时的语境中“探索诗”很容易被理解为与“传统”有别的现代主义或后现代主义的“先锋诗”“前卫诗”“实验诗”“另类诗”（确实这部鉴赏辞典中也收入了这样的诗）。但是陈超对“探索诗”的认识体现了他独到的诗歌见地，而并非是自谦地“带有某种个人偏爱色彩”，即使是对“探索”的多向度和利弊也做了全面的辨析：“‘探索’这个词，无论是作为名词还是作为动词，从来都涵括着双重意味。‘探索’是深刻的追求，同时也意味着可能出现失误或失败；‘探索’是先锋或前卫的近义词，同时也带有某种冥冥中的冒险性。”陈超心目中的“探索诗”是从历史和美学的双重维度来予以考量的，是从“探索诗”内部的丰富性和差异性来介入的：“是那些展示个体生命和通过个体生命揭示生存的诗；是那些不主故常、对传统采取反叛或整体性包容后的超越的诗；是那些唯艺术本体论的、倾向于内倾和直觉的诗；是那些探求生存和语言真正临界点和真正困境的诗；是那些具有生命哲学意识或对东方神秘主义风采进行重新‘加入’的诗；是那些对汉语语言进行深层把握和某种新变构的诗；是那些某种意义上的流派诗群要求的诗；是那些具有全球一体化审美趋向的现代主义或者准现代主义和后现代主义的诗……”（《中国探索诗鉴赏辞典·自序》）也就是说，陈超这部辞典和诗歌细读工作所涉及的“探索诗”是开放性、容留性的——因为“探索诗”很容易让人想到先锋、新潮、实验、另类、大胆、新异、叛逆等写作精神，比如陈超对那些更为沉静、朴素、内敛、深凝的“中年写作”式诗歌的关注就印证和打开了这种开放式解诗学的鲜明特征：“1987 年，我在撰写一部细读专著《中国探索诗鉴赏辞典》时，与这首诗相遇。那是一个追求尖新的龙吟虎啸写作年代，但这首平淡朴素的诗却更使我感到隐在的‘震惊’。我曾和内蒙古诗人、批评家雁北交换过我对此诗的看法，原想得到这位更‘新潮’的友人的反诘，没想到我们彼此的认识惊人的一致：这是当时少有的用恰切成熟的口语，真实地表达内在经验的佳作之一。于诚朴中求真味，于直接中求隐奥，意味着诗人对语言的挑战进入了另一重量级。‘中年写作’，不再追求烈焰熊熊的效果，它更像是恒久的木炭，不会纷扰我们的视线，使人凝神。”（《林莽的方式》）陈超提到的这首对他产生震撼的诗是林莽写于 1986 年的《瞬间》：“有时候，邻家的鸽子落在我的窗台上 / 咕咕地轻啼 / 窗口的大杨树不知不觉间已高过了四层楼的屋顶 / 它们轻绕那些树冠又飞回来 / 阳光在蓬松的羽毛上那么温柔 / 生命日复一日 // 我往往空着手从街上回来 / 把书和上衣掷在床上 / 日子过得匆匆忙忙 / 我时常不能带回来什么 / 即使离家数日 / 只留下你和这小小的屋子 / 生活日复一日 // 面对无声无息的默契 / 我们已习惯了彼此间的宽容 / 一对鸽子在窗台上咕咕地轻啼 / 它们在许多瞬间属于我们 / 日复一日 // 灰尘落在书脊上渐渐变黄 / 如果生活时时在给予 / 那也许是另一回事 / 我知道，那无意间提出的请求并不过分 / 我知道，夏日正转向秋天 / 也许一场夜雨之后就会落叶纷飞 // 不是说再回到阳光下幽深的绿荫 / 日子需要闲暇的时候 / 把家收拾干净，即使 / 轻声述说些无关紧要的事 / 情感也会在其间潜潜走过 / 当唇际间最初的战栗使你感知了幸福 / 这一瞬已延伸到了生命的尽头 / 而那些请求都是无意间说出的。”（陈超对这首诗的具体解读见《中国探索诗鉴赏辞典》第263－264 页）陈超不仅界定了他心目中的“探索诗”，而且以精当的细读方式和串联起的诗歌史意识而独树一帜：“辞典作者认为探索乃是诗的本性。他的‘探索’的内蕴相当的丰厚，包括某首诗在某点、某方面探索获得成功的解读，包括诗的总体情绪或思维意向上的探索的介绍与诠释，也包括纯粹艺术结构上的探索性的评价等。这是一本包含评价、欣赏、史料诸多价值相结合的工具书，作者有效地把文本分析和审美感受的评赏结合起来。本书致力于融辞书、选本、鉴别多种功能于一体。这种努力无形间获得了更多机会以赢得读者的兴趣，不仅包括青年诗歌爱好者，而且也包括专业的研究工作者。开放的诗歌观念，使这本著作视野开阔，气势宏大。它并不寄望于它能为读者提供一首诗的唯一权威的解释；而是认为，每一首诗都能够为读者提供不同的机会，‘每一个读者就是另一首诗’（帕斯语）。作者确认，对于具体一首诗而言，每一种全新的进入都是一种

有价值的探索，而彼此意见的相近或相悖对于探索诗的阐释而言，其意义是同等的。”（谢冕《“异端”的贡献》）

这本辞典面世后得到了批评家和诗人的争相好评，即使那些诗歌趣味完全不同的人也刮目相看：“1991 年初，寒假之中，我去当时的诗友仝晓锋在西安交大的家中做客，在其家中的书架上翻到您的大著《20 世纪中国探索诗鉴赏》，在场的其他朋友聊天之时，我就一直在读那部词典般的厚书，我记得您在评析丁当的一首诗（原诗我忘记了）时提出了一个很有意思的问题，好像是（原话我忘记了）：单纯的幽默（或玩笑）能否构成一首诗？丁当的诗回答了：可以！我后来再无机缘接触到这本书，但是您提出并回答的这个问题我却记得如此清楚，当时我在内心深处也回答了这个问题：当然可以。”（陈超、伊沙《〈蓝灯〉之光——2010 冬天的对话》）。当然，也招致了个别老派诗人和评论家的不满。“8 月份出来后，南方的《华夏诗报》等就有文章批判。说政治‘风波’后北岛就算持不同政见者了，怎么还能出这样的有问题的书，而且朦胧诗北岛打头。当时写的批判文章最长的是一个叫南乡子的，我不知道是谁，后来有人告诉我是某某，哈哈，我认识他。也不管是不是他，好在当时也没有人理它，就算了。”（陈超《回望 80 年代：诗歌精神的来路和去向》）1995 年第 1 期《华文文学》转发了古远清对南乡子《诗评家的邪路》的回应文章《关于“大批判情结”、政治敌意、诗的诠释问题——对“南乡子”〈诗评家的邪路〉一文的答辩》（此文发表于《台湾诗学季刊》1993 年 12 月）。1990 年 9 月，《中国探索诗鉴赏辞典》获得“北方十七省市社科优秀图书奖”。陈超也因《中国探索诗鉴赏辞典》获得 1993 年中国作家协会第六届“庄重文文学奖”，与陈超一同获奖的还有史铁生、陈建功、铁凝、梁晓声、刘恒、刘震云、李锐、张抗抗、迟子建、洪峰、赵玫、毕淑敏、吕新、何申等。当得知这一获奖消息，陈超在日记中写道：“今天被告知评上‘庄重文文学奖’，很高兴。我更当好好干，因为真正的价值谁也不能埋没。”

《中国探索诗鉴赏辞典》体现了陈超对诗歌文本独到的解析、鉴赏和细读能力。在对现当代的129位诗人的403首诗歌的精细阅读和对话中还原了汉语诗歌的历史原貌和本真状态。尤其值得提及的是该辞典对朦胧诗以及第三代诗歌的解读，那些诗歌基本上是在民刊上发表和传播的，这正是得力于陈超和诗人之间的深入交往，保持着长期的通信联系，从而获得了大量的第一手资料：“新生代诗歌虽然绝大多数没有公开发表，但是通过民间渠道大家已经认可他们了。比如《他们》《非非》，所以在材料的整理上并没有格外下很多功夫。但是也会缺少一些很好的诗人的材料，比如说‘四川五君’当时并没有刊物，就是一个交往的圈子。虽然他们的作品在香港的《大拇指》发过，但是我没有见到，我是从老木的两本《新诗潮诗集》上选出来的。现在回过头来看，基本上没有漏掉重要的诗人。”（陈超《回望80年代：诗歌精神的来路和去向》）

在《中国探索诗鉴赏辞典》的基础上修订、扩充的《20世纪中国探索诗鉴赏》于1999年12月出版。辑入中国现当代诗歌史上一百三十一位诗人的探索性诗作四百二十三首，增补了三十多万字的内容，并且增加了附录“现代诗学常用术语简释”（为了便于检索以首字音序排列）——这不论是对于专业读者还是一般的读者来说都是非常重要的知识。这对于新诗教育、普及、传播以及新诗的进一步历史化和经典化起到了不可替代的作用，与此同时还对诗人和批评家同行们起到了某种激励作用：“前不久闲逛北京新华书店总店仓库，如大海捞针，被你编撰的《20 世纪中国探索诗鉴赏》浸淫已久，尤其上卷尾部关于‘我即他人’的我的一章，令我双重感动。一是你对那个现代诗歌史上‘小黄金时代’界定的同时并未将我区别于诸位大家集体潜意识的个人意识统而论之或一网打尽，可谓独具慧眼。二是，居然，居然作为‘知识分子写作’阵营的中坚，能为这类非智性的握着生殖器或自娱或天地交合或梦遗式的倾诉而喝彩。”（2000 年 6 月 28 日黑大春给陈超的信）“你送我的‘辞典’，马高明要去了，要去就不还我了。如你处尚有，不知能否再送我一册。如没有，就再说。”（1990 年 7 月 14 日王家新给陈超的信）很多人第一次见到这部辞典的时候除了惊叹就是羡慕和敬重：“90 年诗人柏桦在我书房里见到刚出版不久的《中国探索诗鉴赏辞典》，快速翻看后抬起头来时那凝重而艳羡的表情，他扬了扬手中的书大声叹息道：‘咳，人生在世，能写出一本这样的书，也就值了！’”（唐晓渡）在陈超离世后，我重新翻看《20 世纪中国探索诗鉴赏》上卷时，竟然在扉页看到我 2000 年教师节给陈超画的一个速写——那是一个侧面像，头像的左侧刚好是印制上去的一行由上而下错落排列的树叶（像是时间的脚印）。

在对中国新诗解读的基础上陈超将诗学视野进一步转移到当代外国诗歌。而早在 20 世纪 80 年代初期陈超就意识到译介外国诗歌的重要性。这为今后陈超解读和遴选外国诗歌奠定了坚实的基础。陈超在 1985 年第 4 期的《诗刊》上读到了几首翻译的外国诗，心头一震。其中有袁可嘉翻译的塔特・休斯的《乌鸦飞下来》和道格拉斯・敦的《从塔利街搬走》、顾蕴璞翻译的索科洛夫的诗、李文军翻译的玛克辛・库明的《你来到熊的家乡》。而青年诗人李笠翻译的托马斯・特朗斯特罗姆和张讴翻译的美国诗人尼古拉斯・克里斯托弗的《傍晚》给陈超留下深刻印象。甚至托马斯·特朗斯特罗姆、塔特·休斯以及尼古拉斯·克里斯托弗的对陈超的诗歌写作影响很大。陈超被“映照出银色的幽暗”这句镇住了。“银色”“幽暗”形成的张力如此富有意味而抵达了语言的真实。在与友人的通信中陈超曾抄录过张讴翻译的这首《傍晚》——

一位老人穿过草地
黄昏时分，当燕子
在榆林行中俯冲
他走过了树篱中的门，
靴子上沾满断草茎，
白色外套反射着
楼房里灯火的微光
当他停步点烟的时候，
那烟头像一只六月的跳蚤
被火舔燎，在他的前面
穿过蓟类植物和灌木林，
像美人鱼的头发，越过带咸味的草丛
和螃蟹们快速爬行的微型公路，
进入了海边的坎坷地域。

那海豚的迂回，那海底
映照出银色的幽暗。
朵朵玫瑰在云中开花
逃离了这块大陆——
可是峭壁上那碎浪的

音乐，像沙砾尸布
遮住并且掀开那尸骸，使
更年轻的人们缚紧谦卑或沉默，
那吸引他，逗他
发笑的是什么呢？
时光流逝，一群海鸥——
那漫长疆界的看守者
跟随着他，远至那扇门，
这时，燕子歇栖着
黑色的猫头鹰充满警觉
而且那间大房子里的灯亮着
当他的烟头飘过
黑色的草地，一声吃惊的叫喊，
被风迅速扩展
藏在冷榆林后面的孩子
急奔过来迎接他。

陈超的日记本中夹着一张纸片（河北师大信纸的背面），上面是类似于《傍晚》的诗句：

走过黯淡的榆树林 / 走过默默的沼地 / 本来是寻找幸福 / 却离它越来越远 / 每艰辛地跋涉一步 / 就留下一个深深的无意义

在同一期《诗刊》上陈超还读到了张讴的诗歌《失恋》《偶

遇》。1985年的秋天，陈超和张讴在北海公园西侧的老北京图书馆见面。其间，二人谈论最多的就是诗歌翻译，并且陈超鼓励张讴要多译一些外国诗并尽可能有系统性。这是一项工程。1987年11月中国青年出版社出版张讴编译的《20世纪世界女诗人作品选》在诗坛引起不小的轰动。可惜这项诗歌翻译工程因为张讴1988年出国留学而告结束。尽管张讴在1991年由中国华侨出版社推出了个人诗集《感情的时间——一个中国留学生的自白》，但是张讴离诗歌越来越远了。后来这位中央电视台首任驻印度首席记者在联合国教科文组织的资助下游历了丝绸之路并重走玄奘西行之路成了玄奘研究专家（著有《与玄奘同行》《行走在大神中间》《玄奘密码》等）。

2000年6月初，陈超开始拟定外国诗歌导读的计划。光是书名就拟定了很多，《外国当代最佳诗歌导读》《当代外国诗导读》《外国当代诗导读》《当代外国诗歌佳作导读》《最新外国诗歌导读》《外国当代诗歌佳作导读》《外国当代最佳诗歌解读文典》。最终，陈超选出了两个——《当代外国诗歌佳作导读》《外国当代最佳诗歌导读》。陈超还同时拟定了体例（序言、诗人评传、作品、导读、诗学术语等）、容量（400页内，每篇1000—1500字，诗人不必选得太多，诺贝尔获奖诗人一律收入，再收些大诗人的）、文风（不考虑读者水平，要有文学、美学、哲学、语言学、修辞学的内容，尽量参考诗人自己的说法）、选择标准（以出生年为序，或者其他）以及交稿时间（年内）。这是一个巨大的工程，也是对身体和精力的空前耗损："前几日写出诗。今日开始写，晚上动笔，已有四篇。甚好。但心很慌，想一气写完。这不好。慢慢来，一点点享受写作的欢娱。过早写完身体受不了。一定悠着点儿，有时甚至可歇几日。切记!!"（日记，2000.6.12）2001年2月2日，陈超终于在六个月零二十二天的时间里将全部导读文字写好了，共计342300字，“我很激动。导读文章写得很好，超过了‘探索辞典’”。2月4日，立春，石家庄仍在漫天风雪之中。这一天陈超要完成最后一项工作，给《当代外国诗歌佳作导读》写自序：“在即将完成这篇短文时，我却没有以往杀青一部书稿后会有的那种单纯的轻快感——我的心竟有一种依依惜别的感情。是呵，那一个个与诗相遇的日子，那一个个与迷人的灵魂对话的日子，那日复一日充满欢愉和恭谨的写作行旅，随着书稿的完成就要离我远去了。现在，我的窗外正飞扬着入冬以来的第三场大雪，我的桌边正放着一瓶干红。还有什么比在大雪纷飞、酒入微醺之时，告别这部书稿——我灵魂的伙伴——更令人缱绻呢？再见啦，我即将远足的伙伴，请你代我去问候那些同驻诗意光阴的读者朋友们。”（《当代外国诗歌佳作导读·自序》）

2001年11月19日陈超终于拿到了《当代外国诗歌佳作导读》的样书，自己又单独买了二十本。该书甫一面世，立即引起轰动：“立足于细致的文本分析，言说有据，深入而欢愉。”（郁葱）“在该书下卷第六百二十三页，他在评论俄国诗人安德烈·沃兹涅辛斯基的诗歌《戈雅》时说道：‘诗人没有为这些外行的批评而动摇自己艺术探索的信心。’这句话中的‘外行’两个字，反射到陈超身上，就成了‘内行’。《当代外国诗歌佳作导读》是一部内行人写的书。在这部书中，我们看到的是内行的点到为止，内行的辨析，以及一个饱满的灵魂与众多饱满的灵魂的精神碰撞。”（西川）陈超对当代外国诗歌的导读工作不仅是个人诗学工程的建构，而且带有方法论的重大意义：“20世纪90年代后期以来的中国诗歌界，摆出了一副回归本源（具体说来是回归肉体）的姿态，这使得一些‘半普遍问题’成为诗人与诗歌批评者的盲点。我所说的‘半普遍问题’介乎

‘个人问题’（经验）与‘普遍问题’（哲学）之间。我看到青年诗人要么只关心个人问题，这使得他们拥有一大堆写作材料，却没有写作对象，因而只能抡圆了大刀劈砍空气；要么从个人问题直接蹿升普遍问题，开口‘天人合一’，闭口‘道法自然’，愣着青春的头皮为宇宙立法。而在陈超的这部导读中，面对‘半普遍问题’成为一种切入诗歌的角度。这不仅体现在他对俄国和东欧诗人如阿赫玛托娃、布罗茨基、赫鲁伯、赫伯特、米沃什等人的解读中，也体现在他对沃伦、毕晓普、奥登、希尼、克劳斯、策兰等西方诗人的解读中。这是陈超的《导读》带给我们的重要启发。”（西川《内行的工作》）

陈超正是从被当时批评界所普遍忽视的“半普遍问题”入手，从优秀选本家的眼光出发，在《当代外国诗歌佳作导读》中对美洲、欧洲、拉丁美洲、大洋洲、非洲和亚洲的三十三个国家一百零四位诗人的二百八十三首诗作进行了精细、精准的导读。陈超对北美西欧国家所谓的“强势文化”、诗歌脉向和处于文化弱势国家的亚非拉诗歌进行了共时性的细读。而这些来自不同国家、种族、流派，具有不同艺术风格和文化语境的差异性文本给陈超的这次导读工作带来了非常大的挑战，但是陈超完成得却异常出色：“仅就作品的遴选而言，这本书可以堪称是近十年来有关外国诗歌的最好作品选。作为选家的陈超避免了这类选集中常有的一些疏忽，不仅顾及20世纪后半期外国诗歌的各种现象，而且对最新的进展也做了自己的及时的回应。”（臧棣《纸上的诗歌博览会》）而更为难得的是陈超并没有对诗歌和诗人进行宽泛地选择与界说，他对自己的诗学标准和“诗性”的体认是一以贯之的，即好的诗歌应该能够展示个体生命和生存的遭际，能够对传统采取反叛和整体包容后的超越，能够探求生存和语言真正临界点和困境，即能够揭示生存、眷念生命、流连光景、闪耀性情。这正是不同时代和种族的人们所共同的基本姿势与声音，是撬动诗歌的阿基米德点。正因如此，诗歌才是人类真正的母语，它能够超越种族、战争、文化、政治和国界。“陈超的导读令我欣赏的是那种商量的语气，从气质上看，陈超似乎天生适合这种工作，无论以前的《中国探索诗鉴赏辞典》还是现在的《当代外国诗歌佳作导读》，我们都看到一个认真、踏实、谦虚而又论证严密的作者。今天的导读作者太牛B哄哄，引经据典像个刚刚考上的博士，导读的目的不是作品而是自己，许多导读的文章我的印象是作者找了一个好机会狠狠地把自己导了一把。陈超的导读确实是读，我也不完全认同他对某些具体作品的理解，但读他的导读，我不感到那种居高临下、盛气凌人、拉大旗作虎皮的东西。大部分的话都是他自己说出来的，很少看到某某说的字样，难得。”（于坚《从“诗选的眼光”看过去》）

《外国诗歌佳作导读》刚一出版，陈超就又拟定了一个新的写作计划，他总是如此勤勉又如此谦逊。而陈超总在日记中说自己“笨

拙”：“我现在打算再写一本好书，有些像《伊甸园之门》的样子，写一本先锋诗歌运动史话。”（日记，2001. 11. 19）这本先锋诗歌史话或简史的创作计划被一度搁置，2007 年的时候陈超才又试图接续写作，但最终没有完成。

陈超以新批评和历史主义相结合的“文本细读”方式更新和推动了国内解诗学方法论的转型。其独特性和重要性在于既不断张扬个性色彩的想象力和生命意志以及知识分子的担当精神，又坚持了诗歌的本体依据和文体意识。他精准、深入和独特的细读方式获得了学界的普遍赞誉。陈超去世后，唐晓渡认为陈超更可能留给后世的是他的中外诗歌的导读工作：“凝视着书架上单列一排的陈超遗著，我甚至有一种未必得体的预感：尽管这些都是他的心血凝聚而成，尽管他的诗歌批评、诗歌创作和他的导读工程同属他生命的延展，作为一个有机整体不必也不应强分轩轾，但就其有效的影响力而言，后者很可能将流传得更加久远。”

第八章 | PART EIGHT

“诗歌的理论乃是生命的理论”

一位更严峻
更烦人的大师会即席提出
更微妙和更急迫的证据，
来证明诗歌的理论乃是生命的理论。

确实，在错综复杂地回避着诸如……

——华莱士·史蒂文斯《纽黑文的一个普通夜晚》

在 1985 年之前，陈超在诗学文章中更多是将现代诗作为一种特殊修辞技艺，而此后随着对先锋诗歌的认识与不断的自我校正，尤其是对现代人生存与词语之间的严酷关系的认识，陈超逐渐在诗论中确立起自己独特的话语方式——生命诗学。他将诗歌看作世界观、立场和方法论，诗歌是对生命和生存的特殊命名。

20 世纪 80 年代一个雪后的夜晚，当陈超读到史蒂文斯的长诗《纽黑文的一个普通夜晚》（“一个更严峻 / 更烦人的大师会即席提出 / 更微妙和更急迫的证据， / 来证明诗歌的理论乃是生命的理论”）时，他被诗人的智性和深层意象深深地吸引了。也是在那时，陈超明确了诗歌的理论本质上就是生命的理论。诗歌理论是对语言内部秘密的探询，是对生存幽暗部分的透析，是挑剔而精妙的对话，而现实也是作为精神的再现之物。对于从 20 世纪 80 年代初开始先锋诗歌评论的陈超而言，更大程度上广为人知的正是他独特的生命诗学，因为在他看来任何时代的诗歌只能是关于生命与生存的。而生命诗学正是陈超诗歌批评的一个基点，同时陈超多年以来坚持的诗学理论的目标是坚持诗歌的本体依据，深入文本并进而揭示现代人的生存、历史和语言之间的严酷关系。无论是陈超的诗歌文本细读，还是从历史、现实和哲学视野对诗歌本体功能的探论都是围绕着生命—生存—语言—历史之间的复杂关系展开的。

在很大程度上诗歌批评家同样是出入于可见和不可见之物之间，是思想和精神的内在持守者，是“在钢琴上校音的哲学家”（史蒂文斯《纽黑文的一个普通夜晚》）。诗的理论和生命的理论是共通的，并且在很大程度上陈超认可哈罗德·布鲁姆在《影响的焦虑》中所强调的阿斯克西斯（Askesis），即诗歌写作和诗歌批评在终极意义上都是旨在达到孤独状态的自我净化运动。1990 年冬天，陈超给史蒂文斯写了一首献诗《史蒂文斯，和弯曲的时间》，也是元诗意义上自我精神的砥砺之作：“‘无边的山谷，只有我的蜡烛燃烧’，/ 镜中观物的我，进退两难，吹影镂尘，/ 我无法看破你背面的水银，我踟蹰难当，/ 在单翼的覆庇下，猜测你奇异的词源。// ……一再沉入。‘这种激情我能感受，/ 却不理解’，设想‘虚构’就是最高真实，/ 单纯的我，只有一次次领受失败，/ 距你的迢递越来越远。——一再沉入 / 一再沉入，当想象力的大限趋临 / 我是否已不可再度被造?”

陈超在一贯维系诗歌的本体依据和诗人个体主体性的同时，在时代情势的强行转换中又持有了规避话语失语症的对应能力。他在深入当代“噬心主题”的吁求中，在“个人化的历史想象力”和“求真意志”的驱动下，彰显出独特的诗学禀赋。陈超诗学所体现出来的诗人气质、思想能量和精神气息是非常显豁的：“作为第三代诗歌运动之后逐渐成长起来的批评家，他的诗歌理想与这一代诗人宏大的思想、繁杂的诗歌策略、理想主义与智性追求相混合的知识分子精神，达成了一种内在的统一，形成了他的世界观与诗学思想的根基。很显然，20 世纪 90 年代初期精神的艰难与压抑，反而诞生出了一个金子般历史的转换，精神涅槃宛如桃花转世，也诞生了陈超此刻以历史的忧患为动力，以知识分子的忧患与担当精神为特质的诗学思想。他的‘深入当代’的说法，自然有春秋笔法在，但与周伦佑等人主张的反对‘白色写作’，与更多的诗人主张将自己‘嵌入历史’之中的说法也至为接近。这是一个必然和必须的反应，诗人不能错过他的时代，负疚于他的使命。”（张清华《转世桃花》）

陈超的生命诗学是一个打开的结构，当然这一综合性的结构也是逐渐在批评实践中形成和完备的，那就是生命诗学、文本导读和细读、先锋精神和现代诗话所构建的别开生面的“生命—语言”、“历史—修辞学”的综合性现代诗学体系。“尽管陈超后来没有对早期的生命诗学中隐含着的‘激情’、‘乌托邦话语’、‘精神分裂’及其‘激进步骤’做出诗学上的告别，但他后期诗学确实转向了‘历史—修辞学’的综合批评，即陈超最后一部著述《个人化历史想象力的生成》所阐释的主题。这意味着他将个体生命与浪漫主义想象力的维度融入了个人置身其中的历史及其修辞维度。生命诗学中的问题依然存在，只是再次成为一个出发点。或者说，‘历史—修辞学’意识已经存在于陈超早期的生命诗学之中。”（耿占春《生命诗学与“绝望的激情”》）但是当我们罗列陈超的一系列诗学专著，你会发现这是一个精神体量如此庞大、话语体系如此精密的杰出批评家。这也是为什么 20 世纪八九十年代以来陈超的一系列诗学著作被很多诗人和业内同行视为诗学启蒙和精神导师的重要原因。2008 年 4 月陈超获第六届“华语文学传媒大奖 · 年度文学评论家奖”。当时由评论家谢有顺撰写的颁奖词这样写道："陈超的文学批评洋溢着一种诚恳的感悟力，也充满理解、对话和价值确认的渴望。他的先锋诗歌研究，是对这个时代想象力的高度、诗歌精神的宽度所做的卓越解读。"陈超的独特性、重要性以及不可替代性在于他建立了属于自己的批评话语谱系，终生保持了对诗歌批评的活力和有效性的追赴，是生命话语、当代话语和历史话语的综合性解析："我提醒自己，要同时保持对生存和话语的双重关注，使自己的诗歌理论和诗人研究，兼容具体历史语境的真实性和诗学问题的专业性，从而对话语的历史生成和修辞技艺环节，生存和个体生命，社会与文化，进行扭结一体的思考。诗歌批评文本，不但要具有介入当下创作的有效性，而且最好还能对即将来临的可能性给予'历史话语想象'的参与。"（陈超的获奖演说《对有效性和活力的追寻》）

2008 年，陈超等人参加"华语文学传媒大奖"

20世纪80年代初以来陈超写作了大量关于中国先锋诗歌的评论，其生命诗学、哲学人类学和泛修辞学批评（细读）的有效结合引起中国汉语诗歌界的普遍关注，建立了属于自己的诗学体系。对于诗歌评论而言，陈超可能既是一个“老式”的理想主义者，又是一个“新锐”的怀疑主义者——一定程度上的“微笑的怀疑主义者”，“我的精神由犹豫和怀疑组成。对我而言，没什么是积极的，也不可能是积极的；一切事物都围绕着我摆动，我和他们在一起，由此对我自己产生了一种不确定。对我来说，一切都毫无条理，都在变化之中。一切都是神秘，一切都有意义。一切都是未知的‘未知’象征。由此会产生恐惧、神秘和过于智慧的恐惧”（佩索阿）。而这理想式的个人情怀和自由精神的坚守和怀疑，使得陈超的诗学带有向上的紧张感。这种肯定与否定相交互的精神维度也印证了陈超诗学建立时所面对的并不轻松的时代背景和精神境遇。这一时期对陈超产生重要影响的哲学著作主要是三联的“现代西方学术文库”（涉及尼采、胡塞尔、海德格尔、维特根斯坦、卡尔·波普尔、德里达等），还有上海译文出版社的“20世纪西方哲学译丛”（尤其是雅克布逊的《语言学与诗学》、巴尔特的《符号学原理》、布鲁姆的《影响的焦虑》、什克洛夫斯基的《俄国形式主义文论选》、刘小枫选编的《接受美学译文集》以及海德格尔、尼采、萨特、本雅明、胡塞尔、伽达默尔、卡西尔、波普尔等人的现代人本哲学）。值得补充的是，20世纪80年代都在向西方哲学和现代诗学进行补课，即80年代集体转向西方的“方法热”，例如刘翔在1995年8月28日给陈超的信中专门谈到自己近期的阅读状况：“这个暑假，我没有到外面去，主要是在家读书，读了俄罗斯的伟大作品，包括《战争与和平》《日瓦戈医生》及契诃夫的六百页作品，我深信俄罗斯批判现实主义文学是迄今最伟大的文学之一，这种文学的情感力量与宗教力量都是巨大的。我读了一些卡内蒂和米沃什，这是两位特别深刻而又有广阔经验幅度的作家。我读了他们的所有散文，被深深震动。我极为仔细地阅读了《走上十字架上的真》，尽管在书上打上了很多‘？’，但仍佩服刘小枫的学识及思考力度，我很想和真正认真考虑基督教神学的人一起探讨它极富刺激性的论题及其内在困惑。我还读了康德，决定在几年内咬住不放，我觉得不了解康德无以了解西方思想史，也无法了解近代中国思想史，他对所有的流派都产生影响或给予刺激。从较小范围看，不了解康德也无法深入当代新儒学思想，各家对康德的各执一端，形成了不同的学说。”但是，那时的批评家和作家们却普遍忽略了对中国传统诗学和哲学的学习，而陈超却是一个例外的先知先觉者。在留校工作两年后，陈超于 1984 年申请到山东大学进修牟世金教授的古文论研究课，这显示了他独特的综合视野。“除专业外，我花大量时间读古代典籍，将《诸子集成》中的《论语正义》《孟子正义》《荀子集解》《墨子闲话》《老子本义》《吕氏春秋》《论衡》《列子注》等，都细细读过。对古文论的经典，还下过背诵的功夫。”（《“愚人志”或“偏见书”》）陈超通过现代诗和古典诗的比照，认为二者在诗歌结构上有着相当大的差异，而这种差异正是新诗自身的传统。陈超认为现代诗较之传统诗更强调结构的包容力和形式的开放性，更强调“深层结构”的重要性，更为注重结构中的张力或紧张关系。山大期间，陈超还有意识地旁听了一些其他的课程，比如陆凡的当代美国文学史、吴开晋的现代诗歌课。“那时山大美国文学研究所有一个在我看来很出色人物——陆凡。此前我读过她翻译的当代美国文学史，已经介绍了加里·斯奈德、罗伯特·勃莱这些人，要知道那是 1984 年，我就知道这老太太很前卫，于是就请教于她，旁听了她的课。虽然在当时那种情况下课程深度不够，但是激起了我强烈的兴趣。”（《回望80年代：诗歌精神的来路和去处》）

作为一个诗歌批评家需要的不只是对当代诗歌的热情，还须具备直觉、学养、见识以及信仰和个人化的历史意识。陈超的系列先锋诗歌评论之所以重要还在于他创设性地提出了诗学概念和命题，如“求真意志”“个人化的历史想象力”“异质混成的经验型写作”“叙述性和反讽精神的‘准客观写作’”“用具体超越具体”“深入当代”“噬心主题”等，从而对20世纪80年代以来的中国先锋诗的发展和成熟以及相关的先锋诗歌批评起到了重要的推动作用。这样的批评家在当代凤毛麟角，而陈超正是其中的一位。陈超现代诗学的关键词是“个人乌托邦”（“升阶书”）、“个体主体性”（“个人词源”）、“生命、生存、语言的三位一体”、“当代噬心主题”（“深入当代”）、“求真意志”（“精神大势”“精神重力”）、“个人化的历史想象力”、“诗人批评家”、“现代诗话”。在这些诗学关键词中陈超一直强调的是个体、主体和生命诗学不言自明的重要性。“真正的个人主义时代又降临到我们中间，人和人之间变得更遥远了，但每一个人的诗歌正在内心延续。许多东西变得次要起来的同时，个体内心的变化就愈发重要。我是这样认为的，在经历了集体的嚣张、放肆之后，诗可能又退回到孤独个体的内心，在那里继续歌唱吧。我比较固执，看来也是无药可救了。我只有站在个人立场上才能写出诗来。”（1996年3月11日郑单衣给陈超的信）确然，“生命诗学”是陈超从20世纪80年代开始就倾心建立的诗学体系，以此确立了他批评话语场的坐标系。“需要在一个剩余的时间、一个剩余的世界里，日益困难地重新发明出生活和写作的意义？我又一次来到时间的空洞处。就像你离世的那个晚上，我站在香山饭店门外，夜晚的山林笼罩在轻度雾霾中，深秋里两棵被灯光照亮的银杏树，如此凄楚。这是你已断然弃绝的世界，银杏树异常鲜亮的黄叶令我惊讶，这剩余的美，将要辞世的另一种生命的美，这是双重的剩余。你，陈超，和深秋的银杏树。你的猝然辞世使我看见的整个世界成为一个剩余的世界，使我要度过的日子再次成为一种剩余时间。剩余的方式有很多，比如，幸存、被弃、多余。在一种剩余时间里发明出生命的盈余，在多余中发明出生命意义的充裕，将是一件多么艰难和充满悖谬感的事情。而这些本来就是诗歌的事情，是一种随着诗人之死愈发扑朔迷离的'生命诗学'。"（耿占春《生命诗学与"绝望的激情"》）《打开诗的漂流瓶——现代诗研究论集》则是陈超对《生命诗学论稿》和"生命诗学"的进一步发展和完善，代表了他在诗学领域中的最新见解和全面开拓。陈超以生命诗学、比较诗学和诗化哲学相结合的视野，在现代诗歌的本体依据、功能和历史向度等方面进行了极其深入的辨析、论证与反思。陈超敏锐地提示出具体历史语境下当代诗歌的特质和诗学意义，又不留情面地指出其存在的问题和困境。这些著作的出版既是中国诗歌理论界的一个重要收获，同时又满足了那些长年喜欢陈超的读者的阅读快乐。陈超的诗论中的冷峻、敏识和除魅（disenchantment）的能力使他在坚持诗是"揭示生存，眷恋生命，流连光景，闪耀性情"认知上完成文本之间的对话、磋商、盘诘和创造性阐释。这种冷峻、理性和敏识使他对当下那些自以为是、无所事事的那喀索斯式的自恋狂、偏执狂、自大自虐型的所谓诗人和诗论者进行了强有力的回应。博尔赫斯自问"是什么命运的乖张，使我这么害怕一面照人的镜子？"自审的勇气使陈超避免了这种可怕的危险和战栗。陈超诗论文章中不时呈现和充溢的强烈的自审意识，使他在窥破、穿透和反观存在、历史、事物和自身的同时终于得以“远眺神明的宁静”（瓦雷里语）。

陈超的诗歌理论与批评不是其他评论家泛学院化的从理论到理论，而是在生动、精准、尖锐、独到的论说中对“当下”始终怀有发现的热情和命名的冲动。陈超一直密切地追踪当代诗坛的变动，可以说他一直处于中国先锋诗歌的前沿。无论是对于具体诗人的评论，还是对当代诗歌所面临的显豁困境的揭示以及对诗歌与历史和现实的复杂关系的思考，陈超都为当代诗歌提供了相当可靠的理论支撑。从宏观的视阈来考量，在更广阔的哲学人类学的语境中，陈超对汉语新诗的诸多彼此纠缠的当代情境进行梳理和历史还原，如关于新诗与传统、具体历史语境的诗学问题和可能的诗歌发展前景，对诗歌与语言、生命、生存、历史、文化的多重视阈的精细剖析。这使得陈超在“深入当代”、楔入和介入时代的“噬心主题”的同时，在回顾与前瞻的双重视角中呈示了难得的潜心反思的知识分子立场和精当的言人未言的独特见解。陈超在深入当代“噬心主题”的独标真知的吁求中，在“个人化的历史想象力”和“求真意志”中，彰显出优异而执着的诗学禀赋、先锋精神以及富有良知的知识分子立场。“历史个人化”和“求真意志”等概念在陈超看来是一种在时代和写作中并非解决问题而是扩大、加深问题的手段，是自觉延宕真实指认的“极限悖谬”，是到达历史真实、个人真实和虚构真实的有力和有效途径。在此值得强调的是这里所涉及的“求真意志”既与个人存在的真实体验以及整体性的时代思想命题相应，又与语言和修辞、技艺方面的可信感和有效性以及活力相关联。陈超在其代表性的“元诗”《一代人与写作》（这是陈超以诗论诗系列作品中少见的长诗文本）中从存在场域和修辞意志两者融合的角度再次回应了当代汉语诗歌显豁的诗学问题："我老去的激情还在继续献身 / 比时间消逝得快，比美德慢些 / 健康的空无扩大我的智慧，置身写作的人 / 在生命和语言摩擦中 / 分裂成更小的微粒；它们互动，互否，生成 / 照耀了一代人模范的阅读 // 但是诗歌！纯洁的恋字癖，青春的症结 / 地狱与天堂两面拉开的力量，你在膏肓中 / 歌唱真理。让我如毁灭平衡，彼此捐躯 / 瞧瞧，是谁惊慑于单字或词素本身的硬度 / 把它们从超员的病房里 / 一个。一个。拎出来！/ 母语的荣耀垂直洞开，在光芒灼疼书卷时 / 我看到旧式的理想被激励得热泪盈眶 // 这就是一代人的写作！"体现在修辞中的"求真意志"显得更为重要，这在陈超评价臧棣的文章中有着鲜明的表述。这不单是对臧棣个人修辞能力的评估，而是陈超最为认可的一种有效的修辞型构和可能性："我乐于学习不同时代变化着的修辞基础。但我认为，无论哪个时代的诗，其修辞的可信感仍会是为其提供根本价值和光芒的致命条件。由此，我拒绝与任何'灵感'派诗人达成默契，也与某些'能指'乱窜的诗人保持距离。臧棣的诗符合我的胃口。修辞上的可信感不同于'反映论'意义上的可信感，我指的是：诗中各细部词语及书写技术环节，在整体语境中都发挥出准确有效的协同作用。它是对语言结构内部复杂性及限度的显幽烛隐。是的，我心仪的诗应具有现代汉语写作体现出的完整、复杂、连贯和言说有据，对范式读者具有可接受性。既涉入语义甚至潜意识的艰涩，又值得以意识去体验乃至诠释；它不会因诠释而散架，正确的诠释往往使它更为诱人。"（《臧棣——精神肖像或潜对话之八》）

陈超在谈论先锋诗歌的时候曾提到过精神意义上的"分裂"和"绝望的激情"，而对于他自己 20 世纪八九十年代的诗歌批评和诗歌写作来说同样体现了这一特征："中国的先锋诗歌始终面临着这样噬心的纠葛：个体生命的激情与权力法则间的对称和争辩。这种情势，使先锋诗歌得以隆起20世纪以降中国始终闭抑着的精神分裂主题。因此，分裂这一语辞，在西方意味着技术的暴力带给人类的后果；而在中国，则体现为诗人对权力主义暴力所萌生的作为个人的复杂防卫机制。由此导出中国先锋诗歌与西诗的不同向度：前者从个体生命出发，趋向呈现一种种族主义的良心，高峻的绝望之美；后者更关心个体生命的无助和空虚。”（《绝望的激情》）在七八十年代和八九十年代的两个转折点上，陈超的现代诗学还携带着更为艰深、分裂的精神转捩特征，而自始至终他都是一个“老式”的先锋主义者。陈超的诗歌和诗论中反复出现的“书呆子”“老式人物”“守旧者”“乌托邦的留守者”。与此同时他又是一个人格坚卓的完备意义上的有机知识分子，这使得他的诗学带有强烈的精神特质和生命体验，即对现代社会中个体生命生存的困厄、精神的漂泊、异化和分裂主题的持续关注与抗争。在特殊的历史节点上这些文字甚至难以分担内心和时代的双重阵痛、分裂、震荡与转捩，“实体是什么？是分裂出去的主体。所谓‘自在之物’，说到底这乃是一个关于‘自在主体’的设想”（尼采《权力意志》）。迷茫风雪路上的流亡作家米沃什说：“对于写作者来说，20世纪的历史还没有人动过。”这相当深刻、精省地印证了诗人在20世纪尤其是后半叶尴尬失语的境遇。陈超的知识分子良知和诗学敏识使他在时代的风口强烈而紧迫地意识到“悄然而至的挑战”，“接近诗歌是危险的，不去接近诗歌却更为危险”（《论诗与思》）。

陈超多年来对新诗文本依据的论证以及对“个人化历史想象力”“求真意志”的坚持正是在解决“诗与真”的难题。在诗人与言辞、生命与生存的彼此纠葛的复杂情势与困境中，诗歌作为一种特殊的文体不仅是人类自身精神和情感体验的守护者，而且又是向公众敞开的艺术形式。因此诗的“自我”和“社会”的问题的争论就一直都没有停止和中断过。西尼在《舌头的管辖》中说：“在沙地上划字就如同写诗，是与红尘俗世的疏离，但又不是逃避。”诗不可避免地要介入时代和当下，用诗人自己的“来自良知的共和国”和“粗暴的公共世界”进行较量。在此意义上陈超强调持有个我话语谱系并完成对当代经验的有效命名和深入开掘是诗人的“首要信仰”和“特殊知识”。这实际上正是陈超多年来在所坚持的“求真意志”和“个人化的历史想象力”驱动下对灵魂和困境的双重揭示。尤其是他对“地下诗歌”和“先锋诗歌”的诗人专论以及对先锋诗歌的历史、困境和可能性前景的揭示建立起了汉语诗歌批评的当代标杆。

《诗与真新论》（花山文艺出版社，2013 年）这本书带有“为新诗一辩”的重要意味。这既是对歌德的《诗与真》和梁宗岱的《诗与真》的“诗学谱系”的接续，也是陈超对汉语诗学及其存在问题的重新回应。任何一个时代具有自觉意识的诗论家都应该在具体的历史语境中从不同的角度追问并创造性地回答“诗与真”的问题。这必然涉及诗歌之“真”，涉及诗歌的自我性、社会性和历史性，必然要求写作者具备个人化的历史想象力和求真意志。这一想象力以个体主体性为基本，并将个体、现场和历史的三个空间同时打通，只有这样，诗歌才能尽力避开“膨胀的自我”和“表面的当下”以及“空洞大词的历史”的危险。在陈超这里“诗”与“真”并不是矛盾关系，而是相互激发、平衡、吸引和彼此发现。这种“真”既应该是“诗性的”又应该是“历史性”的，是“美学”和“见证”的互补。新诗之“真”不仅与个人化的历史想象力和生命体验有关，而且也与语言修辞能力带来的深度“可信感”有关。当我们不断谈论与社会景观、现实空间、当代经验相应的诗性正义的时候，我们还要清醒地意识到汉语诗歌的问题并非个案，而是带有世界性和普遍性。从时代景观和本土空间出发我们会发现还有一个更为广阔更为复杂的全球性的空间结构和时代景观。这都需要诗人以诗歌特有的方式去完成或进一步拓展“诗性正义”的边界。社会剧变提供了新的时代景观，诗歌生态、内部机制以及动力系统也正发生着持续地震荡。与此相应，有一个疑问正在加深——物化主义、经济利益、消费阅读的支配法则下诗人应该经由词语建构的世界对谁说话和发声？这与歌德的自传《诗与真》以及西蒙娜·薇依在1941年夏天所吁求的作家要对时代的种种不幸负责发生了切实地呼应。无论是“诗性正义”“诗性的正义”或者“诗性与正义”，其前提都是“诗性”。由此在略显狭隘的层面把“正义”理解为诗人的社会良知以及责任感的话，那么可靠的途径也只有通过词语、修辞、经验和想象所构成的“诗性”以及诗歌的品质和成色，而非单纯凭借伦理道德以及公共现实预先具有的优先权而僭越了本体意义上的“诗”。而就“诗性”与“正义”平行关系而言，“诗性”也并非就被偷换概念成了“纯诗”“不介入的诗”的说辞。无论是从“诗言志”与“诗缘情”并行发展的诗歌传统而言，还是从诗人很长时期内作为启蒙者、文化英雄、社会精英和知识分子（尤其是“有机知识分子”），尤其是在社会的转折点和巨变期诗人都有责任通过美善、道义、法度和良知对公众、现实和时代发声或表态——当然前提仍然是“诗性”。诗歌起码不是（不全是）道德栅栏的产物。米沃什在谈论波兰诗歌的现实题材时强调：“它是个人和历史的独特融合发生的地方，这意味着使整个社群不胜负荷的众多事件，被一位诗人感知到，并使他以最个人的方式受触动。如此一来诗歌便不再是疏离的。”（《废墟与

诗歌》)

“真”必然是历史性的。对“历史真实”的处理和还原历史、重写历史以及历史的考古学在20世纪80年代开始受到学界前所未有的重视，甚至“重写诗歌史”成了时代热潮。而陈超的可贵之处又在于他在梳理、勘测诗歌的当下时代境遇的同时前瞻诗歌可能的发展前景，又以谨慎、反思的知识分子立场在除魅中返观历史，穿透被历史烟云无情淹没的诗歌真相和寒冷时节坚冰下隐现的溪流。在《坚冰下的溪流——谈“白洋淀诗群”》和《红色苍凉时代的歌声——谈“知青歌曲”》以及对张郎郎、郭世英、食指、北岛诗人专论中，陈超重新考量“文革”岁月中被误认为是一片荒漠的荒芜干涸的枯冷河床。在资料的整理、发掘和梳理中陈超将被省略和淹没的“文革”时期的“地下诗歌”从“冰峰”状态提升出来，将“坚持个人主义自由灵魂的美丽青春”和“个体生命小小的光明”呈现出来，将当代诗学的本体性和先锋诗人的个体主体性通过历史谱系连接起来。对于“新诗史写作”，陈超则在《必要的“分界”：当代诗歌批评与文学（诗歌）史写作》中强调了诗歌批评与文学史写作的区别并指出二者之间的复杂关系。这种诗歌批评和诗歌史写作的密切关联也不可避免地出现了堪忧的问题，“当代文学（诗歌）史与当代诗歌批评的这种过分密切的关系，无疑有特定历史时期所带来的特殊性的一面，而且应该说受益良多。但是，长此下去，又会带来文学（诗歌）史被动受到批评制约，接受批评界彼时的‘命名’，让有可能经过时间沉淀后得到的对‘固定化’描述的自觉反思付诸阙如”。

在生命诗学、诗化哲学和比较诗学的开阔视阈中，陈超对20世纪80年代以来变动不居、波诡云谲的中国现代诗进行了系统、深入而独到的发现、命名与梳理。在陈超看来诗歌写作应该是一种成人式的，即诗人不是自恋而是自审，是与自我灵魂的辩难、诘问的对话者和他者式的争锋者。这个过程就是激烈的“我说”和“他说”的同时亮相和彼此张看，是求真意志的语言历险中生命与语言的彼此激活和命名。所以，陈超20世纪80年代以来的诗歌批评一直坚持认为诗歌是个体主体性与语言、生存的交锋、涉险，是可贵而精粹的命名姿态，但是任何优异的诗人都不可能离弃时代而自作高歌，诗不可避免地要介入时代、当下，用诗人自己的“来自良知的共和国”和“粗暴的公共世界”进行较量。在此意义上持有个我话语谱系并完成对当代经验的有效命名和深入开掘，是诗人的“首要信仰”和“特殊知识”，诗歌要成为容留的诗、张力的诗、是有着强大的能“消化橡皮，铀，月亮和诗”的胃。尤为可贵的是陈超写于20世纪八九十年代的先锋诗论在当下仍然有效，而其他批评家的随机性的文字更多成了历史尘埃。陈超在多年前的《先锋诗的困境和可能前景》中，就提出汉语先锋诗歌存在的最基本模式就是对当代经验的命名与理解，因此“今天我们的诗歌，应当更广泛地占有当代鲜活的、‘日常’交流的、能激活此在语境的话语，而不仅仅是为自己划定一套唯美的、相对稳定的语言‘纲领’”。在这个前提下，先锋诗歌应该具有相对主义、怀疑主义和历史主义的精神和立场，而不是绝缘的、沉溺于极端个人体验的自语。更为重要的是陈超的《生命诗学论稿》《打开诗的漂流瓶》《中国先锋诗歌论》都充分显现出他的独特的命名能力，尤其是其对20世纪90年代诗歌写作的诸多命名性的指认，如玄学游戏写作、“超”现实主义写作、学者型写作、欲望型写作、“后现代”口语填充式写作、“以笔为旗”的绝对情绪化写作、感伤娇弱的“缅怀”型写作都相当精准地对诗坛的各色写作现象进行评估、总结和命名。

陈超20世纪80年代以来的诗歌批评既有学院派的严密的逻辑、系统的学理和历史考古学的证词，同时又具有丰沛的情感、敏锐的艺术感知和别具才情的论说语言，从而形成别具一格的文风，甚至有批评者认为陈超是真正的同时具有知识分子立场和考古意识以及学院作风和自由情怀的先锋批评家。应该说，这是相当准确的认定。而在沈奇看来优异的批评家应该具有以下几种基质：文化背景和生存背景、艺术品位与人格品位、艺术直觉与生命直觉、艺术理想和人生理想、文字的精确与生动。而陈超是同时具有这些素质的，这在中国的批评界简直就是一个奇迹。

《生命诗学论稿》的生成史

我的论文集《生命诗学论稿》出来了，但又有了一个大的波折，排页排错，无法改过，只有拿回去重印。这本书出得太曲折了。

——陈超日记，1995.4.23　0:00

“印象或潜对话”中为几个诗人所作的文本、精神和个性素描极为传神，是我迄今看到的最大度的、同时又准确的论述，看来你的观察力、理解力、想象力及叙述能力能够在涉及个别人与其时代的复杂关系时，做扭结成一体的移走，这是极为难得的专业能力。

——1995年7月14日欧阳江河给陈超的信

1991年4月中旬，陈超接到河北人民出版社编辑王亚民（1959生人，河北石家庄平山人，1982年毕业于河北大学哲学系。1982年至1992年在河北人民出版社工作，1992年至2004年任河北教育出版社社长、总编辑，现任故宫博物院常务副院长、故宫出版社社长）的电话，嘱陈超写一本关于现代诗的书。这本书的写作显然对于陈超而言太重要了，多年后陈超夫人栖栖仍然掩不住兴奋与激动，“这是陈超一生最为珍爱的书”。

接连几个夜晚，陈超辗转反侧。他要写出一部关于先锋诗歌和生命诗学的专著，不仅有创造性，而且要在后世产生影响。接下来的日子陈超在难掩的激动和欣悦中制定了该书的写作计划，他给自己划定的准则是“果断、自信、自我、灵气、抓紧”。这本书的写作计划实际上就是后来我们看到的《生命诗学论稿》（河北教育出版社1994年12月版）。陈超接下来反复敲定这本书的题目，“现代诗学”（题目太大，很快否定），最初定下的此书的题目是《先锋诗歌的意味和形式》。在最初拟定的提纲中，陈超设定了本体论、创作论、接受论、诗人论及后记。此后，陈超往返于省图书馆、师大图书馆搜集材料、细化提纲，处于兴奋与疲倦、自信和不自信的胶着的写作过程。按照陈超的说法，对耐力、体力和智力的考验终于到来了！一个精力旺盛的年轻学者每夜在稿纸上沙沙地写着，思索着，踌躇着。没过多久，陈超又推翻了此前的题目“先锋诗歌的意味和形式”，改成“现代诗艺术论”，后又修改为“现代诗的生命形式”。从该书题目不断调整的过程，一方面可以看出陈超积极地调整该书的构架和写作思路，另一方面则可看出陈超对这本书的极其认真和珍视的态度。

从1991年4月22日这天起，陈超正式进入这本书的写作。严格意义上陈超的诗歌评论和理论建构更准确意义上说是“创造”“创作”的过程，而非一些批评家单一知识化的堆积和理论套用。4月28日傍晚，陈超已经写完了三节共四万字。每当写作进入疲惫期，陈超就给自己鼓劲、加油：“陈超，干吧，一切都不会太坏。”5月2日凌晨1点半，陈超在日记中写道：“我开始陷入一种自卑。看看人家的书，觉得自己写得不如人家好。怎么办？我的回答是：写下去！不要看别人的，先——写——下——去。”在二十多天的时间里，经过常人难以想见的写作上的折磨，陈超以平均每天五千字左右的速度推进，到5月9日已经写了九万字。这时的陈超才感觉到了些许安慰。这么快的写作速度并且能够持续二十多天，陈超也感到有些不可思议。

“我累极了。但精神亢奋。”自我否定、修改、誊抄，日复一日地进行。与此同时，陈超还要兼顾上课、家事以及学校的杂事。在写作该书的过程中，陈超也认识到自己的某些知识储备的不足：“诗歌太庞大了，我现在连其皮毛都不算摸着。我要沉下来，继续深入研究；不要太小气，仅仅是关注形式。应像骆一禾、欧阳江河等人，建立一种更为博大的精神空间。最近发表的《信仰》与《传统》开了一个好头。我将按照此路走下去，走到底，走到命运也无法抗拒。”（日记，1991.5）这是一个青年批评家的自我激励与鞭策！陈超不断调整思路、行文和方法，更重要的是他在此书的写作过程中确立了一生的愿景——诗歌是重器，诗歌是一生的志业。陈超试图将一本诗学的书写成生命意义上的“大诗”，他也试图以此来证明史蒂文斯的“诗歌的理论乃是生命的理论”——甚至陈超将这句话放在了《生命诗学论稿》的扉页上。

是年5月底，书稿初具规模，此时的陈超“很累，又很幸福”。对这本书出版后将会产生的影响陈超是自信的：“我相信，在中国，这是唯一好的现代诗艺术论。”事实也证明，陈超的预期实现了。时至今日，我经常听到身边的朋友们谈起陈超的这本书，还遗憾于旧书网上也买不到了。一年秋天，我去石家庄的时候偶然见到了原在师大附近开书店的那个老板，因为不景气他早已经关了那个书店。闲谈中，他说手里还有几本《生命诗学论稿》，我立刻敲定全部买下。在渐冷的风中，转过几条街道，跟着他到了一个类似于仓库的地方。他从裤带上解下钥匙，推开黑沉沉的房门。那几本看起来还崭新的米黄色封面的《生命诗学论稿》终于辗转到了我这里。

这年的中秋节，陈超和大解等朋友来到秦皇岛燕山深处的老岭参加一个笔会，在晚上诗人聚会时发生了令人印象极其深刻的戏剧性一幕：“当地一作者欲表演倒立歌唱的绝活，因场地潮湿，有些犹豫。这时陈超一声吼，自告奋勇，四肢撑地，弓背为砥，让那位作者倒立其背上，高歌一曲。这是那次晚会上最为精彩的节目。陈超作为一壮硕汉子，在那次晚会上也出尽了风头。”（大解）

陈超没有想到，不可能发生的事还是发生了——无异于晴天霹雳。

从 1991 年到 1992 年一年多的时间，书稿《现代诗的生命形式》终于写完并交给了出版社。但是在 1992 年 9 月底的一天，陈超突然接到出版社的电话——书稿丢了。

陈超大脑一片空白，枯坐到凌晨。要知道在一个没有电脑和复印的时代，一切都是手抄完成的。如果不留底稿，一切都将不复存在，所有的努力都将付之东流，那么多的黑夜和白天的劳作都将等于零。尤其这本书是异常艰难、拉锯战式的写作过程。要知道，小到一首诗、大到一本书的创作过程都是独一无二的。尤其是对于诗歌创作和批评来说，具有明显的“一次性”特征。写作的动因、过程和结果都是各种因素包括偶然性的结合体，都是不能重复和再来一次的，甚至包括一个诗人的身体状况和精神状态。再换一个时间，一个场景，一个状态，写出来的可能是完全不同的“另一首诗”。吉狄马加在写完长诗《我，雪豹……》初稿后终于长长舒了一口气。他对我说如果写作过程中稿子丢失了，那无异于自己死了一次，因为不可能再重来一遍再写出同一首诗。所以，写作关乎一个诗人的长期努力和个人能力，也带有诸多偶然甚至神启的成分，尤其是对于那些具有生成性的文本而言更是如此。而更令人揪心的是陈超此前恰恰并没有时间来得及誊抄一遍文稿予以自存。陈超没有别的选择，他不得不接受这一残酷性的既成事实，他感叹道：“书稿丢了，让我痛心。但几乎是同时，我直面了这一既成事实。逝者亡矣，来者可追。”（日记，1992.10.14 凌晨 0:34）“这使我相信了凡事要听从内心神异之声的导引，上帝不会任意处置一个人，特别是一个与他人无害的人。”（日记，1992.10.26 夜）

谁都不能想见接下来这一段时间的日日夜夜，陈超是如何苦熬和支撑过来的。经过一个半月的时间，陈超在一些“残稿”的基础上经过一些思考又重新整理、编订、增补——比如增加了“印象或潜对话”部分——成了“另一本更棒的专著”《生命诗学论稿》。等书稿再次交给出版社之后，陈超不能不祈祷它的顺利出版：“《论稿》啊！请你一定出来！我已付出了过高的代价，难道还要再生一次吗？应该不会了。但预先要准备好，如果再丢，就是天意，不要悲伤，认了。说明我不该出这本书。”

在这一突发事件中王亚民一直在全力支持陈超的写作，不断予以兄弟般的鼓励和信任：“丢稿，也是天意，从另外的意义上帮助了我，考验了我们的真挚友谊。”令人兴奋的是，经过与出版社的协商，陈超新写的一些诗歌可以收入书中。“这本书收了我的好诗，也多少补偿了我的心。”（主要包括陈超那一时期的代表作《我看见转世的桃花五种》《风车》《空无与真实》《回击死亡的阅读》《艺徒或与火焰赛跑者之歌》《博物馆或火焰》）接下来的日子，陈超开始准备该书的后记、照片，和王亚民等朋友讨论书的封面和插图等细节性工作。出版社最初设想是将《生命诗学论稿》作为“熊猫丛书”中的一本，但是因为这本书的分量和独特性，最终决定单独出版。陈超的才能是出众的，不限于诗歌，比如音乐（扬琴、吉他、小提琴，陈超都能熟练弹奏）、绘画等方面都很突出，这并不像他自己所说的除了诗歌自己就没有什么超长能力了。

陈超将书稿分为四个部分：本体与功能论、现象论、诗人论、以诗论诗，在每一部分他还亲自设计了插图。

本体与功能论，陈超设计的插图是一个高地上伸展双臂面向天空和远方的背影，目的在于突出“天空”和个体生命的祈祷。

现象论，陈超设计的是一个正面的人的头部，头部上方是一个面向左侧的大鸟，尤其是嘴部特别长，这突出的是分裂主题。

诗人论，插图是一只飞翔的大鸟带着一个人，突出了方向感和个人化以及精神的高蹈。

以诗论诗部分，是一个张开巨型手臂的人，左手高扬，右手持一巨笔，左胳膊上还有一个小人在行走。这突出的是“元写作”。

这几个插图自身就体现了陈超的先锋精神，准确、神秘、夸张、变形而又深具意味和形式感。

陈超这部《生命诗学论稿》最初二十八万字，按照出版社要求要删去三万字左右（版权页标注为24.5万字），这在陈超看来却是近乎天意般的“补救”：“亚民看错了稿子字数，使之得以拿回重删，去掉了我以前就不踏实的地方，更显得精粹、先锋、体系。天意呵，又一次帮助了我。不然，就这样出来，有太多遗憾了……我忽然喜欢‘天意’这个词，天意，多么美妙的词啊。”此时，已经到了1994年3月下旬。陈超对自己的诗歌研究要求太严苛了，容不得半点儿马虎和瑕疵。这是一个多年来不断俭省自己的完美主义者，也因此他能不断精进并自我突破——“返观我近十年走过的理论道路，感慨太多太多。我以前是那么敢说敢为，‘无知才能无畏’。文风粗犷，胆大包天。让我吃惊，又羞愧。有许多文章写得太肤浅。……

我的确还差得远，要从头干起。”（日记，1994.3.23）

在《生命诗学论稿》中陈超将诗学问题和更广阔的哲学命题融合在一起，视野尤为开阔，更具有历史感和文化人类学的意义。应该说生命哲学给了陈超诗学以巨大的启示（当时主要受到叔本华、尼采、卡西尔、柏格森和海德格尔的影响），甚至对他的诗歌创作也不无裨益。“最近，读了一点点能够找到的哲学著作，有些收获，准备近一段时间专门攻它，并简单学习一下中国历史和世界通史。”（日记，1981.10）

1983年1月11日陈超写下一首名为《给老萨特》的长诗——

> 你用极其单纯的思想 / 说出人生的所有境遇 / 用使我难以卒听的教诲 / 剥开生活的画皮 / 你的混沌的锐利 / 深刻地烙上年轻的心 / 呵，老萨特！/ 我拭目以待，不颤抖 / 不乞怜；含一丝笑意 //“他人即地狱” / 我争做勇敢的魔鬼 /“现实没有希望” / 我并不对现实依附；/ 万分狂热地留恋人生 / 该得到的拿来，/ 不该得到的应该 / 搜取！凶狠的身后 / 留下凌乱而庄重的脚印 / 留下一阵恶风/卷去所有眼泪、叹息…… // 前方，并没有墓穴 / 没有匕首、枪弹、铁蒺藜 / 是的，前方什么都没有 / 走出雾，还是雾，还是雾……

精神高蹈、美学高标和深入当代的现象学方法论具有当代诗歌批评的开拓性意义。诗歌在审美功能的前提下凸显出了诗人的世界观、立场和方法论。这都对现代汉诗的理论建设和实践参照有着重要的意义和价值。这使得陈超在“深入当代”、楔入和介入时代的“噬心主题”的同时，在回顾与前瞻的双重视角中呈示了潜心反思的知识分子立场和精当的言人未言的独特见解。陈超“生命诗学”的可贵之处在于将“技巧”、“修辞”和“语言”的历史化和综合化，而不是固化的纯理论意义上，经过了个人的重新理解和整合。“我承认，生命乃是世界绝对的、无限的‘本原’，它是永恒运动的。但我不能同意它其中局部成分不可揭示。我不是单考虑‘生命本原’问题，还要考虑其在历史、文化、生存、语言中的变异。因此，我试图在‘生命诗学’中综合处理生命冲动、生命意志、无意识、主体移心、症状阅读、交往理性、语义学、修辞分析，特别是历史话语和历史写作理论。”（《“愚人志”或“偏见书”》）对诗歌技艺和诗歌本体特征，陈超一以贯之地进行充满敏识与洞见的思考和探论。而这种对诗歌技艺和本体性的关注正是出于当代诗学的“红色选本文化”和“庸俗的文学社会学”对诗歌的长期挤压和胁迫后果的反思与警惕。在《论意象和生命心象》《生命体验与诗的象征》《实验诗对结构的贡献》《论现代诗结构的基本问题》等文章中陈超深入论述了诗歌的构架、肌质、技艺、语言、意象和经验承载力等诗歌的构成、表现技巧和诗的基本艺术符号。这并非他对形式、技巧和形式主义情有独钟，并非沉溺于诗歌的本体依据的自足性和对技巧的一味迷恋，因为在陈超看来技巧绝非无用的手艺和装饰思想的可怜器皿。他深知技艺对诗人而言是一门“考验真诚”的必备功课，亦即与诗人的“道德”相关。加里·斯奈德在《真实的工作》中谈及了“手艺”的重要性：“作为一个诗人，我是从我自己的手艺角度来理解的。我学习要成为一个匠人，真正需要掌握什么，专心致志真正意味着什么，工作意味着什么。要严肃地对待你的手艺，而不是胡来。”也正如希尼所言：“技巧，如我所定义的，不仅关系到诗人处理文字的方式，他对音乐，节奏和语言结构的安排；而且关系到他对自身的定义，对自身现实的定义。它也关系到对走出他通常的认识界限并冲击无法言喻的事物的方法的发现。”

《生命诗学论稿》终于面世了。该书版权页标注的是1994年12月出版，但是迟至1995年4月才真正面世。“借本书出版的机会，我得以对自己走过的心路历程进行批判或省察。书中某些文章，当时写作时颇为激动，现在重读，不免教我惆怅。我还缺乏足够的学力，这种蹒跚之态是必然的。”（《写在前面》，这篇前言写于1992年春天，而三年之后才得以铅印发布）这是一个在写作中严于律己、时时自省的批评家。此时，陈超三十六周岁了。但是有些事并没有按照陈超的设想在运行，他不仅没有闲散和放松下来，而且变得越来越忙碌。学校的专业课和选修课增加了陈超的工作量，更重要的是他要对治学方法做出适当的调整：“即时性灵感式的读书、写作，要有所节制。要准备一下，有大的严密的台基，作资料卡片，像真正的宿儒那样。否则，我将在上选修或给研究生上课时，临时忙乱。”（日记，1992.10.26夜）

但世事难料，总有意外。1995年5月20日刚刚印刷完毕的《生命诗学论稿》在给陈超带来巨大喜悦的同时又带来了意想不到的烦恼——该书排页居然出错了：“我的论文集《生命诗学论稿》出来了，但又有了一个大的波折，排页排错，无法改过，只有拿回去重印。这本书出得太曲折了。”（日记，1995.4.23　0:00）经过几次协调，《生命诗学论稿》重新印刷。还好，半个月后，此书重新排印、出版。

《生命诗学论稿》的封面是淡黄色的，还在左下角的位置配有一个青松的图案。说实在的这个最终的封面效果陈超是非常失望的，这与他最初的设计以及这本书的先锋精神反差太大了。但经过如此富有戏剧性的、曲折的出版经历，陈超也逐渐成熟起来，包括对人对事对己和旁人的认识：“这样的封面，比较稳健、庄重，与我的文风反差大，但也像缰绳一下刹住了我的思想过于飞扬的野马。”（日记，1995.4.23半夜）这必将是新诗史上一本不可替代的诗学著作。王家新以“子岸”笔名撰写的《90年代诗歌纪事》中提到《生命诗学论稿》：“陈超《生命诗学论稿》由河北教育出版社出版，受到注意。”程光炜则在《岁月的遗照》这本引发巨大争议的20世纪90年代诗歌选本中设置了一个附录推荐阅读诗集、评论家，评论集部分推荐了陈超的《生命诗学论稿》以及唐晓渡、耿占春、王家新、钟鸣、陈东东和西川的评论集。

《生命诗学论稿》终于取得了成功，既具先锋性又具可读性。崔卫平收到这本书的时候感受到的同样是由衷地肯定：“读到你新出版的集子，拿在手上沉甸甸的，很结实的一本书。有的人的文章不能放在一起读，而你的文章放在一起读感觉更好。（想起不知是北岛还是顾城的一句诗，“思想像板斧，沉甸甸的”），很替你高兴”（1995年5月12日崔卫平给陈超的信）。确实，《生命诗学论稿》广受赞誉的一个原因就在于陈超把批评作为一种特殊文体的创造性实践，尤其是《印象与潜对话》（包括后来经过修订和增补的系列文章《精神肖像和潜对话》《素描20家》《素描28家》）更是体现了陈超对作为独特个体的人的精神分析之深入与精微：“从心理完型隐喻上说，我在一篇文章中曾‘玩笑’地将诗人分为三类。‘上午型’的诗人是合时的、理智的、进取的。‘夜晚型’的诗人是阴鸷的、玄学的、启示的。‘下午型’的诗人则是清静的、不争的、安于内在情感的。一天下午。我在成都翟永明的‘白夜’酒吧对柏桦谈了我的玩笑。柏桦深为会心，他说：是啊，我就是个‘下午’的诗人。向黄昏、向暗夜迅速过渡的‘下午’充满了深不可测的‘颓唐’与火热的女性般的魅力。在未出版的《左边》一书里，我也专门谈到了‘下午’的喻象。是的，‘下午’在这里不再是时间制度，而是柏桦许多诗作的情境，心象，宿疾，生命感受的尺度，写作语境的‘命运伙伴’。”（陈超《“陈腐的”下午和口琴》）尤其是陈超对李劼的印象，简直令人捧腹：“李劼的文化身份越来越暧昧。在中国文学批评家中，他是唯一真正实现了快乐（或叫‘快活’）写作的家伙。学术、批评、小说、散文、剧本乃至政论无所不写。篇篇都有新见，篇篇都捅娄子。他的文字是激情文字，他的漏洞也正好透出闪光。他有时还满怀激情地起草生意合同文书（但常常被人骗）。他是一位尚未被广泛认识的大作家，一位肥胖的堂吉诃德。我多次看到理解调息‘打坐’，但那劲头更像是在等待‘狂飙为我从天落’。”（《素描28家》）对此，欧阳江河极为认同和赞许：“其中‘印象或潜对话’中为几个诗人所作的文本、精神和个性素描极为传神，是我迄今看到的最大度的、同时又准确（融主观透视及客观性于一体）的论述（比柏桦《左边》来得大器，专业化及视野开阔），看来你的观察力、理解力、想象力及叙述能力能够在涉及个别人与其时代的复杂关系时，做扭结成一体的移走，这是极为难得的专业能力——相信我的判断，因为我读了大量的庞杂书籍（远远超出诗、诗学范围），有鉴识能力。你对周伦佑、韩东、于坚、吕德安四个人的叙述使我深为折服。我认为这是写当代诗史的一条向天之途。”（1995年7月14日欧阳江河给陈超的信）

陈超广为人知的正是经由《生命诗学论稿》所奠定的生命诗学。（该书1995年获得河北省第六届“文艺振兴奖”）在他看来，任何时代的诗歌只能是关于生命与存在的，是语言和生命、生存、历史的互动和砥砺。“20 世纪 80 年代，他就把目标瞄准在生命与语言的关系上，着重研究生命体验与语言之间的转换关系。他借助生命哲学、存在主义、精神分析学，强调诗的原动力是生命的体验，是混茫的生命意志，主要靠直觉、情绪捕捉，最后经由词语给予技艺的塑形。《生命诗学论稿》大半以此为建筑核心”“对以生命意识为圭臬的第三代诗歌来说，陈超生命诗学的种种阐述，获得普遍强烈反响，从本源上推进当代诗发展。这不止应归结其哲学语言学的强力渗透，尖锐直入腠理；哲思与诗思、知性与激情有效压合，很见文气沛然，一脉贯底”（陈仲义 2003 年 7 月 11 日写给陈超的信）。《生命诗学论稿》印证了陈超是把诗歌批评作为文体和“创作”的创设者和实践者。1995 年 5 月 21 日时在西昌的周亚琴（周伦佑的妻子）读完《生命诗学论稿》后激动不已，连夜写了一封长信给陈超：“您的书很多章节我浏览了一遍，以我的水准无法谈出有见解的有价值的意见，但您的书不像有的诗评家那种学院派式的晦涩拗口，文体‘吓人’。您的即便是纯理论的表述我也基本读得进去，它们有深度但又透明，不绕过多的概念。尽管您是正宗的学院派出身。”陈超则一直对“学院派批评家”这一说法从诗学实践中予以反拨和校正：“我不知这个称谓是谁谁弄出来的，现在它特别‘煽’。我本人在学院工作，对所谓学术体制颇有领教，对所谓‘学理’‘规范’的喜剧性体会尤深。”“我也从不相信没有任何创作经历的‘学者’写的文学批评。能真正有效地评论一流作品的批评家，至少也该是接近这个体验水准的诗人作家。可惜的是，中国作家诗人们的文学理论修养近乎发蒙期，他们颠三倒四言不及义的文章只会自取其辱。比如伍尔夫、戴维、络奇、昆德拉、艾略特、萨特、纳博科夫、贝娄、海明威、福克纳、庞德、布罗茨基、希尼、普鲁斯特、马尔克斯、萨洛特、博尔赫斯、卡尔维诺……我立马想到的作家都有优秀的理论批评文本，就知道中国作家的可乐之处了。”（《“学院派批评家”一议》）

第九章 | PART NINE

“以梦为马”的选本家

我要尽心尽力编好，下真功夫，义无反顾地干完它。为了诗，我失去了正常的享乐，但得到的更多更多，诗歌从未给我带来任何不幸，我更要努力去做！

——陈超日记 1992.12.12

陈超作为一个优秀的选本家往往被忽略了。

《中国当代诗选》（上下卷，河北教育出版社 1999 年 1 月版，涉及包括台湾在内的一百五十多位当代诗人的六百余首诗作）、《以梦为马——新生代诗卷》（北京师范大学出版社 1993 年 10 月版）、《最新先锋诗论选》（河北教育出版社 2003 年 5 月）、《中国现当代文学作品选》（当代小说 · 戏剧卷、当代文论 · 诗歌 · 散文卷，陈超、马云主编，河北人民出版社 2003 年 12 月）以及《中国探索诗鉴赏辞典》（涉及一百二十九位诗人的四百零三篇导读）、《20 世纪中国探索诗鉴赏》（一百三十一位诗人的四百二十三篇导读）、《当代外国诗歌佳作导读》都印证了陈超是一个不容忽视的优异选本家。

以《当代外国诗歌佳作导读》为例，对三十三个国家的一百零四位诗人的二百八十三首诗作进行导读自身就是一个不可想象的巨大工程，而前期旷日持久的搜集、阅读、筛选、甄别和评判更是巨大的挑战，如果没有广泛而精深的阅读储备，没有对各种语言、各种风格的诗歌和诗人的理解，没有对优异甚至伟大诗歌的独立判断，如何能够完成这一工程？尤其遴选跨语际的文本和译文是对陈超的巨大考验，“陈超的《当代外国诗歌佳作导读》在此类书中应该算是一部很有价值的书。首先作者诗选的眼光很到位，我指的是诗选译本的到位。西方诗歌进入汉语，并非想象的那样简单，它有无数道路，但大多数的西方诗歌进入汉语，其实只是降格成为末流。在母语里是一流的东西，来到另一种语言中，尤其是从拼音字母进入到象形表意的汉语里面，就成为拙劣的东西，其品质的保证往往靠的只是附加在诗歌上的非诗背景，释义、文学史地位、获奖履历等等”（于坚《从“诗选的眼光”看过去》）。

选本家特有的眼光和标准自然是必要的，“并没有什么固定的、先入为主的编选标准，因为我们面对的是新的事物，是被一些人认为不是‘诗’的诗。需要的是较开阔的视野、更深地进入以及再三的比较，有时还得有那么一点儿勇气。我们像深入到一篇陌生而复杂的地带寻矿的人，而编选的过程也就成为一次次与诗‘相遇’的过程。现在看来，入选的诗人及作品并非都是那么成色十足，但他们却给诗带来了新的可能性”（王家新《中国当代实验诗选·跋》）。更为重要的还在于选本家要尽力避免自己的“偏见”“好恶”和先入为主的惯见，要尽力体现对各种风格的包容力，甚至在特殊的历史时期选本家还要具有打破僵化的主流美学观念的破冰般的勇气和胆量。

1992年12月，陈超接到唐晓渡的来信，希望他能编一本新生代的诗选。陈超当即允诺下来：“我要尽心尽力编好，下真功夫，义无反顾地干完它。为了诗，我失去了正常的享乐，但得到的更多更多，诗歌从未给我带来任何不幸，我更要努力去做！”（日记，1992.12.12）

在长达三个多月的阅读、筛选、定位和重新评估中，新生代诗歌独特的美学图景和精神地形逐渐清晰起来。当然，新生代诗歌自身的含混、复杂性以及编选者的“当下身份”的限制都给阅读和遴选设置了很大的障碍。“十年过去，我们看到在火山蔓延过的广袤地带，耸动、拱起了诗歌地质新生代。我们站在强烈错动的地块上，听着板结的岩层发出沉闷绵延的断裂声。切近有时也是一种局限，它切断了考察者也许可以更深致悠远的目光，使我们难以纵览起伏辽远的全景。”（陈超《中国诗歌新生代——新时期十年青年诗断论》）陈超在编选过程中切实感受到了来自这些诗歌内部以及文化背景、思想差异上的挑战：“对此目迷五色、繁杂纵横、迅抉掀磕的诗歌速度和景观，超其所望的惊喜与噬心的犹疑，在我胸中交替出现。坦白地说，此间我一直在不断调节着自己的艺术立场，对不同的创造力形态加以‘认同’。但是，‘攫住’，不同于正常判断力的被抽空。坚持最基本的诗歌本体依据，是我编诗的前提。在此起码的基础下，诗歌的实验，无论是作为诗性的觉悟，或一种泛文化立场的诗性表达，甚至是更多地作为对已成诗歌世系的一种‘抗议’、‘起诉’，都展现了实验诗发展的广阔可能。”（《以梦为马——新生代诗卷·编选者序》）

1993 年 3 月 2 日乍暖还寒的夜晚，这本诗选终于编竣。那些劳累的日子此刻都站在他的身后，他的背影经过灯光投射在墙壁上。在寂静和疲乏之中，陈超想到的是奥登的诗句——

现在树叶越落越快
惊心培育的花朵不会长开
保姆们进了坟墓之中
而童车仍在继续滚动！

这就是后来由北京师范大学出版社 1993 年 10 月出版的那本《以梦为马——新生代诗卷》（选入四十九个诗人的二百多首诗作）。此诗选系谢冕和唐晓渡主编的“当代诗歌潮流回顾 · 写作艺术借鉴丛书”中的一种，其他为《在黎明的铜镜中》（朦胧诗卷）、《苹果上的豹》（女性诗卷）、《鱼化石或悬崖边的树》（归来者诗卷）、《与死亡对称》（长诗、组诗卷）、《磁场与魔方》（新潮诗论卷）。

《以梦为马——新生代诗卷》是关于第三代或新生代诗歌最具代表性的选本，呈现了新生代诗歌“繁复纵横的不同审美流向”，“大著已读，很新，很准确，对我理解一些一向不太感兴趣的诗人很有帮助。公正，是你最令我喜欢的品格。这样的一本书，真叫人嫉妒。一辈子能这样地出十本，我看此生不虚度了”（1994 年 2 月 10 日于坚给陈超的信）。入选的既有当年凝聚于《他们》《非非》《海上》《汉诗》《倾向》《现代汉诗》《象罔》《九十年代》《反对》《南方诗志》等各种民刊的诗人群，也有不能归入任何刊物、群体和流派的诗人，比如海子、骆一禾——“1986 年后，在实验性诗歌狂热喧噪的‘大展’节日之外，有一些诗人被忽略——或许那时我们的意识还来不及真正理解他们的意义——他们也主动游离这一切。海子、骆一禾的写作，充任了这垮掉的时代硕果仅存的老式吹号天使角色。”尤其是陈超所撰的编选者序，从历史和美学的双重视野辨析了新生代诗歌的价值和问题，比如新生代诗与朦胧诗的历史渊源和在大的文化背景、语言态度和美学意识上的差异，以及新生代诗自身的“传统”的确认。“在一个缺乏精神历史的，被‘战败’了的种族文化废墟上站起的一大人，的确缺乏一种更可靠的‘传统’。但这也许不意味着诗人个体生命方向感的缺失。”在点评到具体诗人时，这些建立在大量的诗歌阅读和精深的自我体验基础上的诗人印象和文本判断非常准确、精彩（当时的选本家几乎无出其右）。比如陈超对柏桦的点评：“《象罔》中的柏桦，一直是独立的优秀的抒情诗人代表。他的现代诗有着更多的后浪漫主义成分。敏感、柔韧、自我迷恋，‘这尖锐的不长胡子的孤儿’，‘一边吃肉刺耳 / 一边敬祝宏伟的灵魂’。这个冬日的男孩，有自己独异的心头词源。他怀旧，调侃，叹息，怒斥，祈告，精神‘乱伦’，政治‘调情’。明亮的语境却令人发生微微的眩晕、倾斜，像心脏的亢奋 / 疲竭所引起的。他对一代人的影响，正逐渐显示出来。”尤其值得强调的是，陈超并没有从“断裂”的惯性视角出发对朦胧诗和新生代诗予以二元对立的评判，而是非常可贵地注意到朦胧诗一代人内部的写作差异以及各自在20 世纪80 年代后期以来的变化甚至分化。在编选这部新生代诗选时，陈超从“诗人批评家”的立场不仅收录了唐晓渡和自己的诗歌，而且重申了评论家写诗的重要性：“最后，我要提及的是，近几年一些青年诗评家也将精力大量投置于诗歌创作。其中一个目的是，他们试图以此将诗学的省察密切地溶入写作。由此带来的后果是，他们的文章在‘论述’的话语方式里，开始出现另一种声音。这样，或可使诗学直接返回艺术思维活动之内?”（《编选者序》）

也有诗人在对入选的具体诗作表达自己看法的同时最为认可的恰恰是陈超的那篇序文：“最近在展现兄编的《以梦为马》，很为兄的编选者序叹服，华丽、紧张、绵密，十分精彩，似是一篇长文，甚至专著的雏形。相比之下，集子里的诗因已反复读过，反而不见新鲜和激动，很多镀金之物确实如兄所言其成色将已遭到公正的存遗。”（1994 年7 月24 日王寅给陈超的信）

当然，任何一本诗选都不可能是完备的，不可能是人人满意的。

在《以梦为马——新生代诗卷》的编选者序中，陈超在论及柏桦的时候“顺便”谈到了贵州的郑单衣：“他对一代诗人的影响，正逐渐显示出来。（其中也许郑单衣是自发的、优美的，但我想在此猜测一下，郑单衣那些优秀的抒情诗歌，或许与柏桦的影响多少有关？但郑单衣的诗比柏桦的，速度要慢，均衡力相应要明显些）”石虎诗会上，陈超将这篇序文给郑单衣过目，郑单衣自然很不舒服，这一定程度上也是写作者自身“独立性”甚至某种“虚荣心”所致。“几乎所有从事写作的人都认为自己受到的关注不够，且远远不够。恨不能让全世界的人都来关心和爱护自己。但这只是幻象。没这回事。诗人之所以能写作，正因为自己难以消除生活深处的孤独，这是一个能源。”（1996 年 4 月 3 日郑单衣给陈超的信）当然，任何一个诗人都不想让自己存在于另一个诗人的影响焦虑中，即使存在影响也没有哪个诗人愿意坦然承认。“我很想专程来看你，和你吵一架，就像石虎诗会期间我被你写的‘以梦为马’的序惹得生气一样。说实在的，我至今还有点儿生气。你不介意吧？但这也许正说明我太小气，自视太高了。今后还要请兄多多关照，当我是小弟。我乐意再干一个十六年，但愿最后能写几行诗。”（1996 年 4 月 3 日郑单衣给陈超的信）但是，这并没有妨害郑单衣对陈超作为朋友和诗评家的信任。《以梦为马》出版三年之后，郑单衣对陈超的评价是：“你是我最喜欢的评论家之一。无论行文的风度与厚重感，还是诗歌中透射出来的神圣与庄严气派均令人钦佩。学识与内在品质的高贵融合消除了我对评论的不信任感。”（1996 年 5 月 6 日郑单衣给陈超的信）2003 年 8 月 29 日，时在香港的郑单衣给陈超去信，随信附了近期的六首诗。其中一首是《给云》（写于 2002 年 10 月 6 日）：“总之，那不安静的游荡者内心有一叠 / 耀眼的白纸。当秋日的全部裂痕 / 来到车祸玻璃那张类似的脸上，她想上车 / 代替死者，死于同

样的死 // 然后渐渐掏出那耀眼的白纸 / 用红色，在无端的天涯 // 发呆是一只消音器的代名词 / 她长时间望着 / 加速器眼药水和那本纯粹的 / 高高在上的空心记事簿投下的阴影 // 她梦见自己是阴影中最大的裂痕。”

生活和写作对一个人的心情、身体的影响太大了，无论是编选《以梦为马——新生代诗卷》，还是其他的写作工作，这一年的陈超更多地处于持续紧张和疲倦之中：“我的身体状况不太好，我要注意休息。一定注意，这个家中的一切人都在依靠我——反之，我也依靠她们，我们都要保重。”（日记，1992.12.12）甚至从1992年开始之后的几年，陈超明显不太记日记了，比如1993年一整年陈超才写了两次日记，篇幅不到一页——1993年11月30日陈超获悉获得了“庄重文文学奖”，而陈超已经宠辱不惊：“很高兴。我更当好好干，因为真正的价值谁也不能埋没。”1994年，陈超只零星地记了几次日记，而1997年一整年陈超只记了两次日记（1.25，8.28）。

编完《以梦为马——新生代诗卷》的一年之后，1994年5月4日这天，经过长时间的苦熬陈超终于又编完了另一本诗选《中国当代诗选》（1949—1993）。“虽然有许多遗憾，主要是没有时间和精力广泛读诗、选诗；但总的看，不次于任何已出来的当代诗选。这是一件大事，如果顺利，今年八九月份见书。”（日记，1994.5.21）陈超凭借一己之力进行的“诗选”工作是繁重而艰巨的，为了编选《中国当代诗选》他通读了近四百种诗集、六十种诗歌年编以及目力所及的文学刊物，并且向能够联系到的诗人发函索稿。但迟至五年之后，这本诗选才由河北教育出版社出版。牛汉先生在读到《中国当代诗选》后非常激动，随后给陈超复信，高度评价了这本诗选以及陈超独特的选诗标准和眼光：“《中国当代诗选》（上下册）两天前已收到，当即认真翻阅，我老伴也读了，说编得有价值。入选的诗大半熟悉，但我敢说在当今同类诗选中，不论从分量，还是诗质论，这部诗选都是上乘的，经得住时间的考验。不该入选的诗（诗人）都在诗选中找不到踪迹，这需要胆识与勇气。有一些20世纪50年代有过大影响的诗人，在这部大型诗选适当选入，这点我十分理解。如贺敬之，40年代初，他以艾漠的笔名发表了不少清新的小诗，我当年非常欣赏，我在中学时与他是一个诗社（海星诗社）的成员。（最小的两个）有一年（十年前）我与他深谈过半天，谈得很诚恳。但他已在当今社会上层深深地坐定，极难变动自己的座位与形象了。他当时在医院，并不情愿去文化部代部长，他有点儿伤感说他已无法写新的诗。他已被活活塑造成了一个与真诗无关的'模具诗人'了，依照他的模范，可脱制成一代颂体'诗人'。这是已绝无个性与创造性可言了。我说的是正话，不是牢骚。""你这本诗选，也可能说不定引起少数人的不满，如……大部分诗人会赞扬诗选的。"（1999年10月10日）

显然，陈超作为诗人和批评家之外的又一个重要身份诗选家已经在实践中得到了印证。因为他一贯坚持诗歌的本体依据、个体生命体验和历史的真实性、当代诗歌的精神大势，尤其是他突出的细读能力，所以比很多同行选本家做得更优异。"如果我们对'诗选'一词特殊凝视，就会发现，从语源学上它的名词意义多少显得有些微不足道。除了表明它是某一类出版物外，它昭示的意义不会更多。但是，只要我们深入细辨，'诗选'一词的动词性质就严肃或严重得多：它是一种特殊的精神方式，是坚持诗歌的本体依据，而对过往年代的诗歌文本进行严苛的评估、沥汰。它是'诗'选，而不是其他——这时，我们所要考虑的，不仅是它关涉到的史纂学意义上的

‘真实性’，还同时要考虑它在诗学意义上的本体规范和价值尺度……它既是历史的追溯、省察，也是共时的诗学判断力的调动。”（陈超《中国当代诗选·自序》）而选本并非是封闭的美学工作和个人偏好，也是历史性和真实性的工作——关乎“诗性正义”，甚至会在某一时期牵涉到整体的文学构造和复杂机制。具体到20世纪八九十年代的文学、文化语境，选本家既需要眼光和判断，又需要破冰般的勇气，那仍然是一个“探索诗”和真正意义上的现代诗、先锋诗遭遇误解和重重阻遏的一个转折时代：“令我怅惘的是，那些不绝于耳的严苛的责难，常常是建立在非艺术本体论的基础上的，或是用简单的社会功利尺度去评判诗歌，或是以‘不懂’、‘脱离群众’来羁束诗人的探索。这种非审美的、漠视诗歌个体生命体验的独异性、深刻性的责难，对现、当代诗歌史上具有现代主义倾向的诗则尤为猛烈。”（《中国探索诗鉴赏辞典·自序》）

“诗野游牧”：现代诗话与诗人散文

它们无须体系撑腰，何赖学院壮胆，当是有感而发，要言不烦，释放性情，带着热气。许多朋友说，这类文章才“有趣味，有用”。而我，也从此类写作中获得了新的动力和真正的快乐。

——陈超

谁也不知道诗人转写散文给诗歌带来了多大的损失；不过有一点却是可以肯定的，也即散文因此大受裨益。

——约瑟夫·布罗茨基

陈超是一个具有综合文体才能的写作者，所以不能只是谈论他一般意义上的诗歌文本和批评文本，还必然涉及其他“松动边界”的文体，比如现代诗话、散文、随笔（诗人散文）。这集中体现于《生命诗学论稿》《游荡者说》《诗野游牧》以及《1987—1995，蓝皮笔记本》《讽喻的织体》《论诗与思》《塑料骑士如是说》《精神肖像或潜对话》《素描20家》《素描28家》《笔随心走》《片面之词》《话语斜坡》《某“资深编辑”审稿意见八则》《新诗话：龙虫并射》等。值得注意的是陈超的现代诗话尽管与古代诗话传统存在“血缘”关系，但更多还是来自现代哲学和现代诗学的影响，尤其是受到尼采体现在《偶像的黄昏》中片段式的言说方式的启发。

2014年4月的一天，陈超老师打来电话并发电子邮件，希望我为他即将由陕西人民教育出版社出版的《诗野游牧》作序。我当时颇为踌躇而诚惶诚恐：“老师，哪有学生给老师写序的啊?”4 月 10 日下午 2 点 14 分，陈超再一次发来一封邮件。他恳切的言辞让我无比汗颜和忐忑。

俊明，你好。

给你添麻烦了，真有点儿不忍。如果你忙，一定直接告我，我再找别人写。真的没关系，咱们之间什么不能说呢。

我是想，为序，你其实是我最属意之人。与其找个同龄诗评家，不如就让我的学生兼哥们儿——霍俊明来写，更到位，更有趣些。

书稿你不用全看，主要看一下第一辑“诗艺清话”，第二辑“片面之词”即可。

其他两辑，你都熟悉（有些是文章摘段），若有时间，只需浏览。

“后记”，交代了多年来我写大量“诗话”的想法。

你不要有压力，放开你的性情，想怎么写就怎么写。可谈谈你对我某些诗话的感受，谈谈我们师生教学相长、交往的趣事。总之，你写得自由、明朗、高兴就可。

出版社要求二三千字，不用长。

谢谢。

陈超

2015 年 7 月，陈超的“现代诗话”《诗野游牧》面世。这是作为“当代新诗话”第一辑的一种，沈奇主编，至 2018 年已出版两辑。第一辑还包括于坚《为世界文身》、赵毅衡《断无不可解之理》、耿占春《退藏于密》、沈奇《无核之云》，第二辑有杨匡汉《长亭听云》、简政珍《苦涩的笑声》、臧棣《诗道鳟燕》、胡亮《琉璃脆》、泉子《诗之思》。

这明显区别于他以往先锋诗论的紧张感，而显得自由、轻松、率性、会心。而这同样是他多年来诗学建设的重要一部分，更多是体现在他的随笔文字和现代诗话中。这一现代诗话，最早即体现于《生命诗学论稿》中的“论诗与思”部分。（思就是诗・活力・伟大梦想・人模仿诗・镜像・悖论结盟・高峻和寒冷・整体性・无见证者・好诗和伟大的诗・困境・写作・思乡病・风车・使上帝震怒的话语・天使与撒旦・传统和先锋・在场和消失・承担・攫住・展开・向下・完善者・祈祷・钻探・问答・体内能量的转化・价值・再剥夺・海子生还・体会・反讽・立场・火光・故乡的树或诗・宿命或抚慰・反抗・阅读・启蒙者・神谕的别种解释・失败与成功・诗歌话语二种・诗学与诗歌・损耗或奉献・理性・灵感・绝望的激情・语言的缺席・澄明）而在我看来这种细微、自然、原生、随性、独到、独立的话语方式无论是最初在《论诗与思》《蓝皮笔记本》《塑料骑士如是说》中展开的“现代诗话”实践，还是全面体现于这部《诗野游牧》的综合成果，这种话语方式是难以被模仿的，因为它只能属于批评家中的极少数人。

《诗野游牧》所体现的心态和心境也是深有意味的。在以往的诗学论著《生命诗学论稿》《打开诗的漂流瓶》《中国先锋诗歌论》《游荡者说》《精神重力与个人词源》以及《诗与真新论》中，陈超作为一位知识分子特有的沉思、忧患以及担当意识是非常明显的。这实际上正是陈超所说的，在“求真意志”的驱动下对灵魂和困境的双重揭示。而到了《诗野游牧》，如此诗意、轻松、舒朗、清逸的言说方式，确实给几十年来的诗歌批评话语带来了新的活力和空间。从“游荡”到“游牧”，从先锋诗论到现代诗话，从诗歌到散文，从“乌托邦桃花”到“日常精神”，它们都构成了紧张与轻松、高蹈与日常、时代与自我、此岸和彼岸的复杂情境。在现代诗话、散文、随笔以及晚近时期的诗歌写作中，陈超体现得更多的是一种任性而为的“无政府状态”，更像是一场自由、开阔、流荡、丰富、散逸而鲜润的“游牧”。当然，从“游荡”到“游牧”，其间的转换过程并不轻松。多年来这两个批评者形象一直在陈超的诗歌研究和写作中同时存在、互相推搡。“游荡”多为痛苦、孤独与沉重，而“游牧”的诗意、宽怀、放松和任性显然更带有理想主义甚至诗学的个体乌托邦的意味。在二者之间的过渡地带往返和跋涉，正是陈超多年来诗歌批评的重要部分。

正如陈超自己所说“现代诗话”像哈根达斯一样“教我欣喜，感到甜”。早在二十多年前陈超关于“现代诗话”的话语方式就已经通过《生命诗学论稿》中的“论诗与思”逐步确立。对这一极富创造力的话语方式陈超多年来一直保持着足够的专注和省察，这令他更欢娱、倾心、迷恋：“我从青年时代就迷恋祖先笔下那些高妙、快放的诗话，至今兴趣未减。外出旅行，经常还会揣一本诗话词话，看着高兴。随便举出，《诗品》《诗式》《二十四诗品》《沧浪诗话》《白石诗说》《六一诗话》《诗人玉屑》《苕溪渔隐丛话》《原诗》《随园诗话》《人间词话》，如此等等，曾给我带来过多少真正的启示和欢乐啊。画龙点睛，点到即止，直取机心，浑然不封，不仅是为诗之道，又何尝不是谈诗之道呢，而且还不是小道。于是，多年以来，我也写了不少散朗、轻逸、有话要说的现代诗话，记下不少个人习诗、读诗的心得。”（霍俊明、陈超访谈《热爱，是的》）陈超在日记里也记述了古代诗话最早对他的开悟和影响：“又看了不少古典诗话，诗论及文论，都感到很了不起。以前不太注重这方面。整得和欧美文论挺像。殊不知咱祖先在诗与诗话上，丝毫不弱于西方。更接近艺术，而非思想。”（日记，2009.10.8）陈超早在20世纪80年代初就自觉开始了对传统诗学和现代诗学秘响旁通的相互和融汇的努力，比如刚大学毕业工作不久就申请到山东大学访学，专攻古代文论以及外国文论。“记得那时陈超青春快意，记忆力惊人，能大段地背诵《沧浪诗话》《白石道人诗话》《姜斋诗话》等，就像他同时能大段背诵《纯诗》《传统与个人才能》《双重眼界》等一样……其实说到底，无论过去还是现在，诗不分新旧，只分好坏。作为中国诗人（注意，我说的只是诗人），如果你不承认传统诗学之精华，那么你对西方现代诗的狂热也是假的；反过来，如果你只拜古典诗歌，拒不承认现代诗，那么你的‘拜’，与附庸风雅也相去不远。”（大解《我眼里的陈超》）与此同时，这一现代诗话也是陈超对“学院派”的理论体系和流行的西方认知思维的反思与批评的结果：“它们无须体系撑腰，何赖学院壮胆，当是有感而发，要言不烦，释放性情，带着热气。许多朋友说，这类文章才‘有趣味，有用’。而我，也从此类写作中获得了新的动力和真正的快乐。我既忝列‘学者’，又一直在高校工作，经常不免要写些中规中矩的供‘圈子里’交流的学术文章和著作。但那个‘内在的我’，其实是个诗人，注定对那种讲坛森严、城堡傲立的学院作风，心存厌倦。天呐，特别是我看到有些人，为了保障学理上的‘自洽’，而蛮横地无视或篡改研究对象（诗歌、诗人）的性质厌倦更深。”（霍俊明、陈超的访谈《热爱，是的》）尤其是对于这种“游牧”式的“现代诗话”

而言，陈超真正做到了“以小博大”，看似容量紧缩的过程实则展开的是一种开阔和鲜活。这正如茫茫大海上撒网的过程，收放自如，缩进然后敞开的过程正对应了“诗话”的本质。质言之，这既是一种特殊的创造性写作，其实也是一种特殊的认知世界的“思想方法”。唯有如此，才印证了诗歌批评工作所需要的特殊才能——“诗有别趣”，同时更印证了诗歌批评与诗歌写作之间的特殊关联——相互补充、彼此观照。诗歌和诗学往往从反思对方开始。现代诗话，这一接通了古典诗话、兼容了体验性和审美感性的言说方式，更能体现陈超的诗性直觉以及直入腠理、“照幽烛微”的能力：“篇幅短小，却既有纤敏的个人感受，又需要尖新的见识；既有对阐释对象性质的敏锐指认，又有个人想象力翱翔的天地；既使用简隽、精到的判断，又容留了诗歌神秘的不确定性。”（《诗野游牧·后记一》）这种现代诗话方式是直接关乎生命、词语相互打开的方式，是趣味、是性情、是创造，也是个人诗学的信仰：“我常常像读优秀的现代主义心理小说那样，阅读叔本华的哲学。他总是使我沉醉，思绪横飞。我觉得，即使是从体验性和审美感性上来说，他也不逊于许多小说家。而从另一个向度看过去，正像海德格尔不逊于许多诗人一样。”（《闲读叔本华》）它们更像是夤夜乍现的闪电和苍茫大海上倏然的流星，是砾石和砾石碰撞之后的火星四溅，短暂却有力：“我这样区分好诗和伟大的诗：前者体现为完美，无懈可击，有如一粒饱满润泽的珍珠，让人观赏。后者也许常常不够完美，但它却是能产生下一代生命的卵子，无数的诗人继续创造了它之所是。”（《好诗和伟大的诗》）这是一种高压缩、高凝聚的话语方式，每一个词语都应该是充满活力和效力的，也就是说这是一种更高难度的诗论话语方式，也只能属于极少数天赋异禀的诗歌批评家。

现代诗话对于陈超而言并不是外加的、附属的、修饰的部分，而是来自其诗学话语的核心。这种直接开启语言和生命深处秘密和血脉的批评方式正是真正意义上的“生命诗学”。它给陈超带来的是新的动力和真正的快乐。而长久垂心于现代诗话，又与陈超的诗人身份密切相关。没有对诗歌创造性的秘密和深隐意趣的发现和深有同感，没有对诗歌创造的细节和蛛丝马迹抱有探幽烛微的能力，没有对诗歌的闪电具有探雷针一样敏锐和领受力，是不可能产生这种具有明显差异性、个人性、创造性的诗歌批评话语方式的。“新诗”这种特殊的话语方式在很大程度上是拒绝“诗话”的，尤其是对于那些倾心于修辞炫技和词语智力游戏的文本而言更是如此。而恰恰正是这种特殊的诗歌批评话语，显示了其难以替代的重要性、有效性和独特性。这使我想到当年的李健吾。他感悟式的批评方式无论在当时还是今天看来都算得上绝对的“少数者”或者“异秉”，没有特殊的诗学禀赋、创作心得和“细读”能力以及澡雪性情的人是不可能为之的。在陈超为中外现代诗所做的导读和鉴赏的工作中，这种特点得到了淋漓尽致地凸显。陈超的诗歌批评，就语言自身而言，也是中国诗歌评论家中最为“讲究”和具有难度的。在陈超看来“新诗学”也是一场语言的实验。他几乎对每一个词语都经过了反复的斟酌、推敲和捶打、淬炼，而这一过程又非常可贵地在高度精准的同时维持了语言自身的趣味生成。在陈超这里，追求“母语的荣耀垂直洞开”，不仅不是拒绝阅读的，更不是艰深晦涩、枯燥无味的。而这种话语方式在精神本源上与“诗话”传统一脉相承。当然，这也并不意味着“诗话”就比其他批评方式要更高级和进步，而是这种特殊的话语方式对批评家自身的要求更高。“诗话”的吉光片羽的闪现，确实能够支撑诗歌这种特殊文体的核心，但是一定程度上也容易造成某种程度上因话语方式“缩小”所带来的“整体性”架构的丧失和弱化。而陈超的现代诗话，则一以贯之地深化了这种“整体性”，做到了批评文本与灵魂高度之间的互相激发和创设。这也是对批评家自身的生命力、活力、性情、趣味、兴味的全面考验。陈超不仅经受了这种近乎残酷和噬心的话语考验，而且还领受到这一过程中的快乐与慰藉。

再来说说陈超的散文和随笔——诗人散文。这里所提及的“诗人散文”并不是泛指诗人写的散文，而是作为一种专有的特殊的“文体”概念。

除了面对散文写作的一般化问题，还有长久以来被关注的另一个有意思的问题——诗人为什么写散文？诗人写出的是什么样的散文？诗人写出的散文和一般意义上散文有本质区别吗？还是先来看看约瑟夫·布罗茨基的一段话：“谁也不知道诗人转写散文给诗歌带来了多大的损失；不过有一点却是可以肯定的，也即散文因此大受裨益。”“诗人散文”作为特殊概念（布罗茨基、茨维塔耶娃、曼德尔施塔姆和苏珊·桑塔格等都曾对此做过界定）甚至一种文体必须受到重视：“诗人被假定为不仅仅是写诗，甚至不仅仅是写伟大的诗：劳伦斯和贝克特都写伟大的诗，但他们通常不被视为伟大诗人。做一个诗人，是定义自己只是诗人，是坚持只做一个诗人（尽管非常困难）。因此，20 世纪唯一被普遍认为既是伟大散文家又是伟大诗人的例子——托马斯·哈代，是一个为了写诗而放弃写小说的人。”（苏珊·桑塔格《诗人的散文》）确实，诗歌和散文是很容易被对立起来衡量的两个特殊关系的文体，而且往往散文（还有一个更为尴尬的文体是散文诗）的地位被认为是低于诗歌：“俄罗斯的 20 世纪主要是诗人们的一项成就——但不只是诗歌中的一项成就。对于他们自己的散文，诗人们表示了最激烈的不屑：过分追求严肃性将不可避免地浸透着诋毁。”“更典型的是，诗人们都信奉诗歌的一个定义，把它当成一家大企业，其固有的优越性（文学的最高目标，语言的最高状态）使得任何散文作品变成相形见绌的小公司——仿佛散文永远是一种沟通，一种服务活动。”“在 20 世纪，写诗往往是散文作家青年时代的闲时消遣（乔伊斯、贝克特、纳博科夫……）或以左手练习的一种活动（博尔赫斯、厄普代克……）”（苏珊·桑塔格《诗人的散文》）

诗歌和散文确实往往作为互相的比照物而被并置讨论。早在 1989 年 3 月，陈超就对散文的历史传统、自身属性和堪忧的当代命运以及散文研究予以了历史化的梳理和论析：“我十分讶异的是，新时期以来，人文科学和艺术变构的实质性进展，在散文界几乎一无体现。散文成了可有可无的、顽健的、艺术力衰竭者们的温柔乡。不仅专门的散文家如此，那些在别种艺术形式中无力进取的人，也纷纷到宽容平庸的散文界找到了安慰。散文已经不再是一个独异的、需要经过痛苦磨砺才能进入的范畴，而成了一个可以任人涂抹或者说施虐的东西。成了某些人要做的一件‘事情’！人的生命与生存临界点上的困境，在散文中达到了一种可怕的平衡，生存和生命的真容一再被掩盖起来。”陈超对诗歌和散文的特殊关系以及各自的特殊性做了极其深入地论述：“散文与诗歌最根本的区别是：诗歌有时可以是一种零度的客观物，它的文辞通过粉碎恒定的秩序展示生命中一次性出现的图景，所有的文字现实都不可能是虚假的。而散文则强调文辞之间的关系意向，它是坚卓的、可验证性的、有背景的生命过程的缓缓展开。生存—个体生命—文化—语言在这里通过分裂、互否，达到新的把握和组合。散文失去了诗歌那种令人神往的自由，就意味着它必须独立承担自己的困境。这就是散文的意义，它不能蛊惑，不能回避，一切都赤裸裸地接受精神的审判！在这个意义上说，散文应该是最冷酷无情的、维护人们精神性的东西。它通过直接的穿透，一无依恃的犀利，进入生命的核心。它的价值信念，不应是‘乐’的向往，恰恰应该是对焦虑、时间、死亡、分裂的直接进入。”这就是他的那篇《散文之路——兼与诗歌本体依据比较》。而到了后来，随着陈超自己对“诗人散文”的不断实践，他也更新和校正了此前对散文的一些认识。李敬泽也认为，照之小说和诗歌完成了现代转型，而现代意义上的散文转型还没有完成，“散文的惰性太强了，因为它背负的是那个最深厚的‘文’的传统”（《面对散文书写的难度》）。曼德尔施塔姆则认为，对散文作家或随笔家有意义的东西，在诗人看来可能是完全没有意义的。而布罗茨基则强调，伟大的散文是以其他方式延续的诗歌，诗人转向散文写作永远是一种衰退，“如同疾驰变成小跑”。斯泰因则认为如果诗歌是名词的话，那么散文则是动词，“显示运动、过程、时间——过去，现在，和未来”。甚至散文还被一些人认为是诗人的“暮年事业”。我们可以借用布罗茨基和苏珊·桑塔格等人的“诗人散文”这样一个概念，从而区别于其他散文的一般化和固化特征。最重要的是诗人散文或诗人的散文体写作不仅体现了自由写作的愿望，而且文本自身也呈现了一些特殊性：“对某些诗人来说，写散文是从事一种真正完全不同的活动，使用一种不同的（更有说服力的、更理性的）声音。艾略特、奥登和帕斯的批评和文化游记，虽然极好，但是并非以诗人的散文的形式写就；曼德尔施塔姆和茨维塔耶娃的批评和应景之作却是。”“诗人的散文不仅有一种特别的味道、密度、速度、肌理，更有一个特别的题材：诗人使命感的形成。”（苏珊·桑塔格《诗人的

散文》)

显然，陈超已经写出了“诗人散文”意义上的重要文本，比如《懵懂岁月》《学徒纪事》《“七七级”轶事》《击空明兮溯流光——外国文学与我的青少年时代》《红色苍凉时代的歌声》《母亲与文学》《我们的生活》《最后一刻》《回击死亡的阅读》《野性的思维与诗意的生活》《我想献给人类一件礼物——重读〈查拉斯图拉如是说〉》等等。“其诗与散文像鸟的双翼，精彩地在写作中达成了平衡。他们的性情，被连根拖起。考虑到他们诗歌的高贵质地，诗人形象的严谨，其散文别有一种令人感动又开怀的世俗惦念。”“更具有对细节挥之不去的专注，对心灵细密‘纹理’的呈现。”“文本有一种宽徐、朴素、稳定的语调，和毛茸茸的抚触感。”“文体界限的松动，叙事性肌质的增强，语型、语调的灵活多变，语境充满了活力和现实感。”这是陈超评价北岛、于坚、西川、王家新、钟鸣、柏桦、王小妮、杨炼、严力、王寅、耿占春、庞培、车前子、阿坚等诗人散文时做出的评价，我想这一评价同样适合于陈超的散文写作。

多年来，陈超散文、随笔性的批评文字以及类似于“诗话”的“断章”已经引起诗歌同行们的注意。而陈超的一些散文、随笔和回忆录的独特风格和魅力，同样归功于他的诗人身份，归功于一以贯之的对写作的活力和有效性的追求。“一个成熟的写作者面对的不仅是狭隘的‘文体意识’，而是更为开阔的‘调动整个文学话语去说话’的能力。不论是诗歌，还是小说、散文乃至文论，无非都是‘文本’；而写作者最终需要捍卫的，不是什么先验设定的绝对文体界限，而是保证写作的活力、自由和有效性。”（陈超《诗人的散文》）陈超的散文和随笔显然不是纯粹意义上的“美文”写作，而是容留了粗粝的杂质和咯人之物的“毛茸茸”的综合体。照之诗歌写作，陈超的这些散文和随笔更具有自由性、跨越度、开阔感以及活力、生成性。“诗人散文”是一种处于隐蔽状态的写作，是一直以来被忽视的写作传统之一。我们在阅读陈超的散文时可以格外留意这些特殊的“非散文”和“反散文”的诗人能力。这些文字体现了陈超作为一个杰出诗人批评家对批评和写作作为一种“文体”的自省意识。尤其对一些毫无趣味性可言的体大虑周、掉书袋式的学院派和高头讲章式的唯理论为是（甚至某些时期还充当了整体主义和本质主义的帮凶与工具）的诗歌研究陈超一直保持着足够的警惕和省察。由此，陈超一直倾心于自由、本真的心灵诉说和谛听式的体验批评。这些特殊的批评文字，既带有知识分子的省思意识和精神难度，又有批评话语自身的特殊性和生成性—有诗性、见性情、有见识、有活力。也就是陈超所说的“有感而发，笔随心走，释放性情，带着热气”。这些带有趣味性、紧张感的批评方式不仅成为陈超近年来批评的动力，而且对于当代诗歌批评作为一种创造性“写作”而言也具有重要的启示。

第十章 | PART TEN

一个被“少数人”谈论的诗人

我已四十五岁了，号称诗人。一辈子的一点儿念想就是出本诗集，不能再无时间地等待下去。想到了就得做。人生太匆忙了。这会给我带来愉快……别再犹豫了，全力以赴出诗集吧！

——陈超日记 2003. 12. 20

在我眼中，杰出的诗人和杰出的诗歌批评家没有高下之分。陈超既是一位杰出的诗人，同时也是一位杰出的诗歌批评家。在他身上，这两个“杰出”也没有高下之分。而且，无论在他进行诗歌创作，还是进行诗歌批评时，这两个“杰出”都互相借重。

——西川《内行的工作》

他要是不写诗，那才怪呢。尽管如此，真读到陈超的诗时我还是感到了惊讶——不是惊讶于它们出自何人之手，而是惊讶于它们出色的程度。

——唐晓渡

在陈超的人生履历和身份中，他排出了如下顺序：诗人，诗歌批评家，大学教授。无疑，陈超首先看重的是自己的诗人身份。陈超的作为诗人的一面却在阅读者那里有一个很长的延迟期：“过了许久之后，我才发现他还是个诗人，并且是一个相当出色的诗人。在某种程度上，陈超也许更愿意被人目为诗人，或者，根据区区在下的推测，他也许更愿意看重自己的诗作，更愿意成为一个诗人。”（敬文东《陈超诗歌简论》）

陈超是一个“双手”写作的人。他既是一个出色的诗歌批评家，又是一个优异的诗人。正如著名诗人西川对此的高度评价：“在我眼中，杰出的诗人和杰出的诗歌批评家没有高下之分。陈超既是一位杰出的诗人，同时也是一位杰出的诗歌批评家。在他身上，这两个‘杰出’也没有高下之分。而且，无论在他进行诗歌创作，还是进行诗歌批评时，这两个‘杰出’都互相借重。”（西川《内行的工作》）这种带有互补性质的写作无疑带有“问题”的重要性和“说话”的有效性，但是这种互补性的写作也只能属于那些少数的操持者。“迄今，我仍然坚持如下的判断：一位缺乏理论素养的诗人是不太可能走得很远的，而一名没有诗性底蕴的评论家，其文字也多半是可疑而不足道的。坦率地说，在当今中国诗坛上，哲思与诗性俱为上乘的人物并不多，而陈超却是这极少数中的‘之一’。”（汪剑钊《穿越灰烬的诗歌之光》）早在 1993 年 2 月 25 日，沈睿在给陈超的信中就表达了对其诗歌创作和评论的双重重视：“我喜欢你评论文章的话语方式——个人化和独特的语汇，这是才华所致。没有自己语汇和语调的人没有特征，因此，你的文章具有显著特征。我希望看到你的诗。——我极关注你的创作与批评。只有行家才能鉴赏行家的手艺，所以，纯粹的诗歌评论反而会导向相反的方向，诗与评论互补。——这毫无疑问。”陈超是这样看待自己的诗歌写作和批评的特殊关系的：“在我的诗学研究中，我时常用诗歌写作来省察我的理论文字。我发现它们常常是两极运动的，诗歌和诗学一样，往往从反思对方开始。诗歌的固执是诗歌的必要，诗学的固执也同样是诗学的必要。一首优秀的诗歌，将有可能成为新诗学的感性表达；而一个有真值的诗学表述，则有可能成为新诗歌诞生的契机。我不放弃诗歌写作的动机之一，也因我将之视为对新诗学发展的一项语言实验或至少是一项必需的训练。而不是像我的朋友们说：是诗学研究兴味索然之后的心理补偿。”（《诗学与诗歌》）

陈超的诗歌产量很低，只有三百余首，主要集中于公开出版的诗集《热爱，是的》（远方出版社，2003 年 12 月）、《陈超诗歌快递：夜烤烟草》（诗歌 EMS 周刊总第 98 期，2011 年 5 月 2 日）、《陈超短诗选》（银河出版社，2012 年）、《无端泪涌》（中国青年出版社 2015 年）以及他日记、书信里的诗作和未收入公开诗集的报刊上的诗作。补充一句，陈超还有机会出另一本诗集。诗人麦城拟在春风文艺出版社的“布老虎诗丛”收入陈超一本，陈超也已应允，并且在 2006 年年底将诗稿全部做好，但最终未果。写诗不是“天道酬勤”，需要特殊的禀赋和才能，而陈超真正做到了“少就是多”——“我已有一段时间未写诗了，我想如果有冲动、欲求，再写一首长诗。量少质精为好。”（日记，1995. 4. 23）“诗歌与文论如此悬殊的比例，也体现出我对诗歌的认识：诗歌不是‘天道酬勤’，对神秘的事物我理应持神秘而茫然的态度。”（《热爱，是的 · 后记》）这使我们想到了一生只写过一百九十余首诗的特朗斯特罗姆，以及只公开发表过七十来首诗的荷尔德林。陈超一贯极为看重自己的诗歌，尤其喜欢听那些专业诗人的意见。伊沙的“新世纪诗典”曾在 2011 年 7 月 12 日和 2012 年 3 月 3 日分两次推送和点评了陈超的诗《暖冬》和《未来的旧录像带》。陈超还专门在日记中抄录了伊沙的推荐语：“陈超以诗评著称于世，却一直在写诗——我将此理解为真爱。我以为：他的诗是专业诗评家中写得最好的，这确保了他在将近三十年的时段里始终是中国当代最具实力的诗评家。看看前后左右，这个班还一时无人接得上，因为一般从事专业诗评的教授、博士们不写诗，没吃过猪肉还没见过猪跑吗？是不行的。”“有人谈起陈超的诗歌创作，我一言以蔽之：陈超的诗歌写作不是批评家陈超的诗歌写作，而是诗人陈超的诗歌写作，他是所有批评家中写得最专业的。我初读本诗曾有会心一笑：他写得很口语嘛，他的口语自觉甚至超过一般口语诗人，而在一般人眼中他是知识分子批评家。近期狂译几十位大师后我发现：朦胧诗和晦涩诗是中国人的发明。老陈真懂，诗不骗人。”（日记，2012.4.5）

按照陈超的设想，《生命诗学论稿》这本“关键之书”出版后他本想歇一阵子，在教书之余以闲散和教育儿子为主：“我也得放松一下，补充补充自己。除给《诗歌报》写四篇文章外，明年我的主要精力放在读书、培养孩子、备课和准备选修课教案上。明年我可能会沉稳、安静、休憩一下。也可能更忙。但无论如何，我不想再疲于奔命写文章了。”（日记，1992.10.26 夜）即使写作，也要把诗歌创作放在第一位。作为一个诗人，证明自己的有效办法就是要好好地出一本诗集：“我这一生还有一个野心，就是出一本诗集。干了一辈子诗歌，总得高兴一回吧?”“我已四十五岁了，号称诗人。一辈子的一点儿念想就是出本诗集，不能再无时间地等待下去。想到了就得做。人生太匆忙了。这会给我带来愉快。……别再犹豫了，全力以赴出诗集吧。”（日记，2003.12.20）“这些日子在忙着出诗集的事。它给我带来的愉快，胜过以前任何一次出书。可见，它是值得的。人生，不就是尽量寻找愉快吗？这是我一手参与的创造啊！过程的愉快，结果不可替代的。”（日记，2004.1.14）陈超在日记里表达最大的愿望正是出一本自己的诗集，而直至四十五岁，陈超这一愿望才得以实现。这就是《热爱，是的》（印数三千）！陈超是自筹了一部分费用才得以最终出版的。《热爱，是的》这本诗集本来是打算在作家出版社出的，当时已经联系了编辑张一玲，但最终出于各种考虑换成了内蒙古的远方出版社。而这本诗集从文字输入等各个方面，栖栖都付出了巨大的努力："栖栖为我做了一切，这本书打印，书名，挑选，封面，累得够呛。我感谢妻子，她是最好最伟大的，我爱她。"（日记，2004. 1. 14）这本诗集能够出版，陈超还要感谢当初诗人麦城（王强）以及靳亚利的动议，要不他还下不了决心出版一本自己的诗集。2004 年 2 月 14 日，情人节。《热爱，是的》终于振动着翅膀飞到陈超面前来了，但是手里的四本样书在印刷上有些缺憾。这一次要力争完美，因为诗是陈超的最爱，况且又是完美主义的天蝎座。陈超又换了一个好的印刷厂，终于在 3 月 18 日这天重新印出，书更厚、纸更白、版型也更大。满意！（本来这本诗集陈超是要放唐晓渡的序，结果因各种原因唐晓渡没有完成）陈超在内心里一次又一次被幸福的潮水推动着，此前他出版的任何书都没有如此程度地兴高采烈："'18'真的是幸运数字！……超其所望也!!! ……让我忧虑的一切都变成了好事！我要送给一切应该送的朋友！一切的一切，多么好！我的诗人梦完全是实现了！"（日记，2004. 3. 18）陈超一口气接连用了八个感叹号，正像一连串幸福的礼炮一样在欢呼中炸响！2004 年第 6 期《诗潮》刊登了陈超这本诗集的邮购讯息——"陈超是一位杰出的诗人，也是一位杰出的诗歌批评家。在他身上，这两个'杰出'没有高下之分。在陈超的诗歌创作中，既有直觉的成分也有训练的成分。无论在他进行诗歌创作，还是进行诗歌批评时，这两个'杰出'都相互借重。作为诗人的陈超同样是不可或缺的。《热爱，是的》展示的就是陈超诗人的一面。邮购地址：石家庄红旗大街469号河北师范大学文学院陈超收（050091），定价：21元，汇款即寄出，免邮资。”

《热爱，是的》这本诗集的出版终于缓解了多年来陈超的一个巨大焦虑。尽管诗人境遇如此艰难，尽管这个功利的世俗社会给予诗人的尊严太少，但是诗集的出版对诗人个体来说却是头等大事：“这本集子得以出版，使我对自己前半生的诗歌有一个集中而严格的了结，我很欣慰。现在我感到了轻松，多么好啊，在今后的写作中我将邂逅新的欢乐。”“编定这本诗集，犹如看到自己心灵影像的‘回放’，风尘仆仆，低回徜徉，恍兮惚兮，水落石出。从青年时代开始写诗，至今我已四十五岁，方真正懂得了苏轼所说的‘击空明兮溯流光’。”（《热爱，是的·后记》）

陈超有着更为内在化的自我准则，这就是对自己诗人身份的极力看重：“我的最大愿望是成为杰出的诗人”（日记，1991.6.3），“做一个伟大的诗人，是我终生的愿望。我也许失败，也许成功。这都不重要，重要的是，不放弃努力，这个过程就够了”（日记，1991.5.28），“诗歌，我生命的粮食，我的幸福本身！”一个诗人的写作能够由自发进入到自觉阶段最为重要。从很早开始，陈超对自己诗歌局限性的认识就非常清楚、准确和深刻，所以他在不断自我检视中使得诗艺快速精进：“现在，我的主要问题是我写诗，‘心象’太直太浅。还有就是对自然这伟大的馈赠不敏感，更多是共性的物象。我决定在提高心智的同时，更加有意训练对自然物象的特殊注意、留心。”甚至在陈超看来诗歌写作对评论的刺激和裨益会更大：“我要隐忍下去。努力写作。写诗与时间有关，但又不是太直接，不像评论。把诗写好，评论自然地就会好起来。我看了欧阳江河、一禾、海子等人的评论。他们比任何专职批评家写得更好!”（日记，1991.5.28）既然如此看重自己的诗歌，终会有回报的——念念不忘，必有回响。2004年1月初，陈超因为诗歌《无端泪涌》获得了河北省文艺振兴奖的作品奖，而以前他获得的振兴奖都是因为理论评论。诗歌给陈超带来的幸福甚至远远超过了评论：“今后可能写诗不多了，有这本作品集垫底儿，一生无憾也。但每年还是应写一组，质量要高。我等着你，诗集，你快乐了！幸福的我，生活，你是公平的。”

陈超将诗集寄给了他最喜欢的诗人和作家朋友。

2004年4月8日这天，正在北京主持一个剪纸展览会的西川与陈超通了电话——此前没有电话的时候他们一直保持着频繁的通信交往。西川的意见当然是陈超最看重的：“他收到我的诗集，认为很好。前期的诗很有力量，直扑而来。后期变化很大，但同样好，是另一种力量。有温情的东西。他举余华小说为例，前期直接写残烈，后来写内在的力量。未必直奔残烈就好。总之，这是很好的诗集，但开本太常规了。对勒口引文，他说，如知如此，就会重新写一段。没关系。我说前后期写作，与我身体状态有关，有点儿写不动，故松弛。他说，谁能写动？一样的。”王家新在读完诗集之后也与陈超通话——他们同样是多年来一直保持着书信联系，认为陈超的这些诗有着内在的修养，已经达到了高水准：“不是随意，而是成熟。他们不存在前后期孰更好，都很好。他说，我的诗对他有振动，比其他人的诗能读下去。”（日记，2004.6.7）耿占春则认为这是他今年读到的最好的诗集。在2004年6月下旬的《新诗界》国际诗歌奖颁奖和论坛上王小妮对陈超说，他的诗变化很大，尤其是书名《热爱，是的》太棒啦，装帧也不错。我还记得在首都师大的会议室里，夏日里的陈超和王小妮一直在交谈。陈超穿着黑色的运动短裤，一件黑色的T恤（印着白色的文字A BATHING APE，这是著名的日本里原宿潮流品牌）。我当时在和陈超合影的时候刚好也穿着一件黑色T恤，上面印满了心灵鸡汤式的绿色英文单词——simple / humble / fearless / childlike / empty / open。王小妮回到深圳后又细读了这本诗集，认为陈超"越来越像自由的自然人"。

诗歌界普遍关注和倚重陈超作为杰出诗论家的一面，而这种"高拔"也造成了对他诗歌写作长期的遮蔽与忽视。"陈超展现出了卓越的诗歌才华。事实上，我早在20年前就读过陈超老师的诗歌，比如组诗《我看见转世的桃花五种》和长诗《博物馆或火焰》，印象非常深刻。他善于运用长句，字里行间有一种火焰般的热切和岩石般的恢宏。《博物馆或火焰》这样的作品，放在'知识分子写作'的代表作品里，也是毫无愧色的。以这些诗歌的质量看，他完全可以跻身中国一流诗人的行列，只是他在诗歌批评领域的影响太大了，掩盖住了诗名。"（刘春《他以才华超越时代》）或者说，在很多诗歌界的从业者那里看来陈超的"生命诗学""文本细读"以及综合性的诗歌批评比其诗歌更重要。对于陈超的诗人身份来说，批评家的身份甚至形成了一个强大的阴影和消磁器。而就我所知，很多年来只有极少数的几个"内行"谈及过陈超的诗歌写作（我是说在深刻和准确的程度上），如西川、于坚、韩东、欧阳江河、王家新、唐晓渡、周伦佑、梁晓明、沈苇、伊沙、臧棣、刘翔、敬文东、刘春等。在陈超辞世之后，唐晓渡回忆了当年第一次读到陈超诗歌时的那种震惊的感受："最早读到陈超的诗是在1990年下半年。此前他只淡淡地说过他也写诗，却从未出示过。陈超是一个不事张扬，甚至有点儿羞涩的人，这么做完全符合他的性格逻辑；不过，即便他不说，我也能猜到：下过乡，插过队，遭遇过‘文革’受过罪，参加过毛泽东思想宣传队，又是经过‘思想解放运动’洗礼的新一辈……这些‘硬指标’加在一起，再加上其诗论行文风格的‘软暗示’，他要是不写诗，那才怪呢。尽管如此，真读到陈超的诗时我还是感到了惊讶——不是惊讶于它们出自何人之手，而是惊讶于它们出色的程度。”足以幸运的是，这些“少数人”是真正的行家和挑剔的读者，甚至有的被陈超引为知音。“你的那首‘博物馆’真的很不错，反正，我很喜欢。”（1993 年 6 月 3 日韩东给陈超的信）

远在西昌小城的周伦佑，是最早阅读到陈超诗作并认识到其重要性的知音。“出来后读到你的‘桃花转世五种’感受极强烈、极深入！从前不知道你能写诗，而且写诗这样棒！特向你约稿。请将你同等意味的金属之声、力度之作寄十首左右给我（桃花转世这首我也将选入）。”（1992 年 4 月 8 日周伦佑给陈超的信）“诗稿收读了，真（正）是我期待中的诗，《空无与真实》是一首杰作，这几年少有的。已经连《转世的桃花》一齐五首编入。会慎重排印的。放心。如果你再写十首《空无与真实》这样的东西，所有专业化的一流诗人都将无地自容。这次非戏言！我对你的诗的意见，绝非无原则的‘互相吹捧’，而是严肃的评价。按我目前的标准，真正的好诗必须是直接深入，且包含某种尖锐之必需的。尖锐并不必然导向政治——而是与某种存在的环境相关。你的诗是符合我这个要求的。”（1992 年 4 月 28 日周伦佑给陈超的信）。因为民刊《北回归线》，陈超和在杭州的梁晓明以及刘翔联系较多——那一时期他们互相之间经常写长长的信。“书被莫显英借去，她要在文章中大量征引你的观点，并把你的诗列为最好的一类（思？哲理乌托邦？或精神乌托邦？）我和她的观点一致，觉得越靠前的越好，靠前的大都是近作，说明你越写越有力，越来越成熟。”（1995 年 8 月 28 日刘翔给陈超的信）后来，刘翔在论述陈超的专论中又再次高度评价了他的诗：“陈超作为当代少数几个优秀的诗歌批评家之一是比较得到公认的，可是，作为一位诗人，他也是不容忽视的。在我的心目中，他首先是一位很优秀的诗人，其次才是评论家，而他的许多理论文章(《从生命源始到天空的旅程》《深入当代》《精神大势》《思即诗》）充满诗意，只有一位真正的诗人才能写出如此才气逼人的文章。”（《陈超——“乌托邦最后的留守者”》）好的诗是可以穿透时空的，远在新疆的沈苇读到陈超的诗集后非常激动，连夜回了一封长信：“以前读过的几首印象深刻的诗现在仍觉得很棒，如《博物馆或火焰》等。但如此系统读兄的诗有了更全面的体验，初步印象可能是不成熟的，还需进一步消化。我认为第一辑是‘雄辩’，智性，尖锐的批判力，我称之为一种‘风骨’；第二辑是‘记忆’，个人体验与切肤的疼痛感；第三辑是‘反讽’，读来痛快、过瘾；第四辑是‘亲切’，也是明净，代表你身上安宁和放松的部分，使我想起苏东坡、陶渊明，一种寄情山水的古典回音。这些诗是语言的多棱镜。兄写出令人惊叹的多种类型的诗，并非语言的恶魔术和花招，而是一种综合能力，是心灵与才华的广度，因而有了表达的诸多可能。一位书斋里的‘老派人物’（忧愤的古典主义者），他的视野如此开阔，令人钦佩。读你的诗我想起你的诗句：‘你的躯体如此细薄，可心儿却在砺石中奔跑。’这是你自身的最好写照。”（2000 年 4 月 17 日沈苇给陈超的信）

而从写作的内部来说，诗歌的操作难度是巨大的，也不是勤奋就能写出好诗。诗集《热爱，是的》出版之后陈超写诗确实很少了：“我这一阵儿有点儿枯涸，写不出来的感觉。这更说明前一段写的大批量诗是天赐加‘人事’也。”（日记，2004.6.2）这既需要所谓的灵感的恩惠，又是各种因素和际遇的合力在起作用，甚至还关乎一个人的身体状态和精神境遇：“写诗是说不清的，写不出来就是突然短路了。”（日记，2004.6.4）诗人的工作近乎危险系数极大的涉险，甚至一个诗人要时时面对写作时的失语状态：“我仍然要坐在这儿，保持一种写作者的姿态。夜已深沉，瞌睡阵阵袭来，我还硬撑着，这是一种祈祷的仪式，一旦放弃我就什么也没了。就如一棵树，不管枝叶如何在喧嚣的时代里摇曳疯长，根子也必须静静地扎在黑暗中汲收养分和水。我的树根是昨天，五年或十年前，那灵感闪烁的年纪，永不会重返了。常常是整夜写不出一个字，常常是一个字一个字朝下戳，对于电脑打字的现代化写手们，我还是个使用冷兵器的野蛮人，拖泥带水，大汗淋漓，还不知道弄的是不是废稿——我就曾经废过好几万字，元气伤得连性机能也退化了。我不得不暂时罢笔，吹箫补气。丹田吐纳出的呜咽使人想起三千多年前诗人荷马走村窜店卖唱的《奥德赛》，茫茫汪洋中的魔岛，纯美的女妖披散着长发，边啃嚼累累白骨，边含泪歌吟凄婉绝伦的恋曲，过往船只上的水手，无一例外地落水，应着波光粼粼的旋律，凫向死的彼岸。唯有主人公因事先接受了神的忠告，让堵住双耳的部属将自己缚在桅杆上过关。当魔岛终于从海平面上消失，他还在泪水盈盈地回望，感受那种源自灵魂深处的拒绝诱惑的遗憾，浸润在歌中的极其舒服的自毁的毒液使他此生形同行尸走肉。”（1996年6月19日廖胡子给陈超的信）连奥克塔维奥·帕斯也要经历如此沉重的时刻：“我在黄昏的桌子上写着，用力地将笔架在它那几乎活着、呻吟并回忆着自己出生的树林的胸膛。黑色的墨水打开它巨大的翅膀。然而灯突然亮了并为我的语言罩上一层碎玻璃。一段锋利的光线切断了我的右手，我继续用溢出阴影的残肢书写。夜进入房间，对面的墙使它岩石的脸庞向前，一面面空气的手鼓置身于笔与纸之间。啊，只需一个音节就足以使世界跳动。但今晚连多容一个词的地方也没有了。”（《诗人的工作》）然而，诗人是在黑暗中仍然探究内核和寻找真相的人，他为此也必须付出代价。在现实的失败中寻求语言的胜利：“而我心中有多少倒扣的船只 / 却只能在身体的黑暗里开裂 / 然后腐烂。”（陈超《那些倒扣的船只》）

经过天生的语言“直觉”和多年的写作“训练”，在人生和写作的双重淬炼中陈超终于在20世纪八九十年代之交的历史语境下迎来了诗歌写作的高峰期。这一凛凛雪原般的峰期的到来却是以持续性的撕扯、眩晕、阵痛、战栗、惊悸以及死亡的想象与精神重生换来的。这使我想到当时陆忆敏说的一句话：“即使在涉及死亡问题的时候，我也并不处于消沉之中。”这样的诗既是高蹈的又是及物的，既是面向整体的时代精神大势又是垂心自我渊薮的浩叹。在陈超这里，个人经验的公开化与公共经验的个人化能够很好地揭示出来。我看到陈超一次次走在时代转折点的“断裂”地带，那里是凛凛的风雪与陡立的绝壁。陈超的诗歌中不断燃起一场场死亡和重生的大火，当然随之也布满了灰烬和寒冷。在20世纪八九十年代之交的历史语境下陈超的诗歌就是展现精神高蹈、生命阵痛以及完成“诗歌历史化”的过程。他一次次抬起头颅仰望教堂、雪山、天空和圣灵、十字架、风车，同时他又没有因此而凌空虚蹈和自我沉溺，而是同时将双脚紧紧地扣在那个接通此岸和彼岸、历史与现实、精神与生活的那座颤抖不已的“桥梁”。

一个诗人必须具备躬身自省的能力，必须具备对时代和现实的个人化的历史想象力和求真意志。1990年春天，陈超对自己的诗歌写作也包括对当时落潮的先锋诗歌有过极其深入的检视和反省：“在我诗歌艺术朝圣的道路上，曾留下许多轻描淡写的足印。于今想来，往日的迷梦是那么长久地羁留住我年轻的、颓废的、恬然自得的心。望着自己在一个时期写作的诗篇，它们像幽深死寂的东方庭院，那么宽和、绮丽，那么空虚。是的，那时我涉世未深，种族的血液暗中支配我，使我的审美情趣天然地朝着空灵静寂、萧然淡薄的士大夫气格打开。我将诗歌视作吟风弄月以调节心理平衡的迷香，即使其中保有一丝啸傲山林的狂悖，也是基于对现实生存的回避而发。渐渐地，我的阅历和生命体验告诉我，这种所谓物我合一的状态，这种幽寂清远的语境，并不能给现代诗带来任何意义上的深展，哪怕仅仅是激活它有力而持久的形式。难道我们写作是为了修炼成一个隐逸者、山林居士或蔑视生存的狂生吗?”（《精神大势》）正是源自于此，“深入当代”不仅成为陈超个人写作的转变，而且也成了一个时代的精神宏旨。陈超就是这样在一个个夜晚中于诗歌中安身立命，甚至完成室内的“案头剧”。“‘这里是 1938 年，也是 1976 年。/ 华北某拖拉机厂的一个青年工人 / 车床前开始酝酿他的《案头剧》。/ 2014 年我遇到陈超在希腊的一家咖啡馆，/ 这里人来人往，有熙熙攘攘奇异的宁静。/ 灯光有些昏暗，照着他如常微笑的脸。’/ 而老沙纳西斯跺脚，双手击着拍子 / 和那些停止衰老的人们一起唱着：/ ‘别错过今晚咖啡馆动人的演出，/ 那样的嘴唇，那样的眼睛 / 那样结实紧凑的年轻身体……’”（蓝蓝《在安菲萨的老咖啡馆——我看到你在窗口坐着，正写着你的诗句》）

回到陈超作为诗人的一面，多年来被忽略的这种状况只是在近年才有所转变。

以前陈超的诗歌更多是发表于《非非》《北回归线》等民刊，

当《诗神》《诗刊》《人民文学》《诗歌报月刊》《作家》《山花》《星星》等报刊纷纷刊载陈超的诗作——还获得过《作家》年度诗歌奖，陈超也推出自己从多年的诗作中精选出的诗集《热爱，是的》，这时的诗歌界才猛然醒悟，才形成了一种共识，原来陈超作为诗人的一面同样不逊色于他的诗论。当然这仍是一定限度之内的认可，与陈超真正的诗歌创作实绩和应有的地位并不匹配。2006 年《诗刊》2 月号下半月刊的“诗人档案”推出陈超专辑，包括《作品回放》（1986—1989）八首、《新作展示》（2000—2005）十一首以及创作年表，同期配发沐之(《心智澄明的诗人》)、周晓风(《朴素的先锋性》)、梁艳萍(《读者之思与思者之诗》) 和霍俊明(《逆风劳作的诗人》) 的评论文章。这一期《诗刊》的推荐语在我看来是中肯的：“陈超是以青年诗评家著称的，他的关于中外诗歌赏析的专著以及诗歌评论，对中国当下的诗坛都有较大的影响。作为诗歌评论家的陈超，同时也是一位成绩卓著的诗人。”此期《诗刊》的编者按还专门强调了陈超诗歌的现代性、先锋性与传统之间的关系，这确实是陈超诗歌品质的一个很突出的方面：“我们冠以：‘沉潜于现代文化中的古典风格’。这一说法我们是有过认真思考的。陈超的诗歌无疑是现代的，同时也是内在而典雅的。在我们当代诗坛上，他的诗歌写作方式是值得参考与借鉴的。我们知道，世界文化在 19 世纪末到 20 世纪中，经历了一次现代主义的洗礼。在经历了一百多年的现代主义的运动之后，我们现在所面临的文化背景已经不同于以往，作为现代汉语诗歌的作者，应该有一个清晰的认识。在这个问题上，陈超是清醒的。这也正是他的诗歌作品能够达到现在这种高度的原因。”就现代诗人与传统的关系，陈超早在 1989 和 1990 年就专就此问题写过两篇论文，其中《立场——现代诗人与传统》论述得更为全面和透彻。在陈超看来，个人与传统的关系是复杂而又流动、变化的："在一个优秀诗人的写作中，'继承'传统首先是指非常复杂化的、自觉化的对母语更深度的理解和发现。因此，我们不可能置身传统之外是一回事，而对它的深入理解并且自觉创化及生成则是另一回事。在这里，我可以说，从理论上否弃传统的人，和那些皮相地模拟传统格式的人，是一个战壕里发生内讧的战友。他们从客观上达成合谋：拒绝深入传统。对于他们，可以不必再谈论谁是谁非。"尤其值得一提的是当下对汉语新诗有无传统的争论有越来越激烈的趋势，而陈超的《不留余地》和《"正典"与独立的"诠释"——论现代诗人与传统的能动关系》相当深刻而精辟地论述了传统的内涵，传统与继承和创新的关系，新诗与传统的互动关系，诗人与传统的关系，对新诗自身的特质的廓清等等。至于传统问题是一个老生常谈的话题了，周作人早就说"传统之力是不可轻侮的"。传统不是单向的过去时态，传统首先是面向未来的一种活力范畴，体现了垂传性、可延续性和可创造性。陈超坚持认为传统并非远离我们的过去时的存在，而是一种共时性的存在。诗人与传统的关系是相互打开、双向选择的对话、争辩的过程，是一种富有张力甚至是反叛性的对话，传统在走向我们的同时我们也在选择和创造传统。传统不是简单形式上的传统，更是精神内质上的传统。新诗与传统的问题一直是20世纪中国汉语诗歌争论的焦点问题，甚至在一些研究者看来，中国新诗不仅割断与传统的关系，而且在一百年的发展过程中也没有形成自己的传统。陈超则对诗歌与传统这一问题进行了长期的深入思考。汉语新诗在近百年的发展和探索旅程中不可能没有自身的传统。中国诗人在近百年的选择、发现和创设新诗的履历中已经印证了一个不争的事实——汉语新诗已经形成或正在形成（尽管有可能不是圆熟的）一个自身的传统，并且一系列诗人对汉语新诗的外在形式、格律以及音乐性诸方面理论探索和实践的大多数的失败也从相反的向度上证明了新诗传统与古典诗歌传统的差异。那么汉语新诗形成了一个怎样的自身传统呢？首先陈超不认为所谓背弃了古典诗歌艺术模式和审美情调的得到读者认同或热爱的现代新诗就真的背弃了什么“传统”：“在现代诗人的写作中，传统体现为诗人与民族气质、与文化、与语言等的能动关系。没有传统的诗将无法在民族中真正存活。”（《生命诗学论稿》）陈超还不无尖锐地指出20世纪八九十年代诗人对中国诗歌传统不屑一顾却对西方诗歌传统唯马首是瞻的事实。诗人集体的“西游记”自然有其特定的历史语境，但平心而论我们的汉语诗歌一度离自己的母腹和母语太过于生疏和遥远了。

有一段时间陈超很少在刊物发表文章，因为在当时的情势下文章的“自由度”受到了影响：“我是那种热别惧怕别人删改文章的人，与其让笨而怯的编辑乱改我锐利的言辞，不如不发。”（日记，1991. 11. 1）陈超转而开始将大部分精力投入到诗歌写作当中去，这也是一个诗人的内在诉求。那些本真的、锐利的、阵痛的体验和精神诉求可以在诗歌这种特殊的话语空间找到对应：“于是，我就开始写诗。不知你是否看过我的诗？我自认为它们很棒。至少是结实、明确。我讨厌现在流行的那些暧昧而空洞的诗。我已发表了十七首诗。朋友们都说比我的文章好。这使我悲哀又欣慰。”（日记，1991. 11. 1）显然，并不是像一些朋友所认为的陈超这一时期的诗比文章好，而是具有同等的重要性，它们之间相互打开又彼此照亮。从20世纪80年代初开始的三十多年的时间里陈超非常看重自己“诗人”的一面，诗歌写作成为一种近乎宿命的抚慰，尤其是在寒冷、孤独、阵痛的日子里成为自我的劝慰。诗歌写作成了一种近乎无法言说的快乐。而陈超将自己真正意义上的诗歌写作起点定为1987年：“我指的是由自发的写作转向自觉的写作。从此时起，我的诗歌理论也开始暗暗转型。在我看来，优秀的诗歌写作，应当持有健全的智慧，具备发现和创造语言内在全部复杂因素的意识；对传统和今天，占有整体包容和超越的平衡能力。它充满现实生存的感受，但它比生存更重要，作为一种本体的特殊的知识，它不是复制和评价生存，而是通过语言建立另一个可能存在的世界。在这里，文化历史层面，现实经验层面，潜意识层面，唯形式本体层面等等，得到了深刻的综合处理。它不观察它洞察，它不回答它重新提出问题。它不追慕事件，它自身成为一个事件。优秀的诗歌，不是行云流水式的迅速下滑，它必须涉及自身内部的互否、抵抗、分裂和相对，它的每一个文字，都使读者充满警惕。在几种不同向度拉开的场中，它承受范式读者反复进入的压力。诗的本质不属于其中任何个别的成分，它必须具有坚卓的结构，逃离诗人自我中心的态度，成为有机的自足空间。”（《诗神》1990年第8期）这几乎包括了陈超一生的诗歌见地和诗学观念。1987年，除了是陈超诗歌写作个人史上的重要节点，这一年还对陈超的历史意识发生了巨大的冲击，这就是波普尔的《历史决定论的贫困》。这对他此后提出“个人化的历史想象力”“求真意志”“噬心经验”具有重要启发：“这本书对我的世界观的改变是致命的，就像小说《一九八四》和《动物农庄》对我的致命性影响一样。即使这样，现在反过头来想，在我的思维惯性里边，依然有历史决定论的影子，这就是一种理想主义的东西。我的价值判断就是经验性的写作要高于理想主义的写作，因为它不再把历史看作前进、进步、直线的东西了，而是容留了很多证伪的、猜测性反驳性的东西，容留了矛盾性、复杂性。这种内心的迟疑更成熟、更实事求是、更不自恋。”（《回望80年代：诗歌精神的来路和去向》）陈超后期诗歌的容留性和吸纳能力越来越突出，这也是他一向反对权力主义者的非此即彼的诗歌观念的结果。

陈超曾认为写作就是重抵精神的荒原。这种精神生活和相应的体验方式既与其精神高标以及极高的自我要求和约束有关，更与20世纪八九十年代整个诗歌的精神转捩血肉联系，“血液被狂风吹空”“灵魂被你的叶片刨得雪亮”。这是另一种意义上的“诗歌烈士”与壮烈风景。正因如此，死亡、冷彻、惊悸、阵痛和撕裂一次次出现在他这一时期的诗歌中。在历史记忆、生存现场、生活细节的反复擦亮、商忖、自问与盘诘中他迎来了一次次词语的猝然降临，“在广阔的伤痛中拼命高蹈”。陈超多年来欣喜于这种猝然一击的诗歌方式。在他看来诗歌是精准、有力的与时间对称的手艺。正因如此，他能够面对时光沙漏的阵微细响，也能面对一个时代雪峰崩塌的寒冷与惊悸。

远在厦门鼓浪屿的陈仲义则一直看重陈超的诗歌。在厦门城市大学的当代诗歌专题选修课上，他给学生讲授过陈超的早期诗作《风车》，而这也正是陈超个人最为满意的几首诗作之一。在河北师大中文系的毕业晚会上陈超当众朗诵、倾倒众人的正是这首《风车》。

一个黄昏，在青岛海滨。日渐污染的海滩隐没了教堂的钟声和十字架。这是揪心的严峻时刻。陈超望着远处的哥特式教堂、风车，突然涌出热泪。一个时代就这样结束了……“充满活力的80年代已像虚幻的寓言”。在那一刻，物理学上的风车已经成为精神意义上十字架的隐喻。一个突然断裂的时代和精神之痛使得诗人突然涌出热泪。血液、风车、十字架、教堂、天空、星光显然形成了诗人高迴情怀的对应之物。他在那一时期的诗歌中所坚持的就是一个“精神留守者”“在广阔的伤痛中拼命高蹈”，“有些诗人找到的是精神避难的伊甸园，另一些诗人却寻找另一种更危险的精神家乡。前者以安恬为终的，后者以历险为终的。前者自恋，后者自焚。我热爱那些历险的诗人。说到底，精神的家园除去我们自身的火般的挣扎过程外，能到哪里寻找呢?”（《思乡病》）这既是现代诗的“思乡病”的基本母题，也是先锋诗在20世纪八九十年代所经历的精神炼狱般的寓言。

冥界的冠冕。行走但无踪迹。
血液被狂风吹空，
留下十字架的创伤。
在冬夜，谁疼痛地把你仰望，
谁的泪水，像云阵中依稀的星光?

我看见逝者正找回还乡的草径，
诗篇过处，万籁都是悲响。
乌托邦最后的留守者，
灰烬中旋转的毛瑟枪，
走在天空的傻瓜方阵，噢　风车
谁的灵魂被你的叶片刨得雪亮?

这疲倦的童子军在坚持巷战，
禁欲的天空又纯洁又凄凉!
瞧，一茎高标在引路……

离心啊，眩晕啊，这摔出体外的心脏！
站在污染的海岸谁向你致敬？
波涛中沉没着家乡的谷仓。
暮色阴郁，风推乌云，来路苍茫，
谁，还在坚持听从你的吁唤：
在广阔的伤痛中拼命高蹈
在贫穷中感受狂飙的方向？

在陈仲义的课堂上很多学生说读不懂这首诗，甚至认为是写飙车族和青少年犯罪的。难道现代诗解读的命运就是如此啼笑皆非吗？在陈仲义老师的循循善诱下，经过对风车、冥界、冠冕、十字架、乌托邦、逝者等关键词的反复提示，同学们竟然取得了共识：“或许是经过固执的引导，也可能是教师话语霸权的作用，最后，几乎是全班同学都认可了该诗的主旨是有关‘诗歌烈士’的形象塑造，以及诗歌精神的张扬。”（《给现代诗做注脚——读陈超〈风车〉》）

多年后，陈超在自己使用了多次的《生命诗学论稿》上对《风车》一诗作了评注——

解题：写于1989年，过时的、老式的。被弃置的东西，展开了缅怀式语境。此诗意蕴并无确定性，它暗示一种受难、隐忍、缅怀、澄明的情怀。“风车”不是负载思想的容器，而是“思想”本身。不可消解、代替。

“还乡”乃是“乡愁”，生命哲学，家园感。诗的构架。“傻瓜”是挽歌与反讽，但倾向前者。“毛瑟枪”，过时的，诡异的。由“上下”转入平视，诗人的谱系、命运。诗人流出的血又返回上界。“刨得雪亮”，与形体有关，疼痛有关。

两种情绪共存，“童子军”与“傻瓜”呼应，“禁欲”是双重的，压迫与自律的混合。离心写作，个体生命的自由、尊严、体验。

结构：上下 / 平视 / 上下呼应 / 平视 / 上下扭结一体。

速度：沉稳——舒缓——紧张快速——沉稳。

在陈超早期的诗歌写作中他有一种对“圣词”的近于“纯诗”般的渴慕与追赴。20 世纪 80 年代的古典农耕庆典和理想主义的最后晚照，同样没有错过他疲竭而又满布激情的面影。这种写作向度甚至延续到他 20 世纪 90 年代初期的诗歌中。陈超的诗歌写作有着相当强烈的个人性的形而上的高蹈和沉重的一面，因为一个时代强行结束了，另一个时代强行开始了。一切都如被强行颠倒过来的望远镜，曾经熟悉的一切变得如此遥远而模糊。这一时期的诗歌是自叹的、吟述的、流连的、悲鸣的、舒缓的，在紧张的“楔入”与绷紧的语词中蕴有个人理想的乌托邦。这是一种精神成人的仪式，如《青铜墓地》《我看见转世的桃花五种》《风车》《博物馆或火焰》《艺徒或与火焰赛跑者之歌》等这一精神类型的诗。这些高蹈而紧张的文本携带着词语的历险以及个人精神的淬炼，携带着勘问命运和当代噬心主题的强大的心理势能和语言冲击力，“语言硬度较强，带有强烈的主观色彩，甚至把语言推上高速地带，创作无疑成了精神和话语的历险。因此，在这种语境下，陈超的诗在深沉的思想力量之外，常常带有荡气回肠的感染力”（大解《我眼里的陈超》）。

这是历险的精神头颅探入烈焰的自焚——

紧跟着到来的就是老式的事物。
我，书呆子，一个生活节制者
被时代裁成两半。多余的部分。
我把脑袋伸进昔日的火焰
不会被书卷烧成灰

我渴慕的就是独自生活
在博物馆完成一生的散步
归程从这城市唯一的旧建筑中裂开
进入朱门，一个古老的锥体
研磨着我变暗的眼神

盲者趋临的一场火灾
突如其来又几乎不存在
热；无形的野兽发出低吼
将血液炙干却退回骨头
我的身体是灰烬前哆嗦的纸张
但火焰是装订它们的唯一绳索

在时代的转捩点上这是一个被时代强行锯开“裁成两半”的诗人。他必须经受时代烈火的焚烧，忍受灰烬的冰冷。火焰、灰烬、血液、头颅、死亡、骨头、泪水、心脏、乌托邦在这一特殊情势下的诗歌中反复现身。这一体验和想象在《我看见转世的桃花五种》中得以最为淋漓尽致地凸显。这是一首直接参与和见证了一个时代死亡和重生之诗。当那么多的死亡的风暴、血液的流淌、内心的撕裂与转世重生的脆弱桃花一同呈现的时候，高蹈、义愤、沉痛、悲鸣的内心必须在历史语境和个人精神中还原。陈超在20世纪八九十年代之交完成的《风车》《空无与真实》《我看见转世的桃花五种》《青铜墓地》《博物馆或火焰》《艺徒与火焰赛跑者之歌》《回击死亡的阅读》是见证之诗、生命之诗、寓言之诗！它们代表性地呈现出当代诗歌在这一时期几乎是“一夜之间”发出的“绷断”、突变和暴烈转换，似乎每个人都变成了“另一个人”。这就是布罗茨基所说的诗歌的记忆的力量。不只是陈超，整整一代人的生活和写作都被迫发生改变，而必须有人站出来写出见证之诗：“很显然，我们在叙述浪漫主义的群星或者白银时代的宿将之时，不会只是叙述那些散落的文本，而一定会最终为他们描画出一幅精神的肖像，说出他们的感人的故事与命运的传奇。这才是诗的方式。陈超的《我看见转世的桃花五种》，既是时代的精神肖像，一代人成长中的精神悲剧的见证、伤悼，同时也是成人礼。它的重要不会由于哪一个人说什么而变动，而是必将会升华的那一种，成为一代人诗歌与精神的传奇的那一种。我对这一点深信不疑。”（张清华《转世桃花》）陈超感受到一代人曾经的热望和理想是如此的脆弱，像桃花一样一夜之间被冷风寒雨吹落枝头：“桃花刚刚整理好衣冠，就面临了死亡。/ 四月的歌手，血液如此浅淡。/ 但桃花的骨骼比泥淖高一些，/ 它死过之后，就不会再死。/ 东方的隐喻。这是预料之中的事。/ 年轻，孤傲，无辜地倒下。/ 干净的青春，在死亡中铺成风暴。”（《我看见转世的桃花五种》）陈超深知这些理想主义的桃花会愿意再次死去，尽管坠落的过程中会粉身碎骨。这一时期诗歌中的陈超是一个低沉的哀痛者和献祭者。唐晓渡认为陈超这一时期《我看见转世的桃花五种》是当代中国诗歌不可多得的力作，也是诗人在离心力一样的时代境遇中精神世界的最具代表性的揭示：“这首诗从一开始就以其内蕴的声音和形象抓住了我。我想象这是一个略显沙哑的男低音。他的目光迷茫而镇定，像刚刚参加完一场祭奠仪式；他的嗓音中有一种难言的沉痛和疲倦，但又发自丹田，富于生机和弹性。语速均匀而偏于缓慢，语气稍枯而韵力充盈，尽可能不动声色，以使我们更好地体察其中丰富的变化和精确的分寸感。”（唐晓渡《“身份之辨”，谈陈超的一首诗》）刘翔则认为《我看见转世的桃花五种》《博物馆或火焰》《艺徒或与火焰赛跑者之歌》是陈超最优秀的三首诗，这也是当代中国诗的重大收获。(《让灾难化为平稳墨迹的持久阵痛》)

著名诗人牛汉在给陈超的信中极其中肯地说：“我们需要彩镶玻璃，但如果我们对屋外一无所知，也渴望屋外的人看到我们的时候，我们渴望的是透明的锐利的玻璃。这是一种需要，也是更深层的审美。”（陈超《生命：另一种“纯粹”》）值得补充的是陈超和牛汉的交往开始于《中国》，但刊物因为过于先锋和“激进”而最终停刊。“《中国》是1986年被迫停刊的，我记得很清楚。刊物被查了以后，我们还去看了牛汉。牛汉很愤激地说了当时情况。记得在终刊号的封二或者是封三是一片漆黑，什么也不说了，就是表示抗议。但是这个终刊号又被收回了，只是牛汉保留着几份发给了一些人。另外又出了一个终刊号，里边的内容一样，只不过说是由于中国作协已经有了《诗刊》《人民文学》，而《中国作家》也已经可以取代《中国》了，所以从节省资源经费的角度取消该刊。但是实际上是因为它太激进。中国作协领导鲍昌还专门在青创会上给我们解释，但是我们已经都知道是怎么一回事儿了。”（陈超《回望80年代：诗歌精神的来路和去向》）如果说陈超早期的诗作还带有一定自我封闭或过多是纸上交流对话的“彩镶玻璃”的话，那么20世纪90年代之后陈超的诗歌则是“透明而尖锐的玻璃”，既是敞开的介入也是不容退缩的争辩和盘诘，是更为冷静也更为晴彻的纯正与自足。在复杂情境空前纠结冲撞的时代，“黄金，火焰，光芒，粮食，磨坊，玫瑰”等“老套”的单一视镜的古典浪漫词汇和象征体系已经失效，已经很难再承担和包容当代中国诗人复杂的经验，已很难完成对词语、事物和社会现场原声的发现和命名。在陈超这里诗歌不是简单的对“圣词”的赞咏和乌托邦的理想憧憬，也不单是简单的修辞练习，不是“美文修辞手艺”或“蒙昧式的‘口号’”。确然，现代诗的活力和有效性以及难度不仅是一个写作技艺问题，而且涉及诗人对材料的敏识，对求真意志的坚持，对诗歌包容力的自觉。对于20世纪八九十年代的中国诗人而言，写出玫瑰、火焰、天堂、教堂、升阶书、圣杯等“大词”“圣词”并非难事，关键在于诗人对本土语境、当下和现场的有效揭示和命名能力——一种还原和包容生存和经验的现场感的努力与勇气。“我读不到与我们这块国土，与我们的日子休戚相关的情境和细节，也读不到你的生活和心跳，你的欣悦和枯燥。你的诗像前期法国诗，现在又像美国诗，一个瓦雷里变成了阿什伯瑞。”“你的这些诗，太洋气了。让我挑出一些词——只挑扎我眼的——看看你的趣味（但愿我不是统计学的滥用）：脱脂牛奶、麦片粥、苹果派、杜松子酒、旅行支票、万圣节、海格利斯、圣水盆……还不算那些‘不扎眼’的洋词儿以及你诗歌语境的洋味儿。我去过你那儿住，也看过你工作的地方，我相信你的城市这几年发展很冲但还没有猛到这种地步。为什么不能写写你用来放翻我的‘花雕’？写写我返石那天早晨一场暴雨阻断了排水不畅的著名马路？写写你的老‘永久’自行车被我压瘪（你却写什么‘灰狗汽车的后视镜’之类）？总之，这些诗感动不了我，它和我无关呵，也和你无关。”（陈超《写写我们的生活——致诗友信》）希尼在《舌头的管辖》中说：“在沙地上划字就如同写诗，是与红尘俗世的疏离，但又不是逃避。”诗是个体主体性与语言、生存的交锋、涉险，任何优异的诗人都不可能离弃时代而自作高歌，诗不可避免地要介入时代和当下，用诗人自己的“来自良知的共和国”和“粗暴的公共世界”进行较量。在此意义上持有个我话语谱系并完成对当代经验的有效命名和深入开掘是诗人的“首要信仰”和“特殊知识”，诗歌要成为容留的诗、张力的诗。20 世纪 90 年代之后，其创作也由前期的高蹈知识型写作更多转向了对当下情境的关注和深入，体现了处理日常经验和身边题材的优异能力，如获得“2000 年《作家》诗歌奖”的组诗《交谈》以及《未来的旧录像带》《秋日郊外散步》《与西西逆风骑车经过玉米田》《安静的上午》《早餐》等诗在保持一以贯之的形而上的追问的同时，更多地关注生活和经验的日常细部和细密的纹理，从而在一种冷静、沉思、客观的调子中容留和维持了“诗不应当说明什么，而它本身就是”的内在真义。“与他早期作品的挥霍才情明显不同，在这类作品中，他有着很强的截取生活以及叙事的能力，在取材上非常经济，叙述准确而生动，绝少有浪费的地方。从他的这类作品中，我们看到了身体的陈超和精神的陈超同时出现，游走于具体的开放的时空里。这时反而使人产生了似是而非的幻觉，让我们突然意识到，那些熟视无睹的事物，那些一直就在我们身边却被人们忽略甚至遗忘的事物，正是诗意之所在。”（大解《诗人陈超》）诗歌和摄影一样都是挽歌的艺术，正是在这一点上“诗歌是对人类记忆的表达”（布罗茨基）。诗歌在陈超这里必然是挽歌的艺术。斯蒂芬·欧文在《追忆》中说：“回忆的链锁，把此时的过去同彼时的、更遥远的过去连接在一起。有时链条也向幻想的将来伸展，那时将有回忆者记起我们此时正在回忆过去。通过回忆我们自己也成了回忆的对象——成了值得为后人记起的对象。”诗人在处理时代和当下经验的同时必然回溯过往与历史。这种“回顾性”正是还原了人的独特性存在，也使得诗歌能真正意义上完成“生命诗学”。而“生命诗学”正是多年来陈超在诗歌写作与批评中始终关注的。陈超的诗歌在反观和回顾时光影像中完成温婉而执着的挽留。这些个体记忆和生命追怀的诗歌却在共时形态中抵达我们作为生命体的整体性的共鸣与感怀。正是在此意义上，多重时间结构和精神指向下的诗歌具有了持久膂力。在时间的指针悄然地掠过时，诗人擦拭和点亮了那个温暖萦怀的旧式灯盏。词语的自足、内心的凝视、想象的舒展、细节的纹理、经验的回视、探问的姿态，这都成为对时光和历史的有效挽留。这种立足现场、反观过往、遥视未来的综合性视域体现在陈超的一系列诗作中，如《弯腰赎罪》（1986）、《槐树》（1987）、《北郊景色，或挽歌》（1990）、《爬卡车》（1992）、《少年之忆：水仙镜像》（1994）、《回忆：赤红之夜》（1994）、《红黄绿黑花条围巾》（1994）、《是熟稔带来伤感》（1995）、《牡丹亭》（1996）、《1966年冬天记事》（1996）、《夜烤烟草》（1996）、《秋日郊外散步》（1998）、《未来的旧录像带》（2000）、《简单的前程》（2001）、《除夕，特别小的徽帜》（2003）、《复信》（2004），等等。2011年5月2日出版的诗歌EMS周刊，陈超这期的题目就是《夜烤烟草》。这是时间之诗，是风暴过后短暂宁息的平静和澄明。素描式的生活片段、具有个人经验和普世性的日常细节和场景常常具有更为澄澈和温暖的精神向度和牵引力量。干净、温暖、幽默、反讽的背后仍然携带专属于陈超的沉暗和紧张，越是如此，这些温暖萦怀的一面就越是难得而令人铭记。陈超的诗歌无疑具有这种强大的记忆能力和情感容量，他不断翻检出已经有些发黄、变脆的旧日胶片，不断地冲洗、显影和定格。“在这类作品中，他有着很强的截取生活以及叙事的能力，在取材上非常经济，叙述准确而生动，绝少有浪费的地方。它们有令人难忘的叙事性细节，还有恰当的戏拟和幽默，对人性的深入敞开和体谅，以及温润可人的个性化语调。这种朴实却纤敏的磋商和嬉戏，乃至嘘寒问暖般的感受，是陈超诗歌最教我动心的地方。”（大解《我眼里的陈超》）陈超不断地将诗歌的视野延伸到自己的童年和青少年时期，乡村、工厂、大学都不断地在他的诗歌世界中交织成一个又一个动人的往事，“倒影中的危险是崭新的。/ 童年放学后的空教室 / 碎紫花的球鞋带儿……呵——/ 当‘爱情’从一块橡皮下消失！// 空旷的操场上我等什么？/ 传错了的纸条又该怪谁？/ 我茫然、走上前……又放弃”（《少年之忆：水仙镜像》）。陈超的这种具有延展性的记忆能力，通过当下、现场的真切细节的擦亮，在过去和未来的两个向度上使诗歌具有巨大的承载力和容留的力量。记忆连贯现在、过去和将来应该有一个客观对应物，这个物体成为沉淀记忆的载体，它暗含了诗人内心的场景和情感空间的视阈，它延续着诗人内心的情感的冲涌与抚摩。诗人在这个带有本源性的图景中得以感怀过往、窥探来路，这种承载诗人记忆的事物集中体现在《渤海湾汉俳》《停电之夜》《无端泪涌》《安静的上午》《拒马河边的果园》《大淀的清晨》《那些倒扣的船只》《登山记》《正午：嗡嗡作响的光斑》《苍岩山雨中羁留二日》等诗中。“湖水轻轻拍击堤岸 / 一只苍鹭 / 埋首于夏日的回忆 / 当季节变暖 / 这些船只会翻身下水 / 而我心中有多少倒扣的船只 / 却只能在身体的黑暗里开裂 / 然后腐烂。”（《那些倒扣的船只》）冬季，犹如诗人生活景观的现场，那美好夏日的回忆在苍鹭与诗人之间构成对称关系，“倒扣”般的颠倒与悬搁暗示了诗人内心“黑暗里开裂”的悲切和茫然。陈超内心拓展型的诗歌写作在记忆与现场的颤悸与容留中深入时代，他回环于时间的回溯与延展中，在向上仰望又躬身向下的双重视阈中容留了时间和存在在他身上刻洒的光斑和印记。生存有滞重、低回的一面，也有轻松和闪亮的另一面。每一个重要的甚至伟大的诗人都会在诗歌中完成自己的精神人生，这是语言对生死的洞开和澄明，尽管灰色的人生尘土飞扬、悲剧起伏。我想到了特朗斯特罗姆晚年那首“重塑一生”的经验之诗《挽歌》：“我打开第一扇房门 / 这是一间充满阳光的宽敞的屋子 / 一辆重型卡车从街上开过 / 把瓷器震得颤动 / 我打开第二扇房门 / 朋友！你们喝着黑暗 / 暴露于日光之中 / 第三扇门。一间狭小的客房 / 窗对着一条偏僻的马路 / 一盏路灯在柏油上跳闪 / 经验那美丽的熔渣。”三扇房门背后的景象和感受正对应于人生的三个不同阶段。陈超的这些记忆之诗和日常之诗携带了对时代的介入能力，卓异地完成对“噬心主题”的命名和揭示。在 1995 年以后的诗歌书写中，陈超的诗保持了对知性与感性，吟咏与陈述，内心与现场，记忆与当下，独白与盘诘，紧张与调侃融合和包容的能力和活力。在这些回到日常生活现场和存在细节的观照与注视中，在干净、朴素、精准的语言中，他将记忆的温情苦涩与现实的烦琐和沉暗融合起来并予以适度地提升。“但陈超在近几年的诗歌写作中，相对于现实世界，相对于凡庸的生活本身，确实有了一些‘直接性’。对现实他似乎贴得更近了，而且还有了从前的写作中较为缺少的幽默感和反讽。但无论如何，陈超还是将诗歌理应对现实具有的提升作用一以贯之地保持了下来。如果没有这种提升作用，我不知道诗歌是不是还真有那么大的作用——这里恳请那些愿意往下走的人包涵一下。有趣的是，正是在陈超近期的诗作中，在那些更具直接性的诗作中，我们反而更能看到天堂和尘世的结合、婚媾和酣畅淋漓的洞房花烛，只不过在这种性质的天堂中，我们看到了更多的反讽、更多的自嘲。但这肯定不是对天堂的反讽，不是对乌托邦的反讽，而是对我们自己的反讽（即自我嘲笑）。正因为有了这种反讽，我们也许更明白了：相对于乌托邦和高高在上的天堂，我们不过是彻底的穷鬼。”（敬文东《陈超诗歌简论》）当然，这并非意味着他的诗歌写作简单回到现场和当下，而是在当下的体验和抒写中坚持了“历史的个人化”叙事和“求真意志”的表述，只是这种书写行为和策略与前期的张扬、偏溺的精神想象存在着很大的差异。后来的陈超对那些一味高蹈的诗歌是持保留态度的，正如他所强调的“我不理解诗歌对当代的处理和把握为何使许多诗人视为畏途。处理当代主题和现实经验为什么一定会使诗歌变得不纯呢?”（《深入当代》）也就是说陈超一直强调的就是诗歌对“当代经验”的处理能力，一直关注于“精神成年”与及物性场域的关联，一直倾心于对噬心命题的持续发现。而这样向度的诗歌写作就不能不具有精神的难度、修辞的难度以及个人化历史想象力的难度。2000 年 1 月陈超写了一首极具戏剧性的处理“当代经验”的诗《没有人能说他比别人更“深入时代”》：“我前天坐在灯火辉煌的大会堂里 / 听一头吞掉麦克风的河马吼叫 / ‘你们要深入时代!’ // 我昨天收到真理部的灰喜鹊 / 集体飞掷出的尖唳 / ‘为什么你们的诗不深入时代?’ // 刚才，甚至在酒局上，真讨厌 / 一个发财的胖蟾蜍涨红着满脸皮痘：/ ‘你们的诗，应该歌颂时代……’ // 现在我的脚步趔趄地回家，看到我家楼下 / 菜市场那家腌菜、豆腐坊 / 老耿爷爷下岗的儿子儿媳今冬受雇于它 / 小两口凌晨起来洗菜磨豆腐，双手皴裂 / 老耿爷爷到晚上还未卖出多少 / 腌菜、豆腐和他的老眼都结了冰碴 // 他们可从没想深入时代 / 他们巴不得躲开时代 / 可时代生活用盐水 / 深深蜇入了他们皴裂的一切。”一个屡遭误解的问题是“诗歌要深入时代”，而“时代”“现实”已然成了一个无所不能的“大词”，成了吸附一切的黑洞——在巨大的漩涡和空洞指向中吸蚀着本真的内涵。在《没有人能说他比别人更“深入时代”》中，陈超以戏谑、反讽的话语方式重新对“时代”进行了理解，在强调诗歌应该具有处理当代经验的前提下，也注意到这种诗歌题材的当代化不应是伦理道德和意识形态的强加，而是实实在在来自生活现场的命运感的发现。在时代语境的转换中，陈超意识到诗歌不单是“对一种神圣言说方式的祈祷与沉思”，更应对时代噬心主题予以紧张的介入与强有力的揭示。对自己的这种诗歌观念的转变，陈超有着更为深入的体察和自省：“我走过了从理想主义者到经验论者，从主要写‘自我意识’到更多地写‘生活和事物纹理’的写作历程。我想，它们之间的差异性，统一为我对人、母语和大自然的永远的热爱，和不同写作时段的心灵体验和身体状态的真实性。”（《热爱，是的·后记》）

社会的回音壁和内心的城堡二者之间应该有一个共时性的结构。陈超就没有断然割裂“理想主义者”“自我意识”与“经验论者”“生活和事物纹理”之间的合法性内在关联，而是试图以容留的姿态予以整合和重构。这种容留性的诗歌写作在一定程度上会消除诗歌的偏执特征。先锋诗人所付出的努力不只是语言观（比如对集团话语、集体话语、乌托邦话语、霸权话语等“非个人”话语的挑战）和诗学态度的，还必须以个体的生命意志完成对日常生活的交锋与再造。这种难度只有那些极少数的“有机诗人”才能够有效地完成：“当今的先锋诗歌，已经秉持了 1985 年以降先锋诗歌运动带来的两项成果：其一，在意识背景上，加促了权力选本文化的崩溃，个体生命意志取代了集体顺役模式。其二，在诗歌的本体依据上，完成了语言目的性的转换：语言在诗中不再是一种单纯的意义容器，而是个体生命与生存交锋点上唯一存在的事实。”（陈超《另一种火焰、升阶书，或“后……”的东西》）诗歌作为审美话语的自足性与作为历史话语的及物性，在很多诗人那里是二元对立的，这体现为唯美遣兴的“隐逸派”与激烈尖锐的“公知派”，而需要的却是能够对此予以融合的诗人。“刺入当代生存经验之圈的诗，是具有巨大综合能力的诗，他不仅可以是纯粹自足的、甚至可以把时代的核心命题最大限度地诗化。”（陈超）任何人都在生活之中，但是生活进入诗歌却不是“顺理成章”的，甚至会在某个特定历史节点成为禁忌（尤其是私人空间和个体情感）。“近十几年，生活，或被公认或被默许为一个犯忌的词语，小说家、艺术家和大多数诗人都愚蠢地回避它，迫使常识成为少数人拥有的秘密：从现实生活产生伟大的艺术。”（肖开愚）这就是所谓的生活常识与写作知识或少数人秘密之间的不可协调性。本土经验（当代经验）和日常生活在诗歌写作中成为核心语象而且变得愈加重要：“在某个特定时代，一系列核心语象成为诗人反复涉入的元素或原型，是诗歌内部机制自动型的反应。因此，不存在如何人为抑制它们的问题，而只存在如何通过个人的生命经验来加深或改写它们当代内涵的问题”（陈超《当代经验的深入展开》）。20 世纪 90 年代的中国诗人逐渐将诗歌从高蹈的“圣歌”和“史诗”幻象以及西方化的二手意象谱系中拉扯出来，使得诗人和诗歌同时回到了大地，回到了日常生活和烟尘滚滚的现场，并从中激活和再次发现了“诗意”。这样说并不意味着否定了其他精神类型和语言方式以及持有不同的意象系统和精神元素的写作者们，而是说从一种活力和有效性的角度而言本土和日常成为不可或缺的考察和抒写对象。这种意义不亚于重大的精神风暴。这正如当年的德里克·沃尔科特评价菲利普·拉金的“日常诗学”乃至“庸常诗学”时所评价的那样：“平凡的面孔，平凡的声音，平凡的生活——也就是说，不包括电影明星和独裁者的、我们大多数人过的生活——直到拉金出现，它们在英语诗歌中才获得了极其精确的定义。他发明了一个缪斯：她的名字是庸常。她是属于日常、习惯和重复的缪斯。她居住在生活本身之中，她不是一个超越生活的形象，也不是一个渴望中的幻影，它朴素而透明，陪伴着一个曾坚持长期独身的男人。”（王敖译）在日常甚至庸常中发现诗意更需要写作者的卓异能力，正如一个经过长时间的冬跑浑身冒着热气出现在你身边的人，那种体温更让人亲近：“鸽子在薄薄的石板瓦上扎堆 / 身后是西边洒来的一阵细雨 / 扫过每个缩着的脑袋，每片收紧的羽毛，/ 它们挤在最让自己舒服的、温暖的烟囱周围。”（拉金《鸽子》）这印证了“文学作为生活方式”（哈罗德·布鲁姆）。尤其是从现代诗歌的功能而言，日常现实自身谈不上意义多么重大，甚至这一天和另一天也没有本质的区别，而关键在于诗人在日常现场突然指出正在被人们所忽视的事实和真相。日常的戏剧性（无论是荒诞剧、正剧还是悲喜剧）都在诗人的指认中停顿、延时和放大。这种选取和指认的过程也并非是全然客观的，而必然加入诗人的选择和主观性，以及对隐藏在日常纹理和阴影背后的深层结构的挑动。这让我想到的是瓦纳格姆的《日常生活的革命》，日常生活在诗歌中的革命以及日常生活的政治。然而，不同年代、不同时期的“日常生活”显然是具有差别的。这种差别体现在诗歌抒写中则更为复杂。不同的写作者对生活的理解截然不同、层次多样，与此相应，生活对写作的要求也变得如此不同，“何为生活？一、把生活理解成具有时代特征的时髦事物。”“把生活理解成具体的知识和生活常识。比如你笔下的人物去吃烤鸭，关于鸭皮、鸭肉和鸭骨的不同吃法你必须了如指掌；关于煎饼、大葱和甜面酱你必须一一道来；关于吃的程序和烤制技术也不能稍微出错。”“把生活理解成小说家以外别人所拥有的，所谓的‘生活在别处’。”“把生活理解成‘更多的生活’。存在主义作家加缪曾这样说：不在于生活得更好，而在于生活得更多。以生活的数量指标取代生活的质量指标，不仅其态度是虚无主义的，从逻辑上考虑也会导致浮光掠影、自以为是的写作方式。在此蛮横的要求下，像卡夫卡这样一生过着小职员生活的作家显然不会得到应有的评价。”（韩东《小说家与生活》）当我们谈论文学与生活的关系时，往往会蹈入从理论到理论的话语自证的“概念史”体系，与此同时因为认识的差异而在“观念史”“功能论”的层面强化其中一个维度而忽略了其他层面的复杂性和合理性。谈论文学和生活的关系时还会牵扯到对文学和生活的差异性理解，而文学和生活本身就是极其复杂的动态结构和历史化过程——“生活”和写作都是动词。这一动态结构因为流动、变化和开放而形成了差异性的认识，比如海德格尔关注的是“沉沦”式的日常生活，兰波则强调“生活在别处”，米沃什、布罗茨基则强调“生活的见证”，而洛威尔等自白派诗人则无限强化了日常生活的隐秘性和私人经验（比如洛威尔的《生活研究》的生活隐私的传记性）。而生活的边界和层次（中心与边缘的空间关系、轻重大小的等级关系、个人生活、公共生活和精神生活的分区关系）、写作者的差异性体验和现实态度（介入或疏离）、不同社会文化情境下时代、民族、区域、阶层的伦理化判断、生活进入文本的多渠道以及日常生活和精神生活之间的龃龉和不对等性等等，这都使得谈论“文学与生活”多少会因“顾此失彼”而导致偏狭、极端或者缺乏具体指涉而显得宽泛“无物”。质言之，文学与生活的关系并不是单一的模仿或反映，而既是修辞关系和改写关系又是现实关系和伦理关系，甚至不能回避意识形态性——有时生活未必不是政治。诗歌与生活是一种空前复杂的咬合式互动结构，是语言修辞和社会效忠之间的博弈，而非简单的平衡器和传声装置。当然在特殊年代也存在着类似于卡夫卡所说的“少数文学”极端的写作状况，所有私人的生活史直接等同于政治的、公众的历史。任何一个时代都有特殊的诗歌“发生学”机制，而时下在不断强化诗人“现实生活”和“当代经验”的吁求中，在诗人与公共空间的互动上，如何把个人的日常生活转化为精神生活，如何把个人现实经验转变为整体性的历史经验，就成为诗学和社会学的双重命题。就写作经验和生活经验来看，当下也已进入到阿甘本所批评的“经验匮乏的时代”。诗人必须重新估量生活，重建与生活的关系，在有效性的层面重新发现写作与生活的双重经验。而从诗人与生活的隐喻层面来看诗人就是那个黄昏和异乡的养蜂人。他尝到了花蜜的甜饴也要承担沉重黑暗的风箱以及时时被蜇伤的危险：“心里想着‘甜美，甜美’。/ 孵巢灰暗，一如贝壳化石 / 令我恐惧，它们似乎很老。”（西尔维娅·普拉斯《蜂螯》）此时，我还想到另一位诗人扎加耶夫斯基的“尝试赞美这残缺的世界”。我们可以确信诗人目睹了这个世界的缺口，也目睹了内心不断扩大的阴影，但是慰藉与绝望同在，赞美与残缺并肩而行。这是一种肯定，也是不断加重的疑问。这也许正是诗人所面对的生活，或者正是生活中不可忽视的那一部分秘密知识。日常生活与诗歌写作既是修辞问题又是现实和实践性问题，比如具化为题材、主题和意识形态方面的可写的和不可写的、允许写的和不允许写的，同时也像“没有晚清，何来五四”那样是历时性的“传统”话题。有学者就认为中国诗歌史上真正奠定了日常生活诗歌传统的是杜甫，而此前的诗人并未真正解决这一问题。而在英语诗歌中，德里克·沃尔科特则指认直至拉金的出现才使得“日常生活在英语诗歌中获得了极其精确的定义”。

“自杀者的树林”与青铜墓地

风吹岩窟，颤音袅起，抖动浓雾辽阔的殓衣。
我在哪里？我在等谁？这可不是我要待的地方。

我蹑足后退，青铜墓地便蹑足跟随，
我转身狂奔，青铜的荆莽拦腰缠住我中年的躯体。
在一场噩梦中我跨入了天谴的界线
遇到我尘世生涯未尝领略的庞大的虚无体积

——陈超《青铜墓地·序曲》

谁写下了《杜依诺哀歌》的第一章？是迎风走向海滨的里尔克，还是空中响起的一个声音？这一切仅仅取决于倾听。我们必得像里尔克，学会在说的同时去听。

——王家新《谁在我们中间》

苍白虚无时代的寒冷境遇，诗歌是虚无之外的离心力量。陈超深入其中，抗拒虚无、抵御寒冷。那是1988年的深秋，尽管陈超还没有意识到不久之后中国的理想主义时代和农耕文化即将落幕，但此时的陈超已经感受到了生存和诗歌的双重孤独与惊悸。

在太行山山脉深处的一个无名的贫瘠山村，陈超暂居下来。他打算写作名为《四种元素王族的舞蹈》的组诗。

每当黄昏来临的时候，陈超都会披上外衣，独自走上远处无比峭拔的山顶。巨大的山风猛灌过来，黄昏中的云朵被狂风吹碎、吹散……望着远山层层叠叠的红叶和枯黄的褶皱山槽，陈超百感交集，一时无语。这既有对生的迷惘，也有对一个时代深深的忧虑。在一个又一个黄昏，在无名的山村和高高的山峰之间，陈超来回折返，将刚买不久的皮鞋都磨坏了。这反复的行走和攀登正显现出陈超巨大的而又难以摆脱的犹豫与孤独。陈超已经知道诗歌的力量在此时是如此虚弱无力，酝酿已久的长诗不能不宣告夭折。在一个时代即将结束的时刻一首挽歌尽管是必要的，但是它无法完全呈现陈超此刻纷繁错乱的内心世界："一切都遥远了，沉睡了，北方的落日庄严地展开着，我待的地方，是诗歌铺成烈焰和鲜血卷宗的地方！自然的晚祷开始了——我仿佛听到彼岸铜钟缭绕……大化流行，生生不息，在我们一闪的生命中，诗歌乃是这苍凉与高歌的部分，是死亡之岸伟大的救赎和祈祷。面对这一切，我的手哆嗦着，我放弃了写作。我知道词语的背叛开始了。如果我勉强写下这组诗，在我的生命中，将永远被这壮硕的日落杀死。有时，语言的缺席，可以保持生命体验的在场。"（《语言的缺席》）

在转捩的年代，陈超强烈地感受到了不适与尴尬。一次，在西南某省边地的暮色里，陈超感受到那种生命本源在一瞬间被打开的情形："阳光照亮一座 / 各色石板垒成的……谷仓？/ 哦，不，是傈僳人的小教堂 / 在它尖顶的十字架上 / 一只蓝杜鹃 / 静静伫望// ……教堂内 / 传出赞美诗参差的吟述 / 我虚弱地蹲下 / 无端泪涌……"（《无端泪涌》）诗人再次在词语中与"教堂""十字架""蓝杜鹃"相遇。这正是精神的碰撞与灵魂的碎裂之声。在"绿色"太阳光瀑的倾泻与抚慰中"谷仓"与"教堂"这些沉缓迟重的"老式"事物，无疑成了一个时代晚照中嗡嗡作响的光斑。化血为墨迹的持久阵痛，眩晕着诗人内心黑暗而喑哑的场阈。

我的恐惧稍稍平息；
因为度过了那个悲惨的夜晚，
我内心的湖曾感到惊惧。
就像一个人，疲惫喘息着，
从大海逃向岸边，回头望着
已经逃离了的险恶的水面，
我仍在逃亡的灵魂也是这样，
回头凝视着那条从来
不让任何人生还的道路。

——但丁《神曲·地狱篇》，张曙光译

这是《自杀者的树林》的片段。一颗逃亡和惊恐的灵魂如何在山谷、树林和星群的另一空间得以安宁？1988 年春天，陈超在评价河北诗人赵云江的文章的开端（3 月 4 日至 18 日陆续完成）即引用了但丁的这段诗句。这不仅是陈超对但丁诗歌的个人理解，更是对死亡的生命本体意义上的对话与探询。“作为新时代黎明第一个起身的诗人，但丁所倾心的是人作为理性和自由的象征，经过迷惘、苦难，目睹了世界腐烂的内脏后，以生命崇高的意志和智慧为双腿攀上真理和至善的天堂”“当‘自杀者的树林’作为一个永恒的时刻和地域在我们生命的消残轮回中出现的时候，我们置身其中的一切仿佛被重新经历——诗歌作为具有自在意义的形式首先濒临了生命的深渊。”（《随想与交谈》，《诗神》1988 年 11 期）在此后的文章中，陈超又多次强调了但丁《神曲》的重要性：“《神曲》之所以成为几代诗人精神的元素、方向的标准，就在于它背负地狱而又高高在上的隐语世界；它简明的结构却足以囊括生命的全部沧桑！而在危险的生存向‘下’吸的黑色涡流里，诗歌就充任了向‘上’拔的力量”（《从生命源始到天空的旅程》）。在向上与向下的精神撕扯中，在时代前与后的转捩点上，人和诗都必将遭受大火和暴雪的洗礼。时间摧毁肉体，语言则给诗人带来永生。终点也可能正是起点，尤其对于那些文字和精神得以永生的人而言更是如此，我想到的是艾略特《四个四重奏》的鸣响——“我们将不停止探索 / 而我们所有探索的终点 / 将是到达我们出发的地方 / 并且是生平第一遭知道这地方。/ 当世间的终极犹待发现的时候 / 穿过那未知的，回忆的大门 / 就是过去曾经是我们的起点。”

正如“诗人翻译家”高兴所说“不得不承认，20 世纪五六十年代出生的人都有着不同程度的俄罗斯情结和东欧情结。这与我们的成长有关，与我们的童年、少年和青春岁月有关。而那段岁月中，电影，尤其是露天电影又有着怎样重要的影响……在某种意义上，甚至可以说，它们还是我们的艺术启蒙和人生启蒙，构成童年最温馨、最美好和最结实的部分。”（《记忆，阅读，另一种目光》）陈超的阅读和精神成长也与此类似。1988 年 1 月，接连几个夜晚，陈超一直在卧室里静静地阅读和反复品味捷克诗人亚罗斯拉夫·赛弗尔特：“他的安详、明澈如内发的挚诚一丝一缕地围绕我，我谛听着他的紫罗兰花瓣落地的声音。我想，我们不必再和这个世界锱铢必较，诗歌作为一种生活方式，它的内在、质朴、明亮足以使我们进入精神家园：它的沉着、平静、超诣足以使我们对生命本身激荡起一种感恩的心情。”（《语言的自觉》，《诗神》1988 年第 7 期）然而这种沉着、平静很快就被突如其来的寒流和涡旋搅乱了，甚至这一切的带来即将改变和结束一个时代的诗歌路向。

——风展乌云，来路苍茫。

必须重读和细读陈超的精神重力强大的长诗《青铜墓地》。

这是另一种意义上的个体精神史诗，充满了神圣而悲壮的澡雪精神和意志力。

写作《青铜墓地》还有一个准备期。陈超是试图将伟大的元素在诗歌写作中重新唤醒，在高蹈中深入当代。这种罕有的内心体验和写作的精神情势让我想到了里尔克最初在杜伊诺城堡写作第一首哀歌的那种类似于天启的伟大时刻——

> 室外刮着强劲的北风，可是阳光灿烂，大海碧蓝，仿佛覆盖着一层白银。里尔克走下阶级来到城堡的前炮台。这炮台沿着海东西走向，通过一条狭道连着城堡的下脚。那里的石头很陡，大概有二百英尺深，直矗在海里。里尔克深深地陷入沉思，踱来踱去，因为他在忙着想如何回信。就在那时突然，在沉思中，他站住了……因为他觉得仿佛在风的呼啸中有一个声音正朝他呼喊："有谁，若是我呼唤，会从天使的班列中听到我？"
>
> （玛利，1855—1934）

早在1904年，二十九岁的里尔克就已具有与但丁《死亡的树林》属同一精神谱系的场景——"那是一个奇异幽深的灵魂矿井。/ 而他们，像银色矿石中静默的血管 / 蜿蜒着通过它的黑暗，在根与根之间 / 持续涌出流向人类的血液，/ 就像黑暗中一块块沉重的斑岩。/ 别的地方并无红色。// 但那里有岩石 / 与幽灵般的森林。桥梁穿越虚空 / 与那个巨大，灰暗，不反光的深潭 / 高悬于如此遥远

的河床之上 / 像灰蒙蒙的下雨的天空在风景之上。/ 在柔软而充满耐性的草地之间，/ 呈现出那条单行道的灰白带子，/ 像一条躺着漂白的长长亚麻。”（《俄耳甫斯·欧律狄刻·赫耳墨斯》）里尔克的“幽灵般的树林”与但丁的“自杀者的树林”形成了深层的精神呼应。

语言在自然、时间面前的失语再次验证了诗人的某种局限，而对于陈超来说，关于伟大元素和词根的抒写则要迟至第二年的冬天。

1989 年的春天，连着三个夜晚陈超与杜栖梧进行了三次关于现代诗的夜谈《反叛·反驳·反证》。这刚好是对先锋诗歌十年的总结与反省。同是在这一年的春天，陈超完成了《渴慕》组诗（包括《献给荷尔德林》《献给斯蒂文斯》《献给玛拉美》）。这组具有精神对话性质的诗歌不仅带有“元写作”的性质，而且在时代的转捩点上具有精神寓言的质地：“在我激荡的祖国，是哪些殚精竭虑的孩子 / 听你用雪那白银的钟抖落本质。”这是一颗仰望圣洁和高迥的诗歌头颅。“周天寒彻的 12 月，雪在天山峰巅闪烁。我面对它，恍如发现了人与诗这一对关系的隐喻。诗人创造能力的成长，和对象高度的增加是同步发生的。”（陈超《高峻和寒冷》）这些高迥、洞彻和照耀的诗句是以寒彻、阵痛、撕裂为代价的。从悖论结盟的角度看，真实和虚无也是同时到来的：“在我生命的深处，涌荡着一股激流。它催促我的双腿，在祖国的树木生产的纸张上行走。它没有长度，因为它每天都像是一个元始；它是一道闪电，扩大了周围的天穹；它是被形式化了的辞语激流，在始终不渝地浇灌、焚烧。我镇日守望着，母语激活了我广阔的空虚，如一盏坚定的圣杯，等着我的生命，——这语言的血屋将它注满。”（陈超《握住神经里伸出的电线》）这些清冷如雪如冰排的诗句之下是灼烧不已的头颅和心脏，精神的成长是如此举步维艰。而这个时候只有诗人能够站出来说话。

诗歌不只是修辞和技艺，也必是精神和时代之火的更高宏旨的淬炼："诗就是信仰。你照亮我三十二岁的生命，/ 凝神于一，问心有愧。晦暝的生命啊，/ 你懊丧吧，不安吧；我糟蹋了多少我祖国的语言，/ 邮差将书刊送往四面八方。在今夜，/ 我第一次感到母语那受蔽的面容无法避开。"

陈超在家里断断续续地写了长诗《青铜墓地》的一些片段。内心的撕裂和痛苦使得他最终将这首计划中的长诗暂时搁置下来。重要甚至伟大的诗歌都是在特殊的节点上完成的，陈超的这首长诗《青铜墓地》也不例外。

转眼到了1990年的1月，这年的冬天北风呼啸刺骨。在一个雪霰横飞的夜晚，陈超和朋友来到了中国西部，来到一段废弃裸露的大川前。他们举着燃烧的沙棘，裸露的河床和身边漫无涯际的黑暗让陈超在那一刻被不明所以的闪电击中。在时间的荒野面前，他必须站出来言说自己的痛苦和时代的挽歌："我知道只要稍稍返身，就可以爬上堤岸，融进稀疏的人间灯火。但是，我被这种怯懦激励得愤怒！我必须比黑暗更黑，去经历坠落的眩晕。失败的巨川上，走着两个扭曲身体的人。河床在三公里处砉然开阔。它猛烈下陷，犹如来到地狱之门。我看到朋友噙着泪水，在一片昏昧的冥光中，他不屑的脸第一次充满了高贵谦卑的表情。我想，现在我们已经没有更好的退路，一种巨大的恐惧压迫我们走向完成。就在这一瞬间，我们同时迈出向下的一步。要是我们不选择这一条向下而危险的道路，留在我们心中的危险和黑暗会更深些。走下去，去经历命定的核心。让我们看看在坚硬而冰冷的川底，灵魂是不是望得更远。寂静被滚落的石块割开，我们摸着它向下。在这黑暗而洞开的墓茔中，我的心开始抬起双翼。这是与地域对称和对抗的力量！我们跪在谷底的干雪中，把地狱追逐。它终于道出了真相：向下之路是头颅飞翔之路，当我们愤怒地刺入地狱之中，地狱已经死去。”（《向下》）这段文字在我看来更像是时代舞台上的伟大精神共同体发出的声音——悲壮而悠长。在自然和历史阔大而黑暗的舞台上，诗人在冥冥自语中终于寻找到了灵魂的一束光柱，尽管这一寻找的过程是如此惨厉而艰难莫名。

第二天醒来，陈超浑身发烫，昨天的寒冷和内心的焦灼使他真的生病了。可就是在身体高热（这实际上是一种精神的灼伤）中他完成了长诗《青铜墓地》。

陈超认为这是自己第一首充满了“光明”的诗篇。“在未来诗人的心脏里，光明还要与青铜隧道竞赛奔跑的，/ 它们巨大的胃袋还应消磨黑夜，吐出整个的晴天……”“它们闪着浊重的光，再生的光，你们要细读它。”而光亮却是“地狱”和黑夜的赐予，“在我生命的中途踏上了与但丁相似的路，/ 我已无法区分它是来自地下，还是我透迤的大动脉中……”当年陈超评价圣—琼·佩斯的长诗《远征》的话完全可以用在他自己的这首长诗《青铜墓地》当中。“他将浓郁的史诗风格和飞速跃动的幻象融为一体，抒发了收尽万象又吐出万象的壮烈胸怀”“大自然是充满灵性与活力的，它与人的生命彼此开合激励、动荡不息”。

当陈超在黑夜中擎举着荆棘的火焰走向大川的突然凹陷处，这正是光明与地狱予以较量的象征，是被撕裂的一代人与那个黑暗时刻的再次较量，是悲歌和赞歌的轮唱。我想，《青铜墓地》是一首现实的失败之诗，也是一首精神胜利之诗。诗中涉及的历史是失败和耻辱的，而知识分子的灵魂却最终取得了胜利。因为陈超了然于一句真理——向上的路和向下的路实际上是同一条路。当他不断向下向黑暗处掘进的时候，他正在维持无限向上的精神维度，二者是合一的。“历史的错位似乎在一夜之间造成了巨大缺口”，试图理解时代的人很多，但真正理解了时代的诗人却是少之又少。在时代的转捩点上陈超的很多诗歌都凸显了这种高蹈、向上又不断探向内心深处和时代黑暗处的精神方向。正是在此意义上，陈超不止一次强调生命、生存和写作之间并非简单的对应或对称关系，而是具有一种“严酷”“凶险”“艰砺”的容留关系。那种从未有过的挫败感仿佛一夜之间如冰川突至，震悚而惊悸。对于陈超这样的知识分子而言，这样一个时代的失败者、自我救赎者，简直像是经历了一次次死亡：“今天，我的心在广播中倾斜，我知道，我必须走上耻辱的火刑，让火苗将我真切地啄穿。汽车在急驰。道路犹如紧张的绳索，使目标朝我拉紧拽疼。近了，更亮一些！不可一世的威胁就在这凝固的火光中冷慄、窒息。就在这目光接触的霎间，疲竭猛然狂奔到我的心脏。我步履滞缓，仿佛已经过完了一生。炫目的、硕大的崩塌将很快贯彻我，如果我不能在体内驱走这凝恒的形体，昔日的威严……在这时，一束火光进入我的虹膜。我被这石质的鼓槌击倒。不是由于失败，而是由于那些只知哀悼和缅怀的灵魂，盲目了我的空虚。”(《火焰的卷宗》)

陈超在《青铜墓地》的开篇处标明：“与哀歌相似，但不是哀歌。”

而哀歌作为西方的一种古老诗歌体式源自古希腊，由一行六音步句接一行五音步句组成。其中托马斯·格雷的《墓畔哀歌》和里尔克的《杜伊诺哀歌》是杰出的代表。而里尔克的《杜伊诺哀歌》以及《献给俄耳甫斯的十四行诗》有两个最内在的体验是决定性的：“一个是在内心中日益增长的使生命向着死亡敞开的决断，而另一个则是爱向扩大的整体转变的精神需要，此一整体全然不同于那个狭窄的生命循环（它把死亡视为他者而简单地加以排斥）。”（里尔克）爱与死亡，正如亮斑和阴影，构成了精神内质的本色。

题目“青铜墓地”必然导致整首诗的死亡气息与沉暗质地。这种死亡是针对一个特殊时代的精神死亡。接下来，陈超将海德格尔的“先行到死亡中去”和狄兰·托马斯的“在死亡的大汗中我梦见我的创生”放在序曲之前，这更像是墓志铭一样的存在和提醒。

我不由自主想到了里尔克的《沉重的时刻》——

此刻有谁在世上的什么地方哭，
无缘无故地在世上哭，
哭我。

此刻有谁在夜里的什么地方笑我，
无缘无故地在夜里笑，
笑我。

此刻有谁在世上的什么地方走，
无缘无故地在世上走，走向我。

此刻有谁在世上的什么地方死，
无缘无故地在世上死，
望着我。

长诗《青铜墓地》由“序曲”“第一歌：我说”“第二歌：众诗人亡灵的话”“第三歌：合唱和尾声”组成。这是一首由精神体量庞大的密集意象群构成的隐喻之诗和宣谕，密集形成的是压抑和紧张感。诗人将那些词语和集束炸弹一样的意象密集地扔向时代昏聩的人群，那些高蹈、向上、撕裂、焚毁的力量是如此悲剧性地缠绕在一个诗人身上。这是向死而生的诗，是通过穿越死亡并使得死亡得以重生的哀歌与圣歌。

序曲中所呈现的时间背景——四月——显然是历史化的象征时间，比如艾略特的“四月是残忍的季节，从死了的土地滋生丁香”。而这一历史化的时间是死亡和逃亡垒砌而成的精神荒野。在这里我们看到死亡的殓衣，看到了高蹈的灰烬，目睹了硫黄和油料燃烧的过程。而诗人难以抵抗的不是死亡和白骨，而是伴随着中年期和时代精神转捩到来的庞大的虚无感和信仰的无着感。虚无，就是没有支撑。那么作为诗人和知识分子，在惨烈的历史中精神支撑该如何获得呢？这是一个精神无依者与诸多亡灵和先行者的对话。丧钟一遍遍敲响，魔鬼和诸神的声音也搅拌在一起，而时代的大街上早已了无人迹。陈超曾经评价过叶赛宁惨烈的死亡方式：“这种对美学理想的迁延持怀疑态度的诗人，最终以结束个我生命完成了他的诗章。他们悲郁的情怀打动我们的心，但是死亡不值得效仿。”陈超最终在诗歌这一伟大的共时体的结构中得以进入时间永恒的根源所在。

《青铜墓地》代表着这一时代诗人整体性的改变。这一改变不只是诗人风格的自我延伸和深化，更与整体的精神困境和生存难题密切关联。“比如西川，写出了《瞬间到底能持续多久》《芳名》《汇合》《哈德门笔记》等。这些诗与他早年比，显得复杂、迟疑，有一种多音齐鸣的效果。为什么大家更喜欢他《在哈尔盖仰望星空》一类的诗，因为这类诗从精神维度上吻合了我们的心理定式，有一种‘净化’的效果。我也很喜欢这首诗，但与他的近作相比，我更觉得后者体现了西川的精进、包容力、写作的活力。西川近作在保留了诗歌神秘性的同时，恰当地引入了世俗性。我1993年写的一篇《印象或潜对话》，其中有一节谈西川的诗。但今天再写他，那一篇东西就只能作废，他变成另一个诗人了。他诗中很少有道德升华的东西，由歌唱变成了质询、叙述，还有妙不可言的饶舌。王家新前些年的诗很响亮，凌厉，速度较快，但你们读读他去年的《纪念》等，变得曲延、喑哑、内在。还有一位贵州的郑单衣，此人名气不大，但诗写得很好。我熟悉他早年的诗，去年想写一篇评论，找来近作一读，变化太大了，真有不知从何谈起之感。他早年的诗是透明的、清纯的，一股溪流向前涌。但近来的《昏迷》组诗，像一团彼此缠绕冲撞的线条，不过这线条是划在一个圆球上，像埃舍尔的怪圈。”（陈超《关于当前诗歌的讲谈》）写作方式和精神方式、心理结构的多重转捩对诗歌写作和诗歌批评也产生了挑战，而诗人对这一突然而至转变期的写作也有时把握不准，急切需要同行之间的深入交流和有效对话。“寄上《厄运》和《与弗莱德·华交谈一下午》。《厄运》写得已经不太像诗歌了，所以我有点不安。如果你对这篇‘四不像’不满意，就请把它退还给我。”（1996年8月24日西川给陈超的信）而我们看到陈超则很好地应对了这一挑战，“对道德升华的怀疑”“小说化趋势”“诗歌结构的变化”等这些整体观感和分析都是建立于文本细读和生命诗学融合的基础之上，可靠而精准。即使是陈超偶尔涉猎小说批评，也往往能具有发现和洞见。“很高兴收到你六月二十日信，又高兴你对我的小说讲了这么多真话。在这并非适合大谈文学的时候，这些于我十分可贵。你读到《玫瑰》比我意识到的要多得多，实际想有点出息的作家哪一位不愿自己的文字果真如此呢，这本是件终其一生也未见得有什么结果的事。”（1990年7月4日铁凝给陈超的信）我们还必然注意到这一时期诗歌发生的巨大变化，注意到诗歌批评和理论研究因为诗歌写作的个人化而变得漶散无边，各说各话的批评的“独语”时代似乎降临，诗歌写作和批评一同失去了“中心”“焦点”，也远离了“社会效应”和“时代广场”。“去年（1995年，笔者注）我到贵州参加了‘当前诗歌状态讨论会’，今年又到山东开《诗刊》的‘诗歌理论研讨会’。第一个会比较‘前卫’，活跃的诗人、论家几乎到齐，后一个会更多是中年诗评家、诗人。但这两个会有个共同特点，就是‘无焦点碰撞’。大家都有许多话要讲，可关心的问题大不一样，自说自话。诗坛真是无焦点了，大家心思复杂。这一方面说明诗歌理论已被迫转入描述，猜测；另一方面说明诗歌写作已进入‘个人化’阶段。”（《关于当前诗歌的讲谈》）

《青铜墓地》是哀歌，是挽歌，是严峻时刻的重临。这让人们想到里尔克和《杜伊诺哀歌》，也想到中国当代诗人一个个死亡和重生的时刻。

诗歌的转变除了来自精神自我和时代大势，也来自语言自身的分蘖：“一个作者应自觉地接受挑战，而不是把自己弄得那么纯净——那样没有意义。我们期待一种与时代相称的写作出现——不仅回答时代的困惑，也显现出诗歌的自己尺度，或者更确切地讲，与一种赈灾到来的文学自身的时代相呼应的诗的出现。因此，这种‘时代感’不是外在的，它只能在一种深入的写作中才显现出来，而且显现到的程度也只能是个人的程度，这样，诗歌才不至于降为时代的注脚，而是相反。”（1994年7月15日王家新给陈超的信）这种“深层文本”似乎更应该受到关注，因为批评家们往往更容易关注诗人与时代的关系而忽略了诗歌内部的生成与构造。“‘新作品’收到，一口气读完了，好几年我不能一口气读完一本诗，这说明它的魅力。

老杨黎的诗坚持了一贯的对所谓‘历史意识’‘深层文本’的悬置和消解。但在新作中涉入了‘生活’叙事因素。我很喜欢它们。我要说它们有我关心的另外二种深度：貌似平和但骨子里的怀疑主义，对话语等级制度的拆解和不屑。这使你与日下浅薄的庸众式‘后现代’区别开来。而‘生活叙事’因素的加强，使诗更好看。教我留恋。至于‘语感’之类，不用再重复。小竹的诗变化很大，写‘鬼城’和‘动词或苹果’的小竹，变成了关心话语与文本关系的小竹。小竹的变化我甚感意外，但是的确承认这是精进。”（1996 年 1 月 24 日陈超给杨黎、何小竹的信）说到杨黎和何小竹，我还想到 1987 年夏天陈超的凉山之行。

1987 年 6 月 6 日，杨黎给陈超写了一封信。

陈超：

《非非》和《非非评论》2 期均出，上午已经寄你。希望代销一事，已在信内言明。望帮忙！7 月份，《非非》一些朋友要赴凉山过火把节。我和蓝马下午闲谈中，认为有请你来玩的情理。如果没什么大问题，就来吧！吃住我们解决。

7 月 15 日左右，我在成都等你。怎样？

杨黎　打拱

陈超一直没有到过四川，很多机会都错过了，这次机缘巧合终于得愿。在清爽的大凉山的晨风里，在雨后的特木里小镇——“红土地愈加酡红 / 天空还在冷冷筛酒 / 特木星闪光的草滩上 / 一个黑彝老爷爷孤单站立 / 他粗糙的羊毛察尔瓦披垂 / 凝恒如淋湿的铸铁

之鹰 // 现在，他缓缓转过梯形后背 / 高隆的眉骨下目光执着 / 口形平直却喃喃有声 / 他对着我这个异乡人 / 又似乎视而不见 // 我关上摄像机镜头 / 为冒昧地打搅老人而羞愧 / 他在望什么？/ 他望到了什么？/ 他是否望到了我望不到的神秘晶粒？/ 祝好人得沐天恩。”

20 世纪八九十年代的社会转型也使得诗人和诗论家们不得不在突变的市场天气中主动或被动调整自己，比如柏桦，“那时正在写《左边》这部书，同时在《厂长经理报》兼编辑”，“柏桦有好多年都过着艰苦的生活，给书商做稿子做到完全没有脾气。有次老朋友聚会，不常出门的柏桦喝醉了，很兴奋，主动要求跟我们转台，并不停地说，我还是很颓废的，这么认真地做一件无聊的事情，就是一种颓废”。“那是一种什么生活呢？隐秘的诗人生活。公开的身份是教授、书商、餐馆老板、小说家、自由撰稿人、记者、编辑、酒徒、混子，而暗地里却是一个诗人。” （何小竹《柏桦与张枣》）1988 年 12 月 1 日，于坚在给陈超的信中对此时代的诗人表达了强烈的不满：“久未见信，近况如何，是否穷坏了。现在诗人纷纷落马，挣钱去了。人就是如此虚弱。这时代，只有坚强的灵魂才经得住折腾。”

“元诗”：一个新词走上最黑的道路

所有时代的诗人都在为一首不断发展着的伟大诗篇而做出贡献。

——雪莱

诗人创造了他们的前驱者。

——博尔赫斯

当年狄兰·托马斯给陈超的诗歌还有另一个比较重要的影响，这就是“元诗”写作。“我们像看幻影戏一样，心中感到词语被赋予血肉之躯的那个时刻。词语确有生命，它把我们放逐。词语在对我们诉说，而不是我们把它说出。”（奥克塔维奥·帕斯《批评的激情》）而翻开狄兰·托马斯的诗集，一部分诗都可以归入到“元诗”的序列，比如《在我缤纷的意象里》《那话语的音色曾经》《当词语失效》《我的手艺或沉寂的诗艺》。其中最具代表性的就是《在我缤纷的意象里》：“在我缤纷的意象里，我一步跨越两级台阶，/ 在人类的矿藏下熔炼，古铜色的演说者 / 把我的阴魂注入金属，/ 这孪生世界的等级大踏步地践踏，/ 我半身的阴魂批盔挂甲，在死亡的走廊，/ 悄悄紧随铁人侧身而行。// 始于花茎的毁灭，春天一散而开，/ 明亮如同旋转的纺车，季节的疼痛 / 波及花瓣的世界；/ 她透过树液和针叶，血液和泡沫 / 撒向树根，仿佛一座山峦托起人类 / 从裸露的地幔。”

对诗歌写作的重新认识，陈超在他那首《堆满废稿的房间》中有着相当清晰地呈现："小林的披肩在颤抖 / 播撒出香膏和残叶的气味 / 她的双休日架在叠句和泪水之间 / 她想象自己是低语的爱玛 / 等着接他私奔的马车敲击路面 / 在她的书房，我踏实坐着 / 翻看新版的《汉语词典》 / 它与修辞无关，没有伤心的'夜莺' / '火焰'燃烧后产生一氧化碳 / 它是一个词与捐躯无关 // 词典在一个外省教书匠手上 / 其意义在于控制'能指'无边的发展 / 三十八岁已不是涂鸦的年龄 / 只要准确，我不再担心意象的暗淡 / 诗是准确的力学，无论拉近或推远 // 小林甩动她深棕的长发 / 房间的格局随之变幻 / 三年前我曾为这个动作心跳 / 犹如面对一张十九世纪的倩女照片 / 如今，我只注意窗外赤日炎炎 // 一个二十四岁的姑娘在挥霍语言 / 她的废稿在堆积 比她更慵懒 / 我已从她心上滑落 / 不会再为趣味起劲的争辩 / 我喜欢踏实坐着 随便聊天 // 小林的手指抠着水杯 / 她微蹙的眉间流露了怨叹 / 我已不习惯不期的罗曼史发生 / 衰老是美的，干吗要'赎回时间'？ / 讨论开始了，'咱俩谁更荒诞'。"实际上《堆满废稿的房间》中的"小林"和"我"无疑是陈超不同时期的诗歌观念的投影和象喻。他曾经迷恋和沉溺于浪漫主义的想象，被"圣杯""玫瑰""火焰""夜莺""枝形烛台""管风琴""圣水盆"等这些"西方"式意象深深吸引，但是经过时间的淬炼，终于认识到诗歌不是简单的修辞练习，更非浪漫主义的滥情易感，而是对宏大病态的意识形态"圣词"的重新清洗和消解，是对实实在在的事物呈现和关心"窗外的赤日炎炎"的日常生活。质言之，诗人除了秉持语言的炼金术和优异的想象力之外，还要深入时代和现实的"噬心主题"，而这种诗歌观念的转变体现在 20 世纪 90 年代中期以来陈超诗歌写作的实践当中。

任何一个时代的写作者都会面对整体性的精神大势和诗学责任

（并不是道德意义上），比如“在文字中造反”“在诗歌里献祭”。这就是“向诗说话”或者“向命要诗”的过程，恢复到了“元诗”或“诗偈”的功能。这是对一种更高标准诗歌的致敬，也是对汉语诗歌的校正。从元诗层面，也就是那些以诗论诗的文本，体现了一个诗人的写作自觉，经验和语言的再造以及精神自审。由诗到诗，由词到词，最终解决的是词语的挖掘和精神自审之间的交互过程。这同样是创造性意义上的词语劳作和精神激荡，把一个个无效的死去的词语重新激活。从这个层面来讲，诗歌是“动词”。与此同时，诗人还要把一个个事物、细节从词语中解救出来，从而使之重新获得活力和生命膂力，从而把词语的过去、个人的过去和历史的过去从遮蔽状态中现身。

纵观陈超一生的诗歌写作，我们会发现其中有一部分诗歌直接处理了写作经验，用诗歌写作来处理对诗歌本体性的认知，这成了陈超写作的内在驱动和诗性自觉。这既是诗歌内部的语言摩擦，自我诗歌类型的辨认，也是时代情势下一个“生活节制者”和知识分子的自持与独立。这是一个交叠时代的“守旧者说”，是乌托邦的最后留守者，是离心中甩出新时代之外的老旧座钟，是一个持重、高峻、清凛而紧张、噬心的老式的先锋主义者。“我曾渴望秉有幻想型的诗品 / 我多么羡慕那些高雅的诗人 / 他，假定自己攀上中世纪的云彩 / 天堂拱门的枢纽被词语掀开…… / 她，让自己潜入腓尼基人的沉船 / 额头悬挂海妖赠予的灯盏…… / 幻想的巫术创造出话语的气候 / 他们在‘无中生有’里快意漫游 / 而我的诗沉闷且刻板 / 像老座钟总是落后于时间的戳点 / 如果我不会纵蹈于宏大的幻想 / 也只好为逝去的琐事悼亡。”（陈超《老座钟》）

这种“元诗”性质的诗歌直接打通了写作与批评之间隐秘的通

道，也是当时的陈超对“一种神圣言语方式的祈祷和沉思”，当然也涉及对当代噬心主题的介入和揭示。这种对话、互文、互证、互动、呼应、对称的写作方式恰好平衡了诗歌与批评之间的微妙之处。尤其是20世纪八九十年代，这种“元诗”写作在陈超的诗歌中占有着极其重要的位置。同时必须强调的是陈超的这些对话、致敬性质的“元诗歌”，并非只是简单地与其他诗人的精神对话，而是在更深的层面呼应了个体精神与时代境遇之间的复杂关系。或者说这种共时性的诗歌写作也是一种及物性的精神担当。很多年，陈超看似平静的诗歌话语背后一直是一颗紧张、纠结的心：“诗人编织着他的词语/在体内的沉哀和黝黯里劳作/鱼和消逝的水泡儿给他们教诲/这就是现代诗常常抹去叹词的原因。”（《鱼》）平稳的墨迹与持久的阵痛该如何得以最终的平衡与完成？时代语境以及个体生命的幽深纹理在这种类型的诗歌中最终得以复杂的呈现，如《话语》（1987）、《终曲》（1987）、《生活在锡罐里的诗人》（1988）、《一个新词》（1988）、《再不会》（1989）、《渴慕》（组诗，1989）、《写作》（1990）、《交谈》（组诗，1990）、《诗歌写作：曲喻和白描》（1991）、《堆满废稿的房间》（1996）、《译诗轶事》（2001）、《旅途，文野之分》（2002）、《鱼》、《反牧歌——回答一位前辈诗人》、《关于诗的两首诗》等。这些“词语”和“写作”特征明显的元诗，并非是“由词到词”地孤立于写作的内部，也并非是单纯地向荷尔德林、玛拉美、史蒂文斯和毕晓普这样的异域诗人以及大师“致敬”，而是带有强烈的精神特征、自审意识以及时代精神大势，词语与精神互涉，如“邮差将它们发往四面八方。在今夜，/我知道诗神那审判的面容无法规避”（《献给玛拉美》）、“在我激荡的祖国，是哪些殚精竭虑的孩子/听你用雪那白银的钟抖落本质”（《献给荷尔德林》）。尤其是1990年以来具有反讽和悖论意味的诗歌在陈超这里得以激增，这是城市化和市场对诗人空间的直接挤压的结果。“城市随身带着的芒刺背囊。/ 一群重重下压的老鹰尸体”（《博物馆或火焰》）“他发誓要让蛾子与潮浊的空气隔开 / 为它们厚厚涂上碧绿的油漆 / 但黄昏散步时，他看到 / 在含汞废水河中，它们尸体横集。”（《生活在锡罐里的诗人》）在人文关怀惨遭锈蚀的年代，“孤独得发狂”的诗人仍在坚持写作，在锡罐中“摆弄黑铁的词”，他的愤怒和努力就是“为了使诗歌永不再生锈”。

无论是从语言态度、修辞策略还是从整体的精神趋向来说，早在20世纪80年代中期陈超就认识到高密度的诗歌意象乃至意象滥用所产生的负面影响：“诗歌由单纯描摹客观事象到审美主体心灵的强渗透，是深刻地迈进了一步。但随之而来的是滥用意象。在许多人那里，意象的高密度仿佛等同于单位诗行里具有物质感的形象出现的频繁度。于是在大量诗中出现了无节制的大量的意象叠加、交融、撞击、派生、大暗示牵动小暗示，大通感催生小通感，大象征笼罩小象征。像是坚定的山岩不是覆盖着绿色植被，而是铺满了彼此勾连的蓬乱的荆棘。诗人过分耽溺于密不透风的意象铺排，把本来充满张力的艺术符号压轧成僵直的惰性筹码了。这类诗给人一种卖弄的浅薄感，从而人为地切断了人们强烈而连贯的情感震荡线。”（《悄然而至的挑战——诗歌审美特征的新变之二》）陈超的这一判断时至今日仍然是有效的，仍然时不时有着意象稠密偏爱症的诗人“招摇过市”，而不明就里的读者和评论家们则被这一看似高深莫测的“知识诗”和技术狂们所蒙蔽。“目下诗坛，弥漫着一股‘美文’炫技颓风，对西诗的无耻仿写，已到了令人发指的程度。诗有的只是‘技术’，而少有个人灵魂的竖立。一行行，一首首读下去，有时真令人沮丧、懊恼。”（陈超给秦风的信）诗歌不是“修辞训练”和“美文练习”，更不是无视生活细节和更为复杂、沉暗甚至不洁存在现场的“牧歌”，诗歌必然是灵魂的真正发生，是对存在和生命的有力揭示，是语言的重新发现和创设。与此同时，元诗还必然要放置在历史谱系和具体写作的整体情势下才更有效，才更具有美学和历史感融和更持久的膂力。“我的诗，的确 / 开始是假寐中的红鹳 / 它微敛手风琴的排扇 / 阳光邀约爽风在芦荻间逡巡…… / 湖滨林中的果子 / 摇荡如环佩。但接着 / 飞矢蓦地嗖响 / 疾风拎碎了大水的神经 / 红鹳仆地，阳光遁驰…… / 这不纯的情境惹你不快。/ 你需要‘美’，非常遗憾 / 我似乎执意要把一切弄糟 / 你热衷‘牧歌’的温抚 / 我却不得不真实地发出骇怖的尖叫 / ……我的词，的确/ 开始像羞赧披垂着千金榆叶子 / 当天光拍醒了花粒 / 恭顺的筛出安慰的字符 / 纯银的光斑绣上孩子的眼眸 / 两只蝶儿在梳理黑丝绒触须 / 有如妈妈摩挲头发所唤起的……但接着 / 时令在催促 / 天空纠结起搬运冰雪的货车 / 伐木者郁窒地挥动斧子 / 雪霰扑打千金榆苦涩的根块 / 发出钝响的膛音…… / 别说这是我生命的‘涕泣’/ 不，我把一切戕害视为必然 / 我受得了。可还是要谢谢你的关爱 /（虽然你的关爱几乎……是多余的）。” （陈超《反牧歌——回答一位前辈诗人》）这已经是一个诗人的诗学宣言和对陈腐诗歌观念的有力反击和清算了。诗歌史上很多大诗人都在公开或秘密地追赶着“以诗论诗”的写作，比如麦克利什的广为人知的《诗的艺术》以及美国诗人路易斯·辛普森的《美国诗歌》（“不管它是什么，它必须有 / 一个胃，能够消化 / 橡皮、煤、铀、月亮和诗 / 就像鲨鱼，肚里盛只鞋子。/ 它必须游过茫茫的沙漠，/ 一路发出近似人声的吼叫。”）而麦克利什《诗的艺术》这首诗对陈超个人的影响也是巨大的，他在诗歌和文论中强调的最多的就包括麦克利什这首诗的结尾那两句：“一首诗不应说明什么 / 而应该本身就是什么。”

一首诗应该可以抚触而沉默
像一只浑圆的果实

缄默
如同拇指抚摸下的一枚旧奖章

静默，像被衣袖磨光的窗台石
那里如今已长满青苔——

一首诗应该默默无言
有如群鸟飞翔

一首诗应该在时间中凝然不动
像月亮攀登天空

离别我们，像月光恋恋不舍地
离开为夜色纠缠的树林

像冬天树丛背后的月光，它告别
心灵，离开一个又一个的记忆——

一首诗应该在时间上凝然不动
像月亮攀登天空。

对一切苦难的历史
它是一个空廓的门洞，一片枫叶。

对于爱
是依人的绿草和海上的双灯——

一首诗不应说明什么
而应该本身就是什么

诗人必然是经过词语和灵魂双重淬炼的人，二者缺一不可。陈超的诸多诗歌都指向了自我写作的核心。陈超在“新词”那里找到了宿命般的抚慰与内心欢欣，但是这一自我与“词语”的寻找过程却是艰难的——

一个新词让怀抱它的空气变冷
那些涌出喉咙的滥调用它拧干污水
诗篇，这个冬天你的骨头闪烁其词
但它们与灰色的木柴一样，干燥、急迫
坚持走向炉火，我已看到

一个新词交付紧张的笔画来生育
让哲学降低，或相反，撕开事物的表皮
现在保持着一枚花籽的内伤
诗篇，对于你，它是强加或被迫的
而它自身也成了被你围困的部分

一个新词走上最黑的道路
车轮的筋腱将圆周悄悄支离
背过通衢的狂欢，触点被戳深
诗篇，你深藏秘密，于黑箱中开路

而狄兰·托马斯同样遭遇了这一艰难的寻找“新词”的过程：“当词语失效，我苦苦地申斥自身的贫乏和技艺，/ 我身体的大皮囊和丰年流血的饥腹 / 此刻已歉收了三个月：// 奉献已尽，回赠饥饿时获取的一切 / 吹送缕缕成磅的吗哪穿越露珠抵达天堂，/ 话语动人的天赋回撞盲目的箭杆。”（《当词语失效》）这种“新词”的渴慕以及对话、辩难、盘诘的姿势在陈超的诗歌写作中一以贯之：“我更热衷写诗。我的‘诗’与二位很不同，是从评论者的立场写的，读者亦当‘以诗论诗’来读。”（1996 年 1 月 24 日陈超给杨黎、何小竹的信）这既深入到了词语的内部生成，也指涉“词与物”的修辞和历史关联。这样看来，写作无异于精神事件。特里·伊格尔顿曾经提出“文学事件”的概念，涉及了语言和经验（历史）的互动问题：“承认意义不仅是某种以语言‘表达’或者‘反映’的东西：意义其实是被语言创造出来的。我们并不是先有意义或经验，然后再着手为之穿上语词；我们能够拥有意义和经验仅仅是因为我们拥有一种语言已容纳经验。”（《二十世纪西方文学理论》）

很多诗人终其一生都是为了写下一首终极意义的“元诗”：“人言说只是因为他回答语言。语言言说，其言说在它被言说中为我们言说。”（海德格尔《诗·语言·思》）关于“词与物”的关系的估量已经成为人文学科的重要传统。“词”和“物”首先都要经过现象学和考古知识意义上的还原、纠正，对惯性认识和秩序予以拨正，对熟悉的事物进行“动摇”，重现词语和事物的本源和临近可能，冲破自我思想界的限制，从而重绘一个时代的语言和精神地理学。“本书诞生于博尔赫斯（Borges）的一个文本。本书诞生于阅读这个段落时发出的笑声，这种笑声动摇了思想、我们的思想所有熟悉的东西，这种笑声动摇了我们用来安顿大量存在物的所有秩序井然的表面和所有的平面，并且将长时间地动摇并让我们担忧我们关于同与异的上千年实践经验。”（米歇尔·福柯《词与物：人文科学的考古学》）也就是说“词与物”是在历史场域中进行的。这涉及连贯性、相似性以及差异性、经验性的区分：“没有比在物中确立一个秩序更具探索性、更具经验性了（至少在表面上是如此）；更需要一双开放的眼睛或一种更确信和更抑扬顿挫的语言；更坚决地要求一个人要允许自己被性质和形式的激增所摆布。”甚至在一些优异的作家比如博尔赫斯那里最终呈现出来的是“复杂的画像”“紊乱的路径”“奇异的场所”“秘密的通道”和“出乎意料的交往”，等等。罗兰·巴特就认为每个看起来微不足道的词语背后都是隐含的复杂的地质构造，因为这不仅是一个历史化的过程，也会因为二者在不同时代所处的具体处境而发生诸多非文学的变化与龃龉，尤其是当世界发生巨变而激荡不已的时刻。物被强暴了，词和思想也被强暴了：“如今，飞机和收音机成了与我们最接近的物了，但是当我们谈到最终的物时；我们想到的却是完全不同的东西。最终的物乃是死亡和审判。物这一字眼在这里大体上是指任何一种非无的东西。在此意义上，艺术作品也是一种物，因为它毕竟是某种存在者。”（海德格尔《艺术作品的本源》）

“诗与真”“词与物”“语言与现实”的关系在20世纪80年代以来的写作语境中变得愈加重要。这不只是与写作观念有关，更与先锋诗歌的时代情势和写作方向有关。这不是“个人化写作”能完全涵括的：“始于1986年的‘第三代’诗歌运动结束以后，中国当代诗歌进入了一个所谓‘个人写作’的时期。这种个人写作我以为不仅是第三代诗歌运动中一些代表人物的专利，不仅是他们相对而言的孤寂处境的写照，也不完全是这批诗人遭冷落之后的诗歌自觉。简言之：个人写作不独属于‘第三代诗人’。”（韩东《六位诗人》）这让人们思考的是现实中的焦虑、分裂、挫败感、道德丧乱、精神离乱以及丰富的痛苦与写作之间的内在关系，以及这些精神性的体验是否在文本世界中得以最为充分和完备的体现。社会转捩以及写作语境的变动改变了语言与世界、诗人与社会的关系。从写作者来说，“词与物”的关联发生了主次倒置，这甚至是前所未有的。词曾经高于物，如今是物取代了词，所以写作的无力感、虚弱、尴尬和分裂成为普遍现象。这种词语无力感或语言的危机如何能够被拯救就成了显豁的写作难题。陈超自觉的写作方式，使得他的很多诗有时候不自觉地就滑向或指向了诗歌本体畛域，也即以诗论诗的“元诗”。正是在此焦灼的“词与物”的紧迫情势下，陈超希望以此做一个“诗人中的诗人”，时刻葆有个人化的历史想象力和语言的求真意志。这同时是语言态度和思想意识的更新：“新文学，包括诗歌和小说，开始同时成为对语言的反思和创造出另一种语言的努力：一种促使现实浮现的透明的系统。为了实现这个目标，就必须净化语言，并清除官腔的流毒。因此，作家们不得不面对革命时期继承下来的而最终又完全腐化了的倾向：民族主义和社会承诺美学。”（奥克塔维奥·帕斯《发展与其他幻象》）。词，如其所是，这也许正是诗歌语言的秘密。“具有元诗意图的写作，不只是诗人在说话，同时也是‘语言本身’进一步在言说。相应地，这类诗常常会有两个动机：诗歌不仅是在表达诗人的情感经验，同时也在表达诗人对语言呈现/展开过程的关注，使写作行为直接等同于写作内容的一部分。”“诗不仅是表达‘我’的情感，更是表述‘元诗’本身。”（陈超《论元诗中“语言言说”的魔力》）由此考察，我们可以在互文的关系上看到一些诗歌文本在某些方面相通的构造，当然这种相似性并不是仿写。这是重新命名的过程，在语言的层面呈现了事物的真实和精神的可能。这些诗特有的交织性的原型、原文和其他文本构成了明显的互文、共生以及彼此阐释的关系。姜涛在解读陈东东的诗作《全装修》（2003）的时候，引用和分析了张枣在《朝向语言风景的危险旅行——当代中国诗歌的元诗结构和写作姿态》一文中对“元诗”的理解，以及不同代际文本实践差别。陈超则细读过张枣的元诗《望远镜》（《神奇的“望远镜”》，《人民文学》2000 年第 7 期）。而从诗歌史的发展维度来看，元诗写作不只是局限于“以诗论诗”的文体规定性动作（对写作自身的检视和对话，比如张枣在《朝向语言风景的危险旅行》一文开头直接引用的诺瓦利斯的“语言沉浸于语言自身的那个特质，才不为人所知 / 这就是为何语言是一个奇妙而硕果累累的秘密”），甚至带有不同代际诗人之间的精神姿态和诗学立场（写作意识和观念上的差别，比如“小我”和“大我”、“纯诗”和“及物性”、社会广场的回声与个人的纸上乌托邦、隐喻和“口语”、“知识分子”和“民间”、抒情性和叙事性，等等）上的差异性与自主能动性。“从‘朦胧诗’到‘后朦胧诗’的‘断裂’神话，在此无疑被拆解了，但这却是为了建立一种更大规模的‘断裂’，即‘对语言本体的沉浸’的态度，在中国新诗的历史记忆中是相当陌生的，它构成了当代中国诗歌写作的独特性。诚然，张枣的判断在多大程度上吻合于历史实际，又在多大程度上不是一种个人的解剖和表白，是可以讨论的，但他无疑敏锐地捕捉到了当代诗歌的核心气质：对写作过程的关注，似乎凝聚于许多当代诗人的表达之中。因而，‘元诗’不仅作为一种诗歌类型（以诗论诗），更是作为一种意识，广泛地渗透于当代诗歌的感受力中。在这种意识驱动下，诗人们挣脱了‘真实性’的规约，普遍相信人类的记忆、经验、思辨在本质上都是一种语言行为，现实也不过是一种特殊的符号关系。”（《“全装修”时代的“元诗”意识》）“词与物”的重新衡量进而使得极端意义上的元诗写作成为“语言事件”，写作本身就是诗歌的主题：“它是和动作（书写）同时出现的崭新叙述。在诗性场景（scene）中，它具有无限可能的速度。时间跨度混茫不羁，表层结构和深层结构的区别不复存在，它把诗人独白转换成多声部的对话。这样一来，上下文之间发生了意义的自由竞争，变奏，分延，播撒。”（陈超《论元诗写作中的“语言言说”》）阅读陈超的元诗歌（尤其是那些高蹈、阵痛的诗）和诗论，我一再想到了个人经验、历史经验和权势经验之间的时时较量。这可能并不是直接加速度对撞的惨厉，而是持续摩擦时黑夜里的呲呲声和四溅的火星。个人经验尤其是带有个人化历史想象力的个人经验所遭受的挑战和规训甚至是不可想见的。被忽视的乡村蒙尘的屋子也正暗藏着一个时代“模糊的云图”，而个体命运的叶片形成的是整体性的乡村大树的形状，时代和历史的风雨雷电季节轮回都在这棵树上得以对应。暗房、显影液和最终成像是诗人必备的工作——将那些消失、隐匿之物再次现身。这一起构成的是一个诗人的个人化的历史想象力，这一想象力建立于个体真实的基础之上，并经由求真的意志而具有了普世性，从而抵达那些具有相同或相似命运的“旁人”“陌生人”世界。这样的诗需要经验更需要想象力，需要诗人对个体的和整体的、历史的和现实的进行过滤、转换甚至变形。诗人具有转化现实和历史的那个秘密开关。“词与物”构成了诗人与历史（个人史、语言史、写作史）的互动关系。“当代中国诗歌写作的关键特征是对语言本体的沉浸，也就是在诗歌的程序中让语言的物质实体获得具体的空间感并将其本身作为富于诗意的质量来确立。如此，在诗歌方法论上就势必出现一种新的自我所指和抒情客观性。对写作本身的觉悟，会导向将抒情动作本身当作主题，而这就会最直接展示诗的诗意性。这就使得诗歌变成了一种‘元诗歌’（metapoetry），或者说‘诗歌的形而上学’，即：诗是关于诗本身的，诗的过程可以读作是显露写作者姿态，他的写作焦虑和他的方法论反思与辩解的过程。因而元诗常常首先追问如何能发明一种言说，并用它来打破萦绕人类的宇宙沉寂。”（张枣《朝向语言风景的危险旅行》）从语言和意识的方向来看，元诗代表了诗人特有的观察角度以及个体与周边关系的建立，进而凸显了一个诗人的精神体量并突破了诗歌写作的边界。“一般地说会有两个平行的视角和意向：一是‘诗所言’，一是‘写作本身’。只要将这两个平行的视角和意向同时纳入阅读，我们才会从于坚诗中既体会出丰富的生存和生命意味，又会体会出明显的‘元诗’（关于诗的诗）意味。”（陈超《“反诗”与“返诗”》）这正是写作自觉性的表现，生命意识和写作意识的同步，“词与物”的重新掂量和彼此激活。

诗歌写作的内在秘密尤其是“终极意象”和时代语境的纹理在陈超的元诗中得以复杂呈现，典型的如《旅途，文野之分》——“火车奔驰在京太线上 / 沉闷的旅途依赖于阅读 / 诗人摊开的是《瓦雷里诗歌全集》/ 我翻看一张随手买来的准黄色小报”。“诗人”和“我”两个角色（我更认为二者本质上是同一的关系，是辩难和对话的声音在诗人内部的展开）在烦闷的旅途中不期而遇，“灰褐色的太行山 / 灰褐色的枯干的河床 / 弯曲小道上赶脚儿拉煤的壮工”。这些极其贴近的黯淡而卑微的现实已与诗人手中的诗集无关，与诗人想象中的“亚述人的空中城堡”也毫无关联。陈超在这里想说的是，“我”作为诗人该如何面对诗歌和现实，如何撇开自恋而弱智的“不及物”写作，如何像钻探一样更为有效地探入这个时代的核心或重要部分，而不是任意忽略甚至讥讽那些同样重要的“平常”事物。诗歌只与诗人的良知有关，这种良知就是对词语的发现，存在的命名，内心的挖掘。在20世纪90年代中期之后，在中国的先锋诗歌话语谱系中，陈超以其客观、精省、超拔、深迥的洞见与敏识确立了属于自己的诗歌话语“元诗”和“考古学”。陈超在维系诗歌的本体依据和诗人的个体主体性的同时，在时代的强行转换中持有规避话语失语症的对时代的对应与回声，甚或挑战。他在“深入当代”的噬心主题的独标真知的“历史想象力”吁求中，彰显出优异而执着的诗学禀赋和富有良知的知识分子的立场。陈超认识到诗人对语言的态度关涉到他对世界和写作的双重态度。在此意义上诗歌的语言应该是马拉美所说的“纯洁的部落的语言”。在这个长久而可贵的语言向度和弯身劳作的姿势上，诗人才维持了诗之为诗的本体依据和可能性诉求，才持有了一个手艺人的道德良知和基本责任感。诗歌的话语方式“不是母亲的话语 / 是母亲砧捣寒衣的声音 / 你用心听着它 / 无法转述 / 你不会感到陌生 / 但又永远不能洞悉 / 这就是诗的话语 / 它近乎不在 / 你相信了它 / 你活得温柔 / 安慰”（《话语》）。这种素朴而本真的对诗歌话语的体认，在陈超看来这种写作无疑就是一种“快乐的知识。”诗歌的秘密和满足感的获得是“在生命和语言的摩擦中”，在词语的发现和擦亮的“互动、互否，生成”中，把病态的带有世俗和社会学意义上的精神疾病气味的空洞失效的词语从“超员的病房里一个一个拎出来!”这种努力放置在20世纪八九十年代的写作境遇中，其艰砺和难度可想而知。

这是在游动悬崖上踩钢丝的无畏历险，是将头颅在火焰中淬炼的“美学效忠”。陈超在阴森冷酷的时代暗夜写下了亡灵书和精神的升阶书，在时代强行进入写作的狂飙中，诗人规避着失语的阵痛和尴尬的愤怒。

第十一章 | PART ELEVEN

重负与神恩都已承受

信仰不是拿来炫耀之物，而是艰难、绝非轻松的重负。

——西蒙娜·薇依《重负与神恩》

今夜细雨如织
我正好给你复信
你知道我不大复信
尤其是在夏天

可是今晚雨丝缠绵
窗外响着好听的声音
我要给你复信
我要把心思抻得很长很长
有一些隐情
是要到下雨的时候才萌芽的
想象你后天读我信的样子
我就温柔起来了朋友
我要写上我的歉疚
我的过失
被我伤害过的心灵
在落雨的时候听我忏悔听得深沉
还有你
习惯在下雨的时候出门

你要回到家
听一只蛐蛐对你倾诉衷肠

在下雨的时候
我性格中暴戾的芒刺被浸得柔软
我感到僵硬的身子恢复了体温
请原谅我的过失
要痛骂我就在雨天来吧

在陈超《夜雨修书》这首诗中，我看到了一个人复杂、暗翳、纠结的内心，以及对暴烈性格和生活中过失的忏悔。而诗中提到的“你”，这个值得信赖写信的对象和心灵的朋友也可能正是诗人自己。燥热的夏天，突然降临的细雨在瞬间将坚硬软化，将枯燥予以润湿，将暴戾的性格转化为忏悔和自责。夏天细雨的降临更像是一个隐喻。在陈超的一生中，那些真正的朋友恰如暴烈、燥热、僵硬时刻降临的柔润的细雨和风。他们亦如荒漠里的甘泉，带来的既是抚慰也是劝诫。灵魂的抚慰与交流是如此的不易，“但它的书名我永志不忘 / 浮生如寄 / 而友情也就是 / 荒漠甘泉”。

1995 年陈超家里遭遇诸多变故，陈超几乎每天奔波在学校、医院和回家的路上，评教授职称也遇挫。(时至一年之后，1996 年 7 月 30 日被评为教授)

更不幸的是陈默被确诊为孤独症。“这种病没有治愈可能，但我相信有改善希望，孩子自己也在努力，语言的进步比较明显，愿上帝保佑他。”唯一的安慰是历经诸多挫折的《生命诗学论稿》终于在这年的 4 月下旬出版了。回顾这一年以及近年来的诸多波折，陈超身心疲惫，但已能尽力坦然面对：“1995 年快过去了。近几年我对时间已失去敏感，心境平和……三十七岁已过，真是到了中年，意识中相对主义成分更大。生活使我厌倦，但凭习惯还能认真对待身边的、手头的事情。人活着没有什么可兴奋的，但死更无聊。有多少死去的人其实还是以活人的价值观为基准的。否则，用不着死。”（日记，1995.12.31 夜10时）

陈超身边的朋友不乏基督教徒和神学修习者，一位朋友送给陈超一本美国著名灵修大师、基督教神学专家门考夫人的《荒漠甘泉》。

这年我一家频遭颠踬 / 命运沉着地完成着 / 它令人费解的计划 / 你寄来一些钱和这本书 / ——《荒漠甘泉》// 多么好的名字 / 神，仿佛要用一个朴素的喻象 / 勉励和安慰他虚弱的众儿女 // 往返于忙碌的医院和寥落的家之间 / 这本书始终与白色保温饭盒为伴 / 外出携带着它，但从未阅读 / 一是没有时间 / 再者，是出于莫名的恭敬—— / 颟顸的我本来一直没有信仰 / 临时，我怎能让神服务于人？/ 我要在无所祈求时读它 / 比如今天，阳光照耀着 / 刚刚整理干净的家 / 我倒掉了未用完的 / 许多药片与几盒针管儿 / 我读了这本书 / 在给你写信 // 我的朋友 / 钱我刚寄还，请查收 / 而这本书，让我诚实地说 / 不如我期待中的那么好 / （因我已读过数遍《重负与神恩》） / 但它的书名我永志不忘 / 浮生如寄 / 而友情也就是 / 荒漠甘泉

——陈超《信：荒漠甘泉》

朋友的来信就是荒漠甘泉，“神”的声音就是夜空下突然复现的星群。

在 1995 年最后一天的深夜，新的一年即将到来的时候陈超只许下了一个愿望——“1996 年，唯愿上帝和圣子保佑陈默进步。这是我唯一的牵挂。以马内利！阿门。”

2002 年的最后一天夜里，新一年的钟声即将敲响的时候，陈超才打开日记本，整整一年他没写一个字。这仍然是一年一度的检点收成、自我总结、劝勉和希望：“写了一些文章，编了《先锋诗论选》，写出了一本诗集。身体殊感不适，以为脏器有问题，检无病。学校体检，一切尚好。我最担心的肺部是无异常的。今后注意饮食，劳逸结合，戒烟。这一年很有意义，写了诗集，检了体。祝 2003 年平静，身健。”这使我想到陈超的那首诗《暖冬》——“（我已进入写作的‘慈祥期’了吗?）/ 当暮色像古巴糖撒满又一个暖冬 / 在薄甜和微凉里，我淡然入神，调侃自己”。

陈超是在 2004 年 11 月接到了通知和朋友的电话，得知以第二名入选鲁迅文学奖。当然评奖过程中有评委对此书有意见，比如有评委认为一些观点过于新潮而否定了 20 世纪五六十年代的诗歌，光关注北岛等先锋诗人而忽视了艾青等老一辈诗人。鲁迅文学奖对陈超的诗歌研究来说算是一个很好的总结了，陈超几乎是一夜未睡，激动幸福如潮水翻涌而又有些恍惚：“这是我一生关键的大事。命运对我太偏爱了。”这份幸福必须要献给栖栖：“栖栖，如果没有你，我的成功就没过大意义了。你是最知我长处和短处的人，你就是我，我就是你!”（日记，2004. 11. 9）好消息必须与好朋友分享，无论是获得鲁迅文学奖和华语文学大奖陈超都向好友姚振函“报告”。“晚上与陈超通话时，他告诉我他获得了第六届华语文学奖。我听了很高兴，不仅为他，也为我自己。因为我曾当众说过（也曾在文章中写过），河北省文艺界有四个全国一流人物，即作为小说家的铁凝，作为戏曲演艺家的裴艳玲，作为漫画家杂文家的韩羽，作为诗评家的陈超。荣幸的是此四人都没让我看走眼。铁凝不用说了；裴艳玲当了省文联主席，又以京剧《响九霄》更上层楼。我说上面这些话时，陈超显得有点儿软，但此后他进展甚猛，在这次华文奖之前，还得了鲁奖；就说曾两获鲁奖，如今已七十七岁的韩羽老头，如今依然宝刀不卷刃，不断以全国独此一家的图文，博人一笑一思。我要谢谢诸位，没有让我给人留下笑柄，没有让我成为一个我本人很讨厌的那种说话没准头的'瞎煽'的人。"(《坡坨斋笔记》)

"在上帝的疏忽里也有上帝的慈祥。"用这句话来概括陈超的一生和家庭状况是再准确不过了，评价2004喜忧参半的一年也是如此。12月4日，河北师大音乐厅举行"热爱，是的——陈超诗作朗诵音乐会"。男生打着呼哨，女生欢呼着捧上鲜花围过来。作为一个诗人，陈超也是幸福而幸运的："这是我一生中的真正梦幻时刻，伟大的是它的确是现实制造着的。命运太偏爱于我，我当不埋怨任何事与物、人。"

陈超的书架贴着一张打印的纸条，上写"工作用书概不外借"。书架还专辟一块用于存放关于宗教、神学和基督教的书，比如《奥义书》《智者》《赞美诗》《示教千则》《论神性》《护教篇》《基督的人生观》《存在的勇气》《文化神学》《神秘神学》《人的远景：存在主义，天主教思想，马克思主义》《这是我的立场——改教先导马丁·路德传记》《恐惧与颤栗》《论原罪与恩典》《基督教与文化》《基督教并不神秘》《思想录》《科学与宗教》《论隐秘的上帝》《宗教与文学》《圣经故事》《宗教与现代科学的兴起》《摩西与一神教》《宗教的自然史》《自然宗教对话录》《在约伯的天平上：灵魂中漫游》《新教伦理与资本主义精神》《单纯理性限度内的宗教》，等等。

而那时陈超已反复读过数遍《重负与神恩》（西蒙娜·薇依著），他更倾心于这本书所携带的绝对性的精神高度："这一年读书比较猛，特别是秋季之后。基督教的书突然让我倾心。我想与陈默有关。"（日记，1995.12.31夜10时）

身体受难与宗教救赎不仅是宗教性的命题，而且是生命诗学中的核心所在。作为一个宗教思想家和神秘主义者，西蒙娜·薇依也以早逝为代价给世人呈现了一个独特的思想空间。而西蒙娜·薇依短暂一生的重要性不仅在于贡献了不可替代的思想资源，而且更为重要的，在于她以行动和生命践行着自己的思想理念。二战期间她参加法国的抵抗运动，拒绝吃敌占区的粮食而身体状态虚弱并引发结核病，1943年8月24日病逝于阿什福德疗养院。而陈超倾其一生所建立起来的生命诗学体系，既与哲学有着密切关系，又与个体生存的现实语境、文化背景和诗学趣味关联。值得注意的是陈超在后期所强调的"精神重力"与"个人词源"（"对先锋诗而言，缺乏'个人词源'的'精神重力'，时常会沦为空泛的见证式表态；而没有'精神重力'在其中的'个人词源'，则常常沦为微不足道的私语化'遣兴'。正是成功的个人心灵词源，赠予精神重力以艺术的尊严；而精神重力，则赠予个人心灵词源以具体历史生存语境中的分量"）也能在西蒙娜·薇依的《重负与神恩》中看到某种呼应的精神启示性，比如薇依所说的："谦卑，对于精神重力就是上升，精神重力使我们跌到高处。"而虚空、孤独、死亡、赎罪等这些"精神重力"的词源反复出现在陈超不同时期的诗歌写作和诗歌批评当中，这也是陈超生命最后几年持续的精神状态。这让我想到的是捷克作家赫拉巴尔："我反复对自己说：赫拉巴尔，赫拉巴尔，赫拉巴尔，博胡米尔·赫拉巴尔，你已经把自己战胜，你已经到达了虚空的巅峰。就像是履行老子对我的教诲，我已经到达虚空的巅峰，一切都让人伤痛。”1997 年 2 月，赫拉巴尔从医院的五楼坠亡，而关于不幸的人生结局他早已经预言过了：“我的守望天使也一直陪伴在我身边，我的守望小天使。因为这位守望天使想让我继续留存在这个世界，目的是让我抵达谷底，在继续往下走一段台阶，最后到达懊悔的终极坑洞。因为整个世界都让人伤痛，即使是我那位守望天使也让人伤痛。我经常想从五楼跳下去，从每个房间都让我备感伤痛的公寓楼窗口跳下去。可是每到最后关头，我的守望天使总会来拯救我，把我拉回来，就像他曾经对待弗朗茨·卡夫卡博士那样。我的卡夫卡，曾经想从五楼跳下来，想从奥佩尔特大厦跳下来。”（《魔笛》）而 1997 年 2 月这一天，赫拉巴尔又一次站在五楼窗口的时候一度拉他回来的天使不在身边。

陈超离世后不久，11 月 7 日，栖栖带着陈扬来到北京——在石家庄那个家中睹物思人未免痛上加痛。那时正是秋天，他们住在离天安门不远的正义路 7 号的瑞安宾馆 609 房间：“我们就是要换一家更好的。陈扬喜欢住好宾馆，这会让他高兴。你不用担心费用，陈超不在，我们缺太多的东西，且无法弥补。但真的不缺钱。真的不要为我们担心。”（杜栖梧给笔者的短信）我看到栖栖师母给陈扬量血糖，吃药，打胰岛素。陈扬很乖、很听话、很安静，脸上一直在微笑。离宾馆不远处，就是东交民巷甲 13 号的圣米厄尔天主教堂。该教堂始建于 1901 年，1904 年建成，由法国传教士高司铎创建。教堂坐北朝南，仿哥特式风格，砖木结构，灰砖清水墙。立面作三个尖顶钟楼，用尖券、壁柱、彩色玻璃和壁龛加以装饰。当时并未对外开放，黑色大铁门紧闭。人们只能隔着黑铁栅栏看那尖顶的钟楼，路边巨大的银杏树叶都已经金黄耀眼。我想到多年前陈超在青岛海滨

1987 年 5 月，陈超与栖栖在青岛

看到哥特式尖顶小教堂时的无端泪涌，想到他多年前解读的菲利普·拉金的那首诗《上教堂》：“它是建在严肃土壤上的严肃屋子，/ 它那兼容的空气里聚合着我们的一切热望，/ 热望是被承认的，虽然给说成命运。/ 这一点永远不会过时，/ 因为总会有人惊异地发现 / 身上有一种要求更严肃一点的饥饿，/ 总会带有这饥饿跑来这个地方，/ 因为他听说这里人会活得明智，/ 如果只由于有无数死者躺在周围。”（王佐良译）

在陈扬出生前后的那几年，陈超的案头一直摆放着一本书，基督教新教学者保罗·蒂利希（Paul Tillich）的《存在的勇气》。这也是陈超最为珍爱的藏书之一：“他不像另一些宗教哲学家那样，在生命的升阶之歌中乞求最高的见证者——上帝，而是以人的存在为本位，进而揭示出独立的、首位的、自由的‘我’在生存巨大的压迫下，勇于承担‘绝望’的勇气，并最终完成生命的澄明、庆典和欢乐。这种融合了存在主义因素的‘神’学立场，对精神空虚、信念解体的现代人，显然更有意义。”在当时的家庭境遇下，对于陈超而言蒂利希的存在主义神学立场打开了认识自我人格和生存命题的一道大门。这既是精神高迥的倾听，也是内心压力的缓解方式。但是，陈超却对蒂利希的一句话并不认同，而是持质疑的态度——蒂利希说：“人意识到自杀是无用的。”

我们在阅读陈超的诗歌时往往忽略了那种内在的紧张感和焦虑——“我没有体验过别种语言的内在震悚像我在写作中或是在阅读伟大的诗歌中那样：它使我忧惧、分裂，在我的生命内核中置放话语的军火”（《活力》），而只是注意到写作对陈超的重要性以及他在词语世界所获得的安宁和慰藉，“蓝格稿纸如青花瓷的盘子 / 往事撒下词的籽粒泠泠作响 / 在蜡烛剥开的旧日子徜徉 / 再归置好桌面，让大钢笔搭出绿荫 / 你老式的措辞，或许会抚慰另一个怀旧的心房？”“当一首新诗落成，火蝶刚好熄灭 / 白桦林的边缘，天光蚕丝般闪亮……”（《停电之夜》）陈超的幽默、开朗以及身体强健给很多人留下了深刻的印象，大解等朋友都数次谈过当年陈超的“笑话”。在陈超离世后的十一月师母带着陈扬在北京待了几天。那正是秋天，银杏树叶飘满了街头。晚上的时候我和他们一起来到了王府井和天安门广场，陈扬像一头小马来回欢快地跑着，很多次跑到人群里。杜栖梧说到当年一个细节：他们一家三口来北京的时候，陈扬也是大街上撒欢来回乱跑，陈超笑着说如果给陈扬穿上环卫工人那个黄色工作服估计就丢不了了，惹得杜栖梧哑然失笑。这是幽默，也是人生不幸的赐予之后的应激。但是，每个人都是一个多面体，其更为内在、深隐的一面往往被人们忽略。对于自己分裂的性格，弗兰茨·卡夫卡认识得很深刻：“人们常常做出高兴的样子。人们在耳朵里塞进欢乐的蜡球。比如我。我假装快乐，躲到欢乐的后面，我的笑是一堵水泥墙。”卡夫卡在日记中里写下：“我精神上病了，我的肺病仅仅是精神的病移到了内部。我以这种方式病了四年或五年，甚至从我第一次订婚开始。”是的，在陈超那里我们作为旁观者更多看到的是欢乐和微笑。“陈老师有一个非常可爱、稚气的儿子，高高的个子，帅气的眉眼，会大声喊爸爸，会一字一顿念出我们的名字，他们每天中午都要一起吃掉师母煮的西红柿鸡蛋面，从不厌倦；他们一起游泳，练出有力的臂膀和精神；他们一起写大字，在笔画的腾挪间发现最新的游戏。还住在红军路的时候，师母是老师书房中温柔的剪影，永远忘不掉初见她时，她逆光赤脚站在一双温暖的灰色兔毛拖鞋里，手里连碟端一只精致的咖啡杯，微笑。”（赵晖《我的老师，陈超》）但事实是陈超几乎是几十年来像西绪弗斯一样默默地承受下了这些“重负”。“他上有八十多岁的老母亲，我在家里见过几次，老人是那种不多话的人，打过招呼后，就去做自己的事情。家有老人自是佛，年过八旬还能自理，就是有神性的人了。嫂子一方的老人我没有见过，只是听陈超老师偶尔说过。有次一起吃饭，嫂子没有来，我就问，他说老人住院了，不能自理，你嫂子去照看了。我说很麻烦吗，他点点头，说病不好，时间不短了。”（见君《复活的叙述》）陈超的父亲已去世多年，独剩老母在堂。陈超也偶尔想起当年父母同在的温馨情形，回味着他们一起弹奏的逝去年代的真切而恍惚的老歌：“星期天飘雨的下午 / 妈妈唱起一支老歌 / 爸爸含胸用木格口琴伴奏 / 我的白发双亲 / 多像一对初恋的情侣 / 我没去过 / ‘二呀么二郎山’ / 没见过前辈开山筑路的英姿 / 我没到过 / ‘五朵金花’的大理 / 劳动竞赛和爱情的大理 / 但我知道 /

下在二郎山上的雨丝 / 也淋着金花和阿里的衣衫 / 我听着二老歌唱的声音 / 逝去年代雨滴的声音 / 我的心像微微抖动的蝴蝶花 / 花片积满绒绒的水珠 / ‘住在那时的老歌里有多好 / 如果没有紧接而来的风暴’ / 妈妈的琴音轻轻颤抖 / 但霏雾雨仍固执地微响 / 似乎邀请双亲继续歌唱 / 望着两个老人 / 我的心恍惚、伤怀又干净。”（《逝去年代的老歌》）当陈超带着陈扬在苏堤附近欢快地吃着枇杷的时候，陈超想起了已去世十年的父亲：“淡黄的表皮 / 温和的茸毛 / 只因喜欢‘枇杷’的发音和字形 / 我买来一串尝尝 / 我沉吟着它的好名字 / 想着给它起好名字的人 / 定是个快乐的先人 / ‘枇杷是枇杷 / 不是琵琶’ / 爸爸告诉我 / 在童年 / 我曾认为琵琶是枇杷做的 / 现在我和儿子 / 吃着甜甜的枇杷 / 想了一会儿离世已十年的 / 爸爸。”（《枇杷》）

也许，诗歌是最终的铭记方式，正是陈超并不轻松一生的“神恩”和“荒漠甘霖”。

多年后，我读到西蒙娜·薇依的一句话，甚至我竟恍惚觉得这是说给陈超听的——“信仰不是拿来炫耀之物，而是艰难、绝非轻松的重负。”

陈超一生对宗教持有敬畏心理，但是追求人格完整和自由精神的陈超在内心里是抵制成为“宗教徒”的，可以怀有精神信仰，但也必须维持自我主体性的独立，“我要在无所祈求时读它”。这并不是常人能做到的。在无所祈求时走近神，这正好是宗教的最高境界——不参悟已经了悟一切。而在诗性的意义上而言，荒漠甘泉对于那些精神渴求的人来说是可遇不可求之举，“神，仿佛要用一个朴素的喻象 / 勉励和安慰他虚弱的众儿女”。2013 年，我听到了歌手郑秀文演唱的同名歌曲《荒漠甘泉》：“就算这沙漠百万年前就已枯

干 / 而南极的浪会像及时的春雨下降 / 灵犀一点到彼岸/撮合奇缘自有闪光 / 上天会自然偷偷的搭路 / 独行的请往上看。”是的，摩西就在靠近神所在的幽暗之中。(《出埃及记》) 也正如西蒙娜·薇依所说爱真理意味着承受虚空，继之接受死亡。而更多的人是处于幽暗之中不见神性。对于诗歌写作和精神探索的陈超而言，他是一个不知疲倦的跋涉者和攀爬者。

> 我在巨冰倾斜的大地上行走。阳光从广阔遥远的天空垂直洞彻在我的身体上。而它在冰凌中的反光，有如一束束尖锐的、刻意缩小的闪电，面对寒冷和疲竭，展开它火焰的卷宗。在这烈火和冰凌轮回的生命旅程中，我深入伟大纯正的诗歌，它是一座突兀的架设至天空的桥梁，让我的脚趾紧紧扣住我的母语，向上攀登。

陈超《从生命源始到天空的旅程》开篇的这段话反复被诗人和研究者引述。正如唐晓渡所评价的：“如果说这篇致力探究现代诗本体的文章是他整合其生命诗学的枢机之作，那么，这一劈头给出的画面，尤其是他用写意笔触为自己勾勒的攀登者形象，就凝聚了他对其‘在世之在’的意义，对其生命旅程的工作性质及其所携使命的觉悟和想象。二十多年过去了，时间流逝而画面始终寂然不动；更准确地说，是攀登者的形象从未稍有变形。他一点点吸收了那大地上倾斜的巨冰，那从天空垂直洞彻的阳光，那冰凌中火焰的卷宗，直到和它们混而不分，直到让自己成为那座‘突兀的架设至天空的桥梁’的一部分。是的，一个诗歌道途上永远的攀登者；是的，‘让我的脚趾紧紧扣住我的母语，向上攀登’。我知道，当我重复这句话

时陈超并未走远，与此同时，我也更真切地感到他身后交织着奋进和疲竭、灼热和寒冷的气旋。”（《忆念和追思》）

每个人都会遭逢那生命停止的最后一刻，也许那是任何人都不敢直视的。“当时的昌耀先生非常虚弱，面色苍白，形销骨立，和以前的人比似乎缩小了一号，腿上的皮像纸一样一捏就叠在一起，差不多已走到生命的尽头。他患腺癌，已转移到淋巴和全身，那个状态之下，我觉得昌耀仍有一种忧郁且坚韧的气质，但我又觉得他挺软弱，这也是人性中根本的东西。我们的手握在一起时，他禁不住流下了泪水，他对亲人、对朋友，有着孩子一样的依恋。”（韩作荣《诗魂永在》）2000 年 3 月 23 日早上 7 点，昌耀从医院纵身跃下。“诗人昌耀之死是一个‘象征’——与其说标志着诗人受难史的结束，还不如说是把一部受难史推向了壮烈的高峰。昌耀的诗，代表了中国诗歌中雄迈、孤愤、硬涩、异质、边缘化和非主流的部分，他的‘旷野呼告’曾长时间无人喝彩，在同辈诗人中也几乎是曲高和寡。”（沈苇《在死亡中复活的诗人》）昌耀像自己所说的是一个诗歌的殉道者：“真正能够引起我的敬意并感动的，倒是‘为人生’的诗人。他们以自己的精血（岂止是精血）煎作酒浆让人啜饮。较之常人，他们生活得决不更轻松、更愉快。他们的形象莫不是殉道者?”（《对诗的追求》）得知昌耀自杀的消息时我正在冀东平原上一个中学做语文教师兼图书管理员，那时我正在等待河北师大研究生复试的最后消息。在门卫室破损木桌子上的那张报纸上，我看到了昌耀戴着墨镜的黑白照片——就是后来报刊上经常采用的那张。按照陈超自己的说法他几乎熟悉昌耀所有的诗。昌耀辞世一年之后，《人民文学》发表昌耀的诗《热苞谷》（“父母在一旁骑着自行车随后尾随。/ 奔跑着的一个男孩子 / 忍不住停步掰开热苞谷的一叶苞衣。/ 喜气的谷粒透过丝絮射出迷人的十字星辉 / 男孩子更紧地追逐另一个奔跑的男孩子。/ 热苞谷金黄的籽实让城市的夏季瞬刻成熟。/ 男孩子奔跑在铁桥。奔跑在河岸。奔跑在光棚。/ 他们呼唤什么？/ 他们嬉笑什么？/ 听得到热苞谷飒飒的风声。/ 一切请加快成熟。"）并配发陈超的精湛点评："我几乎熟悉昌耀所有的诗。一个诗人的一生中会写下自己生命的流程，这流程中有宽阔的河面，有突起的风波，有两岸的风光……但是，最能昭示诗人灵魂的，却是内凝的漩涡。这样的诗一生并不多见，因为它是猝然袭来令诗人神骸俱消的瞬间，是诗人被'非如此不可'的神异之声攫住后噬心的自画像。"（《苞谷与孩子》）那么对于陈超而言，这一猝然到来的噬心的自画像是什么呢？在我看来，就是《我看见转世的桃花五种》《风车》《青铜墓地》《秋日郊外散步》等这些诗中的"自我影像"。

对于死亡、自杀、疾病（尤其是霍乱、结核病、梅毒、癌症、艾滋病，其中与诗人和艺术家的精神症候最密切的是从隐喻的角度被视为"灵魂病"的结核病，比如雪莱、济慈、肖邦、席勒、艾米莉·勃朗特、卡夫卡、罗伯特·路易斯·斯蒂文森、D. H. 劳伦斯、亨利·戴维·梭罗、凯瑟琳·曼斯菲尔德、鲁迅、林徽因、萧红）的认识人们往往会携带各种隐喻和象征的思考以及偏见。由此，死亡和疾病的文学转化尤其是"诗人之死"才会成为一个难解的哲学命题（而非单纯的生理和精神学意义上）："每个诗人的个体生命的毁灭都会给西方思想界带来巨大而长久的震动，迫使人们去重新审视既成的生存秩序和生存意义，重新思索个体生命的终极价值。"（吴晓东、谢凌岚《诗人之死》）在这个哲学象征意义上那些死亡的诗人往往被认为是先知先觉者，他们以死亡尤其是非正常死亡的方式打开了"先知之门"。而要真正回复到一个最为真实的个体世界以及客观现实，则是难上加难的，甚至是不可能完全摆脱和消除隐喻性思考的。“使疾病远离这些意义、这些隐喻，似乎尤其能给人带来解放，甚至带来抚慰。不过，要摆脱这些隐喻，光靠回避步行。它们必须被揭示、批评、细究和穷究。”“要居住在由阴森恐怖的隐喻构成道道风景的疾病王国而不蒙受隐喻之偏见，几乎是不可能的。”（苏珊·桑塔格《疾病的隐喻》）疾病和死亡的象征意义更多是与文学发生密切联系，甚至特殊的病症和死亡，在特殊的时代，尤其是转捩点上，具有更为强烈的整体性意义和社会学寓意：“灰云低垂，边缘处是稀薄的皱褶，远山上轻霭如缕，大自然失去了希望，落叶飘零四处，像是年轻一代在无法治愈的悲伤中潸然而下的失落的泪影……只有冷杉才生机勃勃、绿意盎然，在这充满全宇宙的结核病气氛中茕茕孑立。”（亨利·阿米尔《秘密日记》）尤其是对“诗人之死”，陈超抱有本源性的敬畏和祷悟：“圣者已逝，我不忍再打扰他。他睡在大地怀中，藉生命的光明，行完一世路程。愿他醒来清静，得享澄澈性情。”后来，陈超曾这样高度评价昌耀的诗：“三十年来，昌耀的诗以对‘西部’的深刻体验见长。它们之所以强烈震动了广大读者的心，却不限于表面的地缘题材，而是因为‘西部’作为诗歌的激发点，它与诗人块垒峥嵘的内在灵魂世界构成了双向的对话、召唤。西部成为一个博大的‘心象’，一个历史与当下、自然与意志、现实与超现实主义混茫难分的活的诗中的‘绝对现实。”

试图改变命运……

我活到了三十三，第一次自己决定一件事，这是什么也不可替代的。

——陈超日记，1991.4.17

1991 年是陈超的多事之秋，以至于陈超不得不在日记中说："现在我面对自己了。我要和自己谈谈。"

这一年陈超试图调动工作，而栖栖也在忙着更换工作，加之孩子的病情以及父亲的离去，一次次的阵痛在叠加、扩大、加深。正是在写作《现代诗的生命形式》一书的同时，陈超破天荒地做出了另一个决定："我不想做教师了。我一定争取调出学校。虽然今后的路也许更好也许更差，但我知道，这本身就足以推动我。我活到了三十三，第一次自己决定一件事，这是什么也不可替代的。"（日记，1991.4.17）

实际上早在 1987 年，是否继续留在师大教书就成了陈超萦绕不去的心病，只是到了 1991 年才真正付诸行动。陈超开始向河北师大相关部门申请自己调动的事。此时的陈超在大学工作已近十年了，"安逸而平庸的氛围"让他近乎窒息，对高校体制业已感到了深深的失望。大学也是"俗人社会"，各种原因使得陈超重新思考自我的价值和人生出路，"生命的可能性告诉我，活着，变化，是唯一有趣而有益的""一定有我现在已记不起来的原始欲望支配我"。调动工作准备去河北文联，最重要的原因是陈超一直想做一个专业诗人和作家，从而专心搞创作和研究。说到底，陈超更想做一个自由撰稿人，做一个在写作中坚持伟大纯洁的留守者。再说得简单点儿，陈超就是甘愿做一个沉浸于书本世界的人。“书，我的书够多了。都是必读书，可我忙忙叨叨急功近利没有读。等我到了作协，不再为备课和讲课，不再为外语浪费生命。我将一本一本地读，抽时间读。”尽管他也知道文联和作协的一些弊端，但他觉得去文联利大于弊，况且作协还有他最信赖的好兄弟刘小放等。在多年的交往中陈超认为刘小放正直、热情、值得信赖：“我可能会受到他的批评，但我心甘情愿。他比任何人都更有权批评我。”当然陈超也对去文联患得患失，去文联可能出差走动机会比较多，他也喜欢去各处走走看看，但是又觉得栖栖和陈扬在家里会很孤单。此时，远在北方的陈超想到了上海的吴亮。吴亮并没有受到正规的学院教育，而是任由自己的心性去阅读和写作，从而与一般意义上的学院写作有了本质上的差别，而这正是陈超最为看重吴亮的原因。此时的吴亮在上海文联（作协）工作，并且那时吴亮的声望是和“先锋文学”直接联系在一起的。多年后吴亮将重心转向了艺术研究，而陈超一生都躬行于“先锋诗歌”。20 世纪 90 年代初上海的冬天寒冷无比：“那时候上海没有夜生活，晚上十点以后全城一片漆黑。只有云南路有两三家小饭馆通宵营业，在那里我消磨了许多个难眠之夜。一壶温热的花雕加半斤醉虾最后来一碗菜汤面，花销不超过十二元……等我跨上自行车回家时，天空已经蒙蒙亮了……只有湿冷的寒风从我耳边拂过。”（吴亮《八十年代琐记》）多年后的 2010 年的 10 月 23 日晚上，我因为参加首届《南方文坛》的青年批评家论坛在上海第一次见到了吴亮。那天夜里，秋雨如注，我还去了老街区深处吴亮的一个老房子。房子里堆满了书和老旧物件，还有一架黑亮的老式自行车。

如果能够顺利调去作协，陈超也做好了迎接种种困难的准备，比如收入降低、诸多杂务、人际关系等。陈超改变目前工作境遇的决心倒是越来越坚定了，何况已经有人做出了榜样："芒克、江河、北岛、顾城等朋友，都以自己的生命力活着，而我，什么时候变得如此平庸。"（日记，1991. 5. 28）万夏和李亚伟在当时已经开起了火锅店，周伦佑也已辞职成了自由人。陈超对那些社会自由人的理解是深入的："作为个人主义者，芒克的生活是好的。其实，芒克的沧桑感一定很强。他难道不是被迫成为今天这个样子的吗？"陈超不想像其他人一样一辈子做一个寒酸、庸俗和谨小慎微的人，这也是对高校体制和学院研究的不满，他要自己去掌握命运，自由地生活和写作。陈超的父亲当时却希望他离开高校能够在仕途上有更高的发展，但是陈超不会走类似于父亲的路了："无论如何，我父亲的生活、入世态度，我并不买账。"当陈超亮出底牌，老爷子因此气得够呛，很长一段时间为此事郁闷，还时不时给陈超一些压力。栖栖也不太支持陈超调走，但考虑到陈超如此看重诗歌写作和研究也就默许了。

这一年，陈超深感不安又莫名兴奋，包括写作、工作以及日常生活。陈超甚至在这年 5 月份想到了要戒烟，但戒烟最终没有成功。调动的事，时而有了眉目，时而又陷入了僵局，在这种拉锯战中陈超备受煎熬的程度可以想见。陈超在日记本上画了一把宝剑，为自己鼓劲加油。

1991 年 5 月 28 日，石家庄下起了小雨。窗外一片迷蒙，看不清的世界正像此时陈超暧昧不明的前路和命运。陈超想到了当年与骆一禾的通信中，骆一禾引用的曼德尔施塔姆的诗句："前面是痛苦，后面也是痛苦，上帝啊，陪我坐一会儿，陪我说会儿话。"陈超不仅深为认同（日记，1991.5.28：“我现在理解了一禾引用的这段诗，比我引用的那段要好得多。深、准、生命”），而且还在日记中复述和改写了这段话：“前面是痛苦，后面是痛苦，心啊，写出来，陪我待会儿，陪我说说话。”曼德尔施塔姆在狰狞粗粝、朔风刺骨、大雪漫飞的流放路上，坚持了对生命和诗歌的信仰，自由，高迈，纯洁成为三位一体的灵魂拱环，“幸福的天空仓库是可以拉开并终身使用的房屋”。在此，“生命的困厄，贫穷和威胁，都被一种更肯定的东西击穿，他不仅持有智慧，它更尖锐紧张地指向洗礼！”处于工作调动未果的焦灼中，陈超不断蒙太奇一般想到现代和过去以及不可知的未来。陈超有时候是无比孤独的：“我的心在我心里，/ 谁也看不出来，/ 它有许多隐痛，/ 泪水已成大海。/ 也有一些欣悦，/ 短暂只如霎时的一个闪电。”（《心》，摘自日记）他只能自己和自己说话，一个人总有不被任何人理解的世界和情绪。“现在，已没有人能够说心里话了，我的矛盾和痛苦，不能有任何人理解。我特殊的混沌和思路矛盾也被讨厌。因此，现在我只剩下自己了。”陈超不只是为工作调动埋怨，也是在检讨自己性格中矛盾、龃龉、暗沉的一面：“这是我自身的毛病造成的。”这是一个时而积极乐观，时而消极否定的复合体的陈超。陈超一直不能释怀的是维持现状或改变现状哪个才是失败哪个才是成功。经过长时间的煎熬，调动工作的结果陈超已经不太看重了，觉得一切都可能是冥冥之中注定了的。内省，是陈超的性格，无论是对于为人还是对于诗歌写作和研究。这种自省意识和强力意志使得他能够不断超越自我的局限。“内心的钟以魔鬼的速度，或者说着了魔的速度在疯跑，外部的钟则以慢腾腾平常步子走着。除了两个世界发生分裂外，还能有什么呢？两个世界的确分裂着，或者说至少以一种可怕的方式互相撞击。毫无疑问，内心进程的疯狂速度是有多种原因的；最明显的原因是内省，它不允许任何感觉或印象定型，而是一定会紧紧跟上，使感觉或印象成为意识，只有内省可以成为一个感觉或印象，反过来它又被新的内省所逐。”（卡夫卡日记）

陈超意识到无论在哪里工作，有一个底线是不能变的。这就是对诗歌的追求（“在艺术上，坚持博大、庄重、爱心和形式感”），对自我精神操守的坚持，释放生命的本真，做一个“独善其身”“正派而深刻的人”，“我非常理解流沙河、王蒙等作家。是的，生命是只有一次的。更多的时候，我必须刻意去保护它”。陈超不想像其他一些作家尽管没有对时代为虎作伥但是却沦为了寻求安全感的“保守的智者”。尤其是在一个时代的转折点上，在一个年代已经结束另一个时代刚刚到来的时候，人格和良知更为重要。“真正的艺术家不受难谁受，真正的诗歌理论家不站出来谁站出来？因此，我心始终坚定不悔，我骄傲，我活得自觉、真实。”“生命的目的不是别的，而是写出一部浩大的史诗来。”“我献身的诗歌事业是永远值得我活着的！”陈超在20世纪八九十年代的转折点上是付出了代价的人！更准确地说那是一代人而不是一些人付出的代价。1991年6月4日晚上，陈超和栖栖看了电影《大毁灭》（1990年全国公映，导演穆德远，主演申军谊、王心海、张兆北、张京生等）。这一反映20世纪三四十年代天津卫黑帮和社会动荡的电影，在陈超看来有着很强的隐喻性，甚至这种隐喻程度可能超出了作者和编导的意识程度：“是的，社会就是这种大毁灭的轮回。我可能此时心境与之正好合拍，因此，感慨很多。在生命的有限过程中，我们个体，不可能抗拒巨大的赌盘。骰子一掷，取消了偶然。也就是说，它形成了必然的东西。”（日记，1991.6.3）

再次回到陈超1991年这场工作调动的拉锯战，尽管也只是一个多月的时间，但是陈超却感受到了人世沧桑、世态炎凉。结果已经不那么重要了，在此过程中陈超收获的是人生经验和对自我、家庭、孩子以及社会的重新认识：“在夜半临池之时，我突然睁开了双眼，我知道了我过去一直一直未理会的经验。”（日记，1991.6.3）

6月7日夜里，更深人静之时陈超在日记里写下了一首诗《此时此刻》——

生命的鸽子已经远去
留下几片轻盈的翎羽
我拾起它们
像一个老人注视自己已不多的白发
心，像灰烬般纯洁
它铺展，坚定，不可改变
在我生命的果核里
已经住满了军火！

1991年11月13日晚上9点45分，陈超的父亲病逝于北京。

父亲的病逝让陈超毫无准备。在寒冷的北京广场和行人稀少的街头，陈超想到了和父亲在山西的岁月。红色年代里一个懵懂少年的孤独在此刻已经被冷彻加重。父亲的离去不亚于一场重大的事件，因为陈超自小就是崇拜爸爸的。早在1982年，陈超就写有一首深沉缱绻的送给父亲的诗《中秋夜》：“我和爸爸并肩走啊 / 走到中秋之夜带着馨香的郊外 / 爸爸是真的老啦 / 步履缓缓仿佛怕惊醒他的过去 / 我们谈着共同的事 / 却同时想着各自的事 / 我爱爸爸，可我们说什么呢？// 月光如水 / 我拥着爸爸宽厚的背 / 像摸着衰老摸着疲倦 / 莫非做儿子的唯一职责 / 是使他（还有他们）欣慰而平静吗？/ 不是。（我想，但我不说）// 我，崇拜爸爸！/ 崇拜他的锲而不舍 / 他的力度，他的吼声 / 有了他，还有妈妈 / 才会有我们这个—— / 轻弱但温暖的家 // 很久了，很久没同爸爸谈话 / 儿子的心，已变得不愿表达 / 爸爸会理解我 / 他不希望我像个小姑娘 / 他愿意充满疑虑地望着我 / 在泥泞的路上奔跑，跌倒。// 我也要做爸爸的 / 我的孩子也会留下我 / 赶他自己的路程。”处理完父亲的后事回到石家庄，十多天陈超仍处于无法自拔的悲痛境地：“父亲死后在我的身后身前身旁都仿佛留下了一个空洞。此时的惶惑不安代替了悲痛。我不知道对我的生活，这将真实地意味着什么，我怎么生活？无论如何，我是不可能像过去那样生活了，即便客观情势没有多大变异，我的主观心态也变了。这是无可挽回的事实。现在，我想这几个问题：我的人生态度怎么掌握？我还能像过去那样写作和生活吗？到底我的身边发生了多么严重的事，或许我的感觉是错误的？”（日记，1991.11.24　17:14）显然，父亲的突然离去对陈超的生活和精神影响太大了，几乎一夜之间心态以及命运都被强行改变了。是死亡上了一次人生教育课，陈超也在此事件中逐渐经过焦虑和惶恐而转入理性认知：“我想，生老病死乃人之常情，我父之死是必然的，不过是提前了而已。因此，我必须将此事看作最平凡最一般的人生情况，不必大惊小怪。一个人的死，岂能影响另一个人的人生态度？不能！今后，我仍要高迈浪漫地生活、做人，了无牵挂，为艺术献身！我的经济有工资保障，我不会为无谓的事影响家务，但必须干的事，就必须干！仍然像过去那样坚持纯洁和学习、进取，就做一个与众不同的艺术型学者！”尽管陈超此时把父亲的去世看作了生老病死的普遍规律使然，但是当他在后来突然感到身体出了一些明显问题的时候他仍然不自觉地联系到家族的基因和遗传。当然，这还是多年之后陈超要面对的。

陈超曾经在这一年应出版社之邀开始写一部名为《思想与梦想》的书。就像陈超所说的从来没有写过这类文字，所以信心一直不足。此书因诸多原因最终未完成，尽管后来出版社几次写信要求陈超坚持下去，甚至将书稿的时间允许推迟到1992年的6月份，但陈超还是最终放弃了。放弃《思想与梦想》一书的写作，其中一个原因就是1992年初河北省职称办下了文件，评职称要统考外语。1992年春天，为了职称外语考试，陈超不得不放下这本书稿参加学校办的俄语夜校辅导班。后来，职称俄语考试陈超考了高分——91分。陈超在1997年初还有过写作一本辞典式的《现代诗学手册》的打算，包括诗学、哲学、诗人等，这一计划也落空了。2009年陈超还有一个写作计划："近年再写一本书。或从大理论角度论现代诗与传统、西方、现代人的关系；或继续写中国重要现代诗人，来个总结性的'定论'。"（日记，2009.6.26）

1992年河北省开始搞"破格"评职称。这一年的10月底，也就是陈超即将三十四岁生日的前夜（10月26日），陈超接到了自己被破格提升为副教授的消息——这是可心的生日礼物。此刻的陈超觉得阳光、土地、飘闪的树叶都在为自己歌唱，但是他把这看成了一种更大的责任，自己要加倍努力才行："成为副教授，我的治学方法似应做大的调整。即时性灵感式的读书、写作，要有所节制。要准备一下，有大的严密的台基。作资料卡片，像真正的宿儒那样。否则，我将在上选修或给研究生上课时，临时忙乱……评上副教授后，我的外语更应努力而不是放松。我想慢慢学，一点一点记，不急于事功，最终掌握这门我喜欢的语言——俄语。也许是偏见，我认为俄语比英语更亲切，有诗意，有个别性——因为，有那么多我钦佩的艺术家是俄国人，而不是英国人。我对英语作家总有一种隔膜的心理，像莎翁、狄更斯等，我始终不喜欢。”他这一时期的诗歌写作有着更为显豁的精神对位。一个有着少年式梦想的陈超终于成长为“精神成人”。“我想到了伟大的帕斯、聂鲁达和曼杰施塔姆！他们为良知而在苦难中斗争，流放的一生，难道不是更有力更伟大因而也更幸福吗？”这不只是陈超和这些伟大诗人之间有着相互的生存背景，而是在更深的层次上对应了一个诗人的精神生活。所以那一时期陈超最喜欢的作家大多来自俄罗斯，比如布罗茨基、叶赛宁、曼杰施塔姆、帕斯捷尔纳克、茨维塔耶娃、阿赫玛托娃等。也正是这种精神渊源，很多年陈超和王家新的交往很深。然而，做一个高迈浪漫的人，为艺术献身的烈士，是多么地艰难。

当工作调动的事渐渐平息，陈超对自己将来的路做出了重新的判断和选择。当然陈超对大学体制仍然是不满的：“这一生可能就在大学待下去了。我仍然想做一个诗人，自由学者，而不是穷酸学究。让我活出自己的样子。我正活出自己的样子。”陈超此时既欣悦又平静，这符合他“每临大事，均不忘情”的性格，而自己付出了多少努力和汗水只有自己最清楚。对于陈超来说一生最重要的除了家庭就是诗歌写作和研究了：“自 1983 年以来，我全力投入现代诗研究，也有了一些收获。更重要的是它——诗歌！改变了我的生活和我的精神。我热爱诗，是无条件的，只为热爱而热爱。它超过我的什么，并提升了它的质量。”（日记，1992. 10. 26. 夜）陈超有很多次都是这样，打算在下一个年度好好休息一下，少写一点儿文章——写作确实太令人疲惫了，但是每每陈超又反悔了，他一直被诗歌的伟大动力所驱动着：“明年我可能会沉稳、安静，休憩一下。也可能更忙。但无论如何，我不想再疲于奔命写文章了。”在这个难忘的夜晚，在三十四岁生日即将到来之际，陈超在热切地期待着自己的美好未来——“想想三十四岁，我进入了各种意义上的新阶段。让我更深厚、更善良、更有责任心吧。让我拥有人的更高价值，让我进一步努力成为一个优秀的诗人/诗评家。”此时此刻，陈超被幸福和未来的前景所激励着，他想到了辞世近一年的父亲：“亲爱的爸爸，您安息吧，我会按照您希望的样子生活、工作。”此时，他也想到多年来帮助自己的朋友兄弟：“我的事业得到过许多朋友的帮助。王亚民、唐晓渡、蒋维扬、谢冕、王玉骏、苏宝荣、张志英，还有刘小放、陆地、郁葱、伦佑。我会记住你们，永远记住的。今后，我应努力帮助别人。我要随时提醒自己。”文中提到的陆地，就是大解。后来我在 1988 年第 4 期《诗神》上看到了大解早年的一张照片——穿着西装、气宇轩昂，当然人仍是一如既往的瘦。

摔碎金器的六翼天使

我看见主坐在高高的宝座上。他的衣裳垂下，遮满圣殿。其上有撒拉弗侍立。各有六个翅膀。用两个翅膀遮脸，两个翅膀遮脚，两个翅膀飞翔。

——《以赛亚书》

其实我每次都想看看陈扬，我知道他的病，

我能接受他，一个永远长不大的孩子，
你称他是"一辆没安装刹车片的玩具车"，
可如今，二十八岁的他，仍不知道你去了哪里，

他听妈妈说，你生病了，住院了，
要很久才能回来，听话的孩子，
还在等着和你一起去饭店吃他最爱吃的饺子。

——李寒《未完成的哀歌》

1991 年，三十三岁的陈超此时在雨中想起了自己的童年和往事，想到自己这样一个"教师"和"干部"家庭的孩子，想起红色岁月"肮脏寒冷"中长大的孩子，未免生出沉郁和辛酸，甚至还一度受到别人的歧视。这也必然培养出了陈超的独立个性："这使我更为孤傲，不驯服，生命性，从小就习惯了被体面人漠视的处境，我什么也不怕。"（日记，1991. 5. 28　小雨）

在我小的时候，没有人关心我。现在，都需要我为之活着、负责。我真感到无比的不平。

（日记，1991.5.28）

然而，陈默（后改名为陈扬，小名洋洋。陈超在1994年第4辑《诗探索》的一篇文章中曾经用过“陈默”这个笔名，原因是那一期

1989年，栖栖与儿子陈扬

的《诗探索》还刊登了陈超的另一篇文章，名字不好出现两次，应编辑要求用了笔名。以下统称为陈扬）降生不久，一场意想不到的灾难降临了。小小的陈扬被巨大的病痛所折磨，也折磨着栖栖和陈超——陈超把孩子看成是“一辆没安装刹车片的玩具车”。由自己的孤独童年，陈超想到了儿子：“我的儿子，我今后决不让你再受委屈。我要让你比别的孩子得到更好的有益性的照顾和培养，和爱！”

1989 年，陈超与陈扬在游玩途中

此时，陈超还不知道陈扬将来的病情会给他和栖栖带来的另一番命运。

早在 1989 年（5 月 5 日），远在西昌的周伦佑就格外关心陈超的家庭状况：“你最近在写些什么？我特约的那篇稿子你在为我写吗？带小孩、当父母是很缠人的，我有过体会（我那时是边洗尿布边构思诗），但愿没有磨你几多斗志。”

在陈超和栖栖的悉心照料下，小陈扬的病情逐渐得到控制、好转，而背后他们的责任和付出难以想见。“此次见面，感觉到了老兄变化不小。责任伦理大大增强了。承奉老母，照顾默默，以平常心承担，不抱怨，不厌烦，确实不容易。”（刘西普 2004 年 7 月 26 日给陈超的信）这是一种难以想象的长时期的生活重压以及深隐的焦虑，“星期天的白洋淀清晨 / 显得不真实。它让我忘记了生活重压的焦虑，/ 有如天涯归客恍惚于故乡久别的美”（《大淀的清晨》）。那是一个又一个怎样黑暗而令人不寒而栗的夜晚。好像黑夜永远都没有尽头，但是，阳光总会来的。陈超曾写过一首名为《与西西逆风骑车经过玉米田》的诗：“金红头发童子军在风中集合/绿领带系得潦草而飘逸/腰身一齐弯向东方/金子的心，无辜闪亮 // 这时，我们骑车逆风冲上斜坡/我突然想加入这单纯的集体！/谢谢天，一切最终都会如愿/拜托你那时将我撒入这片绿吸墨纸的大地。”而这首诗我更情愿将之视为他们在不平坦岁月中的心灵真实的呈现，秋风向晚，逆风、上坡，都显示了当时生活的艰难与辛酸。

1991 年儿童节当天，陈超给儿子写了一首诗，悲欣交集，即将发生的命运仍未为可知：

给陈默

孩子，你本是六翼天使
纯洁，透亮，东游西逛
你摔碎了天堂里名贵的金器
被罚下地作了我的儿郎
你小小的心，宛如春天的池塘
蝌蚪、小鱼搅得你时时动荡
你快乐，懵懂，带来风一样的歌唱
管它明天怎样，我只要现在欢畅，
小宝贝，看着你，我的心又快乐又惆怅
孩子，为了你，爸爸妈妈曾日夜紧张
但是，你长大了，一天天变得机智健壮
也许，你永远就是天使的脾气
让我为你祝福，担忧，又充满温柔的心肠

1991年以来，工作、家庭和孩子使得陈超身心疲惫：“我的身体状况不太好，我要注意休息。一定注意，这个家中的一切人都在依靠我——反之，我也依靠她们，我们都要保重。”（日记，1992.12.12）栖栖和陈超不仅需要早晨送、中午接送和晚上接洋洋，还要准备一天的饭食，而且洋洋的身体状况总是让家里担心。栖栖为了照顾孩子方便，已着手调换工作。为此，陈超很是忧虑，替栖栖担心，怕她因此牺牲了自己的个人生活和工作环境，从而太委屈了自己：“她都是为了我，我感到特别对不起她。她能适应新的工作环境吗？她失去每天一段的个人生活，是否会使她的性情变得焦虑？她的工作合心意吗？与人相处行吗？我想，如果她不调来，我们担子也未必多重。早晨送儿子，中午接——送，晚上接。也没什么。为了这个，让她牺牲人生最高贵的东西，值得吗？……另外，就是做饭。光接送孩子倒无所谓，关键是做饭。我能做得好，有营养吗？是不是晚饭让栖栖做，午饭我们三人吃简单点儿，孩子身体也不会受多大影响？”“唉，亲爱的栖栖，我感到特别对不起你。我愿意你生活得好！让我为你牺牲我才心安。”（日记，1991.11.24）这种种忧虑使得陈超那一段时间一直睡眠不好，况且还要晚上熬夜坚持写作。“早晨的安静帮助了睡眠 / 我像被夹在平铺直叙的书页里 / 醒来，又告诉自己睡去，转眼已是上午 / 秋天到了，毛巾被第一次显出必要 / 窗外射进的阳光仿佛来自天空更远的地方。”（《安静的上午》）在生活的磨砺面前，陈超不是患得患失、瞻前顾后和谨小慎微，而是更加积极和乐观。正如他后来那本诗集《热爱，是的》，道出了他乐观的一面：“就这样，要自由、现代、深刻、漂亮地生活！热爱生命，热爱美，热爱想热爱的一切！和妻儿老母一同把生活过得更好!！陈超，就这样生活吧，心平气和，一如既往，创造一份生活，你可是众望所归的人！”

1992 年 3 月 10 日，陈超只在日记上写了短短的一句话，这几乎也是唯一的一次抱怨——“洋洋，是不是为你？”人生遇到这样不可想象的情况，谁会不抱怨呢？谁会就此甘心呢？陈超也是个普通人。“在我小的时候，没有人关心我。现在都需要我为之活着、负责。我真感到无比的不平。”（日记，1991.5.28）也是陈扬的到来在改变着陈超的人生态度和性格：“孩子的语言发展很明显。我有时烦他的无意义重复话语。但想想这正是他在练说话啊，今后一定要有问必答。理智地对待一切。”（日记，1996.10.27 夜　22:30）

陈扬的到来，几乎改变了陈超和杜栖梧的命运，尽管他们承担起了所有的责任。我们还是通过一封信来看看当时的情形吧！

邮戳：1996 年 1 月 16 日石家庄

信封：诗刊社

信纸：诗刊社全国青年诗歌刊授学院

陈超兄：

好！问小杜好！

昨日一路顺利，准点安抵北京。出石家庄不远，即片雪不见，我是替闹闹白喜欢了一场。

数月来每每感念着你的心绪，及至这次见后，放心多了。一年当中陈默的智力发育显然大有进展，可见所谓已成定局，仍有相当余地。世间许多事，非人所能料能及，可为可言者，尽人事而已。我相信，最终“人事”亦将显示为“天意”的一部分。

困难在于，他人视为非常者，你和小杜要视为日常，并非仅仅是从自我宽解的角度说，这也是一种“平常心”的修炼。所谓深谋远虑，于此无非是把可能的结局估计透，否则反而陷于有害的自我折磨。“平常心”对陈默也同样重要；在这方面，没有什么比自然的亲情更好的培养基了。你和小杜都是非常注意细节的人，我从旁观察，颇感欣慰；有一条或是多言，就是在任何情况下，都不要当着孩子讨论他的病情，不要让他形成是个特殊的孩子的自我暗示。孩子愈大，这一点就愈重要。在很大程度上，这将是他平衡自我和环境，真正的自己的支点。

陈默的机械记忆能力不差，可着意加强之，机械记忆并非只是机械记忆，经过积累而转化，是完全可能的。

假期旅行可作为一个固定的项目安排，利当远大于弊。时间不必长，7－10天即可。今年寒假到来时，第一站就定北京，如何？你和小杜可于腊月二十七八携陈默来，我处虽不宽敞，尚安排得开。我们一起过个快快乐乐的春节。这也是卫平和闹闹的心愿。请一定认真考虑。

暂此

远握！

问伯母、陈默好！

卫平、闹闹嘱笔问好！

晓渡

96．元．15．　灯下

唐晓渡在信中提到的一个建议非常好，不要因为孩子而自卑，要以“平常心”待之。这正点中了陈超一直以来的症结：“我还有个一直折磨自己的症结，怕别人嘲笑。说起来这很可笑，但我就是迈不过这个坎。怎么办？尽量做到坦然吧。为了孩子，一切为了孩子的成长——我今后应将此定为一切行为的准则。嘲笑就嘲笑（也未必有人如此），迟早的事。长痛不如短痛。”（日记，1996.9.9凌晨）忙于照顾孩子，还要教他识字、算术、外出转转，陈超连自己的生日都忘了：“今天是我的生日。我忘了。是洋洋非要早回姥姥家，这样我赶上了看新闻联播前的时间。电视说今天10月27日。我的心一动，记得是我生日。我已整三十八岁。三十八，过去看这是多么遥远啊，我没想过我也能三十八。我这三十八年，最好的时间是在1985年到1988年，没什么忧心的事。事业也正展开。如果说事业，至今还在上升……但是，孩子的病将这一切抵消了。老天是公正的，但又不太公正。”（日记，1996.10.27 夜 22:30）在三十八岁生日这天，陈超自己喝了一点儿白酒，也是为了缓解和鼓励自己，更是为了祝福自己的孩子能逐渐进步安好！陈超有时候很忧虑自己的生老病死，这既来自性格和心理又与家族遗传有一定关系：“三十八岁的人，生命已过一半。还有一半，很快啊！再有这么长，我就没了。有什么过不去的！”

等到洋洋稍大的时候，一家养成了一个铁打不动的习惯，每年利用假期或其他时间一起外出旅行，这也是接受了 1996 年唐晓渡的建议。而每次行程，陈超和栖栖都要经过周密的规划。可以看看 2011 年 4 月 21 日至 5 月 1 日南方之行的行程：

22 日（周五）：南京动物园；逛商场、水游城；夫子庙、秦淮河

23 日：玄武湖；中午乘车赴汤口中央门汽车站（13:20－17:30），住莲花宾馆（购饮、食品）

24 日：黄山，住排云楼。

25 日：黄山；下午 4:30 返南京

26 日：南京长江大桥，等等。南京车站赴扬州

27 日：瘦西湖，古运河、东关古渡，17:00 前到无锡，逛商场

28 日：鼋头渚，赴苏州，住乐乡宾馆（四星，乐乡饭店），玩观前街，买玩具

29 日：玩苏州乐园，下午逛商场（本打算逛苏州园林），逛石路山塘老街

30 日：早上赴同里

1 日（周日）：早上赴上海（虹桥机场 1 号航站楼　春秋航空 9C8969　12:35）

陈超那首广为称道的诗《秋日郊外散步》就印证了并不轻松的家庭生活，尤其是“孩子病情好转”这是多年来他们夫妇的一个心结。几乎孩子的一举一动、喜怒哀乐、健康、病症都使得他们的神经高度紧张：“孩子的病情是一点儿用不着安慰自己了——他这一生就算是可悲了。虽然我与栖栖在尽力（包括帮助他成长和自欺），但最终的结果是可以想到的。孩子的语言仍在进步，也较前懂事。这给我一点儿安慰。以前我将希望寄托在他发展语言能力上，现在语言看来仍在发展。但我又在忧心他一点儿文化都学不到以后怎么在社会立身，活得勉强像大家？人是不会满足的，这带来痛苦，但我想我与此说还不尽合适。我只是想让他像最差的‘正常人’那样活啊。整个暑假我携绝望以听希望的了，教他算术、写字。应算很有成就。但我也感到了他恐怕面临智能的极限了。他对数有了一点儿概念（多与少），三以内的加法（或许还有减法）算是会了。”（日记，1996. 9. 9 凌晨）由数字能力，我想到以前和陈扬一起吃饭时，他往自己盘子里夹花生米，一颗颗地自己数着——因为糖尿病的原因，陈扬的饮食还需要格外注意。在家庭和孩子面前，学术已然成了次要的位置，只有诗歌写作是陈超放不下的：“我的学术今后让位于孩子的培养。”几乎是从陈扬三岁开始，陈超或者栖栖都会在下午 5 点钟陪洋洋下楼在小花园和附近转转，让孩子多走走以便适应下外界环境和人群，顺便晒太阳补补钙。在他们的悉心照料和鼓励下陈扬的进步是明显的。“他认识很多字，能念出路边墙上的字，认识挂在路边的标语；他见人知道打招呼，知道该说什么话，该怎么说话，懂得要有礼貌；他知道自己有糖尿病，要喝无糖的饮料，他爱吃牛肉，但知道不能多吃，甚至每顿饭该吃什么，吃多少他都知道。把一个智障的孩子养成这样，近三十年了，我真的不知道他们夫妻的付出该有多少。”（见君《复活的叙述》）有一段时间陈超一直带着陈扬学游泳，这使陈超看起来面色较为沉暗——多年来都是如此。陈超和栖栖在巨大生活压力面前保持了乐观、倔强与和谐，这背后的艰辛可想而知。

当我看到陈扬的时候，他已经是一个帅气、懂事的少年了，高高的个子，喜欢唱歌，喜欢大汽车、火车和自行车。他的最大愿望就是坐上火车，跟随爸爸和妈妈去远行，看看灰暗的石家庄外面的精彩世界，看看雪山、草原、瀑布、高原红、大海……陈扬多想自己也成为一个杰出的舵手，在他自己的人生长河中任意地遨游、远航……陈扬有着善良的性格，同时他以孩童般的心看待这个世界。1997 年夏天，陈超和儿子一起去西清公园散步，突然天降大雨。本来是两人共撑一把伞，但是陈扬突然发现在冬青丛边有一个被雨淋湿的无家可归的瘦猫。当时他想都没想夺过雨伞就向那只猫冲去，想让小猫避避雨，但是猫吓跑了，陈超也淋成了“落汤鸡”——“在西清公园 / 遇上大雨 / 我和憨儿子共打一把伞 // 冬青丛边有一只瘦猫 / 浑身泥水 / 不停抖动身子 / 它奓起的毛 / 又吸入了更多的雨水 // 儿子夺过雨伞 / 朝它跑去 / 要和它共打 / 一个惊悚而逃 / 一个拼命追赶 // 雨水暴泻 / 浑身精湿 / 我不住打着喷嚏。”（《孩子和猫》）善良和天真也是最容易被误解的！

2004 年夏天，在石家庄我和陈老师一家三口吃饭。那时我已经到北京读博士，也担任位于秦皇岛的河北科技师范学院中文系的特聘教授。陈老师对陈扬说：“现在叔叔在秦皇岛工作，我们找时间一

2003年6月29日，陈超一家三口

起坐火车去看海!”当时陈扬欢呼雀跃。陈老师还说：“我们再去的时候不坐绿色的火车，我们坐红色的火车去。”那时，绿色火车一般车速都非常慢，而陈超所说的红色火车是当时的一种旅游观光车——双层，车速也快。当2014年国庆放假由唐山回北京，我久别重逢地坐上了那辆两层的橘红色火车。较之高铁和动车，这辆车已经慢得出奇。显然，我已经不太习惯这样慢的火车了，可是对于我们的人生和记忆而言还是需要慢下来，甚至需重新要拨转时光的指针。

京深高速公路的护栏加深了草场，
暮色中我们散步在郊外干涸的河床，
你散开洗过的秀发，谈起孩子病情好转，

夕阳闪烁的金点将我的悒郁镀亮。

秋天深了，柳条转黄是那么匆忙，
凤仙花和草钩子也发出干燥的金光……
雾幔安详缭绕徐徐合上四野，
大自然的筵宴依依惜别地收场。

西西，我们的心苍老得多么快，多么快！
疲倦和岑寂道着珍重近年已频频叩访。
十八年我们习惯了数不清的争辩与和解，
是啊，有一道暗影就伴随一道光芒。

你瞧，在离河岸二百米的棕色缓丘上，
乡村墓群又将一对对辛劳的农人夫妇合葬；
可记得就在十年之前的夏日，
那儿曾是我们游泳后晾衣的地方？

携手漫游的青春已隔在岁月的那一边，
翻开旧相册，我们依旧结伴倚窗。
不容易的人生像河床荒凉又发热的沙土路，
在上帝的疏忽里也有上帝的慈祥……

按照陈超个人的解释，《秋日郊外散步》这样的新格律体跟普希金的抒情诗关系很大（《回望80年代：诗歌精神的来路和去处》。个体经验的深刻性、内敛的话语方式与吟述性的乐感形成了特有的诗歌质地，日常生活和细节在记忆和知性的重新观照中获得了提升，个人之诗也因此成为命运之诗。“我不知道别人怎么认为，就我对陈超先生的了解，这应该是陈先生的代表作之一。这首诗没有《博物馆或火焰》博大，没有《风车》高蹈，没有《我看见转世的桃花五种》深沉，但它更为深切地打动了我。它有疼痛，但不锋利；有伤感，但不浓烈；有顿悟，但不说教。一切都是淡淡的，犹如秋天的芦苇慢慢变白，河水慢慢流淌。然而，正是这种表达上的隐忍与节制，与现实中诗人生存与精神的紧张构成一种巨大的张力，让人难以忘怀，让人悲不自禁。而这样处理紧张与舒缓、疼痛与节制的关系，也恰恰体现了陈先生对诗艺的一贯的打磨与尊重，体现了诗人的高贵与教养。”（辛泊平《隐忍的力量与光芒》）

有隐忍，就必然有隐痛，只是我们没有注意到日常生活中陈超的忧悒，更多的时候在人群中他是开朗和幽默的。陈超对于未知的命运曾如此打趣到“人生中的‘未来’谁也不可预料，‘有馕没牙，有牙没馕’也。因此，有牙有馕时就快吃也”（日记，2004.6.2）。而他的阴影和隐痛只有自己慢慢消解：“我的心在我心里，/ 谁也看不出来，/ 它有许多隐痛，/ 泪水已成大海。/ 也有一些欣悦，/ 短暂只如霎时的一个闪电。”（《心》，摘自 1991.5.28 日记）日常细节和精神氛围交织，叙事和抒情榫接得无迹可寻，结构严整、句式对称，生活带来的个体经验转化为生命整体性意义上感悟。秋天更容易让人怀念往昔，或者欢愉，或者悲悯。陈超，栖栖，一起牵手相依走过了几十年的时光，是熟稔带来了幸福和默契，也是熟稔给生活制造着麻烦和不悦。当秋日的黄昏来临，石家庄的郊外有些空旷和荒凉。这金黄的叶片让人惆怅也让人平静，陈超和栖栖在谈论着陈扬，孩子病情的好转使他们能够在此刻享有温暖的黄昏的余热，让树林中播撒下的光亮将往日的忧郁镀亮。而河水已经在多年前的某个夏日干枯，只有河床似乎还证明这里曾经是流水潺潺。树林投下斑驳的光影，有明亮也有灰暗，而远处乡间的墓群提醒人们生命是如此的短暂，只有承担这种宿命性的痛苦与悲凉。

“上苍，请你放过我！你过分了！！”

上帝、真主、佛，自有安排。会好起来，会过去的……栖栖已超体力，精神透支。我必须不让她有一点儿心情受挫。一定要镇定，乐观，往前看。记住，陈超！记住！……拜托诸神了！！

——陈超日记，2009.7.14

1997 年夏天，陈扬给陈超和栖栖带来了惊喜，不仅一年来他的语言能力在持续进步，而且更为不可思议的是他居然会骑自行车了，并且骑得飞快：“这是我过去不太敢想的，我以为他不可能学会。没想到在栖栖的动议下，我三人用了不长时间（大概 6 学时）就学成了。而且，还在 8 月 9 日骑车去了一趟动物园。这说明，陈默还不是像我估计得那么差，有一些基本技能还是有能力学会的。”（日记，1997.8.28）通过孩子学会了自行车这件事，陈超意识到这是一个不容忽视的重要经验，今后对待他要更有耐心、不断鼓励、不断激发他的潜能。当陈默骑着自行车在院子里和大街上欢快地呼叫，陈超此时已经快四十岁了。“心绪较灰。但主要是因为孩子的不幸。如果不是如此，我想自己的心是不老的。天气快凉起来了，到时一定注意多让陈默独立在外活动。否则就来不及了。”后来，陈超曾对我提起有一次陈扬骑自行车不小心把一个老太太撞了，陈扬自己的腿也受了伤，还送那人去了医院。这一事故发生在 2004 年的 4 月 10 日。为了息事宁人，陈超和栖栖付了对方的医药费，并多补了 6000 元，前后花去21000多元（这些钱对于陈超他们来说已经是巨款了）。所谓花钱消灾吧！万幸的是陈扬只是擦伤，没有受到太多的惊吓——陈超和栖栖都没有责备他。这件事前后折腾了半个多月，总算尘埃落定。当然在这个事情上陈超和栖栖最初都有些发慌、着急，最终心平气和地解决了此事。事后，陈超进行了反思和总结："遇事要直面，不要胆怵。对邪恶的人要正面碰击。有些事要沉一沉，不要急于决定。该来的一定要来，不该来的一定不会来。目标明确，态度坚定，尽量保持心情愉快——我和栖栖都做到了。"(日记，2004. 4. 26)

2004年暑假，陈超一家去了广州和深圳，在深圳与徐敬亚、王小妮夫妇相聚。陈超辞世后网上传播最广的一张陈超在大海边举着手奔跑的照片就是在深圳时徐敬亚拍摄的。

1998年，陈超只有七天记了日记。这一时期陈超日记记得都很少，

2004年7月，陈超一家三口在深圳

比如2005年只记了五次。按照陈超的说法是“越活越松弛，也有些得过且过”。值得提及的是陈超的很多日记都是在深夜和凌晨开始写，那时陈超偶尔失眠。在这些日记中陈超最最牵挂的当然是孩子——“这几日连着开会，心里平静些。想想，陈默还是有极大进步。生活毕竟是有希望的。”（日记，1998.2.19）“我近年心态低调，因为一直有孩子的情况压迫着我。孩子在进步，语言上最为明显。我现在的焦虑已指向学习，日后的生活，冷静下来看，他已达到我前两年的期望。”“孩子如此，今后安下心来过日子。小心谨慎，不为其他所累。我还能再发展什么？也就如此了。这一段我对孩子、母亲和妻子都不够好，今后应万分注意。天底下，也就他们值得我忍下、把住了。”（日记，1998.9.17）

1998年10月27日，陈超四十岁生日，当天夜里，陈超再次打开一个月没动的日记本——

> 我突出感到我状态还很年轻，趣味与真性情像个小伙子。我的想象力还好，求真意志很坚强。我对自己的精神与身体状态都满意。
>
> 如果不是有一个沉重的事实（孩子的事），我将多么出色。但反过来也说，即使有了这一沉重事实，我不也很出色吗？
>
> 人生一世，命运太可怕，太偶然了。让我赶上了。认了。
>
> 四十岁，多么好，今后还有得活与写。有的是弥漫的精力与体力。好的话，到五十五岁，再认中年的事。

因为陈扬的特殊身体和精神状况，1998年10月28日这天——陈超生日的第二天，石家庄合作路小学通知陈超和栖栖，学校不能再要这个特殊学生了。课堂上陈扬的举动对其他学生产生的影响越来越大。自此，陈扬只能离开学校和同学。陈超再次深夜坐下来面对幽暗的生活，自己劝慰自己："没办法，我们能做的已没有了，只好认了。我想，此事属无奈之命运，痛苦也好，伤悲也好，疯了也好，都丝毫于事无补。因此，也就不想它，过一天算一天。我是家中唯一的'大'男人，要稳住大家的心。特别注意不要迁怒于孩子。他是最可怜的。一定要坚持稳定心境，其实想想也没有什么，天没塌。迟早要发生的事，就让它发生吧。天要下雨，就只能让它下吧。怎么也是一天一天一天过。况且，被退也未必尽是坏事。孩子可以不在紧张、焦虑及羞辱中生活，对他成长也有好处。"在接下来的几天，陈超处于持续的波动期，有焦虑有痛苦有无奈，但最终陈超找到了自己的"病症"——负疚感和虚荣心："今天心情稍平，过一阵儿会好的。孩子进步明显，不上学就不上。上学除了受气外，什么也学不到，只满足了我的虚荣心。以孩子的痛苦为代价而满足我的虚荣心，是可耻的。我认识到这一点，我有不自觉的残酷!!!"（日记，1998.11.3）即使在此"不堪"的境遇下，陈超还是在此时坚持完成了关于臧棣的一篇评论，即后来发表于《作家》1999年第3期的《少就是多：我看到的臧棣》。早在一年多前陈超就曾在信中深入交流过对臧棣诗歌的印象，臧棣颇为会心："我把信中那些赞扬的话看成是来自一位有卓识的兄长的鼓励。据我观察，一个诗人在他的时代只要能得到几位同行、里手的真正欣赏也就足够了。除此之外的其他称羡，不过是陌生读者根据他们自己的需要进行解读罢了。你信中的'评述'，对我很有启发。不是客套。说到'智性''才气''才力'，愚弟以为大兄过于'悲观'。我始终认为'才气'是'个人的一点秘密'（John Berryman），最好对之采取神秘主义，不可定量化。我信仰勤奋、专注。从勤奋得来的东西，恰如从劳作中获得的收成，其快感强烈而纯朴。”（1997 年 4 月 24 日臧棣给陈超的信）1998 年 12 月下旬陈超写作臧棣的评论之所以有些费力，当然与臧棣自身诗歌的拒绝阅读有关，更主要的则是家庭和孩子耗费了陈超巨大的精力，而此时陈超还要准备下学期研究生的“二十世纪西方诗性哲学”这一门专业选修课。“这两天累煞我了，写一篇二千来字的臧棣小文。我是怎么啦，能力日下，还是对象难以把握？但愿是后者。总算是写完了。”（日记，1998. 12. 20）四天后，陈超修改完了关于臧棣的这篇批评文章，最终还是比较满意的，就是感觉“太累人啦”。在修改完这篇文章的当天，陈超去学校和同事邢建昌（此后陈超又把孩子的情况和郭宝亮、张俊才、李锡龙（李扬）、刘静等其他同事说了）说了陈扬目前不能上学在家的情况。“因为这个负担越来越大，且不可绕避。与其终有总账，不如渐渐透晓。认了，命该如此。说一千道一万，命是这般。认了也没有什么可怕的。一切都向好处转呢。”确实，多年来陈超太需要有一个倾诉的对象了，因为更多的时候他除了栖栖之外，更多是在日记和诗歌里和自我对话，甚至因为生活的重负他连在日记中面对自我的机会都是少之又少了。这是一日日累积起来的郁闷和焦虑，尽管更多的时候陈超努力用乐观和释然来予以化解：“不要焦虑，焦虑是不知如何是好的表现，你没有焦虑的资格，你只有唯一的一种言行方式。相信时间会有该带来的一切结果。不要着急，一点点工作。安稳地生活。”（日记，1998. 12. 28）“心情焦虑可能是一种精神病症，不一定是‘事情’本身带来的。因此，要有这种意识，使心平静下来。”（日记，1999. 1. 14）12 月 20 日这天，从学校回家的路上因为连日来的疲惫陈超有些神情恍惚。在 5 点多钟经过水泵厂十字路口的时候一辆摩托车撞上了陈超的自行车。结果是眼镜飞出了几米开外但居然没有摔坏，车子前轮的钢圈被压弯了，人倒是没有受伤。这已是不幸中的万幸了，也可以看到因为孩子，陈超和栖栖经受了多少痛苦、郁闷、无奈，当然也有欢欣和幸福。

重负与神恩并不是平衡的，甚至更多的时候重负远远大于恩泽，西绪弗斯所背负的石头还少吗？

陈扬有孤独症不能上学已经给一家带来了不小的压力，但是一切并没有就此结束。

1999 年 3 月 15 日，陈扬被检查出了糖尿病（隔代遗传的先天性糖尿病），而且是重症糖尿病。在得知此极其不幸的消息后不久，3 月 29 日陈超在陪护儿子的病床前给四川的稚夫回了一封短信，专门谈及此事："我最近陷入极度的悲伤与疲惫之中，我孩子（十一岁）患了糖尿病，属重症，尿糖 4 +，还伴有酮体 3 +。他入院已二周，不见好转。我与妻子白天晚上倒班陪护。我虽想为您的书写几句，但一无时间，二无心情。我小孩今后要靠每天注射 4 针胰岛素维持，可能是一生如此。"

压倒骆驼的往往是最后那一根稻草："现实总是如此残酷，一点儿出路都不给我留。本想去年已灾难到头，今年认了；没想到还有更大的残酷。我不知为何命运总和我过不去。我怎么了？"（日记，1999. 3. 16）这一次陈超真的有些绝望了："上苍，请你放过我！你过分了!!"

3 月 17 日，陈扬住进医院治疗，一住就是一个多月——4 月 22 日出院。出院后，一些亲戚、诗友以及陈超的学生（闫兰娜、张川平、杨翠欣、张俊娜）来看陈扬，一些亲戚和好友还给了一些钱（铁凝 2000 元、刘小放 1000 元、唐晓渡 1000 元、麦城 4000 元，孩子的姥姥和奶奶各给了2000元……），远在上海的张烨也全力帮助。这年夏天，陈扬的病情倒是稳定了。“病得到控制，是张烨的开光菩萨保佑了。我心态平和，孩子一天天进步，不像我企望的那么好，也不像我担忧的那么糟。我决定只教他认字，算术不学了。能认字就好。”（日记，1998.8.20）“孩子的教育可提上日程。他算术可能不会一时有悟，但认字总可一点点来。不想写，就先认。慢慢地引导他写字。”（日记，1998.8.25）这年8月初，陈超利用外出开会的机会带着栖栖和儿子一起去了大连，在大海游泳，逛森林动物园，玩得很开心。11日乘飞机到北京后停留了一天，带着孩子去了天安门玩。暑假结束，开学前河北师大文学院迁到西校区（红旗大街105号），很多师生都不太习惯，毕竟陈超已经在东校区学习和教书二十一年了，“师大搬家，一片凄伤”。开学不久，陈超再次申请辞去教研室主任的职务，此事已经拖了好长时间了，陈超早已不胜其累：“今后上上课，带一二研究生，一身轻快，可以静心写文章，写诗。我要将写诗当成一件正经事干，争取五年内出一本诗集。”（日记，1998.8.25）起初这一申请被批准，但很快院领导反悔。在陈超反复坚持下终于在10月中旬辞掉了教研室主任。工作上一身轻松之后陈超又有了新的写作计划：“准备再写一本书。不是那种纯专业的，写起来太累，也没有人看。是否写一本好看，写起来愉快的书？今天忽生想法，写一本《生命之诗》，或曰《哲思与诗思》，《诗与思》……初步设想是将现代人本主义哲学家写一遍，再加上一些重大诗人论。前部分写10万字，后部分写10万字。加入一些可收入的文章，对话等。”（日记，1999.10.14）

2009年4月16到22日，陈超一家来到北京，住在陶然大厦，去了长城、植物园、动物园、水立方，陈扬更是乐此不疲、极为兴奋。之后，又去了石家庄市区北邻的岔河（又称太平河、汊河，属于滹沱河支流），这次不小心陈扬扭伤了右腿的半月板和韧带。到7月份的时候，腿伤还不见好转，在三院核磁共振检查后医生明确需要手术。7月11日办理入院手续，7月16日手术，31日出院，8月21日能脱离拐杖行走，9月20日可以骑自行车。尤其是7月中旬到8月下旬的整整四十多天，难熬日日夜夜、分分秒秒。这一段时间陈超频繁记日记，一天一篇，甚至一天记几次。这是近些年极其少见的，有时一年才记四五次。这一次使得全家又陷入紧张，无异于又一次闯关和涉险，毕竟陈扬和一般孩子不同，况且还有糖尿病。每一次不幸来临，陈超只能在日记中自我勉励。这是一次又一次隐忍、郁积的时刻："他太不幸了，什么事都赶上了。没有办法，只能一步步走，要保持镇定，不要在任何情况下面有难色。相信一切都会好起来的。上帝保佑他吧！让时间做该经历的一切。时间之外的，我来做。"（7.11）"最艰辛的日子到了。没有退路，没有自怜的任何空隙。往前走，坚定，勇敢，一切会过去。一切都终会好起来。你是大梁，不能失职。要让栖栖和陈扬看到平静、乐观，最终会过去的。陈超，五十三岁学习做强者，没问题。没说的。一切都胜任。"（7.13）"上帝、真主、佛，自有安排。会好起来，会过去的……栖栖已超体力，精神透支。我必须不让她有一点儿心情受挫。一定要镇定、乐观，往前看。记住，陈超！记住！……拜托诸神了!!"（7.14）"一切神灵会保佑他的。如此纯洁的孩子，结果会好的！随时间往前推，什么结果都不怕，一切都会好的，一定!!"（7.15）当陈超在日记和内心里呼唤诸神护佑的时候，这真的是没有办法的办法——无助、无奈、无力。在此次陈扬手术中，陈超的姐姐起了很大的帮助作用。手术成功，但最为揪心的时刻是陈扬独自一个走向手术台："孩子，你真了不起，一个人走向手术台，你的背影让妈爸泪落如雨……但你以超常的勇气、懂事和能量挺过来了，出手术室很镇定，很伟大。我们感恩于你，亲爱的儿子。手术后伤口愈合挺好。心情也控制得平静。有时竟和我们开个玩笑。血糖上去了，下不来，可能——但愿是身体手术后的应激反应。保佑我儿，一切神灵，让他摆脱打胰岛素吧。最艰难的无底深渊，孩子一步步往上走，一切会过去的。我一定保持镇定、乐观。一步步往前走，让时间了结一切。"（7.21）陈扬在这次受伤、检查、住院、手术、复查过程中有非同一般的优异表现——懂事、乐观、平静、坚强、勇敢，既有他的个性因素，更与陈超和栖栖多年来的照顾、教育和锻炼有关。这也许正是做父母的最大安慰了："孩子心情稳定，很懂事，比任何大人表现都好，待得住。他住院的心态，表现令我感动和惭愧。他对待不幸和困难的智慧是超常的。我和栖栖认为，这是智慧，不仅是勇敢。我要保持乐观心情，为家里营造健康气氛。时间还长呢，应有心理准备。"（8.2）"这次生病，对陈扬有新的认识。他的智慧、他的清楚、他的性格、他的毅力，让我尊敬。在很多方面，比我好多了。陈扬所知不多，但能做到真正的知行合一。这是大多数人永远做不到的。陈扬自有自己的魅力和大智大福。"（8.9）"手术后三十六天，已可自行，他的身体素质和心理素质，是超强的。这可视为他懂事的结果，多年练脚力的报偿。"（8.21）当陈超读到冯友兰谈道家的赤子、婴孩和愚人问题的时候，陈超深受震动，这使他想到了应该重新认识陈扬："陈扬不乏感受快乐的能力，而对不快却很少感受。这难道不是幸事？幸福？我们知道，担忧那么多无谓的事，难道就有意义？复归于抱朴，知白守黑，知智守拙，这要靠修炼才能达到，而陈扬做到了。这不是自我安慰，而是实事求是。"（日记，

2013. 3. 30）

由于照顾陈扬过度担心和劳累，栖栖在 8 月底因为过敏而哮喘得厉害，石家庄没有合适的医院，于是栖栖 9 月 1 日下午坐火车去北京协和医院检查。哮喘发作期不宜查体，好不容易才做了过敏检查，但结果不明显，又已经抽了血，四天后去取结果。陈扬有时候还是会给陈超和栖栖带来惊喜的。2010 年 2 月 9 日，春节前，陈扬居然破天荒地画了两幅画并且画得还挺有想象力，这是谁都没想到的事情。

当年他们一家三口从红军路宿舍搬到三宏公寓的那份喜悦是难以形容的，既然陈扬不能上学、不能正常生活，他就应该在其他方面得到补偿。“今年我决定带栖栖陈扬母子去青岛，栖栖同意。我们不必太在意别人怎么看陈扬，只考虑三人之高兴。陈扬现在每天上午在花园玩，很好。锻炼身体，晒太阳补钙。三宏公寓太好啦！以后也可考虑再搬一次家，住更高级的房子才不枉此生。从红军路到三宏教育了我，在红军路住得太差了。不搬三宏，一辈子太冤。那么，从三宏搬更好的，道理一样啊！”（日记，2007. 6. 19）

2017 年，栖栖带陈扬住进了河北师大的新居，了结了陈超十年前的一大愿望。

第十二章 | PART TWELVE

三本日记：橘红、淡紫和土灰

私人日记蕴含了最简单的作者与读者的关系，因为作者和读者被假定为同一个人。而且作为一种形式，它还是最亲密的。

——玛格丽特·阿特伍德

我们只在日记里残酷地实话实说。

——苏珊·桑塔格

我构筑这飘摇的世界
只能容下我，音乐，自由，诗
顽强地一次次
筑好被风吹倒的积木

——摘自1981年陈超的日记

日常生活和精神生活之间往往并不是对等的，尤其是卡夫卡这样的“分裂”式作家：“从外表上看，卡夫卡的生活展现为一种正常的、几乎是单调的式样。一个举止良好的年轻人，不情愿地结束了高等中学阶段，接着又以一种心不在焉的方式学习法律。一个模范的事务所办事员，平静地在一家保险公司履行他的责任，逐渐地，甚至有些犹豫地，走着他的晋升之路。一个坚定的独身主义者，徒劳地试图克服对婚姻的深深反感。解除婚约之后，大部分的假期都花在奥地利或波西米亚的疗养地。夜间写作。身体上的种种不适：

失眠、周期性偏头痛、疑病症。在他的生命结束之前处于肺病晚期。几位朋友，以及和他的作品的品位相比显得令人惊讶地世俗化的几种爱好：农艺、园艺、游泳，与一般市民的兴趣没有什么两样。”(伊凡·克里玛《布拉格精神》)

在作家的诸多文本中最特殊、最隐秘、最内在的无疑是通信和日记，这揭示了一个人最真实的内心状态。“在他的日记和通信中，可以看出他将注意力如此集中于他自身，他的病、他的梦、他的焦虑，他最琐细的日常活动。”（伊凡·克里玛《布拉格精神》）每一个作家和诗人都会有属于自我的更为个人和私密的文本，比如日记和书信。“倾心于那些仅属于个人的秘密：日记、断片、某些修改稿，或诗人在公众面前突然拉下自己帽檐的一刻……例如从奥登的‘我们必须去爱否则死’到他十五年后改定的‘我们必须去爱并且死’，这中间发生了什么？谁在修改着一位诗人?”（王家新《谁在我们中间》）

陈超只留下了几本日记，而苏珊·桑塔格则一生留下了近百本日记。日记里的苏珊·桑塔格是同性恋和双性恋。“把日记理解为不过是私人的、秘密的思想的贮存器——像个又聋又哑还是文盲的闺密，是肤浅的。在日记里，我不只是更加敞开心扉；我创造我自己。日记是我表达自我感觉的一个媒介。它再现的是情感上和精神上独立的自我。日记或日志的主要（社交）功能之一完全就是让别人偷看，关于这些人（如父母＋情人），我们只在日记里残酷地实话实说。”　（戴维·里夫编选《重生——苏珊·桑塔格日记与笔记(1947—1963)》，1958 年1 月2 日日记）对于日记这种特殊的记录方式，陈超有着十分深入的清醒理解，这对于我们解读他的日记大有裨益。“日记是我们努力抓住自我的方式。但有许多人写日记是由于构想出另一个‘我’来满足自己。在日记中他扮演自己，怜悯自己。他所面对的不是‘我’，而是未来的潜在读者。他的日记，更像是一个冒名顶替的骗子。读许多名人日记，使我对‘日记’产生了一种虚无的看法。‘写作就是坐下来审判自己’，就体裁的严酷性而言，日记是意志薄弱的人不应动用的形式。一种危险的精神财富。”（《日记》）在1996年9月9日的日记中陈超也再次证明了日记是最直接面向自我的书写：“本来不想写什么日记，但还是拿出了本子，这说明，更内在的东西驱使我走向它。”正如苏珊·桑塔格所说：“写这样一种自传，写如何成为一个诗人，就需要一种关于自我的神话。被描述的自我是诗人的自我，日常的自我（其他的自我）常常因此被无情地牺牲。诗人的自我是那个真正的自我，另一个自我则是承载者；而当诗人的自我死了，这个人也就死了（拥有两个自我，是悲惨命运的定义）。诗人的大部分散文——尤其是以回忆录形式写成的散文——都是用于记载诗人那个自我的胜利出现。（在诗人的散文的另一个重要体裁也即日志或日记中，焦点往往是诗人与日常的自我之间的差距，以及两者之间往往并不成功的相互作用。这些日记——例如，波德莱尔或勃洛克的日记——充满保护诗人的自我的各种规则；绝望的鼓舞箴言；屡述危险、沮丧和失败。）”（《诗人的散文》）。确实，日记是一种私密而特殊的“文体”，甚至在郁达夫和周作等人看来日记不是单纯的实用文体而是“日记文学”。（参见郁达夫《日记文学》）这是只面对了更为真实和复杂自我的精神档案：“不要小看了这两部小小的书，其中哪一个字哪一句不是从我们热血里流出来的。将来我们年纪大了，可以把它放在一起发表，你不要怕羞，这种爱的吐露是人生不易轻得的。”（陆小曼《〈爱眉小札〉序》）尤其是性格层面上一个作家的丰富性和真实性有时候会超出了我们的想象："到目前为止，我的'自我封闭'倾向越发严重，几乎无法正常与人交往。为此十分痛苦。从外表上看，我也越来越瘦。这种瘦不有碍于健康，而且仅体现在脸上。还有一点：我的瘦不可逆转。真不知这种标志性的瘦意味着什么。现在我的日常生活就是上午写作，下午散步，晚上陪伴女朋友，看来似乎一切如意，其实还是危机重重的。我的神经越发紧张，失眠、头痛，晕车（因此我不好旅行），也容易被小事干扰。"（1992 年 12 月 9 日韩东给陈超的信）"我在外面给人的感觉是很'嚣张'的，但在山中，我的真正生活（从精神到交往）是绝对孤立和孤独的。"（1992 年 11 月 20 日周伦佑给陈超的信）

我们在文本现实（传记、诗歌、小说、日记、通信、档案等）中看到的只是一个作家的个人形象和社会形象的几个侧面而已，更多的个人的私密生活和更为内在的部分则被这个作家自己带走了，也就是很多更为真实、隐秘的部分并没有被记述而流传下来。我想到了传记作家特德·摩根眼中如此复杂的"总和性"的毛姆，尽管毛姆本人认为自己的生活很乏味甚至认为现代作家的生活都是乏味无趣的，但这也许并不是真相。"一个孤僻的孩子，一个医学院的学生，一个富有创造力的小说家，一个巴黎的放荡不羁的浪子，一个成功的伦敦西区戏剧家，一个英国社会名流，一个一战时在弗兰德斯前线的救护车驾驶员，一个潜入俄国工作的英国间谍，一个同性恋者，一个跟别人的妻子私通的丈夫，一个当代名人沙龙的殷勤主人，一个二战时的宣传家，一个自狄更斯以来拥有最多读者的小说家，一个靠细胞组织疗法保持活力的传奇人物，和一个企图不让女儿继承财产而收养他的情人秘书的固执老头子。"无独有偶，莱昂纳德·科恩的形象同样令人眼花缭乱。他是加拿大伟大的诗人、小说家、画家，进入摇滚名人堂的巨星、歌手——“摇滚界的拜伦”，“他是情圣，是瘾君子，还是重度抑郁症患者。他在巅峰时遁入深山做了和尚”（西尔维·西蒙斯《我是你的男人：莱昂纳德·科恩传记》）。英国的女作家缪丽尔·斯帕克则在生活和社交中更是反复无常、性格多变，“躁动不安，要求严苛，很容易生气，外表像变色龙一样善变，能够在连续的几天里表现得像两个不同的女人”。“有些熟悉她的人认为她是一个白女巫，天生具有超自然的洞察力。大多数人认为她古怪、捉摸不透；有些人认为她有点儿神经错乱。”（戴维·洛奇）斯科特·科恩在1985年采访鲍勃·迪伦时曾经这样描述：“桂冠诗人，身穿摩托夹克的先知，神秘的游民，衣衫褴褛的拿破仑，一个犹太人，一个基督徒，无数的矛盾集合体。完全不为人所知，像一块滚石。他曾经被分析、定级、分类、钉上十字架、定义、剖析、调查、检验、拒绝，但是从来没有被弄明白过。”至于“千古一人”的苏东坡，其形象就更是多样而难以捉摸了：“我们可以说苏东坡是无可救药的乐天派、伟大的人道主义者、亲民的官员、大文豪、新派画家、大书法家、造酒实验者、工程师、假道学的反对者、静坐冥想者、佛教徒、儒家政治家、皇帝的秘书、酒鬼、厚道的法官、坚持自己政见的人、月夜游荡者、诗人或者谐谑的人。然而，这些恐怕都无法构成苏东坡的全貌。”（林语堂《苏东坡传》）

日记，正是一种挽歌。日记，显然是一种私人的秘密档案或“精神掩体”。这是最直接面向自我最真实情感和最真实自我的记录方式。尤其是对于陈超这样内省的人而言，这些日记成为类似于叶芝式的“自我分析”，而这种日记对于那些极少数的知情者和阅读者而言显然具有反观自身的效应。

陈超日记封面

陈超最早的一本日记是橘红色的封面，上面有一个亭子和假山的图案，背景是烫金的竹子，封皮左下角有两个金字“风光”（北京市商标印刷一厂印装，1979 年，36 开，120 页）。日记时间为 1981 年 9 月 10 日至 1982 年 12 月 27 日。

第二本日记的塑料封面是淡紫色的（很有些小资味道），封皮右上角是四个烫金字“电影日记”，封皮居中是电影胶片的图案以及朵朵盛开的梅花。该笔记本由北京制本一分厂 1981 年三季度印制，36 开，120 页。

第三本是土灰色的布面硬装本。封面上部是“日记”两个字，日记的上方是花朵的图案。整个封皮的左半面是装饰性的花叶图案，素朴、大气。天津市第二制本厂 1984 年印刷，32 开，200 页。

在此仅说说陈超的三本日记，按记录的先后时间日记本的封皮颜色分别是橘红、淡紫和土灰色。这极其偶然又极其准确了对应了三个时期不同的陈超。红色的激情和青春热烈时期，淡紫的幻想和沉思的时刻，土灰色的抑郁、失眠和诀别。

陈超的日记呈现了内心的多种声音的纠结，而更大程度上则是他不断俭省自己的缺失，这也是他能够在生活、诗歌和评论中不断飞速精进的重要原因。这是一个人的对话和辩难，是劝慰，是和解，也是独立人格的不断维护和决不妥协。这使我想起 1996 年王家新读叶芝日记时的情形："说来也怪，我从不记日记，却爱好读作家的日记。例如卡夫卡的日记和言辞片段（人们称之为'格言'，其实它们恰恰是'反格言'的），按照传统文学观念它们不是'作品'，但对我来说却构成了个人精神最隐蔽的源泉。我珍惜它们甚于许多鸿篇巨制，因为一个痛苦的灵魂就在这些片段之间呼吸。"叶芝的日记同样具有自审性："我一直大谈特谈我的长途乘车旅行，即使我嗓子哑了我也不停下。为什么这样？完全是因为我胆小，因为我感到另一个人在评判我，因为我赋予他的沉默以所有可怕的性质。由于被评判所以我必须诱引我的评判员。"

在日记中我们看到了深情的陈超、自勉的陈超、内省的陈超和痛苦的陈超。一个人的多重面影在这些文字中现身。而日记还有一个区别于其他印刷体文字的秘密，更体现了书写行为与写作者之间的直接关系。每一个写下的字，无论是大小轻重甚至每一个笔画，都可能对应于那一时刻书写者自身的身体甚至精神状态。本雅明就反复强调手写体的重要性，哪怕只是几个手写的字词，在本雅明那里，词语与身体、心灵（包括潜意识、无意识）和才能是直接贯通的。而对于仅属于本雅明极端写作风格的"微观书写"，伊斯特·莱斯利则强调这种写作行为的不可替代性，尤其是面对文本和写作者本人性格的时候："手写体呈现的不仅是分析作家性格的一种方法，也是接近只被思考或许甚至未被思考之物的可能性。手稿的特征就体现在无意识的、未言表的因素，语言之前就存在的物，也许是外

在于表达的东西。”(《本雅明》，陈永国译)

先说说那本淡紫色封皮的日记本。这是陈超在河北师大中文系读书时作为1981年度“三好学生”的奖品。日记本里的彩色插图都是当时的美女演员，一张是秋深时节一个穿着棕色羽绒服的女孩，手里拿着一串枫叶，另一张则是两个背靠背的少女面带憧憬地坐在草地上。这本日记主要是陈超抄录的诗歌习作。

日记第一页抄录的1980年9月7日写的一首诗——《1980年九月七日夜》。

仍然要思议
对着不可思议的一切
我拿起笔
也拿起冷峻的思绪

仍然要坚韧
挺起巍峨的躯体
我站在天地间
测量着缥缈和实在的距离

有凄风有苦雨
甚至热泪甚至血滴
仍然要思议
仍然要坚韧
活着，而且寻觅

可见陈超早期的诗歌习作更注重内心情感和理想的浪漫式抒发，

句式和语言更多受到朗诵诗和俄罗斯诗歌的影响。在《思绪之二》习作的开头陈超引用的赫尔岑的一段话值得注意，这不仅是一代青年的心声，也带有陈超个人性格的某些特征："我们生逢两个世界交替之际，因而对于有思绪的人们来说，生活就格外的艰苦和困难。"这个日记本抄录的诗歌大多做于1981和1982年，没有在当时和后来公开发表，也没有收入陈超的诗集——《1980年九月七日夜》、《思绪之二》、《思绪之六》、《纪念》、《前驱者》、《致北方》、《雨云——一代人》、《中秋夜》、《致诗》、《小诗二首》、《致北方》（同题）、《思》、《思念》、《思索》、《思考》、《我和文学》、《"……!"》、《欣慰》、《今夜的星》、《丢失》、《遐想》、《幻觉》、《紫色的河，流，流》、《忆山西》、《致仙人掌》、《仲夏夜》、《我要等待，是的!》、《笑》、《水》、《水手的爱》、《游苍岩山得打油诗》、《致》、《致友人》、《致童年》、《海》、《帆》（日记本上还画了一只小帆船）、《诗》、《无题》、《向往》、《追求》、《交替》、《想念晓义兄》、《自白》、《祝愿》、《失望》、《致白杨》、《雨晨》、《渴念》、《热爱生命》、《灯》、《一个希望——给同类》，共计五十二首。陈超这些诗歌（最短的诗作只有两行）已然受到了朦胧诗人（诗潮）的影响，实际上不只是陈超，那几乎是一代人的精神生活："侯宝华是我的老同学，也是老朋友，同系不同年级。远在三十多年前的1980年，我们就是同一个诗社的成员。记得那时，中国诗坛有关'朦胧诗'的论战正如火如荼，刚刚改革开放的人们对这种新的情绪和修辞基础还远不适应，我们新松诗社的同学大致也分成了两拨。我和宝华都是'朦胧诗'坚定的拥护者，不仅在阅读时能机敏地感应、揣摩，更在写作中自觉地身体力行。在那一次次真的'大动肝火'的辩论会和朗诵会上，对北岛、舒婷、顾城等人诗歌的激赏，使我们成为灵魂上彼此支持的兄弟。"（陈超

《历史和当下的对话》）20 世纪 80 年代初，朦胧诗人中陈超最喜爱的不是北岛而是舒婷——对陈超来说北岛的影响来得要晚但是也更持久。舒婷是陈超 20 世纪 80 年代初诗歌写作起步阶段的“恩人”“指导教师”和启蒙的“心灵朋友”：“对20 世纪50 年代出生的诗歌读者，舒婷曾像一位女性的丹柯。但她的火焰是柔和的、迷蒙的。不带有进攻性，却烛照了我们的身心。70 年代中后，在僵硬的政治教条和集体顺役的禁欲体制尚未广泛松动时，舒婷的诗，带给我们久逝的诚朴的宽慰和最初人性的苏醒。那时，舒婷是‘及时赶到’的诗人，她表述的经验比其他朦胧诗人更顺当妥帖地在我们心中扎下了根。北岛、多多、江河等‘黄皮书’滋养的优秀诗人，距我们的识力尚显遥远，我们热爱他们，却不甚理解，有待时日；而中国风舒婷却像泉源渗入土地，点滴不剩，被我们这代人吸收，更新了我们粗糙的情感。难忘啊，为舒婷诗争执、激动、彻夜难眠、专题朗诵会，这一切都远去了，后来我们已有更挑剔的阅读胃口。但是，最初的感动还活着，舒婷那‘理想使痛苦光辉’的表情，还被一代人珍藏心底。世上有多少杰出的诗人，但却只有不多的诗人才能有机缘领受读者的感恩心情。舒婷递给一代人的诗人恩情，我们不会忘记，就像我们不会忘记最老的朋友，最初的恩师。”（陈超《昨天：诗的恩情——舒婷诗的特殊魅力》）对于陈超这代人而言，舒婷的诗是一代人的青春、一个时代的纪念、一代人胸中的一口长气、一种永志不忘的诗的恩情。当然，舒婷对陈超的影响是局部和阶段性的，陈超对她的诗歌阅读也是有选择的。当陈超在《今天》上第一次读到舒婷的《致橡树》并没有多大感受，但是当陆续读到《诗刊》《福建文艺》《榕树》等刊物上舒婷的《致大海》《珠贝——大海的眼泪》《船》《心愿》《落叶》《寄杭城》《秋夜送友》《当你从我的窗下走过》《会唱歌的鸢尾花》等其他诗歌时陈超受到了心灵和诗艺的双重震撼，“穿过祖国山水，准确地击落在一个文学青年心上”。在理想化的时代氛围中陈超的这些早期习作还往往是以“一代人”（“我们”）的身份和集体形象（燃烧的木炭、跋涉者、水手）在说话和宣告。比如，“让我们走吧 / 尽管天空不再晴朗 / 信念也不再巍峨 / ……我们不该是幽灵 / 我们是共和国的公民 / 我们是世界的强者”（《思绪之二》）。这些诗情绪饱满、鼓胀，语调也比较高亢、激昂，外在的节奏和韵感强烈。当然，那些直接面向了个人情感世界（内心、朋友、童年、故乡、父母、初恋）的诗则相对内敛、深沉、滞重、凝缓：“我构筑着飘摇的世界 / 只能容下我，音乐、自由、诗 / 顽强地一次次 / 筑好被风吹倒的积木 // 我是个好孩子 / 我说着笑着，劳作着。”（《小诗二首》）尽管此时的陈超才二十岁出头，但是他竟提前在预叙中想象到了老年时的图景以及未来的命运感：“晚年我们再经过这里时 / 也许会看到火红的花朵 / 啊，思维是紫色的呀。”（《思绪之二》）“我知道我的生命是多么短促。”（《雨云——一代人》）尽管这是陈超的诗歌起步阶段，但是显然他已经具备了综合的写作能力，即使是在青春期，陈超也并非是严肃地板着面孔抒情，而是具有幽默、开心、别具一格的另一面。比如，《游苍岩山得打油诗》读来颇让人解颐——“游苍岩，灰雾弥漫山，/ 石阶通天热泪落，/ 怪石缝里生古檀，/ 美哉苍岩山！// 入苍岩，老陈凄凄然 / 老孙洞里毛骨悚 / 苔滑路窄罡风寒，/ 森哉苍岩山！// 问苍岩，苍岩有吾仙，/ 兴衰成败可有数，/ 真假恶善孰评判？/ 苍岩默默然！// 爱苍岩，柿叶火把般，/ 秋凉不凉秋心暖，/ 全仗红叶吾心燃，/ 采撷回家转！// 苍岩好，美景未曾谙，/ 蜻蜓点水掠而过，/ 处理胶卷占时间 / 来日——重登攀！”几乎是二十年后的夏天，陈超再来苍岩山，因为下雨而在山中客栈羁留二日——偶然而命定的时刻。当年的那个轻松、幽默、开朗、浑身散发着热力的青年已经成为更成熟、内敛和理智的中年人，也有岁月和家庭带有的隐忧和沉滞——“新生的苔藓压弯了翅膀”。他近乎有些木讷地喝着“三九”黑啤酒，烟雨迷蒙中的苍岩山冷风吹袭，青翠山水是“清新的寒噤”，夏天也苦旧、发霉，中年人提前到了老年：“白檀茕立在苦绿中的绿。/ 连阴雨使岩石更显嶙峋。/ 鹌鹑囊嗉中菲薄的热量在蒸发，/ 山瀑焦灼地摔打竖琴。// 野雉潦倒，狐狸遁驰，/ 岩缝里，雨水惊扰了山鼬的酣眠，/ 南阳公主留下的庙宇 / 在加速着霉烂。// 守林人长霉毛的板棚，/ 漏出凄清的灯光。/ 他妻子搁下针黹，/ 与山茱萸漠然对望……峡谷窜荡的冷风，/ 磨利了山豆根和牛蒡的锋毛，/ 你吐出阑珊的话语，/ 也有它苦涩的味道。”焦灼、霉烂、凄清、漠然、苦涩、寒噤……

2005 年在舒婷家

有一点更为重要，陈超从 20 世纪 80 年代初就把诗歌看作了一生中最为重要的生死与共的命运伙伴：“我爱你，你这奄奄一息 / 的孩子。我拉着你 / 的手，走向那里 / 那开着红石竹花的墓地 // 我们爱得好深啊！久久地 / 不，永生永世不能分离，纵是 / 为了你，把我的眼睑分割 / 把我的喉咙封闭 / 我也会情愿的：我爱你一生 / 并且耗尽了无穷的智慧和体力。”（《我和文学》）事实证明，陈超最终没有辜负他的这一命运伙伴——一直到红石竹花开满了自己的墓地。

橘红色封皮的日记本，与陈超强烈的存在意识和生命意志有关。他摘录了大量的格言和诗句，同时也记录了自己的情感和心路历程。他不仅抄录了歌德、莎士比亚(《奥赛罗》)、费尔巴哈（“人的本身最高的、绝对和本质及其生存的目的，是在于意志、思想和情感之中，

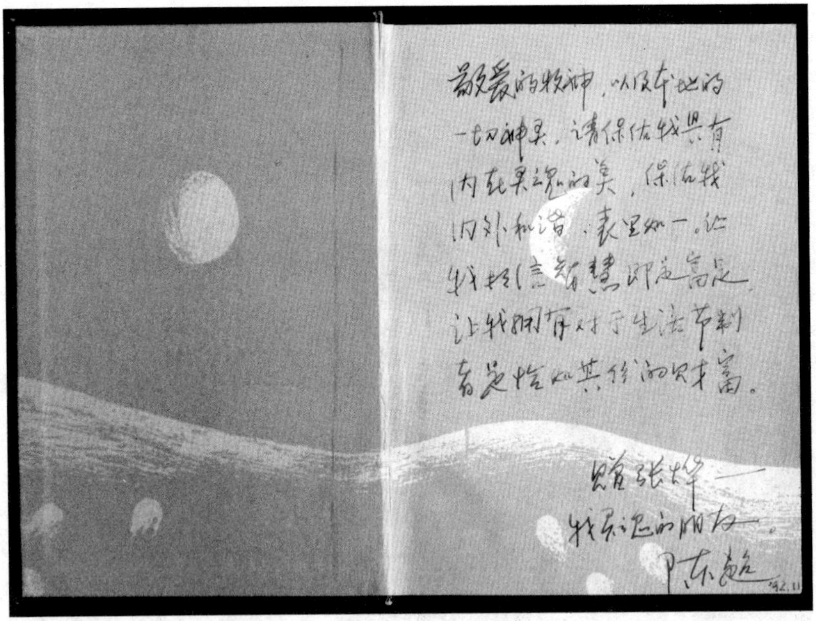

陈超题辞

人的生存就是认识、爱和希望”)、笛卡尔（“征服自己，而不要征服世界”)、卢梭(《忏悔录》)、托尔斯泰、萨特（还写有一首诗《给老萨特》)、贝多芬、罗曼·罗兰(《约翰·克利斯朵夫》)、契诃夫、鲁迅等文学家和思想大哲的箴言，而且还抄录了《人权宣言》(“自由就在于可以做一切不损害他人的事”“每人对自然权力的行使，仅受保证社会其他成员享受同样权力的限制。此项限制只能由法律确定之”)。这是生命和生命的对话，是对自我的认知，对生命的体认，对时间的审视，对人生的参悟。“要正直地生活，就必须挣扎、迷乱、追求、犯错误，开始、放弃、又开始、又放弃，还要永远地斗争和忍受的牺牲。”（托尔斯泰）此外，陈超还摘抄了蒋光慈、艾青、公刘、北岛、舒婷、梅绍静等人的诗句，比如舒婷的《馈赠》(“我简单而又丰实 / 所以我深刻”) 和梅绍静的《青春》(“单纯到了十分 / 才是真正的深沉”)。在 1981 年教师节这天，陈超抄下了北岛的一句诗——“我不是英雄，在没有英雄的年代，/ 我只想做一个人。”这些成名诗人对正在写作的陈超而言是一个强大的激励和提升。正如他 1981 年 10 月 16 日日记中所感叹的那样：“读舒婷的诗，高兴。她是幸运的，在昨天应运而出。而我，我们，还要等多久呢？终会有一天的。”陈超用肯定给出了自己答案。而从性格和命运的角度考量，陈超是乐观的也是深沉的，当命运携带灰烬、寒冷并发生倾斜的时候陈超的意志力就表现得更为强大。我不知道这是否除了他的性格、理智和生命意志使然，是否与他成长期最早受到一些诗人的启示有关？1981 年陈超读到公刘的一首诗《回答》，在笔记本上抄录了最喜欢的一节——

幸亏我有一点乐观的禀性，

常能从灰烬中拨凉火星；
如果悲痛迫使命运倾斜，
理智的砝码就会来恢复平衡。

也许，日记是最能袒露一个人的真实性格和内心活动的——尤其是青年期和成长阶段以及遇到重要事件和挫折的时候，当然也有着难以尽然避免的矛盾性（甚至带有修饰和虚拟的修辞成分，包括当年陈寅恪、郁达夫、徐志摩和朱自清的日记。1927 年 6 月 15 日郁达夫的日记写道：“Y 在杭州城里跑了一圈，屁也没写”）。“就日记的特性而言，我们可以在这里看到它的第一个矛盾性——自白性与秘密性的矛盾；日记的第二个矛盾性——真实性与虚伪性的矛盾。（日记常常是‘诗与真的混合物’）青年期写日记的心理：青年意识到本身的软弱，一方面想努力掩饰它；另一方面又希望找到倾吐的对象和安慰者。”（日记，1982. 2. 23）陈超在大学期间一直希望自己能迅速地成熟起来，而他对自我的认识显然一语中的：“我的性格，很有意思。一种笑着的忧郁，一种歌唱着的苦痛。没有人了解我（我不是说理解，因为我讨厌别人理解），他们都认为我天真幼稚纯真，这真不错。这不是我要装的，是他的一厢情愿地这样认为的。纯真正派这是有些的，而幼稚——我的上帝，我多么希望自己真能幼稚一些啊！”忧郁、痛苦、纯真以及欢乐、幽默、睿智所一起构成的性格就带有了矛盾性，这一矛盾和扭结早在 20 世纪 80 年代就已开始了：“在一切都无意义时，我尤其讨厌休息。工作，不竭地工作，明快地令人高兴。工作是无结果的。无结果就是意义，而有结果的事，我又感到忐忑。”（日记，1981. 9. 15）“生活中的欢乐和悲哀都让我感到悲哀，于是我转向无目的的‘奋力辗转’。当一切都不再能引起我的兴趣时，剩下的只有用读书捱时光，认真地、捱命地读。”（9.30）年轻并不意味着轻松，“是的，我成熟了，成熟得已近于老化，如果不马上应用，会变成一堆腐朽的”（10.14）。这种“成熟”与陈超经常阅读哲学著作不无关系，那时他比较钟爱的是卢梭，这给了他诸多有益的启示，也打开了他的眼界。当时（1981年）陈超对人类幸福和不幸的认知比同学和同代人都要深刻得多：“人类抛弃轻易得到的幸福，走向不幸后的侥幸，当一种安宁或饮食居住已经不再成为问题时，他（或她）们便迫切需要在精神上也达到像生理的欲望一样的满足。悲剧于是就在这里产生——自然赋予人奢望一切的能力，却用这能力的绝小部分满足它，使他（或她）永远处于忧愁不快中。”

平心而论，我喜欢陈超日常生活中聊天的时候偶然冒出来的脏字，有力、幽默、解气。当他在早年的日记里因为对人对事极其气愤

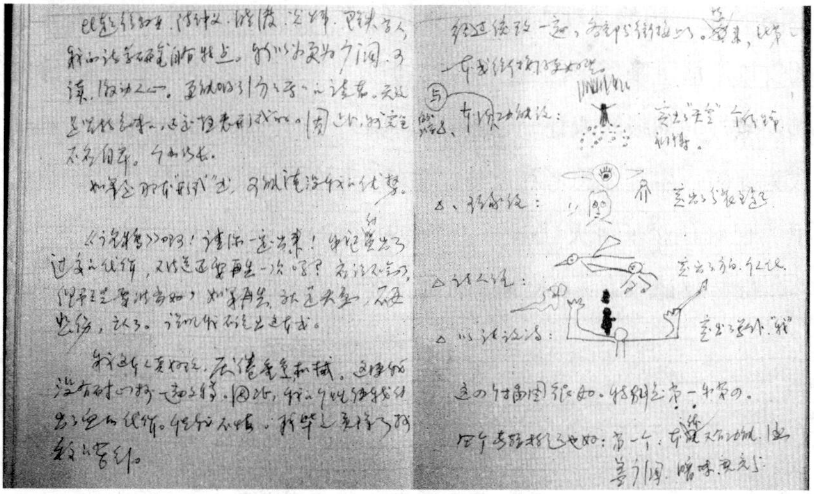

陈超日记内影

的时候所骂的“妈的”“他妈的”“去他娘的”的时候我很会心。年轻人尤其是善良和真诚的人如果不（敢）愤怒还是个人吗?

快毕业了，陈超也不能不想到毕业分配的问题，那份清醒、自知在他那个年纪是属于超前的，甚至还带有清晰的预见能力：“石家庄是个必留之地，这点不容动摇，留校是一条路，看来这是唯一一条可靠的路，尽管这条路中间和归宿未见得好。”（日记，1981.10.14）我久久停留在最后一句，“中间”“归宿”是指什么呢?

第三本日记是从1990年12月17日开始记录的，除了一般的日记外主要是诗稿和随笔以及读书笔记。陈超日记中的诗歌几乎从没有公开过——如《穿过失败的大地》（1991.3.21）、《心灵》（1991.3.21）、《祖国》（1991.4.13）、《此时此刻》（1991.6.7），但是这些诗句和他同时期公开发表的诗歌能够起到相互校正的互文意义。这对于考察陈超诗歌的发生学意义上的轨迹以及他对诗歌的认识与修正都是重要的。陈超早已注意到最重要的关键词“心灵”“命运”：“这一切都是真实的。如果我们活下来了，如果一切都在最好的安排下活下来了。这当然挺好。但是，心灵，它是不要当奴仆的！哪怕最好的高级的奴仆，也不要！”（日记，1991.3.21）命运和独立成为陈超一生都在思考和反复掂量的本质性问题：“在我生命的果核里 / 已经住满了军火！”（日记，1991.6.7）

翻开日记的第一页，是一首诗《冬天的火焰》（1990.12.17）——

黑暗从金属内部走出来
冰冷，压迫，不能呼吸
十二月，在我发烧的额头刮北风！
整整一座天空下坠到黑暗

比黑暗更黑些

十月的死亡，十一月的腐烂
被十二月保存，发酵专制的盒子
冬天，大地在失败
正义已经冰冷……
在流放过诗歌的路上
我如今拎着生命走过！
但是，在冰雪中写作的人不会衰老
在田野上走动像是雪暴中的狼

十二月！让风攀上天空的季节
我不服气！
我不等待春天，让竹篮盛满花朵
没有春天，春天滚开！
强大的风暴足以使我斗志昂扬
有如寒冷中心灵的果子
悬在前面燃烧

1990. 12. 17. 晨

在日记中，我发现自始至终陈超最热爱的无疑是诗歌——

“我很少被名著打动。我读诗，读各种各样的美好或深刻的或奇怪的诗，我尤其爱读现代诗中表现个人心灵的那些诗。我的诗歌写作，已步入专业化，而不是走入心灵。这和我读得太多，而想得太少有关。我最大的愿望是做一名好的诗人。”“在理论写作上，我不再勉强自己的学术性。只写独抒性灵的短文，三五千字的。我将诗

论当作另一首诗写，我将不再考虑这是否合什么章法，我是我自己。我不在乎。”（日记，1991.4.17）

“我一生只是爱好诗歌。我没有别的才能，玩，不会；文、体皆不通灵。因此，我的全部希望就是与诗结为一体。” （日记，1992.10.14）

“为了诗，我失去了正常的享乐，但得到的更多更多，诗歌从未给我带来任何不幸。我更要努力去做！”（日记，1992.12.12）

栖栖、西西、xī xī：碧梧栖老凤凰枝

二十岁出头、精力充沛、身体健硕、才华横溢、头脑独立的陈超当然也渴望着爱情，“没有爱的青春是苍白的”（陈超诗歌，未刊稿）。

但是对于爱情，陈超是非常审慎的：“爱情会使人崇高，会使人做出连他自己也感到惊奇惊喜的事情，我渴望着爱情，那种不带有怜悯与功利性质的爱情，姑娘们是庸俗而多疑的，真让人扫兴。”（日记，1981. 10. 15）

陈超一直在等待着那个真正让他心动、让他爱一辈子的女孩出现。

那一天，终于来了。“一件礼物，爱情的礼物 / 完全是不请自来。”（西尔维娅 · 普拉斯）

竟然是在即将毕业的这一年，居然是在陈超即将生日的前三天。

1981 年 10 月 24 日，她出现了。这是典型的一见钟情式的爱情。10 月 25 日凌晨，即将迎来二十三岁生日的陈超在日记里写下一首诗以纪念两人相遇的神奇一刻，响亮而深情的乐音在心中和耳侧激荡不已。

多么玄妙，多么神奇
你文静地坐在我身边
我粗犷地闯进你心里……
原谅我，而且爱我吧！
浑身都是凶狠的基因

可心，我的心是一片善和力的苑地

奥涅金多么不幸
我，忘记了为他哭泣。
没有爱的青春是苍白的
我在想着你，想着我自己；
该是维纳斯作祟吧？
——我并不是轻佻的柳絮
那么，让我爱着你吧！
永远永远地……
从今天起

xī xī，你的名字真美丽
像你诚实、安静的姿态
搅沸我胸中爱情的潮汐！
——眼睛在耳语；
周围走过许多……姑娘
只是走过，过了，我从不思议；
而我们今夜相识了，那么甜蜜
那么灵秀，那么迅疾

我抓着一头乱发问自己：
奇怪，好像在哪里遇到过 xī xī
是在……幻梦里，诗歌里，乐曲里；
啊！淡绿色的生物电波告诉我
我们的灵魂传递爱的信息
已经——几个世纪

感情被理智绊羁

理智终向感情屈膝

这就是真正的爱

风样轻盈，冰般严厉！

我爱你！永远地

让别人去哂笑我“一见钟情”吧

第一眼看到你，我坚信

只有你的爱才使我粗野不驯的心

风和日丽

这一偶然而命定的时刻，犹如一场童话般的梦的开始。“没有一丝犹豫，我多么幸福，能在茫茫人海里找到另一颗心。我确信，我们在冥冥中等了二十一年。她真纯洁，像我过去了的那些日子。”（日记，1981.10.26）

她，就是杜栖梧——栖栖，西西，xī xī。

此刻，让我们拨转时光的指针，再听听那个二十三岁青年怦怦跳动的心脏吧！

这时的陈超完全处于初恋的潮水般的冲涌之中，诗歌和通信成了爱情乌托邦的信使。

20 世纪 80 年代初，陈超与栖栖通信时的信封还比较小，邮票还是四分钱的，有的邮票上有电塔、电网的图案，反映了那个时代的社会特色。

陈超从河北师大寄给栖栖的信一般是寄到石家庄平安路的河北省水利规划设计队。

其中一封信的邮戳是 3 月 4 日，不是用的信纸，而是来自日记本（纸页能够拆装的那种）。兹录如下内容以还原那一段极其难得的爱情经历。

▲我真想让你靠在我热烘烘的胸怀里睡熟，梦见鸽群和一片水竹，梦见太阳细密的光束洒落在三月芬芳的田野。看得出来，昨夜你疲倦极了，并且有些忧郁。我真想让你靠在我宽厚地胸怀里睡熟，在粗犷地呼吸和温和的声音里追回你童年的纸鸢，然后我们一起又把它交给遥远和狂悖。

▲我们在一起，什么都不怕。我们的力气好大啊！我们都很理性很勤勉，我们总会做出该做的一切来的。真的，我决心学会许多许多的生活本领，让妹妹感到所有事都是完满的；我决心戒烟（按“条约”办事）。因为我时时感到不安，为着我不能像个很会持家的人，很会生活琐事的人。过去，我瞧不起这些琐事，现在我意识到正是它们成了温馨的生活。

我必须学会这些，一点一滴。容我点儿时间啊，妹妹。我终会承担起该承担的一切：属于男子汉的“管理范围”的事体。

▲世界上多好，有了我妹妹。我们从来到这个世界的那一天起，就相互等着，等着春天一次次来了，又一次次去了，一直到第二十三个年轮，才走到一起。你只等了二十一年，你是幸运的，而我，等你等得好苦啊。

遇到了，永不分离，任什么都割不断：我们紧紧拥抱，感到了“家”和“亲人”的真正含义。

▲认识我，在你单纯的心的田畴里，深深翻起了带血的诗行。我常常感到突然袭来的悲怆——每当对你说起我过去了的日子，说起我心的另一面那冷冰冰的力量和热烈地绝望。我也

不该给一颗孩子的心带来任何不安和忧虑，但我毕竟没能做到。对于我最爱的人，是该敞开任何一个隐秘的角落的，你希望我这样坦率。

然而，你爱我，你什么都不怕。你是做了怎样艰苦的思索才毅然决计，跟着你的哥哥去开拓生活呢？

你是聪明的——我有一颗人的心。

▲当我说：“你是我的”，你知道吗？我总是感到一阵幸福的酸辛，我不得不久久地望着你，你的深深的眼睛，那两颗潮湿的星星。因为，我怕忧郁我的“不规”招来灾祸，只留下你一个人和一个恐怖的回忆。命里注定我是要撕破天空的衣服，使它露出黎明来的人，倒不因为我想做个英雄或“狂人”，不为什么，只为公平地生活。

我们大家都是人，都该尝尝自由的味道。

▲眼下，什么都不愿想不能想不愿做不能做。先做个人吧，堂堂正正地活着，努力为祖国工作，深深地爱着一切对祖国有益的事和人。

努力创造幸福，我和妹妹的幸福。

努力学习，一切自认为有用的东西。

▲我身上的一切过失都要让你原谅，栖栖，如我的莽撞和任性。我的那些令人气恼的话你不能气恼，我的粗枝大叶你还得来补救。什么时候也别忘了，你是我最爱的人，没有你，再好的境遇也会黯淡，再明亮的天空也会布满乌云。

我是你的，你的笨孩子，忠诚又粗野。

▲真没想到，爱情竟然是微笑和眼泪，幸福和忧伤凝成的晶体。过去不晓得的一切，不可理解的一切，今天实实在在都

感到了，深深地。

甚至莫名其妙地感到自己在妒忌，妒忌谁？不知道。也许是有谁望着我的妹妹了吧？这要小心他的鼻梁才好！

▲然而我知道，对于我们两人，对方就是生命，谁也离不开谁，或者能离开——一方已经死去。

我听见你呼唤我了，呼唤我回到你的心——我的家里。

我想你，我想你……想。

▲想。

▲祝一切不愿做模范丈夫的人——身体健康！

陈超　4 日

遇到栖栖，陈超开始重新认识自己，尤其对自己的性格弱点和为人做事不周全之处做了全面的重估。

又，12 月 21 日信，写在 15 ×20 =300 的稿纸上（有删节）。

我们拉着手走了好远呵，朝那星光闪烁的单纯而丰富的世界。我们走着，像一对未谙世事的孩子，一对很不本分的大孩子。然而，我们毕竟已经长大，已经百分之百的成熟，过惯了暗淡的夜晚和夜晚一样的白天，我们创造着甜蜜和明朗，忠诚和信念，创造着真正意义上的人的生活。扶桑伸长了颈项望着我们祝福。宁愿交出我的眼睛，也决不交出那个爱情自由飘浮的下午。

我爱你。我们的爱情简单得像一次方程式。什么都不知道，也不需要知道，就这么倾听对方内心的回响，就这么谈出自己的缺点，谈出心灵里最可怕的色彩，这就足够了。“无论在哪儿遇到你，我都会爱你的，是的，你一个人，我的朋友。”——我常常在心里这样想。

我们不是英雄，我们在努力做一个人，一个大写的人。我们要注意人类一切美德，并尽力占有它们；尽管作为动物的我们有其也许是终生不可克服的缺憾，有庸俗的一面，但这没有什么，如果它并不妨害我们之外的人的利益的话。凡是可能去追求的幸福，我们都要去追求，凡是人能忍受的艰辛，我们都要能忍受。富于幻想和求实精神；充满热情而沉着冷静；热爱生命和敢于牺牲；尊重传统又崇尚叛逆，这将是我们的准则，我和我的朋友（小妹妹?）的准则。

我们要善良，要富于同情心。我们决不软弱，谁怕在自己的敌人面前淌几片血呢！我当然希望过平和的日子，但风暴袭来的时候，我的堡垒一样宽厚的胸膛会高高隆起的！我学会了心平气和地忍耐，学会不再骂人，学会用人们喜欢听的音调和态度讲话，现在，这一切都不再感到别扭。一个粗俗的男人，就是这样轻易地变得温和了。我的上帝！

当晚风开始耳语，晚霞在天空发排出一行行可爱的密码，朋友，你正在想念我吗？在一个个甜蜜而痛苦的夜里，在一次次蔷薇色的叹息里，朋友，你正在呼唤我吗？就是呼唤那个皮肤粗糙，嗓音沙哑，喜欢不安静，并且极度发展了人类的积极方面和消极方面的陈超吗？

你要的书已借好，星期三系里如无活动，当送去。

陈超　12.21

经过不断的书信来往和偶尔的见面，两个人的感情终于逐渐明晰起来。

遇到这个她之后，陈超在日记里不断强烈表达对这个女孩无以复加的赞美，他甚至大喊“爱情万岁!”他无时无刻不想见到她，26日到31日连续六天，陈超每天都在忙于记日记，想随时打电话听到她甜美的声音。陈超几乎把世界上最伟大、最纯洁、最优美的词都奉献给了她。“你绒毛一样纤柔的嗓音，/ 轻轻地叩着我的心灵”(《星光和帆》1981)，“她真纯洁”(日记，1981.10.26)，“她真好”(10.27这天陈超生日)，“小姑娘，仿佛是从另一个世界来的，那么单纯、天真”(10.28)，“电话里听到她的声音，那教人安静、纯洁的声音”(10.29)，“她很美丽，那种善良的、安静的美丽深深地感动了我”(12.5)。1981年11月初，二人之间的关系有了进一步的发展，陈超见到了杜伯伯。陈超当然是惴惴不安的，生怕自己哪里的举止言行有了闪失或者让老人家不舒服：“但愿杜伯伯是由于身体不适，否则我就要考虑自己是否已为他所讨厌。我有些傲慢？不，我从没有过在我爱的人面前傲慢。”按照陈超的说法，杜伯伯是“过分疼爱自己儿女的爸爸”，这是人之常理。尽管对于这次见面陈超认为自己表现不佳，但是二人的情感明显增强了：“昨夜是幸福的，我盼望已久的幸福终于超过我的想象，更加迷人、美好地降临了！亲爱的，让我在心里粗鲁地这样呼唤你。假如不是遇到你，我真会永远不理解幸福的真正意义。我想，如果我们没有过分疼爱自己儿女的爸爸，我们也会像两颗卫星一样各自沿着既定的（不！我爱你才是既定的!）轨道运行，一生一世不会结识。那是怎样悲哀的事情啊！然而，不，我们毕竟相见、相识而且……相爱了！我们的结合是那么和谐、浑然而奇特。”（11.5）爱情会激发一个人的成长速度，使得一个玩世不恭的男孩（“尽管已不再年幼，可心还像雪那样单纯呢，我，我自己”）成长为一个胸膛宽厚的男人：“前面的路还长得很呢！有泥泞，有沟壑，有风暴，然而有爱情和信心。有你，我的一切美德和缺点都会更突出，我的心呢却只会愈来愈刚强和纯正。”这也避免不了少年维特和克利斯朵夫式的烦恼与压抑：“他知道有种毁灭一切的力威胁着他，而他一无办法。但这些念头非但压不倒他，反而激起他的愤怒与憎恨。他没有一点儿听天由命的性格，只知道低着头向‘不可能’直撞过去”（日记，1982. 4. 14）。这不单是个人情感层面的，也有陈超从青春期走向成年的裂变：“内心极不平衡，极不稳定。常常突然爆出爱和怨。”对自己性格、命运以及社会的辨认，必然偶尔处于怅惘和不安之中。“她讲话绝少，真不知道这个小姑娘究竟是怎样一种人”，“她总是就很少讲话，不知由于什么，抑或是本来属于缄默性格”，“我不知道我的一切痛苦和欢乐还有什么意义，如果不是和你共同感受着”，“我不知道这个世界有什么会令我欣悦或忧郁的事，如果不是为了你”。陈超一直在日记和写信中处于对爱情热度不减的憧憬与热望：“我愿负终生甜蜜的苦役。”（《在茫茫人海里》）“我们的爱情单纯如春水，安静如黄昏的白桦林，让我们一针一线地编织它。”（日记，1981. 11. 17）无疑这是真真切切的幸福。“从遇到她的第一刻起，便深深地感动了。她从外表到个性都体现了我的呼唤，我的极致。我会幸福的，也会带给她幸福的”（日记，1981. 10. 30），“她的坚决令人高兴”（日记，1982. 5. 11），“栖栖不是个‘淑女’，她很果敢，有头脑、有魄力。真没想到”（日记，1982. 5. 12）。

相识两个月后（1981 年岁末），陈超对两个人的相遇、相知、相爱进行了总结：“这两个月的时间对双方来说都是最珍贵的，因为它教我们一下子明白平日两年也不会明白的事情。我们的关系很朴实、很甜美，没有经过相互纠缠的阶段，这是最难得的。我们已经不再年轻，我们有自己最相信的原则，并且学会适应情况。今后的日子，让我们像一对懂事的大孩子那样生活。我们——会幸福的。我想。”

两人相遇七个月之际，陈超又一次进行了总结，此次总结显然与上次不同，对各自性格的认识更为深入、细腻、全面（比如对任性和真诚的理解），甜蜜的成分越来越多了：“这有风风雨雨、甜有苦的七个月，留给我多少甜蜜的怀恋呵！她从一个温柔胆小的小姑娘变成有思想有勇气的大姑娘。她不再幼稚，而我却愈来愈变得像大孩子了。”（日记，1982. 5. 23）

事实证明，陈超的选择是极其正确的，她后来成了他的妻子——“我的亲人，我的永远的唯一朋友”，成了陈扬（陈默）的母亲。杜栖梧，这个美丽、诗意的名字总是让人想到当年杜甫《秋兴八首》的最后一首——

昆吾御宿自逶迤，紫阁峰阴入美陂。
香稻啄余鹦鹉粒，碧梧栖老凤凰枝。
佳人拾翠春相问，仙侣同舟晚更移。
彩笔昔曾干气象，白头吟望苦低垂。

1981 年的深秋，陈超在一次次巨大的甜蜜中也要忍受不能见面的煎熬和等待。在那时，分别的每一分每一秒都长于百年。当陈超说出“活在世上，还是值得的”时，我们应该理解有了爱情的憧憬和洗礼他已能够迎受一切苦难。陈超在爱情面前是激情燃烧的，而杜栖梧则是平静而不善于表达，二者刚好形成了互补——一半是火焰，一半是海水。陈超称杜栖梧为小姑娘、不爱说话的小姑娘、小妹妹、最爱的小妹妹、栖栖、西西、xī、xī xī。除了和栖栖通信、打电话、见面、散步之外，陈超他们做得最多的事就是看电影，那时看了《李清照》（西安电影制片厂，1981 年上映，导演张景隆，主演谢芳）、《乡情》（1981 年上映，导演胡炳榴、王进，主演黄小雷、任冶湘）、《安娜》《甜蜜的竞赛》（又名《果仁巧克力》，罗马尼亚电影，上海电影译制厂 1981 年译制）等。当然，有时候两人也有吵架，比如 1982 年 3 月 31 日晚上陈超和栖栖去看哈尔滨歌舞剧院的轻音乐会，两个人就发生了一点矛盾："极不快，双方都讨厌别人的'教训'，都爱训人，心颇乱，想得极多，也许极无意义。"陈超有时忧虑、烦躁和抑郁，这在所难免："你懂事了吗，我的小妹妹，我最爱的小妹妹，你能理解我的感情吗？"实际上陈超也在不断认识自己的性格和缺点："我是坚韧，我是纯真。我不美——/ 有迷蒙近视的双眼，有粗野放浪的声音。"（1981）"而我的猜疑 / 让她委屈地，哭了。"（《当暮色渐苍茫》，1982）"然而，我没有温和 / 只有一次次的暴怒 / 像冲散云的风 / 像毁坏平湖的石块 / 只有一次次暴怒后的悔恨 / 和一个自尊得难以理解的心。"（《给 xī xī》，1982）"太爱幻想了，终生都改不了。"（1982. 6. 21）"我的自我意识太强了。"（8. 21）"我的个性太强了，容不得半点儿忤逆，自己不能尊重别人，却要求人家尊敬自己。今后要千万注意，不可斤斤计较，要有博大的胸怀和气度。再怒火中烧时，想想这篇日记。"（9. 7）而爱情也在改变着一个人："一个粗蛮的少年变得温和了，这说明什么呢？爱使他高尚起来，聪明起来，爱照亮了他的一切，使优点更加夺目。"（12. 8）

1981 年下半年到 1982 年初，最令陈超焦虑的就是写毕业论文和毕业分配（陈超还动过考研究生的念头），如果不能留校不能留在石家庄，他和栖栖的爱情将要面对非常现实的问题："今天到学校了解情况，看来方案不太乐观，我要做好一切准备，一切。最使人忧虑的是我与 xī xī 已到了难舍难分的地步，这样一来，如果留校留市不成的话，我会难过的。我爱她，我不能没有她，但又绝不想让她跟我一道去偏远的县城，我觉得，那样对不起她。但愿一切都如预料的那样，一旦不遂，也要像个男子汉一样向她告别，勇敢地踏上险恶的航程。”（日记，1982. 2. 4）毕业前夕到确定留校这段时间，陈超的日记书写得相当潦草，有的甚至难以辨识，这说明当时的陈超情绪极其不稳定。

1982 年初春，陈超留校，新的生活开始了，做读书笔记、备课、学俄文、浏览《中国当代文学史》。既然在同一个城市，爱情就变得更加稳固：“妹妹，你现在正做什么呐？你也在想念我了，我知道。没有你，我每时每刻都感到忧伤，那种甜蜜的忧伤。明天我一定要见到你，一定!!!”（日记，1982. 3. 16）

早春的一个夜晚，春风沉醉，陈超将自制的诗集《给栖栖》送给杜栖梧，本来打算二人结婚的时候再送的，因为迫切和冲动这个重大的事被提前了：“xī xī，我想你，想拉着你的手向你述说我的心是怎样时刻为你而忧伤，那种甘美的忧伤。”

自制诗集《给栖栖》收入 1981 年秋到 1982 年春（之后又补了少量的 1983 年的诗）的爱情诗三十八首，《一九八一・十・二十五凌晨》《思念》《自白》《无题》《秘密》《致》《早晨》《宣告》《星光和帆》《我怕你知道我爱你》《在茫茫人海里》《无题》《花絮・发动机》《一月八日夜》《忧虑》《当暮色渐苍茫》《梦》《回顾》《到郊外》《关于自由》《给》《给 xī xī》《热爱生命——给 xī xī》《结语》《给 xī xī》《假日湖边遐想》《给 xī xī》《拾彩石——给 xī xī》《去看瀑布——给 xī xī》《祝愿——给 xī xī》《追求——给 xī xī》《关于爱》《忽然》《即使我到了另一个世界，也一样》《去寻找一片原野》《孩子和泉》《寄西方的山……》《一九八三·九·八》。

如此大量的献诗，如此密集地反复呼唤的“xī xī”，这该蕴含了多么难以抑制的熔岩喷发般的情感和思念！

1982年的4月中旬，陈超做了一次手术，术后在家养病一周。“我的朋友，你为我祝福了吗？当我躺在手术台上想着你，我的心仿佛经历了漫长的岁月才回到我们初恋时那种捉摸不定的恍惚甜美。你是我的，我们说过要一起死，并且首先要好好活。你明天千万来看我啊！”病床上的陈超感觉度日如年，行动受限而思维异常活跃。他在想念栖栖的同时一直在读罗曼·罗兰的《约翰·克利斯朵夫》，不停在日记中记下主人公无比纠结的爱情、婚姻和人生：“尽管克利斯朵夫已经给我展示了未来的命运，特别是那结果；我仍是要按他的路走的，哪怕走向那结果。”（日记，1982.4.23）4月21日夜和23日夜，栖栖来看病中的陈超：“xī xī 我们在一起的时间太短了。我的一生能日夜和她在一起，我对幸福已经不再要求。有她，足够了。她纯洁、直率、随和、温柔、智慧，有着极多的美德。她是世界上最亲爱的人，能够爱她，能够被她爱，是多么美丽动人的幸福的事啊！”（4.23）越是见面就越惧怕分别，结果陈超害了相思病：“你走了 / 忧郁来拜访我了”（《忧虑》），“我怕离别，哪怕只有两天也忍受不了”（5.4），“昨天上午一阵强烈的思念袭来，无法抗拒，去她办公室度过五个小时”（5.29），“‘拥抱住她 / 别再让她跑掉！’ / 每当我唤起你的形象在脑海 / 便对自己这样疯狂地吼叫 // 我是个粗俗的小伙子 / 记忆和性情同样糟糕 / 为着总记不起你立体的形象 / 我焦灼地叹气甚至跺脚 // 而现在，你回来了 / 依然是典雅的仪态，不苟言笑 / 我要不顾一切地拥抱你 / 看你，善良的小姑娘，还往哪儿跑？！”（《无题》）

这时的陈超除了学俄语，备课、讲课之外，他还在心里盘算自己的未来，是继续攻读研究生（现代文学方向），做一个让青年喜爱的诗人，还是做一个业务上值得称道的教师？5 月 15 日，陈超和栖栖开始了为期四天的泰山之行。1982 年 7 月 2 日陈超去张家口阅卷，顺便看了下塞北风光。这学期，陈超在学校的课以公共课为主。“作为教师，我的第一个假期结束了，这个假期没有收获，心不安。下学期要努力勤勉，搞好新诗研究，学好俄文，教好课。”（日记，1982. 8. 27）

1983 年 6 月 14 日在颐和园，这是陈超和栖栖第一次合影

1983 年 10 月，陈超与栖栖结婚照

1982 年 9 月，陈超搬入了新居，终于可以更安心更独立地工作、学习和生活了。

在 1982 年行将结束的时候，陈超也在问自己，接下来的 1983 年会是怎样的一年呢？

他们的第一次合影是在颐和园，那是 1983 年 6 月 14 日。陈超穿着鸡心领的短衫和黑色运动短裤，栖栖穿着白衬衣和浅色的裙子——安然、纯净。1983 年 9 月 8 日，陈超和栖栖有情人终成眷属。这一特殊的节日，陈超以诗铭记："让我们共同举起生活的杯盏 / 甘共尝 苦同咽 // 我们的爱情会永远年青 / 我们的信心永不消减。"

栖栖，此后成为陈超工作和生活中不可替代的帮手和知己，尽管栖栖早已不再写诗，但是没有她在此后岁月的强力支撑，陈超的诗歌和评论可能会是另一番状况。夫妻恩爱，栖栖异常美丽、温柔、坚韧、勇毅。这在当时的石家庄文人圈被传为佳话。至今，仍有我的师弟、师妹好奇地探问他们的爱情逸事……

陈超一家曾长时期居住在石家庄的北郊，外面的菜市场人流熙攘，而当他们即将搬出这栋已经有些老旧的房间时，他们内心有深深的不舍。那窗外的梧桐、白杨见证了一个又一个季节的轮回。正午，从窗外投射进来的光斑在将这里发生的一切重新聚集，温习……

栖栖是一个心灵手巧、安家务业的好妻子，她几乎很少去商场为陈超购置毛衣、毛裤。每当冬天难得清闲的时候，栖栖就开始温习她擅长的功课——给陈超和孩子织毛衣。她不学自通，深谙各种复杂针法，她的一针一线也流走了一个又一个冬天——

整个冬天
西西在闲暇中
织着浅灰色的毛衣

她光洁的额头
微微低俯
顺从着双螺纹的针法

毛线像挽留着
默逝年代的恍惚光丝
我心安静
时间慢了下来

高大悬铃木
在北风中也轻摇棒针
织出浅灰的芽苞

——《在这儿》

我想到了陈超来自生活深处的并不轻松的诗句。那些轮回、转世、前世、今生所混杂在一起的感受何人能解悟："我们一家人沿着卵石甬道漫步 / 竹林自小径转弯的地方涌出。/ 妻子收住了脚，接着是我和妈妈 / 清风吹拂，林子平静而温和地摇曳 / 而竹林簌簌像是母语的古诗在岑静中低吟 / 这即目的景象为何渐渐变得遥远—— / 恍惚来到了我们的前生 / 三个人挨近站着细语，对称于往世那三个人 // 阳光在大厅堂蓝色的飞檐上闪灼 / 而竹林却让出了光芒，耽于古老东方的 // 幽暗和沁凉。家中曾有或正在经历的

磨难 / 我们承担得起。心灵的需要是这般简朴单纯 / 一片微响的竹林会轻拍并安顿一家人老派的心扉。/ 当儿子从玩厌的庑廊里溜回 / 他懵懂的催促声，也仿佛来自另外的岁月……”（《社稷坛后的小竹林》）

尾声 | EPILOGUE

嗨，又来了，抑郁症

这一段时间心情低落，可能还有个原因是——我已近五十，是否进入生理大变化时期？更年期？为何一切都倦怠？如果是因此，那么是可以过去的，如果不是因此，则需要自觉地调整自己的心态及生活态度。乐观、积极地生活、写作和工作！

——陈超日记 2007. 6. 19

一直很快乐，甚至超过平时。可为何任何事都没有发生，只是睡了一夜早上醒来心情就抑郁了呢？

——陈超日记 2013. 7. 13

忽然想到，你已很危险了，抑郁长时不散，总是每天有新的“无事生非”……记住，你在病中，很危险，万万不能出问题，不能越陷越深。自动放弃，停止，你在病休中……你现在一切都不正常，但总根源其实是生理，而非精神内部。

——陈超日记 2013. 7. 19

从 2002 年开始陈超的精力有些不够，不仅上课累，而且写文章每次感到都非常疲惫。在谈到 2005 年的《文艺研究》《山花》等刊物的稿约时，陈超就有些应付不过来了，一则是他写文太认真，再有就是确实身心俱累，“《河北文学通史》的写作劳累而乏味”“《长城》不着急，写不出就拉倒也”。因为心急上火，陈超经常牙痛，“昨天下午拔了一颗牙。以后再镶上所有坏牙。困扰长久的事就如此解决”（日记，2004. 9. 14）。

早在20世纪90年代初陈超就有些焦虑，只是这些焦虑是偶尔的且大多被化解，但是从2005年开始这一焦虑在缓慢加深且持续时间更长，“最近心情很焦虑”“最近为何心意寥落？可能是中年期到了？‘更年期’心理和生理的反应？我完全不知道。但愿是这样。但无论如何，作为一个经历过事情，见到过困难的男人，你都应镇定地活着，不要影响到家里的气氛，一点点做好事情。”（日记，2005. 12. 7）

备课、上课（2007年又开始跑现当代文学的博士点）、指导硕士、本科生和同等学力的毕业论文以及自己的写作都让陈超有些焦虑，“心急，又遇到了以往的焦虑”（日记，2006. 1. 13）“我准备不再心烦，走一步说一步，相信什么事都不会耽误”“上帝，阿门!!!!!!!! 保佑我”。陈超又一连用了八个感叹号。这一焦虑当然有工作和生活上的杂事所致，但写作既让陈超疲惫（一直有颈椎病）又欲罢不能。2006年从7月18日开始到11月28日的四个多月的时间里，陈超完成了给人民文学出版社的书稿《精神肖像——当代先锋诗人论》，即2007年4月出版的《中国先锋诗歌论》。陈超自己很看重这本书：“这是一部重要的、补白之书!”（日记，2007. 6. 19）2007年4月10日至5月1日的美国之行倒是非常愉快，陈超先后在纽约大学、耶鲁大学、加州大学、哥伦比亚大学东亚系和比较文学系进行有关中国现代汉诗的学术交流及双语诗歌朗诵，暂时抵消了焦虑和烦闷，但是回国后“很快心情变得低沉。看到人类的另一种生活，对比国内生活的低水准，可能是影响我心情的原因……这一段时间心情低落，可能还有个原因是——我已近五十，是否进入生理大变化时期？

更年期？为何一切都倦怠？如果是因此，那么是可以过去的，如果不是因此，则需要自觉地调整自己的心态及生活态度。乐观、积极地生活、写作和工作！……总之，情绪低落，心意恍惚，找不到方向，提不起精神。这一切该自觉认识、反思、疏导改变之，回到原来的陈超”（日记，2007.6.19）。

陈超在《秋日郊外散步》中感叹道“是啊，有一道暗影就伴随一道光芒”，反过来亦如是——“有一道光芒就伴随一道暗影”，只是二者强调的重点和所携带的心态不同。陈超曾一度犹如光芒和黑暗之间的摆渡者，不断在安静和光芒、焦虑和释然、郁积和澄明、沉重和轻逸之间权衡、比较、纠结。“我的心可能有些过度敏感，与看了那么多抑郁之书有关？今后，年龄大了，理应多看愉快平静之书，知识类的和平易叙述的。这世界有多面性，那些痛苦、忧伤、宿命之类，确然存在。但也的确有另一面，明亮、愉快。它们可能彼此担当，不是一边倒的。现在，似乎玩极端沉郁才是‘深刻’……我要变得轻逸、透明起来。”（日记，2009.9.4）陈超的疲倦、焦虑已经带有了抑郁的某些症状，自我劝慰的同时往往伴随着自责和负疚（负罪）感，这是忧郁的一个重要表现。“前一段的抑郁期竟然度过，心绪正常而偏快乐。可见，那一段与生理状况有关。记得去年深秋也曾抑郁。要记住这一点，今后镇定地活人。”（日记，2007.11.8）“去了一趟驼梁……完全超其所望，比我见过的任何美景都不逊色。我没想到有这么美的地方，树、泉水、空中草原……就在石家庄平山！回来后又要陷于庸常麻烦的日常生活、工作、写作，心里不愉快。要能想到可能是年龄之生理/心理带来的这种不良心态。”（日记，2008.7.7）“我应珍惜这种生活状态。可能由于年龄，心里对工作、事业和生活总会有一些凄凉落寞之感，这是可耻的，极不应该的。

要自觉知道，一个人一切无事，本是人生最美好的境界啊!”（日记，2009.8.29）“我的工作太顺利，得到很多。家里出的事也算是命运的平衡吧。不要自怜不幸。”（日记，2009.9.2）“最近一直有‘惊魂未定’心态。”（日记，2009.9.5）

这种阴沉、低郁、灰冷、倦怠、烦躁、疲惫的心理状态，在一定程度上，还与2007年以来陈超对中国诗坛的重新认识有关。有一段时间，陈超几乎天天上网站浏览，网络平台上各色诗人以及年轻写作者的夸张表演令陈超几乎是愤怒。这必然使得陈超自问诗歌批评的意义何在：“我对‘诗坛’完全失望。这里已没有标准，没有健康，文野有致的‘共识’。那么，我还将自己的精力与时间放在诗歌研究上，究竟有多大的意义？网络对诗、诗人、诗歌界的改变和摧毁，其程度之严重，人恐怕还来不及认识。但这没办法，永远没办法，诗，被在很大程度上改变了。就说我自己，一上网也只点击诗之争吵、攻讦，根本不看作品；要看只看滑稽或直白之作。网络是个先有期待才去阅读的特殊载体，它的确也有好的一面，也有不好的一面。怎么评价？不知道。因此，我心又低落，又觉得可能会出现新的诗歌。”关于网络诗歌和大众传媒高歌猛进时代的诗人心态和生态问题，陈超在后来的《贫乏中的自我再剥夺》（注：此文的批评有具体指向，涉及当时某几个活跃的网络诗人）《大众传媒话语膨胀时代的诗歌写作》《警惕媒介语言对诗性的蹂躏消解》《今天为什么还需要读诗?》《传媒膨胀时代“为何用诗的形式发言”?》等文中有充分表达：“这么说，也不意味着我蔑视‘网络诗歌’，诗的好坏，与发表的方式无关。我只是感到，当下先锋诗歌就其颇有代表性的写作意识及流向之一而言，呈现出新一轮的狭隘化、蒙昧主义、独断论。考虑到它已经造成巨大影响和舆论，且在进一步恶性发展，有必要及时提出批评。”（《贫乏中的自我再剥夺》）“我们生活的时代被称为‘大众传媒占支配地位的时代’、‘信息时代’。这个时代当然有值得赞叹的一面，但它带来的负面影响同样值得注意，今天我们已看到，大众传媒的高度膨胀已形成了可怕的信息污染。它们不惮于恶俗地搜奇猎怪，以大量无聊的信息充塞着人们的头脑，吞噬着人们本已所剩无多的阅读时间，使人在信息的漩涡里全速坠落，无暇分辨，互相挤撞。这些信息的泛滥没有激发出人们沉思默想的潜力和对生存与生命的敏识，反而闭抑了它们。沉溺于读小报、看电视和上网聊天的人，像是一个古怪的依赖性的双足肉身的接受机器，一旦接触到特定的文字和图像，就发出快意的痉挛。他们需要在可公度的语言符号、图像符号中呼吸，他们的阅读活动已完全拱手奉给了‘传媒神祇’，他们的思考、抱怨、渴慕、欣快、逃避，都卑屈地受信息源的支配。大众传媒构成了一种匿名的大写的权威，它的庞大权势使大量的接受者在认识力和想象力上甘居侏儒的地位。”（《大众传媒话语膨胀时代的诗歌写作》）陈超对媒介和资本化日常生活充满焦虑，对“泛诗歌”“类诗歌”时代报以警惕：“我们看到的是日常生活中‘泛诗歌’气质的弥漫化。今天，类诗歌语言和审美气质，已像幽灵般渗透在日常生活中。它们不但频繁在大大小小的权力规训性文本中出没，同时更在资本效忠、特别是在广告……中被快意地使用。网络的普及，是泛诗歌弥漫的一件大事，媒介具有难以想象的高传播性、超强的时效性、无限增容性，种种类诗歌表述层层叠叠，的确令人瞠目结舌。”（《警惕媒介语言对诗性的蹊跷消解》）这正对应于当年尼尔·波兹曼的观感和忧惧：“奥威尔忧虑的是信息被剥夺，赫胥黎则唯恐汪洋大海般的信息泛滥成灾，人在其中日益被动……奥威尔认为文化将被打压，赫胥黎则展望文化将因充满感官刺激、欲望和无规则游戏而庸俗化。奥威尔担忧我们将被我们痛恨的东西摧毁，赫胥黎则认为我们终将毁于被我们热爱的事物。”(《娱乐至死》)

尽管陈超时有抑郁的状况发生，但2004到2009年却是他事业的又一个高峰期。

2004年陈超获得鲁迅文学奖。该年11月30日河北师大和河北作协主办、河北师大美术学院、音乐学院协办的“陈超诗歌朗诵音乐会”在河北师大音乐厅隆重举行，铁凝、刘小放、王亚民、苏宝荣、王长华等诗友到会。河北师大还给获得鲁迅文学奖的陈超发了一些奖金，而河北省作协的奖励则拖至2008年8月才补发。2007年陈超又分别获得《南方文坛》和《当代作家评论》的年度论文奖。2008年3月16日下午陈超上网无意间看到了华语文学传媒大奖的提名名单，在“年度批评家”一项中陈超的名字赫然在目。3月17日中午陈超接到通知，已获奖。“我兴奋不已。在我心中，这个奖与鲁奖是不同的，又是同等重要，鲁奖是‘体制认可’，此奖却是‘专家认可’。前者给人带来世俗‘好处’，后者才是精神上的尊严。我是很幸运的人。写诗论这么多年，但也得到了许多的鼓励。命运眷顾我，我应清醒。想起这本书的出版，感谢崔志远、杨柳，文章发表感谢何锐、朱竞、林建法、张燕玲……”(日记，2008.3.18)。因为陈超获得华语文学传媒大奖批评奖，河北师范大学在2009年科研奖励时额外给陈超发了一些奖金。陈超还在2009年5月被河北师大评为一档教授，6月份又被批准为博士生导师，同时被学校推荐参评河北省优秀教师(该年8月被省教育厅、省人力资源和社会保障厅、省教育工会评为河北省优秀教师)。

也是这几年，陈超又渐渐对佛学有了兴趣，当然这是机缘巧合的结果，也包括多年来居士李青松（曾用名李岱松、李青淞）的影响。“《新诗界》主编李青松先生本身是个学佛修行者，他爱一切。他呼吁‘善待诗歌，善待诗人，善待诗爱者’；他以平等心、仁爱心、包容心，善待各种风格各种流派的老中青、海内外真正诗人和评论家，以及大家的优秀诗歌作品与诗学理论。”（陈超《〈新诗界〉的意义——对诗歌本土现代性的探寻》）“随缘就遇是有道理的。只不过，它不只指向放弃，有许多时候，参与也是缘和遇也。”（日记，2008.3.21）“我应像从前一样，平静、清高、愉快，像悟佛理之人，青青翠竹、郁郁黄花，均是般若也。”（日记，2008.4.21）一切皆有因果，一切自有安排和归处。“大概是2006年左右，我如往年秋季一样陪同从温哥华来大陆访问讲学的洛夫老与师母应邀去石家庄参访，同时得陈超兄邀请洛老到超哥所在并亲手建立起来的诗学博士点的河北师大文学院讲座。期间有一次超兄代表文学院接待聚会中，时任河北作协主席并马上进京就位的铁凝女史（得交流并奉佛坠）等石家庄名人雅士在场，茶会间，道兄提议要我诵供《金刚经》，我说太长，于是诵了此经最后一偈：‘一切有为法，如梦幻泡影，如露亦如电，应作如是观。’也许还诵了《心经》。同时记得吾兄在写完拙著《我之歌》评论并寄手稿（笔者注：李岱松此处提到的陈超的评论《诗与思的双重重量——读李岱松〈我之歌——诞生与涅槃之间的精神史〉》生前并未公开发表，后收入2015年10月作家出版社出版的李岱松的长诗集《我之歌——诞生与涅槃之间的精神史》。此文经我转给《文艺报》总编梁鸿鹰，发于2015年12月25日）给我时说，这是我使出全身本领了，我最多也只有这么多佛学修养与感悟水平了。现在重读道兄大评不禁感叹：超哥啊，您这修行了不得啊，早就离尘超世了！”（李青松《半百人生，品味感恩》）。陈超在解读长篇禅诗《我之歌》时说的一段也是他自己的精神自证，是他关于人生、死亡、此岸和彼岸（出世与入世）的深切解悟，当然这也是生活磨砺和淬炼的结果——人生不得意十之八九：“我本人十足凡人一个。虽然对佛理我一直葆有悟解的热情，但很难做到‘知行合一’。然而，我认为即便如我等凡人，聆听一下佛理也是十分必要的。它可以局部改善我们的生存情态，使我们的心灵变得清洁宁静一些，变得幽深旷远一些，减轻过分的执着，活得较为坦荡自在一点儿。不是说‘明心为尊，见性为贵’吗？一个人如果终日缠扰于贪欲之中，就是异化者、物化者，又何来尊贵的人性呢？所以，我部分地是从‘人的主体性、人的精神’‘以出世胸怀为入世事业’的个人角度来汲纳佛理的。我可能永远也成不了‘灭谛’的高人，成不了大彻大悟的觉者，但我对这个境界永远深怀敬仰。它局部地濯洗了我的心灵，使我‘放下’了一些过分执着和阴郁的东西，领略了诗化的神性言说之一角。而这些，也是我能接受《我之歌》的重要因素。我想，广大的读者与我一样，也是身心生于‘此岸’的。但我们是否可以使‘此岸’变得更清洁一些呢？如果说人皆有向善向真之心，我们是否让这颗心更多的拥有它们，而不是更少地拥有呢？我这种‘多与少’的低调吁求，或许不符合李岱松的宏大愿望，但我坚定地认为，它是更有普适性的。”

这也算是对我们这些普通人的再一次开悟吧！

从2008年开始，陈超就已经有了辞去公职在家专职写作的愿望：“永远不应抱怨走上‘写作’诗论。它带给我的太多，甚至是一切”“读书，也是我人生的享受，甚至是一去不返的享受。”尽管陈超曾经在2009年第一次真正认识了工作谋生的必要——“读《文学生产与文学传播》看20世纪30年代老舍撰文无法生活，还得教书。

想到我现在每月工资加奖金收入近七千元。如果没有这份工作，卖文为生，得每月写七万字，还得高稿酬一百元/千字，而且还必须发表。太可怕了，今后应认真对待自己的工作。”（日记，2009. 11. 5）但是到了2013年陈超还是想辞职，反复和栖栖商量得失。陈超自己也不断权衡在家专职写作的利弊和可能：“刚才与栖栖聊天，谈到如果我不上班，在家写作，每天需写四千字，才能挣到我现在的工资。特别是四千字，还必须发表才谈得上。真恐怖啊”（日记，2013. 12. 24）。这让我们想到的是当年他的那首戏谑的诗《本学期述职书》，他对学院和高校体制的沉疴确实早已深恶痛绝。早在2008年元旦刚过，陈超就给河北省委书记张云川以及省委组织部、宣传部和河北省作协写了四份辞去河北省作协副主席的报告——此事未果。

2009年陈扬的腿伤和治病几乎给陈超留下了神经过敏症，在陈扬已经康复后，陈超仍然每天心总像是悬着：整个人是被倒挂的感觉，心慌气短，恍恍惚惚，无名的紧张、忐忑、焦虑和恐惧。“这种不解、惊慌、忧心、噬心、恐惧……把我的心弄得神经质了……亏得我还算有些理性和悟性，意识到我可能因为如上事情患上‘神经过敏’。这种上不去、下不来，每天如梦行的日子，必须靠理智控制。由此我也可以理解人们所说的‘心总是张着’是怎么回事了。不仅是心理，也是生理反应。我想，我与他们的区别仍在于，我能知道这一切是病态，能及时刹住车。让心落下来，不能再继续这样了。”（日记，2009. 10. 10）每次焦虑发作，陈超都能用耐心和理性安抚自己试图放下心来，但关键是很快这种阴沉的心理如巨兽一样会很快反扑过来。一次次的，这种恐惧心理不会缓解反而会加重，正如不断压到身上来的一根根稻草，看似无碍，实则大患。“这几天还是心悬着。照说一切都挺正常了，可能与年龄带来的‘更年期综合征’有关。需理性地记住这一点，不要继续‘惊魂未定’。有多少人与你同样，而你的长处是会自我弱化，会反思也……今天，心悬着的感觉略轻，看来，与人到中年的心理有关，与季节有关。今后还不可忽略自省。”（日记，2009. 10. 12）2009 年 10 月，陈超几乎不断处于这种恍惚和忧郁之中，这种反复的密度和程度在以往是没有过的，而陈超把原因归结于“中年期”的生理以及季节等原因也许有合理性，但是这种频频寻找借口对于化解忧郁起到多少作用也只有陈超自己知道。同时也不容忽视陈超的面对和解释也有回避的成分，已经有一些自闭的状况了。“这几日心里还是抑郁而恍惚，似有什么事悬着，其实没有什么事。我认为这是中年期生理导致的情绪综合征……不要忘了陈扬的一切都指望你的。你无权像其他中年人那样萧索，或胡来。你应健康生活。……今天你的生活状态或许显得封闭，但与陈扬有关，与家庭老人有关。那么好，想通了，就挺好。你不愿意外出，与所谓诗人相聚，是因为你从那些人与会上，得不到任何有益、有趣的东西。”（日记，2009. 10. 24）可见，一直支撑陈超与心症做斗争的是家庭，是栖栖，是老人，尤其最放心不下的是陈扬：“今后，应自觉想到，永远想到陈扬，他的一生都要靠你的。你要健康、乐观、镇定、扎实地过好每一天。这种情况的家庭，需要你保持最正确的人生态度。结束吧，忧郁，无谓的情绪！”10 月 27 日生日这天，陈超和家人以及师友、学生在万兴楼（三宏公寓南边汇新路 8 号，那家店水饺做得好，陈扬爱吃饺子）吃饭，喝酒、唱歌、吃蛋糕，陈超的幽默和开朗似乎又回来了。夜里回到住处，陈超仍是按照惯例，在自己生日这天于日记中总结一年的得失，躬身自省，当然更包括对近期抑郁心态的再次审视：“这两天，心态趋于正常。那种悬心感觉渐退。可见，那只是生理反应导致的心理反应。要牢记这一点，这是智慧，是理性。人，终归要依恃理性。那种没边没沿的反理性，作为思路和写作策略或许不为无益，但其前提应是强大的理性！我深知这一点，不过未曾自觉‘落实’。”

2010年元旦刚过，十几天来陈超感觉到头晕，颈椎病又加重了。而这一段时间里陈超的消瘦还与他的节食有关——读完《甘地传》的一个启示。2010年的上半年，尽管颈椎病并未减轻，但是陈超的心理处于难得的平稳期和“慈祥期”，陈超已经五个多月没记日记了，也没有写什么文章。这是好事，陈超一旦记日记往往都是特别开心（这样的事当然不会太多）或者极其郁闷的时候。“现在的心态是最好的阶段！要学会感恩，学会满足！”（日记，2010. 6. 15）这一年暑假，陈超因为颈椎的原因也一直在休养，过得比较舒服。“家里一切正常……要珍惜这平静美好的时光。”（日记，2010. 8. 16）暑假结束后，文学院搬到了河北师大新校区（南二环），教授的办公条件有所提升，有个人的专用办公室，还能存放一些书籍和物品。

接下来半年以及2011年一整年的时间，是陈超近些年少有的平稳期和欢愉期——外出活动、旅游也非常频繁。旅行中的山水自然确实会暂时抚平生活的烦忧和内心的焦虑。“在那里我知道此生不会有什么遭遇——没有耻辱、没有困苦（只要我尚保持眼望自然的视力）：大自然会帮助解决。”（爱默生《自然和精神》）

因为搬到新校区并且平生第一次有了自己的办公室，陈超兴致很高，甚至再写一本诗集的念头又冒出来了。自从诗集《热爱，是的》出版以来陈超的新作确实非常少，很多次都想写，但最终都没有写成。的确如陈超所说的，写诗并不是“天道酬勤”，需要天赐的机会以及个人的心境。“想写本诗集，但一时不在状态，就算了吧。

又有谁真在状态了？不写就不写了，更感到出那本诗集之万幸万福。哈，并不欠谁一首诗。”（日记，2011.1.13）尽管看起来陈超对写诗这件事已经释然多了，但这只是一个表象，写诗一直是他最大的愿望，甚至一直持续到生命的终点。

2011 年春天，陈超的心情比较舒畅，家里一切都安稳。3 月 19—20 日陈超到北京怀柔宽沟的北京市招待所参加谢冕主编的“新诗总系”研讨会。洪子诚见到陈超后希望他能编一本自己近些年有代表性的诗论选集。那时正是黄昏，群山处于晚霞的浸染之中，众鸟啁啾归巢。说干就干。21 日回到石家庄后陈超立即开始准备资料，构思大致的框架。因为颈椎的问题——唐晓渡在与陈超的电话中也抱怨自己的颈椎痛，陈超明显放慢了工作节奏，计划每天工作不超过四小时，此外还要正常锻炼、读书、备课。按照陈超的推算，争取在暑假前后交稿。五一劳动节前，也就是 4 月 20 日至 5 月 1 日陈超带栖栖和洋洋外出旅游，尽情玩了一大圈。回到石家庄后，陈超仍然心情极好，这也是他近年来少见的情况：“一无挂碍，深感幸福之好也!”（日记，2011.5.11）甚至此时陈超对多年来学习、生活、工作的石家庄也有了前所未有的好感，真正是爱屋及乌：“这几年石家庄的确变化极大，我很满意。待到南水北调大河经过，就更了不起了。”正如陈超所料，给洪子诚的书稿于 6 月 29 日定稿、完工。暑假后陈超参加了文学院组织的江西游，从 8 月 10 日到 16 日，从井冈山（黄洋界、九龙潭瀑布群），笔架山（杜鹃山、索道），南昌（滕王阁、八一碑）到九江（白鹿洞书院），庐山（锦绣谷、仙人洞、黄龙潭、五龙潭、三叠泉、植物园），陈超一路感觉身体状态极佳，仿佛回到了二十多岁的感觉。以前写文章陈超倍感疲倦，也几乎很长时间因为颈椎不再写作，但是今年竟然发生了奇迹。为了准备9月份参加中坤组织的第二节亚洲诗人节（韩国）的主题发言（《我看近年来的中国诗歌——在第二届亚洲诗歌节上的主题发言》），6月份开始写——同时还写了另一篇文章《去空明兮溯流光——外国文学与我的青少年时代》，竟然极其顺畅，写得酣畅淋漓，创造力被再一次激发出来。“主要是语感，氛围找到了。多年没有写‘嗨’过了，要感谢《世界文学》杂志的高兴兄。”（日记，2011.6.16）9月5日到9日，陈超赴韩国参会，整个行程都非常愉快！同行的蓝蓝趁机还给陈超拍了一张照片，那是近几年陈超少有的笑容灿烂的时刻。“2011年9月7日的下午，快黄昏的时候，我们在首尔一个小山坡上，等待一支乐队和我们一起举行一场音乐诗歌朗会。我拿着相机在拍照，陈超老师对我说：‘你帮我拍几张肖像照吧，经常有刊物向我要照片，我都没什么好照片。’我说行。就在一棵大松树下给陈超老师拍了一些照片。也就是在那次，他请我帮他给孩子挑几个玩具，我才知道他小孩的情况。我们认识很多年了，从来没听他讲过。当时真是满心的酸楚。”（2015年4月30日蓝蓝给笔者的信）我想到几年前陈超对蓝蓝的诗歌评价：“认识蓝蓝和她的诗已经近二十年了。20世纪80年代末90年代初，蓝蓝带着她单纯、清畅而略显忧郁的嗓音，打动了那些纤敏的耳朵。90年代以来，蓝蓝的诗没有发生猛烈的‘转型’，只不过更向内，写得更真切、鲜润、具体、锋利，且如盐溶水般地有了更多的‘思’的品质。她依然沉醉或震惊于细小的事物，专注于呈现人的心灵和大自然的细致的纹理，使它们小声而固执地发光、鸣响。诗人始终遵奉着‘少就是多’的艺术理念，在一枚‘避雷针’上，最早触及了生命和生存的闪电。在争强斗狠、立派归宗的诗坛，蓝蓝不属于任何可以类聚的‘流派’。”（《谈蓝蓝的诗》）

2011 年，陈超在韩国首尔

2006 年 5 月 3 日，陈超与栖栖在石家庄植物园

在陈超赴韩国期间，栖栖还在石家庄新提了上海大众（途观）汽车，漂亮、硬朗，花费三十万元。这也实现了陈超的夙愿，开着越野车去植物园、去大山、去海边。栖栖一有机会就开着车送陈超去新校区上课，陈超也告别了骑了大半辈子的自行车（最近几年骑的是电动车），陈超这个“守旧者”和“老式人物”在栖栖的带动下真正地与时俱进了：“多亏了栖栖，否则，我是一个老顽固，因懒而对抗‘新生活’。”（日记，2011. 9. 12　中秋节）栖栖开车带着陈超和陈扬第一次上高速是去济南和聊城——玩了大明湖、动物园、黑虎泉、趵突泉、九如山瀑布群、千佛山、泉城广场、东昌湖，“其镇定勇敢，令我钦佩”（日记，2012. 4. 19—26）。这正是典型的狮子座女生的性格，由此我想到了马尔克斯的狮子座母亲。“典型的狮子座性格使她能够树立起母性权威，以厨房为据点，一边用高压锅煮菜豆，一边不动声色、柔声细语地控制整个家庭，连最偏远的亲戚都能辐射到。”（《活着为了讲述》）当然，第一次开车上高速、第一次开车远行少不了出点儿问题，在聊城的时候栖栖的车碰了一个女孩的脚，幸好没有大碍，赔了四百元了事。后来还一家四口开车去了一次太原，也很开心。2013 年 4 月 17 日到 28 日栖栖又开车带着陈扬和陈超去了洛阳、武汉、郑州和开封，仍然是一路玩得很嗨。“栖栖真是了不起的人，智力、毅力、体魄，超人啊。”陈超的心情愉悦、身体恢复，它们再次激发了陈超的文学创造能力，那两年所发表的诗歌、随笔和评论的数量是这些年少见的，是一个晚年的高峰期。这年元月 4 日到 9 日，陈超随骆英等人去了台湾，见到洛夫、张默、焦桐、杨小滨、颜艾琳等诗友，还趁机参观了台北故宫。“太小了，但藏品伟大！”到 4 月份的时候，陈超又打开了笔记本，而从 2010 到 2011 年陈超几乎不再写日记——身心平稳，此时心境又开始低落，反复期开始了。“最近心里总有不踏实、岑寂乃至凄凉感，不知为何？我想，可能主要是物理和化学因素所致——换季节，更年期内分泌变化，身体疲劳，颈椎不适，等等。此外，也可能与文化氛围有关，一切向钱看，以前没有想到，‘自由’、‘资本’会同时带来令人厌烦、伤心、无助、自轻的东西。天天上网，接受如上不良信息，加重苍凉……另外，也与陈扬情况有关。我对他的未来无底，心虚得很。但要明白，你心悲心虚，也于事无补；高高兴兴地抓紧享受生活带着陈扬。于未来无补，但与当下（至少二十年时间的‘当下’）大大地‘有利’啊。”（日记，2012. 4. 7）未来谁都不能预测，包括陈超，他没能再陪陈扬二十年时间。由上种种，陈超将抑郁归结为生理和心理原因，以及季节原因、家庭原因、工作原因和时代原因——后来才意识到最根本的不是外因：“当此时代，大多数中国人生存还是很艰难的。我算是少数幸运儿，不该如此‘郁闷’了。”陈超对自己提出的要求是——少吸烟（一天最多两支烟）、少上网，多注意休息，多看经典著作。

2013 年元旦的时候，陈超总结了去年的身心状况，尽管出现了小的心情波动但总体是平稳、乐观的：“今年秋冬之交，心态平稳，没有像前些年那样莫名地抑郁。可能心智更成熟、坚韧，另外，也可能是更年期已过。”

陈超越来越注意身体健康的重要性，他反复提醒自己时刻“放平心态，一切以健康为主”，至于写作就只能“随缘而遇”了——但是每年文学院科研奖陈超依旧是稳站第一的位置。

往往事与愿违，不该来的却最容易来——

嗨，又来了，抑郁症。去年大约也是这个时候，本以为脆弱更年期已过，没想到——仍其旧也。理智些，知道这是生命本体的原因，基本非外界情势所引发，所以，要抗拒郁闷，激发精神，很快会过去的。想想以前遇到的我这般年龄的人，总感到他们眼中凄清，一切寥落，看来人皆若此。我有什么特殊的地方？比之人家，读了许多忧伤之书，只会更甚。……必须以理智战胜之。……心，沉稳些，坚实些，快乐些。这一家，你是顶梁柱之一，不能仄斜，不能中虚，必须心旷神定也。

——日记，2013. 3. 17

2013 年，陈超日记中出现最频繁的词是——抑郁。

陈超是自知之人，自制力、理性和毅力都比较强大，多年来时常自我检视，能正确对待自己的问题。这正是他的优秀品质之一。因为抑郁一直反复，陈超在 2013 年 3 月 22 日上网特意搜索了“更年期男性”和“抑郁症”。经过比对，“放心了，完全是由内分泌变化引起，另加前一段时间心情‘应激’过频。这是年前姥爷病重，栖栖手术……的秩序错动引起的。对环境、前景、自我，均做出明显不符事实的负面评价，这是病。要永远自我提醒。生理问题虽影响心理，但要记住，只是‘生理’，不要真的认为是‘事实如此’。今天起，我将自我调整，乐观生活!!”接下来的几天，陈超一直在仔细观察和积极调整自己的心理：“今天抑郁心境大大好转，继续加油！自问——你的生活与工作与以前完全一样，既然以前都快乐地生活和工作，为何现在竟觉得一派空虚、凄凉？什么都没有变，所以你对一切做出了不符合事实的感知。你已五十五岁，还这么没准？什么都不应影响你，因为你有孩子的特殊情况，只要和孩子过好每一天，这就是唯一的生命重大价值和意义。记住！你和别人不一样，没理由、没权利……抑郁！你必须快乐、健康地生活！记住！”（日记，2013. 3. 23）“今天抑郁心境，更有好转。”（3.24）“这两天心情调整好了。一切都没变，心情为何好起来？看来，不因外在情势，而是自己的心理，特别是身体的问题引起的忧郁。要记住这一点。对身体引起的抑郁要有清晰的认识，战胜它，让时间自动疗治一切。”（3.30）“今天心情很好。想到自己有陈扬这样的孩子，没有什么权利自怜，更不该抑郁。你与别人不一样。你能快乐地生活，陪伴儿子，这本身就是活着的伟大意义。什么是人生价值？不是虚无的，特别对你而言，有了你，孩子衣食无忧，这不是最大的意义吗？”（4.3）“抑郁症完全由颈椎引发的，一个理性的人，弄明白了，就不存在抑郁了。”（4.12）“一直很快乐，甚至超过平时。可为何任何事都没有发生，只是睡了一夜早上醒来心情就抑郁了呢？可以100%肯定了颈椎，就是颈椎，只是颈椎。我终于可以当作真理认识了，颈椎会带来抑郁、空虚、无助、低落，所以，你不当在意它，保护颈椎，就是保护好心情！”（7.13）

在2013年后半年，陈超一直在频繁地给自己的抑郁找症结所在——其中包括颈椎。然而在2014年检查身体时，颈椎并没有大问题。也就是说，我们也必须正视抑郁症的复杂性，实际上陈超除了将抑郁症最终归结为颈椎，还在后来归结到了家族遗传：“今天仍抑郁。我知道这是病态，不是真实。想想，自己的家族有这样的病人，说明DNA有可能有此种因素。你一定要凭理性战胜之。”（7.15）“今天又是抑郁，肯定是生理导致。看《情绪心理学》一书，知道家族有此类病人者，孪生兄弟姐妹发病概率更高。我必须高度重视，调整自己的心境。理性地反省病态反映，这我能够做到。”（7.17）“今天上午心情焦虑，张皇不安……好了，一切清零！愉快地生活，养好身体，孩子需要你。这就是生之意义。刚才出门买菜，电梯里忽然想到一个很重要的念头——我现在身体不太好，精神也差，如果我生命中一定要出现这么一个时候，那么，没有任何时段比现在更合适了。这也许是上苍眷顾我吧。该写的，一切都写了。该得的世俗利益，都得尽了……如果有一段身心变态，那么，就是这几年最好。叫作抽空抑郁了一下。”（7.19）陈超反复提到的除了理性还是理性。如此频繁地说到抑郁，陈超已经不是轻度抑郁症了。尽管心情一抑郁陈超就会想到是颈椎，但是越到后来陈超越意识到者更多的是心病。不可忽视的最重要一点是陈超已经进入了反复的深深自责的泥淖，负疚感日甚，支撑这个肉身大厦不至于坍塌的只有家庭的责任：“栖栖说，她最讨厌整日忧心忡忡、压抑、不快的生活。要活着，就快乐一些，坦荡一些，否则不如不活。她说得对。”（4.1）“刚才陈扬差点儿犯病，这及时提醒我，你没有任何权利出任何问题，你是一家支柱，要快乐地、健康地、周全地生活。孩子全靠你了。一生一世。为了孩子，你什么都值得去做。你要超越人的坚毅的平均数，成为最坚毅、理性、乐观的人!! 记住! 从今天此刻起，陈超!!”（7.11）但是，一个人的心态真的那么容易改变吗——“前两天心情突然抑郁，今天竟想不起为何事，可见是由颈椎引起的，这件事给我一个教训，由身体、年龄引起的抑郁，一定要真正理解之，轻视之。任何时候均应牢记这一点。昨天去中坤评奖，见到晓渡、占春，心情非常快乐，与前天判若两人。那么，是情况变了？不是，是身体好了。今天学校开题，又有些郁闷，连带着诸事都成了压抑，我深信，这也是由颈椎引起的。这都不是什么值得挂心的事，当身体一好，就全消失了。”（7.4）“忽然想到，你已很危险了，抑郁长时不散，总是每天有新的‘无事生非’。……记住，你在病中，很危险，万万不能出问题，不能越陷越深。自动放弃，停止，你在病休中……你现在一切都不正常，但总根源其实是生理，而非精神内部。”（7.19）

终于在经过整个7月份的抑郁症高发期后，接下来一个月的时间陈超终于用强大的理性、自我分析和坚强的自勉度过了“极度抑郁的时段”，度过了一大难关。“心情和身体好了！完全正常!”（8.30）10月24至27日一家又去了北京，游园博园、朝阳公园、天安门，而陈扬也越来越懂事了。之后又去了南京开会，去了中山陵、明孝陵和美龄宫，见到了陈仲义和金丝燕等久违的老友。陈超外出那些天很高兴，有几天还喝了一些红酒。紧接着在11月29到12月4日，又一家三口去了杭州，参加《诗建设》的活动。这一次见到了更多的好友，唐晓渡、耿占春、徐敬亚、王小妮、多多、宋琳、张曙光、吕德安、张清华等。住处更是安排得好，大华饭店距离西湖仅数米之遥，烟波浩渺，苍山起伏。接下来的几天，一家三口去了小瀛洲、灵隐寺、虎跑、西溪、动物园。每次一家外出一定要去动物园，这是陈扬的最爱。

2013年，陈超与徐敬亚在杭州

2014：人生的最后一年

每一天都有更多的父亲死亡。

这是儿子们的时辰。

稀薄的黑暗聚拢在他们身边。

那黑暗好似光的碎片。

——罗伯特·勃莱《冬日独居》

2014 年是陈超在尘世的最后一年。“死没有任何秘密，也不开启任何门。它是一个人的终结。在它身后留存的，是它留给其他人的东西，是长存在他们记忆中的东西。”（诺贝尔·埃里亚斯）

抑郁被推倒、抚平之后居然又来了，陈超这次没有用理性和抗争迈过这命运的门槛。我还记得三十二年前他对自己说的：“朋友，即便当你的生命 / 飘起淡黄的细雨，淹没最后的一盏灯 / 也该记着：相信命运，/ 同时不能忘记抗争。”（《热爱生命》，1982）“有那么多不幸 / 那么多顾忌，那么多涕零…… / 为什么不落到我头顶?! / 哦许许多多的受难者 / 生活对你们 / 怎么那么不宠? / 我渴望，千真万确 / 让风雪凄迷 / 让五雷轰顶 / 验证一下我的意识 / 是孱弱还是硬汉?!”（《一个希望》，1982）

在这不到一年的时间里，陈超从内心到身体都经受了炼狱般的考验。在抑郁和晴和、绝望和期望的反复拉抻中，我们看到的是一个极其紧张而希求自尊的灵魂。

最后的时刻，陈超所面对的一切都一个人带走了，他几乎带着所有的痛苦和绝望孤身离开。在这个意义上，他也以最决绝的方式赢得了自尊和自我。当然也必须注意一个事实：陈超的离去给家人带来的无法弥补的巨大悲痛。陈超生前曾说过："亲爱的栖栖和儿子！我不想给你们带来任何不幸的！决不会的。"（日记，1991.6.3）回到"诗人之死"，陈超依然在那些诗歌、散文和批评文字中继续存活，而且其文字和精神的意义将不断扩大、加深，为越来越多的人所认同和铭记。这并非是我出自个人的好恶和希望，而是一种事实——文字比肉身更长久。

陈超2014年的日记，开始于1月20日，终止于8月23日（下午16：39）。在他辞世前的两个月时间里，陈超没有记日记，对于那段最为不可想象的艰难时刻我们无从知晓了。

2014年春天，陈超是幸福的，学术上收获颇丰。他参与的《河北文学通史》获得了省长特别奖（社科奖），自己还获得《星星》诗刊的"2013年度诗评家奖"并且在同事的督促下填报了河北省管优秀专家表，而且有两本书将在北京大学出版社和陕西人民教育出版社出版，"诗艺清话"也将在《诗刊》分三期发表（2014年《诗刊》6、7、8月号上半月刊连载）。陈超感激这些连连的好运，还感叹"很幸福，生活待我不薄"（日记，2014.4.15）。"今年又发不少文章，意外收获很多，《诗刊》《诗建设》……特别是'诗艺清话'连载三期，39000多字，太嗨了！这是绝大多数诗评家一生未遇的啊！"（7.22）然而命运弄人，这两本书居然都是在陈超辞世后才出版的——《个人化历史想象力的生成》《诗野游牧》。

春天时，陈超的记忆力和注意力以及精力都还好，在4月15日那天他还在河北师大新闻传播学院录制"大学问"，感觉很好，效果也很不错。按照陈超自己的说法"发挥出色"。我特别喜欢自信的陈超、开心的陈超、幽默的陈超，这也是多年来他的学生和朋友们最看中的一面。陈超的自我要求极高，尤其是在科研和教学以及待人接物方面都尽求完美，极力注意自己的形象："我做到这个份上，也算对得起信仰和崇拜我的学生了。不然，我也会一生后悔。"（日记，1991.6.3）在2014年身体、注意力以及记忆力不太好的情况下，陈超最为关注仍是课堂效果，好和坏都极其看重："昨天给省培骨干教师讲课，效果很好。看来，元气犹在。"（8.22）

我作为评委之一参与了"中国当代诗歌奖（2000—2010）"的评选，通过读者和评委投票，陈超最终获得了批评奖，一同获奖的还有吴思敬、陈仲义。这本获奖作品集我找了好几次，2015年1月31日从石家庄回京后才在书架最底层找到（人民武警出版社在2011年9月出版）。我打开后看到的是陈老师的照片。陈超老师抱着胳膊微笑，穿着一件深色的T恤，上面有英文字母"SHAD"。照片的拍摄地点是客厅，时间是夏天。陈老师看上去有些消瘦，而这种消瘦我们一直认为是健康的表现，因为陈老师经常陪着陈扬游泳、锻炼身体。

陈超的获奖感言是《写作是快乐的》，节选如下：

> 很难想象的不是我竟然如此热爱诗和诗论，而是我不热爱它们。如果世界上没有诗这件事，我感到可怕的寂寞……今后我的诗论写得会更好些还是差些，我不知道。我知道的只是，我作为一个枯燥的人，不会离开给我带来快乐的事情，那就是诗。而让我感到踏实的是，我对快乐的追寻，如若不是有益至少对社会无害。

没过多久，陈超又获得“2013 中国 · 《星星》年度诗评家奖”。陈超还问我是否也去参加这个颁奖典礼，我说按照《星星》的惯例只有获奖者才去。本来陈老师还希望他们一家三口和我能够在成都一聚呢！后来，是陈超一家三口从石家庄去成都领的奖。到了成都后陈超打电话给我说已经到了，正和梁平、熊焱他们小聚。

颁奖典礼 5 月 6 号在四川师范大学文理学院举行，距这里不远就是著名诗人流沙河的老家。陈超获奖文论是《话语膨胀时代的诗歌写作》。陈超在授奖词中说——

> 有幸获得“2013 中国 · 《星星》年度诗评家奖”，深感荣幸。我对《星星》诗刊、四川师范大学文理学院、年度奖评委心存感激。从青年时代至今，我一直未曾离开诗歌批评和创作，最重要的原因只是源于内心的热爱。与诗歌有关的事，常常会给我带来酣畅的快乐。

是的，陈超一生从未离开过诗歌和诗歌批评。

5 月 13 日，应贵州诗歌学会邀请，陈超携栖栖和陈扬在贵阳东山阳明书院讲座，赵卫峰专门给我来电话说明具体安排。在贵州，陈超他们开着朋友借给他的私家车去了黄果树瀑布、天河潭、花溪公园和野生动物园，还见到了老友何锐（原《山花》主编）。贵州讲学后，陈超又去了杭州参加黄纪云的诗歌研讨会，会上见到唐晓渡、耿占春、张曙光、高兴等好友。

仅仅一个月陈超一家三口出游三次。如此密集的外出这在他以前是没有过的，“这一段外边玩得很嗨”“玩得高兴啊”（日记，2014. 5. 28）。

时至6月，陈超的精神状态和身体状况都是不错的，他还在信中如此勉励自己：“今年精神状态不错，能保持下去的!”（6.23）然而就在这个6月，陈扬却越来越消瘦，这引起了陈超和栖栖的警觉。到医院一检查，必须马上住院，从7日办理住院手续一直到20日才出院。陈扬一个人住一间比较大的病房，陈超和栖栖都可以方便照看，陈超还趁机读了不少书。这段时间，陈超和栖栖都因为照顾孩子而显得非常疲累，但是陈超心态很好，积极应对：“这次患病，我没有惊慌失措，而是采取走一步是一步，心态放平，不想事，积极治疗。……今后遇到难题，依然如是对待。天下没有过不去的事，何况，过不去就不过去，有什么大不了!?”（6.23）尽管如此，我们仍能够看出多年来陈扬的病以及老人的身体给陈超造成了多么大的心理影响，心态平和积极应对的背后是深深的焦虑。

从5月底开始，陈超的耳朵出了问题，耳堵、耳胀、耳鸣时有发生，并开始影响到了睡眠和情绪。为此在6月份陈扬住院期间，在栖栖的劝说下陈超做了一次检查。具体情况是：“看不出物理损伤，说可能是飞行性耳闭；或是颈椎问题；或是鼻中隔偏曲造成咽鼓管问题。没有开药，只是让用双手按摩双耳。看来，耳朵的问题并不太大。其他原因，我现在暂时不想治疗。”（7.22）经过之后的进一步诊治，确定是耳闭造成的鼻中隔偏曲，医生建议手术。“本来想凑合过，看来凑合不了了。做手术吧，治不好耳朵，至少治好鼻子。脖子里的粉瘤，一起做掉。不多想了，一步步做就是。呵呵。”（7.22）

值得注意，7月22日这天陈超分几次写了日记，可见他不断需要在日记中和自己对话，情况慢慢有些加重了。焦虑、抑郁、疲惫、颈椎、粉瘤、耳堵、耳鸣、鼻中隔偏曲，这成了中年期陈超的某种应激反应。几天后，7月30日，陈超又去石家庄第三医院和和平医院检查，颈椎问题不大，医生建议不要做鼻中隔偏曲矫正手术，因为鼻子和耳朵的问题没有直接关系。

关键是耳朵的问题影响到了陈超整个人的心理状态，这是当时需要面对的一个突出问题。陈超是积极的，意志力极其强大，仍不断劝慰和积极引导自己："于是，剩下的就是耳堵造成的'心理'问题。烦躁，抑郁，然后恶性循环，从今天起（13:30分），我一定注意调节心理，管它耳堵不耳堵，又没有其他危险，堵就堵吧。很多人都有耳堵感。这样心里放下一段，没准儿就好了。关键是真的放下，一定。年过五十六，谁还能没点儿毛病？我想，自己已算是幸运者啦！毛病不大，今后理应多注意身体。"（7.22）身体出了状况，陈超才更加意识到健康的重要性。正好利用这个暑假好好陪孩子、读书写作，充分休息好并调整心态。"你已超额完成今、明两年的任务。这个假期，唯一的事就是休息，休息，还是休息。陪孩子玩，不要对任何人发火。心静，心净。你要开始只享受生活，不为任何身外事累。放下心！耳堵完全不是大事！"

几次检查，耳堵仍然没有查明任何原因，但是耳闭和耳堵的情况有所加重，陈超能做到的只有自己鼓励自己。这是多么孤军奋战的一件难事啊，也必将是孤独者的自言自语："这几日耳堵依旧，但已排除了耳本身的病患、颈椎的病患、鼻子的病患。既然各方面已排除，就不需要担心。将耳堵耳鸣之事，真正'放下'不管。任它去吧，自然消失。从眼下开始。从今天起，调整好心态，积极乐观地生活，这一家人，我是重心之一，不能出任何情况。即使有原因，也绝不能出任何情况，何况是没什么原因呢！谨记。你活着的意义是，家人活得好，你应时刻记着，一样一样做好！"（8.2）还说什么呢，真正的好父亲、好儿子、好丈夫！即使在这种情况下，陈超仍然在修改书稿《诗野游牧》。耳朵有时候会出现缓解，这令陈超稍稍安心些："时间会医治一切，都会好起来的。"（8.10）

随着身体状况不比从前，年岁越来越大，陈扬就成了首要的问题，必须有人长年照顾。2014年，陈超和栖栖甚至商量好了，等到老年的时候，三个人一起搬到高级老年公寓去，这样也放心些："反正现在很少有人居家养老。"（8.10）难道还有其他办法吗？这也只能是没有办法的办法。

耳朵对陈超的精神抑郁和烦躁造成了影响，耳朵时好时坏，心情也由高峰到低谷，而且抑郁和烦躁越来越频繁了，每次抑郁和烦躁的时间也在拉长。"今天耳朵又堵上了，心情烦躁。我决定，今后认了，不去想它，堵就堵吧。不疼不痒的，怕什么?!!!!!!!!"（8.15）注意，陈超又一次一连使用了八个感叹号。

在说完这段话的第二天（8.16），陈超身心不胜其累，心灰意冷，开始对生活失去了信心。尽管陈超还在试图自我劝慰，但是这一次几乎是完全绝望了，甚至第一次出现了轻生的念头——

> 近两个月来，一切都糟透了。先是陈扬住院，同时我的耳朵堵，姥爷病更重。（刚才在一方阁有人拽扬扬……）全家人，身，特别是心，痛苦而疲惫。前景，也是令人痛苦的。
>
> 想想，怎么办？没有任何办法，那么，就不管了。一切清零，0！（日记上这几个字写得格外大，而且着意加下划线强调。笔者注）
>
> 一切都会各得其所。一切都不是永远的。
>
> 过去的，就永远不存在了。这你要记住。

扬扬的过往，过得挺好。他什么也不知道，每天快快乐乐。

你的过往，也有快乐，也有痛苦，但都已永远真的不存在了！

…………

你完全病了。孩子病了。栖栖病了。姥爷病了。妈妈已特别老了。这样，家里五个病人。……而过去的一切，依然为0了（日记本上这个“0”写得超过了别的字号大小的数倍）。……交给不作为，最好！

而陈超越是灰心、抑郁和失望，他越意识到自己在整个家庭中的重要性和不可或缺，即使出现了最坏的想法仍在极力克制，不断自我调节。应该说陈超的意志力是极强的，甚至不是一般人可比的：“今天抑郁较重。到陵园静思，想明白了——既然不存在别的选择，因为孩子、家人，那就高高兴兴、没心没肺地过每一天吧。你的价值大着呢，因为你，孩子就生活得好。关乎一个人生活下去，还有比这更大的存在主义吗？记住，过好每一天，怎么也是得过，为什么要抑郁着过，而不快乐地过呢？而且，今天下午看旧日记，发现没有永远的抑郁，总有缓解乃至消失的。让时间帮助你解决一切。开学前，高兴过每一天，看书（闲书、快乐的书），睡觉，休息就是任务……记着啊，你必须活着，孩子需要你，那就好好活嘛。只能活着，怎么也是活，为何不快乐，自我减压地活呢？……今天起，只干快乐的事，‘快乐的心’是你的事功。为孩子，家人。”（8.22）

陈超最后一则日记，也是2014年写得最长的日记是8月23日。这是陈超最后一次“认识自己”，也是对自己二十三年（第三本日记从1990年12月17日开始）来的一个总结。

兹录如下：

昨天经过反思，心意澄明。

今天身体和心情都很好了。放松些，好好度过每一天，乐观，不多虑，这就是了不起的人生之通衢了。你看过那么多哀伤的书、纠结的书；那么，生活还有另一面呢，充盈的创造，坚强乐观地活着，也应是目前真实而必要的吧！把自己人生的苦和乐加在一起，至少打个平手！为什么非要执念于哀伤的一走呢?!

从今天好的开端起，保持下去，你未必比别人经受了更多、更多、多得多的不幸。就算有巨大的不幸，也有乐观的幸福经历。这是我在清醒心态下的认知，要记住。

漫长的生命经验已足够启示自己：没有过不去的难和苦，一切都在变易中。时间一定会摆平一切的。在苦涩中保持清醒，力求健康，正面看取一切，这是真实、负责任、不自欺的生命真理。

自欺分两种：一种是自高自乐，一种是自卑自悲。以往认为前者才算自欺，今天认识到，后者也是自欺。这是发现。

身体的不适会带来精神的抑郁，所以，今后务必保持身体健康，任何时候，任何情况下，均不得意忘形。想想，前一段太疲劳啦，透支身体，也透支了生之快乐，引以为戒。

今后，不论遇到何事，何身体状况，都要保持心的圆融、扎实。这可能很难绝对做到，但一定可能在更大的程度上做到，让我尽力争取乐观的比例数。我本是智商不低，学识广之人，怎能混同于一般叽叽歪歪的小文人之类?

昨天休息得可以，今天身体耳朵不适感减轻很多。随着季节的变爽，身体会越来越好的。一定会恢复健康，我坚信。

想到爷爷、父亲、叔叔寿命都不长，最长的六十四岁。我从遗传的角度看，现在完全可能已迈老境（五十六岁了）。所以，身体各部件、器官的退行性病变，也该发生了。

明乎此，就不必对耳朵、颈椎等等，心怀惊悚和怨愤。它们已用了五十六年，够累的了。要好好保护它们。出点儿毛病，也是自然规律。

总结如下：①一切都会过去。不幸，幸福，平淡……不值得执念。②生活具有多面性。没有绝对的坏，和绝对的好。应学会从正面乐观积极的角度看待自己的生涯。“生生之谓易”也。③你对孩子、亲人最重要，有你就有他们的有意生活，你甚至对自己都不重要。但对亲人们重要，必得理性乐观对待自己的重要。

2014.8.23　下午16:39

千年重叠的风景是：一个人出生，走向死亡，然后一生结束，就像狂风吹灭了炉火和烛台。1992年旅居欧洲的王家新在异国的秋天，在割草机的轰鸣声目睹了草地的死亡，在橡实炸裂、坠落、敲击大地的时候他感受到的是时间带来的雪以及更高峻的冷彻，“万物服从于更冰冷的意志”（《日记》）。对于陈超来说，他已在去天国的途中，而为了理想他愿意再次去死——这是他五十六岁的一生最愿意为之的志业。

那个漂流瓶已经在人生和诗歌的大海上投下、飘荡，总会有一个人或早或晚地与它在某一个命定的时刻相遇，拾起、打开。无疑，骨骼、血液和骨灰会一起消散，但是在来世和前生的轮回中一个诗人的精魄在砾石中奔跑。逝去的一切已经转世为桃花绽放，它们在失败或胜利中抖开嗓音歌唱，不断抖落着淬冷的骨骸，土地被浸红。这最终是一个人倾尽一生之力写给另一个精神自我的献诗和挽歌，也是石家庄西郊大理石墓碑上暂刻的铭文——

如水的岁月在素歌中流逝……
它排空幻象得了泡沫，使曜石站稳
他垮掉的身体还在写作中拼命
不，不再是那些凄迷的言辞
他热爱在火焰和冰凌中轮回的精神
对于理想乌托邦的逡巡者
透明的词语是恰如其分的财富
灯盏，思想。噬心和喜悦的隐喻。
他说，在变血为墨迹的阵痛中
生命会铺展得澄澈而宽和……

他热爱在火焰和冰凌中轮回的精神（代后记）

这是我多年来写作时间最长也是写得最累的一本书，遇到的各种困难也是前所未有的。它几乎耗尽了我所有的体力，尤其是内心一直在郁积——连梦里都在写这本书。我又没有任何理由半途而废，那样的话我宛如犯了不可饶恕的重罪。

写作过程中，我被什么牢牢牵引着，又一次次被掏空，一次次失重，一次次莫名的心悸，一次次失眠。我真的感觉自己一次次病倒了，但我还没有资格讨论生和死。

我一次次面对火焰和冰凌中的陈超，他就在对面，一直微笑着。隔着尘世的毛玻璃，他厚厚的眼镜片闪着光。他时而隐身在黑暗中，脸庞却被照亮。他临走前的最后一周要对我说的话，就是这句——“热爱，是的”。

这本书，更大程度是对自己内心的交代。不写完这本书，我不会心安。

从写下这本书第一个字的那天，从不断阅读和对话陈超的过程中，我的心一直是悬空的、倒挂的、焦虑的，甚至有时候很烦躁。

我一直盼望着心安的时刻来临。

这一次，我也真正认识了自己，什么是命运，什么是猝然降临，什么是万古愁。人们会认为陈超是痛苦的，但我却目睹了他安静、纯然、温暖、宽厚、幽默、高邈甚至幸福的一面。

尼采走出家门去买菜，结果他再也找不到回家的路了。当难得清醒的时候，面对啜泣不止的妹妹，尼采有些不解：“我们难道不幸福吗?”

幸福，永远是由当事人自我来界定和衡量的，而不是给别人和看客。

我终于理解了陈超。

也许，这一切来得太迟了。

如果生与死，如果此岸与彼岸的沟通，只能通过梦和灰烬来完成，那么我相信我会再一次与陈超在梦中相遇。

我曾坠入蒙晦、冷彻的深渊。

只要一看到你的照片，你的诗篇，你的日记，你的书信，我就一次次心悸不已——我有点儿抑郁。也是你的文字最终拧成了绳索，把我一点一点从最深的黑暗中拔离出来。

一切过去了。我感受到越来越多的是平静，正如你的书房和墓地，它们本是一本书的封面和封底。

你一次次绷紧自己，一次次压抑自己，一次次把自己碾碎，又一次次抬高仰望的头颅。你是个人乌托邦雪峰的攀登者，无端泪涌中完成回击死亡的阅读。

新旧时代的黑白列车把你一分为二。

你给足了亲人、朋友、学生最充盈的果篮，也给了那些敌人、坏蛋、小人和对手们致命一击。

你用精敏和谶语验证了一切。

你遇到了栖栖，遇到了陈扬——摔碎了精美金器的六翼天使，遇到了伟大的诗歌，遇到了你诗学的漂流瓶——所以，你是被眷顾的。

你也遭逢了疯狂的年代，遭逢了疾病和上苍的不公，遭逢了抑郁和黑暗的巨兽，你最终只有一跃而起——所以，你是痛苦的。

你的生命仍在文字和回忆中延续、轮回——所以，你是永生的。

天蝎座的人，无处不在的玻璃钟形罩，你一次次擦拭，又一次次自闭。

你生前安身于书房，凌空一跃后安身于青铜墓地。“我有两间房子；但我只用一间。/ 灯光落在我的椅子、桌子上 / 而我却飞入我的一首诗—— / 我不能告诉你在哪儿—— / 像我随处出现，如今，/ 在潮湿的田野中，冬雪降着。”（罗伯特·勃莱）这已经足够了！

重负和神恩你都承受得起！在上帝的疏忽里也有上帝的慈祥！

我的心也该落下来了，不管窗外是冬天，还是春天。正如此刻的北京，窗外是飘扬的大雪。

尤其感谢河北教育出版社，感谢责任编辑郝建国、杨乐以及美术编辑于越的辛苦付出。谢谢所有关心这本书的人，谢谢所有在写作中给我帮助的人，我在心里无数次感念着你们的恩泽。你们是荒漠甘泉，是我的命运伙伴，是我的灵魂的朋友。

这本书只能就此打住了。“叙述人的一生确切地说是一项永无止境的任务。你就是为它花费二十年时间，也还有可发现的东西。你就是写出十卷书，也还会有补篇。”（迪迪埃·埃里蓬《米歇尔·福柯传》）这也许是无法避免的一个遗憾，但是我也从来没有像今天这样迫切地期待着更多的人能尽早读到这本书！

2017 年 12 月 30 日，东土城路，一稿

2018 年2 月 18 日，大刘庄，二稿

3 月 8 日，琉璃巷，三稿

3 月 17 日，青年沟路，北京犹在漫天飞雪之中，再改

3 月 26 日，青年沟路，修订

4 月 23 日凌晨，雨中，再订

5 月 26 日至 29 日，再改

附　录

陈超年表

（霍俊明整理）

陈超曾自撰《陈超创作年表》，发表于《诗刊》2006 年 2 月号下半月刊。陈超辞世后，2016 年《新诗评论》总第 12 辑刊发吴昊和张凯成联合整理的《陈超学术年谱》。因为记忆和资料的原因，陈超老师提供的年表也在时间、篇目（名称）等一些细节方面存在出入和遗漏。《陈超学术年谱》做了必要的补充，资料更为详尽和完善，为今后的陈超研究提供了更为坚实的平台，当然有一些细节值得注意。尤其是一些文章的名称和发表时间，比如《伊蕾的经验之圈》发表在《文学自由谈》第 5 期（而不可能是“第 10 期”，该刊是双月刊），比如陈超考入河北师范大学中文系 77 级的入学时间是 1978 年春，而不是“1978 年 7 月考入河北师大中文系”（77 级的高考时间是 1977 年的 11 月至 12 月）。

感谢周伦佑、陈仲义、张烨、伊蕾、郁葱、大解、骆英、姜红伟、胡茗茗、李非非、李寒、孟醒石等提供的宝贵资料，尤其感谢师母杜栖梧提供的照片、日记和信件。为了更为整体地了解陈超的创作以及学界对他的研究，我尽量阅读了包括民刊在内的原刊、原文，比如陈超于 1988 年第 11 期《诗神》发表《随想与交谈——谈赵云江〈躁动的根系〉》一文，有意思的是目录署名为陈超，正文署名则是陈默。为了让大家了解陈超辞世后诗歌界的追念活动和研究情况，我粗略补充了 2014 以来的相关资料（这份年表经删节于 2017 年发表于《诗人报》复刊号）。此次修订，遗漏和错误在所难免，期待各位朋友的指正和补充。

1958 年

10 月 27 日，生于山西省太原市。祖籍河北石家庄获鹿县（现为鹿泉区）。

1970 年

入太原铁路一中。系毛泽东思想文艺宣传队队员。

1971 年

转入太原市二校。

1972 年

下乡劳动，接受贫下中农再教育。

1974 年

3 月，赴河北省获鹿县李村农场务农，系公社文艺宣传队队员。阅读《红楼梦》以及当时能读到的外国文学作品。喜欢泰戈尔、普希金、海涅的诗，并模仿写作。

1975 年

12 月，人石家庄拖拉机厂，任学徒、车工。

1976 年

于拖拉机厂当工人期间开始诗歌创作。与三位工友组成读书写诗小圈子。完成自制诗集《柳叶刀集》，“里面既有律诗、五言诗、绝句、词，也有普希金、海涅式的浪漫主义诗歌”（《回望 80 年代：诗歌精神的来路和去向——陈超访谈录》，提问者：李建周）。

1977 年

冬，参加高考。

1978 年

春，离开拖拉机厂，进入河北师范大学中文系 77 级。

其间，开始接触现代主义诗人作品，诗风发生变化。发起成立省会大学生诗歌社团“新松社”，任社长，编辑《崛起》。完成自制诗集《解冻》。

1980 年

4 月，于《大学生文选》首次公开发表文章《做个人真实情感的歌手》。

1981 年

1 月，8 日于《河北日报》首次公开发表诗作《未来》等。

4 月，《河北师范大学学报》第 4 期发表《试谈鲁迅早期的新诗》（署名：中文系学生　陈超）。

在《新地》《红豆》等发表短诗若干。

1982 年

3 月，大学毕业并获得文学学士学位，留校任教。完成自制诗集

《给栖栖》，收入 1981 年秋到 1982 年春爱情诗近 40 首。

在《长城文艺》《红豆》《莲池》等发表一些短诗。

1983 年

3 月，于《河北师范大学学报》第 2 期发表《论闻一多诗歌艺术探索的得失》。

10 月，于《飞天》第 10 期发表《新的阻塞——谈当前的流行诗》，被《新华文摘》第 11 期转载。

1985 年

春天，到沧州参加华北五省市青年诗人创作会，结识西川、雁北（内蒙古《诗选刊》编辑）、陆健、非默、张锐锋、老河等。

赴山东大学访学，主修现代诗学、美国现代文学、中国古代文论。完成结业论文《顾城的诗》（收入《中国当代诗歌评析》）《艾青与聂鲁达：诗艺的平行比较》。

完成自制诗集《尔雅集》。

1986 年

2 月，于《诗神》第 2 期发表《被遗忘的拾起——对朦胧诗人的再认识》。

3 月，于《河北师范大学学报》第 3 期发表论文《艾青与聂鲁达：诗艺的平行比较》(后收入《新时期文论选》)。

4 月，于《星星》第 4 期诗刊发表评论《诗歌走向世界的思考》。

5 月，于《诗神》第 5 期发表《中国诗歌新生代——新时期十年青年诗断论》。

6 月，于《诗刊》第 6 期发表《关于诗歌的“形象密度”》。

8 月，于《太阳诗报》（与刘小放、杨松霖一起主编，胶印，共出四期）发表《骚动不宁的调色板》。

8 月 25 日至 9 月 7 日，到兰州参加《诗刊》《当代文艺思潮》《飞天》主办的“全国诗歌理论研讨会”，与唐晓渡和昌耀第一次见面。

11 月，于《黄河诗报》发表《骚动不宁的调色板——论第三代诗人（之一）》。

12 月，于《诗刊》发表论文《“人”的放逐》。

赴北京参加第二届全国青年作家创作会议（青创会）。巴金发表祝词：“青年作家们，前面有灯光，路上有泥水，但是四面八方都有关切的目光，整个民族同你们一起前进。你们丢开顾虑，不用胆怯，大胆地想，勤奋地写，把自己心灵中最美好的东西全写出来……”在会上结识了舒婷、顾城、江河、杨炼、王朔、伊蕾、王家新、吉狄马加、于坚、李钢、林莽、一平、宋琳、岛子、裘小龙等诗人。河北作协代表团团长是铁凝、副团长是伊蕾。

于《诗神》《太阳诗报》《百泉》等刊发表诗作。

1987 年

2 月，于《诗神》第 2 期发表论文《悄然而至的挑战——诗歌审美特征的新变（之二）》。《诗神》第 2 期刊发陈超作为诗神刊授学院辅导教师的照片和简历。在《河北文学》第 2 期发表《论青年诗人群落》。

6 月，于《山花》第 6 期发表《第三代诗人的语言态度》。

10 月，于《山花》第 10 期发表《诗：个体生命的瞬间展开——对当代诗歌价值确认方式的批判性思考》。

于《非非评论报》第 2 期发表《新艺术大陆的发现》。于《太阳诗报》发表《新的意味和声音》。于《青年诗人》《山花》《未名诗人》等刊发表短诗。

开始文本细读专著《中国探索诗鉴赏辞典》的写作。

秋天，担任中国作家协会第三届全国优秀新诗（诗集）奖（1985—1986）初评委员。

12 月，11 日于《文论报》（第 2 版）发表评论《生命：第二种大陆》。

1988 年

1 月，于《诗神》第 1 期发表《杨松霖：揭示生存》。

2 月，21 日于《诗歌报》（第 83 期）发表《新的意味和声音——诗歌审美特征的新变（之三）》。

3 月，于《诗神》第 3 期发表《在空洞中接近神圣——释杨如雪的〈爱的尼西亚信经〉》。

5 月，于《诗神》发表诗作《大鸟》（曲光辉配画）。3 日至 10 日参加中国作协诗刊社、作协江苏分会、江苏淮阴市文联、扬州市文联联合主办的全国当代新诗研讨会（运河笔会），分两个阶段在江阴和扬州两地举行，遇见了心仪已久欧阳江河和韩东以及庞培、车前子、何小竹和邹静之等诗人。

6 月，担任《诗歌报》首届“探索诗”大奖赛的评委（其他三位评委是王家新、魏志远、钱叶用），获奖者有向以鲜、杨黎、沈天鸿等。

8 月，于《诗神》第 8 期《语言的自觉——读〈抽烟的人〉给醉舟的信》。

9 月，3 日于《文艺报》发表《第三代诗的发生和发展》。于《诗刊》第 9 期发表《生命的意味和声音》。

11 月，于《诗刊》第 11 期发表诗作《风车》。于《诗神》第 11 期发表《随想与交谈——读赵云江〈躁动的根系〉》（目录署名为陈超，正文署名为陈默）。

12 月，为伊蕾诗集《独身女人的卧室》（漓江出版社）作序。

于《河北文学》《诗神》发表组诗《诗歌写作》《夏夜，我你他》《大鸟》等。

1989 年

2 月，10 日于《光明日报》发表论文《谈诗论方法的颠倒》（后被《新华文摘》摘载），倡导文本细读式批评。于《诗歌报》发表《纯粹》。

6 月，于《星星》第 6 期发表《精神萧条时代的诗人——诗坛现状随想》。

7 月，于《诗神》第 7 期发表长诗《青铜墓地》。于《诗人报》总第 2 期发表和杜栖梧的对话《反叛 · 反驳 · 反证（1979—1989）——关于现代诗的三次夜谈》（第一夜）。

8 月，文本细读专著《中国探索诗鉴赏辞典》由河北人民出版社出版。

9 月，于《山花》第 9 期发表《关于诗的两首诗》。于《文学自由谈》第 5 期发表《伊蕾的经验之圈》。于《诗人报》总第 3 期发表和杜栖梧的对话《反叛 · 反驳 · 反证（1979—1989）——关于现代

诗的三次夜谈》(第二夜)

11 月，于《诗人报》总第 4 期发表和杜栖梧的对话《反叛 · 反驳 · 反证（1979—1989）——关于现代诗的三次夜谈》(第三夜)。

1990 年

1 月，于《诗神》第 1 期发表组诗《渴慕》(《献给荷尔德林》《献给斯蒂文斯》《献给玛拉美》)。

3 月，于《诗神》第 3 期发表《焐了的麦子不发芽——关于乡土诗的对话》(刘小放、陈超)。

5 月，于《文学自由谈》第 3 期发表《实验诗对结构的贡献》。

8 月，于《诗神》第 8 期发表长诗《诗歌写作：空无与真实》。

9 月，《中国探索诗鉴赏辞典》获“北方十七省市社科优秀图书奖”。

12 月，于《山花》第 12 期发表《回击死亡的阅读》(当时以散文诗发表)。

1991 年

1 月，5 日《诗人报》第 1 期（总第 12 期）发表《诗歌信仰与个人乌托邦》。

3 月，于《诗歌报月刊》发表《诗歌信仰与个人乌托邦》。于《中国图书评论》发表谢冕文章《“异端”的贡献——评〈中国探索诗鉴赏辞典〉》。

5 月，于《文学自由谈》第 3 期发表《我们为什么艰苦奋斗?》。

9 月，于《诗神》第 9 期发表组诗《诗歌写作：曲喻与白描》(《压力》《夜晚的写作》《终曲》)。

12 月，于《山花》第 12 期发表《实验诗对结构的发展——兼谈如何阅读实验诗》。

同年，于《海内外新诗选粹》《乌江》发表诗作。

1992 年

1 月，于《诗林》第 1 期发表评论《与虚无对抗》。于《名作欣赏》第 1 期发表《自看自：一种新的体验角度的尝试——伊蕾〈独身女人的卧室〉鉴赏》。

5 月，于《青春岁月》发表评论《血酒——记乡土诗人刘小放》。

6 月至 7 月，于《诗歌报月刊》第 6 期、第 7 期连载长文《向度：从生命源始到天空的旅程——诗论札记》。

9 月，于《诗神》第 9 期发表长诗《博物馆或火焰》。于《非非》复刊号（第五卷）发表《诗歌写作》组诗。

10 月，《读书》第 10 期发表谢冕评价陈超文本细读批评方法的文章《“异端”的贡献》

1993 年

2 月，于《诗歌报月刊》第 2 期发表《深入当代》。

3 月，《海子》一文收入崔卫平编选的中国文联出版社出版的《不死的海子》（诗探索金库）。

4 月，于《诗神》第 4 期发表《诗人心态录》。

《浣花》推出《1993 · 中国现代诗大展》专号，发表诗作《空无与真实》。

5 月，于《诗歌报月刊》第 5 期发表《变血为墨迹的阵痛——先锋诗歌意识背景描述或展望》，同期《诗歌报月刊》刊发章德益的评论《读〈深入当代〉》。

7 月 17 日，《文论报》发表评论《生命的眩晕和疼痛——读铁凝〈对面〉随想》。

8 月，于《诗歌报月刊》第 8 期发表《火焰或升阶书》。

10 月，于《诗神》第 10 期发表《我看见转世的桃花五种》。于《诗歌报月刊》第 10 期发表诗歌《空无与真实》。编选的《以梦为马——新生代诗卷》（当代诗歌潮流回顾·写作艺术借鉴丛书，还包括谢冕编选的《鱼化石或悬崖边的树——归来者诗卷》、吴思敬编选的《磁场与魔方——新潮诗论卷》、唐晓渡编选的《在黎明的铜镜中——“朦胧诗”卷》、崔卫平编选的《苹果上的豹——女性诗卷》）由北京师范大学出版社出版。组诗《诗歌写作》（《空无与真实》《一个新词》《献给荷尔德林》《献给玛拉美》）收入《以梦为马——新生代诗卷》。《深入当代》入选吴思敬编选的《磁场与魔方——新潮诗论卷》。于《非非》六、七卷合刊发表《诗歌写作》《立场》。

11 月，于《诗歌报月刊》第 11 期发表《立场：现代诗人与传统》。

12 月，获中国作家协会第六届“庄重文文学奖”。《他们》第 6 辑发表《诗歌写作：博物馆或火焰》。

1994 年

3 月，于《诗歌报月刊》第 3 期发表长诗《艺徒或与火焰赛跑者之歌》。

5 月，6—9 日到白洋淀参加《诗探索》编辑部组织的“白洋淀诗歌群落”寻访活动。《山花》第 5 期发表《精神大势或有方向的写作——艺术断想之四》。

7 月，诗作《空无与真实》收入《诗歌报 10 年精华 1984—1994》（蒋维扬主编，安徽文艺出版社出版）。《文学自由谈》第 4 期发表刘翔的评论文章《我眼睛里的陈超》

8 月，于《诗歌报月刊》第 8 期发表组诗《素歌或谶语》（三首）。参与《现代汉诗》的编辑工作。

10 月，获“河北十佳青年作家”称号。

11 月，《诗探索》第 4 辑发表陈超《王家新诗二首赏析》（《心象——读王家新的〈诗〉》《从“写作中开始的雪”——读王家新的〈日记〉》）、《坚冰下的溪流——谈“白洋淀诗群”》（使用笔名“陈默”）。

12 月，诗学专著《生命诗学论稿》由河北教育出版社出版（版权页标注时间为 1994 年 12 月，但 1995 年 4 月才正式出版）。

1995 年

1 月，于《山花》第 1 期发表回忆性散文《懵懂岁月》。

5 月至6 月，于《山花》第5 期和第6 期发表陈超与欧阳江河、唐晓渡的对话《对话：中国式的“后现代”理论与其他》（上、下）。《南国诗报》总第 69 期发表《立场——现代诗与传统（之二）》

6 月，23 日至 28 日在贵州红枫湖参加《山花》编辑部主办的“现代诗学术研讨会”（“石虎诗会”）。

8 月，于《当代人》发表作品小辑《裂开的空白》。

10 月，《南国诗报》总第 76 期“诗广场：90 年代中国前卫诗群巡礼之九”发表诗歌《博物馆或火焰》。1 日《中国文化报》发表评论《对着暗灯……——陆健诗歌印象》。

11 月，获“河北文艺振兴奖”。在《诗探索》第 4 辑发表评论

《林莽的方式》。

12 月，获《山花》优秀理论奖。《北回归线》第 4 期发表《诗歌写作：博物馆或火焰》。

于《大河》《诗神》《绿风》《诗人》等发表短诗。

1993 和 1994 年在《诗歌报月刊》发表大量诗论和诗歌。1995 年第 4 期开始《诗歌报月刊》宣布休刊，1996 年 1 月复刊。1995 和 1996 年没有在《诗歌报月刊》发表作品，直至 1997 年 7 月才在该刊重新发表作品。1999 年第 2 期《诗歌报月刊》停刊。

1996 年

3 月，于《诗刊》第 3 期发表《可能的诗歌写作》。

5 月，于《山花》第 5 期发表“陈超作品小辑”：《博物馆或火焰》《脆弱青春》《诗的想象力及其他——问与答》（李志清提问）等。于《名作欣赏》第 3 期发表《〈放学的女孩〉解读》。《诗探索》第 2 辑发表《唐晓渡的诗歌批评》、孙基林评论《陈超生命诗学述评》。

8 月，当选为河北作家协会副主席。

11 月，1 日于《文论报》发表《关于当代诗歌的讲谈》。于《鸭绿江》发表《诗歌现状问答》。7 日至 10 日在北京参加“字思维与中国现代诗学研讨会”（“会开得不错，欧阳江河的发言令我收获很大”），后应程光炜之邀到中国人民大学给研究生讲课。《诗神》10—11 合刊号推出陈超、张学梦、郁葱《南方诗 · 北方三人谈》。《北回归线》第 5 期发表《关于当前诗歌的讲谈》，《“北回归线”十家诗》发于《江南》第 6 期。

1997 年

2 月，于《北京文学》第 2 期发表《笔谈九十年代中国诗歌》，百花文艺出版社《关于一个诗人：诗歌评论集》收入评论《对着暗灯……——陆健诗歌印象》。

5 月，于《莽原》第 5 期发表《当前诗歌的三个走向》。于《文学自由谈》第 3 期发表《“带上自己的心”》。于《名作欣赏》第 3 期发表《现代？浪漫？或别的东西——对三个文本的解读》。

7 月，于《诗歌报》月刊第 7 期发表《现代诗：作为生存、历史、个体、生命话语的特殊“知识”——诗坛现状问与答》。

8 月，于《山东文学》第 8 期发表《论诗与思》。于《时代文学》第 4 期发表《写作者的魅力——我认识的铁凝》。

9 月，于《学术思想评论》发表长文《现代诗：作为生存、历史、个体生命话语的“特殊知识”》。于《诗歌报月刊》第 9 期发表《关于当前诗歌的讲谈》。

10 月，于《诗神》第 10 期发表组诗《并不暗示什么东西》等。

出席全国青年作家代表大会。

开始细读专著《当代外国诗歌佳作导读》的写作。

1998 年

3 月，于《诗神》第 3 期发表《你为什么“读不懂”》。

4 月，《星星》第 4 期发表《立场——略谈近年诗歌走向兼为 80 年代诗歌一辩》。

5 月，《诗》（3 -4 合卷，北京燕山出版社）发表诗论《精神大势》。《思即诗》收入汪剑钊编选的中国社会科学出版社出版的《中国当代先锋诗人随笔选》。于《诗探索》第 2 辑发表《读一首诗，说一些话——读陆忆敏〈我在街上轻声叫嚷出一个诗句〉》。

7 月，于《诗神》第 7 期发表长诗《本学期述职书——“现实主义”而且“白话”》，并被收入北京师范大学出版社《主潮诗歌》。

9 月，于《山花》第 9 期发表许仁对陈超的访谈《“愚人志”或“偏见书”——诗论家陈超访谈录》。

11 月，于《诗刊》第 11 期发表《风车》。

12 月，31 日于《文论报》发表《西川：微笑的怀疑论者》。在《诗神》第 12 期发表诗作《秋日郊外散步》。

1999 年

1 月，主编的《中国当代诗选》（上、下卷）由河北教育出版社出版。于《雨花》第 1 期发表《观点——略谈近年诗歌走向兼为 80 年代诗歌一辩》。于《长城》第 1 期发表《写作者的魅力——我眼中的作家铁凝》。

3 月，于《作家》第 3 期发表《少就是多：我看到的臧棣》。

4 月，于《现代汉诗年鉴》发表论文《立场》。4 月 16－18 日参加北京作协、中国社科院文学研究所当代室、《北京文学》、《诗探索》在平谷盘峰宾馆举办的“世纪之交：中国诗歌创作态势与理论建设研讨会”。“盘峰论剑”的说法由陈超提出。

5 月，于《当代》第 3 期发表长诗《一代人与写作》。

7 月，于《长城》第 4 期发表《懵懂岁月》。于《诗神》第 7 期发表组诗《夜烤烟草》等五首。《北京文学》第 7 期推出论争专辑：《一次真正的诗歌对话与交锋》（张清华）、《致谢有顺君的公开信》（唐晓渡）、《谁在伤害真正的诗歌》（谢有顺）、《思考比谩骂更重要》（西川）、《附庸风雅的时代》（韩东）、《问与答：对几个常识问题的看法》（陈超、李志清）。1999 年 7 月《大家》第 4 期推出“关于诗歌争论及作品”：于坚《诗人及其命运》、王家新《知识分子写作或曰“献给无限的少数人”》。7 月 13 日和 7 月 20 日的《读者报》分两次推出“关于‘知识分子写作’的争论”专辑：于坚《真相大白》、王家新《诗人何为》、侯马《腐朽的“写作”》、安琪《“知识分子写作”在当下中国可能吗》、沈奇《谁在伤害》、伊沙《如此争论》。7 月 26 日《太原日报·双塔文学周刊》刊发《世纪之交的诗歌论争——中国诗歌创作态势与理论研讨会纪要》。7 月 31 日《科学时报·今日生活》发表《诗人口枪舌弹乱作一团媒体笔戈墨阵又起烽烟——“盘峰论剑”是非后的是非》、王家新《也谈“真相”》、唐晓渡《我看到……》、孙文波《事实必须澄清》、蒋浩《民间诗歌的神话》、陈均《于坚愚谁》。《山花》第 7 期发表西渡的《对于坚几个诗学命题的质疑》。《北京文学》第 8 期推出“关于诗歌及批评的论争”（之二），于坚《真相——关于“知识分子写作”和新潮诗歌批评》、臧棣《诗歌：作为一种特殊的知识》、西渡《为写作的权利声辩》、孙文波《关于“西方的话语资源”》、王家新《关于“知识分子写作”》、沈奇《何谓“知识分子写作”》、侯马《90 年代：业余诗人专业写作的开始》。9 月《大家》第 5 期发表谢有顺《诗歌在疼痛》、程光炜《新诗在历史脉络之中——对一场争论的回答》。《葵》（1999 年卷）发表徐江、沈浩波、朵渔的《三人谈：后口语写作与九十年代“诗歌”》。11 月《诗探索》第 4 辑发表王家新《从一场濛濛细雨开始》、孙文波《论争中的思考》、杨克《并非回应》、沈浩波《后口语写作在当下的可能性》。2000 年 3 月《社科新书目·阅读导刊》推出“诗坛再次爆发战争”，刊发谷昌君的《“知识”或曰“新左派”——〈中国诗歌九十年代备忘录〉导读》、沈浩波《真正的民间精神之光》、中岛《一场蓄意制造的阴谋》。

8 月，于《山花》第 8 期发表《堆满废稿的房间》（三首，《堆满废稿的房间》《一九六六年冬天记事》《1975 年冬：夜烤烟草》)。

9 月，于《文学自由谈》第 5 期发表《素描 20 家》。

11 月，于《诗刊》第 11 期发表长诗《博物馆、火焰或诗歌》。

12 月，于《作家》第 12 期发表《平常心——为姚振函〈感觉的平原〉“定性”》，增补版 95 万字《20 世纪中国探索诗鉴赏》（上下卷）由河北人民出版社出版。

2000 年

1 月，于美国《侨报》发表诗作《生命路上的歌》。《关于当下诗歌论争的答问》《当前诗歌的三个走向》以及与欧阳江河和唐晓渡的对话《对话：中国式的“后现代”理论及其他》（节选）收入王家新、孙文波编选的《中国诗歌九十年代备忘录》（人民文学出版社）

3 月，于《上海文学》第 3 期发表《风车》《一个新词》。于《作家》第 3 期发表组诗《诗艺与交谈（之一)》。

4 月，于《山东文学》第 4 期发表《诗歌随谈》。4 月 26 日《中华读书报》发表《噬心经验的“幽会”——谈铁凝小说〈大浴女〉及其启示》。

5 月，于《长城》第 3 期发表《学徒纪事——“脆弱的青春”之二》。于《当代》第 3 期发表《我看见转世的桃花》《我寻找一个新词》。

6 月，于《山花》第 6 期发表组诗《诗艺与交谈（之二)》(《毕肖普》《秋日郊外散步》《词：水仙》《史蒂文斯》)。于 20 日《文艺报》发表《少就是多：我看到的臧棣》。《独自歌唱——〈谛听或倾诉〉序》《让铁锹抡得更欢势》选入《诗人刘向东》（花山文艺出版社）。

7 月，于《人民文学》第 7 期发表《神奇的“望远镜”》。

8 月，于《非非》第 8 卷（特刊）发表《置身其中：关于当下诗歌论争的答问》。

11 月，于《人民文学》第 11 期发表文章《生命的现身和领悟》。于《诗刊》第 11 期发表《秋日郊外散步》。

12 月，组诗《交谈》获《作家》杂志“2000 年度诗歌奖”，《塑料骑士如是说》发表于《星星》第 12 期。《诗探索》3－4 合辑发表王永的细读文章《“毕晓普”的启示》。

2001 年

1 月，于《当代作家评论》第 1 期发表《对神秘之物的敬意——麦城的诗歌方式》。12 日《河北日报》发表《新世纪，河北文学的姿态》。于《长城》第 1 期发表《生命的减速》。《2000 中国年度最佳诗歌》（诗刊社编选，漓江出版社 2001 年 1 月版）收入陈超诗作《秋日郊外散步》（《山花》2000 年 6 月号）。

3 月，6 日于《文艺报》发表《2000 年的诗歌》。于《诗刊》第 3 期发表《塑料骑士如是说》。

5 月，于《诗潮》第 3 期发表《陈超的诗》。《诗刊》第 5 期发表《超级漫游者》。

6 月，细读著作《当代外国诗歌佳作导读》（80 万字）出版。于《广播电视大学学报》第 2 期（季刊）发表《林莽的方式》。

7 月，于《人民文学》第 7 期发表《苞谷与孩子》（2000 年 3 月 23 日昌耀辞世）。于《西部》发表《懵懂岁月》。

9 月，于 19 日《中华读书报》发表《令人欢愉的诗学启示》。

10 月，于《山花》第 10 期发表长诗《正午：嗡嗡作响的光斑》。

12 月，出席中国作家协会第六次全国代表大会。

全年于《星星》发表系列论文《向诗而生》等 12 篇。

2002 年

1 月，《词：水仙》发表于《诗刊》1 月号下半月刊。《当代外国诗歌佳作导读》（上、下卷）由河北教育出版社出版。

2 月，于《莽原》发表诗文小辑《未来的旧录像带》等。13 日于《读书时报》发表霍俊明书评《穿越天空：守望与倾听——读陈超〈当代外国诗歌佳作导读〉》。

3 月，于《长城》第 2 期发表《文学的精神大势或“求真意志”》。于《诗刊》3 月号下半月刊发表《对有效性和活力的追寻》。

4 月，于《文艺报》发表诗歌创作谈《从天真之歌到经验之歌》和《诗人的散文》。《山花》发表刘翔论文《让灾难化为平稳墨迹的阵痛——陈超诗歌综论》。

5 月，于《文学自由谈》第 3 期发表《如此指斥是否性急》，《散文百家》发表《诗人的散文》。《美文》上半月刊发表《“七七级”轶事》。

6 月，于《诗选刊》发表西川、臧棣、于坚、唐晓渡评论小辑《笔谈陈超著作——〈外国当代诗歌佳作导读〉》。西川的《内行的工作》、臧棣的《纸上的诗歌博览会》（此文曾发于 2002 年 6 月 20 日的《中国图书商报》）、唐晓渡的《一个人的工程》、于坚《从“诗选的眼光”看过去》以及陈超《〈当代外国诗歌佳作导读〉序》。

7 月，于《文学自由谈》第 4 期发表《“开个会到北京”》。

11 月，于《文学自由谈》第 5 期发表《“学院派批评家”一议》。

12 月，于《诗神》第 12 期发表《诗四首》。《扬子江诗刊》第 6 期发表《回答四个傻问题》，《阅读与鉴赏》（中旬刊）发表关于唐亚平《秋天的花是不会凋谢的》导读文章。《当代人》第 12 期发表《诗六首》以及霍俊明评论《火焰·舞者·升阶书》。

2003 年

1 月，于《诗刊》上半月刊发表《诗的困境与生机》。

2 月，《非散文》（《沉哀》《流水 38 行：愚人初级读物》《小叔的前“后现代”》）发表于《散文百家》下半月刊。

3 月，《四个问题》发表于《新诗界》。

4 月，于《山花》第 4 期发表长诗《案头剧：室内荒原》。于《散文百家》4 月下半月刊发表《陈超教授导读：未来的旧照片》。

5 月，主编的《最新先锋诗论选》由河北教育出版社出版。

6 月，于《诗刊》6 月号下半月刊发表《除夕，特别小的徽帜》《牡丹亭》《无端泪涌》《特木里的甘霖》《早餐》《大淀的清晨》等六首。

7 月，于《扬子江》发表组诗《赤红之夜》。于 23 日《光明日报》发表《读杨牧之的〈佛罗伦萨在哪里〉》。

8 月，诗论集《打开诗的漂流瓶——现代诗研究论集》由河北教育出版社出版。

9 月，于《诗潮》发表《诗 7 首》。于《新诗界》（第四卷）发表《陈超的诗》（13 首）、多多诗歌《告别》的赏析文字。7 日于《西藏日报》发表《灵魂深处的清澈——读杨牧之的〈佛罗伦萨在哪里〉》。刘翔的诗论专著《那些日子的颜色——中国当代抒情诗歌》（学林出版社）设专章《耿占春与陈超》（第十八章），《陈超——“乌托邦最后的留守者”》（分三节《“比黎明更高峻的地方”》《“一个生活节制者，被时代裁成两半”》《“故乡闪着黑光的槐树”》）

10 月，9 日上午完成《赵卫峰诗集〈蓦然回首〉序》。14 日《文艺报》发表沐之的评论《深度与趣味》。

12 月，2 日于《文艺报》发表《文学的想象力与可信感》。诗集《热爱，是的》由远方出版社出版。《别把“另类写作”当回事》发表于《雨花》。与马云一起主编的《中国现当代文学作品选》（当代文论·诗歌·散文卷、当代小说·戏剧卷）由河北人民出版社出版。

2004 年

1 月，全年于《清明》发表系列论诗文章（第 2 期《情感、经验与智性》、第 4 期《有限的叩击无限的回声》、第 6 期《透明的隐秘》）。《2000 年的诗歌?》收入《中国新诗白皮书》（1999 –2002，昆仑出版社）。于《非非》“体制外写作讨论专号”发表《关于“体制外写作”的随想》和诗歌《天使不涉足的地方》（八首）。

2 月，27 日《黑龙江日报》发表臧棣评论《谁说当代诗歌缺少批评？——读诗歌批评家陈超的〈打开诗的漂流瓶〉》。

3 月，王光明编选《2002 –2003 中国诗歌年选》（花城出版社，2004 年 3 月版）收入诗作《案头剧：室内荒原》（《山花》2003 年 4 月号）。

4 月，于《山花》发表组诗《是熟稔带来伤感》。于《星星诗刊》发表组诗《复信》。于《扬子江》发表《诗四首》及文章《我说与他说》。于《文艺报》发表《“反道德”“反文化”先锋“流行诗”的写作误区》。28 日于《中华读书报》发表《诗人的“精神后花园”》。

6 月，于《诗刊》发表《“反道德”“反文化”“先锋”“流行诗”的写作误区》。范云晶《语词：诗歌和生命的双重打开——陈超〈堆满废稿的房间〉解读一种》发表于《诗探索》春夏卷。

7 月，《诗刊》发表关于罗伯特·勃莱《圣诞驶车送双亲回家》的导读文章。《郑州大学学报》发表《自诩的“后现代”和新的独断论——“先锋流行诗”的写作误区》。霍俊明评论《守望与倾听——读陈超〈打开诗的漂流瓶〉》发表于《中国诗人》第 3 期。《诗潮》第 4 期发表《审慎的理想主义者》。《第三代诗的发生和发展》《印象或潜对话》以及系列观点入选梁晓明、南野、刘翔主编的《中国先锋诗歌档案》（浙江文艺出版社）。

7 月至 8 月，于《诗刊》上半月刊连载论文《谈现代诗的结构意识——以五首诗为例》（上、下）。30 日于《中华工商时报》发表《〈新诗界〉的意义——对诗歌本土现代性的探寻》。《绿风》发表《“反道德”“反文化”“先锋流行诗”的写作误区》。《郑州大学学报》发表《我们时代的诗歌》。

9 月，于《诗刊》下半月刊发表《日记：天亮前结束写作》《安静的上午》《登山记》。于《红岩》第 5 期发表《陈超的诗》（9 首）。

11 月，30 日晚河北作协、河北师大联合主办的“陈超诗歌朗诵音乐会”在河北师大音乐厅举行。《当代作家评论》第 6 期发表《对主流“知青”叙事模式的超越》，《诗探索》秋冬卷发表《让诗和诗人互赠沉重的尊严——论郑单衣的诗兼谈先锋诗的抒情性问题》。

12 月，《打开诗的漂流瓶——现代诗研究论集》获第三届“鲁迅文学奖”。

同年，《中国诗人》第 2 辑开设《领略陈超》专栏，发表诗人孙文波、臧棣、沈奇、西渡、陈仲义、霍俊明、李建周、沐之等人文章，评价梳理陈超诗学创作的特点和价值。诗作共 16 首被分别译为英、日、俄语发表。

2005 年

1 月，《关于当下诗歌的讲谈》被收入《在北大听讲座》（第十三辑）。于《文艺报》发表《2004 年诗坛：本土经验的吟述》。于《诗潮》发表组诗《雨夜修书》和评论《佳篇生北国》。《2004 年诗歌》（21 世纪中国文学大系，春风文艺出版社，2005 年 1 月版）收入陈超诗作《劫后》（《星星》2004 年 3 月上下半月合刊）。霍俊明在《中国诗歌研究动态》发表新书推介《打开诗的漂流瓶——现代诗研究论集》。7 日《河北日报》发表沈奇评论《现代诗学研究的新收获——读陈超〈打开诗的漂流瓶〉》。

2 月，于《诗选刊》发表《先锋诗的困境与可能前景》《“正典”与独立的“诠释”——论现代诗人与传统的能动关系》。

3 月，于《清明》第 2 期发表《质朴的敏感和判断力》。《诗探索》第 1 辑发表苗雨时《陈超的现代诗学体系——评〈打开诗的漂流瓶——现代诗研究论集〉》。

4 月，被聘为北京大学中国新诗研究所研究员、《新诗评论》编委。《当代作家评论》第 2 期发表霍俊明论文《历史记忆与生存现象的震悚与容留——论陈超诗歌》。

5 月，《诗选刊》发表《平原之子的追忆》。《扬子江诗刊》发表

《金龙禅寺》和《春》的推荐文字。王光明编选《2004 中国诗歌年选》（花城出版社，2005 年 5 月版）收入陈超诗作《是熟稔带来的伤感》（《山花》2004 年 4 月号）。13 日作为第三届华文青年诗人奖评委到福建晋江参加颁奖活动。

6 月，《秋日郊外散步》刊发于《诗探索》第 2 辑。接受深圳《晶报》访谈并发专版《打开漂流瓶是我的幸运——诗人、诗评家陈超访谈》。完成诗集《在这儿》写作。在《诗刊》6 月号下半月刊“新诗第二课堂”推荐朱湘《采莲曲》、多多《春之舞》。25 日赴深圳参加第三届鲁迅文学奖颁奖典礼（26 日晚）以及“文学大讲台”等系列讲座活动。

8 月，于《明天》发表《诗四首》。《贫乏中的自我剥夺：先锋“流行诗”的反文化、反道德倾向》收入《中国新诗一百年国际研讨会论文集》（北京大学和首师大诗歌中心合办）。14 日完成胡茗茗诗集《诗瑜伽》的序，自言“这是凉爽的一天”。

9 月，于《诗刊》发表组诗《热爱，是的》（《沉哀》《除夕，特别小的徽帜》《嶂石岩漫兴：日与月共在的清晨风景》《推土机和螳螂》《牡丹亭》《日记：天亮前结束写作》）。于《山花》第 9 期发表诗作《暖冬》《爬卡车》《译诗逸事》《论战试解》以及随笔《用具体超越具体》。《诗探索》第 3 辑发表《贫乏中的自我再剥夺：先锋“流行诗”的反文化、反道德问题》。

10 月，赴新疆参加“帕米尔诗歌之旅”。《新诗评论》第 2 辑发表《贫乏中的自我再剥夺——先锋“流行诗”的反文化、反道德问题》。

11 月，诗歌《博物馆或火焰》和评论《“既非永恒也非暂时”》发表于《清明》第 6 期。

12 月，29 日《文艺报》发表《清晰中的“幽暗”——读简明诗集〈高贵〉》。

2006 年

2 月，《诗刊》2 月号下半月刊“诗人档案”推出陈超专辑：《陈超：沉潜于现代文化中的古典风格》《作品回放（1986－1999）诗八首》《新作展示（2000－2005）诗十一首》《陈超创作年表》，同期刊发霍俊明《逆风劳作的诗人——陈超印象或潜对话》、周晓风《朴素的先锋性》、沐之《心智澄明的诗人——简论陈超诗歌》、梁艳萍《读者之思与思者之诗——陈超诗歌管见》。《江汉大学学报》发表《城市的心灵之书——叶匡政的城市诗写作》。10 日于《河北日报》发表《欣然·茫然·释然——2005 年诗坛印象》。21 日于《文艺报》发表《方法论的自觉与创造性细读——郭宝亮新著〈王蒙小说文体研究〉》。

3 月，于《清明》第 2 期发表《三种不同向度的“准确”》。于《诗刊》上半月刊发表《抒情的“复活”——谈伊蕾的诗》。于《山花》发表《深入生命、灵魂和历史的想象力之光——先锋诗歌 20 年，一份个人的回顾与展望》。于《文艺研究》发表《重铸诗歌的“历史想象力”》。4 日于《文艺报》发表《别具一格的“祭诗”写作》。9 日于《文艺报》发表《孙基林的〈崛起的喧嚣〉读后》《别具一格的“祭诗”写作》。

5 月，《守旧者说——在一次诗歌讨论会上的发言》发表于《诗潮》(5－6 月号)。《乡音》发表林泉的《陈超：用诗歌捧回鲁迅文学奖》。

6 月，18 日于《文艺报》发表《城市中的“心灵之书”——叶匡政的诗歌方式及启示》。

7 月，于《清明》第 4 期发表《“表意”和“表情”》。《当代作家评论》第 4 期发表《重铸诗歌的“历史想象力”》。《北大荒文学》第 4 期发表《陈超的诗》(《苍岩山雨中羁留二日》《日记：天亮前结束写作》《柏林禅寺》）以及评论《诗人的散文》。民刊《诗评人》第 2 期发表霍俊明评论《暗夜中的汲水者：灵魂在探询与揭秘途中——陈超“生命诗学”研究论析》。序文《心灵的活力和自由》收入李非非诗集《断裂的黄河》(中国广播电视出版社)。

9 月，于《当代作家评论》第 5 期发表和郭宝亮的对话《“中国形象”和汉语的欢乐——从铁凝的长篇小说〈笨花〉说开去》。

10 月，《陈超的诗》发表于《岁月：燕赵诗刊》。

11 月，《安静的上午》发表于《诗探索》第 4 辑。

2007 年

2 月，《青年文学》发表《别有天地的灵魂史诗——评胡丘陵的长诗〈长征〉》。8 日于《文学报》发表《心灵对“废墟”的诗性命名——评胡丘陵长诗〈2011 年，9 月 11 日〉》。17 日于《文艺报》发表《别有天地的灵魂史诗——评胡丘陵长诗〈长征〉》。《中国语言文学研究》发表孙基林的评论《中国先锋诗学的重要收获——读陈超〈中国先锋诗歌论〉》。《海燕》第 2 期发表霍俊明随笔《一场北京的秋雨怀想着怎样的诗歌情怀——关于陈超的随感》。

3 月，《诗选刊》（下半月刊）发表《在“祛魅”和“返魅”之间》。《2006 年诗歌》（21 世纪中国文学大系，春风文艺出版社，2007 年 3 月版）收入陈超诗作《晚秋林中》《与西西逆风骑车经过玉米田》(原载《诗刊》2006 年 2 月号下半月刊)。

4 月，诗论集《中国先锋诗歌论》由人民文学出版社出版。《陈超短诗选》（中英双语）由香港银河出版社出版。《星星》发表《传媒膨胀时代“为何用诗的形式发言”?》。《诗刊》上半月刊发表《诗人访谈录》（大解、陈超），《美文》（上半月刊）发表《某“资深编辑”审稿意见八则》。《山花》发表《从“纯于一”到“杂于一”——论西川晚近诗歌》。

5 月，《美文》上半月刊发表《素描 28 家》。《南方文坛》发表《“反诗”与“返诗”——论于坚诗歌别样的历史意识和语言态度》。

6 月，《文艺争鸣》第 6 期发表《冰雪之路上巨大的独轮车——诗歌食指论》。

7 月，《打开铁凝的“后花园”》《先锋诗歌二十年：想象力模式的转换》发表于《燕赵学术》。

8 月，23 日于《文艺报》发表《当下诗歌精神和历史承载力的缺失》。《文艺争鸣》第 8 期发表《让诗与真互赠沉重的尊严——北岛诗歌论》。

9 月，《诗刊》上半月刊发表《谈蓝蓝的诗》。《文艺争鸣》发表《海子论》。

10 月，《燕赵学术》发表孙基林《中国先锋诗学的重要收获——读陈超〈中国先锋诗歌论〉》。

11 月，《当代作家评论》发表《“融汇”的诗学和特殊的“记忆”：从雷平阳的诗说开去》《“X 小组”和“太阳纵队”：三位前驱诗人郭世英、张鹤慈、张郎郎其人其诗》。《新诗评论》发表《女性意识及个人的心灵词源》。19 日，《南方文坛》年度优秀论文奖在广西师范大学出版社陈列室举行。《“反诗”与“返诗”——论于坚诗歌别样的历史意识和语言态度》获奖（票选第一）。

12 月，《山花》发表《诗学笔记：游荡者说》。《世界中学生文摘》刊发《顾城朦胧诗两首》(点评《一代人》和《感觉》)。随笔集《游荡者说》由山东文艺出版社出版(系张清华主编的“诗与思·当代诗人随笔文丛”,同时收入王家新《取道斯德哥尔摩》、唐晓渡《今天是每一天》、伊沙《晨钟暮鼓》、严力《历史的扑克牌》、王小妮《安放》)。

2008 年

1 月,《诗刊》下半月刊发表《谈雷平阳的诗》。《诗潮》发表《欧阳江河——精神肖像和潜对话之一》。11 日于《工人日报》发表《久久难以释怀——〈坚硬的记忆〉序》。《辩难与沉默:当代诗论三重奏》(与唐晓渡、耿占春合著)由作家出版社出版。

2 月,《诗潮》发表《韩东——精神肖像和潜对话之二》。5 日于《文艺报》发表《胡林声的短小纯情诗》。

3 月,《诗潮》发表《柏桦——精神肖像和潜对话之三》。《文化与诗学》第六辑收入《大地哀歌和精神重力——海子论》。《芳草》第 3 期发表霍俊明的长篇评传《热爱,是的——诗人批评家陈超传》。《杂文选刊》下半月摘抄《某“资深编辑”审稿意见选》。

4 月,于《燕赵学术》发表《郭宝亮〈文化诗学视野中的新时期小说〉序》。于《诗潮》发表《伊蕾——精神肖像和潜对话之四》。获得第六届华语文学传媒大奖“2007 年度文学评论家”,13 日到广州参加颁奖会,到东莞参加文学活动,18 日《文学报》刊发对陈超的获奖专访《研究当下诗歌,更需责任感》,《南方都市报》发表专访《批评家要做到“诂”诗与“悟”诗的平衡》。

5 月,《除夕,特别小的徽帜》发表于《诗选刊》。《黄河文学》发表《对有效性和活力的追寻》。《西部》发表《随笔二题》。《诗潮》发表《大解——精神肖像和潜对话之五》。《当代作家评论》第3期发表《陈超的获奖演说：对有效性和活力的追寻》。

6月，于《诗潮》发表《郑单衣——精神肖像和潜对话之六》。于《文艺争鸣》发表《翟永明论》。

7月，于《诗刊》上半月刊发表组诗《越野车下的诗行》(《拒马河边的果园》《简单的前程》《醉酒》)，于《诗潮》发表《骆一禾——精神肖像和潜对话之七》。序文《精纯的意向，睿智的哲思》收入药汀诗集《火鸟·蓝狐》(新星出版社)。

8月，《诗潮》发表《臧棣——精神肖像和潜对话之八》。28日于《文艺报》发表《寻找通向传统的个人"暗道"》。

9月，《山花》发表《"先锋流行诗"的写作误区》。《南方文坛》发表《有关"地震诗潮"的几点感想》。

10月，《西部》发表《随笔二题》(《野性的思维与诗性的生活》《我想献给人类一件礼物——重读〈查拉斯图拉如是说〉》)。《燕赵学术》(秋之卷) 发表《论于坚诗歌别样的历史意识和语言态度》。《传媒膨胀时代：为何要用诗的形式发言》收入《2007中国新诗年鉴》(花城出版社)。

2009年

1月，《长城》发表《诚恳的赞叹与冷静的批评——本期诗人作品座谈会纪要》。

2月，《拒马河边的果园》《简单的前程》《醉酒》发表于《岁月(燕赵诗刊)》。

3月，25日于《中华读书报》发表《大地？太阳？……这是个问题——海子20年祭，重读海子》。

4 月，《燕赵学术》发表《对网络“先锋流行诗”的质疑》。《诗选刊》发表《“敲响的火在倒下来……”——纪念杰出诗人骆一禾逝世 20 年》。《廊坊师范学院学报》发表《对当下诗歌非历史化倾向的批判》。《诗潮》发表《诗人眼中的李见心》。

6 月，《江汉大学学报》第 3 期发表《祝贺、观感和希冀》。《新诗地标：陈超的诗（10 首）》发表于《星星》理论版。霍俊明评论《倒扣的船只在身体的黑暗里开裂——诗人陈超》发表于《星星诗刊》理论半月刊第 6 期。李建周《回望 80 年代：诗歌精神的来处和去向——陈超访谈录》发表于《新诗评论》第 1 辑（总第九辑，该刊自创刊以来唯一的一次黑色封面）。

7 月，《当代作家评论》发表《精确的幻想——从田原的诗说开去》

8 月，《名作欣赏》发表《重读海子》。

9 月，《对当下诗歌非历史化倾向的批判》（原发于《廊坊师范学院学报》），被 2009 年第 18 期《新华文摘》全文转载。于《南方文坛》发表《霍俊明和他的诗歌批评》。

10 月，《秋日郊外散步》《沉哀》发表于《诗选刊》。

11 月，《寻找通向传统的个人暗道》收入《中国诗歌研究》（大众文艺出版社）。

12 月，《名作欣赏》发表《〈水成岩〉：生命的现身和领悟》（外一篇）。《文艺研究》发表《必要的“分界”：当代诗歌批评与文学史写作》。《廊坊师范学院学报》发表《论现代诗写作与传统的能动关系》。《燕山大学学报》发表《先锋诗歌 20 年：想象力方式的转换》。

2010 年

1 月，于《名作欣赏》发表《〈我读着〉：“我写出，我看到”》。

为百花文艺出版社《伊蕾诗选》作序。参与编写的《河北文学通史》由科学出版社出版。

3 月,《陈超的诗》(五首,《晚秋林中》《特木里的甘霖》《与西西逆风骑车经过玉米田》《英格丽·褒曼:〈秋之奏鸣曲〉》《那些倒扣的船只》)发表于《星星》上半月刊。

5 月,《滇池》“诗手册”推出陈超专辑:《陈超的诗》(12 首)、《艺术是学习真实的功课——陈超访谈录》(霍俊明)、《比刀锋走得更慢些,更坚定些——陈超近期诗作印象》(霍俊明)。《秋日郊外散步》(霍俊明导读)收入《中国当代诗歌导读》(1949—2009,作家出版社)。

9 月,《诗刊》下半月刊发表《诗歌话语“进一步言说”的魔力》。《诗探索》发表《方石英诗集〈独自摇滚〉短评》。

10 月,《文学教育》发表杨会芳《评陈超的〈博物馆或火焰〉》。

11 月,《社会科学论坛》发表《别有天地的灵魂之诗——评指纹〈指纹诗选〉》。29 日于《文艺报》发表《走进雅斯贝尔斯生存美学大厦的“内室”》。

12 月,《廊坊师范学院学报》第 6 期发表论文《创构现代性的诗学话语——序苗雨时诗论集〈走向现代性的新诗〉》。

2011 年

3 月,《红岩》发表《〈蓝灯〉之光——2010 冬天的对话》。《名作欣赏》发表《〈告诉云彩〉:“因‘赞美’而惊愕”》。

4 月,《懵懂岁月》发表于《西部》。

5 月,《EMS 周刊》推出《陈超诗歌快递:夜烤烟草》(23 首)。《中国诗歌》发表《张烨的方式——读〈生命路上的歌〉》。《广播电视大学学报》发表《林莽的方式》。

6 月，7 日于《中华合作时报》发表记者王跃飞的《陈超：不甘沉默的灵魂挖掘者》。该文几乎完全抄袭、照搬了霍俊明发表在《芳草》2008 年第 3 期上的长篇陈超评传，包括措辞、用语。霍俊明曾电话该报的负责人，声称其为临时工早已辞职不知去向。

7 月，《语文世界》发表《〈再别康桥〉的意象之美》。13 日于《文艺报》发表《“泛诗歌”时代：写作的困境和可能性》。《未来的旧录像带》《简单的前程》《暖冬》收入《河北诗选 1978—2011》（郁葱主编，河北教育出版社）。

8 月，主编的《〈青铜调〉密码：十博士评鉴》由九州出版社出版。

9 月，《诗刊》下半月刊“诗歌咖啡屋”栏目发表《观点》。《霍俊明和他的诗歌批评》发表于《文学界》第 9 期。《必要的分界：当代诗歌批评与文学（诗歌）史写作》收入《2009—2010 中国新诗年鉴》（重庆大学出版社）。5 日至 10 日去韩国参加第二届亚洲诗人节。

10 月，《燕赵学术》发表《汲取与掣肘——当代诗歌批评与文学（诗歌）史写作》。《世界文学》第 5 期发表《击空明兮溯流光——外国文学与我的青少年时代》。

11 月，《诗探索》发表《世纪初诗歌（2000—2010）八问》。

获得《世界诗人》（混语版）首届“中国当代诗歌奖 · 批评家奖”。

获得首届“中国桂冠诗歌奖”（2000—2010）。

2012 年

1 月，《蓝皮笔记本（散文诗小辑）》发表于《钟山》。于《西部》发表《我眼中的今日中国诗歌——在“2011亚洲诗歌节”上的演讲》。《华中师范大学学报》发表《西川的诗：从“纯于一”到“杂于一”》。《扬子江诗刊》发表《陈超推荐：19首短新诗》。《诗潮》发表《答〈诗潮〉12问》。

3月，《当代作家评论》发表《新世纪诗坛印象：诗歌精神与当代言说》。《星星》理论版发表《“融汇”的诗学和特殊的“记忆”——从不雷平阳的诗说开去》。《诗刊》3月号上半月刊发表《我眼中的今日中国诗歌》。《北京文学》发表《警惕媒介语言对诗性的蹊跷消解》。10－11日到江苏太仓沙溪参加首届中国沙溪新诗论坛（新诗的经典化问题）。

4月，《诗探索》第1辑作品卷发表《陈超自选新世纪以来短诗十首》《试着赞美这残缺的世界——论大解先生的短诗和长诗》。《西部》发表《懵懂岁月》。《社会科学论坛》发表《历史和当下的对话——〈别无选择〉序》。

5月，《诗潮》发表《新世纪以来中国诗歌现状考察》（答问）。《诗江南》发表《女性意识及个人的心灵词源》。《新诗评论》发表《我看骆英的〈第九夜〉》。

6月，《秋日郊外散步》《回忆：赤红之夜》发表于《中国诗歌》。《新鲜·系统·扎实——读吴思敬的〈诗歌鉴赏心理〉》收入《诗坛的引渡者——吴思敬诗学研究论集》（霍俊明主编，长江文艺出版社）。

7月，12日于《深圳特区报》发表《想象力与可信感的“双赢”》。

8月，于《青春》发表《学徒纪事——我的师傅和文学启蒙老师》《去空明兮溯流光——外国文学与我的青少年时代》。于《名作欣赏》发表《危险而美妙的平衡：在“我说”和“语言言说”之间》。于《新诗界》第六卷（霍俊明主编，长江文艺出版社）发表《让诗与真互赠沉重的尊严：北岛诗歌论》。

9月，《暖冬》（外二首）、随笔《片面之辞》以及大解的评论《我眼里的陈超》、耿韵《拆散的笔记簿——读陈超诗集〈热爱，是的〉》发表于《名作欣赏》上旬刊（25期）。《我看见转世的桃花五种》《凸透镜中两个时代的对称》入选唐晓渡、张清华编选的《当代先锋诗30年：谱系与典藏》（江苏文艺出版社）。

10月，《燕赵学术》（秋之卷）发表《论元诗中的“语言言说”的魔力》。《近年诗歌批评的处境与可能前景——以探求“历史—修辞学的综合批评”为中心》收入《诗歌批评与细读学术研讨会论文集》（北京大学和首都师范大学中国诗歌中心合办）。《辛笛诗评析》《〈航〉评析》《〈风景〉评析》收入《看一支芦苇——辛笛诗歌研究文集》（吴思敬主编）。

12月，《文艺研究》发表《近年诗歌批评的处境与可能前景——以探求“历史—修辞学的综合批评”为中心》。

2013年

1月，《精神重力与个人词源：中国先锋诗歌论》由台湾秀威出版（新锐文创）。《红岩》第1期发表评论《于坚的诗》。

2月，《晚秋林中》发表于《西部》。《文学界》发表《城市中的“亡灵之书”——叶匡政的诗歌方式及启示》。《中国诗歌》发表《我看姚振函的诗》。

5月，《华中师范大学学报》发表《论“元诗”写作中的“语言言说”》。

6 月 2 日，参加河北师范大学文学院 2013 届毕业生晚会，朗诵诗作《停电之夜》。

9 月，《新世纪诗坛印象：诗歌精神与当代言说》收入杨克主编《2011 -2012 中国新诗年鉴》（江苏文艺出版社）。《序晏榕〈诗的复活：诗意现实的现代构成与新诗学——美国现当代诗歌论衡及引申〉》（浙江大学出版社）。专著《诗与真新论》由花山文艺出版社出版。

10 月，《燕赵学术》秋之卷发表《我看近年来的中国诗歌——在第二届亚洲诗歌节上的主题发言》

12 月，《“泛诗”时代的诗歌写作问题》发表于 12 日的《深圳特区报》。

被评为河北省师德标兵。

2014 年

2 月，28 日《河北日报》发表王永《诗与真的协奏——评陈超新著〈诗与真新论〉》。

3 月，26 日到中国作协参加刘海星诗集《走过记忆》研讨会。

5 月，《创作与评论》下半月刊（第 10 期）发表《作为一种思想方法和写作的诗学——耿占春的诗歌理论与批评》。《延河》发表《精确的幻想——从田原诗歌说开去》。获得“2013 中国·《星星》年度诗评家奖”。13 日应贵州诗歌学会邀请在贵阳东山阳明书院讲座。

6 月，18 日《文艺报》发表霍俊明评论《从“游荡”到“游牧”》。《哈尔滨学院学报》发表陈国元《反抗沉沦——论〈本学期述职书〉的哲学价值》。

《诗刊》6、7、8 月号上半月刊发表《诗艺清话》（一、二、三）。

8 月，《诗选刊》下半月刊推出冲浪诗社 30 周年特别专号，收入《血酒——记乡土诗人刘小放》。陈超与苗雨时合写的《河北文学通史》涉及刘小放、姚振函、萧振荣、伊蕾、白德成、何香久、郁葱和张洪波的诗歌专论。

9 月，24 日于《文艺报》发表《开阔深邃的“个人史”——评大解诗集〈个人史〉》。《钟山》第 5 期发表《新诗话：龙虫并射》，该文获得首届《钟山》文学奖（诗歌、评论类）。

10 月，《燕赵学术》第 2 期发表《我和世界有过一场情人的争吵——论大解的诗》。《个人化历史想象力的生成》作为洪子诚主编的“新诗研究丛书”由北京大学出版社出版。31 日凌晨，陈超辞世，享年 56 岁。

11 月，《当代文坛》第 6 期发表陈超关于刘海星诗集的评论《对记忆的镌刻》。5 日《文艺报》刊发讣告《陈超同志逝世》：“河北省作协副主席、河北师大文学院原教授陈超同志，于 2014 年 10 月 31 日逝世，享年 56 岁。陈超，1982 年开始发表作品。1995 年加入中国作家协会。著有专著《中国探索诗鉴赏辞典》《生命诗学论稿》《当代外国诗歌佳作导读》《打开诗的漂流瓶——现代诗研究》等。曾获第三届鲁迅文学奖、第六届庄重文文学奖、河北省文艺振兴奖等。”8 日《燕赵都市报》发表郁葱的《远行的陈超——我与评论家陈超的交往片段》。13 日《北京日报》发表霍俊明《陈超：用诗歌与时间与脆弱抗争》。

12 月，10 日《环渤海诗歌》第 11、12 月合刊推出《纪念陈超先生专号》（卷首、媒体报道、缅怀陈超、悼念诗歌、研究陈超）。

《建安诗人》第 2 期推出陈超纪念专辑：《陈超诗选》（22 首）、《诗与思札记》、《论现代诗的结构意识》、《大地哀歌和精神重力》、《我眼里的陈超》（大解）、《倒扣的船只在身体的黑暗里开裂》（霍俊明）。《诗探索》2014 年第 4 辑推出诗人、诗歌评论家陈超纪念专辑：《陈超诗 23 首》、《霹雳远去之时，便是陈超永生之日》、《漏夜落尽：悼陈超》（唐晓渡）、《陈超诗学专著介绍》（霍俊明整理）、《从先锋精神到日常生活——诗人陈超》（霍俊明）。陈超诗集《热爱，是的》（珍藏版）、诗论集《打开诗的漂流瓶》（珍藏版）由河北教育出版社出版。

2015 年

1 月，《扬子江诗刊》“视角”推出陈超纪念专辑：《陈超诗选》（14 首）、《诗人陈超》（大解）、《诗人陈超》（霍俊明）。《当代作家评论》2015 年第 1 期发表霍俊明《“诗人批评家”：从“先锋游荡”到“诗野游牧”——陈超的诗学研究及作为一种批评的启示性》。《南方文坛》2015 年第 1 期发表霍俊明《乌托邦“桃花”与日常精神生活——诗人陈超》。《诗选刊》上半月刊第 1 期推出“诗人陈超”纪念专辑：《陈超诗歌》、《痛悼陈超》（刘小放）、《远行的陈超》（郁葱）、《陈超：诗和理论的双轮车》（大解）、《哭陈超》（郭宝亮）、《生命之师》（刘向东）、《我看见转世的桃花》（霍俊明）、《窗台上的百合花》（崔立秋）、《江城子·悼诗人陈超先生》。《凤凰》下半年刊推出陈超纪念专辑：《远行的陈超》（郁葱）、《陈超，我说，你听着……》（大解）、《远逝的漂流瓶》（李春雷）、《我看见转世的桃花》（霍俊明）、《他唯一可以迈过去的坎儿》（徐则臣）、《“接近诗歌是一件危险的事情”》（苗雨时）。《诗书画》（季刊）

2015年1月（总第15期）推出专辑“诗魂陈超”：《陈超的诗》（14首）、《蓝皮笔记本》、《论元诗写作中的“语言言说”》、《陈超的生命诗学与“绝望的激情”》（耿占春）、《拆散的笔记簿》（耿韵）、《“诗人批评家”——陈超的诗学研究及作为一种批评的启示性》（霍俊明）。《文艺争鸣》第1期推出纪念研究专辑：《陈超：忆念与追思》（唐晓渡）、《陈超的生命诗学与“绝望的激情”》（耿占春）、《陈超：穿越灰烬的诗歌之光》（汪剑钊）、《陈超：诗和理论的双轮车》（大解）、《陈超：死亡幻象的审美书写与精神超越》（谭五昌）。

2月，《西湖》发表赵晖的怀念文章《我的老师，陈超》。

3月，《诗选刊》第3期上半月刊发表陈超诗话《诗艺清话一百一》。《滇池》第3期推出陈超纪念专辑：《陈超诗歌二十二首》、《谁疼痛地把你仰望》（霍俊明评论）、《热爱！是的——陈超访谈录》（霍俊明）。

6月，《读书》发表张清华文章《桃花转世——怀念陈超》。

7月，陈超诗集《无端泪涌》由中国青年出版社出版。其中一些诗作系首次结集出版，霍俊明编选。附评论《“梦有故人来”——诗人陈超》（霍俊明）、《转世的桃花》（编后记，霍俊明）。《我看近年来的中国诗歌——在第二届亚洲诗歌节上的主题发言》收入杨克主编《2013－2014中国新诗年鉴》，江苏文艺出版社。新诗话《诗野游牧》由陕西人民教育出版社出版，收入霍俊明序文《从“游荡”到“游牧”》，陈超《后记（一）》、沈奇《后记（二）》。

8月，7日《河北日报》发表霍俊明的随笔《倾听时光沙漏的细响——评陈超诗集〈无端泪涌〉》。

9月，《诗探索》第3辑理论卷推出纪念陈超专辑：唐晓渡《陈超对现代解诗学的杰出贡献》、霍俊明《“诗人批评家”——陈超的诗学研究及作为一种批评的启示性》、大解《诗人陈超与诗评家陈超》、王永《诗与真的协奏——读陈超〈诗与真新论〉》。

10 月，作家出版社出版的李岱松《我之歌——诞生与涅槃之间的精神史》收入陈超生前未公开发表的文章《诗与思的双重重量——读李岱松〈我之歌——诞生与涅槃之间的精神史〉》。

11 月，《西部》头题推出“陈超周年祭”：节选陈超《诗与思札记》和陈超诗选，唐晓渡《陈超：忆念和追思》、汪剑钊《黄金被捶打成薄片》、刘涛《时间的重负与自我心灵影像的回放——读陈超的诗》。《大观》发表李海英的文章《论陈超对当代诗歌的叩问与介入》。

12 月，《中国青年》（24 期）发表陈敏的《朝里方向划火柴的人》。25 日于《文艺报》发表陈超的评论《诗与思的双重重量——读李岱松〈我之歌——诞生与涅槃之间的精神史〉》。

2016 年

5 月，《钟山》双月刊第 3 期刊发霍俊明随笔《刻意缩小的闪电与青铜墓地》。霍俊明和见君编选的《在巨冰倾斜的大地上行走——陈超和他的诗歌时代》由中国青年出版社出版，收入陈超生前的照片以及纪念陈超的评论文章、随笔、对话和诗歌等。《当代作家评论》第 3 期发表段曦的文章《陈超与海子诗歌死亡意识之比较》。

8 月，《新诗评论》总第 12 辑推出陈超研究专辑，收入三篇论文，张桃洲《陈超与中国当代诗歌批评》、姜涛《个人化历史想象力：在当代精神史的构造中》、张伟栋《对“个人化历史想象力”的校对与重置》，以及吴昊、张凯成整理的《陈超学术年谱》。

12 月，《文艺争鸣》发表杨洁的文章《情到深处人孤独——陈超的诗论与“诗论诗”》。

2017 年

6 月，《诗人报》复刊（总第 17 期），伊蕾任名誉主编。副主编段光安说编辑部希望在复刊号上做一个陈超的专辑，希望由霍俊明来提交资料。最终呈现出来的是发了陈超的诗《风车》《我看见转世的桃花五种》《博物馆或火焰》《牡丹亭》《沉哀》，唐晓渡的追忆文章《忆念和追思》以及霍俊明整理的《陈超年表 1958—2014》。

7 月，蒋浩主编的《椰城》2017 年 6/7 合刊号发表霍俊明整理的《陈超诗学专著介绍》以及评论《“诗人批评家”》。

11 月，《中国语言文学研究》秋之卷推出“京津冀文学研究 · 陈超研究”：王露霞《乌托邦的最后留守者——陈超前期诗歌论》、张凯成《身份建构中的陈超诗歌——兼论当前诗歌批评的问题》、王永及寇硕恒《让审美与生存互赠沉重的尊严——陈超诗学理论赜》。《社会科学论坛》11 期发表吴昊的论文《“乌托邦”的辩证法——论陈超诗歌创作及诗学研究》。

2018 年

3 月，《诗探索》理论卷第一辑推出“陈超诗学学术研讨会”论文选辑：邢建昌《论陈超的诗学理论与批评》，苗雨时、郭友钊、王之峰、王克金《陈超个人历史化生命诗学体系》，刘卫东《陈超的“生命诗学”理念——以对海子评价为中心》，薛梅《让文学“带上自己的心”——陈超〈诗野游牧〉诗话随想》。

编后记

郝建国

五一假期，为了躲避拥挤，也为了早日完成自己的一个心愿，一大早就打开了俊明耗费太多心血的《转世的桃花——陈超评传》，在一种复杂的心情中开始书稿的审读。

说心情复杂，缘由很多：1984 年，我考入陈超老师任教的河北师范大学中文系。1985 年，陈超老师给我们上现代文学课，我很荣幸成为他的学生。1988 年，我从石家庄桥东的河北师范大学毕业，考上了同城桥西的河北师范学院中文系，师从著名古代文学教授、诗经学专家夏传才先生学习先秦文学硕士课程。1991 年，毕业留校任教。后来两所高校并入新河北师范大学，中文系并入新成立的文学院，我虽与陈老师擦肩而过，没能成为同事，但毕竟是渊源有自的一个单位。1997 年，调到河北教育出版社从事编辑工作，又有幸成为陈老师的责任编辑，其间和他有过不少接触。虽然我自认为不曾走进他的内心世界，但因为有着师生之谊，他其实一直都在我的心上。

三十多年后的今天，回想起与陈老师的交集，印象最深的有两件：一节终生难忘的朦胧诗赏析课，一本《最新先锋诗论选》。那节课，使我这样一个刚从中学升入大学的农村孩子，第一次对一个大学老师有着神一样的膜拜；那本书，使作为责编的我，机缘巧合，第一次能够给自己的老师尽一份力。

我经常把陈超老师的故事讲给我的学生、朋友、同事们听，还总不忘加上一句：我也当了六七年的大学老师，可一直想不明白，一个老师怎么会有如此疯狂的激情。

我们上大二时开始上现代文学课。课程由几个老师接力讲授，当代诗歌部分的主讲人是陈超。讲授朦胧诗的那节课，在河北师大北院的阶梯教室。当时一个年级有两个大班，150 多名学生。在整个高中阶段，为了高考能取得个好成绩，我们很少看课外书，对朦胧诗更是没有任何认知。因为时令是冬季，依稀记得陈超老师穿着厚厚的羽绒服，带着那个时代标志性的一副大大的眼镜。开始讲课时，气氛还很平和，后来讲到北岛，讲到顾城，讲到杨炼，讲到舒婷……讲到“悲鄙是卑鄙者的通行证，高尚是高尚者的墓志铭”，讲到“黑夜给了我黑色的眼睛，我用黑色的眼睛寻找光明”……随着陈老师浑厚的朗读和富有感染力的讲解，现场渐渐升温。动情处，陈老师大大的眼镜片后面放射出强光，燃烧着我们，也燃烧着他自己。随之，疯狂的举动出现了：他脱掉了羽绒服，穿着毛衣讲；一会儿的工夫，又脱掉了毛衣，穿着衬衣讲；最后，脱掉衬衣，穿着双梁背心讲，而且一讲就是三个多小时。寒冷的冬天，炽热的温度，整个房间在燃烧。那一刻我和所有的同学都目瞪口呆，从没有见过这样的情形，从没有这么被一个老师深深地打动过。多年以后，我都无法把这个看似羞涩的男人和那一刻激情迸发的那个男人联系在一起。这节课，带给我透彻心扉的影响，直到现在。

给陈老师责编《最新先锋诗论选》是在 2001 年，是我做编辑工作的第四个年头，按我现在的眼光，书做得算不上好，却给了我一个近距离接触陈老师的机会，使我看到他“疯狂”之后的“理性”一面。而且在他辞世之后，似乎能够比其他学生多了一丝丝安慰。

这本评传由我担任责任编辑，是偶然也是必然。

我和俊明相识于 2015 年 10 月河北省作家协会组织召开的“陈超追思会”。他流泪，我也流泪；他一口唐山音，我也一口唐山音。会后双手相握，方知：我们有着同一个故乡；来自同一个母校——丰润县车轴山中学，只是无缘相见。他小我 10 岁，我是陈超的本科学生，他是陈超的硕士研究生；我是古代文学硕士，他是现代文学博士。

既然已经相识，便相约家乡一聚。

2016 年春节返乡，朋友雅聚。俊明说他要写一部陈超传记，愿意交给我所在的河北教育出版社出版，约我担任责任编辑。河北教育出版社原任社长王亚民先生是陈老师生前好友，二人交往甚密，关系非同一般。河北教育出版社先后为陈超出版过三四本作品，他去世后，又为他出版了两本珍藏版作品集。可以说，河北教育出版社与陈超有着渊源与信任，陈超又是河北的知名学者，他的传记选择河北教育出版社，是水到渠成的事。于我，有了近二十年的文学编辑经验，从师生情、同乡情、同学情而言，都是不容推辞的，便欣然应允了。

2018 年 4 月，终于收到俊明寄来的书稿。其间，我多次催促，俊明总是说资料太多，日记、照片、通信，不看完所有资料，不敢动笔，他要写一个真实的陈超，从外在到灵魂。我对他的要求是，虽然希望早日出版以了心愿，但一定要写一本高质量的传记，争取十年内别人无从动笔。

现在，当我从第一页慢慢读下来，真切体会到了俊明发给我的那句话：“写完陈超评传，我有一种被掏空了的感觉。”

俊明的写作是用心的，书中出现了大量当代诗人的诗句；俊明的写作是用力的，读到《楔子》时，我就已经感受到了充满字里行间的知音之情。从俊明的角度来看，陈超是不幸的；但从人的个体来看，陈超又是幸运的。一生有那么多的知心朋友，还复何求？

做文学编辑多年，编过的书稿至少也有几百部了，像本书这样感情浓烈、叙述流畅、结构精巧的作品，确实很少见到。它是一本散文诗，娓娓道来一个诗人的过往；它是一本回忆录，声情并茂地讲述身边亲人一个个难忘的瞬间；它又是一本评论集，在讲述中指给当代诗人创作的方向。

陈老师去世三年多了。我原来一直有个想法，想在他去世三周年的时候，将这本《陈超评传》祭献于他的墓前。如今想来，还是有点儿急功近利了，这未必是陈老师喜欢的。本书就算是我和俊明联手扎成的一个花篮，唯愿陈老师在天国静谧的诗苑，没有病痛，自由翱翔！

2018 年 4 月 30 日于石家庄寓所

（作者系河北教育出版社副总编辑）

我们**穿越**死亡后，

死亡是一个人**生还的起点**

1977 年

1983年

1988 年

1998 年

2001 年

2004 年

2011 年